钽铌专利索引

潘伦桃　编著

北　京
冶　金　工　业　出　版　社
2015

内 容 提 要

本书收编英文专利1300余条，收编日文专利1000余条，收编中文专利950余条，每条包括专利号、申请日和优先权日、公布日和公告日、申请人、发明人、专利名称、专利要点及有益效果、同族专利号。收编的专利文献涉及近百年来钽铌产品技术的发展，包括钽铌矿石分解、钽铌化合物及其制造方法、钽铌提纯和钽铌回收、钽粉铌粉及其制造方法、钽粉掺杂技术、掺氮技术、钽粉铌粉的热团化及脱氧技术、钽粉钝化技术、低价氧化铌、钽铌合金和含钽铌合金、超导材料、溅射靶材、钽铌电解电容器、钽酸盐晶体、铌酸盐晶体等各种应用，其中涉及电解电容器的专利最多。

本书可作为钽铌专业科研人员、技术管理人员的工具书，也可供从事与钽铌相关工作的知识产权人员和大专院校相关专业师生参考。

图书在版编目(CIP)数据

钽铌专利索引/潘伦桃编著．—北京：冶金工业出版社，2015.3

ISBN 978-7-5024-6787-6

Ⅰ.①钽…　Ⅱ.①潘…　Ⅲ.①钽—专利—索引　②铌—专利—索引　Ⅳ.①Z89：TG146.4

中国版本图书馆CIP数据核字(2015)第031903号

出 版 人　谭学余
地　　址　北京市东城区嵩祝院北巷39号　邮编　100009　电话　(010) 64027926
网　　址　www.cnmip.com.cn　电子信箱　yjcbs@cnmip.com.cn
责任编辑　李维科　美术编辑　彭子赫　版式设计　孙跃红
责任校对　李　娜　责任印制　李玉山
ISBN 978-7-5024-6787-6
冶金工业出版社出版发行；各地新华书店经销；北京百善印刷厂印刷
2015年3月第1版，2015年3月第1次印刷
210mm×297mm；28.25印张；1288千字；444页
219.00元

冶金工业出版社　投稿电话　(010)64027932　投稿信箱　tougao@cnmip.com.cn
冶金工业出版社营销中心　电话　(010)64044283　传真　(010)64027893
冶金书店　地址　北京市东四西大街46号(100010)　电话　(010)65289081(兼传真)
冶金工业出版社天猫旗舰店　yjgy.tmall.com

(本书如有印装质量问题,本社营销中心负责退换)

前　　言

元素铌、钽分别是在1801年和1802年被发现的，钽、铌是高熔点稀有金属，冷加工性能好，化学稳定性高，抗液态金属和酸碱腐蚀能力强，氧化物介电常数值高。金属钽、铌及其合金是重要的功能性材料，在电子、集成电路、钢铁、冶金、化工、硬质合金、原子能、航天航空等工业部门以及战略武器、医疗器械等技术领域有重要用途。

本索引编纂的钽铌专利包含了英文专利、日文专利和中文专利。每条专利都包括："专利号"、"申请日"、"公布日"、"申请人"、"发明人"、"专利名称"、"专利要点及有益效果"和"同族专利号"。

"专利号"是指专利公开号或专利授权公告号；"申请日"是指专利申请的日期，如果有优先权日则在申请日下列出优先权日，统一用6位数字表示日期，如"991213"表示1999年12月13日；"公布日"是指专利公开日和授权公告日（如果被授权）；"申请人"包括法人和自然人，如果专利被授权，则申请人为专利权人（为节省篇幅，有的申请人被简化）；"发明人"中的外国发明人包含多人的没有全部列出；"专利名称"与"专利要点及有益效果"合起来表达一项专利的主题，是从主权利要求和发明摘要里的内容中摘录撰写的，尽量从简。

"同族专利号"是指同一专利在不同国家申请或在同一国家的继续申请或分案申请，专利号一般用两个英文大写字母代码表示某一国家或地区，本索引中有关的国家或地区的专利号代码是：AT代表奥地利，AU代表澳大利亚，AR代表阿根廷，BE代表比利时，BR代表巴西，CA代表加拿大，CF代表中非，CH代表瑞士，CL代表智利，CN代表中国，CO代表哥伦比亚，CZ代表捷克，DE代表德国，DK代表丹麦，EE代表爱沙尼亚，EG代表埃及，EP代表欧洲专利组织，ES代表西班牙，FR代表法国，GA代表加蓬，GB代表英国，GR代表希腊，HK代表中国香港特别行政区，HT代表海地，HU代表匈牙利，ID代表印度尼西亚，IN代表印度，IL代表以色列，IT（ITMI）代表意大利，JP代表日本，KR代表韩国，LU代表卢森堡，MX（MXPA）代表墨西哥，MY代表马来西亚，NL代表荷兰，NO代表挪威，NZ代表新西兰，PH代表菲律宾，PL代表波兰，PT代表葡萄牙，RU代表俄罗斯，SE代表瑞典，SI代表斯洛文尼亚，SK代表斯洛伐克，SG代表新加坡，SV代表萨尔瓦多，TR代表土耳其，TW（TWI）代表中国台湾地区，UA代表乌克兰，US代表美国，WO代表世界专利（公开），YU代表南斯拉夫，ZA代表南非。有同族专利的专利一般是申请人认为比较重要的专利，有的同族专利多达几十项之多。后缀"A"、"T"、"L"和"E"等表示专利申请的公开发表，后缀"B"、"C"表示授权发明专利，中国实用新型专利的后缀是"Y"和"U"。

英文专利主要是美国专利，还有官方语言为英语的国家和组织，包括英国、加拿大、澳大利亚等国以及欧洲专利局的英文专利和用英文申请的世界专利。本索引收编的最早的有关钽的英文专利是1902年5月28日申请的GB190212163。2001年以前的美国专利号的格式是“US+7位数字”，且不带后缀字母，如US6165623。2000年美国对专利法进行了修改，实行早期公开制，所以在2001年后授权的专利，经实质性审查后授权专利在专利号后加“B1”，早期公开的授权专利经实质性审查后在专利号后加“B2”。公开后尚未授权的专利按照公开日期插入到授权专利中。

表1中，US7066979B2是专利授权公告号，于2006年6月27日获得授权，该专利在2003年12月18日公开，公开号是US2003230167A，因此将“031218”列于“060627”之下，该专利于2002年3月12日在德国申请，在美国的优先权日也为2002年3月12日，而在美国申请专利的日期为2003年5月7日，因此将“020312”列于“030507”之下。

表1

专利号	申请日	公布日	申请人	发明人	专利名称	…
US7066979B2 US2003230167A	030507 020312	060627 031218	德国 H. C. Starck 公司	Josua Löffelholz	阀金属粉末及其生产方法	…

日文专利包括日本专利和用日文申请的世界专利。日本的专利（特许）文献，是以公开说明书的顺序排序，其公开说明书是按年号从头排序的，本索引收编最早的是“昭和”（JPS）年间的专利，即索引中的“昭”（昭××=1925+××=公元××××年，例如，昭52=1925+52=公元1977年）。“昭和”之后是“平成”（JPH）（平××=1988+××=公元××××年，例如，平7=1988+7=公元1995年），从2000年以后不再使用“平成”年号，统一用公历纪年。“特许出願番号”就是申请号，“公開特许公報”和我国的“发明专利申请公布说明书”是同样性质的，经过实质性审查并授权后发布公告，在专利号后加后缀“B”，在没有异议后授权公布特许番号；后来经实质性审查后直接授权，公布的“特许”番号有“登録日”和“発行日”。日本的专利分特许（相当于中国的发明专利）和实用新案（相当于中国的实用新型），本索引仅收编特许公报文献。

中文专利包含了中国大陆地区、中国台湾地区以及中国香港特别行政区专利（登记）和用中文申请的世界专利。

中国专利有发明专利、实用新型和外观设计三种，其中发明专利采用早先公开制，即在实质性审查前进行申请公开。发明专利说明书公开的公开号后面添加“A”，连续排号，不区分年份。专利公开后，审查员对发明专利文献从新颖性、创造性和实用性三方面进行审查，如果可以授权，则发布授权公告，公告号是“CN”后加数字的流水号（不区分年份），后面再加“B”或“C”。

收编的外国专利一般理论性、实用性较强，内容丰富，权利要求项目多，并向多个国家提出专利申请；一些技术发达国家（如德国、日本等）开发的先进技术还要到美国申请专利。近年来国内的企事业单位、学校对知识产权也越来越重视，申请的专利数量迅猛增加，并且也在向国外申请专利，如东方钽业、中国振华（集团）新云电子元器件有限责任公司、北京有色金属研究总院、重庆润泽医药有限公司、中科院上海硅酸盐研究所、西北有色金属研究所、中科院金属研究所、中科院福建物质结构研究所、江门富祥电子材料有限公司、株洲宏达电子公司、钢铁研究总院、宁波江丰电子材料有限公司、株洲日望公司等单位，以及北京科技大学、哈尔滨科技大学、天津大学、北京航空航天大学、中南大学、桂林理工大学、电子科技大学、武汉理工大学、清华大学、南开大学和南京大学等院校申请的钽铌专利较多。

专利的法律状态随时在变，本索引仅供相关领域技术人员参考。

本书中的每一件专利都提供了许多技术信息，在此对专利发明人表示感谢！

本书得到了侯盛锽先生的关照，得以在冶金工业出版社出版，在此表示感谢！

由于编者水平所限，书中不妥之处，诚请读者批评指正。

潘伦桃

2014年11月

目　录

英文专利（1900～1999年）

专利号	申请日	公布日	申请人	发明人	专利名称	专利要点及有益效果	同族专利号
GB190212163	020528	030423	德国 Abel Charles 公司	Abel Charles Denton	获得均质钒钽铌的方法	任选钒、铌、钽金属粉末或其化合物添加石蜡形成棒、条等坯体，在炉子里通电流或加热被还原，再加热凝结、烧结，再自身通电加热熔炼，得到均质的钒、钽、铌金属。	
US866385	060623	070917	德国西门子公司	Marchello Von Pirani	技术纯的延性钽的生产方法	加热氯化钽蒸汽和氢气的混合物，然后在真空里加热氢化钽到白热态熔化，冷却后得到延性金属钽。	
US896705	050912	080825	德国西门子公司	Werner Von Bolton	使钽硬化的方法	钽里加入百分之几的微量碳，烧结后使钽硬化，进一步加入碳进行热处理。	
US904831	040105	081124	德国西门子公司	Werner Von Bolton	获得均质钽的方法	把钽粉压制成结实的压结块，在稀少气氛（真空）里通电加热该压结体到钽熔点或熔化温度，得到均质致密的金属钽。	
US925988	080320	090622	德国西门子公司	Werner Von Bolton	使钽硬化的方法	在钽里加入1%～10%的Si，使钽金属硬化，加入3%的Si，钽金属硬化，且仍延性好。	
US947983	051003	100201	美国 Ezechiel Weintracb	Ezechiel Weintracb	钽的提纯方法	在氟钽酸钾熔池里，用不纯的钽作阳极，用纯钽或惰性材料作阴极，通电进行电解，在阴极上沉积析出纯钽，而杂质留在熔池底部。	
US958180	061015	100517	德国 Johannes Schilling	Johannes Schilling	钽的生产方法	把氧化钽在反应器里氢气中电弧还原，氢把氧化钽还原。还原后加热使保持钽熔化状态的温度，用气泵抽空除掉钽中氢，得到金属钽。	
GB191019962	100826 091007	110216	德国西门子公司	Halske Aktiegellschaft	钽管的生产方法	用钽锭从中心钻孔。然后将一个比钻孔细的稍有弹性的金属棒插入孔里，进行轧制或拉拔加工成钽管。	
US1180614	121017	160428	德国西门子公司	Simpson Otto	钽及其合金的高难熔制品	将钽棒用铂管包覆，再进行轧制、拉伸等加工，制得的铂包钽产品高温特性得到改善，特别是抗氧化性能好。	

专利号	申请日	公布日	申请人	发明人	专利名称	专利要点及有益效果	同族专利号
US1415516	190529	220509	美国 Arthur Bridge	Arthur Bridge	还原金属的方法和装置	一种在气密性耐压隔热的容器里，将难熔金属（Nb、Ta、Ti、W、Mo、V）的氧化物与还原金属（Mg、Ca、Al）混合，电点火加热引起还原反应，得到难熔金属的方法和相应装置。	
US1507987	220608	240909	美国 KEMET 公司	Cooper Huhg	制备钽的含氧化合物的方法	把含钽和含铁的原料物在 450℃，优选 500 ~ 600℃进行氯化处理，新生氯化物与水（蒸汽）反应放热，生成不溶于水的铁的水合物和钽酸，除去铁得到纯净的钽氧化合物。	
GB251527A	251020	260506	美国西屋电气公司	Gregory A. W.	矿石处理回收 Ti、W 和 Ta 方法改进	将含钽矿石与碳及碱金属盐，如碳酸钠混合，在密封的反应器及还原性或中性气氛里加热，然后用稀硫酸处理，得到氧化钽。	
US1588518	190418	260615	美国西屋电气和制造公司	Gregory A. W.	钽合金	一种高度抗酸且抗氧化，高强度，有合适的延展性的钽合金的成分，其中一个实例是（质量分数）：5% ~30% Cr、W、Ta、Ni；其中 Ta : Ni = 25 : 75。	
US1602542	210106	261012	美国西屋电气灯泡公司	John W. Marden	稀有金属氧化物的还原方法	在密封的容器里，在惰性气氛中加热，用金属镁还原锆、钛、钍、铀、钨、钼、钽、铌等难熔金属的氧化物，得到难熔金属粉末。	
US1728941	270219	290924	美国西屋电气灯泡公司	John W. Marden	稀有金属的生产	在密封反应器里及惰性气氛或真空下，加热钽、铌、钒的氧化物与钙和氯化钙的混合物，制取相应的不含有氢和氮的钽、铌、钒金属粉末。	
US1741953	270528	291231	美国西屋电气灯泡公司	H. R. John	钨钽合金	将 0.75% ~1.5%（质量分数）的氧化钽混于氧化钨中，碳化该混合氧化物，再用碳还原碳化物得到合金粉末，将粉末压制成条，在真空里高温烧结得到钨钽合金。	
US1754453	290228	300415	美国扇钢冶金公司	Clarence W. Balake	从钽中除去碳杂质的方法	将含有 C 的钽与一定量的氧化镁混合在真空中加热到 1800 ~ 2000℃。使其中的碳氧化，镁挥发，从而除去钽中的碳。	
CA300953A	—	300610	美国西屋电气公司	H. R. John	熔盐电解沉积钽	氟钽酸钾融于碱金属氟化物盐里，其中含少量的钽在熔盐里可离子化，且有比碱金属氟化物较低的阳极沉积电压的 Ta_2O_5，电解得到钽粉。	

专利号	申请日	公布日	申请人	发明人	专利名称	专利要点及有益效果	同族专利号
US1799403	230820	310407	美国扇钢冶金公司	Clarence W. Balake	得到金属钽的方法	在铁容器里用氟钽酸钾熔盐电解，以石墨做阳极，铁槽为阴极，加入少量 Ta_2O_5，电解得到纯净的金属钽。	
US1802242	260520	310421	美国国际金属公司	Fink Colin G.	从矿石中提取钽铌的方法	氢氟酸加氧化性酸，如硫酸、草酸、羧基酸作为溶解钽铌矿很有效，特别是在接近水沸点温度，用氨沉淀上述溶液，使钽和铌沉淀与杂质分离。	
US2015509	310228	350924	扇钢公司（英国）	Austein Miner	使钽金属硬化的方法	将金属钽置于真空中加热到1200～1400℃，控制通入空气的量，继续加热使钽吸收空气并穿入其中，使其硬化，从而达到所要求的硬度。	
US2053151	301028	360901	美国通用电气公司	Kelley Floyd	硬质合金用碳化钽	一种烧结的、硬的金属成分包括碳化钽和黏结剂成分，其中黏结剂有3%～20%，元素周期表中Ⅵ族元素占34%～55%，铁族元素占45%～66%。	
GB467483A	350913	370614	英国贺布肯冶金公司	W. Warren Triggs	提取钽铌的改进方法	对含钽或（和）铌的原料（主要成分是钽铌）为氧化物的矿石或冶金渣进行外部加热，用钙和铝，也可以是钙－铝合金（计算原料中氧量，决定使用还原剂的量）进行还原。	
GB476557A	360504	371206	英国贺布肯冶金公司	W. Warren Triggs	含钽或（和）铌材料的处理方法	将含有钽或（和）铌以及铁、锡、锰的材料置于密闭容器里，加热到750～1000℃，通入氢气和氯气，其中氢气是氯气（体积）的5～10倍，使钽铌氯化。	
US2107279	350617	380208	美国扇钢冶金公司	Clarence W. Balake	难熔金属极其合金的生产	把含有难溶金属（铌、钛、铪、钼、钨）的固体物金属片升温到750℃，3～10h降到100℃，通入氢气，金属变脆，破碎并过筛制粉，然后加热到900℃脱氢。	
US2140800	360428	381220	英国社会通用材料公司	Joseph Pierre Lee-mans	包含钽和/或铌的物质处理方法	含有钽铌氧化物和锡、铁、锰的氧化物的物质与碳（或氢）混合，在密闭容器里加热到800～1200℃，避免熔化，使钽、铌还原，产物磨碎后经洗涤分离去掉锡、铁、锰。	

专利号	申请日	公布日	申请人	发明人	专利名称	专利要点及有益效果	同族专利号
US2174841	360508	391003	美国 Sprague 公司	Preston Robinon S.	电解电容器	电解电容器包括两个电极，其中阳极是用薄膜金属，如铝、钽、锆，经化学腐蚀增加表面积；电解质是液体或固体，薄膜金属在酸溶液里进行电解，在其表面形成的氧化膜为电介质层。	
US2183517	380727	391212	比利时贺布肯通用金属公司	Joseph Pierre Leemans	钽铌原料加工处理提取钽铌的方法	将氧化物矿石与还原剂 Ca、Al、Si、Mg 中至少一种金属或合金反应，并加入含 Ni、Co、Fe 等合金，还原得到的合金中 Nb/Ta 大于原料 Nb/Ta，渣中 Ta/Nb > 原料中的 Ta/Nb 比。	
GB516068A	380620	391221	比利时 Francois Cuvelliez	Francois Cuvelliez	含钽和/或铌的物质处理方法	含钽和/或铌并至少有 Fe、Mn 和 Sn 中一种元素存在的物质的处理方法，将其用碳还原，如焦炭，还原温度为足以使物料熔化并形成合金的温度。	
US2203213	380701	400604	美国电冶金公司	Ernest F. Doom	合金	一种合金的成分（质量分数）是：Cr 不小于 20%；Nb、Ta 不大于 20%；C 不大于 1%；Si 不大于 20%；余量是 Fe。该合金是用 Si 还原含原氧化物的矿石，电弧熔炼得到合金。	
US2205386	390327	400625	美国扇钢冶金公司	Clarence W. Balake	金属和合金的生产	难熔金属（Ta、Nb、Ti、Zr、Hf）的氧化物与碳粉末混合（计算 C-O 平衡）→压成条棒→在真空炉里被加热到低于氧化物挥发的温度反应→将棒升温到其熔点以下使反应完全。	
US2287771	400109	420630	Peter P. Alexander Marblehead Mass	Peter P. Alexander	合金粉末的生产	Ti、Zr、W、Hf、Ta、U、Mo、Cr 与 Fe、Co、Ni、C 等合金的氧化物粉末及氢化钙粉末混合，升温到反应温度得到合金粉末。	
US2299228	380112	421020	美国 Radio 专利公司	Donald E. Gray	电容器	一种电容器包括两个电极，一个电极是互相连接的金属微细粒子组成的多孔体，在其暴露的表面形成介电层；另一个电极与介电层接触，是固态金属，被充在孔隙里。	
CA420169A	—	440516	加拿大 Willey Fay H.	Willey Fay H.	碳化钽组成物	用于制造切削工具的金属合金的组分：70% ~ 80% 的碳化钨，10% ~ 20% 碳化钽，余量为镍。	

专利号	申请日	公布日	申请人	发明人	专利名称	专利要点及有益效果	同族专利号
US2429671	381202	471028	比利时 Francois Cuvelliez	Francois Cuvelliez	含钽和铌的物质处理方法	将含钽和铌的原料与碱金属或碱土金属的氧化物、氢氧化物或碳酸盐混合，在 800～1050℃进行氯化，使铌氯化成氯化铌挥发出来与钽分离。	
US2461020	450302	490208	美国金属氢化物公司	Peter P. Alexander	氮化钽的生产	在反应器里加热氧化物到足够高温度，用还原剂金属还原形成分散的钽粒子，让氮气或氨气通过反应区，形成氮化钽 TaN。	
US2461410	450924	490208	美国镁业公司	Richard U. Clark	电容器用多孔电极	电容器用的多孔电极包括阀金属芯子和黏附并包围着的膜形成金属多孔物质，上述膜形成金属多孔物质是就地还原的物质，是随机无规则的，阀金属如铝、钽。	
US2481584	460221	490913	美国联合碳化物公司	Fowler Robert	铌（铌）与钽分离的方法	把含钽铌的矿用浓硫酸和硫酸盐处理，加水，过滤，用含碱金属离子的草酸溶液浸渍上述含钽铌的渣，加酸调整 pH 值到 2～3，加弱碱使 pH 值到 4.5～5，钽沉淀，而铌不沉淀。	
US2516863	460715	500801	美国 Daniel Gardner	Daniel Gardner	还原钽、铌的化合物的方法	将钽、铌的氧化物富集物以粉末形式与包括硅化铝、硅化钙、硅化镁、硅化锂、硅化铍，再加上上述这些金属的氢化物混合物加热到高温，还原得到钽和铌。	
US2584411	480908	520205	美国金属氢化物公司	Peter P. Alexander	用碱土金属氢化物还原难熔金属氧化物	钛、钽的氧化物和钙混合装入反应器中，通入氢气，加热使钙氢化，并放热，使氧化物还原，如 $TiO_2 + 2CaH_2 \rightarrow TiH_2 + 2CaO + H_2$。	
GB675353A	501128	520709	英国 P. R. Mallory	W. E. Bayly	电解电容器	一种电解电容器包括一阴极银外壳，里面容纳粉末烧结的钽阳极，阴极与阳极彼此绝缘，阳极与阴极之间是电解质（39%硫酸），（用垫圈）全密封，耐高压高温。	
US2607674	490525	520819	E. I. du Ontde C.	Charles H. Winter	金属卤化物的还原方法	用金属还原剂（Mg、Na）在密闭容器里惰性气氛中 800～900℃还原难熔金属的卤化物（如 $TiCl_4$、$TaCl_5$、$ZrCl_4$ 等），制取金属。	
US2616953	490730	521104	美国 P. R. Mallory 公司	James M. Booe	电解电容器	阳极是多孔钽，在其表面形成介电层；阴极可以是银、铜，阳极与阴极隔开；硫酸为电解质，与阳极阴极接触。该电容器工作温度范围在 -60～200℃	

专利号	申请日	公布日	申请人	发明人	专利名称	专利要点及有益效果	同族专利号
US2621137	480713	521209	Charles Hardy 公司	Harold C. Miller	还原金属粉末	将金属粉末置于还原性气氛里进行退火，加热到发亮，使氧化物还原为金属粉末，而不至于使金属粉末烧结、凝聚。	
US2647826	500228	530804	James Fermanda	James Fermanda	金属钛、钽的制取方法	金属钛、钽的氯化物与还原金属 Mg、Na、K 反应，以还原金属氯化物（如 $MgCl_2$、NaCl、KCl）为介质，加热到使温度高于还原金属沸点，低于氯化物沸点的温度。	
US2710369	520229	550607	美国 P. R. Mallory 公司	James M. Booe	电解电容器	包括一个在其上形成有介电膜的多孔钽阳极，一个铜阴极和与阳极阴极相接触的含硫酸铜的硫酸电解质。	
GB746061A	530828	560307	英国 Plesser 公司	Collender Harold Ffyner	钽粉制造方法的改进	钽粉在钽坩埚里，在低于 10^{-5} mmHg 的真空里加热到 1700～2000℃进行处理，除去吸附的气体，减少细粉，改善了钽粉性能。	
US2743399	510529	560424	美国扇钢冶金公司	Albert F. Bujan	电解电容器	钽丝埋入钽粉中压制、烧结，在钽丝引出的钽块端面焊一钽片，并与外引线相焊接，1400～1800℃烧结，100V 形成阳极，把阳极装入阴极金属外壳内，充入电解质密封。	
US2743400	510529	560424	美国扇钢冶金公司	Albert F. Bujan	电解电容器	两个一头开口、一头封住的钽壳，开口的一头面对面，安装在带槽的橡胶圈中卡住，每个钽壳中有一烧结钽块，里面有电解液。	
US2744217	510929	560501	美国扇钢冶金公司	Oliver S. Aikman	电气元件	一种全密封电解电容器包括：延性金属外壳，一头开口有台肩突缘，用弹性密封环密封，钽金属圆片上焊有钽丝，一侧伸进表面有氧化钽的多孔钽体里，阳极与阴极间是电解质。	
US2767047	531020	561016	美国原子能协会	Harley A. Wilhelm	钽铌分离方法	把矿石制成氢氟酸的水溶液，将其与水不相混的至少含有 5 个碳原子的有机（如三丁基磷酸、甲基 - *n* 己基醇、二异丙基酮等）溶剂接触，钽有机相与含铌的水相进行分离。	

专利号	申请日	公布日	申请人	发明人	专利名称	专利要点及有益效果	同族专利号
US2778979	550429	570122	美国 P. R. Mallory 公司	James M. Booe	有退极化剂的钽电解电容器	钽电解电容器包括表面有氧化膜的钽阳极，银或铜外壳，5%～75%硫酸电解质，它与阳极阴极接触，由一种阴极金属氧化物的固体退极化剂与电解质接触。	
GB767135A	540518	570130	英国原子能局	England Peter George	铌与钽分离的改进方法	先把含钽铌的原料氯化，铌与钽分离采用选择性地还原五氯化铌，五氯化钽不变，还原是在550℃氢气流下进行，五氯化钽被冷凝。	
US2795481	531113	570611	美国 Hicks Harry G.	Hicks Harry G.	溶剂萃取分离钽铌	将含钽铌的原料用氢氟酸和硫酸、硝酸、氯酸中的一种溶解，钽铌以五价存在于溶液里，该溶液与二异丙基酮接触，酮相和水相分离，用硼酸或氨水处理水相沉淀氢氧化铌，用硝酸洗涤；反萃酮相使钽转入水相，用硼酸或氨水处理水相沉淀氢氧化钽。	
US2803536	550113	570820	伊利罗依斯技术所	Lucio F. Mondolfo	生产易氧化高熔点金属及其合金方法	在熔融铝存在下还原高纯 Ti、Nb、Hf、Zr、V 金属的氧化物，在 2000～5000 ℉加入造渣剂（KCl，$MgCl_2$，$BaCl_2$，CaF），进行还原。	
GB782818A	550526 541116	570911	美国 P. R. Mallory 公司	James M. Booe	钽电解电容器	一种电容器包括钽阳极，银或金外壳，聚苯乙烯密封垫，电解质是碱金属氯化物或氯氢酸，10～200g/L 氯酸铁作为退极化剂。	US2834926A DE1110313B
US2816815	550216	571217	Mailinkradt 化学厂	John R. Ruhoff	钛与铌、钽分离方法	含 Ti、Nb、Ta 的氟化物的混合物与无水氟化氢在不低于250℃的高温（250～450℃）反应，使 Ti 的氟化物挥发，与剩下的含钽铌化合物分离。	
US2823419	520314	580218	美国扇钢冶金公司	Jonh D. Winters	钽电容器芯子的压制	一种压制金属粉末的装置，特别是压制钽粉成为多孔体的装置，压制的坯块用于制造电容器阳极，该装置也可以用于压制其他粉末材料。	
US2825855	540929	580304	Cornell 电器公司	Eugene F. Frekko	电解电容器	金属外壳电解电容器结构的改进，小型化的较小截面阳极被固定在支撑片的凹槽里，用塞子和垫圈固定密封上部阳极引线，使用液体电解质。	
US2848313	550504	580819	武彦林太郎	武彦林太郎；高桥油井架	化学分解和固态金属制粉法	WC、TiC、TaC、ZrC、WC-Co、Ni-Co 的废料回收的制粉法，氢化流态或氯化金属碎片；如 WC-Co 在 Cl_2 气中加热到 800℃，然后淬火。	

专利号	申请日	公布日	申请人	发明人	专利名称	专利要点及有益效果	同族专利号
US2861882	571112	581125	美国 Wilmington	Foord Von Bichowsky	还原氧化铌成金属的方法	将五氧化二铌、二氧化铌、一氧化铌和亚氧化铌与碱金属化合物，媒间材料，碳、碳酸钙、碳酸镁及镍接触，加热到1100℃红热，在氢气流中进行还原，在惰性气氛下冷却。	
US2871423	530309	590127	美国扇钢冶金公司	Olver S. Alkman	电解电容器	银作阴极，有一层氧化钽膜的钽作阳极，电解质 Cl^- 为负离子，如 LiCl 或 HCl，阳极上有一层 AgCl 薄膜。	
US2871424	530309	590127	美国扇钢冶金公司	Oliver S. Alkman	电解电容器	银作阴极，有一层氧化钽膜的钽作阳极，电解质为硫酸，阴极上有一层 Ag_2SO_4（没有时效作用）。	
US2871425	530309	590127	美国扇钢冶金公司	John Buroham	电容器	在用做电容器的电极上形成一层介电膜的方法，包括在卤化醋酸水溶液中（5% ~50%），90℃形成，钽电极为阳极，施加电压300V，增加氧化膜厚度。	
US2881067	550228	590407	法国 Chatillon 公司	Andre Hivert Pontoise	生产粉末金属的方法	生产微细金属粉末的方法，包括在一区域蒸发镁蒸气，使镁蒸气通过另一有粉末金属氧化物区域（如氧化钽），镁还原金属氧化物，保持原氧化物粒子形态。	
US2888320	551221	590526	美国 Snyder	Andrew T. Mecord	从含钽铌的物料中提取钽铌的方法	矿石→磨碎→焙烧（600 ~ 800℃）→NH_4F 溶解→过滤→Ta、Nb 液，加入 Na_2CO_3→去杂质溶液 + KF→K_2TaF_7 + 铌液→pH 5 ~ 5.5→NH_4OH（pH > 10）→氢氧化铌。	
US2904430	571014	590915	美国扇钢冶金公司	Donald F. Taylor; Robert Baughman	难熔金属的提纯	钽铌中含 Al 最高为 2%，用第三种金属，如 Cu、Ag、Au、与含 Al 的钽铌共同加热，使 Al 熔于 Cu 中，使钽铌得到提纯变为延性金属。	
US2905548	570906	590922	美国扇钢冶金公司	Ralph J. Hovey	钽铌提炼方法	K_2TaF_7 和 Cu-Al 合金反应，加 NaCl，在石墨坩埚中加热到 1500℃。用石墨棒搅拌，冷却后用 HNO_3 洗去 Cu-Al，水洗得到钽。	
US2905549	570906	590922	美国扇钢冶金公司	Donlad F. Taylor	难熔金属制取方法	$3K_2TaF_7 + 14Al \rightarrow 3Al_3Ta + 6KF + 5AlF_3$，再将 Al_3Ta 溶于第三种金属（如 Cu）形成 Cu-Al 合金，分离出 Ta，$Al_3Ta + 3Cu \rightarrow 3AlCu + Ta$。	

专利号	申请日	公布日	申请人	发明人	专利名称	专利要点及有益效果	同族专利号
US2905550	570906	590922	美国扇钢冶金公司	Donlad F. Taylor	难熔金属制取方法(Ta、Nb、W、Mo)	Ta、Nb、W、Mo的化合物与Al还原，得金属间化合物，用第三种金属，它能和Al形成合金，而分离出Ta、Nb、W、Mo。	
US2910633	520912	591027	美国扇钢冶金公司	Ralph J. Hovey	电解电容器	一种有极性密封的电解电容器，用无机酸（硫酸）为电解质，不溶于电解质的贵金属（Ag）为阴极，钽为阳极，上述电解质包括对阴极电化学为负性的金属离子。	
US2927854	571231	600308	美国国家研究公司	Martin George	钽的分离方法	把钽粉从钠还原氟钽酸钾的产物中与副产物分离出来，使用酸性水溶液，对其中含铝离子进行洗涤，提供的铝氟比为Al∶F＝1∶1～1∶6，酸浓度至少为0.1mol/L。	
GB829733A	580613 570701	600309	Sierra 金属公司	Kilbern	钽合金	一种钽合金，其成分包括5%～20%（质量分数），至少10%（质量分数）的Cr，2%～25%（质量分数）的W，其余为Ta，杂质C、O、N、Fe总量不超过0.5%。	USX829733A
US2928722	570809	600315	瑞士 Ciba 公司	Walter Schller	无机卤化物的分馏方法	含有$NbCl_5$、$TaCl_5$和$FeCl_3$混合物，加入$AlCl_3 \cdot POCl_3$或（$3ZrCl_4 \cdot 2POCl_3$）加NaCl为介质，在230～650℃温度下进行分馏。	
GB830659A	551025	600416	德国 H. C. Starck 公司	Hyde	从含有杂质的钽铌氧化物提取钽铌的方法	含有钽铌氧化物的原料溶解到盐酸＋氢氟酸里，用甲基异丁基酮（MIBK）提取钽铌，在有机液里加入水，使大部分钽留在有机相里；大部分铌进入水溶液里，水相里钽很少。	
GB830660A	551025	600416	德国 H. C. Starck 公司	Hyde	从酮溶液沉淀钽和/或铌化合物的方法	在酮或含酮、氢氟酸或盐酸的溶液里，在有氟离子存在下，加入至少一种钾盐，如氯化钾或氟化钾（如果酮溶液里没有氟离子），沉淀出钽铌化合物。	
US2933443	530318	600419	美国扇钢冶金公司	Curtis H. Parsons	电解槽	赋能槽，内表面为钽，有钽轴，阴极挂在槽中，槽里有一旋转装置，钽轴和槽绝缘。	

专利号	申请日	公布日	申请人	发明人	专利名称	专利要点及有益效果	同族专利号
US2950185	580613	600823	NRC（美国国家研究公司）	Edward G. Hellier	钽粉生产方法	将氟钽酸钾装入反应器中，升温800~900℃，形成熔融盐，加入液态钠或K/Na-K合金，并强力搅拌，防止分层，充分还原，得Ta粉，O为0.017%。	NL252366A FR1284531A
US2950966	580620	600830	美国国家蒸馏化学公司	Raymond A. Foos	钽的提取	含钽的化合物与NaOH、KOH、H_2SO_4、HF等反应，水过滤，酸洗（HCl、HNO_3、H_2SO_4），加HF得H_2TaF_7、H_2NbOF_5，与有机接触，分别制得有机相的钽和水相铌，钽铌分离。	
US2953453	580620	600920	美国国家蒸馏化学公司	Raymond A. Foos; Cincinnati Ohio	铌的提取	含铌化合物与NaOH、KOH、H_2SO_4、HF反应，水过滤，酸洗（HCl、HNO_3、H_2SO_4），加HF得H_2NbOF_5，与有机接触，$H_2NbOF_5+2HF \rightarrow H_2NbF_7+H_2O$制取铌。	
GB849616A	571231	600928	美国国家实验室	Marks	钽的生产方法	把氟钽酸钾装进一密封的反应容器里，加热到800℃以上，加入过量金属钠，然后在物料熔体为液态下保温至少2h，冷却后把钽与副产物氟化钠、氟化钾分离，得到钽粉。	
US2962372	580117	601129	美国联合碳化物公司	Raymond A. Foos	钽铌的分离	含钽铌矿或原材料用HF溶解，浓度为5.5mol/L以上，加无机酸酸化使酸度大于12mol/L，再用较低醋脂肪酮类（如MIBK）接触，萃取分离钽铌。	
GB857298A	580512 570612	601228	美国联合碳化物公司	Roger Allen	钽基合金	一种钽基合金的组分（质量分数）是：55%~99%的Ta，1%~45%的Ti；70%~90%的Ta，10%~30%的Ti；85%~96%的Ta，4%~15%的Ti；该合金延展性好，强度高，高温抗腐蚀抗氧化。	USX857298A
US2972530	570823	610221	Kenneco比铜公司	Stuart R. Zimm	低品位钽铌熔炼提取钽铌	低品位矿加焦炭（必要时加铜、铁）在1200~1600℃熔炼，铌-铁-碳团化，酸处理（溶去铁）得铌、钽碳化物。	
US2992095	580117	610711	美国华昌公司	John Chol Li	从钽铌矿中分离出铌和钽方法	含铌、钽和铁的氧化物矿石加铝粉之类的还原剂点火反应，也可加一些铜和氧化铜（点火）。金属于氧化铝渣分离。	

专利号	申请日	公布日	申请人	发明人	专利名称	专利要点及有益效果	同族专利号
US2994603	580620	610801	美国国家蒸馏化学公司	Harry Greenberg	铌、钽的制备方法	R_2MX_7（K_2TaF_7）R 为 K、Na；M 为 Ta、Nb；X 为 F、Cl 等卤族元素，用碱金属在 150～800℃还原，加入碱金属卤化物作稀释剂，稀释剂与钽铌化合物的比例为（0.5～10）：1。	
GB878962A	600311	611004	英国标准电话电缆公司	Ernest E.	固体电解电容器	固体电解电容器包括钽粉烧结的表面有氧化膜的阳极，在氧化膜上有二氧化锰层，其上覆盖石墨层，有一弯折的阴极引线埋在焊附在石墨上的延性金属铅、镍、铜及黄铜里。	
GB881997A	580613	611108	美国国家研究公司	Marks	钽粉生产方法	在约 800℃用液态金属钠还原熔融的氟钽酸钾，把钠注入到熔盐表面，强力搅拌反应产物用含硫酸溶液浸洗，并用硫酸铝、氢氟酸、双氧水洗涤。	
US3011866	580110	611205	Gibason James	Gibason James	铌与钽的分离	把原料与碳混合，500℃通氯气进行浓缩反应，用一氧化碳在 500℃处理含铌和含钽的浓缩的气体反应产物，分别回收挥发的铌产物和不挥发的钽产物。	
US3012877	580620	611212	美国国家蒸馏化学公司	Raymond A. Foos	铌、钽生产方法	K_2TaF_7 与稀释剂 NaCl、KCl 或 KF 计量相混，抽空，加热到 100～400℃烘干，连续加入 K_2TaF_7 到反应弹中，注钠，反应物料从底部抽出，可连续进行。整个系统密封连接。	
GB885875A	601012	611228	英国标准电话电缆公司	Kingston Brian Willian	电解电容器	固体电解电容器包括一钽阳极，钽丝引线从钽阳极里伸出，一绝缘垫片套在伸出的钽引线上，和钽阳极接触，一滴环氧树脂在垫圈上钽丝的周围固定，防止二氧化锰生成。	DE1852862A CH392694A
US3015758	570920	620102	美国扇钢冶金公司	Robert Hidchrandlt	电解电容器	包括一个冲压成帽状的金属壳阴极与多孔阳极同心安装，阳极下面由基座固定，阴极壳上端固定阳极的上部，密封。垫圈填料材料在 −75～250℃对电解质是稳定的。	
US3031295	600215	620424	美国国家研究公司	Keller Wayne	生产钽的方法	在无空气的反应器里，800℃以上注入液态金属钠到熔融氟钽酸钾的表面，使表面冷却并继续注钠，直到使氟钽酸钾全部反应生成钽，保持 800℃温度以上至少 2h。	

专利号	申请日	公布日	申请人	发明人	专利名称	专利要点及有益效果	同族专利号
US3056072	580626	620925	美国 Sprage 电子公司	Scroeder Walter A.	铌和钽的生产方法	将铌、钽的氧化物与 1~40μm 颗粒的有 15% 过量比例的碳素物混合，1500P/in^2 压力压制成条，真空下以 300℃/h 升温到 2000℃保温，直到放气停止，冷却烧结条。	
US3065046	590406	621120	美国国家蒸馏化学公司	Raymond A. Foos	从有机溶剂中提取钽和铌的方法	把氟化钾、氯化钾、碳酸钾或氢氧化钾之一加入到含钽铌的有机溶剂里，该溶剂与水不相混，含氢氟酸 1~20g/L，与钽铌形成双金属盐；回收氟钽酸钾和氟铌酸钾。	
US3070522	571008	621225	美国 Sprage 电子公司	Preston Robison	钽箔的腐蚀方法	电化学钽阳极腐蚀，至少选择乙酸、丁酸、丙酸中一种的脂肪酸氟化物盐的有机阴离子，在溶剂多羟基醇里进行，上述溶液含有少许水分。	
US3091525	590501	630528	美国 Stuffer 化学公司	Charles Di A Hunt	难熔金属的脱氧方法	Hf、Mo、W、Nb、Ta 金属的脱氧提纯，在上述金属熔点以上的温度，在高真空下，可采用电子束轰击熔炼实现熔融脱氧。	
US3092448	600831	630604	美国 DU PONT 公司	Kennedy John H.	钽铌的分离方法	制备含氢氧根离子至少为 0.01mol 的含 Ta-Nb 的溶液，用 Na 离子和 K 离子加入到溶液里，其两者之和与 Nb 的摩尔浓度之比大于 6~8，且 K 离子占 60%~98%。	
US3110585	601020 591021	631112	瑞士 Cila 公司	Walth Scheller	金属铌/钽及其合金制法	$KNbCl_6$ 或 $KTaCl_6$ 与镁装入炉中，Mg 的量比化学计量过量，物料加热到 450~500℃，从上部局部点火，然后蔓延整个物料发生还原反应，然后从产物里把金属分离出来。	
GB942529A	520514 610623	631120	美国国家研究公司	Grandener James H.	钽粉	一种适合制造电解电容器的钽粉，杂质 Fe 含量低于 $20\times10^{-4}\%$，优选低于 $10\times10^{-4}\%$；Ni 低于 $20\times10^{-4}\%$，优选低于 $10\times10^{-4}\%$；Si 低于 $120\times10^{-4}\%$，优选低于 $20\times10^{-4}\%$。	CA697222A
US3112991	600328	631203	美国联合碳化物公司	Willion B. Fishow	从铌、钽的有机萃取相中制取无氟氧钽铌法	从含有铌钽的有机相（有 H_2TaF_7、H_2NbF_7 和 HF）中制取铌、钽的五氧化物，用氨中和，用量比化学计量大，使 pH 为 8，从有机相中分离出来变成水液，沉淀得钽铌氧化物。	

专利号	申请日	公布日	申请人	发明人	专利名称	专利要点及有益效果	同族专利号
US3114629	601010	631217	美国联合碳化物公司	James H. Downing	钽和铌的生产方法	氧化钽、氧化铌与石墨粉（过量15%，粒度为1～40μm）相混合，以1500lb/in² 压力压制成条，在真空里加热到1500℃，2000℃，真空达到66.5kPa（500mmHg），冷却出炉。	
US3117833	580925	640114	美国扇钢冶金公司	James A. Pierret	钽铌的分离和提纯方法	铌、钽以高浓度溶于HF中（H^+为8～13mol/L），用有机（如MIBK）萃取，用水液反萃Nb（酸度降低），再稀酸萃取钽。	
US3120695	571118	640211	John Burnham	John Burnham	电解电容器的制造方法	在弱酸里100～400V使钽阳极表面电解形成氧化钽层，在无机酸水溶液里比闪火电压低75V的电压下极化阳极直达稳定的漏电流，清洗干燥，组装成液体钽电容器。	
US3141235	630411	640721	美国原子能协会	Willion H. Lenz;Los Almos 实验室	含钇的钽制品	钽、铌、钛、铪、钒中加入1% ～3%的钇。钽粉中加入3%的钇，混合后成型为一定形状，烧结1950℃烧结至少1h，再进行加工。钽里还可以加0～30%的W。	
US3144328	600517	640811	美国P. R. Mallory公司	Arnold S. Doty	多孔烧结钽阳极的制法	将钽粉刮进石墨制的小坑中，在1500～1600℃预烧30～60min，把预烧块倒出来转到钽坩埚中烧结（1900～2100℃）制得的电容器可改善CV，使其漏电流低，ESR低。	
US3151971	610503	641006	美国NRC国家研究公司	Philip J. Clough	气相凝聚生产细金属粉末	感应加热使金属气化，冷凝收集得到细粉（可制Al、Mn、Ag、Cr、Be、Cu、B、Si、Ti、Fe、Ta、Nb、…）	
US3156560	590605	641110	美国通用电气公司	John W. Semmel	延性铌和钽合金	至少90%的钽、铌中有杂质N、O、C，加入少量2% ～10%的Yb、La等稀土元素（57～71号）形成的合金，可改善其室温和高温延性。	
US3166693	530502	650119	美国贝尔电话实验室	Horace E. Haring	干式电解电容器原件	包括在粒子表面形成的介电氧化膜金属粒子多孔体、孔隙里多孔体表面附着一层二氧化锰层，在二氧化锰层上覆盖一层石墨层，金属壳和两引线分别和多孔体及外壳接触。	

专利号	申请日	公布日	申请人	发明人	专利名称	专利要点及有益效果	同族专利号
US3169862	620109	650216	瑞士 Ciba 公司	Walter Scheller	电解电容器阳极制造方法	含氧高的 150μm 以下粒径的钽粉，混入与 O 形成 CO 的所需 C 量的 60% ~ 100%，压制成型，在 1600 ~ 2200℃烧结，使 C 降低到 0.015% 以下，改善电容器的电性。	CH396213 GB951726
US3180711	610626	650427	美国联合航空公司	Simon S. Aconskg	回收难熔金属的设备	废料送进密封的装置里，经过 300℃通氢氢化，从底部吹气，使硬质球打击物料，被氢化的物料粉碎，通过筛板得到粉末。	
US3184302	630124	650518	美国国家保密局	Carl J. Chindgren	铝热还原法脱除金属中氧的工艺	含有氧以及铝的难熔金属加入钙、铝及 BaO_2，$KClO_3$，CaF，脱除其中的氧和铝，并造渣（难熔金属可为 V，Zr，Ta，W，Ti，Nb，Mo）和金属分离。	
US3188205	611220	650618	美国扇钢冶金公司	Arthar B. Michael	铌合金	以 Nb-Ta（20% ~ 35%）为基的合金，加入 W（15% ~ 16%）、Mo（3% ~ 10%），少量 Zr、Ti，此合金有良好的抗氧化性及高温强度高。	
US3232752	530611 620613	660201	德国西门子公司	Egon Klopping	烧结电解电容器钽阳极体的方法	用 75 ~ 250μm 粗钽粉和 5% ~ 50%（质量分数）1 ~ 50μm 细钽粉混合压制成块，在 1700 ~ 2000℃烧结得到的钽阳极体积比容高，频率特性好。	CH402188A GB983346A
US3232749	620430	660210	美国 Leonard F. Yntema	Leonard F. Yntema	难熔金属的生产	难熔金属的氧化物和还原剂金属分层装入密闭反应器，使氧化 - 还原反应充分进行，并且还原剂及其生成物对所制金属是不溶的，反应温度高于还原金属熔点，加 KCl 为造渣。	
US3243290	630722	660329	美国通用电气公司	Jack W. Clark; Edward S. Jone	钽基合金	含 W 8% ~ 12%（质量分数），C 0.01% ~ 0.5%（质量分数），至少含ⅣA 族金属选择 Zr 低于 2%（质量分数），Ha 小于 4%（质量分数），ⅣA 族元素与 C 的原子比为 0.2 : 1 到 2 : 1。在 3000℉时强度为 20000psi。	
US3243668	620629	660329	美国 Sprague 电子公司	Williams Diggens H.	端子有弹性支撑的玻璃 - 金属密封的钽容器	有引线的多孔钽阳极装入银外壳阴极里，用隔离片和座套分离，阴极与阳极间是电解质，引线穿过填料层，引线和阳极对接，套有金属管，管外熔化的玻璃堆积，管内焊锡连接。	GB973395A

专利号	申请日	公布日	申请人	发明人	专利名称	专利要点及有益效果	同族专利号
US3254390	610403	660607	美国扇钢冶金公司	Albert Shitasel	固体电容器的制造方法	钽箔经 HNO_3、HF 腐蚀，以钽箔为阴极在 $KMnO_4$ 中电解，以钽箔为阳极在硼酸液中 150V 赋能，再在 $KMnO_4$ 中作阴极电解沉积 MnO_2，然后浸胶体石墨，浸银浆，装壳。	
US3268328	641103	660823	美国 NRC 国家研究公司	Maurice L. Torti. Jr	钽及合金材料的生产方法	加钇（Y）钽及其合金经过冷加工，细化晶粒，增大抗拉强度，改善蠕变性能，可以在更高的温度下热处理，也可加稀土金属，周期表中 39 号、58～71 号元素（Y$10\times10^{-4}\%$～0.01%）。	
US3285716	640720	661115	美国卡维奇化学公司	Claude E. Coutant	侵蚀的钽箔	用作电容器的高纯钽箔的表面被侵蚀，有（35～300）$\times10^{-4}\%$ 的钼，优选为（100～200）$\times10^{-4}\%$ 的钼，这种电容器在 125℃ 的电容量与 25℃ 的电容量之比小于 2。	
US3295951	650202	670103	美国 NRC 国家研究公司	Cristopher J.；B. Fincham	钽粉生产方法	钽粉所含杂质除氧外，Fe、Ni、Si、W、N、C 为固溶状态，漏电流低，可在较低的温度下烧结。1930℃ 烧结 1.5h，标准条件测试击穿电压高于 260V。	
US3299326	630218	670117	美国联合碳化物公司	Richard F. Gluyas	金属颗粒经预处理后烧结固体电解电容器	将可阳极化的金属，如钽粉，在可除去挥发性杂质化合物的温度下，如 2000～3000℃ 进行预处理，然后烧结→形成阳极→被膜→被阴极→焊引线→固体电解电容器。	
US3300297	640526	670124	美国卡维奇化学公司	Reuben T. Feilds	从锡渣中富集钽和铌	含 Ta_2O_5、Nb_2O_5 的锡渣磨碎过 325 目，先用 0.5%～6% H_2SO_4 在 95℃ 分解（H_2SO_4 对渣的化学计量比为 0.75～1.5），过滤，得富集的 Ta_2O_5、Nb_2O_5 用氢氟酸溶解。	
US3302073	631021	670131	美国通用电气公司	Archie Broodo	电容器和电容器材料	包括一个电极及烧结的金属粒子的多孔体，形成连续的表面，在连续的表面有连续均匀厚度的介电氧化膜，覆盖在介电氧化膜上的另一个电极与电解质接触。	

专利号	申请日	公布日	申请人	发明人	专利名称	专利要点及有益效果	同族专利号
US3302074	640629	670131	Indianapolis Delaware	Robert D. Black; Green Castle	电容器固体氧化物电解质水气分解	在钽金属烧结体电极表面形成了介电体氧化膜后，浸渍硝酸锰后在至少250℃ 90%水气下分解得到半导体二氧化锰氧化物膜，制作的电容器特性好。	
US3308350	640717	670307	美国 Sprague 公司	Donald M. Smyth	介电氧化膜中含有磷的电容器	电解电容器，在阳极形成以前扩散磷至钽中，磷均匀分布在氧化钽中，可使氧化钽均匀，阻止靠近钽一侧氧化模中氧向钽中扩散，也防止外层氧化模从空气中吸氧。	GB1105518A
US3323914	640818	670666	美国 NRC 国家研究公司	Christopher J. B. Fincham	钽阳极的生产	将 Ta_2O_5 和 C 混合，加入的 C 量是还原 Ta_2O_5 成为钽金属所需化学计量的 96% ~99%，C 粒子的粒度小于 3μm，Ta_2O_5 粒子为 2 ~ 15μm，将混合物压制成密度为约 3.8g/cm^3 的条块，在真空中加热到 2000℃ 保温约 2h，形成高比容的阳极。	
US3337429	640528	670822	美国联合碳化物公司	Fredere F. Zind	固体电解质电容器及其生产方法	粉末压制，烧结，形成氧化膜的多孔阳极体，浸渍硝酸锰，分解形成二氧化锰的被膜过程，重复多次被膜，再形成。然后包封及安装引线。	
GB1114056A	660401 650526	680515	瑞士 Ciba 公司	Gustar Daendliker	电容器钽粉的制造方法	把电解沉积的钽粉氢化，磨碎制粉到粒度分布：0 ~ 5% 的粒子大于 60μm，70% ~ 95% 的粒子 5 ~ 60μm，0 ~ 30% 的粒子为小于 5μm，然后脱氢得到电容器钽粉。	NL6601229A BE681428A
US3415639	660405 650525	681010	瑞士 Ciba 公司	Gustar Daendliker	电容器级的钽铌粉的生产方法	钽铌的氯化物或氧化物与镁反应还原（或 Ca）制取钽铌粉，还原时加碱金属卤化物、碱土金属卤化物，得到的产物用水洗，在 1600 ~ 2200℃ 加碳还原氧化物、氢化制粉。	NL6607155A BE681427A
US3445625	640903	690520	美国 Varian 联合公司	James S. Hetherington	用粉末制成低密度金属多孔体的方法	钽粉模压成型为均匀的坯块，在惰性气氛下高压放电使粒子之间相互黏结，再进行真空烧结增加强度，但密度增加不多；然后电解形成阳极、被膜，制造成钽电容器。	

专利号	申请日	公布日	申请人	发明人	专利名称	专利要点及有益效果	同族专利号
US3447894	661205	690603	美国卡维奇化学公司	Robert A. Gustison	锡渣中钽铌的富集	在有足够多碳的情况下进行电弧熔炼使钽、铌氧化物转化成炉底熔体，然后破碎，加入足够多的硝酸钠使金属转化成相应高价钠盐，水浸、酸煮、过滤得到富集的钽铌。	
US3461047	650618	690812	美国海军	Jenny Alfred H.	钽的提纯方法	被碳污染的钽/铌提纯方法：在有氧存在下阳极化使表面形成氧化膜，在真空里加热到1800℃保温30min，再升温到2100℃保温除去碳。	
US3461355	670425	690812	美国扇钢冶金公司	Stanley S. Fry	用于电容器的钽元件及其制造方法	用于制作钽电容器的钽壳内表面镀上一层金，通过扩散，使金穿过不导电的氧化钽与钽接通，在镀金层外再镀铂黑或钯黑，增加导电性。	
US3473915	680830	691021	美国扇钢冶金公司	James A. Fierret	钽金属粉末的制造方法	粒径为2~30μm的钽粉在无活性气氛下在1200~1500℃进行热团化处理，形成粘连的多结点多孔颗粒。最后通过60目筛，得到团化钽粉。	
US3476557	641231	691104	日本电气株式会社（NEC）	Christopher J. Fincham	电器元件	将钽粉先装入一模中插入钽丝，连同模子一起放在炉中烧一次后取出，将钽块倒出，第二次再烧结（1875℃以上）形成后的阳极CV高、漏流低。	
US3480426	650625	691125	德国H. C. Starck公司	Ernst Neuenchwander	不自燃金属粉末的生产（电容器用）	用氢等离子还原ⅣB、ⅤB、ⅥB族元素的卤化物得到0.03~0.1μm稳定的粉末，氢摩尔数为金属卤化物的5~10倍，卤化物如：$TaCl_5$、$NbCl_5$、WCl_6、$MoCl_5$、$ZrCl_4$。	
US3491270	670907	690120	美国Mallory & Coinc	Gabriel Thomas	无极性钽电容器	至少有两个表面形成了一层氧化膜且有一引线伸出的多孔钽阳极，氧化膜上覆盖有二氧化锰层、石墨层，使阴极电连接，被装入外壳里，电极引线从两端伸出。	
US3496076	680328	700217	美国Sprague电子公司	Cheseldine Daviod M	高压铌阳极氧化的方法	先在硝酸对水，比例大于1∶4溶液，其中有至少0.5%~99.9%有机溶剂和0~50%硫酸溶液和/或磷酸中80~150V形成，然后在稀释的电解液里在所要求的电压下形成。	

专利号	申请日	公布日	申请人	发明人	专利名称	专利要点及有益效果	同族专利号
US3496424	680207	700217	德国西门子公司	Gunter Behrend Heidenheim	钽铌电解电容器的制造方法	烧结块为阳极，在130℃的温度下，90%甘醇、5%～10%水中含KH_2PO_4化学稳定导电盐的溶液中形成介电氧化膜（上述溶液导电率为0.5mS/cm）。	
US3496425	680223	700217	美国TRW公司	Milton E. Palos	多孔的均匀互连的粉末压结体的形成工艺	将约8μm粒径的粒子烧结互联，阳极比容6000μFV/g的钽粉压制成钽块，钽块烧结密度为8～13g/mL，形成氧化膜后，阴极覆盖在氧化膜上，做成电容器。	GB1266013A FR2002433A
US3497402	660203	700224	日本电气株式会社（NEC）	Richard W. Neadh Marrice	有稳定晶粒度的钽合金	钽中含$1\times10^{-3}\%$～0.1%的钇，冷加工，在再结晶以上温度3700℉退火，最后冷加工到所需尺寸，再在2000℉退火，该合金有细的等轴晶粒。	
US3498854	660113	700303	美国西屋电气公司	Raymond W. Jr Pittsburgh	析出硬化的钽基合金	其成分（质量分数）为：W＋Mo＋Rh≥5%，W≤2%，Mo≤2%，Zr＋Hf 0.25%～0.75%；N与Zr原子比0.8～1.2；其余是钽和不可避免杂质的钽基合金，纯度高，耐热性好。	BE692608A GB1115760A
US3499753	670113 <u>660202</u>	700310	德国H. C. Starck公司	Gastar Daendliker	钽粉的生产方法	碳还原氧化钽，C/O比尽量接近化学式计算比，使C稍多一点，（1）低于2000℃还原为钽；（2）得到的钽供给足够的氧；（3）加热钽粉到2000℃，使其中的氧把剩余的碳转变为CO。	SE319013B NL6701561A
CA846724A	—	700714	德国H. C. Starck公司	Gastar Daendliker	钽粉的生产方法	氧化钽与稍微过量的碳混合，在真空2000℃以下（如1600～1850℃）进行第一阶段反应，然后加入氧高钽粉或钽的醇盐进行第二阶段反应。	
US3568009	680706	710302	美国扇钢冶金公司	Bernard Rappaport	全密封电解电容器	有钽外壳和钽盖，电阻加热封焊焊接部位加压力，在一种流体下封焊，电容器中在常温下是负压，当温度上升时，里面压力稍有上升也不至于因膨胀而破裂。	
US3585024	681205	710615	Mg Kawecki铍业公司	Jchn A. Cenerazzo	提高锡渣中钽铌品位	钽铌矿石或锡渣加足够的碳熔炼，使Ta、Nb、Ca、Fe、Si、Al都转化为碳化物，磨碎用过量HCl和HF溶解碳化物，HF过量使Si溶解，过滤后高温煅烧得Ta、Nb氧化物。	

专利号	申请日	公布日	申请人	发明人	专利名称	专利要点及有益效果	同族专利号
US3592639	680819	710713	美国扇钢冶金公司	Motimer Schussler	钽－钨合金	一种单相可冷加工的高抗蚀性钽－钨合金的成分（质量分数）：1.5%～3.5%的W，0.05%～0.5%的Co，0.05%～0.5%的Nb作晶粒细化剂，强度至少30000psi，而且抗腐蚀性好。	
US3617358	670929	711102	美国Metco公司	Ferdinand J. Dittrich	火焰喷雾粉末及其方法	一种火焰喷雾粉末具有约1μm粒径，－20目尺寸实质上是球形颗粒，它是由喷雾干燥，由许多－200目的小颗粒结合到一起组成的，其抗压强度至少为0.7g。	
US3627520	700129	711214	美国SPRAGUE	Donald G. Rogers	多孔烧结钽的制造方法	钽粉在烧结前成型时混入硫化铝、硫化铜、氧化铋、氧化铜、氧化硅、氧化钙、$CaSO_4$、R_2SO_4中的至少一种填充物，然后在1000～1700℃烧结挥发填充物形成多孔体。	
US3630718	690320 650625	711228	德国H. C. Starck公司	Ernst Neuens	不自燃的活性金属制造方法	元素周期表中ⅣB、ⅤB、ⅥB族元素卤化物等离子体氢还原制得不自燃0.03～0.1μm的超细粉，主要是立方形、八角形和球形的，表明氧含量低于$3mg/m^2$。	
US3635693	690127	720118	德国H. C. Starck公司	Hans Joachim	由压块/废料制取钽铌的方法	钽铌块→用HF洗24～48h→水洗→800～1400℃热处理→300～400℃（600～1000℃，200～500℃，60～120℃）氢化→制粉→600～1200℃脱氢→钽、铌粉末。	
US3641399	700610	720208	美国P. R. Mallory	Gerhart P Klein	凝聚的电解电容器阳极粉末	电解电容器阳极是由团化金属钽烧结形成的凝聚多孔体，其直径为0.005～0.1in，每一个钽粉颗粒是由1～100，微粒烧结而成的。该电容器改善了漏电流、DF值和频率特性。	
US3644987	700302	720229	德国Kabelund公司	Ernst Scheffler	超导体的制造方法	镀锡的铜带包在铌条上，圆截面条的表面是超导体层熔点较低Sn，条芯是熔点较高Nb，经过拉丝，热处理扩散生成铌三锡超导体。	
US3647415	681021 671025	720307	昭和电工株式会社	矢野友三郎	烧结电容器用钽粉	一种电容器级钽粉的粒子的扁度在2～60，至少有80%上述粉的窄向宽度3～250μm，没有500μm的粒子，这种片状钽粉漏电流低，击穿电压高。	JPS5241465B DE1805372A

专利号	申请日	公布日	申请人	发明人	专利名称	专利要点及有益效果	同族专利号
US3647420	690604 680606	720307	德国 H. C. Starck 公司	Attilio Restell	高纯钽、铌的生产方法（用于制作电容器）	钽、铌氧化物与碳粉混合，使氧过量，第一次1700℃还原，钽中含氧 0.05% ~1%，混入碳氢化合物，高温分解留下碳均匀分布于钽中，1700 ~2000℃第二次还原得到钽粉。	FR2010259A CH515996A
US3649878	700723	720314	美国元件公司	Herman Schneider	无极性电解电容器	膜形成金属是指在具有介电膜的两对面有两电极，介电膜上形成半导体氧化物，如二氧化锰，两电极之间配置一介电膜，电极可以是钽或类似金属，形成氧化钽。	
US3653850	690414	720404	美国 Norten 公司	Robert E. Eberts	K_2TaF_7 的提纯方法	调整水溶液的酸度，相对溶解的钽盐进入到有机相（MIBK），杂质进入水相，有机相萃取得到纯度更高的钽的化合物。	
US3654523	700717	720404	美国 Sprague 公司	Mark Markarian	液体电解电容器	在阳极钽箔上形成电介质，由氧化铝的铝箔作阴极，电解质与阳极、阴极接触，该电容器工作温度范围为 -55 ~125℃。	
US3655365	700501	720411	美国芝加哥 IIT 研究公司	Frederik C. Holtz	高速钢合金加工方法	高速钢合金的组成（质量分数）：10% ~40% 选自 W、Mo；0.5% ~4% C，至少一种选自 Cr、V、Nb、Ta、Si、Mn；其余为 Fe、Co，热固溶形成预合金粉末，晶粒度为 3μm。	
US3658511	691222	720425	美国卡维奇铍业公司	Robert A. Gostison	提高钽铌氧化物等级	含有 Si 的钽铌的氧化物酸性水溶液过滤时，加入使 SiO 转化为 H_2SiF_6 所需化学计量的 HF，过滤溶液，可提纯钽铌氧化物。	
US3661639	690220	720509	英国 Plesey 公司	James S. Caslaw	超导体	铌锡合金超导体的制备方法，在镀锡之前含 Zr≤5% 的铌带或丝的含氧量为 0.025%，扩散加速，这种氧含量对临界电流无害。	
US3664943	691104	720523	小旧电气株式会社	熊谷春	TaN 薄膜电阻的生产方法	在 $0.08\times10^{-2}\sim3\times10^{-2}$ Torr 的氮气（分压 $1\times10^{-4}\sim5\times10^{-4}$）与氩气混合气氛里，溅射电流大于 $0.25mA/cm^2$、溅射电压大于 4.5kV，以钽为阴极进行溅射，形成 TaN 膜。	GB1249951A

专利号	申请日	公布日	申请人	发明人	专利名称	专利要点及有益效果	同族专利号
US3667002	700601	720530	美国 P. R. Mallory 公司	Gerhart P. Klein	电容器结构设计	Ta、Nb、Zr、Hf、Al、Ti 金属体上有一层氧化膜、一层半导体层、一层导电层，阳极引出线弯曲部分和附件颈相接，另一阴极引线和平端相接，芯子装入杯状金属外壳里。	
US3668023	690620	720606	美国 Indiapolis	Peshotan Sohrab Kotral	含钽高强度镍基合金	含有钽沉淀相，可进行热加工的强化镍基合金，也可含 Cr 15% ~22%；. Mo 3% ~12%；Ta 5% ~10%，其余为 Ni 的镍基合金，含 Fe≤10%，形成的金属间化合物相 A_3M。	NO129535B AT302671B
US3671220	700511 690511	720620	瑞典 Nynashamn	Kurt Alfred Jonsson	金属粉末的生产	金属（W、Mo、Ta、Nb、Re、Cr）卤化物被还原为金属粉末，在反应器里加热，使混合物料到还原温度（300~330℃），用氢还原成金属粉末。	
US3686535	710702	720822	美国联合碳化物公司	John Piper	多个分开的阳极相连的电解电容器	多个分开的多孔钽阳极，表面形成氧化膜，氧化膜上被覆二氧化锰层，彼此并排，其阳极与阳极相连，阴极与阴极相连，形成组合电解电容器，这种电容器具有改进的高频特性。	
US3697255	701117	721010	美国贝尔电话实验室	Wiley M. Baldwin	废钽电容器回收方法	将废钽浸在有过剩的熔化的还原金属（如钙、镁）中，在非氧化性气氛中足够高的温度下保持足够长的时间，然后用对钽不溶的无机酸洗去还原金属和其化合物，得纯钽金属。	
US3708728	710610	730102	美国国际标准电子公司	Henley Frank；Sterling Erich	镀金属膜半导体芯粉压成的电解电容器	用在 Ni、Ti、SiC、TiO 等粉末表面镀钽（外表面一层钽）所成的粉末压制、烧结制造成的多孔体电解电容器电极。	
US3710474	700522	730116	美国扇钢冶金公司	Marvin F. Kelly	加钒的钽箔	一种用来制造电容器的经腐蚀的自持钽箔，钽中预先加入 $3\times10^{-3}\%$ ~0.05% 的 V，使之均匀化，总的杂质含量小于 0.08%，这样制成的电容器容量随温度变化小。	
US3712939	710429	730123	美国联合碳化物公司	Raymond H. Capps	提取钽铌的方法	把含钽铌的原料、矿石用氢氟酸溶解，得到钽铌氟酸水溶液，水相与甲基异丁基酮接触，使钽铌进入有机相而被提取（14 项同族专利）。	ZA7202891A SE436499B

专利号	申请日	公布日	申请人	发明人	专利名称	专利要点及有益效果	同族专利号
US3723838	720114	730327	美国西屋电气公司	Henry Yasuo Kumagai	掺N、B钽电容器	在不导电的基片上形成一层钽薄膜，掺N，β钽薄膜上形成氧化钽膜，在氧化钽上形成上电极，这种电容器漏电流低。	
US3738824	710318	730612	美国等离子化学公司	Robert D. Daris	金属粉末的制取及装置	适于难溶金属，如 $TaCl_5$ 等离子体氢还原的装置，将反应气体送到反应区→淬火区→收集金属粉（控制温度、压力、流量），可制造钽粉。	AU444655B
US3742369	711118 690703	730626	Richard Douglass	Richard W. Douglass	纤维状阀金属阳极电容器	将阀金属粉末压块后烧结→在熔融的金属中浸渍使孔中填充软金属→经拉拔使阀金属至直径5~10μm→酸洗去软金属→切断→焊引线→赋能→形成阴极→包封→电容器。	
US3748106	710318	730724	美国等离子化学公司	Robert D. Dauig	钽粉	等离子体氢还原 $TaCl_5$ 得到海绵状钽，原位法制成钽阳极，所述粒子的粒径约为1μm，1900℃烧结，比容达2900~3360μFV/g；在1800℃烧结，比容达4000~5100μFV/g。	
US3757172	720929	730904	Samuel Ruben	Samuel Ruben	钽电容器	一种液体钽电解电容器，钽为阳极，不锈钢（18%Cr、8%Ni，余为Fe）外壳为阴极，H_2SO_4 为电解质，在 H_2SO_4 中溶入一定量硫酸亚钛 $TiOSO_4$ 可以提高外壳抗腐蚀性。	
US3767456	710907	731023	美国扇钢公司	Frederic A. Glasky	不锈钢上化学气相沉积钽、铌	不锈钢上CVD沉积钽铌的方法，待沉积钢的表面用 $TiCl_4$，在900~1100℃处理，在900~1100℃ $TaCl_5$、$NbCl_5$ 用 H_2 还原进行CVD镀覆。	
US3770487	710128	731106	Mchumacher	James O. Gibson	难熔金属组合物	一种在高温（2100℃）热压制成的抗氧化、耐高温高强度组合物，由二硼化铪、硅化钨、碳纤维、钽基体组成的组合物。	
US3775076	730115	731127	美国Interior（华盛顿）	Ronald A. Goldotti	铌和钽的生产方法	氧化钽，氧化铌+氨→形成氮化物→高温分解减压沉淀得到的金属粉末；Nb分两步，第一步650~850℃形成氧氮化合物，1100~1500℃进一步用氨反应生成氮化物。	

专利号	申请日	公布日	申请人	发明人	专利名称	专利要点及有益效果	同族专利号
US3775840	720810 710819	731204	德国西门子公司	Heinrich Diepers	用于制造筒式超导体的导体板	铌板条弯折成“U”字形截面，把铌板焊合成筒式管，铌板里面嵌镶熔点较低、导电性高的金属，如铜，制造筒式超导体。	DE2141621A CA960375A
US3778249	700609 690811	731211	美国国际镍公司	John Stanwood	粉末冶金生产弥散强化电加热合金	搅拌球磨设备制粉，机械合金化粉末成分（质量分数）是：15% ~40%的 Cr，不大于 5%的 Si，不大于 10%的 Co，不大于 32% 的 Al，0.05% ~25% 的 Ti、Zr、Y、Nb、La。	
US3779716	720118	731218	美国原子能委员会	Robert E. Rilley	钽-碳化钽纤维合成材料	一种含 50% TaC-50% Ta 的纤维结构材料，在 2000℃以上温度抗热应力能力比纯 TaC 提高 40%。	
US3784369	720824 690404	740108	瑞典 K. Svanstrom	Kjell A. Svanstrum	难溶金属粉末的制造法	如：Nb-Fe(Ta) 合金含（质量分数）15%的 Fe，9%的 Si，0.5%的 Mn，0.5%的 Al，余为 Nb + Ta，破碎成 65μm ~2mm 粒子，加 HCl 气体在 1100℃ 4h 去掉杂质，得 1 ~10μm Nb(Ta) 粉。	
US3786323	720703	740115	美国贝尔电话实验室	Frank Groom Peter	用钽硅合金做阳极的电容器	薄膜电容器包括在基体上沉积可阳极化材料，可阳极化层是 Ta-Si 合金，其中含 Si 2.5% ~12%（质量分数）。	
US3789499	720803 710809	740205	法国 Commisariat	Michel Pequignot	有不同成分的复合物产品的制造方法	对至少两种不同成分的组合物，如铌、铝，将两种物件的表面贴合，抛光两表面，在惰性气氛里或真空中加压进行高温热处理扩散焊接。	FR7129035A
US3791821	681030 661205	740212	美国西屋电器公司	Raymond W. Buchman	钽基合金	高温高强度和抗高温蠕变的钽基合金的成分（质量分数）是：4% ~8.5% W，至少 0.5% ~3.0% 选自 Mo、Re（铼）；至少不大于 1.5%选自 Hf、Zr 一种，0.04% C、N，余量为 Ta 和不可避免杂质。	
US3793010	720127	740219	美国联合航空公司	Franklin D. Lemkey	有直条 δ 相直接固化共晶型合金	含有 Nb 和/或 Ta 和 Cr 和/或 Al 的镍基合金，展现共晶特性是单向铸态合金，双相或多相微合金有约 25% ~40%是直条 δ 相 Ni_3Nb、Ni_3Ta、Ni_3(Nb-Ta)。	

专利号	申请日	公布日	申请人	发明人	专利名称	专利要点及有益效果	同族专利号
US3793012	710614 710409	740219	美国通用电器公司	John L. Walter	镍基碳化钽共晶合金	单向固化钴基铸态合金的成分（质量分数）：0～26%的 Cr，13.5%～19%的 Ta，不大于14.5%的 Ni，W≤6.5%，Fe≤1.0%，1.2%～1.4%的 C，余量为 Co。该合金高强度抗蠕变。	
US3793013	710921 710415	740219	美国通用电器公司	John L. Walter	钴基碳化钽共晶合金	单向固化铸态合金的成分（质量分数）是：6.7%的 Cr，18.3%的 Ta，1.1%的 C，5.0%的 Al，0.84%的 Ti，8.4%的 Co，5.0%的 Mo，余量为 Ni。镍基体里有 TaC 纤维。	
US3815224	710608	740611	美国原子能委员会	Milton R. Pickus	延性超导材料的制造方法	烧结的多孔铌或钒条浸渍 Sn、Al、Ge、Sb、Ga，形成互相连接的纤维，加工成带或丝后热处理后生成 Nb_3Sn、Nb_3Al、$Nb_3(Al,Ge)Sb$、V_3Ga 超导体。	
US3818581	720928	740625	美国 Norton 公司	Haig Vartanian	电容器电极（纤维状钽组成的阳极）	模压烧结→等静压→烧结→渗浸软金属（铜）→铜包套→锻→轧、拉拔→切断→HNO_3 洗去铜→水洗……得到纤维状钽。用该纤维钽制得的电容器寿命稳定。	
US3825802	730312	740723	美国西方电气公司	Henry Yasuo Kunagai	固体电容器	粉末压制成型、烧结，然后形成氧化膜，浸 Mn$(No_3)_2$，分解、补形形成（被膜反复多次）浸石墨、银浆，装壳，焊引线端子。钽粉掺 N 0.47%～2.71%（原子百分数），Si、B。	
US3827865	700730	740806	美国 Norton 公司	Richard W. Douglass	纤维金属粉末	将硬的金属粉末（如钽）烧结成多孔体→渗浸软金属（铜），然后将组合体加工成棒→条→线或板，使硬金属成为纤维。	
US3828227	730409	740806	美国 Sprague 公司	Richard J. Millard	有端帽端子的钽电容器	两端分别为正负极，有金属帽焊封，用特氟隆密封的钽固体电解电容器，回流焊平接安装在集成电路板上。	CA961939A
US3829310	730430	740813	美国 Norton 公司	Tyler X. Mahy	高表面积阀金属粉末	烘干的 －10 目 K_2TaF_7 用液态金属钠在 100～200℃包覆、搅拌，加热点火反应，放热反应开始后使温度升高到 700～1100℃保温，冷却得到骨架结构钽粉。原料中加 NaCl 稀释剂。	

专利号	申请日	公布日	申请人	发明人	专利名称	专利要点及有益效果	同族专利号
US3843492	730518	741022	美国 Sprague 公司	Walter J. Bernand	钽阳极赋能架制作及使用	固体电解电容器阳极块赋能架有一梁，烧结的钽将引线焊在梁上，将阳极浸在赋能液中，这个梁是铝镁（1% ~6%）（质量分数）合金，表面预先形成氧化膜，赋能及热分解时不会弯曲。	FR2230059A DE2423923A
US3846260	730518	741105	美国 Sprague 公司	Walter J. Bernard	钽阳极赋能架制作及使用	用 Al 和 2% ~15% 氧化铝做赋能架，梁表面形成氧化膜，能经得起反复升温使用不变形。	CA993061A1
US3849687	730713	741119	美国 GTE 公司	Leroy S. Huston	用钽片做吸气剂的钨丝卤化物灯泡	有管状封装，充有惰性气体和溴，由钽丝做吸气剂（吸收氧和氢）的钨丝卤化物灯，其工作温度为300 ~450℃。	
US3850764	740411	741126	美国 Corning 玻璃公司	Andrew Herezog	形成固体钽电解电容器的方法	热分解得到二氧化锰，第一次分解温度 225 ~300℃，其次的热分解温度是 175 ~225℃，以后每次的温度比第一次至少低 25℃。二氧化锰与氧化钽膜结合牢固。	
US3863116	730529	750128	美国 Acheson 工业公司	James John Coniglio	新的电容器构造	钽电容器涂覆有 5% ~20% 的氟橡胶，可在400 ~700 ℉高温下工作。涂敷 80% ~95% 的导电性颜料，0% ~10% 的涂层控制剂，都能适应上述温度范围。	
US3866315	740221 730202	750218	德国 Kable-und 公司	Gerhard Ziemek	稳定的超导体的制造方法	超导体组合物包括在铌基体表面沉积铜，刷涂分散的细粒铜进入到基体表面，轧制后使铜与铌结合更好，制成起波皱的管。	FR2219548A GB1391171A
US3867129	740205	750218	比利时贺布肯金属公司	Ronneau Pierre D.	可阳极氧化的金属粉末	在金属粉末表面均匀地或不均地在一定深度掺进0.06% ~2% （质量分数）至少选自钼、钒、钨、铪中一种元素，这种钽铌粉末制造的电容器在 −55℃、85℃、125℃容量变化小，击穿电压高。	
US3878079	730323 720328	750415	德国西门子公司	Alois Schauer	钽薄膜的制造方法	把基片加热到 300℃，采用对钽靶高频放电形成 α 相体心立方结构的钽薄膜，溅射是在氩气中 $1.5\times10^{-3} \sim 1.0\times10^{-6}$ Torr 进行的。膜的比电阻为 25μΩ/cm。	DE2215151A

专利号	申请日	公布日	申请人	发明人	专利名称	专利要点及有益效果	同族专利号
US3881911	731101	750506	美国 GTE Sylvania	Richard F. Cheney	自由流动的烧结的难熔金属团聚体粉末	用火焰喷射干燥难熔金属细粉和黏结剂的浆料，得到颗粒凝聚体，该凝聚体粒径至少是细粉粒径的5倍，预烧结凝聚体去除黏结剂，烧结得到凝聚颗粒，筛分。	
US3889357	730705	750617	美国 Sprague 公司	Richard J. Millard	网板印刷固体电解电容器	在钽基板上印上钽粉和黏结剂的混合物，经烧结，形成氧化膜层，形成阴极，在一块板上制得大量的电容器，用引线连接，用于双列直插式组件和混合集成电路装配。	
US3890701	740613 730622	750624	德国西门子公司	Heinrich Diepers	铌包铝芯的组合丝的生产方法	铌棒钻孔插入铝芯，用拉拔辅助器通过多道拉拔冷加工拉丝到彼此间紧密结合，去掉拉拔辅助器。	NL7405741A IT1046726B
US3905777	740128 730131	750916	美国公司 Comptoir	Roger Locroix	用于修复骨头的多孔金属复合物	一种用于修复骨头的多孔金属复合物，包括金属Ti、Ta，有实心或基片部分，有覆盖在其上面可穿孔的多孔部分，多孔部分的最小孔径为50μm。	FR2215927A CH575753A
US3907976	741129	750923	Mallinckrodt 美国公司	Isaac R. Hogan	氟钽酸钾连续结晶工艺	把氟钽酸水溶液和钾盐混合结晶→搅拌→罐藏→蒸气吹→泵压，从 10 ~ 25lb/UK_{gal} 的液中结晶出密度大的 K_2TaF，－325 目的小于 10%，吸水量小于 0.04%。	
US3912612	730919 720714	751014	美国西屋电器公司	John R. Gavaler	薄膜超导体的制造方法	由金属间化合物，如 NbN，形成薄膜超导体，其超导转变温度 15 ~ 16K，它是在 400℃、5×10^{-10} Torr 的氮气气氛里，基片温度为 450 ~ 1000℃，通过溅射在基片上沉积的。	
US3932594	731228	760113	美国联合碳化物公司	Frank P. Gortsema	制造微细金属碳化物粉末的方法	将金属（Ta、W、Ti、Mo、Zr 等）化合物浸渍碳氢化合物，如纤维素，加热到不发生烧结的温度，使其脆化，制造亚微米金属氧化物粉末，然后在氢气里用甲烷还原。	FR2256106A SU706014A SE412872B

专利号	申请日	公布日	申请人	发明人	专利名称	专利要点及有益效果	同族专利号
US3933474	740327	760120	美国 Norton 公司	John L. Ham	合金化的方法	将少量的合金元素和主要金属的粉末混合压结体与主金属（如难熔金属）捆绑，电弧熔炼融化形成以主要金属为主的合金化固溶体长棒。	DE2511095A CA1049268
US3933504	731119 730327	760120	美国 RCA 公司	William Phillips	光至色铌酸锂及其制造方法	一种光至色铌酸锂晶体，以晶体光敏态用于全息记录相，该晶体至少含有 0.001%（摩尔百分比）的 Fe，第二掺杂剂镁或铜，掺杂剂最多为 0.15%（摩尔百分比）。	
US3934179	750305 720920	760120	美国扇钢冶金公司	James A. Pierret	电解装置钽阳极	电子束熔炼制造的钽粉，经过热团化得的钽粉制成的阳极块，比容高，漏电流低，压制密度可以低。压制密度 8g/mL，2000℃烧结 30min，200V 赋能，比容 2700μFV/g。	
US 3943041	750609 740212	760309	美国 Pleesey Handel	Norman Frank Jackson	钽电容器的生产方法	钽箔阳极在 1% 磷酸（硫酸、草酸、柠檬酸）水溶液电解液里赋能，温度不高于 25℃。电流密度 0.1～10mA/cm^2，放热量低，溶液浓度变化小。	GB1454953A
US3944450	731105 720121	760316	德国西门子公司	Werner Schnabel	钽的干式电解质电容器的制造方法	烧结钽阳极在形成介电体层后，形成半导体二氧化锰层，将其在醋酸－过氧化氢溶液里浸渍除掉一薄层，然后被覆碳层。	
US3950842	750421	760420	美国 Sprague 公司	Lawrence E. Fournier	固体电解电容器的制造方法	多孔阀金属烧结体形成介电层后，用锰盐溶液和含有二氧化锰和/或氧化硅微粒触变性涂覆层，加热分解形成二氧化锰半导体层。	
US3956819	740202	760518	美国 Stephen L. Augert	Stephen L. Augert	钽电容器装配方法	制造电容器模塞放置在阳极的上端，让阳极引线穿过模塞，阳极与外壳之间有孔隙，用肋条固定，壳里装入流体电解质，进行全密封。	
US3962048	750108 740118	760608	美国 Sprague 公司	Curtiss M. Gilbert	在阀金属上形成均匀氧化膜的方法	用恒定的直流电源电压连续（走带式）电解，箔移动的速度是由卷收放带箔机调节自动控制，保持恒定的形成电流，整个带箔上形成的氧化膜的厚度是均匀的。	

专利号	申请日	公布日	申请人	发明人	专利名称	专利要点及有益效果	同族专利号
US3964981	730920 720414	760622	艾奥瓦州立大学	Henry M.	用钽/碳材料电极极谱分析方法	一个电池电极，如用碳在钽基体上气相沉积进行极谱分析。可以形成所需要的形状，有很大的表面积和灵敏度。	
US3969186	740211	760713	美国通用电器公司	John R. Thompson	核燃料元件	一种核反应堆心脏元件，置于包套管和核燃料棒之间的管、圆筒，防止核燃料和包套的反应，这种材料优选 W、Mo、Nb、Re 或它们的合金。	
US3970903	750110 730726	760720	美国 Sprague 公司	George A. Shirn	有嵌镶阴极的固体电解电容器	钽烧结体作阳极，其表面形成氧化钽膜，阴极是基本金属镀覆贵金属，如金的导体，缠绕在电容器芯子外二氧化锰层上引出，涂覆石墨，外包封。	
US3971970	741127	760727	美国 P. R. Mallory 公司	Gerald A. Voyles	高频低阻抗电阻元件	一种高频低阻抗电阻元件，一条金属（钽）引线从阳极伸出，在金属阳极表面形成氧化物薄膜，阳极体表面与电解质接触，有阴极和阴极引线，两引线平行。	
US3972710	750709 740723	760803	德国 H. C. Starck	Horst Meyer	提高锡渣中的钽铌品位方法	锡渣在溶解以前，先用经酮萃取过的氢氟酸或氟硅酸处理，然后用氢氟酸或 HF + H_2SO_4 溶解，再用酮萃取得到含钽铌的酮溶液。	DE2435427A
US3973952	730611	760810	美国国际镍公司	Clarence Gerge Bieber	热阻合金铸造	含有 Ni、Cr、Ti、Al、Mo、Ta 的热阻合金，控制成分，其铸造件有好的高温强度和延性。特别是 1850 ℉的破断强度高，1400 ℉延性好。	
US3974043	750425 740327	760810	德国 Kabel 公司	Werner Sczepaniak	稳定超导体的制造	把铜粉刷在铌或铌合金带的表面，然后成螺旋状绕在圆棒上电镀一层薄铜，将其在 900℃ 进行热处理，30min，再次电镀铜，直到所需厚度。	DE2414744B GB1462337A
US3976435	731102 710921	760824	美国 P. R. Mallory 公司	Gerhat P. Klein	用于制作电解电容器的多孔阳极	用水润湿钽粉（加入钽粉重量 2% ~20% 的水），钽粉最大粒子 10μm，模压成预定的凝结块，烧结成多孔体，烧结密度低于 12g/mL，比容不低于 2000μFV/g。	

专利号	申请日	公布日	申请人	发明人	专利名称	专利要点及有益效果	同族专利号
US3976475	750820 740822	760824	丹麦 Atemeno	Svend Aage Markland	从含钽铌的溶液中回收钽铌的方法	在有过氧化氢和氟离子存在下，用二元和三元长链烷基胺从含钽、铌的酸，优选硫酸溶液里萃取钽、铌，酸的浓度低于5mol/L，优选浓度为0.1～2mol/L。	DK449614A DE2836351A
US3977959	740909 730913	760831	德国 BASF	Wolfgang Habermann	电解用阳极	一种至少含有钽、硼化钽、碳化钽或钽合金和含有从10%～70%（质量分数）含铁族的钨合金的电极材料制成的电极阳极。	DE2346055A BE819674A
US3984208	740213 730219	761005	Lignes 电信电话公司	Jean Claude	固体电解电容器钽阳极	电解电容器阳极是纯钽粉和含有$1\times10^{-3}\%$～2%的N、Mo、V、Hf的钽粉混合制成的，第二种粉的比例为0.2～5。	
US3986243	750922	761019	美国扇钢公司	Mortimer Schussler	化工设备的修复方法	修复衬钽设备的方法：损坏处钻一洞，衬钽与壳体结合，所钻洞的直径大于等于损坏处的直径。清理后，在惰性气氛里焊接。	
US3986869	740301	761019	昭和电工株式会社	生石直谅	电解电容器阳极的制造方法	烧结金属粉末作电容器阳极，在模腔里压制连续的阳极体，烧结后切开成单个。引线可以压制前埋入阳极体里，也可以烧结后焊上。	
US3988332	750421	761026	美国 E. I. Du Pont 公司	Richard Royce	钽铌的碳氢化合物	某些钽铌的碳氢化合物与含氧化合物反应形成烯作为氧的清除剂，可以分解沉积钽铌，通式为$[(CH_4)_4CCH_2]_3Ta{=}CHC(CH_3)_3$（三新戊基钽）。	
US3989511	750311	761102	美国西屋电气公司	Maurice G. Fey	电弧加热直接还原得金属粉	矿石经等离子弧在还原性气氛下直接还原成金属粉末，该化学还原反应适于金属熔点高的W、Mo、Ta、Nb的生产。	
US3990498	750328 741016	761109	比利时贺布肯冶金公司	Marc Dompas	连续铸造的方法	熔融的金属浇铸到一顶部和底部开口的模子里，其中金属固化形成一假锭，凝固到足以从底部从模子里拉出，难熔金属包括钽、铌、钽基合金和铌基合金。	LU71497A
US3992192	740701	761116	美国扇钢冶金公司	Haig Vartaniam	金属粉末生产	用还原剂预镀覆金属盐（钠镀覆于氟钽酸钾表面），升温到点火温度，使发生放热还原反应，同时进行搅拌，可装入惰性盐作稀释剂，降低反应温度得到合适的粉末。	US4067736A

专利号	申请日	公布日	申请人	发明人	专利名称	专利要点及有益效果	同族专利号
US4000055	721215 720114	761228	美国西部电子公司	Henry Yasuo Kumagai	β 钽沉积掺氮方法	在氮气里溅射钽，在基片上形成掺氮钽膜，Ta：N 原子比 9：1～999：1，在上述掺氮钽膜上形成氧化钽膜，制成的一种薄膜电容器。	
US4001656	741227	770104	美国 P. R. Mallory 公司	Gerald A. Voyles	高频低阻抗电容器	一种高频低阻抗电容器，阳极有多个阳极引头，平行地在一个方向和阳极端正连接，彼此间距离小，阳极和阴极距离小，高频下阻抗低。	
US4002473	731129 711108	770111	美国 P. R. Mallory 公司	Gerhart P. Kiein	一种阳极的制造方法	该方法包括，在模腔里装有含黏结剂的形成膜的金属糊，里面插入上述金属引线，凝固成型后拿掉模，将凝固体在高温烧结成坚固的烧结体，形成介电体氧化膜。	
US4005990	750626	770201	美国能源研究开发部	Lawrence R. Newkirk	超导体	有高超导转变温度的 Nb_3Ge 铌锗超导体，含 1%～5%（原子百分数）的 O，改善了性能，可以采取氯化铌、氯化锗混合物气体氢还原化学气相沉积在基材上的方法制造这种超导体。	FR2317775 IT1068705A DE2687208A
US4009007	750714	770222	美国扇钢冶金公司	Stanly S. Fry	钽粉及其制造方法	钽粉中加入 $5\times10^{-4}\%$～0.04% 的磷，优选 $2\times10^{-3}\%$～$8\times10^{-3}\%$，可以在热团化前或热团化后加入磷，以这种钽粉制造的阳极，提高比容。掺磷物质如磷酸、磷酸二氢铵、磷酸氢二铵等。	JPS52014503A GB1483989A FR2318234A
US4010759	750829	770308	美国 Vitatron 医药公司	Gerard B. M. Boer	绝缘抗腐蚀医用电子装置及其产品	绝缘抗腐蚀心脏调搏器采用钽输出方式，其外表是形成了 Ta_2O_5 的绝缘膜，用钽作中心针、插座和电极丝，脉冲信号传到电极丝，刺激肌肉使心脏跳动。	
US4017302	760204	770412	美国扇钢冶金公司	Victor T. Bates	钽金属粉末制造方法	钽锭→氢化→磨碎→分级过筛→脱氢预热处理→破碎过 80 目筛→热团化→破碎→过 35 目筛→250 目筛（分级）-250 目再团化与 -35/+25 目粉相混→测试→产品	
US4017773	750327	770412	美国 Sprague 公司	David M. Cheseldine	电解质粒子里埋有石墨的固体阀金属电容器	钽固体电解电容器含有二氧化锰，二氧化锰外层包覆着石墨，二氧化锰与石墨粒子石墨层电接触良好，这种电容器即使包含有机材料，也可承受数分钟 360℃ 的温度。	

专利号	申请日	公布日	申请人	发明人	专利名称	专利要点及有益效果	同族专利号
US4024625	750528	770524	美国 Sprague 公司	Walter F. England	液体电解电容器的制造方法	可反向电压和增加阴极容量的液体电解电容器，有一阀金属多孔预烧结体片焊接到有阀金属内表面的外壳底部与阴极壳焊接接触，多孔体表面形成阳极化膜。	
US4035905	760308	770719	美国 Sprague 公司	Warren J. Clement	具有自由形状包封的液体电解质阀金属电容器	塑料浸注的头有两个洞，干式电解电容器阀金属芯子的两根引线从洞里穿出，有一管从芯子延伸出来，芯子浸渍环氧树脂混合物包封，固化后通过管把液体电解质灌入然后密封。	
US4041138	760721 750821	770809	德国 H. C Starck 公司	Wolfgang Glaser	氟钽酸钾晶体制造方法	含 Si、Nb、Ta 矿石用氢氟酸溶解，再用与水不相溶的有机溶剂萃取分离，有机相与含硅氢氟酸水相混合，有机相与钾离子化合物相混合，冷却水相，结晶出 K_2TaF_7，过滤分离。	DE 2537354A
US4041359	750616 731129	770809	松下电器株式会社	小岛亘；中田维彬	电解电容器及其制造方法	钽粉经压结成块（不经烧结）然后赋能阳极氧化，用海绵状金属制成电解电容器，也使用润滑材料。	
US4045288	741111	770830	美国通用电器公司	Joseph Sam Armijo	核反应堆元件	核燃料铀、钍、镤的包套外层是锆合金，形成基体；内层金属阻挡层是铌、铝、铜、镍、不锈钢和铁冶金结合。	
US4052273	740610	771004	美国 Corning Glass 公司	Bernard S. Aronson	多孔钽阳极化的方法	赋能步骤是：将多孔阳钽极浸入硝酸水溶液中，电流密度最大 $90mA/cm^2$，到预定电压恒压，拿出后 150 ~ 300℃ 干燥，再次在原电压形成至少 3min，可以反复多次。	
US4055887	760218 750326	771101	瑞典 BBC Brown 公司	Gundolf Meyer	生产稳定的超导体的方法	复合超导材料包括细丝超导体，它是母条（如 Nb、V）经过机械加工而达到各单个条之间冶金结合，各条连接的是可扩散的材料（Sn、Ga、Si）经过高温扩散形成超导材料层。	SH586952A DE7518620U GB1521346A
US4056304	761122 750306	771101	美国 RCA 公司	William Phillips	掺铌的钽酸锂的光调单晶光波导	掺铌的钽酸锂的光调单晶光波导有很好的低损耗波导性，有很强的电 - 光行为，这种波导是把铌沉积在抛光的钽酸锂晶体上，退火使铌扩散进晶体里冷却。	

专利号	申请日	公布日	申请人	发明人	专利名称	专利要点及有益效果	同族专利号
US4058445	760326 750327	771115	德国西门子公司	Wilfried Anders	钽薄膜电容器	用掺氮的钽薄膜装在不导电的基材上做电极，β钽氮含量是氮化钽，将氮化钽氧化形成氧化钽膜，在氧化钽膜之上形成上电极。	DE2513858A
US4059442	760809	771122	美国 Sprague 公司	Walter J. Bernard	多孔钽电容芯块制作方法	钽粉在400℃以上，在无氧气氛下处理，使表面氧化膜溶解，处理过的钽粉不加黏结剂在惰性气氛压制成坯块，再烧结，这种阳极 CV 高、漏电流低。	GB1525900A CA1034796 A
US4059887	770427 760614	771129	英国 AVX 公司	John L. Galvangi	片式钽电容器及其制造方法	有阳极引线、介电层和外层阴极的电容器芯子被装入壳内，外层阴极与金属外壳电连接，阳极与外壳的另一个电极连接，外壳内充满液体聚合物绝缘材料，固化变硬。	
US4062679	730329	771213	美国扇钢冶金公司	Harold G. Marsh	防脆钽丝	钽和富钽合金中加入 $5\times10^{-3}\%\sim0.07\%$ 的硅，或再掺 $0.01\%\sim0.05\%$ 的碳，提高抗脆性。其杂质含量（质量分数）：$Nb\leqslant0.03\%$；$(Fe+Ni+Cr)\leqslant0.02\%$；$W\leqslant5\times10^{-3}\%$；$Mo\leqslant1\times10^{-3}\%$；$Ca\leqslant2\times10^{-3}\%$。	US4128421A BE864458A
US4062749	760209	771213	美国 Corning 玻璃	Peter L. Young	形成有二氧化锰层的钽薄膜电容器的方法	在氧气和氩气的混合气氛里，通过氧化钽靶的 R-F（射频）溅射在二氧化锰上形成氧化钽薄膜，导电性膜和氧化锰层被冷却，再在其上形成第二导电性电极。	
US4064029	770208	771220	美国能源研究开发部	Cheng-the Wu	改进的超导量子装置的制造方法	在密封箱里的很窄小区域的砧面溅射三份（原子）铌、一份锡薄膜，在该薄膜上溅射防护膜，如铜，横跨所述的密封箱，在很窄的直线方向划线，暴露于辐射粒子下，除去这些沉积铜。	
US4065405	761203	771227	Exxon 研究及工程公司	Roger Hulme	从转化碳氢化合物的催化剂中回收 TaF_5/NbF_5	回收用于转化碳氢物的催化剂 TaF 的工艺包括：在70~400℃范围内，在 Lewis 酸存在下 F（Al 的三价卤族合物、TiF_4、ZrF_4）进行蒸馏，以形成 TaF_5 与 HF 接触。	
US4067735	760503	780110	苏联 Victor Ivanlovich	Victor Ivanlovich	制造整体多孔阳极电容器的方法	将阀金属粉末加黏结剂，在 $0.2\%\sim1.5\%$ 的羧化甲基纤维的钠盐或铵盐分散在乙醇或丙酮里的水溶液里，在电场下沉积在电极上，在1600~2000℃烧结形成整体多孔体。	

专利号	申请日	公布日	申请人	发明人	专利名称	专利要点及有益效果	同族专利号
US4067736	760604 760701	780110	美国 NRC 公司	Haig Wartanian	金属粉末生产（固－液搅拌钠还原）	还原剂＋K_2TaF_7＋稀释剂→混合→搅拌液镀包覆→100～500℃引燃放热反应至少15min→冷却→滤洗→得到金属粉末→粒度分级→测试→混合→热处理→磨筛→金属粉末。	US3992192A
US4068291	760412	780110	美国 Sprague 公司	Ralph Erskine	改进了阴极引线的固体电解质电容器	固体电解电容器多孔阀金属阳极体是圆柱形，外层石墨，有一带有引线头的“C”形半圆弧形薄金属带贴合在阳极体外，包围130～180℃焊接好，和阳极引线平行。	
US4073666	760909	780214	美国 Airco 公司	William G. Marancik	绝热的超导体及其制品及制造方法	把多股超导棒和多股普通导体组装到一延性材料，如铜的包套里，内衬阀金属，如钽，将此组合物挤压拉拔，除去外层的延性金属，暴露阀金属，经过氧化形成氧化物绝缘层。	
US4079441	760628	780314	美国国际标准电工公司	Eric Langley Bush	电容器用阳极	镀覆氧化铝的钽作电容器的阳极材料，部分氧化、部分没氧化的阀金属的镀覆，没镀覆的部分的厚度不超过0.05μm。这种阳极比纯钽的有更好的防击穿性。	
US4082601	760126 750211	780404	法国 Andre Maurice	Andre Maurice Regreny	在钽酸锂单晶上制备 $Li(NbTa)O_3$ 膜方法	将碱溶液加热到低于钽酸锂的居里点温度（约370℃）水热合成，在钽酸锂单晶上形成 $Li(NbTa)O_3$ 单域单晶膜，母体是钽铌的盐。钽盐是钽酸锂，铌盐是五氧化二铌。	
US4084965	770105	780418	美国扇钢冶金公司	Stanleys Fry	钽粉及其制造方法	钽粉中加入 $5\times10^{-4}\%$～0.06%的磷元素烧结阳极化做成的阳极，提高其比容，降低漏电流。钽粉是团化粉，或未团化粉，可在团化前或后加磷，可以是磷酸、磷酸铵盐等。	
US4085435	760614	780418	英国 AVX 公司	John L. Galvagni	片式钽电容器	有一个四方筒形金属外壳，将有阳极引线、介电层和外层阴极的电容器芯子装进去，外层阴极与金属外壳电连接，阳极穿过固化聚合物绝缘材料从外壳伸出与另一电极电连接。	GB1523249A 昭52-153151A DE2725137

专利号	申请日	公布日	申请人	发明人	专利名称	专利要点及有益效果	同族专利号
US4090288	760315	780523	美国 Sprague 公司	David Gale Thompson	金属端帽固体电解电容器	多孔阀金属阳极引线丝在形成介电体膜时与一金属载流条接触，在介电膜上沉积固体电解质，在电解质上形成导电性阴极，在两端用金属壳的端帽形成电连接，形成端子。	GB1542607A CA1057369A
US4095978	761105	780620	法国 Ugine 碳化物公司	Richard Kieffer	硬质氮化钽合金	硬质合金包括（重量）70% ~97% 硬质相（立方氮化钽）和 3% ~30% 的黏结剂，黏结剂至少包括 70% 的 Fe、Ni、Co，0 ~30% 的 Cr、Mo、W。	
US4097415	760309 750303	780627	法国 Societe Lignes 公司	Jean-Claudt	固体电解电容器生产改进	钽粉加黏结剂压块，掺 W、Mo、V、Hf 或 O、S、Se、Te 化合物，烧结，形成阳极。上诉掺杂元素可以用纯金属、氧化物或硫化物掺入，可以在成型时掺入。	
US4100252	770328 760426	780711	西班牙公司 Engelhard 公司	Frank Pitts	金属提取方法	钛铁矿氯化产生的残渣原料里含有 Ti、Al、Fe、Cr、Mn 的氯化物与 C 和未反应的钒铁矿。用冷水、热水处理，把 V 溶解到溶液里，与不溶的碳，未反应的钛铁矿和 Nb、Ta、Zr 分离。	
US4106184	770516	780815	美国 Sprague 公司	Lawrenece E. Fournier	有熔断丝的固体电解电容器及其制造方法	多个电容器芯子被阳极引线保持着有规律的间隔，阴极引线丝按相同的间隔配置，热合金熔断丝以正交角度安放在配置阴极引线上，芯子间有绝缘层，模塑包封电解电容器。	CA1093167A
US4107762	770516	780815	美国 Sprague 公司	Geoge A. Shirn	有放热 - 合金熔断的固体电解电容器的组装	用作固体电解电容器熔断丝的可放热合金化的金属铝、钯，熔断丝串联并与电容器芯子热连接，过热部分产生异常高的电流和热流，产生的焦耳热使熔断丝熔断，电路断开。	
US4110815	760928 751006	780829	法国 Societe Lignes 公司	Gilbert Frade	固体电解电容器	一种烧结钽阳极体，经过阳极化形成有介电氧化膜，氧化锰为阴极；氧化锰层上覆盖导电性层。其中在形成的氧化钽膜里掺入有非五价离子，如 B、Al、Mo，改善性能。	FR2327620A GB1557695A DE2638796A
US4122509	761206 751212	781024	法国 Societe Lignes 公司	Gilbert Frade	固体电解电容器	烧结钽阳极经过阳极化形成阳极，在形成的氧化钽膜里掺入两种高于或低于 5 价离子，如 B、Al、Si、Ti、Zr、Ge，非均质分布，改善性能。	GB1562411A DE2638752A

专利号	申请日	公布日	申请人	发明人	专利名称	专利要点及有益效果	同族专利号
US4126493	730806 720818	781121	德国 Deutsche Gold 公司	Jorg Wurm	难熔金属脱氧的方法	将 Ta、Nb 金属在有碱金属的卤化物或碱土金属的卤化物（至少 10%）、惰性气氛保护下加热到 600 ~ 1300℃ 到足够长时间。熔融盐有 LiF、KF、NaF、NaCl、KCl、K_2TaF_7。	DE2240658A
US4127680	770203	781128	美国 Sprague 公司	Geoge A. Shirn	采用临时固化填充多孔阳极的制造方法	用萘、二氯化苯和 CCl_3CF_2Cl 等可形成膜的化合物在多孔体的表面上提供密封膜，把萘从孔里蒸发出来，浸渍硝酸锰后热分解形成二氧化锰。这样电容器阳极体孔隙度高，ESR 降低。	
US4128421	771017 730329	781205	美国扇钢冶金公司	Harold G. Marsh	防脆钽丝用钽粉	一种适合制备防脆钽加工制品的钽粉末，含有 Nb ≤0.03%；W ≤ 5×10^{-3}%；Mo ≤ 10^{-3}%；Cr ≤ 3×10^{-3}%；Ca ≤ 2×10^{-3}%；含有 Si 为 0.01% ~ 0.2%，钽粉中掺 5×10^{-3}% ~ 0.07% 的硅，优选掺入 0.01% ~ 0.05% 的硅。	BE864458A US4062679A
US4135990	790103 770107	790123	法国 Societe Lignes 公司	Michele Moulin	钽电容器阳极的表面处理	将烧结体在赋能液里阳极化形成一定厚度的氧化膜，拿出放进硫酸、硝酸、氢氟酸溶液里，然后清水洗净后再赋能到形成所需厚度氧化膜。	IT1091695B GB1542226A
US4138512	771017	790206	美国军队保密局	Fred A. Glasky	化学气相沉积均质的难熔金属合金	在例如枪镗表面沉积钽钨合金，把难熔金属氯化形成混合氯化物蒸气，用氢还原沉积出金属合金，晶粒很细，比分别氯化钽钨得到的更均匀，延性更好。	
US4140528	770404	790220	美国坩埚公司	John C. Hebeisen	镍基超合金压制制品	全密度镍基超合金压制制品是通过雾化熔化所要求的合金成分金属，用粉末冶金技术制造的，当加热到 2200 ℉时不会出现热孔，在锻造时具有超塑性。	
US4141719	770531	790227	美国扇钢冶金公司	James B. Hakko	钽金属粉末	钽锭→氢化→磨、分级→脱气（1200℃）→磨筛→团化→磨筛→35 目→混合，钽粉松装密度大，氧含量低，坯块强度高，烧结阳极漏电流低，比容高。	DE2816342B BE866819A

专利号	申请日	公布日	申请人	发明人	专利名称	专利要点及有益效果	同族专利号
US4141720	780516	790227	美国 NRC 公司	Haig Vartanian	钽粉回收	含氧高、钠高的钽粉精炼处理方法，将此钽粉放入溶盐中加 K_2TaF_7 再用钠还原，加入比化学计算量少的钠。	
US4144117	770310 760317	790313	东京芝浦电器株式会社	富田济男	钽酸锂单晶生产方法	用含 Rh 20% ~40% 的 Pt – Rh 合金拉钽酸锂单晶，拉拔温度 1650℃，单晶中含 Rh $9\times10^{-3}\%$ ~0.07%，这种钽酸锂单晶的温度系数好，对表面波的传播速度得到改善。	昭 51-28173A
EP0001184A	780911	790321	南非德国啤酒工业钻石公司	Dietrich Rainer	拉丝模	一种拉丝模包括一金刚石或立方氮化硼耐磨挤压部件，金属碳化物包围耐磨挤压部件，有对称的支座，一层金属钽或其合金把碳化物和耐磨压接体连接起来。	
US4148131	771128 760324	790410	松下电器株式会社	西野忠	固体电解电容器的制造方法	压制坯块，烧结，形成有介电层的阳极，被膜在浸渍液中加入 $Mn(OH_2)$-NH_4NO_3-$Mn(NO_3)_2$ 溶液，解决较大的芯子要浸很多次 $Mn(NO_3)$ 结果还不均匀的问题。	DE2624068A FR2333335A CA1083337A
US4149876	780606	790417	美国扇钢冶金公司	Carlos F. Rerat	钽铌粉末生产方法	R_2MX_7（M 是钽铌，R 为碱金属，X 为卤素）与稀释剂碱金属卤化物，熔化后注入液钠，吹风冷却，搅拌还原，一次装入的 K_2TaF_7 多达 1000lb，钽粉比容达到 11000μFV/g。	GB2020618A 昭 54-159373 DE2909786A
US4149956	730926 690625	790417	瑞典钻石技术公司	James W. Bess	阳极结构	相对于电解池，盐水溶液为阳极，主要引入线用高导电性（铜）材料，把电流从电源引接到电池，电池用低导电率的金属，如 Ti、Ta，电解催化使卤素离子放电，长时间不钝化。	SE371372A GB1290099A FR2051307A
US4154609	770217 760311	790515	德国 H.C STARCK 公司	Reinhard Hahn	电子工业用多孔金属体的制造方法	多孔烧结金属制作：模压→烧结，在压制时加入无机润滑剂（S、Se、Te 的Ⅴ、Ⅵ族化合物）如钽粉中加 0.8% 的 TaS_2 1600℃烧结 30min 烧结体剩下 0.064% TaS_2，电容器漏流低。	FR2343540A BE852360A US4229217A
US4160069	770218 760218	790703	美国犹他大学	Owen W. Johnson	防腐的导电集电器/储电器	一种在高温下防止环境腐蚀导电性集电器包括：一高强度导电的金属包套，掺杂有钽、铌离子的金红石多晶陶瓷。	

专利号	申请日	公布日	申请人	发明人	专利名称	专利要点及有益效果	同族专利号
US4160284	770727	790703	美国 Graham Magnetics	Robert J. Deffeyes	电容器及其制造方法	在阳极和阴极之间有介电体氧化膜的多孔的钽电容器浸渍硝酸锰时，其中包含有小于 1μm 粒子（0.1～0.3μm）的导电性金属粉末浆料，如银浆，降低阻抗。	
US4162518	770815	790724	美国联合碳化物公司	Horance E. Curlis	固体电解电容器阳极体	一种由可阳极化金属粉末压制成的片状阳极体，其宽度小于长度，其截面是六角形，引线部位较宽，烧结时减少变形。	GB2002586A DE2835022C
US4164005	770902	790807	美国 Sprague 电气公司	David M. Cheseldine	固体电解电容器，端子焊接方法	固体电解电容器外阴极和/或阳极表面牢固焊接，对电容器体表面提供导电性树脂，在树脂未干时沉积一些可焊性金属粉末，如铜，然后进行焊接。	GB2003663A CA1101947A
US4164417	780428	790814	美国 Kawecki 铍业公司	Robert A. Gustison	用于铌合金制品的铌回收方法	萃取的铌液经过蒸发，在 150～250℃烘干，得到固态的氟氧化铌（NbO_2F），然后在有合金元素 Fe、Ni、Cr 存在的情况下，用铝热还原得到铌合金。	DD144076A CA1116409A
US4164455	760405	790814	美国 Corming 玻璃工厂	Bernard S. Arousos	固体钽电容器形成方法	电容器的阴极是热分解形成的二氧化锰，分解是在 170～250℃，至少有 10%（体积比）二氧化氮的气氛里进行，气氛里其他为水分和惰性气体。	
US4173467	780526	791106	美国 Cabot 公司	Barry H. Rosot	从超合金废料中回收阀金属	含有 Fe、Ni、Ta、Nb 的废料 + 碳（优选加入造渣剂）→熔化→酸浸→Fe、Ni 在溶液里，滤渣得阀金属 Ta、Nb 化合物。	
US4179725	770919	791218	美国联合碳化物公司	David E. Maguire	有轴向引线电解电容器共形地涂覆环氧	圆柱形钽阳极体，引线从圆柱体一端伸出，圆柱形金属外壳密封轴形阳极引线和引线头的一部分，环氧树脂与之紧密相连。另一端密封阴极引线。	FR2403635 NL182436C
US4192674	780718	800311	德国公司 H. C. Starck 公司	Rruno Krimer	从高钛矿中提取钽、铌的方法	从含有 Ta、Nb、Ti 的氧化物矿提取 Ta、Nb 的方法是矿石加氧化钙、重晶石用铝还原、电弧熔炼，加入的铝量是使矿中的 Ta、Nb 总量全部还原化学计量的 1.5～3 倍。	DE2733193C BE869187A AT362939B

专利号	申请日	公布日	申请人	发明人	专利名称	专利要点及有益效果	同族专利号
US4196230	780915	800401	美国 James O. Gibson	James O. Gibson	TaC 强化的碳纤维的生产	渗透用氟化钽和糖的水溶液碳纤维预成型的多向碳纤维，把无水氨引入溶液里，形成五氧化二钽和氟化铵，加热除去氟化铵，真空加热到高温使糖和五氧化二钽反应生成碳化钽。	
US4198742	780511 770520	800422	德国西门子公司	Robert Ramer	固体电解电容器的制造方法	固体电解电容器由烧结钽阳极、介电氧化层、阴极半导体二氧化锰、阳极丝插入烧结体内，在形成二氧化锰之前，在钽丝根部刷涂溶于溶剂里的聚四氟乙烯，300℃加热约10min。	FR2391546A GB1567099A DE2722899A
US4201798	770930 761120	800506	美国 Solarex 公司	Joseph Lindmayer	太阳电池抗反射涂覆的方法	涂覆氧化钽抗反射是对太阳能电池表面沉积低价氧化钽，然后在氧气里加热到400℃以上氧化成五氧化二钽。	
US4209375	790902	800624	美国能源部	Willard G. Kansas	溅射靶	沉积硬的涂层，将二硼化钛用金－钯－镍合金焊接到钽制背衬板上。这样焊接的激射靶具有抗硬脆性，改善了热膨胀性。	
US4213843	790309 780324	800722	日本电极株式会社	佐藤英男	电解电极及其制造方法	用于碱土金属或碱金属卤化物水溶液的电解质的电极包括：导电基体，如钛；基体上的镀覆层（摩尔比）：5%～75%氧化铱；5%～70% Ti、Ta、Nb 的氧化物；20%～70%氧化锡、氧化钴等。	NL181220C SU1056911A DE2909593C
US4214293	790221 770414	800722	美国国际标准电气公司	Henly F. Sterling	电解电容器	钽铌及其合金粉末经过25～40t/in^{2}压力压制成型，压结成为颗粒互相黏结体，不经过烧结进行阳极氧化。350～650℃进行热处理。	HK71978A PL198194A
US4215156	770826	800729	美国 IBM 公司	Hormazdyar M. Dalal	钽半导体接触器的制造方法	包含钽的接触器的硅半导体装置，钽作为低肖特基壁垒二极管。制造步骤是：清理硅基片，低压（不大于2.5×10^{-6}）、低温（400～450℃）沉积钽，热处理。	CA1111570A IT1158954B
US4229217	781120 780217	801021	德国 H. C Starck 公司	Reindard Hahn	电子工业用多孔金属体的制造方法	掺入含 N、B、Si、S、Se、Te 等元素的无机润滑剂，使钽粉中保存有掺入量的0.01%～10%，压制后烧结成多孔体。	US4154609A DE2610224A

专利号	申请日	公布日	申请人	发明人	专利名称	专利要点及有益效果	同族专利号
US4231076	780927	801028	美国 Sprague 公司	Mark Markarian	强酸作电解液的钽箔电容器	卷绕的钽箔作阳极和阴极，用多孔的抗化学腐蚀材料，如聚丙烯、玻璃布，把阳极和阴极隔开，使之浸渍 30% ~40% 的硫酸作电解质，该电容器的 ESR 低。	
US4231790	781102 760414	801104	德国 H. S Starck 公司	Reinhard Hahn	钽铌粉的高效制取方法	活化的 K_2TaF_7 和碱金属卤化物和熔融的碱金属按 1:(0.75 ~2.0):(4.75 ~5.5) 的分子比形成糊状浆料，注入到传动的反应舟里，推舟升温点火到还原反应温度，再传送到保温区 700 ~780℃保温→冷却区冷却后出料，连续进行还原，产物经水洗除去副产物和碱金属等得到钽粉。	DE2517180A US4347084A BE840701A
US4231947	790102 780306	801104	美国马萨诸塞技术学院	Richard R. Schrock	钽铌催化剂及其制造方法	钽铌催化剂或其前体物的通式是:(A)m -(R)-Z-(R^1)n-(R^2)，其中 R 是环戊酮，R^1 是新戊烷，R^2 是苯基，是 Z 是钽铌。A 是卤素或部分 YR^3R^4。	US3931477A
US4234333	790425	801118	美国扇钢冶金公司	Mohammad H. Ghandehari	从硬质合金回收金属碳化物的方法	控制电化学电位和电流密度进行电解，大量生产回收硬质合金里的金属碳化物，把黏结剂金属溶解到溶液里，金属碳化物不溶解。	
US4235009	780406 770415	801125	法国社会技术部	Balint Escher	固体电解电容器的密封	钽电容器塑封是在 150 ~250℃进行，使塑料粉末融化完全包封电容器，同时以 0.2 ~1 倍额定电压的偏压施加于电容器，保持偏压和加热数分钟。	FR2387502A GB1596882A
US4235629	771017 730329	801125	美国扇钢冶金公司	Harold G. Marsh	防脆性钽丝加工方法	先用细的硅粉与细的钽粉混合，制成至少含 Ta80% 的母合金，然后用母合金细粉混入钽粉中(按照 0.01% ~0.2%)压制熔炼后含 Si 5×10^{-3}% ~0.07% 的钽材。	
US4245275	780623	810113	美国 Mepco 电气公司	Henry T. Cannon	难熔金属合金壳电容器	用铌-钽合金为壳(Ta >60%)在合金壳内层镀钽(多孔)、在多孔钽上形成氧化膜，H_2SO_4 为电解质，其中含 $Ti(SO_4)_2$，电容器为全密封型。合金可用 Ta-W、Zr-Nb。	

专利号	申请日	公布日	申请人	发明人	专利名称	专利要点及有益效果	同族专利号
US4272289	791129 760331	810109	美国 Cabot 公司	Robert B. H.	抗氧化焊接铁基合金制品	合金的成分（质量分数）是：C 0.05%～0.7%，Nb＜0.3%，Co 15%～30%，Cr 18%～25%，Mn 0～2%，Mo 1%～6%，N 0.1%～0.3%，Ni 15%～30%，Si 0.2%～0.6%，Ta 0.1%～2%，W 1%～10%，Zr 0～0.1%，Al 0～0.5%，La 0～0.1%，Fe＞23%，Ta＋Nb≥0.4%。	
US4278729	791119 780915	810714	美国 James O. Gibson	James O. Gibson	碳化钽纤维碳化物	耐腐蚀高强度复合物包括：浸渍或镀覆有第一涂覆物碳化钽的碳纤维、其上有第二涂覆物碳化钽，第三连续相难熔金属（Ta、W、Re）覆盖在第二层涂覆物上。	
US4280270	790621 780828	810728	法国科学技术部	Balint Escher	钽固体电解电容器的制造方法	成批固体钽电解电容器的加速老炼，把电容器浸渍在二氧化锰储槽里，一端连接直流电源，另一端连接电容器的阳极引线，1.2～1.8 倍额定电压，储槽保持 25℃和 180℃，老炼 2h。	FR2432204A DE2929308A
US4296458	781120 771124	811020	瑞士 Plesey 公司	Leslie Smith	改进引线与阳极体结合度的电解电容器	壳装液体电解电容器，在钽外壳内紧密套一个和阴极相配环状钽粉制成的多孔圈，插进壳里，阴极和阳极之间充满电解质，有两道密封，阳极引线与外壳间玻璃密封。	FR2410347A IT1100595B DE2850789A
US4302301	800630	811124	美国 Sprague 公司	Melrin Tierman	阳极块上固体电解质沉淀	钽阳极浸入 $Mn(NO_3)_2$ 液，溶液中加入表面活化剂(壬基氧基聚乙醇、异辛基氧基聚乙醇，苯乙醚－辛基苯－乙烯氧基)有机物，使沉积的 MnO_2 不起皱。	
US4309389	800701 790710	820105	德国 H. C Starck 公司	Horst Meyer	在含钽铌矿处理中回收氢氟酸和沉淀残渣	用 HF 溶解矿得氟化物的钽铌水溶液，分解煅烧得到其氧化物，热水解分离出的 HF 回收再用，无钽铌的提余液中金属可沉淀回收氧化物。	DE2927835A
US4319118	800618	820309	美国 GTI 公司	Kenneth R. Chas-on	将钽引线焊到钽电容阳极上的方法	与钽丝轴线成一角度把钽丝引线斜切成尖形，钽丝尖端插向钽阳极，电容储电器产生电弧放电，使钽丝尖端熔化并和钽阳极结合。	
US4322248	791115	820330	美国 GTE 公司	Thomas J. Patricion	掺杂 Ta-Mo 丝及其制造方法	Ta-Mo 丝含 Ta 为 2%～20%，没有重结晶态的丝，其抗拉强度 30～145kg/mm²。增加合金电阻，0℃时的电阻率为 5.20～6.65μΩ/cm。	

专利号	申请日	公布日	申请人	发明人	专利名称	专利要点及有益效果	同族专利号
US4344107	800425	820810	美国 Sprague 冶金公司	Dean A. Webber	清洁引线头的固体电解电容器	固体钽电容器的引线头用激光清理干净，在引线头和外引线之间焊接，这样，引线头没有导电性颗粒，没有了从引线头到阴极的漏电流路径。	
US4347084	800502 750418	820831	德国 H. C. Starck 公司	Reinhard Hahn	由细粉烧结的电极及其制造方法	粒径小于 2.5μm 的钽粉，用它在 1600℃ 烧结的电解电容器电极的比容超过 10000μFV/g，钽粉是连续推舟钠还原氟钽酸钾得到的。	US4231790A BE840701A
US4356028	810824	821026	美国扇钢冶金公司	Victor T. Bates	原位法掺磷到钽中	在含钽的氟化物溶液里或氟钽酸钾结晶时或钠还原过程中掺磷 $2\times10^{-4}\%$ ~ 0.04%，用这样的氟钽酸钾生产的钽粉比容高。	DE3230219A BE2104500A
EP0070642A EP0070642B	820705 810717	830126 851009	东京芝浦电气株式会社	平手公行	生产氧化钽的方法和设备	从含有氟化物的氢氧化钽生产五氧化二钽，在反应器里把原料加热到一定（约 800℃）温度，并通过管子通入蒸汽，保温足够长时间使氢氧化钽转化为氧化钽。	昭 58-015032A AU5357948A
US4371419	800125 780403	830201	东京芝浦电气株式会社	福田嗣夫	钽酸锂单晶的生产方法	把钽酸锂放进铂 - 铑（铂 80% ~65%，铑 20% ~35%）坩埚里，用钽酸锂晶种在熔体里拉制生长，晶体在 1620 ~ 1660℃ 之内，比钽酸锂的熔点低 10℃，氧化性气氛里。	昭 52-111697A GB1533099A
US4379128	810206 801202	830405	德国 H. C. Starck 公司	Reinhard Hahn	掺磷制造氟钽酸钾的方法	在生产 K_2TaF_7 时在其中掺 $5\times10^{-3}\%$ ~ 0.05% 的磷，可以在萃取时掺，萃取温度为 90 ~ 100℃。用这样的 K_2TaF_7 生产的钽粉的性能得到改善。	DE3005207C GB2068924A
US4397081	810424 800426	830809	德国 Kabelmetal 电子公司	Gerhard Ziemek	超导管的制造方法	铜稳定的波形铌锡超导管的制造：把铜粉刷在铌带上，电镀铜增加铜层厚度，铜层上提供一层锡，把带卷成管，铜在内壁，焊接接缝，加热，锡通过铜扩散与铌形成 Nb_3Sn。	DE3016179A GB2074476A 昭 56-152107A
US4401877	820108 800425	830830	美国 Sprague 公司	Dean A. Weber	具有清净引线的固体钽电解电容器	用激光束清理过的固体钽电解电容器的阳极引线，清除掉引线和外引线之间焊接区所有的涂覆物，因此从引线到阴极没有任何导电途径。	

专利号	申请日	公布日	申请人	发明人	专利名称	专利要点及有益效果	同族专利号
US4412860	820927	831101	美国能源部	Steven A. Wallance	从 U-Nb 合金中回收铌的方法	用锡溶化 U-Nb 合金渣回收铌，固化形成的坯料经过加热，形成铌锡合金，将其投入盐酸里，使铀溶解于盐酸中，锡化铌（Nb_6Sn_2）不溶解，分离出来。	
US4415532	810305	831115	美国 Cabot 公司	Paul Crook	钴超合金	钴基超合金，含 Co 32%，Ni 8%，Cr 26.5%，W 2.5%，Nb 5%，Mn 1%，Si 1.9%，C 0.4%，约23% Fe（其中 Nb 可用 Ta 代替）。可加工、铸造、焊接，合金抗空穴磨损腐蚀，制造成本低。	GB2094342A FR2501237 NL8200896A
US4415950	800618 790703	831115	美国国际标准电器公司	Ronald D. Weeks	电容器	钽电容器的导电性涂覆层有铜粉、银粉，浆料的重量比是 10% ~40% Ag，50% ~10% Cu，2% ~12%聚合物黏结剂，30% ~60%溶剂，0.01% ~1%媒介物。含锡焊料与之相焊接。	GB2053058A DE3023545A US4474323A
US4417298	800516	831122	中田是同	中田是同	片式钽电容器	片式钽电容器有绝缘树脂框包封，有一对镀铜镍板金属箔端子，包到树脂框的两侧，至少一侧有缺口开向金属箔端子的外侧，一个端子连接钽丝引线。	
US4423004	830324	831227	美国 Sprague 公司	Sidey D. Ross	钽粉的处理	钽粉在 700℃以上热处理后，出炉前用二甲替甲酰胺在甲替吡咯烷酮羧酸或甲替吡咯啉溶液处理后，再与空气、含氧介质接触，减少吸氧。	FR2543358A CA1220034A
US4428028	811112 770303	840124	美国 Sprague 公司	Sidey D. Ross	电解电容器	用3-甲氧丙氰做溶剂电解质体系的铝或钽电容器，它包括选自硼酸甘醇胺的稳定溶质固化磷酸盐和络合物硼酚盐，其室温电阻率高达 1000Ω · cm。	
US4441920	801128 791204	840410	德国 Vereinigte 铝业公司	Siegfried Wilkening	火法生产金属	金属氧化物碳热还原生产金属（Al、B、Si、Ti、Zr、Mo、W、Ta、Nb），是把金属氧化物和碳粉混合制团，碳包住氧化物，然后在炉子里还原。	EP0029879B SU1048981A
US4441927	821116	840410	美国 Cabot 公司	Marlyn Getz	钽粉组成物	由钽锭制得的包括粒状的钽粉和鳞片状钽粉组成的团化钽粉，粒径小于 10μm，22% ~40%片状粉，其比表面积 0.2 ~0.4m^2/g，O≤0.19%，1600℃烧结的阳极比容不小于 7500μFV/g。	DE3341278A GB2130246A 昭 59-100201A

专利号	申请日	公布日	申请人	发明人	专利名称	专利要点及有益效果	同族专利号
US4445931	820120 801031	840501	美国国防部	Robert B. Worthington	金属粉末的生产方法	金属卤化物与熔化的钠喷雾（100～1200℃）反应制得细粉 $MCl_x + xNa \rightarrow xNaCl + M$，其中 M 是 Hf、Ur、V、Zr、Nb、Ta 等。	
US4446116	820324 810402	840501	德国 H. C Starck 公司	Bruno K. Rismer	从含 U、Th、Ti 稀土矿中回收铌、钽的方法	把矿石磨碎，用无机酸溶解，0.5～6 倍 70%～96% H_2SO_4，200～350℃空气中煮 3h，使 U、Th、Ti 进入溶液，过滤，用 12.5mol/L 硫酸加 8～30mol/L 氢氟酸在 80～120℃溶解，萃取钽铌。	BR8201878A AU557550A CA1200397A
US4447503	810331 800501	840508	Hawmet Turbine 公司	Louis E. Dardi	高温抗氧化涂覆物	在镍、钴或铁基超合金上涂覆涂覆物，其成分（质量分数）是：6%～30% Al；0.01%～15% Ta；5%～50% Cr；0.1%～10% Mn；W≤5%；La、Y≤5%，难熔金属不大于 5%；Si≤5%；Hf≤10%。	
US4451438	820929 820326	840529	德国 H. C Starck 公司	Wilfried Floeter	从含 U、Th、Ti 稀土矿中回收铌和钽的方法	矿石粉碎后分解，用 HF 在高温浸渍 3h 以上，使 Ta、Nb 以氟化物的形式溶于溶液中，不溶物，如 U、Th、Ra 化合物，保留在固体渣中。从溶液中回收 Ta、Nb。	
US4454977	820413 810416	840619	美国 W. C. Hermeus 公司	Fritz Aldinger	生产抗腐蚀管连接片的方法	把两种金属板，如不锈钢和防腐蚀的钽，焊接成管，把两种材料板互相叠合压紧（不锈钢较长），在惰性气氛里热压焊接。去掉多余的不锈钢部分。	FR2504044A DE3115193C
US4459160	810918 810312	840710	英国罗尔斯罗依斯公司	Geoffrey W. Meetham	单晶体铸造	铸造镍基单晶的成分（质量分数）：7%～13%的 Cr，0～15%的 Co，1.25%的 Ti+0.5%的 Nb，4.5%～6.7%的 Al；3%～12%的 W；0～3.5%的 Mo；0～5%的 Ta；0～2%的 Hf，0～1.5%的 V；0.015%～0.05%的 C，0～0.01%的 B，0～0.05%的 Zr 合金在 1300～1320℃进行热处理，冷却到室温，在 870℃时效 16h。	
US4473436	830502 820606	840925	德国西门子公司	Willy Beinvogl	集成电路基片上金属硅化物和多晶硅双层	由硅化钽和多晶硅双层，利用活性离子腐蚀和光敏阻障板，在工作板反应器用 SF_6 和 Cl_2 混合气体反应，提供绝缘层，得到所要求的结构，为超大型集成电路提供低电阻内联。	DE3216823A EP0094578A 昭 58-204538A

专利号	申请日	公布日	申请人	发明人	专利名称	专利要点及有益效果	同族专利号
US4479168	831219	841023	美国 Sprague 公司	Gilbert E. Green	全密封电解电容器	有玻璃－金属密封，有金属垫片压着与之相同外径却比垫片内径小的压环，有与邻接环的内径玻璃相同膨胀系数的管状引道玻璃物与垫片连接，在电容器外壳的底部开口端密封。	昭 60158614A EP0147091B CA1203586A
US4481030	830601	841106	美国能源部	Frederick A. Schmidt	Ta-Cu 合金及其制造方法	准备细长铜条，至少有两根分开的钽条捆绑为自耗电极，钽条的重量百分比等于钽在合金里的百分比，在熔池和电极之间直流电弧起弧 Ta-Cu 同时熔化到坩埚里形成 Ta-Cu 合金。	
US4483819	820719	841120	德国 H. C. Starck 公司	Wolf-wigand Albrecht	用于电解电容器的高表面积钽粉及阳极块的生产方法	钽粉粒子与金属还原剂相混，在真空或惰性气氛下 800 ~ 1200℃ 热处理足够长时间，使钽粉团化，然后用无机酸洗，去掉还原剂与钽反应生成物和多余的还原剂（镁还原降氧）。这种钽粉用于制造高比容低漏电流的电容器。	DE3130392A BE894002A 昭 58-027908A
US4487630	821025	841211	美国 Cabot 公司	Paul Crook Richard	耐磨不锈钢	高 Cr 不锈钢的成分（质量分数）：10% ~40% Cr，5% ~15% Ni，20% Mn + Ni，3% ~7% Si，0.25% ~3%（C + B），0.2% N，10% ~40% Mo、W、V、Ta、Nb、Ti、Cr、Zr、Ha 中的一种或多种，5% ~30% Co、Fe，粉冶加工。	BE898069A SE457884B IT1169893B
US4487637	840329 831014	841211	美国 Cornel 研究基金会	Hason S. Padamsee	铌的提纯	把原料在高于 10^{-4} Torr 的真空里加热到 1000 ~ 1400℃ 足够长时间杂质迁移，使 Y（钇）与铌产品表面接近，而提纯铌。	
US4487666	840330	841211	美国 Sprague 公司	James S. Bates	批量地电解形成电解电容器用阀金属阳极	把大批量的钽芯子浸渍在液体电解质槽里阳极化形成电容器阳极，监控阴极和阀金属体阳极间的电流，周期地测量在电解液里的阳极体的容量，精确地确定阳极体形成特性。	昭 60-218500A FR2562317A CA1216034A
US4488941	820927	841218	美国 Sprague 公司	Goden R. Love	电镀法生产多孔钽电容器阳极	钽丝放入 K_2TaF_7 + 碱金属卤化物，700℃ 以上溶液中做阴极，钽板为阳极，惰性气体保护，阴极电流密度 300mA/cm²，进行部分电镀，形成海绵钽作阳极。	

专利号	申请日	公布日	申请人	发明人	专利名称	专利要点及有益效果	同族专利号
US4490340	840229	841225	美国 GTE 产品公司	Joseph E. Rilsko	高纯氧化钽的生产	钽屑→氧化成 Ta_2O_5→(80℃)HF(35N)分解→过滤→溶液调 pH 值到 7.0→沉淀 $Ta(OH)_5$→过滤→溶于 HF→…→过滤→沉淀 0.3 份 HCl + 1 份水→加热 3h→过滤二次沉淀 $Ta(OH)_5$→27NHF(70℃)调到 7.0→加氢→三次沉淀→…→草酸。	
US4493817	830706	850115	美国 Teck 公司	Rudy Biss	从烧绿石提取钽铌的方法	从含 Ta_2O_5 : Nb_2O_5 重量比为至少 0.04 : 1 和脉石的烧绿石提取钽铌，把浮选得到的细颗粒矿石溶解到水溶液里，用磷酸酯（有 10 ~ 14 个 C 原子的直链烷基）富集，pH 值为 1.5 ~ 6.5。	
US4494174	820927	850115	美国 Sprague 公司	Walter W. Schroeder	液体电解电容器的组装	一塑料圆片盖固定着外壳的开口端，和电容器阳极电连接的端子通过其密封，另一阴极端子就是这外壳，盖子的周围有一槽，里面有 O-环形橡皮圈，向内卷边，卷压密封，3 个伸长的金属片分开固定在盖的周围附近腔里定位，把盖装进外壳使金属片与外壳唇片相焊。	昭 59-086920 CA1189583
US4494299	821130 811201	850122	美国国际标准电气公司	Robert W. Peter	固体电解电容器的制造方法	成牙齿状的钽箔腐蚀→把钽粉印刷到钽箔的各个齿上，形成钽粉凸垫→烧结→赋能形成氧化钽膜→分开→被膜→部分浸渍导电性材料形成阴极→环氧树脂→切下单个电容器。	GB2110878A EP0080899A AU9083082A
US4495158	840229	850122	美国 GTE 产品公司	Joseph E. Ritsko	钽的提取（回收）工艺	把含 Nb、Ta、W、Ti、Fe 及其他杂质的含钽原料与碱金属碳酸盐混合、干燥、加热混合物，使 W 转为可熔物，滤洗溶解钨，用 HF 溶解并过滤，滤液调 pH 值沉淀 Ta。	
US4498337	830228	850212	德国 Robert Bosck	Heiko Gruner	测定物质转变速度和/或流体温度的温度计	一种钽箔有足够的机械强度足以支撑带有玻璃绝缘层的薄膜电阻器的桥，流体流过电阻器，测定温度或测定介质物质的流动速度的热量。	
US4502884	831027	850305	美国 Cabot 公司	James A. Fife	纤维状钽粉及其制造方法	钽粉 EB 熔炼→制粉 - 10/ - 40 目→脱气与 - 100/ + 200 目铜粉混合→装 Cu 管，两头封死，轧到 6.3mm 见方，HNO_3、HCl 洗，Ta 纤维长 10mm，直径 0.2 ~ 1.0mm，另一例长 30μm。	DE3111418A

专利号	申请日	公布日	申请人	发明人	专利名称	专利要点及有益效果	同族专利号
US4508563	840319 821129	850402	美国 Sprague 公司	Walter J. Bernard	降低钽的氧含量	钽与碱金属卤化物混合在惰性气氛下 1200℃以上，形成碱金属氧化物，$10MX + Ta_2O_5 \rightarrow 5M_2O + 2TaX_5$，再升到 1400℃，Ta 可以是粉或烧结体。	CA1228988A FR2561256A
US4512805	840613 820909	850423	德国 H. C. Starck 公司	Wolf Wigard	阀金属粉末掺 B	团化的阀金属粉末掺 B 的方法，掺 B 后作电解电容器阳极用，漏电流降低，比容提高，最高掺到 0.5%，用硼或其化合物掺入 K_2TaF_7 中，或还原时，烧结时掺均可。	DE3140248A BE894658A 昭 58-071614
US4517253	840123	850514	Robert M. Rose	Robert M. Rose	低温电沉积	在基体 Ta、Cu、Ni、Pt 上电镀材料的方法，$KNbCl_6$ 和 $(CH_3)_4NCl$，无水 HCl 溶液里，电镀溶液的温度为 150～200K，电镀金属为 Zr、Nb、Si、Hf、V、Ta、Cr、Re、Mo、W 等。	
US4517626	820924	850514	美国 Sprague 公司	Michael D. Allen	固体电解电容器阳极组装	一种低容量固体电解电容器是采用短片阀金属丝做阳极体和一引线，优选焊接，引线的横截面小于阳极体的截面，清洗，制造电容器工艺同往常工艺。	
US4518570	831107	850521	美国 Cabot 公司	Harvey Stewart	从铌液中分离出锑	从 MIBK 的氢氟酸和氟氧铌酸中除锑：用液－液萃取技术，酸度为 3～10mol/L 的水溶液与含有酮、醇、醚、醛和有机磷的有机溶液是不相混的，把锑从水溶液中萃取到有机液中。	CA1235906A DE3440087A AU576206B
US4520430	830128	850528	美国联合碳化物公司	Noel V. Longe	钽丝焊接到烧结钽块上	钽阳极包括一钽烧结块，在与钽丝接触处有一高密度区（$d > 7.0$g/mL），其他区为低密度区（3～5g/mL），高密度区可以是钽板或另外压的小芯，这样钽丝和烧结体结合好。	
US4523255	830919	850611	美国 Sprague 公司	Donald G. Rogers	用作电解电容器的阴极	液体钽电解电容器包括多孔阳极和阴极、液体电解质、用作钽解电容器的阴极的金属容器，被加工成内层是钽，接着是铜，外层是镍，钽层上涂覆细钽粉形成碳化钽，阴极表面积大。	昭 60-086814 CA1202387
US4526749	840702	850702	美国 Cabot 公司	Louis E. Huber	Ta-Nb-W-Mo 合金	一种 Ta-Nb-W-Mo 合金的成分（质量分数）是：58% Ta，2% Mo，2.5% W，37.5% Nb。该新合金保持纯钽的性能，价低，抗腐蚀性能好，机械性能好。	GB2161181 FR2566804

专利号	申请日	公布日	申请人	发明人	专利名称	专利要点及有益效果	同族专利号
US4531177	840109	850723	美国 Sprague 公司	George A. Shirn	含有盐酸的电解电容器	多孔钽做阳极，装入金属外壳里，外壳为阴极，一端开口，将 20% 的盐酸水溶液液体电解质装入后，密封开口端，外壳材料为 Ta、Ag、Cu、Pt。	
US4537641	840316 830318	850827	德国 H. C. Starck 公司	Wolf Wigard	电解电容器阀金属阳极的生产方法	阀金属阳极与还原金属混合在真空或惰性气氛下加热到高于还原金属熔点，低于阀金属烧结温度（650～1150℃），还原剂用碱金属或碱土金属 Al、Mg、Ca 等；之后用水洗净。	DE3309819C FR2542917 GB2142936
US4537750	840229	850827	美国 GTE 产品公司	Joseph E. Ritsko	高纯氧化钽的生产方法（光学级）	杂质高的 Ta_2O_5 用 HF 溶解，去掉不溶物，含钽 HF 溶液调 pH 值到 6～8，使钽沉淀，与母液分离，草酸溶解钽沉淀，调 pH 值到 5.1～5.5，沉淀高纯钽化合物，HCl 溶解→沉淀。	
US4538212	840730	850827	美国 Sprague 公司	William P. Montgomeny	电解电容器	全密封固体电解电容器，阀金属多孔阳极体置于三层金属外壳里，最里面是钽，中间是镍，外面是铜，采用玻璃-金属密封，在焊接口处还有一层眼状可焊金属层，进行密封焊接。	FR2568403A CA1217248A 昭 61-042909A
US4544403	841130	851001	美国扇钢冶金公司	Edward K. Schiele	高比容低漏电钽粉	钽粉掺入 C + N + S 含量为 0.01%～1%，S 至少 5×10^{-3}%，掺 P（2～400）$\times10^{-4}$%，S ≥ C + N，可以还原时掺，也可以热处理前掺，这种钽粉制造电容器阳极比容高、漏电流低。	昭 61-133301A EP0190389B
US4548672	840928 831006	851022	德国 H. C. Starck 公司	Wolf Wigard	用硫族元素处理阀金属表面	Nb、Ta 的粉，用硫族（O 除外）元素处理，在 300～2000℃之间在真空或惰性气氛下进行处理，可以增大表面积，提高 CV，V_B（击穿电压），降低 DCL（漏电流）。	GB2147611A DE3336453C 昭 60152016A
US4555268	841218	851126	美国 Cabot 公司	Marlly F. Getz	加工性能改善的片状钽粉	20%～40% 片状钽粉（10～44μm）和 70% 粒状钽粉（约 10μm）混合前在 1250～1550℃热处理5～120min。混合钽粉进行二次再团化，改善了加工性能。	NL8501969 GB2168384A

专利号	申请日	公布日	申请人	发明人	专利名称	专利要点及有益效果	同族专利号
US4562514	840312 830318	851231	巴西电气元件公司	Jose V. Sansa	极性电子元件及其制法	片式钽电容器的阴极、阳极用不同的金属卡子卡住，第一个卡子与阴极相连，第二个卡子与第一个相对且平行，它有一面和两臂，固定阳极引线。	EP0120754B ES8505794A
US4569693	830822 820830	860211	德国 H. C. Starck 公司	Wolf Wigard Albrelht	改善高表面积钽粉流动性及增加松装密度	阀金属粉末在烧结前掺入（SiO_2、Al_2O_3、MgO）氧化物合计 0.5%，可以改善高表面积金属粉末流动性，增大其松装密度。PL18000 钽粉加 0.1% 的 SiO_2。	DE3232245A GB2126253A 昭 59-059803A
US4571662	840608 830617	860218	英国标准电话电缆公司	Alexander R. Conquest	无引线电容器	无引线钽电容器是分别用引线框和阳极引线及阴极引线框与阴极端子相连接，用 H 形的器件和弯曲的阳极支架将两极分开。	
US4574333	850612	860304	美国联合碳化物公司	William B. Snyer	低密度钽阳极块	镀镍钽丝作电容器引线，烧结后与钽粉连接得好，留在钽块中的镍很少，丝的拔出强度增强，降低漏电流。	
US4578242	840703	860325	美国通用电机公司	Ram A. Sherma	稀土氧化物的热还原	一种用氯化钙和金属钠金属热还原稀土氧化物还原成稀土金属新的、高效方法，钠与氯化钙反应产生钙金属，钙金属还原稀土氧化物，在反应容器底部回收稀土金属。	ZA8504475A AU575969B MX173881B
US4582530	840806 830824	860415	德国 GFE 公司	Hans J. Heinrich	电解电容器用阀金属粉末的制造方法	双金属氟化物盐（如 K_2TaF_7）与钠或钾混合反应生成阀金属，还原前掺硫（Na_2SO_4 硫醇……），还原得到的产物经水洗，该方法得到的钽粉比表积增大，平均粒径减小。	DE3330455C BE900292A 昭 60-059005A
GB2168383A	851206	860618	美国 Emhart 工业公司	Brian Melody	阳极化金属	阀金属 Al、Ti、Ta、Nb、Zr 在无水的极性质子惰性溶剂和有磷离子的赋能电解液（1000～30000Ω/cm^3，25℃）里进行有效阳极化，形成高质量介电氧化膜镀层。	
US4599788	840713	860715	美国 Sprague 公司	Gordon R. Love	固体电解电容器的制造	在阀金属基片上用阀金属粉末水浆印制排列一垫层，在每一个垫层端头放一阀金属体与其组合，将此组合体烧结，再阳极氧化在阀金属表面形成氧化膜，然后单个分开制造电容器。	FR2567679A CA1222030A 昭 61-057911A

专利号	申请日	公布日	申请人	发明人	专利名称	专利要点及有益效果	同族专利号
EP0191671A EP0191671B	860121	860820 880921	日本新越化学株式会社	渡边正太	钽酸锂单晶的极化处理方法	在 X 方向生长的钽酸锂晶体的极化处理，在结晶体 Z 轴方向施加电场，对晶体提供垂直方向的压力（20% ~400%），转化成单一铁电畴。	昭 61-168600A
US4615864	820423 800501	861007	美国 Howmet 汽轮机公司	Louis E. Dardi	抗氧化硫化的涂层物	铁基、镍基和钴基超合金涂层物的组分（质量分数）是：10% ~ 50% 的 Cr，3% ~ 15% 的 Al，0.1% ~10% 的 Mn，Ta≤8%，W≤5%，（La、Y、稀土或难熔金属）≤5%，Si≤12%，Hf≤10%，Ti≤5%。	
US4620129	850429	861028	美国通用电气公司	Krishan L. Luthra	高压钠灯除气剂	钠灯里元件允许钠的压力保持高水平，封闭在灯里的发射材料被改变，限制灯里的活性氧，装有一热电极改进发射，吸气剂是选自 Ti、Zr、Hf、Ta、Y 中之一。	
US4622109	850607	861111	美国 Sprague 公司	Henry F. Puppolo	固体电解电容器工艺	在烧结多孔钽阳极表面依次形成一层介电氧化膜、固体电解质层、碳层，碳层里含有金属粒子。浸渍含有可焊性金属 Cu、Ni、盐溶液，化学置换反应，在碳层里生成可焊性金属。	FR2585215 GB2172258 DE3618929A
US4625261	830509 800618	861125	美国国际标准电气公司	Ranald D. Weeks	电容器	导电性浆料、纯银和纯铜粉结合连接钽电容器阴极，使得靠用焊锡合金附着的银使用量到最小，是焊锡把阴极引线和导电性浆料焊接起来的。	
US4646197	851223	870224	美国超导公司	James Wong	钽电容器引线	用多层结构，钽（低于 80%）包铌（或 Ti、Mo、W、Zr）芯加工成钽丝，外层钽的厚度小于 0.3mm，改善了其晶粒长大的性质，降低成本。	
WO87/00157A	860613	870115	美国铝业公司	Loutfy Raouf	有机卤化物在金属和卤化物气流里还原	Al、Ta、W、Nb、Si、Mg 等的卤化物在有氢和活化剂（焦炭、活性炭、铝）存在下，保持一定的温度和时间，还原有机卤化物。	BR8606249 AU585051B
US4663130	831114	870505	美国 Cabot 公司	Roger M. Bergman	含有碱金属杂质的钽/铌的提纯	用 HF 和含氟硅酸的化合物溶解钽/铌原料 (K_2TaF_7) $HF + K_2TaF_7 \rightarrow 2K^+ + TaF_7^{2-} + 2H^+ + TaF_7^{2-} \rightarrow H_2TaF_7$(液) $+ 2K^+ + H_2SiF_6 \rightarrow K_2SiF_6$(沉淀) $+ 2H^+$。	DE 3441582C AU581189B CA1230975A

专利号	申请日	公布日	申请人	发明人	专利名称	专利要点及有益效果	同族专利号
US4664883	860617	870512	美国 Emhard 工业公司	Brian Melody	电解电容器阳极的制造方法	压制成型时，钽粉中加聚乙烯氧化物和碳酸铵作黏结剂，300℃脱黏合剂 4h，这种烧结体孔隙多，强度大，加热时放出大量气体，很少有碳留在烧结块中，因此漏电流低。	
US4668583	841113 840413	870526	美国 Hi-Shear 公司	Donald E. Olander	难熔金属涂覆物	对于要承受严格的温度和腐蚀条件应用的部件表面碳化物涂层物，如火箭喷嘴、发动机叶片、热罩和超声结构，使用 Ta、Hf、Si、Zr 的卤化物和碳氢化合物反应形成的碳化物。	
US4670411	851028	870602	美国 Thomas H. Johnson	Thomas H. Johnson	制备有 Ta(V)/F/Cl/金属氧化物的方法	使 $TaCl_5$ 升华，在无水无氧的气氛里与具有表面羟基团的金属氧化物基体反应，将上述生成物与氟化碳氢化合物反应。	
US4671932	840427 830502	870609	德国 H. C. Starck 公司	Reinhold Lutz	镍基硬质合金	硬质合金（质量分数）：22% ~27% Cr，2.5% ~2.7% B，3% ~4% Si，4% ~4.5% Fe，2.5% ~3.5% C，余 Ni。加入少量 Ta、Nb、V 对硬度和韧性有益。	EP0124134B
US4674009	860414 851223	870616	美国超导公司	James Wong	钽电容引线	柔性的电容器阳极引线，直径小于 1mm，芯子是除钽外的难熔金属（入铌芯），外包钽层厚度小于 0.3mm，粉末冶金，加工成丝，阻止晶粒长大，在切丝时使钽将 Nb 芯包住。	W08704003A AU 8767362A
US4683516	860808	870728	美国公司 Kennecott 公司	John R. Miller	延长寿命的电容器及其制造方法	用钽壳和钽帽封住双层电容器芯子的多个元件，每个电容器芯子包括导电性材料，如活性炭，有水性电解质，有两个电极连接电容器阳极阴极。全密封，每年电解质损耗小于 2%。	EP0257760A IL83267A 昭 63-043310A
US4684399	860929 860504	870804	美国 Cabot 公司	Roger M. Bergman	钽粉生产方法	在钠还原氟钽酸钾生产钽粉时，可将钠连续地或间断地分批加入反应器中，注入 Na 0.2 ~ 15kg/min，反应温度 600 ~950℃，钽粉杂质低，比容高。	NL194167B GB2188944A
US4687632	840511	870818	美国 Frank W. Hurd	Frank W. Hurd	金属或合金还原方法及设备	用于 Ti、Zr、Hf、U、V、Nb、Mo、Ta 等化合物（如卤化物）被还原剂发生放热反应的设备，没有搅拌设施，有反应物混合区，反应产物收集区。	

专利号	申请日	公布日	申请人	发明人	专利名称	专利要点及有益效果	同族专利号
US4688322	860206	870825	美国 Sprague 公司	Mary A. Fossey	片式固体电解电容器的制造方法	改进片式固体电解电容器的体积效应,模压电容器截面,使电容器阴极不被模塑材料覆盖,在阳极伸出端有凹坑,导电性端帽分别与阴极、阳极电连接。	
US4692224	860811	870908	美国 Sprague 公司	Walter J. Bernard	用于钽的挥发性阳极化电解液	钽在羧基酸与离子含量在 10^{-2} ~ 10^{-5} 的水溶液里最高 350V 形成氧化膜，钽芯子被悬挂在镁铝合金条上，羧基酸的沸点 200℃，进入孔里的酸在低于 200℃挥发而被清除。	
GB2188944A GB2188944B	870303	871014 910206	美国 Cabot 公司	Roger M. Bergman	钽粉的生产方法	具有 Fisher 粒径小于 5μm，BET 比表面积大于 $2000cm^2/g$ 的钽粉的生产，是将钽的化合物和还原剂连续或分批加入到有熔融稀释剂盐的反应器里。	FR2595278A NL194167C
US4705560	861014	871110	美国 GTE 产品公司	Preston B. Kemp Walter	金属粉末的生产方法	（1）机械团化金属、合金粉末或金属陶瓷混合粉末；（2）用载流气体使粉末通过高温区，使其中低熔点成分熔化；（3）冷却再固化，形成球形粒子。其中高温处理可以是等离子体处理。	
US4706375	860815	871117	美国 Sprague 公司	Walter J. Bernard	形成固体钽电容器的方法	在一定湿度的环境里封焊，将少量的水分封焊在全密封电容器里，这种全密封固体电解质钽电容器在高温储存时介电体的稳定性提高。	
US4707229	831222 820628	871117	美国联合技术公司	Russell M. Dempsey	有含阀金属的二元电催化剂的氧的放出	利用一种新型的催化氧放出电极的电催化系统作为电解槽和氧气富集胞，电解槽包括一催化阴极和催化阳极，置于相对的两边，通直流电。阳极是 Ti、Hf、Zr、Nb、Ta、W 之一。	
US4720300	860603	880119	日本丰早田株式会社	西泽敬次郎	高纯铌金属的制造方法	在高于 300℃有离子剂存在下，将包括有钽杂质的铌金属，制得高纯含碘化铌的离子化产物。在惰性气氛里 200 ~ 600℃热还原，再加热到 700℃使碘化铌分解，形成金属铌。	EP0204298B DE3686738T CA1276072C
US4722756	870227	880202	美国 Cabot 公司	Robert A. Hard	钽金属脱氧方法	在有对氧为活性金属（如 Zr、Ca、Ti、…）存在下通过氢的作用（在 900 ~ 2400℃）使钽的氧含量降低（钽粉、阳极块都可以）。	GB2201427A ES2006217A

专利号	申请日	公布日	申请人	发明人	专利名称	专利要点及有益效果	同族专利号
US4724038	860602	880209	美国 Hughes 飞机公司	Ricardo C. Pastor	双金属氧化物（如铌酸锂）单晶的制备方法	分子式为 ABO_3 的双金属氧化物（A 是碱金属或碱土金属，B 是 Nb、Ta），A 金属的碳化物和化学计量过量的 B 金属的氧化物的混合物，加热形成熔融体，在 CO、CO_2 气氛拉晶。	
US4725330	850506	880216	美国电话电报公司	Ronaid J. Holmens	铌酸锂晶体的补偿	把铌酸锂晶体埋入所要求的包含有 Li_3NbO_4 的化学计量成分铌酸锂粉末中 1050 ~ 1180℃ 处理 30 ~ 800h。	
US4727928	860708 850923	880301	比利时荷布肯冶金公司	Ivan A De	精炼钽或铌的预处理	包含有挥发性杂质的钽或铌的粉末或碎片先用等离子气体熔炼铸锭，然后用电子束熔炼，等离子气体如氩气等离子。	EP0216398B LU86090A
US4731111	870316	880315	美国 GTE 产品公司	Nelson E. Kopatz	氢化制取细的球形难熔金属粉末的方法	（1）形成含有难熔金属的水溶液；（2）形成主要成分是难熔金属可还原的固体；（3）还原所述固体得到难熔金属；（4）用载气将难熔金属粒子送进高温区熔化至少 50% 形成球形粒子；（5）冷却。	CA1301462C ES2042621A DE3883031T
US4731116	861218 851223	880315	Schwarzkopf 发展公司	Erich Kny	溅射靶及其生产方法	将难熔金属的碳化物、氮化物和硼化物和铁族黏结金属进行压制和/或烧结形成致密体，加工成溅射靶的形状，化学或电化学方法去掉黏结金属。	AT383758B EP0228141B
US4734709	860428 851223	880329	日本富士株式会社	小林研一	热处理方法	TaN 加热电阻膜密排六方结构的（101）方向的热处理，活性溅射是在 $1.0 \times 10^{-2} \sim 1.9 \times 10^{-2}$ Pa 进行。	GB2174718A DE2614947C
US4734827	870407	880329	美国超导公司	James Wang	钽电容器引线	由铌芯钽包皮加工拉丝制成。压制阳极块时钽丝的头不埋压在芯块里，U 形丝的下部在芯块中，和钽粉接触的全部是钽，接触面增大，改进了钽丝晶粒生长。	
US4738713	861204	880419	美国 Durion 公司	Donald R. Stickle	感应熔炼电抗金属及其合金的方法	在没有绝缘渣的情况下，利用感应交流电无电抗环绕熔化在坩埚里的电抗金属或合金，如 Ti、Zr、Mo、Hf、Cr、Nb、Ta 和稀土金属等。	

专利号	申请日	公布日	申请人	发明人	专利名称	专利要点及有益效果	同族专利号
US4740238	870326	880426	美国扇钢冶金公司	Edward K. Schiele	含片状粉的钽粉	钽粉→脱气→制片（湿球磨）→酸洗→筛分→掺磷→一次热处理→磨筛→掺 P→二次热处理→筛磨→Mg 还原（可以不进行降氧处理，在二次热处理前可掺粒状粉）。	昭 63-238203A ES2033947T EP0284778B DE3873951T
US4743314	870921 860924	880510	三井工程运建株式会社	盛本修司	Ni-Cu-Ti 与 Ta、Nb 形成的非晶态高抗蚀合金	Ti、Ni 与 Ta、Nb 中一种或两种金属，其余为 Cu，Ta≥5%（原子百分数），Nb≥15%（原子百分数），Ta 和/或 Nb 为 30% ~ 62.5%（原子百分数），融化后液体金属滴到飞速转动的轮子上，得到非晶态合金。	EP0261676B 昭 63-79928A
US4758451	861219 851219	880719	德国 Fried Krupp 公司	Henk Van Den berg	生产镀覆模塑体的方法	用化学气相沉积的方法生产镀覆模塑体，它是从活性气体相沉积在基体上的，包括 Ti、Zr、Hf、Nb 和/或 Ta 的碳化物和/或碳氮化物，气相包括三氯化铝、三硼化铝和氯化镁。	DE3544975C EP0229282B JPH65178B
US4761714	870605 860805	880802	美国 Sprague 公司	Jean Levasseur	阳极和电容器的生产方法	多孔钽阳极体被烧结到一有弯曲度的条上，该条的延长部分作为阳极连接，这样与多孔钽阳极连接牢靠，接触面积大。	FR2602970A
US4762557	871001 860328	880809	Bettle 纪念所	Vaidyanthan Iam G. Wright	高温抗氧化难熔金属合金	用于燃气涡轮、喷气发动机、高温炉中，高温抗氧化难熔金属合金包括：（1）难溶金属为 Mo、W、Nb、Ta 的和；（2）第二相和第三相存在，如 Si_3N_4，CR_2N，TiN 加 Al，弥散相 MoS_2。	
US4769064	880121	880906	美国能源部	Richard J. Buss	超细金属粉末制造方法	粉末在低于 400K（127℃）真空反应器中合成，压力大于 200mTorr，反应气体直接鼓入反应腔内，氢还原金属氟化物制得超细金属粉末。	
US4769742	870331 860520	880906	日本宇部工业株式会社	中岛公平	电解电容器	液体电解质电容器防止氢气产生压力爆裂，一阳极端子和阴极端子分别与电容器外的阳极箔、阴极箔连接，半渗透薄膜安置在容器里，氢气渗透率为 $3.6cm^3/cm^2$，在 50℃时反应 1000h。	昭 61-115748A

专利号	申请日	公布日	申请人	发明人	专利名称	专利要点及有益效果	同族专利号
US4780796	871228 870113	881025	日本 Carlit 株式会社	福田正法；山本英夫	固体电解电容器	有优良电气性能和热稳定性的固体电解电容器包括：一个在其上附有介电氧化物和导电性聚合物固体电解质层的(Ta 或 Al)电极，电解质层是：(1)使单体与氧化剂接触氧化形成的导电性聚合物；(2)电解化学氧化在第一层上形成第二层导电性聚合物。	EP0274265B KR910009477B
US4780797	871216	881025	美国 Tansitor 公司	Stuart E. Libby	用作电容器阴极的钽表面	把钽表面的氧化膜除去，溅射沉积一层不连续的铂族金属与钽形成合金，然后在整个合金层上电解沉积形成海绵状铂族金属，增大表面积。	
US4781802	870427	881101	美国 Sprague 公司	E. James Fresia	固体钽电解电容器	阳极在 0.03% 磷酸、30% ~60% 乙二醇水溶液中 150V 赋能一段时间后→炉中加热到 450 ~ 575℃/5 ~ 15min，再赋能到规定时间，被膜后补形成。	
US4786319	870819 860819	881122	澳大利亚 Treibacher	Hans Zeiringer	稀土金属及合金生产方法	用碱土金属、优选钙，还原稀土金属的卤化物或氧化物，电弧熔炼电磁搅拌，用 W、Mo、Ta、C 为电极，可加入碱金属或碱土金属盐到炉子里。	EP0265413B AT389899B
US4787935	870424	881129	美国航空公司	Daniel Eylon	离心冷却制造粉末的方法	熔化的金属或合金经喷嘴雾化以特定的角度多路进入圆柱形腔体里，各路连接气压源气流，以旋涡状在腔体里旋转，金属固化成粒子。	
US4789645	870420	881206	美国 Eaton 公司	Joseph A. Calviello	单块集成电路的制造方法	在制造单块微波集成电路时，有源元件有源、门、漏极和/或肖特基壁垒连接提供作外延层。结构是 GaAsSi 基片上 Ta_1-Au_1-Ta_2-Ta_2O_5-Ta_3-Au_2-Ta_4。	
US4791532	870605 850701	881213	美国 Sprague 公司	Didier Gouvernelle	电容器阳极及其制造方法	多孔钽烧结体被压制成至少在一个面局部有坑，将钽丝引线插到坑处进行焊接。这坑是烧结后压的，接触区密度大。	FR2601186A
US4797789	870515 860516	890110	昭和电工株式会社	内藤一美；新川美章	固体电解电容器	用侵蚀阀金属（钽）箔多层叠加制造的固体电解电容器，箔与阳极连接，在箔上依次形成氧化膜、半导体层、导电层，导电层和阴极端子相接。与阴极端子连接的第一个箔和与阳极端子连接的有氧化膜的阀金属第二个箔彼此相互交错叠合，半导体是二氧化铅。	EP0246808B DE3783652T KR900008451B CN87103539A

专利号	申请日	公布日	申请人	发明人	专利名称	专利要点及有益效果	同族专利号
US4803596	871023 861023	890207	德国 BASF 公司	Gerhard Hellwig	导电性聚合物固体电解电容器	固体电解电容器包括：第一个金属电极，其上有一层氧化膜作为介电层，对电极是5-或6-元芳香杂环化合聚合物，是由单体与氧化剂接触生成的。	EP0264786A DE3636100A
US4805074	870928 870320	890214	日本富士株式会社	原川吉宏	固体电解电容器及其制造方法	一金属（钽、铌）板，在金属板预定位置形成一定形状的绝缘层，形成氧化膜，氧化膜上形成聚合物层，在其上形成导电性层，一个端子与定义为绝缘层的另一位置相接。	EP0283239B DE3881920T KR910001717B
W089/01914A	880718 870827	890309	美国 Hughes 飞机公司	Kyle Nanse R.	$(Nb_{1-x}Ta_x)_2O_5$ 的提纯及 $KNb_{1-x}Ta_xO_3$ 晶体	$(Nb_{1-x}Ta_x)_2O_5$ 的提纯：将氧化物加热到1000℃，用氦气为载体，通过水蒸气从氧化物上流过使其提纯，x 从 0～1，x 为 0 时为 Nb_2O_5，$x=1$ 时为 Ta_2O_5。制成 $KNb_{1-x}Ta_xO_3$ 晶体。	
US4820339	870609	890411	法国 Cerex 公司	Gerard-Pierre Bienvenu	金属盐在融盐里还原生产金属粉末	当可还原金属盐和还原剂金属都在融盐里时，还原金属在融盐里是不混溶的，而还原剂金属溶于融盐浴。用 Ca 还原 $TaCl_5$，熔融盐有 NaCl 和/或 $CaCl_2$ 等。	FR2582019A
US4837389	840604	890606	美国涡轮机公司	Srinivasan Shankar	组合合金结构	合金组成（质量分数）：1%～4% Al；0～1.5% Hf；0～20% Ni 的 Co 合金，磨成小尺寸粒子，扩散镀。钽是代替合金中所含基本成分的铌。	
EP0321255A EP0321255B	881216 871216	890621 930526	美国 Tasitor 电容器公司	Libby Stuaat E.	用作电容器阴极的钽表面	具有高效容量的钽阴极的表面的制造步骤是：（1）用 HF 溶液除掉钽表面氧化膜；（2）在钽上电解沉积非连续铂族金属（多孔）；（3）钽与铂族金属合金化；（4）沉积第二层铂族金属。	DE3881359T 平 4-127411A
US4842817	871228	890627	美国通用电气公司	Shyh-Chen Huang	加钽改善的 Ti-Al 合金及其制造方法	一种添加了钽，分子式接近于 Ti_{48}-Al_{48}-Ta_4 或 $Ti_{49\sim47}$-$Al_{46\sim49}$-$Ta_{3\sim5}$ 的 Ti-Al 合金，高强度，改善了延性。	
US4844746	880323 870410	890704	德国 W. C. Heraeus	Michael Hombris	高延性钽原材料的生产	高速形变用延展性钽原材料的生产，用直接还原的钽粉制成的棒在自耗电弧炉里熔炼提纯，得到的锭轧成条，表面加工平整，进一步加工，热处理。	

专利号	申请日	公布日	申请人	发明人	专利名称	专利要点及有益效果	同族专利号
US4858078	881028 860129	890815	日本朝日玻璃株式会社	森木高志；竹宫里	固体电解电容器	一个电极上形成有电解质氧化物，形成导电性聚合物，至少掺杂有磷酸单脂或磷酸二酯和其盐的固体电解质层。	平 1-205414A
US4859257	881004	890822	美国扇钢冶金公司	Victor T. Bates	细晶粒防脆钽丝	一种钽和钽基合金制品，在加入 $1\times10^{-3}\%$ ~ 0.1% 的 Si 和 $1\times10^{-3}\%$ ~ 0.1% 的金属，氧化物的熔点超过 2400℃，如 Th、Zr、Ca、Be、Y，明显使晶粒细化并显著增加防脆性。	
US4877640	880413	891031	美国电等离子公司	Muehlberger Erich	金属粉末除氧的方法	保持负的等离子传输弧，在沿着等离子体伸向阴极的位置与等离子束连接，把金属粉末送到等离子束里，粉末沿着等离子束位置通过后收集起来。	
US4886638	890724	891212	美国 GTE 产品公司	Joseph J. Penkunas	金属碳化物粉末的生产方法	W、Ti、Ta、Nb 的碳化物经过干磨，与黏结剂金属 Co、Ni 及石蜡混合，加热到石蜡熔点以上温度，与水混合形成浆料，在石蜡熔点以下研磨、干燥，去掉石蜡。1540℃烧结。	
BR8703415	870706	891220	巴西 Fund 公司	Gomes Pinatti	钽铌氧化物铝热还原制取钽铌粉	Ta_2O_5、Nb_2O_5 铝还原法生产电容器钽粉，比容 8000 ~ 12000μFV/g，漏电流不大于 0.5μA/μFV，击穿电压高于 180V。	
US4897116	880525	900130	美国 Teledyne 工业	Randall L. Scheel	高纯 Zr、Ha(Ta，Nb）制取	Zr、Ha、V、Nb、Ta 的制取是将它们的氯化物、碘化物、硼化物在碱金属或碱土金属的卤化物熔盐中用 Mg 等金属还原。	
US4899258	890316 880704	900206	美国 Sprague 公司	Didier Gouvernell	有整体熔断丝的固体电解电容器	固体电解电容器被埋入电绝缘树脂块里，一个外端子包括固定一电极的第一部分及电容器体绝缘的第二部分，可熔断部件连接着第一部分和第二部分，被埋入硬的热绝缘树脂里。	FR8809015
US4913980	880422	900403	美国 SRI 国际公司	David J. Rowcliffe	防腐蚀镀层	防止铁系金属在水溶液、腐蚀、氧化环境里被腐蚀，在其表面镀覆 Ti、Zr、Ta、Nb 或它们的合金的氧化物。	

专利号	申请日	公布日	申请人	发明人	专利名称	专利要点及有益效果	同族专利号
US4923531	880923	900508	美国 RMI 公司	Richard L. Fisher	钽及相似金属在熔融金属里脱氧的方法	Ti、Nb、Ta、Zr、V 等与 Na、K、Mg、Zn、Li、Ca、Ba、St 等液态金属混合，在 700～1200℃保持一定时间，然后用酸处理。	
EP0367068A EP0367068B	891024 880111	900509 970924	美国 NRC 国家研究公司	Terance B. Tripp	电容器级钽粉	钽粉掺 Si $5\times10^{-3}\%$～0.1%，掺 P $1\times10^{-3}\%$～0.03%，用此粉制作电容器阳极可以在 40～90℃范围内形成，漏电流低，比容高（≤0.5nA/μFV）。	CA2001305 US4957541A
US4925741	890608	900515	美国合成材料技术公司	James Wong	吸气剂丝	吸气剂丝和难熔金属交替多层绕在难熔金属上，软金属包覆封焊，形成复合锭，加工成丝，热挤压和拉拔，加热扩散形成合金，在使用时，吸气剂材料挥发。	
US4935848	880830 870831	900619	日本电气株式会社（NEC）	山根正之	带保险的固体电解电容器	六面四方体片式钽电容器在阴极和负极端子之间安装保险丝，保险丝有固定的长度，较小的电容器有较大的产品率。	KR910008074B EP0306859A
US4937650	880921 851129	900626	日立制作所株式会社	申立宏；西冈泰启	有双层介电层半导体电容器装置	硅基片上有大容量电容器，绝缘膜为 Ta_2O_5，第一电极有两个区，第一区较薄，第二区较厚。在第一介电膜上形成第二介电膜。	昭 62-234360A KR930010089B
US4938920	880708 880218	900703	德国西门子公司	Fredrich Garzarolli	核反应堆组件	含有核燃料的棒，一个锆铁合金的，含锆铁合金的组分（质量分数）：O 0.1%～0.16%；0～1% Nb；0～0.8% Sn；至少含有两种选自 Fe、Cr、V 的元素，0.2%～0.8%的 Fe，0～0.4%的 Cr，0～0.3%的 V。	DE3805124A
US4940490	880121 871130	900710	美国 Cabot 公司	James A. Fife；Marlyn F. Getz	钽粉	改进的片状钽粉，其松装密度大于 $18g/cm^3$，99%的片粉不大于 55μm 经过团化处理，改变了流动性和坯块强度，加工过程是先制片，然后使片减小尺寸（氢化后静压）。	DE3840361A GB2212817A FR2625122A
US 4942500	881212 880713	900717	美国 Tansiter 公司	Stuart E. Libby	用钽表面做阴极的电容器	一种提供在钽表面形成有高效电容的钽阴极的制造方法，钽表面的氧化物被消除，沉积铂金属，与钽形成合金，不能形成氧化物，再在其上沉积一层多孔的铂族金属。	

专利号	申请日	公布日	申请人	发明人	专利名称	专利要点及有益效果	同族专利号
US4945452	891130	900731	英国 AVX 公司	John Sturmer	钽电解电容器及其制造方法	关于高可靠钽电容器的制取，钽丝插进坯块的周围部分密度较大（8～10g/mL）其余部分密度低于4～7g/mL，电容器可靠性高。	FR2655181A DE4020556A
US4948570	890711	900814	美国 Toledyne 工业公司	James A. Sommers	减低铌中钽的方法	$TaCl_5/NbCl_5$ 为 10：1～10000：1 的混合料与 8～20mol/L 的 HCl 按照 50～150 份/100 份 HCl 溶液的比例与氢氧化铵加空气接触水解，以 0.1%～6.0% 的起始固体物/小时的速度进行沉淀。	平 3-115125A EP0408218
US4954169	890612 880622	900904	德国 Bayer Aktengecellsch	Dieter Behrens	高纯土酸金属细粉生产方法及其应用	用 K_2TaF_7 与稀释剂混合加碱金属（钠）还原，还原温度为 400～600℃，得钽粉单个粒子小于 0.7μm，团化粉平均粒径小于 2.0μm，100% 为 −250 目，Fe + Ni + Cr 小于 3×10^{-3}%。	EP0347668B DE3820960A KR920001559B
US4954479	881202 871202	900904	法国 Anonyme 公司	Patrick Dubots	高临界温度的超导多芯电缆及其制造方法	超导多芯电缆包括：中心的超导丝，氧化物覆盖物（保证超导丝有足够的氧压），Al-Cu 合金包套，钽、铌包套，最外面是铜包套。	FR2624302A EP0318921B GR3007114T ES2037804T
US4957541	881101	900918	美国 NRC 公司	Terrance B. Tripp	电容器级钽粉	掺磷 5×10^{-3}%～0.1% 和硅 1×10^{-3}%～0.03% 可降低电容器的漏电流，特别是在低温赋能时（40～60℃），1400℃烧结，比容达到 15000μFV/g。	CA2001365A AT158671T
US4959745	890306 880304	900925	日本东芝株式会社	须黑叶一	电容器及其制造方法	两个电极，至少其中一个包括加入氧的导电性金属化合物，降低漏电流，导电性金属化合物为 Ti、Zr、Hf、Nb、Ta、Si 的 N、B、C 化物。	昭 63-049736A
US4960471	890926	901002	美国 Cabot 公司	James A. Fife；Robert A.	钽材中氧含量的控制	在有比钽材与氧更为活性的吸气剂（如 Ti、Zr、Ce、Ca、Ha、La、Y）存在下，在氢气气氛中，900～2400℃加热钽材，可以使钽中的氧转移到吸气剂上，……脱除钽粉中的氧。	KR100187742B EB2236330 CN1050562A

专利号	申请日	公布日	申请人	发明人	专利名称	专利要点及有益效果	同族专利号
US4964906	890626	901023	美国 Cabot 公司	James A. Fife	控制钽材的氧含量的方法	将含氧较高的钽粉与含氧很低的钽屑混装（可以不接触），在有氢存在的情况下，钽屑作为吸气剂，通过氢使钽粉氧降低，处理温度为900～2100℃。	GB2236329A FR2652289A ES2021261A
US4968481	890928	901106	日本 V. Tech 株式会社	Carlos F. Rerat	改进了电容器工艺性能的钽粉	钽锭熔炼制粉和钠还原后在非氧化性气氛里经过团化钽粉的粒度分布在 -60～+400 目之间，大于 +60 目及小于 -400 目的不到 5%，钽粉流动性好，电性好。	平 4-136102A
US4969907	851202 850108	901113	瑞士 Sulzer Brothers 公司	Rudof Koch	金属骨头植入物	植入镀覆有 Ti、Ta、Nb 或它们的合金中一种或多种的钴合金，使组织生长，固定骨头，对组织有益。	CH665349A EP0191592B
US4984134	900116	910108	英国 AVX 公司	Gerald M. Locke	表面安装无极性钽电容器	表面安置无极性钽电容器组合包括：第一和第二两个极性电容器，每一电容器包括侧面和端面，侧面涂覆有导电性物，把两个电容器芯子的阴极互相连接，两个电容器芯子都有一钽阳极杆从端面伸出，平行于两侧面。	
US4989119	900202 890316	910129	美国 Sprague 公司	Didier Gouvernelle	有可测试熔断丝的固体电解电容器	固体电解电容器被埋入电绝缘树脂块里，每个外端子连接着从树脂块里伸出的电极；一个外端子包括固定一个电极的第一部分及电容器体绝缘的第二部分，有一定长度的熔断部件连接着第一部分和第二部分，被埋入硬的热绝缘树脂里。	
US5001607	891113	910319	美国 Tansitor 公司	Stephen C. Breithaupt	有无连接阴极元件钽电容器及其制造方法	一种电解电容器有一金属外壳、一多孔阳极。无连接阴极元件分设在金属外壳的两端，该电容器缩短了阴极到外壳的距离，缩小了电容器的尺寸。	平 3-176609A EP0434196A
US5011742	900702	910430	美国 Cabot 公司	Edwin J Beiecki	控制钽材氧含量的物品	以钛片、锆片（0.0002～0.001 in 厚）为除去钽粉中氧的吸气剂，方法是将 Ti、Zr 片与钽粉装在密封的炉子里，在有氢存在的情况下，加热到 900～2400℃，然后将 Ti、Zr 分离。	

专利号	申请日	公布日	申请人	发明人	专利名称	专利要点及有益效果	同族专利号
US5023059	881102	910611	美国 Edwin J Bielecki	Eugene N. Pollock	从废渣中回收钽铌	含钽铌的残渣处理工艺是：（1）由浓氢氟酸分解，使钽铌溶于溶液中（渣中还带有少量钽铌）；（2）过滤分离；（3）用酮萃取水相中钽铌；（4）用稀 HF 液处理第二步的渣；（5）过滤分离水相进行萃取。	
US5031077	900112 890120	910709	三洋电机株式会社	丹羽信一	固体电解电容器及其制造方法	固体电解质至少是用冷却液态混合物得到的有不同阳离子的 7-7-8-8-四氰醌二甲烷复合物，混合物能经受在装配到线路板上去的回流焊的高温，该方法采用较高的老炼温度。	KR0154126B DE69078790A CA2007997A
US5031253	891113 890306	910716	美国核金属公司	Walter Bludss Erk	从 U-Nb 合金中除去 Nb 方法（铀铌分离）	（1）先用盐酸、氟硼酸、硫酸分解；（2）过滤；（3）用 HNO_3 使铀变为 U^{6+} 离子（溶解）；（4）过滤，使 Nb 与 U 分离；（5）铌酸干燥，煅烧得 Nb_2O_5。	
US5034282	900505	910723	澳大利亚 Boehler 公司	Bruno Hribernic	粉末冶金工件工具的生产方法	调整Ⅳ、V 族元素和 C、N 的量，至少 0.3%（质量分数），防止氮化物、碳化物、碳氮化物的原生粒子在所述合金熔点温度以上沉淀，雾化熔融合金制粉，热压。	
US5034857	891006	910723	美国合成材料技术公司	James Wong	多孔电解电容器阳极	多根钽条嵌装在软金属中，经加工减径，至少为 50∶1 成纤维状，纤维直径小于 5μm，用酸除掉软金属，再使纤维结合连起来，再形成氧化膜→形成对电极（阴极），制成电容器。	
US5036434	891215 881215	910730	日本电气株式会社（NEC）	小林忠	片式固体电解电容器及其制造方法	电容器用绝缘环氧树脂包住上表面和侧表面，底表面暴露出来，阳极引线从上表面树脂层穿出，无引线框，在阳极引线和顶部及侧面的一部分形成电极板，另一电极是在底部形成。	平 2-263434A
US5043849	901023 900417	910827	美国 Tasitor 电子公司	Stuart E. Libhy	贵金属/基体金属共沉积电解电容器	贵金属（基体金属）共沉积的阴极用作电解电容器，是通过电解在电容器壳内表面沉积金属得到的，多孔金属钽阳极，体积比容高于 2500μFV/mL。	

专利号	申请日	公布日	申请人	发明人	专利名称	专利要点及有益效果	同族专利号
US5045277	900910	910903	美国 GTE 公司	Josph J. Penkunas	生产金属碳化物粉末的方法	形成包括5%～15%石蜡油和石蜡的混合物，加热到混合物熔点以上温度，形成包括金属（W、Mo、Ta、Nb、Cr）碳化物粉末和石蜡的混合物，均匀分布在黏结剂里，加水湿磨。	
US5053927	910329	911001	美国 Sprague 公司	Richard D. Baker	模塑带熔断丝的固体电解电容器	在固体电解电容器模塑壳里具有比保险丝线路更大的尺寸，因此确保在保险丝断了以后不会再连通，带子设在电容器阴极和引线框间绝缘的聚酯带之间。	平 5-090103A FR2674676A
US5055169	890317	911008	美国 Cabot 公司	Vincent F. Hock	制造基体涂层混合氧化物的方法	利用射频电源的活性离子植入方法，利用贵金属的蒸发率、阀金属的蒸发率，提供一种新的混合金属氧化物涂层，提供一种高电流密度且具有长寿命的金属氧化物阳极。	
US5057973	900928 <u>900202</u>	911015	美国 Sprague 公司	Didier Gouvernelle	有整个标签熔断丝的固体电解电容器	电容器有两个电极和一熔断线，电极分别与外端子连接（+－），一个外端子一头固定在芯子外表的阴极层，另一头伸出，中间是狭片形成熔断部，被埋入硬的热绝缘树脂里。	
US5062025	900525 <u>880708</u>	911029	美国 Iowa 公司	John D. Verhoven	大表面积的电解电容器	电解电容器电极体包括超细纤维状金属 Al 和 X，X 为 Ta、Nb，Al 为电极暴露的表面积，在它们表面形成电解质。	
US5068097	900202 <u>890214</u>	911126	德国公司 H. C. Starck 公司	Joachim Eckert	高纯氧化钽及其制造方法	一种平均粒径 0.5μm，纯度大于 99.99%，比表面积大于 $4m^2/g$，用孔径为 5.08mm 流动仪测定流动性，低于 50s 的高纯氧化钽。	AU633047B DD291978A
WO9118121A	910517	911128	美国 Cabot 公司	张鸿儒	高表面、低杂质钽粉	K_2TaF_7 钠还原时，在升到高温前在反应器中加入少许比反应器表面金属具有更高热力学性质的化学活性剂（如 Na、K、Ca、Mg、Ta），降低化学杂质（Fe、Ni、Cr）含量。	RU2089350C EP0528974B AU7979391A
WO9119015A	910606 <u>900606</u>	911212	美国 Cabot 公司	Kumar Prabhat	钽铌合金加工材料	一种钽、铌基合金材料，其中含 $25\times10^{-4}\%$ ～0.1% Si，含 $25\times10^{-4}\%$ ～0.1% Mo，形成硅钼间隙化合物，分散均匀，在1200℃温度中暴露还具有均匀细化晶粒（10～55μm），改善抗拉强度。	EP0532658B KR0145741B AT158026T

专利号	申请日	公布日	申请人	发明人	专利名称	专利要点及有益效果	同族专利号
US5073193	900626	911217	英哥伦布亚大学	Asoke C. D. Charklade	聚集等离子合成陶瓷粉末的方法	用等离子焰形成陶瓷粉末及其收集系统。可以生产 TiN、TiC、TiB_2、B_4C、WC、TaC、SiC 等。	
US5077004	860507	911231	美国 AllIed-Signal	Frederick A. Schweizer	单晶镍基超合金涡轮部件	具有改进初熔温度和抗氧化的单晶镍基超合金组分是：加入（质量分数）10% ~ 15% Cr、0 ~ 4% Co、6% ~ 8% W、6% ~ 7% Al、0 ~ 1% Ti、2% ~ 6% Ta，余量 Ni。	
US5081389	901130	920114	瑞士 Ascom 公司	Benjamin P. Abbott	为表面声波器件切割钽酸锂晶体	一种钽酸锂单晶的欧拉角 $\lambda = 0°$，$\mu = 90°$，声波传播方向 θ 在 130° ~ 150°，优选 141.25°，为声波器件提供最佳性能。	
US5082491	900906 890928	920121	V. Tech 株式会社	Carlos F. Rerat	改善了电容器工艺性能的钽粉	由锭制得的和钠还原制得的团化钽粉的粒度分布主要为 -60 ~ 250 目，大于 +60 目和小于 -400 目的粉少于 5%，这种粉制作的电容器，改善了流动性，增大了钽丝拔出强度。	
US5084253	891113	920128	美国核材料公司	Eugene N. Pollock	从 U-Nb 合金中除去 Nb 的方法	把合金片溶解在含 HCl^-、H_2SO_4 和氟硼酸做催化剂的第一种水溶液里，得到含（U^{4+}）离子的第二种溶液，把氧化铌分离，含（U^{4+}）离子的溶液加 HF 沉淀 UF_4，过滤，水洗烘干。	
US5091168	900815	920225	美国 E. I. Du Pont 公司	Mario J. Nappa	水合五氯化钽/铌的制备方法	在 50 ~ 200℃ 有过量 HF 存在下，在有 $COCl_2$、$SOCl_2$、SO_2Cl_2 存在下，将钽铌的五氧化物或氧卤化物接触足够的时间，转变为钽铌五氯化物，回收水解的钽铌五氯化物。	
US5095518	900810	920310	美国 Stanford 大学	Whu-Ming Young	锌扩散到磁性氧化物掺杂的铌酸锂基体光波导	由铌酸锂晶体构成的光波导，通过溅射在基片的一个面形成了氧化锌扩散层（ZnO、$ZnLiNbO_4$ 等），然后退火，使其具有良好光学特性的光波导，如掺氧化镁的铌酸锂单晶。	
US5105341	910603	920414	印度 Yosemite 投资公司	Donald H. Stephenson	有钽衬的液体钽电容器	液体钽电容器外壳内层用烧结钽，形成氧化膜的钽衬代替以前的银衬，在烧结钽阳极和烧结钽阴极之间是电解质，允许电容器有反向 3V 连续直流电压，电性不变坏。	

专利号	申请日	公布日	申请人	发明人	专利名称	专利要点及有益效果	同族专利号
US5111355	900913	920505	美国国家半导体公司	Kranti V. Anand	高容量氧化钽电容器	硅基片上的集成电路中用的薄膜电容器，基片绝缘层、底电极和上电极由 TaN（50nm）-Ta_2O_5-TaN 所组成的电容器。	
US5116589	900618	920526	美国能源部	Clarence L. Hoenig	用难熔金属容器热等静压制高密度六方氮化硼	氮化硼原料的氧含量低于 0.5%，在难熔金属容器里进行热等静压，以罐装或等离子喷镀或化学气相沉积在粉末压接体上，是 1800℃，30ksi 氩气 4h 的热等静压，密度达 2.2g/cm^3。	
US5122509	900430	920616	美国高新技术材料公司	Charies P. Beetz	高温超导体/金刚石组成件及其制造方法	超导薄膜材料包含含碳基体，内层包括 Zr、Y、Nb 和他们的氧化物、碳化物；外层为氧化铜 HTSC 材料，有 YbaCuO、TiBaCaCuO 和 BiSrCaCuO HTSC 材料。	
US5131959	901221	920721	美国通用电气公司	Shyh-Chin Huang	含 Ta、B 的 Ti-Al 合金	Ti（41% ~ 55%）-Al（43% ~ 48.4%）- Cr（0 ~ 3%）~ Ta（1% ~ 6%）- B（0.5% ~ 2.0%）的合金，铸锭，热机械加工，至少有 80ksi 的屈服强度，90ksi 的极限强度，1.5% 塑性伸长率。	
US5135262	960620	920804	加拿大 ALCan 公司	Gary J. Smith	由弯曲产生颜色而制得的变色装置	在柔性基片上，利用在不同电压下形成不同厚度的钽铌氧化膜有不同颜色的原理制成的变色装置，光的干涉和吸收在金属表面产生各种颜色。	
US5141821	900529 890606	920825	德国 H. C. Starck 公司	Erich Lugscbeider	含有碳化物的高温 MCRAL（Y）组合材料	一种含有碳化物的高温 MCRAL（Y）组合材料含有 Pt，Rh5% ~ 15%（质量分数），和 V、Nb、Ta、Ti、Zr、Hf、Cr、W、Mo 的碳化物粒子的高温抗腐蚀材料。	BE3918380A CA2018254A
US5151249	891229	920929	美国通用电气公司	Cates Dicthal Ostain	镍基单晶超合金	镍基单晶超合金的成分（质量分数）：4% ~ 5% 的 Cr，11% ~ 14% Co，4% ~ 8% 的 W，6% ~ 10% 的 Ta，5% ~ 7% Al，5.5% ~ 8% Re，Hf≤0.5%，C≤0.07%，B≤0.01%，Y≤0.01%，Ru≤6%，Mo≤1%，Nb≤1%，其余为 Ni 和不可避免的杂质。	EP0434996B DE69017625T CA2029539A
US5160550	900731 900215	921103	美国复合材料技术公司	James Wong	超导体及其生产方法	用铌、钛、钽、锆、铪、钒多种金属形成三种金属交错复合体，在金属交接面形成延性超导性三元合金，反应范围被限制在至少每一个三元过渡金属之一里的纯金属或接近纯金属以及超导三元合金区域，然后加工减径，最后各层厚度低于 100nm。	

专利号	申请日	公布日	申请人	发明人	专利名称	专利要点及有益效果	同族专利号
US5164130	900420	921107	美国 Martin Marietta 公司	Cressie E. Holcombe	烧结陶瓷材料的方法	陶瓷器件上涂覆一层防护层，如氮化硼、石墨、铌，涂覆的陶瓷器件被埋在难熔金属氧化物粒子里，放在微波炉里加热烧结，使密度达到理论密度90%以上。	
WO9222078A	920528 910531	921210	美国 Cabot 公司	Fife A. James	纤维状钽粉及用它制成电容器	钽芯套铜管拉拔，复合装套反复再拉，直到纤维直径为0.2～1.0μm，长径比20∶1，然后，经过酸洗水洗，将纤维状钽滚团制粒后热处理。	RU2104598C EP0587734B
US5171379	910515	921215	美国 Cabot 公司	Prahhat Kumar	钽基合金（钽丝）	钽、铌基合金加工材，含 Si $1\times10^{-3}\%$ ～0.1%，含钇的氮化物 $1\times10^{-3}\%$ ～0.1%，暴露在1300℃还能保持晶粒细而均匀，该合金延性好。	AU2141792A RU2103408C CZ290947B
US5174830	901217 900927	921229	美国复合材料技术公司	James Wong	超导体及其制造方法	高磁场下的超导体是 Nb-Ti 芯—13层 Nb15Ta + Ti—Nb 阻挡层—Cu 复合体，把 Nb、Ta、Zr 过渡金属反应形成延性超导三元合金，限制厚度小于100nm，调整超导区。	
GB2257437A GB2257437B	920622	930113 940518	美国通用电气公司	Marck Gilbate Benz	铌三锡超导体的形成方法	将铌带在5%～25%（质量分数）铅、5%～25%（质量分数）铜，其余为锡的锡浴里被覆锡合金，进行热处理形成铌三锡带，促进铌三锡生长，晶粒微细，该带的临界电流密度增大。	平 5-198227A JP2066386B
US5184286	920318	930202	美国 Martin 公司	Robert J. Tauf	钽电容器的制造方法（微波炉烧结）	采用微波能烧结钽电容器芯块，提高比表面积并增强介电强度，加黏结剂、润滑剂→预烧脱蜡→微波烧结（1300～2000℃）。	
WO9302222A	920709	930204	美国复合材料技术公司	James Wong	超导合金的生产方法	高临界磁场的第二类超导体由过渡金属 Nb、Ti、Zr、V、Hf、Ta 和它们的合金中至少两种周期地排列组成，经过机械加工和热处理扩散形成延性超导体区。	US5230748A FI101817B DE69225478T
US5194086	920520	930316	德国 H. C. Starck 公司	Hertmut Pungs	废渣回收有价金属方法	金属热还原含有有价金属的废渣，混合金属氧化物、还原剂或金属再电热碳还原形成的金属并造渣，废渣被除去。	

专利号	申请日	公布日	申请人	发明人	专利名称	专利要点及有益效果	同族专利号
US5194232	910827	930316	德国 H. C. Starck 公司	Walter Bludssus	含低氟的钽铌的氢氧化物的制备方法	（1）把钽铌的氢氧氟化物，先加入稀氨溶液得到第一步的混合物；（2）再加高浓度氨水搅拌直到出现沉淀；（3）过滤得氢氧化物；（4）用1%～10%氨水洗氢氧化物；（5）用纯水洗氢氧化物、过滤、干燥，得到低于0.5%F的氢氧化物。（1）～（5）反复进行。	DE4030707A 平 4-270122A BR9104184A AT396226B
US5196273	910513	930323	加拿大 Norand 公司	Peter Tsantrizos	碳化钽材料	用做活性等离子体的吹管稳定电极，包括一种低熔点金属 Al、Ag、Au、Cu 或它们的合金，浸渗在有50%～80%体积比的 TaC 碳化钽烧结体里。	
US5198968	920723	930330	英国 AVX 公司	Joh Galvagni	表面组装固体电容器及制造方法	方形钽管内装钽粉烧结制成电容器，露出的部分接阴极，这种电容器有平坦的壁部，体积比容高、ESR 低。	GB2269051A DE4319552T
US5207846	910219 890410	930304	美国通用电气公司	Thomas J. Kelly	含钽超合金	合金：30%～40% Ni；30%～40% Fe；15%～23% Co；8%～16% Ta；3×10^{-3}%～0.015% B；引起双倍γ主强化，在比含铌合金更高的温度下进行热处理，含钽合金比含铌合金提高了强度。	
US5209910	910624 900110	930511	德国 H. C. Starck 公司	Walter Ludss	钽铌萃取分离方法	先用 HF 溶液分离钽铌原料，再用 MIBK 从分解液中萃取钽铌，负载有机相先用4～8mol/L 稀硫酸洗涤，然后用水或稀 HF 洗涤。	BR9102794A AT396256B
US5211741	910731	930518	美国 Cabot 公司	James A. Fife	片状钽粉	片状钽粉无尖锐的边缘，平均粒径为2～55μm，BET 大于约 $0.5m^2/g$，宽厚比为2～50，由 EB 粉或钠还原粉磨成片后等静压挤碎成小片，这种粉比容高，击穿电压高。	KR0145753B RU2102189C 平 6-511517A
US5211832	920422	930518	美国 Alta 集团	Mather Cooper	阀金属表面形成改进的阳极化膜的方法	在 Ti 与 Ta、Nb、V、Mo 等或其合金上形成的阳极化氧化膜，在室温 5V 的电压下，比漏电率小于 $1nA/cm^2$，阳极氧化是在水含量为36%～43%磷酸酸性水溶液中形成的。	

专利号	申请日	公布日	申请人	发明人	专利名称	专利要点及有益效果	同族专利号
US5211921	920707 910627	930518	美 Teledyne 工业公司	James A. Sommers	铌氧化物的制造方法	Nb-Fe 经过氢化—制粉—氮化—用含氟酸水溶液溶解或标准酸洗—把溶解的氮化铁滤掉，得到不溶解的氮化铌—氧化焙烧—得氧化铌。	
US5217526	910531	930608	美国 Cabot 公司	Bryan J. Carlson	纤维状球团化钽粉及用其制成的电容器	一种短的金属纤维，其直径为 0.2～1.0μm，长径比为 10～1。将这种钽铌纤维团成球形颗粒，直径为 25～500μm，用这种颗粒制成的电容器，其高温可靠性好。	WO9222078A RU2104598C KR100264754B1
US5223002	911031	930629	美国 Sprague 公司	Sidney D. Ross	聚合物固体电解电容器的制造方法	将阳极体浸渍单体苯胺和稀释剂溶液，加热到 100～200℃使稀释剂挥发留下苯胺，浸渍过硫酸铵和硫酸溶液，浸渍的量低于所有的单体苯胺氧化所需的量，从而发生聚合。	
US5226947	920217	930713	美国 Wisconsin	Paul D. Jablnski	用粉末冶金方法生产铌－钛超导合金	一种超导体有 Nb-Ti 体心立方第一相，包括与 Nb-Ti 相溶的离散的 1～10nm，体积比为 5%～50% 作为钉扎中心的金属第二相（Nb、Ti、Ta、Mo、Zr 等）。	
US5234491	920207 900517	930810	美国 Cabot 公司	张鸿儒	高表面积低金属杂质含量（钽粉）制造方法	K_2TaF_7 钠还原，反应弹中加入少许比反应弹金属有更高的热力学势和高的化学活性的金属，如 Na、K、Mg，还原 K_2TaF_7 得到钽粉，可降低 Fe、Ni、Cr（K_2SO_4 细化钽粉）。	
US5234674	910627	930810	美国 Teledyne 工业公司	James A. Sommers	制备金属碳化物的制造方法	从钽铌钒和硅的铁镍合金的金属碳化物，在能够使变脆制粉的条件下将合金与氢气接触，粉碎过筛，500℃以上与碳氢化合物接触形成碳化物，用酸溶液洗涤过滤，回收碳化物。	
US5242481	901212 890626	930907	美国 Cabot 公司	Prabhat Kumar	钽铌粉和材料的制造方法	钽铌粉里加入与氧亲和力比钽铌与氧亲和力更大的金属（Mg、Ca 等），在钽熔点的 0.7 倍以下的温度加热，用蒸发或化学洗涤除去脱氧剂及其氧化物，钽、铌粉氧低于 0.03%。	
AU3390693A AU653694B	930301	930909 941006	德国 H. C. Starck 公司	Walter Bludss	钽、铌分离方法	用 HF 或 HF + H_2SO_4 溶解原料，用 MIBK 萃取钽、铌络合物盐，用蒸气蒸馏反萃含钽、铌的有机酮，产生新水相，用新的 MIBK 与新水相接触，选择性地萃取，将钽铌留在水相里。	CN1076731A DE4207145C BR9300739A

专利号	申请日	公布日	申请人	发明人	专利名称	专利要点及有益效果	同族专利号
US5245514	920527	930914	美国 Cabot 公司	James A. Fife	挤压电容器电极及其制造方法	金属铜条和钽条紧密有序插入铜套中→真空密封→热等静压→温挤压→拉拔→切割成电容器的所需长度→酸洗去铜→引线→形成→被膜→……→纤维状钽电容器，孔隙不扭曲。	CN1079333A AT164026T DE69517421T
US5248629	920709 910710	930928	日本索尼株式会社	室山正一	半导体储存器的电容器的制造方法	如 RAM，由一个储存节、一个由氮氧化钽膜形成的储存电容器和一个主板组成，氮氧化钽膜是由含有二羟基胺钽的反应气体通过化学气相沉积形成的。	平 3-197240A KR100225556B
US5261942	920310 900110	931116	美国 Cabot 公司	James A. Fife	钽粉及其制造方法（片状钽粉）	钽粉→脱氢→325 目→振动球磨 10h→片状→HCl/HNO_3 洗→热团化 1600/30→破碎 -40 目，片状化率 90%，片粉小于 55μm，流动性好，松装密度，压制性改善。	
US5273725	920529	931128	美国 Eco Tek 公司	Bryan J. Carlson	从矿石处理物中回收金属和氟	把含有 Ca、Ta、Nb、Mn、Mg、Al 等金属及氟化物和放射性物质的不溶性物质用酸处理转变为不危险物质，液(L)：固(kg)是（2：1）~（20：1），总酸量为能够溶解金属成分。	
US5284531	930310 920731	940208	美国 Cabot 公司	James A. Fife	纤维状钽、铌及其合金（粉末）	一种钽、铌或它们的合金圆柱状的纤维，其直径为 0.1 ~ 1μm.，其长度为直径的 10 ~ 20 倍，在 1400 ~ 1750℃加热所述金属纤维。	US5217526A
US5284639	920706 910627	940208	美国 Teledyne 工业公司	James H. Sommers	氮化铌的制造方法	在无氧的氢气中，在足够的压力和足够的温度下形成氢化物，将所述的氢化物在无氧的氮气气氛里在足够高压力和温度、足够长时间反应形成氮化物，从其中分离出铁镍氮化物。	
US5288474	930328 920529	940222	德国 H. C. Starck 公司	Karlbenz Reichard	高活性铌酸铅金属的生产	铌酸铅的通式是：Pb_3Me(Ⅱ)Nb_2O_9(ⅠA)，PbMe(Ⅲ)NbO_6(ⅠB)，其中 Me 为 Mg、Fe、Co、Ni、Cr、Mn、Cd、Cu、Zn。在 500 ~ 1000℃干燥和煅烧。	DE4217818A EP0680974B
US5305946	921105	940426	美国 Noter 公司	Leroy W. Heilmann	被覆金属的焊接	被覆防护钽层的钢基体容器有防护钽层，钢和钽层之间有铜层，爆炸焊接；两件对焊，加一金属条，上面搭焊，防护层暴露在外，增加了防腐蚀性。	

专利号	申请日	公布日	申请人	发明人	专利名称	专利要点及有益效果	同族专利号
US5306462	920731 910531	940426	美国 Cabot 公司	James A. Fife	纤维钽及用其制成的电容器	将钽铌制成纤维状，将 40μm 长的钽纤维在水中或甲醇中团成颗粒，-40 目，纤维呈无规则排列，不是平行地绞成多孔的球形颗粒，包括加热纤维使其提纯。用它制造的电容器。	RU2104598C US5217526A EP0587734B
US5310448	880826	940510	美国晶体技术公司	Peter F. Bordui	均质的铌酸锂晶体生长的化合物	声表面波材料铌酸锂的生产：（1）准备包含摩尔比 Li_2O 为 48.38% ±0.01，其余为 Nb_2O_5 的原料；（2）加热原料到熔化；（3）从熔融的原料里拉制固态均匀单晶。	
US5315474	930402 920407	940524	日本 Rohm 株式会社	栗山长次郎	固体电解电容器	包含一片状芯子，从芯子伸出的引线与阳极丝连接，阳极引线、阴极引线、一焊锡保险丝连接在阴极引线和片状芯子间，树脂包封电容器元件、阳极引线、阴极引线和保险丝。	DE4311116 US5402307A
US5322548	910627	940621	美国 Teledyne 工业公司	Bernard F. Kiffer	铌金属的回收	将 Nb-Fe、Ta-Fe、V-Fe 合金氢化到易于粉碎，然后氮化，酸洗去掉溶于水的氮化铁，氮化铌、氮化钽、氮化钒被分离出来。熔融得到金属。	
US5322592	920928 911001	940621	美国 Phillip 公司	Lucas J. Beckers	铌酸锂钾晶体及其制造方法	具有分子式为 $(K_2O)_{0.3}(Li_2O)_{0.2+a}(Nb_2O_5)_{0.5+b}$，其中 $-0.01<a<0.01$，$-0.005<b<0.005$，加入少量 V，这种晶体性能得到改善。	EP0535738B KR100218067B
US5329421	930402 920407	940712	日本罗母株式会社	栗山长次郎	固体电解电容器	包含一片状芯子，从芯子伸出的引线与阳极丝连接，一阳极引线、阴极引线，一焊锡保险丝连接在阴极引线和和片状芯子间，树脂包封部分阳极引线、部分阴极引线和保险丝。	US5502614A DE4311116A
US5338379	921217 920119	940816	美国通用电气公司	Thomas J. Kelly	含钽超合金	合金的成分（质量分数）是：13.34% Fe，18.15% Cr，3.09% Mo，9.11% Ta，1.03% Ti，1.0% Al，0.0035% B，0.1% C，余量为 Ni。第一次加热到 2000 °F，与 γ 基体形成有 γ 一次粒子和成双的 γ 一次粒子沉淀。	

专利号	申请日	公布日	申请人	发明人	专利名称	专利要点及有益效果	同族专利号
US5348163	930119	940920	美国 Cabot 公司	Donald E. Tunison	细粉分离的方法和设备	在预定的速度下将细颗粒悬浮物引入容器里，使颗粒悬浮物射向冲击板，该板按预定角度装配容器内，撞击板的角度是要使颗粒悬浮物在与板碰撞后均匀地分散在容器内。	平 8-505834A AU5994494A CN1116845A
US5356120	930426 920504	941018	德国 H. C. Starck 公司	Theo Kong ； Host	超细非凝聚金属和陶瓷粉末生产设备	一种气相反应器，生产超细非团化金属粉末或陶瓷粉末，包括预热器、进气部分、气流部分、反应管、出炉装置。利用金属卤化物氢还原制取超细金属和陶瓷粉末。	DE4214720C DK0569765T EP0569765B
US5357399	920925	941018	英国 AVX 公司	Salisbury Iam	表面组装固体电解电容器的制造方法	提供金属基片，装上形成固体电容器的金属粉末片，其低表面积的粉末啮合基片上，高表面积粉末于基片上，烧结，切割开，形成介电质层、阴极层、两电极，制成固体电解电容器。	EP0688030B1 CN1085345A CN1030359C
US5369547	930322	941129	美国 Evens 公司	David A. Evans	电容器	电容器包括一电容器的阴极，内表面有多孔镀层，镀覆金属选自 Ru、Ni、Ir、Rh、Pd、Pt、Os；阳极选自 Ta、Nb、Al、Ti、Zr 的多孔镀层，与阳极和阴极接触的是液体电解质。	EP0691027B CA2158165A DE69430842T
US5376349	931014 921016	941227	德国 Degussa Aktieng-esech 公司	Martin Jansen	氮化钽的生产方法	将氧化钽氮化。在熔剂（硼酸或碳酸铵）的存在下进行氮化，至少有 14% ~ 17% 的水，$Ta_2O_5 \cdot H_2O$。该氮化钽用作着色剂。该方法可以缩短时间，用该产品着色效果好。	EP0592867B US5569322A ES2073325T
US5384105	931115 920529	940124	美国 Ecotek 公司	Bryanl L. Carlson	从矿石中提取阀金属	用 HNO_3 或 HCl 和 H_3BO_3（H_3BO_3：其他酸（mol 比为 1：10 ~ 1：1）），55 ~ 85℃，Ta/Nb 不溶，其他金属溶解，过滤，从溶液中将固体 Ta/Nb 分离出来。	EP0729437A CA2176912A AU1978095A
US5384306	930427 920504	950124	德国 H. C. Starck 公司	Theo Kong	超细氧化物陶瓷粉末	金属氧化物（MeO）陶瓷粉末的生产（Me 为 Al、Si、Zr、Hf、Ta、Nb、Mo、W、V、La、Y）。Al_2O_3 为 α 相，SiO_2 晶体。	DE4214724A KR100254065B
US5394295	930528	950228	英国 AVX 公司	John Galvagni	固体电容器的制造方法及其产品	金属箔作成很多的 U 形槽，槽里装金属粉末，烧结这些粉末，使粉末和金属箔结合，然后切开分成单个，做成电容器。	

专利号	申请日	公布日	申请人	发明人	专利名称	专利要点及有益效果	同族专利号
US5398398	940110 920724	950321	美国马萨诸塞技术所	John E. C. Williams	制造具有铌锡超导接头的方法	超导接头包括一铌锡超导合成物元件，一扩散连接到超导合成物上的铌锡超导丝，扩散连接到超导丝上的垫片，扩散连接到垫片上的支架，和一个与超导合成体电连接的超导元件。	DE4324845A US5290638A GB2269491A
US5401307	930625 900810	950328	德国西门子公司	Norbert Czech	涡轮部件上涂覆抗高温腐蚀涂层	其成分（质量分数）是：25% ~ 40% Ni，28% ~ 32% Cr，7% ~ 9% Al，1% ~ 2% Si，0.3% ~ 1% 碱土活性元素，总量为 0 ~ 15%，选自 Rh、Pt、Pd、Zr、Mn、W、Ti、Mo、Nb、Ta、Fe、Hf，至少 5% Co。	
US5406447	921229 920106	950411	日本电气株式会社（NEC）	宫崎新一	用于集成电路的电容器	电容器的第一层导电体层与用特殊介电材料（如氧化钽）制成的介电层接触，第一层阻挡层金属膜是由 Ta、Ti 的氮化物组成。第二层阻挡层金属膜是由相似的材料组成。	
US5407458	930426 920504	950418	德国 H. C. Starck 公司	Theo Kong	超细金属粉末制取（纳米级钽粉）	钽（Nb、Ti、Zr、Hf、V、Al、Si）的氯化物预热与 Ar 气、氢气分别由同心多层套管进入反应室，$TaCl_5$ 被 H_2 还原成 1nm ~ 3μm 的钽粉，少于 20% 的粒子偏离平均粒径的 1%。	EP0568863B KR100251664B DE4214722C
US5411611	930805	950502	美国 Cabot 公司	Prabbat Kumer; Louis Huber	消耗电极熔炼形成微合金产品	由原料形成电极体，有均匀厚度层的第一合金，电极体临近坩埚，坩埚接地，电极和坩埚间引起电弧，产生足够高温，在坩埚里的金属形成熔炼池并电磁搅动，固化成锭，加工。	CN1053016C RU2139948C EP0713537A
US5412533	940621 930622	950502	日本 Rohm 株式会社	村树智浩	固体电容器及其制造方法	在成型坯块时，金属丝穿透电容器芯子，成棒状，烧结后，一头接阳极，成型时可串联 4 个以节省钽丝，然后切下焊接阳极、阴极，包封。	DE4421772A
US5424909	940603 930615	950613	日本 Rohm 株式会社	栗山长次郎	组合型固体电解电容器	一电容器芯片，阳极从其中伸出，树脂包封，一个二极管，它的负极连接电容器的阳极端子，正极连接到芯片上，二极管设计成在低于电容器的反向击穿电压的正向偏压下。	DE4420617A

专利号	申请日	公布日	申请人	发明人	专利名称	专利要点及有益效果	同族专利号
WO95/16636A	941213 931214	950622	美国 E. I. Du Pont DE	Felix Vinci Martinez	失效的催化剂的回收	将用过的含有钽铌的催化剂（有机杂质、金属杂质，如铁、镍、铬）用 HF 水溶液溶解，去掉不溶物，再用甲基异丁基酮 MIBK 萃取上述水溶液，制取钽铌的盐，如 K_2TaF_7、K_2NbF_7。	US5620936 ES2117395 EP0734355
US5428500	941114 931118	950727	日本电气株式会社（NEC）	西山利彦	固体电解电容器	聚合物作为电解质的固体钽电解电容器，是将钽烧结体浸渍吡咯苯胺混合溶液，化学氧化形成聚合物。	KR0164234B DE69408284
US5436992	941018	950625	“国家科技委员会”（中国台湾）	王维森；魏培昆	铌酸锂 TE-TM 型光分离器	TE-TM 型光分离器包括由铌酸锂基体制作的非对称 Y 形结构结合器，有一波导输入端入口，两个波导分叉出口，一个只能导 TE 型，另一个只能导 TM 型，输入的波导就被分开。	
US5437848	920710	950801	美国 Cabot 公司	Robert A. Hard	从残渣中提取有价金属	硫酸浸出→形成含钽液相和固相，过滤→含钽液相与水不相溶有机接触→提取 Ta、Nb 或离子交换树脂提取。	DE4393314 BR9306711
US5438012	930805 920806	950801	日本电气株式会社（NEC）	神山俊	在超大集成电路上制造电容器元件	在硅片上为超大集成电路制备电容器的步骤：清洗多晶硅底电极上自然形成的氧化膜，在其上形成掺杂氧化钽膜，形成氮化钛上电极。	平 4-209876A
EP0665302A EP0665302B	950113	950802 000503	德国 H. C. Starck 公司	Tripp Terrance	钽粉的氮化	用微米级粒径的钽粉经过降氧和降氧后的氮化处理，得到的钽粉，其表面氧含量稳定，用这种钽粉制造的电容器的漏电流稳定性得到提高。	DE69516556T EP0665302B
US5442978	940519	950822	德国 H. C. Starck 公司	Richard Hidreth	高温下快速加入还原金属块还原 K_2TaF_7	在高的稀释剂比例，高温（950 ~ 1150℃）下快速加入钠块，用加热，吹风及钠块大小，加入快慢来控制反应速度和反应物料熔融盐的温度。	DE69507698T CA2190603C
US5445787	931102	950822	瑞典 Ira Friedman	Ira Friedman	难熔金属及合金的挤压方法以及其产品	钽粉铌粉经过冷等静压到能够形成坯块的密度，放进一包套里密封抽空加热使坯块退火，将包套密封冷等静压到真密度的 70% ~85%，再加热密封在包套里的坯料挤压形成产品。	

专利号	申请日	公布日	申请人	发明人	专利名称	专利要点及有益效果	同族专利号
US5448447	930426	950905	美国 Cabot 公司	Hongjiu Chang	钽粉及其高容量低电流电极的制造方法	钽粉含氮 0.05% ~ 0.7%，使其含氧 0.07% ~ 0.3%，比表面积小于 0.6m²/g，在 1400 ~ 1800℃烧结，在不小于 100V 以上形成阳极体，最高比容达到 25000μFV/g，其漏电流降低 28%。	TW439076B AU6706194A AT146299T
WO9527991	950406 940411	951019	新英格兰电线公司	Meserve Robert	超导电缆及其制造方法	制造超导电缆的步骤是：(1) 普通导体为基体，里面有多股超导合金丝的超导体镀镍；(2) 绑成拉长的电镀的通常圆截面多股捆；(3) 加工压制上述捆成多角截面。	US 6199266B1 EP0755562A DE755562T
US5460642	940321	951024	美国 Teledyne 公司	John D. Leland	金属卤化物的气态还原	把 Hf、V、Nb、Ta 金属卤化物与还原金属 Al、Mg、Ca、Na 在反应器里反应，温度高于氯化物的汽化温度，低于还原剂的汽化温度，如 800℃还原，反应后把固体生成物取出。	
US5468646	940107	951121	美国 Teledyne 公司	Matthew A. Rossback	金属氢化物的制造方法	Nb、Ta、V、Nb-Fe 物料装进气密封反应容器里抽空，10 ~ 50℃，通入 2 ~ 15psi 的氢气，保持使物料吸氢，出炉得到氢化产品。	
US5469325	940729 930322	951121	美国 Evans Findings 公司	David A. Evans	电容器	包括选自 Ru、Ir、Ni、Rh、Pt、Pd、Os 的其中之一的金属氧化物多孔涂层的阴极，一个包括选自 Ta、Al、Nb 和 Ti 组中之一的金属为阳极，两者之间空隙为电解质与两电极接触。	
US5470525	940701	951128	德国 H. C. Starck 公司	Terance B. Trippp	钽产品中黏结剂的除去方法	含有黏结剂的钽粉和钽压结块用 50 ~ 200 ℉的水或含水/洗涤剂之比为 0.1 ~ 3.0 的水液洗，除去压接块中至少 95% 的黏结剂碳，保持氧稳定。	DE69525626T CA2190728A
US5472477	930422 920504	951205	德国 H. C. Starck 公司	Theo Kong	分散的金属粉末或陶瓷粉末的制备方法	(Ti、Nb、Ta) 金属化合物和反应剂进行反应，惰性气体、金属化合物、反应剂由同心多层管进入，通过螺旋线管道混合反应，反应物中分离出超细金属或化合物粉末。	DE42147190A SE510818C AT405723B

专利号	申请日	公布日	申请人	发明人	专利名称	专利要点及有益效果	同族专利号
US5476719	940817	951219	美国 TRW 公司	Robert D. Sandell	多片模块和微波电路用超导多层微带结构	多层微带结构包括一基片，沉积在此基片上的第一超导层、第一绝缘层，是至少部分由苯并环丁烷（BCB）制得的，被沉积在第一层超导层上，再加一层超导绝缘层和超导层，超导层是铌制成的，适合于微波电路的无源电路元件和多片模块。	
US5482672	950209	960109	美国 Ira Friedman	Ira Friedman	钽和铌的挤压方法	（1）把钽和铌粉末冷等静压压制成条；（2）将该金属条放置在第一金属容器里；（3）密封容器；（4）把它放进第二金属容器里，两容器间有间隙，间隙里装碳钢粉；（5）冷等静压；（6）挤压；（7）去掉包套。	
US5486242	950315 941114	960123	法国航天实验室	Shigehisa Naka	高强度金属间化合物铌和钽基合金	铌和钽基合金的成分（质量分数）的钽基、铌基合金：Ta + Cr 为 20% ~35%，Cr 为 0 ~5%，Ti 为 20% ~40%，Al 为 8% ~20%，Mo 为 8% ~20%，Ta 小于 30%。Nb + Cr 为 20% ~60%，Cr 为 0 ~5%，Ti 为 20% ~40%。	
US5522535	941115	960604	美国 Tosoh	Eugene Y. Ivanov	溅射靶/底座板组件的底座再利用	溅射靶和底座的连接是采用焊料使两个面在低温下焊接，焊料的分解温度高于 400℃，焊料的液化温度约 100 ~250℃，溅射靶和底座易于分开。	WO9614957A
US5540790	930629 920629	960730	美国 Cannon（佳能）	Gary L. Erickson	单晶镍基超合金	高强度、高温铸态镍基超合金组分（质量分数）：6.2% ~6.8% Re，1.8% ~2.5% Cr，1.5% ~2.5% Co，8% ~9% Ta，3.5% ~6% W，5.5% ~6.1% Al，0.1% ~ 0.5% Ti，0.01% ~ 0.1% Nb，0.25% ~ 0.6% Mo，0 ~0.05% Ha，0 ~0.04% C，0 ~0.01% B，0 ~0.01% Y，0 ~0.01% Ce，0 ~0.01% La，0 ~0.01% Mn，0 ~ 0.05% Si，0 ~ 0.01% Zr，0 ~ 0.001% S，0 ~0.01% V。	US5366965A ZA9304378A BR9302682A CZ9307304A
US5547410	940708	960820	美国通用电气公司	Michael R. Eggleston	X 射线管阳极组件靶/座结合改进制造方法	在将金属靶和金属靶座焊接到一起形成旋转 X 射线管时，靶和铌合金座之间插入钽，焊接成具有高熔点结合力强的 X 射线管靶/座组合体，减少不平衡失效。	

专利号	申请日	公布日	申请人	发明人	专利名称	专利要点及有益效果	同族专利号
GB2298656A GB2298656B	960105	960911 980527	美国 Kemet 公司	Randolph S.	钽电容器的被膜方法	将阳极浸渍硝酸锰→在分解炉里喷入蒸汽，加热（200～400℃），喷入非卤化性氧化剂→分解成→MnO_2，其中氧化剂有硝酸、双氧水、臭氧或它们的混合物。其浓度至少为5%（体积分数）。	平 8-291387A IL117004A CN1135086A
US5559667	950811 940627	960924	美国 Evins Findings 公司	David A. Evins	几个阳极串联成的固体电解电容器	包括一个至少选自 Ta、Al、Nb、Zr、Ti 的一种金属的多个芯子组成的阳极，和与阴极、阳极接触的电解质。	US5469325A US5737181A
US5562768	911212 900405	961008	美国 Philip 公司	Martin Ouwerkert	铌酸钾单晶	制造铌酸钾的方法：其成分是 $(K_2O)_{0.3}(Li_2O)_{0.2+a}(Nb_2O_5)_{0.5+b}$，其中 $-0.1<a<0.1$，$-0.005<b<0.005$，有 0.405nm 的 c－轴，冷却包含有 30%（原子百分数）K，27%（原子百分数）Li，43%（原子百分数）Nb 的熔体化合物。	NL8901875A EP0409339B DE69013600T
US5573572	950528 940427	961112	德国 H. C. Starck 公司	Joachim Eckert	生产钽铌富集物的方法	用低钽高铌的原料生产 Ta_2O_5/Nb_2O_5：用含碳还原剂与渣料进行电弧熔炼成 Fe-Ta 合金，合金与熔渣分离，在 800～1000℃ 焙烧，再次碳还原，电弧熔炼，得钽铌富集物。	DE4414571B BR9501781A
US5580367	950417 930218	961203	美国 Cabot 公司	James A. Fife	片状钽粉及其制造方法	没有尖锐边缘的片状钽粉，松装密度大于 $13g/in^3$，90% 的片状粉小于 55μm，团化后流动性好，生坯强度高，这种粉是将磨扁的较大片弄碎成小片。	US5211741A
US5580516	950607	961203	美国 Cabot 公司	Prabhat Kumar	钽、铌及其合金的粉末及其制品	经镁、钙等还原（在 $0.7T_H$（熔点）以下）脱氧，使钽、铌粉的氧含量低于 0.03%；用上述粉末在 35000～100000psi 压力下压接，再在低于 $0.7T_H$ 温度烧结成的粉末冶金产品。	US5242481A
WO96/36993A	960517	961221	美国微技术公司	Sandhu Gurtej S.	形成 Ta_2O_5 介电体层的方法	硅基片上有导电性扩散区，上面有一节与电容器连接，在节上面有导电性电容器板，在此板上用化学气相沉积法镀上一层 Ta_2O_5，在其上提供无定型扩散阻挡层。	US6017789A US5814852A 平 11509608A

专利号	申请日	公布日	申请人	发明人	专利名称	专利要点及有益效果	同族专利号
EP0753869A	960328	970115	英国 AVX 公司	Yong-Jian Qiu	电容器阳极选择性阳极化	该方法是分两步赋能。第一次赋能形成预定的厚度氧化膜，然后把阳极体浸渍在溶剂里，使内部有此溶剂，除掉阳极表面的溶剂，阳极化只使内部介电层加厚。	US5643432A 平 9-092581A
US5604164	950906	970218	美国高级陶瓷公司	Lionel C.	难熔金属舟及其制造方法	将二硼化钛和氮化硼或（和）氮化铝和选自 Ta、W、Nb 中的一种金属以及 CaO、Y_2O_3 热压形成的，最低的氧化物含量为0.7%（质量分数），氧化物在金属间化合物的含量低于20%。	
US5608602	960301 941108	970304	日本 Rohm 株式会社	栗山长次郎	电路中固体电解电容器	一种电路中的固体电解电容器，在电源和负载之间，它包含一片状芯子，从芯子伸出的引线与阳极丝连接，一阴极引线，第一个保险丝连接在阴极引线和片状芯子间，在阴极和阳极间还有一带保险的备用引线，用树脂包封电容器、部分阳极引线、阴极引线和保险丝。	
US5621608	951124 941125	970415	日本电气株式会社（NEC）	新井里	有两层固体电解质的固体电解电容器及制法	在阳极体表面化学聚合形成导电性聚合物，在聚合物上形成第二层包含有微细导电性聚合物粉末的聚合物，微细聚合物分散在化学聚合的反应溶液里，该粉末比导电性聚合物更硬些。	EP0714108B KR0165998B DE69513128T
US5620936	931214	970415	美国 Cabot 公司	Charles E. Mosheim	用过的催化剂的回收	该方法是将用过的含铌或钽的催化剂溶于水溶液或酸溶液，形成含氟钽酸或氟铌酸的第一水溶液，其中的杂质包括 Fe、Mo、Ni、Cr；将钽铌与杂质分离，萃取钽铌。	DE69408869A HK1015135A 平 9-507466A
US5622746	950307	970422	美国 Kemet 公司	Randolph S. Hahn; Brian J.	钽电容器的被膜方法	将阳极浸渍硝酸锰→在分解炉里加热（200~400℃）同时喷入蒸汽，喷入非卤化性氧化剂→分解→MnO_2，其中氧化剂有硝酸、双氧水、臭氧或它们的混合物。氧化剂的浓度至少为5%（体积分数），优选为30%~50%，更优选为90%。	GB2298656A IL117004A CN1135086A
WO9718921A	961122	970529	捷克 Jinpo 公司	Foldyna Vaclav	铁道上焊接金属的方法	在铁轨上焊接，铁轨的成分（质量分数）是 C 0.45%~0.82%，Mn 0.7%~1.5%，Si 0.07%~0.55%，余量 Fe；焊条的成分（质量分数）是：Ni 1.8%~4.5%，V 0~0.2%，Mo 0~0.3%，Nb 0~0.1%，Al 0~0.1%，Ti 0~0.1%。	PL181562B HU0003611A SK284023B

专利号	申请日	公布日	申请人	发明人	专利名称	专利要点及有益效果	同族专利号
US5635146	951131	970603	美国 Osram Sylvania	Raj P. Singh	五氧化二钽的溶解提纯方法	把五氧化二钽与含钾的盐在 550 ~ 1300℃反应形成钽酸钾，将钽酸钾溶于氢氟酸里，沉淀出 K_2TaF_7，过滤洗涤，加氢氧化铵形成沉淀，过滤，900 ~ 1000℃煅烧，得到电子级 Ta_2O_5。	CN1159424A RU2171229C CN1082935C
US5638253	950427 940428	970610	日本 Rohm 株式会社	长谷川三木	封装型固体电解电容器	固体电解电容器包括一电容器元件、一绝缘壳（其上有一凹坑）、收容电容器元件、一绝缘封盖，电容器元件有一阳极层、一阴极层，分别在相对的两端。	GB2288910A CN1114780A
US5648995	951227 941229	970715	法国法玛通 ANP 公司	Mardon Jean Paul	核反应堆燃料组件的壳管或导管	以压水冷却和减速的核反应堆燃料组件的壳管或导管，含有 Fe $5\times10^{-3}\%$ ~ 0.025%，Nb 0.8% ~ 1.3%，O 0.1% ~ 0.16%，C < 0.02%，Si < 0.012%，余量为 Zr 和不可避免杂质，轧制后 620℃退火。	EP0720177B CN1516201A CN1226751C
US5650006	950607 940916	970722	日本 NGK 株式会社	川口唇男	生产铌－钽酸锂单晶基体的方法	该方法包括具有 $LiNb_{1-z}Ta_zO_3$（$0\leq z\leq0.8$）的包括铌酸锂－钽酸锂的膜基体，它是含有 Li_2O、Ta_2O_5、Nb_2O_5 和助熔剂的熔盐过冷在基体上与液相接触取向接长而成。	EP0707096B DE69523252T
WO973631A	970310	971002	美国 Philips 公司	Natour Ghaleb	高压金属卤化物灯	在透明灯泡中气密封着放电室，里面有一电极，与外面电导体连通，灯泡中充有惰性气体、缓冲气体，还有选自钽、铌、锆、铪的卤化物。	
WO9736011A	970314 960326	971002	美国 Cabot 公司	Brown Patric M.	阀金属的回收	从含有铀、钍、钪、锆等的原材料中选择性地提取有价金属的方法，从原料中除去氟；浸提剩余的物质中所含金属成分，增溶金属成分，然后从溶液中提取金属成分。该方法能很好地适合从含钽、铌的产品及残渣中提取钽、铌。	US7282187 RU2203335 CN1219978
US5676005	970310 960322	971014	德国 H. C. Starck 公司	Robert W. Ballett	拉丝润滑剂及其使用方法	采用 PFCs、α-PFCs（分子式为 C_nF_{2n+2}、C_nF_{2n+2}-ON）、PFAs、PFEs 润滑剂，沸点高于 50℃的高氟烷基润滑剂、沸点高于 155℃的高氟氨基化合物和含碳化合物（有 C—F 键）。	EP0900130B MX9710122 CN1189112

专利号	申请日	公布日	申请人	发明人	专利名称	专利要点及有益效果	同族专利号
US5676587	951206	971014	美国 IBM 公司	William Francis	Ti/TiN、Ta/TaN 选择性抛磨	提供一改进的化学机械磨平（CMP）方法，从半导体基片的氧化物层选择性地除去一层金属化材料，如 W、Cu 和连线膜，如 Ti/TiN、Ta/TaN。	
US5676766	940928 930930	971014	德国西门子公司	Volker Probst	具有黄铜矿吸收层的太阳能电池	一种太阳能电池具有黄铜矿（检波器用晶体管）吸收层，它被应用在基片侧面一黏着层，材料是选自 Cr、Ti、Ta、TiN。	EP721667B DE4333407C
US5677002	950530 940916	971014	美国高新技术材料公司	Piter S. Kirlin	化学气相沉积的钽和铌	通式为 $M(OR^1)_x(R^2-C(G)-CH-C(G)-R^3)_{5-x}$，$x$ 是 1～4，M 是 Ta 或 Nb，G 是氧或硫，R^1 是 $C_2\sim C_6$ 的烃类，R^2 和 R^3 是独立地选自 $C_2\sim C_6$ 烃类，$C_2\sim C_6$ 氟烷基或 $C_1\sim C_6$ 烷氧基。	US5679815 EP0792383 W096-08587
WO9738143A	970313 960403	971016	美国 Cabot 公司	James A. Fife	降低阀金属材料氧含量的方法	脱氧后的阀金属（铌钽或其合金）材料在低于室温的酸溶液里（低于 10% 的 HF）洗涤。	US6312642 CN1221458
WO9740199A	970425 960405	971030	美国 Cabot 公司	Pathare Viren	制造粒径分布可控的钽粉的方法及钽粉	把由单个粒子组成的基本团聚体弄碎，直到粉末团聚的体积平均直径（以 μm 计，0.01～20μm）与 BET 比表面积（以 m^2/g 计）之积小于 25，接着在 800～1600℃热处理团化。	US5986877 US5954856 CN1223695
US-5687600	960801 941026	971118	美国 Johnson Matthey 公司	Roger Alan Emigh	金属溅射靶组件	一种金属溅射靶组件或底座的制造方法，使金属浪费最少，简化工序，该组件或底座是由环形金属毛坯制成的，经过加工变形成为溅射靶座。	
US5688471	960814	971118	美国 Inco 国际合金公司	John Scott Smith	高强度低热膨胀合金	高强度低热膨胀系数 CTE = 4.9×10^4 m/℃（低于 204℃），其成分（质量分数）是：42.3%～48% Ni，2%～3.7% Nb，0.75%～2% Ti，0～2% Co，0～1% Al，3.7%（Nb + Ta），余量为 Fe 和其他杂质。	
WO9743465A	970512 960513	971120	法国电子服务部	Reid Veronique	增加耐久性阳极的制造方法	一种增加了耐久性的电化学用阳极，至少由一种金属化合物，提供有外层是钽，表面镀有电催化氧化铱，其使用寿命大于 $14h\cdot m^2/g$。	FR 96/05916
DE19619494A	960514	971120	德国 H. C. Starck 公司	Lehmann Partner	粉末成型机及其装置	一种粉末成型装置，如，将钽粉装在供粉斗中，流入成型模里，多余的粉被推到缓冲袋中，再送回供粉斗中。	

专利号	申请日	公布日	申请人	发明人	专利名称	专利要点及有益效果	同族专利号
US5693104	950823 940825	971202	日本 Rohm 株式会社	栗山长次郎	制造固体电解电容器元件的方法	在阳极引线上安装防水器（树脂），它靠近电容器芯子，在形成电介质前焊到工作条上前安装。	CN1128398A CN1076856C
US5707599	960213	980113	美国 Santian 活性电子材料	Steven Northway	钽金属氧化物的提纯方法	高级金属氧化物的生产方法，不纯的氧化钽用 2% ~10% 的卤素处理，再与碱共同加热到 750 ~ 900℃处理，然后在 500 ~ 600℃ 中大气或氧气中处理。	
US5711783	960711 940215	980127	德国 H. C. Starck 公司	Martin Schloh	用金属醇盐还原得到的高纯金属粉末	用金属醇盐还原得到的高纯金属粉末的方法：在 400 ~ 1400℃ 用氩气载流，氢气气相还原甲氧基金属得到高纯度金属（钽、钨）。	DE4404747A CN1112467A
US5714418	951108	980203	美国 Intel 公司	Gang Bai	用于集成电路里电内联扩散阻挡层	包括一种扩散阻挡层和形成方法。形成两层阻挡层，包括捕获层和阻塞层（Ta/TaN 等），阻塞层比捕获层厚，不与捕获层反应，一导电层比阻塞层厚，与阻挡层的捕获层反应。	DE19706416 US5977634
EP0964936A EP0964936B	970219	980209 011004	德国 H. C. Starck 公司	Worlf Rudiger	钽粉、制取该钽粉的方法及其烧结体	用 $TaCl_5$ 与碱金属、碱土金属在惰性气氛中反应，制得的 50 ~ 300nm 的粒子再制成 10μm 以上的团化粒子，D_{50} > 10μm，N 0.01% ~ 1.5%，O 0.4% ~ 2%，F < 2×10^{-4}%，碱金属小于 2×10^{-3}%，BET 为 2 ~ 6m^2/g，CV 为 100000 ~ 180000μFV/g，DCL < 2nA。	DE19706416 US6193779 CN1247575A CN1368744
EP0964937A EP0964937B1	970219	980209 011004	德国 H. C. Starck 公司	Worlf Rudiger	钽粉、制取该钽粉的方法及其烧结体	用 K_2TaF_7 与 Na 反应制得的 150 ~ 300nm 的原粉，再团化制成不小于 5μm 的粒子，K、Na < 5×10^{-3}%，F < 0.02%，N：3×10^{-3}% ~ 1.5%，FSSS 为 0.35 ~ 1μm，BET 1.4 ~ 3m^2/g，1200℃/10min，16V 形成阳极，CV 80000 ~ 120000μFV/g，DCL < 5nA/g。	US6238456 CN1247576 CZ300529B AU6495398
US5716511	960807	980210	美国 Kemet 公司	Brian J. Melody	阳极化电解质及其应用	一种包括水、聚乙烯乙二醇二甲醇乙醚，二者 4% ~10% 和磷酸或一种可溶的电解质盐，所述的电解质在 30℃ 的电阻是 5000Ω。可用于钽铌电容器赋能。	DE19782115 AU3908697

专利号	申请日	公布日	申请人	发明人	专利名称	专利要点及有益效果	同族专利号
US5721182	950928 941012	980224	德国 H. C. Starck 公司	Karlbeinz Eichert	铌和钽和从它们制备的钙钛矿型化合物	通式为 $X(B'B'')O_3$，X 是 Pb、Ba；B′是 Mg、Fe、Co、Ni、Cr、Mn、Cd、Ti、Zr；B″是 Nb、Ta。	DE4436392 NL1001399 平 8301618
US5721185	950928 941209	980224	德国 H. C. Starck 公司	Karlbeinz Reichert	铌酸盐和钽酸盐的制备和制备的钙钛矿晶型物	通式为 Me(Ⅱ)A_2O_6、Me(Ⅲ)AO_4 的铌酸盐和钽酸盐，以及用它们形成钙钛矿晶型物 $X(B'B'')O_3$，这里 X 是 Pb、Ba；B′表示 Mg、Fe、Zr；B″表示 Nb、Ta。	
US5734546	950919 950811	980331	日本 Rohm 株式会社	栗山长治郎	固体电解电容器元件的制造方法	金属粉末烧结体制造的固体电解电容器芯子，从芯子的一个面伸出阳极引线，在阳极引线与烧结体接触面处有一钉头，增加接触面。	CN1127925A CN1076856C
US5737181	960422	980407	美国 Evans 电容器公司	David A. Evans	（金属外壳）电容器	电容器包括一个镀覆选自 Ru、Ir、Ni、Rh、Pt、Pd、Os 组中至少之一的多孔金属氧化物的阴极，一个选自 Ta、Nb 金属为阳极，一种与镀覆板以及阳极相接触的电解质。	US5469325 US5559667 AU682701B
US5741626	960415	980421	美国摩托罗拉公司	Ajay Jain	形成抗反射镀层的方法	抗反射镀层 Ta_3N_5，用于双波纹结构，阻止腐蚀的壁垒作用。是沉积第一层导电区，再在其上沉积介电 Ta_3N_5，把光刻胶暴露在光下使其分子性变化一部分，Ta_3N_5 从导电区减少反射。	
US5743120	950512	980428	德国 H. C. Starck 公司	Robert W. Ballett	拉丝润滑剂和方法	将钽加工件引入通常的大缩径湿式拉丝模拉丝至少一次；用含通式 C_nF_{2n+2} 且动力黏度低于 20cP 的高氟化烷基化合物润滑剂进行拉丝；这种化合物具有高温稳定性、反复多次直到所需尺寸，每次都要清净表面。	EA001309B
US5745334	960325	980428	美国国际贸易机械公司	Joseph Gerard	印刷线路板上的电容器	一种多层线路板，有第一铜层；在上述铜层上有钽或铪金属层；铜层的相对面有 Ta_2O_5 和氧化铪第一介电层；在其上有第二铜层；在第二铜层上有第二介电层；如此多层叠加。	US5972053A

专利号	申请日	公布日	申请人	发明人	专利名称	专利要点及有益效果	同族专利号
US5747428	970310	980505	美国 Behrooz A. Khorramia	Behrooz A. Khorramian	高低温应用的固体润滑剂	用于基体材料表面的一种多成分固体润滑剂：先在基体表面沉积一层硅化铬或碳化铬，再沉积一层，选自二硫化钨、二硫化铌、二硫化钼、二硫化钽至少一种，第三层是贵金属。	
WO9818551A	971021 961025	980507	美国科学设计公司	Rizkalla Nabil	铌或钽加速银催化剂	一种用于在固体载体上含有 Nb、Ta 成分促进结合剂，使乙烯氧化成含银的乙烯氧化物的没有铼的催化剂，包括铯、氯化物。	US5736483 EP0946292A
US5749132	960216 950830	980512	美国 Ramar 公司	Amaresh Mahapatra	光波导器的制造方法	将 Ti 扩散到铌酸锂单晶体里，提供一与耦合滤波器相匹配的改进的模式。优选 Ti 扩散的时间是 8 ~ 18h，氧化锂外扩散允许 Ti 扩散至少 25μm，Ti 扩散深度 5 ~ 10μm。	
WO9819811A	971105 961107	980514	美国 Cabot 公司	James Fife；A. Steele	铌粉及铌电解电容器	一种团化的片状铌粉，铌粉的 BET 比表面积至少为 $0.50m^2/g$，铌粉掺氧至少 0.2%，至少 $35g/in^3$，1200 ~ 1450℃烧结，比容 30000 ~ 61000μFV/g，降低铌阳极漏电流。	US6420043B US6165623 CN1240377
US5753090	960712 950714	980519	日本真空技术株式会社	带刀长治	小尺寸溅射靶和高真空溅射装置及其制造	一种高真空溅射装置包括一真空腔，在其中基片被加工，小尺寸溅射靶的外径是基片外径的 2/5，一区域倾斜向着外圆周，表面对着相对配置的基片。	
US5754394	961104	980519	美国 EVANS 电容器公司	David A. Evans	阴极有氮化物涂层的电容器	一个阴极，该阴极表面涂覆有选自 Ti、Zr、Nb、Mo 和 W 组中之一的金属氮化物涂层；一个阳极，该阳极与阴极隔开并在其表面形成介电层，选自 Ta、Nb、Al、Zr、Ti 组中之一的金属；一种电解质，在阴极和阳极之间并与阳极、阴极接触。	WO9927547A
US5772701	960905	980630	美国 Lochheed Martin 能源	April McMillia, Robert F.	钽电容器的制造方法	在加入黏结剂冷压，将钽粉压成块，装入放有松散钽粉的电磁辐射所能透射的匣子里，加热一定的时间，在真空度为 1×10^{-4} Torr 下烧结成电容器阳极的烧结体，在烧结体表面形成连续的氧化钽膜，再被覆半导体材料膜，形成阴极层，形成阳极、阴极外引线。	

专利号	申请日	公布日	申请人	发明人	专利名称	专利要点及有益效果	同族专利号
US5776329	951025 941102	980707	德国 H. C. Starck 公司	Ulrich Krynitz	从超合金分解回收金属成分的方法	从含有 Al、Co、Cr、Hf、Mo、Re、Ta、W、余 Ni 的超合金中回收金属法：在电解槽里经过有机试剂（如乙醇或β二酮；水和导电盐）中电解氧化，过滤分离，水洗烘干等步骤。	平 10-508657A EP0789785B DE4439041A
US5777840	961029	980707	美国 Yosemite 公司	Thomas Oney	无极性钽电容器	有底端和顶端的钽外壳电极，装在两个相对的外壳里，钽芯子电极被装在里面并与钽壳电绝缘，液体电解质充入钽壳和钽芯子之间，密封开口端，两电极端子分别与钽外壳和钽芯子相连，钽壳与钽芯子电极阳极化到相同的电容，至少是电容器额定容量的 2 倍。	
WO9830348A	980106 970113	980716	英国 AVX 公司	Bishop Ian H.	除黏结剂的方法	除去压接多孔体中不可溶于水的黏结剂的方法，将压接体（钽压块）与能和所述的黏结剂起反应生成可溶于水的水溶液接触，如用聚乙烯乙二醇来洗涤黏结剂。	GB0951374A CN1243464A AT223274T
US5787332	960926	980728	美国扇钢冶金公司	Wiliam D. Black	从含有金属成分的复合物回收钽、铌	MF_y 的原料与硫酸作用，使 MF_y 与硫酸反应，形成 $M(SO_4)_{y/2}$，水洗除去 $M(SO_4)_{y/2}$，用硝酸、盐酸洗，与碱 NaOH 反应，再用硝酸、盐酸洗，水洗后得到钽铌氧化物。	EP0834584B DE69709016A BR9704889A
US5795410	970123	980818	美国 USX 公司	Yinshi Liu	控制钢带表面碳化物	汽车用的钢带：铸造钢的成分（质量分数）是：$C \leqslant 0.08\%$，$Mn \leqslant 1.0\%$，$Al \leqslant 0.06\%$，$Cr \leqslant 0.1\%$，$Ti \leqslant 0.1\%$，$Nb \leqslant 0.1\%$，$V \leqslant 0.1\%$，余量为 Fe，经热轧锭后冷轧成带，成卷闭箱退火。表面形成的碳化物小于 50μm。	
WO9837248A	980209 970209	980827	德国 H. C. Starck 公司	Wolf Rudiger	钽粉及其制造方法及该粉的烧结阳极	用 $TaCl_5$ 与碱金属、碱土金属（MgH）在惰性气氛中反应，制得的 50 ~ 300nm 的粒子，再制成 10μm 以上的团化粒子，$D_{50} > 10\mu m$，N：0.01% ~ 1.5%，O：0.4% ~ 2%，$F < 2 \times 10^{-4}\%$，碱金属 $< 2 \times 10^{-3}\%$，BET：2 ~ $6m^2/g$，CV 为 100000 ~ 180000μFV/g，DCL < 2nA。	4EP0964936B CN1247575A EP0964936E CN1366747A

专利号	申请日	公布日	申请人	发明人	专利名称	专利要点及有益效果	同族专利号
WO9837249A	980209 970219	980827	德国 H. C. Starck 公司	Wolf Rudiger	钽粉及其制造方法及该粉的烧结阳极	用 K_2TaF_7 与 Na 反应制得的 150 ~ 300nm 的粒子的原粉，将原粉再团化 FSSS≥5μm 的粒子，该钽粉的 K、Na < 5×10^{-3}%，F < 0.02%，N：3×10^{-3}% ~ 1.5%，FSSS 为 0.35 ~ 1μm，BET1.4 ~ $3m^2/g$，1200℃/10min，16V 形成阳极，CV 80000 ~ 120000μFV/g，DCL < 5nA/g。	EP0964937B CN1247576A HK1026458A BR9807845B
EP0862203A	980130 970131	980902	美国德克萨斯仪器公司	Walve	半导体记忆电容器的制造方法	形成集成电路电容器半导体结构的方法：沉积金属底电极，使此金属氮化，形成导电性金属氮化物层，在氮化物层上形成介电体氧化物（氧化钽）层，形成导电性上电极。	JP10-223864A US 3699886A
WO9838141A	980225 970227	980903	美国 Dow 化学公司	Dunmead Stephen D.	亚微米级金属粉末的制造方法	$M_aM'_bM''_{1-a-b}[(C_{1-x})N_x]_z$，M 为 Ti、Zr、Hf；M′为 V、Nb、Ta，M″为 Cr、Mo、W，a 为 0 ~ 1；b 为 0 ~ 1，$a+b\leq1$；x 为 0.02 ~ 0.95；z 为 0.9 ~ 2；以 100 ~ 1×10^8K/s 的升温速度加热使金属氧化物与炭黑反应。	US5756410A EP0963359B CN1248233A
US5808148	970103	980915	美国 Eastman 化学公司	Makarand Ratnkar	α、β 未饱和羧酸和酯的制备方法	α、β 未饱和羧酸和酯的制备方法是在包括有氧化铌的酸酐催化剂存在下，把甲醛或甲醛前体物与羧酸、酯或酸酐接触而制备的。	MY134047A EP0958276B
US5822177	960711 950711	981013	德国 Biotronik 公司	Thomas Popp	电解电容器	烧结钽阳极体的介电氧化膜上形成电解质层，在电解质上，部分表面镀形成平板阴极镀层接触，镀层材料选自 Ir、Ta、Al。	EP0753868B DE19525143A
US5825611	970129	981020	美国 Sprague 公司	Pozdeev Yuri L.	烧结钽阳极块掺氮	一种钽电容器，包括：一个有钽丝引线的多孔钽芯子，五氧化二钽介电层；聚合物导电层，碳层；钽芯子里含 1% ~ 2%（原子百分数）的氧和氮，五氧化二钽膜里实际上没有氮。	US6010660A
US5837121	971010	981117	美国 Kemet 公司	John T. Kinard	阀金属阳极化的方法	一种在包括丙三纯和磷酸二氢钾的电解质溶液里把金属阳极化使金属上形成氧化膜的方法，其中金属是阀金属。	US5935408A CN1218848A

专利号	申请日	公布日	申请人	发明人	专利名称	专利要点及有益效果	同族专利号
WO9854377A	980527 970527	981203	美国应用材料公司	Chiang Tony	应力可调的钽和氮化钽膜	调节激射靶的能量，溅射腔室的压力、基板温度，从而使膜的剩余应力为 $1.0\times10^{10}\sim2\times10^{10}$ dyn/cm^2 的 IMP 溅射的体心立方钽膜或氮化钽。	US6139699A US6488823B
US5846287	970127 940506	981208	美国 Cabot 公司	Prabhat Kumar	消耗电极的方法形成微合金产品	从钽铌或其合金加工成材，消耗电极上均匀地包覆一层第一合金层，提供充分的能量使电极熔化于坩埚熔池里，然后固化成锭。将铸锭加工。	
US5846505	951130 941130	981208	日本住友化学株式会社	三枝一雄	双金属氧化物的生产方法	通式为 XMO_3 的双金属氧化物，其中的 X 是 Li、Na、K、Pb、Ba、Mg、Ca、Sr；M 是 Al、Mn、Ti、Zr、Ni、Nb、Ta、W；煅烧两种氧化物的混合物而生产的。	EP0714850B DE69511050T
US5853477	961220 950720	981229	美国 Sandvik AB 公司	R. Tom Coyle	过渡金属的碳化物、氮化物晶须的制造法	将含碳物质与过渡金属化合物混合，在有一种碱金属或碱土金属的卤化物存在下，镍催化剂，加热到 1000 ~ 1800℃，晶须可用在金属、金属间化合物、塑料、陶瓷中作强化作用。	EP0754783B DE69619312T AT213513T
US5859760	970421 960910	990112	韩国三星电子	金空焕	有氧化钽做介质的微电容器	在基片上沉积导电电极，在所述的基片上形成与其相对的氮氧化硅，在氮氧化硅上形成氧化钽膜，对着导电电极，靠氮氧化硅把电极和氧化钽分开，在氧化钽膜上形成上电极。	KR0155879B US5763300A 平 9-116104A
US5868879	960528 940317	990209	美国 Teledyne 工业公司	Darryl Dean Amick	组成物、合金及其制造方法	一种由金属 Ti、Zr 和/或 Hf 和 Nb、Ta 或 Hf 的化合物直接制成的氧化物，其中 Ti、Zr 或 Hf 通常可燃的合金是靠加入约大于 7%（原子百分数）的 Nb 和/或 Ta 和/或 V 来钝化的。	
US5869196	970216	990209	美国复合材料公司	James Wong	纤维材料电解阳极及其制造方法	用阀金属片包扎阀金属（如钽、铌）条进行加工拉拔，阀金属条镶在延性金属（如铜）中，外面也套延性金属，拉成很细的纤维后再用酸洗去延性金属，然后切断用于制作电容器。	
US5872696	970409	990216	日本富士株式会社	Michael G. Peters	能在高温下使用的电容器	在硅基片上形成铝层，在铝上形成 200nm 的 TaN 层，在 TaN 形成 Ta_2O_5，TaN_xO_y 溅射 W 厚为 40nm，Cu 为 2μm，Cr 为 20nm 的复合层上再被覆铜，然后模塑制成电容器。	

专利号	申请日	公布日	申请人	发明人	专利名称	专利要点及有益效果	同族专利号
US5882719	961213 951213	990316	德国 H. C. Starck 公司	Richard M. Creasi Jr	固体电容器的测试	完成对制作固体电解电容器的制造，在超过1/4的赋能电压静态电压对阳极湿式测试 DCL，逐渐增加电压进行击穿电压测试。	
US5888590	960916	990330	美国 Vishay Sprague 公司	George V. Gerber	共形镀覆电容器的方法和设备	共形镀覆的步骤是：电容器芯子被加热到150℃，把冷却器对着电容器的阴极，把冷却棒和电容器芯子沉入环氧粉末流态床里，环氧镀覆在除与冷却器接触的面以外的所有表面。	
US5894251	970611 960614	990413	松下电器株式会社	田口泰	具有不同频率温度特性信号高频滤波器	包括串联的表面声波滤波器和电绝缘滤波器，其中所述的表面声波滤波器的频率－温度特性信号是和所述的电绝缘滤波器不同的。其中的压电基材选自钽酸锂单晶或铌酸锂单晶。	平 8-154346A
EP0908540A	980918	990414	美国 Kemet 公司	John T. Kinard	电解阳极化阀金属的方法	一种电解阀金属的溶液包括甘油和0.1%～2%（质量分数）磷酸二氢钾，含水量低于0.1%，把它们加热到150～180℃保温1～12h，钽在此溶液里150℃在其表面形成氧化膜。	US5837121A US5935408A SG67563A
US5902519	970318	990511	美国 Northrop Grumman 公司	Harod M. Stoll	掺氧化性铁制备铌酸锂的方法	铌酸锂单晶掺杂二价和三价铁离子法：使所述的晶体质子化，使所述的晶体处在氧气气氛压力中，控制加热使晶体的温度足以使一半的铁离子为三价铁离子，最后去掉质子化。	
US5908489	970430 960513	990601	德国 H. C. Starck 公司	Walter Bludss	从含钽铌的氢氟酸溶液中除锑的方法	从含钽铌的氢氟酸溶液中除锑的方法，包括含Ta/Nb，酸度大于18N的溶液中加入贱金属（如Fe、Zn、Al、Mn、Mg）还原剂到溶液里，加热到40～60℃，反应20h，以固态除去锑。	DE19619228A BR9703117A AU717707B
US5914417	970603 960102	990622	德国 H. C. Starck 公司	Karlbeinz Reichert	Nb、Ta、Ti 盐溶液及其生产应用	通式为 $M(OH)_xA_yB_z$ 的有机化合物，其中M是Ti、Nb、Ta之一，A是二醇和/或乙二醇单体配位烷氧基，B是 C_6～C_{19} 碳长链脂肪酸的碳氧配位基，x、y、z 各大于0。	
US5914852	970331 960426	990622	日本化学株式会社	烟中一口	固体电解电容器及其制造	一种一层阳极箔、隔离膜、阴极箔、隔离膜叠合卷绕的电容器，隔离膜浸渍3,4-乙烯二氧噻吩和氧化剂，使得溶液混合物能浸透到电容器芯子里。	JPH 8-131374

专利号	申请日	公布日	申请人	发明人	专利名称	专利要点及有益效果	同族专利号
US5918104	971224	990629	德国 H. C. Starck 公司	Robert W. Balliett	粉末冶金生产 Ta-W 合金的方法	用 – 325 目粉末混合，冷等静压，在 1800℃、1900℃、2000℃各 1h，2400℃ 3h 冷等静压共 3 次烧结，第一步慢升温，提供低成本 Ta-W 合金。	
WO9932670A	980618 971219	990701	美国 Exxon 公司	Koo Jayoung	有极好的低温韧性的超高强度奥氏体钢	包括（体积分数）2% ~ 10% 奥氏体膜层，90% ~ 98% 细晶粒的钢板制造步骤：将厚钢板加热到 1000℃均匀化，使铌、钒的碳化物、碳氮化物充分溶解到钢板里，细化晶粒。	US6303800B CA2313318A
WO9932671	980618 971219	990701	美国 Exxon 公司	Koo Jayoung	有极好的低温韧性的超高强度两相钢	有 10% ~ 40%（体积分数）铁素体，60% ~ 90% 细晶粒第二相的钢制造：（1）将厚钢板加热到 1000℃；（2）热轧薄，在第一温度再结晶；（3）热轧；（4）在第三温度热轧；（5）以 10 ~ 40℃/s 速度淬火。	YUP37700A CN1306582A SK8742000A
US5919531	970326	990706	美国 Gelest 公司	Barry C. Arkles	钽和钽基膜及其制造方法	用载流气体使 Ta($I_{s,n,p}$)($Bi_{m,p}$)($Cl_{n,p}$)(R_p) 在 70 ~ 675℃与氢反应进行化学气相沉积，在基片上形成钽基薄膜。	
US5919963	970917 961108	990706	日本化学研究所	保知土雄幸	烷氧基铌和烷氧基钽提纯方法	将含 Fe、Ca、Sr、Na、U 烷氧基铌/钽提纯：将原料溶解得到溶液，其中含有 1% ~ 20% 的烷氧基化合物，在搅拌下形成固体反应产物，蒸馏除去没有反应的烷氧化合物。	平 10-139788A
US5926362	970501	990720	美国 Wilson 公司	Barry C. Muffoletto	全密封电容器	全密封片式电容器，密封壳有平面，有阳极、阴极，有第一种金属和第二种金属，它们选自 Ta、Zr、Mo、Ni、Pa、Ag、Au、Ha、V、Nb 等。	
US5935408	981030 971010	990810	美国 Kemet 公司	John T. Kinard	阀金属的阳极化电解液	包括丙三醇和磷酸氢二钾的电解质溶液，含水量低于 0.1%，是将丙三醇和磷酸二氢钾混合后加热到 150 ~ 180℃，保持 1 ~ 2h，钽的阀金属在所述溶液里阳极化形成氧化膜。	US5837121A EP0908540B CN1218848A
US5936831	970306	990810	美国透明技术公司	Ratnaji Rao Kola	氧化钽薄膜电容器及其产品	一种氧化钽薄膜电容器包括：基体上的包含有 TaN_x 的第一个电极，一层包括 $Ta_2O_5N_y$ 的介电体（至少 20%（原子百分数）的 N），在介电体层上沉积第二个电极 Cr。	US6075691 平 10-256081

专利号	申请日	公布日	申请人	发明人	专利名称	专利要点及有益效果	同族专利号
US5940675	971224	990817	德国 H. C. Starck 公司	Robert W.	粉末冶金生产 T222 合金	生产 T222 合金的步骤：用 -325 目粉末混合，冷等静压，在 1800℃、1900℃、2000℃各 1h，2400℃ 3h，冷等静压，在 2400℃加冷等静压共 3 次烧结，得到 Ta-W-Ha 合金。	
US5954856	960425	990921	美国 Cabot 公司	Viren M. Pathare; James Allen Fife	控制钽粉粒径分布的方法和用它制造的产品	还原→水洗、酸洗→解碎团化颗粒→酸洗→烘干→热处理→破碎→降氧→酸洗→烘干→过筛→产品。钽粉被解碎后的中位径 MV（激光粒度分布测试）乘以 BET 比表面积小于 25。Scott 密度：BET 为 20 ~ 35g/ in^3。	MX98008829A US5986877 CN1223695A
US5972065	970710	991026	加利福尼亚大学	Paul S. Dunn	等离子弧熔炼提纯钽	等离子流用氦气和氢气，使钽在等离子体中暴露一定时间，钽中氧和碳、氢反应，生成可挥发性气体，等离子熔炼后用真空电弧熔炼，同时降低氧和碳。	WO9938225A
US5980977	961209 950330	991109	美国 Pinnacle 研究所	Charles Z. Deng	高比表面积金属氧化物作为储能基体	将 Nb、Ta、V、Zr 金属卤化物与液态挥发性载体形成浆料涂覆到基片上，在有氧气的环境里加热到 500 ~ 800℃，用氨气或氮气加氢气使之变成氮氧化物，使卤化物转变成氧化物。	EP09531976B CN1240049A DE69731976T
US5982609	980401 960422	991109	美国 Evans 电容器公司	David A. Evins	电容器	电容器包括：一多孔镀层的阴极、一种由 Ta、Ru、Ir、Ni、Rd、Co、W、Mn、Mo、Pt、Ti、Al、Pt、Pd、Os 的无定型氧化物和一种由 Ti、Ta、Nb、Zr、Al 之一组成的阳极。	
US5986877	980728 960425	991116	美国 Cabot 公司	Viren M. Pathare; James A. Fife	粒径可控的钽粉及其生产方法	钽粉是把由单个粒子组成的基本团聚体弄碎，直到粉末团聚的体积平均直径（以 μm 计，0.01 ~ 20μm）与 BET 比表面积（以 m^2/g 计）之积小于 25，BET 比表面积大于 0.7m^2/g。	US5954856A MX98008829A RU2210463C
US5989999	970926 950706	991123	美国应用材料公司	Timothy E. Levine	半导体晶片上的氮化钽的结构	一种氮化钽薄膜是在工艺腔里在基片上沉积的，然后在包含离子的环境里经过退火，两步是在同一腔里完成的。	

专利号	申请日	公布日	申请人	发明人	专利名称	专利要点及有益效果	同族专利号
US5993513	960405	991130	美国 Cabot 公司	James Fife	控制阀金属材料中的氧含量	钽粉、铌粉等阀金属在酸洗时（氢氟酸），溶液温度降低到室温以下，约 −16℃，酸洗后的钽粉氧含量、氟含量低。	US6312642B RU2192491C
WO9961184A	980522 980522	991202	美国 Cabot 公司	Rao Prasad	金属颗粒性能得到改善的钽粉团化方法	用易挥发的液体湿润钽粉，震动摇晃，使之加密，在 180 ~ 225 ℉烘干后进行热处理，形成团化钽粉颗粒，出炉破碎制粉，改善钽粉流动性，改善粒度分布，钽含磷。	RU2226139C HU0102249A CN1305399A
US6001730	971020	991214	美国摩托罗拉公司	Janos Farkas	用于钽基壁垒层抛光用的抛光膏	在集成电路上形成铜内联的方法始于形成有开口的介电层，在开口层上形成 Ta 基壁垒层，在其上再形成铜层，两次抛光。	
WO9961670A	990526 980527	991220	美国 Alta 集团公司	Harry Rosenberg; Wang	钽溅射靶及其制造方法	用氢氟酸或氢氟酸加硫酸溶解氟钽酸钾，再加氯化钾结晶提纯氟钽酸钾，金属钠反应生产出钽粉；在容器里将钽粉与碘化物反应。氟钽酸钾的铌和其他金属杂质低于 $2\times10^{-3}\%$。	EP1090153A JP2002516918A
US6007597	980227 970228	991228	美国 Teledyne 公司	Riehard S. Puopolo	铌铁的电子束熔炼提纯	用电子束熔炼铌铁纯铌，加入一定量的氧或氧化铌等，在足够高的温度、足够低的真空压力下使杂质氧化物挥发，氢化制粉。	
US6007598	980113 960604	991228	美国 OMG 公司	Stephen D. Dunmead	金属碳化物——Ⅷ族金属粉末及其制造方法	至少 50% 的粒子是离散的，粒子的最大长宽比是 1.5，所有粒子在 0.1 ~ 0.4μm 之间，金属碳化物选自 W、Ta、Ti、Mo、Zr、Hf、V、Nb、Cr，Ⅷ族金属选自 Fe、Ni、Co。	US5746803A DE69717439T CN1226881A

英文专利（2000 年至今）

专利号	申请日	公布日	申请人	发明人	专利名称	专利要点及有益效果	同族专利号
US6010584	970930	000104	美国海军保密代表	Richard Fonda	高温形状记忆钌合金	一种近似等原子比的钌－钽或铌的形状记忆合金的成分（质量分数）是 Ta_xRu_{1-x}，x 为 0.38% ~ 0.64%，Nb_xRu_{1-x}，x 为 0.29% ~ 0.54%，制造方法是把合金成分熔融，在转变温度以下加工成所需形状。	
US6010660	980422 970129	000104	美国 Sprague 公司	Yuri L. Pozdeev	烧结钽块掺氮方法	烧结钽块掺氮方法是：在 1000 ~ 1400℃，在无氧气氛里使钽坯块与氮接触足够长时间，使 N 从外部扩散进钽内部，外表面实际上没有沉淀的氮化物。	US5825611A
US6010676	970912	000104	美国 Osram 公司	Raj P. Singh	高纯钽的化合物的制取方法	将含钽化合物（氢氧化钽或氢氧化钽铵）和浓硫酸混合形成浆状物，将上述浆料溶入浓氢氟酸里，加入可溶性钾盐，沉淀出氟钽酸钾，固液分离提纯之。	DE19841174B AT409959B
US6024914	980831 970901	000215	日本电气株式会社（NEC）	吉田胜旷；深海高志	生产固体电解电容器阳极的方法	压制形成带有引线的 50 ~ 200μm 阀金属团化粉末和小于 20μm 的有机物成阳极体，烧结。有机物在烧结时挥发，改善了空隙度，降低了 ESR。	平 9-236126A
US6027585	950314	000222	美国加利福尼亚大学	R. Alan Patterson	Ti-Ta 合金	制备 Ti-Ta 合金的方法包括：将纯钛粉和纯钽粉混合，在高于大气压下的惰性气体里用等离子体熔炼上述混合粉末形成钛钽合金熔体，浇铸固溶均质合金。可以热轧，进行热处理。	
WO0031310A	981125	000302	美国 Cabot 公司	Michaluk Christopher	高纯钽金属及其产品（如溅射靶）	含钽的盐与能还原这种盐的化合物反应，制成粉末，在反应器里还有第二种盐，反应器和搅拌器也是钽材。钽材纯度 99.995%，99.999%，晶粒度不大于 150μm，再结晶 98% 以上。	US6893513B US6348113B CN1333838A
EP0984469A EP0984469B	990203 980903	000308 070502	美国 Sprague 公司	Pozdeev-Freema	烧结钽、铌块的掺氮方法	在无氧有氮气氛里 600 ~ 1400℃ 加热钽铌块足够长时间，使氮扩散进内部去，没有氮化物沉淀物，使电容器漏电流降低，性能更稳定。	JP2000091165A DE69935951T

专利号	申请日	公布日	申请人	发明人	专利名称	专利要点及有益效果	同族专利号
US6037268	981229	000314	美国 Lucent 公司	Mindaugas Fern	腐蚀钽氧化物的方法	一种方法，包括腐蚀氧化钽、氧化铌的步骤，提供氯化物的第二种材料（$TaCl_5$ 碳氯化物）和氧化物的第三种材料（H_2O、O_2），把材料加热到 300℃。	
WO0015555A	990915 980916	000323	美国 Cabot 公司	James Fife	部分还原铌金属氧化物的方法和氧减了的氧化铌	在有吸气剂存在下，足够高的温度下加热足够长的时间，在氧原子能从氧化铌转移到吸气剂上的气氛里，形成低价氧化铌。吸气剂可用比容为 75000μFV/g 以上的片状铌粉，在加热前把镁粉均匀地与 Nb_2O_5 混合；低价氧化铌是 NbO_x（$x < 2.5$），如 NbO。	US6416730B US6592740B US6759026B US7445762B
WO0015556A	990915 980916	000323	美国 Cabot 公司	James Fife	部分还原阀金属氧化物和氧降低了的阀金属氧化物	该方法包括在吸气剂存在下对阀金属氧化物进行热处理，在允许氧原子从阀金属氧化物转移至吸气剂的气氛中，在足够高的温度和足够长的时间下进行，以形成脱氧的阀金属氧化物。一种阀金属氧化物——低价氧化物包含由该阀金属氧化物制成的阳极的电容器。	US7241436B EP1115659A US6391275B CN1320104A
US6042740	980423 970423	000328	日本松下化学株式会社	上原秀秋；芳川公	固体电解电容器形成电解质组合物	形成固体电解电容器的电解质组合物包括苯胺化合物、有机砜酸、有机溶剂（若有必要）、特殊化合物。这种电容器电性好。	平 9-106042A
EP0989572A EP0989572B	990827 980828	000329 070103	美国 Wilson 公司	Shah Ashish	电容器用电解质	适合高压电容器的赋能电化学装置，电解质包括水和至少包括选自乙烯乙二醇、聚乙烯乙二醇、酰胺、二甲基酰胺中一种第二类溶剂，一种溶于溶剂中的铵盐和一种酸。	EP0989572B JP2000150316A DE69934642A
US6046081	990110	000404	美国联合微电子公司	Chen-Li Kuo	形成电容器介电层的方法	提供一底电极，在底电极上形成钛，在钛层上形成氧化钽层，在氧气中高温处理，氧化钽－钛层间形成氧化钛，形成上电极。	
US6051044	980504	000418	美国 Cabot 公司	James Fife	氮化铌粉及其电解电容器	铌粉含氮量 0.03%～0.5%，氧含量大于 0.2%，BET 大于 $1.0m^2/g$，铌粉的比容 30000～61000μFV/g，漏电流低。	US6338816B RU2217832C

专利号	申请日	公布日	申请人	发明人	专利名称	专利要点及有益效果	同族专利号
US6051326	970426	000418	美国 Cabot 公司	James Fife	阀金属组成及其制造方法	一种含有镍的钽丝，由于钽丝的表面比钽丝内部含有较高的镍，因此将钽丝浸泡在含镍的有机盐中，再用镁还原成镍，或用加工办法。这样的钽丝经烧结后和钽粉烧结结合牢固。	US6231689B TW398016B RU2224808C
US6051522	950605 940817	000418	德国 Targor 公司	Jurgen Rohrmann	聚合制备烯的催化剂	一种含有金属 Ti、Zr、Hf、V、Nb 或 Ta 的铝化合陶瓷催化剂，含有烷基、芳香基、烷氧基、烯烃基。	ES2177523T AU655088B
WO0022636A	991008	000420	德国 Epcos 公司	Hilbert Ferdinand	钽电解电容器	一种 SMT 片式组装钽电解电容器，包括阳极体，电介质氧化膜，半导体电解质，银、石墨阴极层，金属镀层，阴极、阳极连接体，塑料覆盖物。	DE19846936C
US6053991	980529 980106	000425	日本三洋特钢公司	横井大役	冷加工工具钢	成分（质量分数）是：0.65% ~ 1.3% C，≤2% Si，0.1% ~ 0.2% Mn、5.0% ~ 11% Cr、0.7% ~ 5.0% Mo（Mo + W/2）、0.1% ~ 2.5% V（V + Nb/2）、0.010% ~ 0.10% S、其余为 Fe，M_7C_3 的粒度为 5 ~ 15μm，1% ~ 9%。	EP0930374B DE69801890A AT206485T
WO0024943A	991020 981026	000504	瑞典 AS G. S. G. 公司	Krupin Aleksandr	含钽铌物料的处理方法	（1）用氟化铵煮沸原料；（2）用水或含氨液过滤；（3）滤液含有 Ta、Nb；（4）用 NH_3 处理；（5）分离、干燥；（6）溶液液相萃取分离 Ta/Nb；（7）氟化物加氨；（8）得氢氧化物煅烧成氧化物。	SE512978C US6592830B EP1135537B
US6063306	980626	000516	美国 Cabot 公司	Vlasta Brusk Kaufman	用于铜钽基体的化学机械抛光剂	第一种抛光剂包括磨损剂、氧化剂、复合剂、有机胺化合物。第二种抛光剂包括磨损剂、氧化剂和醋酸，其中氧化剂对醋酸的重量比至少为 10。用这两种抛光剂抛光铜钽的基体。	TWI245788B EP1098948B CN1312845A
WO0031310A	991124 981125	000602	美国 Cabot 公司	Michaaluk Christopher	高纯钽及包含高纯钽的溅射靶	高纯钽和含有高纯钽的合金具有至少 99.995% 的纯度，具有约 50μm 或更低的晶粒度；或者具有这样的织构：任意 5% 厚度增量内，（100）强度低于约 15 的无序度或（111）：（100）强度的对数比大于约 -4.0；或者具有这些性质的任意组合。	US7585380B US5348113B US7431782B US6893513B2

专利号	申请日	公布日	申请人	发明人	专利名称	专利要点及有益效果	同族专利号
US6071470	960315	000606	日本国家金属研究所	小泉裕	难熔金属超合金	一种难熔金属超合金的成分（原子数分数）是：Ir-15% Al，Ir-15% Ti、Ir-15% Nb、Rh-15% Al、Rh-15% Nb、Rh-15% Ta，有面心立方晶格，L12 相结构。	EP0732416B EP0732416A
US6071486	970409	000606	美国 Cabot 公司	Kenneth C.	生产金属氧化物和有机金属氧化物	以金属氧化物和有机金属氧化物（包括金属卤化物和有机金属卤化物）为原料，利用加速干燥剂，将金属氧化物或有机金属氧化物氢化，生产金属卤化物和/或有机金属卤化物。	JP2001518873 DE6981094 EP0973691B
US6072694	980930	000606	美国 Kemet 公司	Randolhan S.	改进了漏电流和损耗因子的电容器	由 Ta、Nb、Al、Ti、Zr、Ha 或它们的合金构成的多孔体阳极，在多孔体表面形成的介电体氧化膜和黏附在该氧化膜上的具有硅烷对的导电性聚合物作为另一个电极。	US6191013B GB2360129A DE19983598T
US6079186	950607	000627	德国 H. C. Starck 公司	Ross W. Simon；藤野岩渊	真空包封电容器级钽粉的方法	将钽粉放在一抽空装置里，将袋子抽空，将钽粉装入袋子，真空封焊。降低氧含量和增氧，降低漏电流。50000μFV/g 钽粉 4 个月比没有真空包封的钽粉减少吸氧 0. 02%。	
US6088217	980531	000711	美国摩托罗拉公司	Hitendra K. Patel	电容器	一种混合电容器：阳极芯子包括钽（钛），其表面有氧化钽（氧化钛）、电解质（硫酸）和有机材料的阴极（凝胶、固体或混合材料），改进能量密度。	
US6094339	981204	000725	美国 Evans 电容器公司	David A. Evans	有螺旋形阳极和平的阴极的电容器	一种电容器，包括一多孔阴极、一个卷曲螺旋状阳极，它有一个边暴露平行于阴极，阳极选自 Ta、Nb、Ti、Zr、Al，绝缘体把阳极和阴极分开，电解质与阳极、阴极接触。	
WO0049188A	000215 990217	000824	德国 H. C. Starck 公司	Dorvel A.	钽和废钽与碳精炼	用含氧量高的废钽回收细的冶金级钽粉，将废钽混入碳或其他固体还原剂，用等离子炉在约为钽金属熔点的温度熔炼，同时抑制氧化钽的分压，使钽的损失降到最小。	US6197082B AU3365330A
US6118146	980914 960903	000912	韩国三星电子公司	金玉颂	有五氧化二钽的微电子电容器	在微电子基片上的第一电极，在第一电极为 4. 5nm 的 Ta_2O_5层，整个截面有氧空位，在 Ta_2O_5层上为第二导电电极，其中 Ta_2O_5包括复杂臭氧紫外线退火 Ta_2O_5薄膜。	平 9-121035A US5837593A KR0183732B

专利号	申请日	公布日	申请人	发明人	专利名称	专利要点及有益效果	同族专利号
US6123896	990129	000926	美国 Ceracon 公司	Henry S. Meeks	弹道级钽产品及其制造方法	钽金属粉末在无序地进行预成型、预烧结，再提供可流动的压制过渡金属粒子，包围住预烧结体，通过金属粒子传递，再次压制为固结体。	
W00056486A	000316 990319	000928	美国 Cabot 公司	Habecker Kurt A.	EB 锭制取的铌粉和其他粉末	铌锭经氢化后制粉，空气分级得到 5 ~ 80μm 的粒子，脱氢，在有分散剂和溶剂里 300 ℉以上(300 ~ 380 ℉)搅拌球磨 20min ~ 10h,制得 BET 比表面积为 $1.5m^2/g$ 的片状铌粉,再烘干后降氧,酸洗,再搅拌球磨,得到 BET 为 $1.5m^2/g$ 的片状铌粉。	US66402066B US7156893B US6706240B CN1367724A
US6126712	961114 951127	001003	德国 H. C. Starck 公司	Matthias Hohane	金属粉末造粒方法和造粒的粉末	造粒粉末有 Co、Cu、Ni、W、Mo、Ta 粉末，氧化物或氢氧化物加黏结剂造粒然后还原，得到造粒金属粉末。加入的黏结剂完全被除去。	PT956173E HK1017630
US6127047	920218 910114	001003	美国宾夕法尼亚大学	Wayne L. Worrell	高温合金（抗氧化）	高温合金的组成（原子数分数）包括：0.1% ~ 50% Si，10% ~ 80% Al，和选自 Cr、Ir、Re、Pd、Pt、Rh、Ru、Os、Mo、W、Nb、Ta 组中至少一种金属。该合金至少在 1550℃抗氧化。	
EP1043064A EP1043064B	000214 990401	001011 040630	英国 BP 化学有限公司	Ellis Brain	混合金属氧化物催化剂及用于氧化反应	一种催化剂，其分子式：$Mo_aW_bAu_cV_dNb_eY_f$，Y 选自 Cr、Mn、Ta、Ti、B、Al、Ga、In、Pt、Zn、Co、Cu、Mg、Ba，$0<a\leqslant1$；$0\leqslant b<1$；$a+b=1$；$10^{-5}a<c\leqslant0.02$；$0<d\leqslant2$；0；$0<e\leqslant1$；$1\leqslant f\leqslant2$。	RS49505B TR200000876A UA67751C
US6134099	980603 970603	001017	松下电器株式会社	井恒美惠子； 棚桥正一	不用有机酸掺杂导电性聚合物电解电容器	导电性聚合物做阴极的电解电容器，不用有机酸掺杂，在介电质层上化学氧化形成均匀致密的聚合物层，然后在有机掺杂剂的溶液里聚合反应形成含有掺杂剂的导电性聚合物。	平 11-54374 US6361572
US6136062	990921	001024	德国 H. C. Starck 公司	Josua Löffelholz	铌粉和/或钽粉及其生产方法	用碱土金属和/或稀土金属在 750 ~ 950℃还原钽、铌氧化物后酸洗，第一步得到 $(Nb, Ta)O_x$，其中 $x=0.5\sim1.5$，然后再还原、酸洗，得到钽粉、铌粉。铌粉比容达 380000μFV/g。	DE19847012A CN1251325A CA2285786C

专利号	申请日	公布日	申请人	发明人	专利名称	专利要点及有益效果	同族专利号
US6136176	990521	001024	美国 Kemet 公司	David Alexander	导电性聚合物电容器	（1）将钽烧结体在第一种溶液里第一电压形成氧化膜；（2）涂覆导电性聚合物固体电解质；（3）在第二种溶液里以第一电压的60%～85%的电压形成第二层氧化膜；（4）重复（2）、（3）两次。	MX01011696 GB2363681B DE10084610T
US6139922	990518	001031	美国 Gelest 公司	Alain E. Kaloyeros	用含氟的原料制取钽和钽基膜及制备方法	在反应器中，有含钽的气态先驱物、反应气体、基板，在70～675℃发生气相沉积生成钽基膜。Ta(Fs-*q*-*p*)(X*q*-*p*)(R*p*)，X选自Br、I、Cl，*q*、*p*是从0到4的整数，R是H或烷基。	
US6140231	990212	001031	中国台湾半导体制造公司	林长诗；苏少林	为防止Cu金属化的坚固的扩散壁垒	形成防止铜扩散的堆积型氮化钽壁垒的方法：半导体基体上有绝缘层，氮化钽沉积在其上。堆积型氮化钽晶界是非线性排列，防止铜扩散进半导体基体。	
WO0065122A1	000425 990427	001102	东京电子株式会社	Hautala John	由钽卤化物等离子处理热VCD沉积钽膜	CVD法将TaX（X＝F,Cl,Br）送进热腔（300～500℃），用H_2产生等离子体，以N_2为反应气体，生成Ta/TaN_x两层膜，用在集成电路上作为PVD沉积的整体铜连线阻挡层。	US6410432B1 CN1354807A EP1192293A
WO0065123A1	000426 990427	001102	东京电子株式会社	Hautala John J.	由钽卤化物经等离子处理VCD沉积钽膜	CVD法将TaX（X＝F,Cl,Br）送进热腔（300～500℃），H_2产生等离子体，N_2反应气体，生成Ta/TaN_x用在集成电路上有大的深宽比，物理气相沉积（PVD）的铜具有高度共形性。	US6410433B1 TW251621B
WO0065124A	000426 990427	001102	东京电子株式会社	Hautala John J.	钽卤化物经等离子处理热VCD沉积钽膜	PTTCVD将TaX（X＝F,Cl,Br）送进热腔（300～500℃），H_2产生等离子体，N_2反应气体，生成Ta/TaN_x用在集成电路上有大的深宽比整体的物理气相沉积（PVD）的铜，有高度共形性。	CN1349568A US6268288B1 EP1192292B
WO0065125A	000426 990427	001102	东京电子株式会社	Hautala John J.	从钽卤化物前体得到的氮化钽膜沉积法	用等离子增强处理的化学气相沉积（PTTCVD）法，从钽的无机卤化物（TaX（X＝F，Cl，Br））前体和氮气中，在300～500℃的温度下，在基片上沉积高质量保形性好的氮化钽膜。	US6265311B EP1185722A DE60004666

专利号	申请日	公布日	申请人	发明人	专利名称	专利要点及有益效果	同族专利号
WO0065126	000426 990427	001102	东京电子株式会社	John J. Hautala	钽卤化物经等离子处理热 VCD 沉积钽膜	（PTTCVD）法将 TaX（X = F，Cl，Br）送进热腔（300 ~ 500℃），利用射频产生的 H_2 等离子体，N_2 反应气体，生成 TaN_x 用在集成电路上有大的深宽比整体的（PVD）铜，具有高度共性性。	JP2002543580A TW593733B
US6146959	990615 970820	001114	美国微技术公司	Scott Jeffrey Deboer	含钽电容器的形成方法	形成第一个电容器板，在第一电容器板上形成第一层介电体（有暴露在外的钽）层，采用 NF_3 气体，在其上形成包括 Ta、N 的第二层，再在第二层上形成第二电容器板。	
US6148122	981117	001114	美国 Qtera 公司	曹向东;David Kirk	铌酸锂高速极化独立调制器	包括至少三个电极，至少一个电极与接收驱动信号耦合产生行波；第一和第二铌酸锂光波导分布在三电极之间，第一光波导接收光波导信号，第二光波导提供输出光波导信号。	
WO0067936A	990505	001116	德国 H. C. Starck 公司	Shekhter Leonid	用气态镁还原氧化物制取金属粉末	在高温下用气态(镁)还原剂还原 Ta、Nb、Ti、Mo、W、V、Zr，氧化物制取金属粉末,还原后产物用稀酸洗涤,进一步脱氧处理得到的粉末用于制作电容器。	AU5896599A
US6149793	980604	001121	美国 Kemet 公司	Brian J. Melody	电解阳极化阀金属的方法	阀金属在一种包括乙二醇和至少一种有机酸、无机酸或它们的混合物，pH 值大于 4 而小于 7，约 150℃，含水量低于 0.1%，酸性盐是硫化甲苯盐的电解液里赋能。	GB2337996 DE19925854T JP2000073198A
WO0069588A	000505 990512	001123	美国 Cabot 公司	Kurt A. Habecker	高比容铌粉及其电容器阳极	片状铌粉具有 5.0 ~ 12m^2/g 的 BET 比表面积，含氮 0.01% ~ 2%，在 1200 ~ 1750℃烧结，所形成的电容器阳极具有 65000 ~ 250000μFV/g 的比容。用超微研磨机研磨 2 ~ 8h，用镁在 700 ~ 1600℃脱氧，酸洗除镁，超微研磨机继续研磨。	US7749297B US6702869B2 US6375704B CN1350481A
US6162345	000121 980828	001219	美国 Kemet 公司	John T. Kinard	从微细的阀金属粉末制备金属阳极的方法	至少有 0.35m^2/g 比表面积或 35000μFV/g 的比容的微细的阀金属粉末制备金属阳极的方法：包括至少一种碱金属磷酸盐、水、至少一种有机溶剂，碱金属磷酸盐不溶于该有机溶剂，但是溶于水和有机溶液。有机的体积比为 1% ~ 50%，赋能温度为 60 ~ 100℃。	GB2359823A DE19983543T CZ20010751A AU5585799A

专利号	申请日	公布日	申请人	发明人	专利名称	专利要点及有益效果	同族专利号
US6165623	971103	001226	美国 Cabot 公司	James A. Fife	铌粉和铌电解电容器	铌粉的 BET 比表面积至少为 $0.50m^2/g$，铌粉掺氧至少 0.2%，至少 $35g/in^3$，1200 ~ 1450℃ 烧结，比容 30000 ~ 61000μFV/g，披露了降低铌阳极漏电流的方法。	WO9819811A
US6168639B1	981006 971009	010102	三洋电机株式会社	高松武史	固体电解电容器及其制造方法	阀金属上形成氧化膜，在整个氧化膜上形成第一层固体导电物阴极层，控制电解液的 pH 值不变，用正电极与第一层阴极接触，电解氧化形成高导电性聚合物层。	CN1591723A US6313979B CN1215216A
US6171363B1	980506	010109	德国 H. C. Starck 公司	Shekhter Leonid	气态镁还原氧化物制取金属钽铌粉	用气态镁还原 Ta、Nb、Ti、Mo、W、V、Zr，氧化物制取细的金属粉末，还原后产物用稀酸洗涤，进一步脱氧团化处理得到的粉末用于制作电容器。	CZ302249B CN1919508A
US6171571B1	990510	010109	美国 UOP LLC 公司	Robert L. Bedard	多元金属氧化物组合物及其制造方法和用途	一种多元金属氧化物组合物的通式是 $A_nNbM_xM'_yM''_mO_p$，A 是碱金属或铵或它们的混合物，M 是 Mo、W 或其混合物，M′是 V、Ta 或其混合物，M″是 Sb、Te 或其混合物，n 为 0.1 ~ 2，x 为 0.01 ~ 4，y 为 0 ~ 4，m 为 0 ~ 0.9，p 平衡化合物各元素的价。	US6428765B1
EP1066899A EP1066899B	000705 990707	010110 070425	日立金属株式会社	村田英夫	难熔金属溅射靶及其制造方法	将有杂质的难熔金属引入氢等离子炉进行熔炼，制造氧含量低于 0.01% 的球形高熔点金属粉末，如钽、锝等，压制烧结后高纯度、低氧含量，作为靶材。	EP1066899B US6589311B US6676728B
US6183618B1	990202	010206	美国 Kemet 公司	Brian L. Melody	处理被覆了电解质的电容器阳极的方法	阳极有瑕疵修复的方法：将阳极浸渍在至少含聚乙烯乙二醇、聚乙烯一甲醚或聚乙烯乙二醇二甲醚的有机溶液，对阳极提供一正电压，溶液接负电极，有机溶液占 1% ~95%。	MX0100781A CZ20012814A DE10084029T
US6185090B1	980903 970129	010206	美国 Sprague 公司	Yuri L. Pozdeev-freeman	钽、铌烧结块掺氮的方法	铌的容器内装多孔铌芯子，五氧化二铌介电层膜覆盖在芯子表面；介电层上覆盖有聚合物导电层，聚合物层上是碳层；铌芯子里含 1% ~2%（原子数分数）的氧和氮，五氧化二铌膜里实际上没有氮。	JP2000091165A US6010660A US5825611A

专利号	申请日	公布日	申请人	发明人	专利名称	专利要点及有益效果	同族专利号
US6185091B1	990208 980209	010206	日本松下电器株式会社	棚桥正一	四端子电容器	经过粗糙化的有介电层的阳极阀金属箔交叉叠合，中间夹阴极导电性聚合物，阳极端子和阴极端子分别和金属箔端相连，共有 4 个端子，这样大容量且 ESR 和 ESL 低。	EP0936642A EP0936642B
US6191013B1	991216 980930	010220	美国 Kemet 公司	Randolph S. Hahn	用导电性聚合物阴极改善固体电解电容器的漏电流和损耗因子	制备固体电解电容器的方法包括：（1）提供阳极化多孔芯子；（2）浸渍一种包括一单体、一氧化剂、一掺杂剂和一硅烷耦合剂的溶液；（3）加热芯子使溶剂挥发，形成结合有硅烷耦合剂的导电性膜。	US6072694A GB2360129 JP2002526914A
US6191936B1	990412	010220	美国 Sprague 公司	Dean A. Webbr	一种结构化电容器芯子及其制造方法	一种电容器芯子，包括：有导电性粒子烧结的有外表面的四方体，外表面有（0.254 ~ 0.508）mm ×（0.254 ~ 0.508）mm 深的凹槽，降低电容器的 ESR。	WO0239469A
WO0112364A	000818 990819	010222	德国 H. C. Starck 公司	Kumar Prabhat	冶金用的低氧含量难熔金属粉末	用钽铌的氧化物与另一种与氧亲和力比钽铌与氧的亲和力大的金属混合加热反应，然后除去这另一种金属及其副产物，得到的钽铌金属粉末的氧含量低于 0.03%。	US6261337B1 CN1322157A HK1040501
WO0112867A	000816 990818	010222	韩国 Jung Sung Man	郑成万；朴炯镐	连续生产钽粉的方法和装置	连续供给还原剂、反应盐和原材料，放在真空容器里还原剂产生电子，通过导体使钽原料得到电子被还原。	CN1320168A CN1149295C
US6195197B1	980828	010227	美国加利福尼亚大学	Venkatraman Gopalan	铌酸锂单晶和光效元件	一种光效元件，包括晶体，其分子式中 $Li_2O/(Nb_2O_5 + Li_2O)$ 为 0.48 ~ 0.52，这种晶体在低于 10kV/nm 的电场下铁电极化转换，在这样低的电压下其极化周期精确。	
US6197082B1	990217	010306	德国 H. C. Starck 公司	Robert A. Darved; Leonid	钽和钽废料与碳的精炼	精炼钽和钽废料的方法，将高氧的钽和钽废料与碳还原剂混合，等离子加热到难熔金属的熔点以上温度，并加压抑制氧化钽分压，减少钽损失。C/O 比至少达到化学计量的 80%。	WO0049188A AU 3365330A

专利号	申请日	公布日	申请人	发明人	专利名称	专利要点及有益效果	同族专利号
US6197252B1	990712 970113	010306	英国 AVX 公司	Ian H. Bishop	除黏结剂的方法	（1）将钽粉与黏结剂混合；（2）压制混合物形成坯块；（3）除黏结剂；（4）烧结，这样不溶于水的材料在烧结前与含有氢氧化钠、氢氧化钾、氢氧化铵接触反应，使黏结剂溶于水被除去。	IL130892A CN1243464A PT951374E
WO0119555A	000912 990916	010322	美国 Kemet 公司	Moore Keith L.	生产无黏结剂的粉末冶金块的方法	用二甲基砜做黏结剂，与金属粉末（如粉）干混，或者与适当的溶剂首先湿混，然后蒸发溶剂，压块后真空或用热水洗涤可以完全脱出其中的二甲基砜，得到无黏结剂的粉末坯块。	US6375710B2 US6315808B1 JP2003509583A
WO0121345A	000425 990926	010329	美国 Kemet 公司	Hahn Randolph	粉末冶金块的黏结剂体系	用聚丙烯碳酸盐溶于适当溶剂（丙酮）的溶液与阀金属粉末混合，静态下 10～100℃ 干燥除去溶剂，涂膜后的金属粉末经过筛后变成自由流动的，特别适合作电容器。	US6224990B1 DE10084937T JP2003509592A GB2371309
US6211999B1	981031	010403	美国加利福尼亚大学	Venkatraman Gegents	钽酸锂单晶及光效装置	一种 $Li_2O/(Ta_2O_5+Li_2O)$ 在 0.492～0.50 之间的钽酸锂单晶，铁电极化转换要求电压不大于 10kV/mm。用这种单晶制造的光效装置在低压下能进行极化转换。	
US6212058B1	990330 980401	010403	美国 Sprague 公司	Robert Humber	电源电容器	包括多个圆柱形绕制的元件被收容在一个壳里，至少一组元件包括三个圆柱形绕制元件，其轴呈平行地星形排列，壳体呈带圆角的三角，圆角的曲率半径相当于圆形绕制元件的半径。	PT949641E ES2234179T EP0949641B
US6212065B1	990401	010403	美国 Sprague 公司	Yuri L. Pozdeev	电容器芯子和引线安装	电容器包括：压制的导电粒子的多孔芯子，芯子外部安装有引线；导电性粒子和引线是熔焊相接的，在外表面有熔焊层；引线有第一端和第二端；引线第一端与所述的熔焊层相接。	US6319229B2
US6214060B1	981208 971209	010410	日本 Rohm 株式会社	栗山长治郎	制造固体电解电容器的元件	将阀金属粉末压制成有阳极丝从一端面伸出的多孔芯子，把一阳极片与阳极丝固定，在阳极片和芯子端面之间提供合成树脂，形成介电层和阴极端子。	

专利号	申请日	公布日	申请人	发明人	专利名称	专利要点及有益效果	同族专利号
US6214271B1	000526	010410	美国 Kemet 公司	Randolph S. Hahn; Brian J.	具有二氧化锰阴极的氮化阀金属电解电容器的处理方法	本发明涉及氮化多孔阀金属阳极浸渍硝酸锰进行热分解得到高导电性二氧化锰的电解电容器的处理方法，热处理温度为 325 ~ 450℃；也可以先在 200 ~ 250℃进行热处理，接着再在 325 ~ 450℃热处理。这种方法生成的电容器的 ESR 低。	US6377443B2 WO0193288A AU7489301A
WO0128715A	000925 991018	010426	美国 Kemet 公司	Melody Brian	从冶金压制品中除去有机酸黏结剂	该方法是把有黏结剂的压块浸渍在加热的烷醇胺溶液中，热水（50 ~ 100℃）洗后，温水漂洗，充分除去有机酸，阳极块比真空脱蜡的碳、氧低。	MX02003896 US6319459B2
WO0129291A	000925 991019	010426	美国 Kemet 公司	Melody Brian J.	钽粉阳极氧化的方法	在聚乙烯乙二醇、聚乙烯乙二醇一甲基醚溶剂中溶解弱有机酸碱金属盐，80℃电阻率低于 250Ω · cm，阴极表面与阳极相距 1in，阳极氧化，去离子水洗涤；再次同样阳极化。	US6261434B1 GB2371811A DE10085077A
US6224990B1	990923	010501	美国 Kemet 公司	Randolph S.	用于粉末冶金的黏结剂	生产涂覆有聚碳酸酯高比表面积阀金属粉末的方法包括将阀金属粉末与溶于适当溶剂里的聚碳酸酯混合物进行摇滚，形成涂覆层，静态干燥，过筛得到干燥的粉末。	WO0121345A DE10084937A GB2371309A
US6228140B1	991129 990129	010508	美国 Ceracon 公司	Henry S. Meeks	无结构弹道级钽产品及其制造方法	压制成型→预烧结→压力传动粒子流动床→把预烧结体放进去，使粒子包围预烧结体→通过粒子加压预烧结体→固结制成预定形状，（111）织构低于 3.0 × 无序度。	US6123896A
US6231636B1	990203 980206	010515	美国 Idaho 研究基金	Fracis H. Froes	金属及合金的机械化学工艺	在室温下用还原金属把可还原的金属化合物还原的机械化学还原过程包括研磨反应物引发还原反应，还原剂可用 Mg、Ca 的氢化物。	
US6231689B1	991025 980423	010515	美国 Cabot 公司	James A. Fife	阀金属组成和方法	一种含有镍的钽、铌或其合金金属粉末、片、丝表面涂覆另一种金属（镍）的盐，在有还原剂存在下热处理足够长时间除去氧，还原成镍。包覆有镍的阀金属，如镍包钽丝。	US6051326 US6517645B CN1257552A
US6231993B1	990929 981001	010515	美国 Wilson 公司	Donald H. Stephenson	电解电容器芯子阳极化的方法	阀金属电解电容器阳极芯子的阳极化是分三次进行的，赋能电压一次比一次高，最后的赋能电压是目标电压，每次赋能后在电解质里扩散 20min。	

专利号	申请日	公布日	申请人	发明人	专利名称	专利要点及有益效果	同族专利号
US6235181B1	990310	010522	美国 Kemet 公司	John T. Kinard	阀金属阳极化的操作方法	金属阳极化的方法包括：将金属基体浸入一种包括甘油和0.1%～12%（质量分数）磷酸二氢铵的甘油基电解质溶液里，其中水含量低于0.1%（质量分数），在150℃提供恒定电流形成均匀的氧化膜。	
US6238444B1	981007	010529	美国 Sprague 公司	John Yates Cadwallader	片状钽电容器的制造方法	片状钽电容器端子的安装方法包括：形成一种有一阴极端子、一阳极端子、芯子的几个面在阴极和阳极端子间，导电性引线从阳极端伸出；在所述的阳极端模压绝缘材料，用导电性阳极材料盖与阳极引线上形成电接触，形成平板阳极。	US6380577B1
US6238456B1	980209 970219	010529	德国 H. C. Starck 公司	Wolf Rudiger	钽粉及其制造方法以及用它制造的烧结阳极体	第一步 用 K_2TaF_7 与 Na 反应制取 150～300nm 粒子的原粉，再团化制成不小于 5μm 的粒子，K、Na $<5\times10^{-3}\%$，F<0.02%，N：$3\times10^{-3}\%$～1.5%，FSSS 为 0.35～1μm，BET 为 1.4～3m^2/g，1200℃/10min，16V 形成阳极，CV 为 80000～120000μFV/g，DCL<5nA/g。	EP0964937B CZ300529A BR9807845A CN1247576A
US6243255B1	990903 980904	010605	日本电气株式会社（NEC）	久下德子；吉田	铌电容器的制造方法	铌固体电解电容器有铌阳极体，在氧化铌层上形成第一固体电解质层，再在第一电解质层上形成第二电解质层，在200℃以上进行热处理，去掉吸附的水分，电容器的 $\tan\delta$ 特性好。	JP200082639A EP0984470B
US6251796B1	000224	010626	美国 Conexan 公司	Abdul-Ridha	陶瓷氮化钽的制造方法及改善的基体结构	利用离子化金属等离子体，改进结构的陶瓷氮化钽的制造方法，离子化金属等离子体（IMP）包括钽的等离子与氮气、氩气，氮气不少于30%。形成陶瓷氮化钽。	
US6258317B1	990619	010710	美国因科合金公司	Gaylord Darrell Smith	高级超临界合金沸腾涡轮合金	用于沸腾超级加热器涡轮镍基合金的组分（质量分数）是：10%～24%的 Co，23.5%～30%的 Cr，2.4%～6%的 Mo，0～9%的 Fe，0.2%～3.2%的 Al，0.2%～2.8%的 Ti，0.2%～2.5%的 Nb，0～2.5%的 Mn，0.1%的 Si，0～1%的 Ta，0.001%～0.01%的 B，0.005%～0.03%的 C。	

专利号	申请日	公布日	申请人	发明人	专利名称	专利要点及有益效果	同族专利号
US6261337B1	000808 990819	010717	德国 H. C. Starck 公司	Kumar Prabhat	适合冶金用的低氧难熔金属粉末	一种 O<0.03% 的氢化钽和/或氢化铌粉，在有比其与氧的亲和力更大的其他金属（Mg）存在下加热，除去其他金属和其副产物，得到氧含量 O<0.03% 的钽和/或铌粉。	US6315808B2 CN1322157A MXPA02002573
US6261434B1	991019	010717	美国 Kemet 公司	Melody Brian J.	电解电容器阳极体的分步赋能	多孔阀金属分步赋能法：（1）将烧结体在第一电解液里赋能；（2）在纯水里洗涤；（3）在第二电解液里第二次赋能。第一电解液包含水、一种含有聚乙烯乙二醇、聚乙烯乙二醇一甲基醚及其混合物、足够量的弱有机酸的碱金属盐的有机溶剂，它在 80℃ 的电阻率低于 250Ω · cm。	GB2371811 DE10085077 JP2003512531 WO0129291
US6261516B1	000308 991122	010717	韩国原子力研究所	郑龙发；崔秉权；李明镐	用于核燃料包覆层的含铌锆合金	用于核燃料包覆层的含铌锆合金的成分（质量分数）是：Nb0.8% ~1.2%，选自 Fe，Mo，Cu，Mn 的一种或多种，含量各是 0.1% ~ 0.3%；或 Nb 1.3% ~1.8%，Sn 0.2% ~ 0.5%，一种选自 Fe，Mo，Cu，Mn 的元素，为 0.1% ~0.3%，其余 O 0.06% ~ 0.14%，Si 8×10^{-3}% ~0.012%，其余为 Zr。	CN1305018A CN1421537A CN1420190A CN1166796C
US6265311B1	990427	010724	东京电子株式会社	Hautala John J.	从钽卤化物前体得到的氮化钽膜的离子增强的化学气相沉积法	用等离子增强处理的化学气相沉积法（PRCVD），从钽的无机卤化物（TaX（X：F、Cl、Br））前体和含氮的工作气体在加热的密封腔室中 300 ~500℃ 进行处理，在基片上沉积高质量、高深宽比的氮化钽薄膜。	EP1185722B CN1351677A US6900129B
EP01306568A	000731	010731	美国应用材料公司	Itoh Toshio	化学气相沉积有良好覆盖梯度低电阻的氮化钽膜的等离子处理	一种化学气相沉积的用于集成电路的 TaN 化合物层，形成共形性好，且有良好覆盖梯度、低电阻率的氮化钽膜的等离子处理。TaN 膜是将含钽的有机混合气体引入放置基体的腔室，电场产生等离子热分解沉积，再在有 SiH_4 气氛里用等离子处理。	US6455421B JP2002151437 TW510014B KR2002011126
US6269536B1	960328	010807	德国 H. C. Starck 公司	Robert W. Balliett	低氧金属丝的生产方法	+44 ~ -250 目粒径的钽和其他难熔金属的氢化粉末被装进铜成型挤压膜里，800℃ 脱氢后密封，700 ~900℃ 挤压粉末成棒，继续拉拔加工成丝。	

专利号	申请日	公布日	申请人	发明人	专利名称	专利要点及有益效果	同族专利号
US6285419B1	981123 970927	010904	日本精工 Epcos 株式会社	井上琴	金属－绝缘体－金属的两端子和液晶显示板	一种金属－绝缘体－金属（MIM）的两端子非线性元件包括第一导体（Ta 或 Ta 合金）膜、绝缘膜（水），第二导体膜在基片上，绝缘体是第一导体阳极氧化形成的。	平 9-090312A
WO0164374A	010228 000301	010907	美国 Cabot 公司	Rao Bhamidipaty	氮化的阀金属及其制造方法	在脱氧前，氮化温度 250～600℃，用氮气或能产生氮的化合物，在热处理前或热处理后进行；得到一种氮化的含氮 0.15%～0.4% 的阀金属，如钽、铌及其合金，可改善流动性、松装密度、和/或孔径分布，从而改善阀金属的物理性能和电气性能。	US6679934B US7144546B CN1426334A AU2001239946
US6287398B1	981209	010911	美国 Inco 合金公司	Gaylord Darrell Smith	用于高温混合氧化性环境的高强度合金	一种高强度镍基合金的成分（质量分数）是：50%～60% Ni、19%～23% Cr、18%～22% Fe、3%～4.4% Al、0～0.4% Ti、0.05%～0.5% C、0～0.1% Ce、0～0.3% Y、0.002%～0.4%（Ce＋Y）、0.0005%～0.4% Zr、0～2% Nb、0～2% Mn、0～0.1% N、0～1.5% Si、0～0.1% Ca＋Mg、0～0.1% B。	WO0034541 EP1141429B JP2002531710
WO0171738A	010322	010927	美国 Cabot 公司	Jonathon L.；Kimmel；Ricky W.	减少了氧的氧化铌	压制氧化铌（NbO_x（$x<2.5$）含氮 3.1%～13%）粉末与一种黏结剂或润滑剂（聚碳酸酯、醇酸树脂、硬脂酸），热分解或洗涤除去黏结剂，烧结形成烧结体，在 6～130V 形成，CV 为 1000～300000μFV/g。（氧化铌的制造方法同前）	TW517252B MX02009291 IL151825A CN1427996A
US6304427B1	000107	011016	美国 Kemet 公司	Erik Karlsen Reed；James Charles	低 ESR 和湿热高稳定性相结合的表面组装阀金属电容器	表面组装的阀金属电容器的固体电解质选自下列材料：石墨、高导电性（电阻率低于 0.0005Ω·cm）金属粉末填充浆料和金属端子。电容器具有低的 ESR，在 1000h 150℃ 湿热实验后 ESR 具有最大的稳定性。	WO0152288 EP1256121 CN1437752
US6310765B1	980619 970620	011030	松下电器产业株式会社	棚桥正一；井恒美惠子	电解电容器及其制造方法	降低阻抗，改善高频敏感性的一导电性聚合物电容器，用聚合物将其阴极集电极直接与多孔阀金属的介电层连接，但不通过各种黏结层（如碳层、银层）；保证集电区域扩大。	EP0886288B US6413282B CN1213149A

专利号	申请日	公布日	申请人	发明人	专利名称	专利要点及有益效果	同族专利号
WO0182318A	010420 000421	011101	昭和电工株式会社	内藤一美；大森和弘	铌烧结体及其制造方法以及电容器	含 Ta 0.07% 以下的铌粉，部分氮化，含 N 10ppm 至数万 ppm（$1ppm = 1 \times 10^{-4}\%$），铌粉在 500 ~ 2000℃烧结 60min 得到的烧结体，比容 90000μFV/g 以上，漏电流低于 5×10^{-4} μA/μFV，可靠性高。	US6835225B EP1275125B CN1507643A
US6312642B1	990702 960405	011106	美国 Cabot 公司	James A. Fife	控制阀金属的氧含量的方法	钽、铌或它们的合金在低于室温下进行酸洗，实例为降氧后的钽粉在用去离子冰加氢氟酸洗后，O、F 含量低。	TW502067B RU2192491C
US6313979B1	001108	011106	三洋电机株式会社	吉田觉昭；上川秀德	固体电解电容器及其装置	在阀金属上形成氧化膜，在氧化膜上形成第一层导电性阴极层，控制电解液的 pH 值不变，用正电极与第一层阴极接触，电解氧化形成均匀的高导电性聚合物层。	US6168639B1 CN1591723A CN1215216A
US6315808B1	990916	011113	美国 Kemet 公司	Keith Lee；Moore	除去粉末冶金坯块中黏结剂污染的方法	将金属粉末（如 Ta）和一定量（1% ~6%）（质量分数）二甲基砜黏结剂混合，压制形成坯块，200 ~400℃（优选 250 ~ 350℃）真空加热除黏结剂，或用 60 ~95℃纯水洗掉二甲基砜。	US6375710B WO0119555A MXPA02002573A
US6319292B1	000605 990401	011120	美国 Sprague 公司	Yuri L. Pozdeev	制造电容器芯子和引线安装方法	一种电容器的制造方法，包括：压制导电性金属粉末成为有外表面的多孔体，在外表面局部熔接形成 0.05 ~ 10μm 厚的熔接区域，将引线一端与之接触，用激光焊接。	US6212065B1
US6319459B1	991018	011120	美国 Kemet 公司	Brian John	从粉末坯块中除去有机酸黏结剂的方法	将坯块在 50 ~ 100℃的碱性溶液中洗涤，使不溶于水的有机酸黏结剂与溶液反应而且溶于所述溶液，然后用水洗涤。	GB2371056B WO0128715A MX02003896
US6319567B1	990330 990224	011120	美国气体产品化学公司	先崎义秀，等	氮化钽的合成	直接向反应器里注射 $(R^1R^2N)_3Ta$（$=NR^3$）和 $(R^4R^5N)Ta{-}R^6N=C(R^7)(R^8)$ 混合液体，高温下反应在基片上沉积氮化钽。	
US6322912B1	990915 980916	011127	美国 Cabot 公司	James A. Fife	阀金属氧化物的电解电容器	MO_x，其中 $x<2.5$，M 为阀金属。在一种存在吸气剂和允许氧从氧化铌转移到吸气剂的气氛下，足够高的温度下加热足够长时间，形成低价阀金属氧化物和阳极。	US7241436B CN1320104A TW500696B

专利号	申请日	公布日	申请人	发明人	专利名称	专利要点及有益效果	同族专利号
US6323055B1	990521 980527	011127	美国 Alta 集团公司	Harry Rosenberg	钽溅射靶及其制造方法	用硫酸和氢氟酸溶解纯 K_2TaF_7，加入氯化钾沉淀氟钽酸钾，使氟钽酸钾得到提纯，Nb 小于 $2\times10^{-3}\%$，W、Mo 均低于 $1\times10^{-4}\%$；用钠还原经过提纯的氟钽酸钾得钽粉，该钽粉与碘反应提纯，进入热分解区分解成钽粉，钽粉压条用电子束熔炼得到高纯钽锭。	US6566161B US6955938B US6958257B EP1090153
US6324051B1	001026 991029	011127	松下电器株式会社	井恒美惠子	固体电解电容器	在阴极层表面的部分有一层 20 ~ 25μm 厚的聚砜橡胶中间层，然后再树脂包封，消除热应力，提高电容器可靠性。	EP1096520B EP1536441B
WO0193277A	010528	011206	德国西门子公司	Steinberg Eckard	压水反应堆里燃料棒的包套管的生产方法，包套及捆绑燃料	包含 ZrNb 合金的燃料棒的外表面仅形成一层厚度为 $Y=a^{(b\cdot A)}$ 的氧化物层，甚至在 75MWd/kg U 燃烧（A），也无爆裂。包含 Nb 的第二相弥散在芯子 Zr 基体里，减少腐蚀指数（b），并且，Zr-Nb 合金然后的热处理淬火保持在 800℃以下恒温。	DE10026241B
US6329299B1	991222	011211	美国 FSI 国际公司	Chanhassen Boyd	选择性腐蚀回收基片上的含钽膜的方法	用含离子的氟化物和酸性氧化物的水溶液，从氧化物表面选择性腐蚀含钽膜，腐蚀性成分对含钽膜和氧化物膜有很高的选择性，把氧化膜从半导体基片上腐蚀下来。	
US6331233B1	000202	011218	美国 Honeywell 公司	Stephen P. Turner	细晶粒均匀织构钽溅射靶的制造方法	细晶粒均匀织构钽溅射靶，其纯度达到 99.95%（除气体杂质）制造包括三步，每步加工后高温退火，退火温度可以不同，晶粒度约 100μm，主要是{111}。	US7101447B
WO0199130A	010608 000621	011227	德国 H. C. Starck 公司	Reichert Karlheinz	电容器级粉末	本发明涉及电容器，包括含钒 $1\times10^{-3}\%$ ~ 1% 的金属铌、铌的低价氧化物、氮化物组成的电容器，涉及容量和偏压的关系。	US6992881B US7833511B
US6334879B1	990318 970501	020101	美国 Wilson Greatbach 公司	Barry C. Uffoletto; Rodeny	全密封电容器	片式电容器，一个电极是金属，有一个外壳，用超声波产生的溶胶物质作具有容量的导电基体，活性材料和外壳作为一个端子。第一类金属材料有 Co、Mn、Mo、W、Ta、Nb、Fe 等，第二类金属有 Ta、Ti、Ni、Ir、Au、Ag 等。	EP0877400B US5928362A EP1607991B

专利号	申请日	公布日	申请人	发明人	专利名称	专利要点及有益效果	同族专利号
US6334945B1	000907	020101	美国 Kemet 公司	Philip Michhael Lessner	固体电容器的老炼	将被覆导电性聚合物的电容器浸渍在电解液里，对电容器施加交变的高低电压，高电压是 10 ~ 50V，低电压是 0V 至芯子形成电压的 90%，高于 20V 时，电流降到峰值电压电流的 50%。	WO00221547A AU8885501A
US6338832B1	951012	020115	美国 Cabot 公司	Patrick M. Brown	生产铌和钽成分物的方法	在一槽中 30 ~ 95℃ 钽铌氟化物水溶液和铵盐水溶液混合 pH 为 6，沉淀钽铌氢氧化物，把溶液转入第二槽中，pH 值为 8 ~ 9.5，沉淀钽铌氢氧化物，生产一定粒径阀金属氢氧化物。	US7276225B US6984370B CN1203567A
US6339258B1	990702 980702	020115	美国 IBM 公司	Edward Crandal Cooney	低电阻钽	在密封管里的单色铁辐射下，35kV、35μA、X 射线衍射测试到在 $2\theta = 49°$ 有 α 相钽，< 110 > 峰，α 相钽的电阻率低于 15μΩ · cm，特别适合作为铜和铜合金的阻挡层。	US2002028579 TW552692B CN1290940A
US6340536B1	000204 990205	020122	法国原子能协会	Maxy Noe	含铒（Er）的 Zr、Nb 合金及其制品	本发明提供一种包含铒（Er 作为可消耗中子位置）的 Zr、Nb 合金及该合金的制造方法，本发明还提供用它制备水冷反应堆和核燃料装置的部件及部件的制造方法。	FR2789404A EP10718308B DE60014269T
WO02007198A	010713 000718	020124	美国应用材料公司	Yao Tse-Yong	低剩余应力稳定钽膜的低温溅射沉积	200 ~ 350℃ 的低温下等离子体溅射在半导体基片上形成稳定的钽膜，该钽膜剩余电阻低，用于集成电路作为铜的阻挡层。	
EP1229146A	020124	020124	美国通用电器公司	赵吉成；Jackson Melvin	铌基硅化物抗氧化镀层	涡轮部件包括至少一铌基难熔金属（Ti、Hf、Si、Cr、Nb）间化合物，在表面的抗环境腐蚀的镀层，$Nb_{1-x-y}Ti_xCr_ySi_2$ 相大于 50%。	US6521356B US6645560B
US6342181B1	000317	020129	美国密苏里大学	Joseph W. Newkirk	抗腐蚀镍基合金	在高温下硫酸气氛里抗腐蚀的镍基合金的成分（质量分数）是：82% ~ 86% Ni、9% ~ 11% Si、3% ~ 6% Nb、0 ~ 0.1% Ce、0 ~ 0.11% B、0.1% ~ 0.7% Cs、0.04% ~ 0.3% La、0.04% ~ 0.3% Nd、0 ~ 0.65% Fe、0 ~ 0.08% C。	
US6343005B1	010124 000128	020129	松下电器株式会社	忠信一夫	固体电解电容器及其制造方法	钽铌为阳极，在氧化膜介电层上的阴极层包括有碳颗粒和有 H、OH 基、COOH 基和烷基的苯化合物的碳层，这种阴极降低电阻，有优良的 ESR 特性和高容量利用率。	CN1319853A CN1186790C SG91331A

专利号	申请日	公布日	申请人	发明人	专利名称	专利要点及有益效果	同族专利号
US6344966B1	990806 990311	020205	昭和电工株式会社	酒井忠	固体电解电容器及其生产方法	在氧化膜上形成导电性聚合物固体电解质层，其含有至少选自（1）烷氧基－替代一硫化萘阴离子；（2）杂环硫酸阴离子；（3）脂肪多环化合物阴离子或/和另一种有掺杂能力的阴离子。	
US6346127B1	000525 990601	020212	日本 Rohm 株式会社	栗山长治郎	树脂密封切割面上形成端子的组装固体电解电容器的制造方法	有一阳极和一阴极的电容器芯片的固体电解电容器，有正反两面的电容器的装配板，在装配板上包封电容器。装配板提供一个阳极端子和阴极端子，它们分别与电容器的阳极、阴极进行电连接。	US6819546B CN1275785A CN1198301C
US6346134B1	000327	020212	美国 Sulzer Metco 公司	Lysa Russo	改善抗高温氧化、腐蚀蠕变性能的超合金	公式为 M-Cr-Al-Y-X 的超合金，其中 M 是 Fe、Co、Ni 金属中之一，Y 为 4% ~6%，Cr 为 20% ~35%，Al 为 5% ~15%，X 是活性金属，选自 Hf、Ta、Re、La 中之一，至少为 2% ~10%。	US6503576B US2002194956 EP1272301B
US6348113B1	981125	020219	美国 Cabot 公司	Christopher A. Michaluk；Louis E. Huber	高纯钽，含高纯钽的产品及其制造方法	高纯钽晶粒度小于 50μm，（100）面，任意 5% 的厚度增量中无序度小于 15，其制造方法为：（1）化学机械方法清理钽金属表面，钽有足够大的截面积；（2）锻造开坯一次轧，退火后晶粒均匀；（3）机械化学清理表面；（4）退火，部分再结晶；（5）冷轧或温轧，形成板；（6）矫平；（7）退火，使晶粒不大于 150μm，没有（100）织构带。	RU2233899 CN1333838A US6893513B CA2352336A EP1137820B
US6351370B1	990120 980319	020226	昭和电工株式会社	小昭弘；酒井忠	固体电解电容器及其制造方法	一种固体电解电容器包括有微孔的阀金属、在其上形成的介电体氧化膜和在氧化膜上的固体电解质，其中至少一部分是叠层结构，特例是导电性聚合物含有：（1）含硫酸阴离子和醌结构和其他阴离子的硫酸醌阴离子；（2）含有硫酸蒽和其他阴离子的电解质层。	US6790384B US2002039274A US6807049B US7175781B
US6351371B1	000414 990416	020226	松下电器株式会社	吉田曾益	电解电容器的电极	电解电容器的阳极包括：表面的多孔阳极，阀金属粉末烧结的有微孔的叠层，表面有介电层并充有电解质，较小尺寸和较大尺寸区域及它们之间的电通路。	EP1045410B US6444739B CN1271171A

专利号	申请日	公布日	申请人	发明人	专利名称	专利要点及有益效果	同族专利号
WO0216667A	010821 000821	020228	美国 Honeywell 公司	Kim Jaeyeon	钽溅射靶的形成方法和其所形成的溅射靶	测定用过的溅射靶的两个表面（一个为溅射面，另一个为后表面），测绘溅射表面的形状，有高蚀区和低蚀区（相差 11% ~ 70%），将溅射表面设计成边沿区域比中心区域厚的外形。	AU8666801A
WO0217338A	010814 000825	020229	德国 H. C. Starck 公司	Schnitter Christ; Reicher	铌基电容器	一种用铌金属芯子作电容器阳极，五氧化二铌为介电体层，它们之间是有一层至少 50nm 的导电性一氧化铌的电解电容器。该铌基电容器含 Ta 为 0.15% ~ 1.2%。	US6762972B TW516055B CN1471716A
WO0220870A	010907 000908	020314	美国应用材料公司	Urdahl Randall	用无氧液态前体物化学气相沉积氧化钽	用无氧液态前体物（如乙基亚胺钽）在 180 ~ 500℃，压力为 0.5 ~ 96Torr，化学气相沉积五氧化二钽。集成为 MIM 电容器。	US6033003A
US6352625B1	000509 991011	020319	德国 H. C. Starck 公司	Prabhat Kumar; Howard V.	改进黏结强度的难熔金属	纯度比往常高的难熔金属制品（如钽丝），特别是表面层，控制氧和化学成分与物理性能，钽丝在距离表面约 20nm 深度的氧含量有峰值，从而改进丝和粉烧结后的结合力。	PT1060296E FR2775486A ZA9901628A
WO0222901A	010530 000915	020321	美国佳伦（MUSkegon）	Harris Kenneth	耐高温应力的燃气发动机部件镍基合金	耐高温应力的铸造镍基合金的成分（质量分数）是：Cr 5% ~ 6%，Co 9% ~ 9.5%，Mo 0.3% ~ 0.7%，W 8% ~ 9%，Ta 5.9% ~ 6.3%，Ti 0.05% ~ 0.25%，Al 5.6% ~ 6.0%，Re 2.8% ~ 3.1%，Hf 1.1% ~ 1.8%，C 0.10% ~ 0.12%，B 0.011% ~ 0.024%，Zr 0.011% ~ 0.020%。	US6632299B EP1334215B DE60125059T
US6368364B1	000523	020409	美国 Sprague 公司	Kormendy Mil J.	电容器模塑对中方法	有一阴极端子表面和另一端的阳极引线，阴极端面相对于电容器轴线对中，方法是芯子的阴极的泪珠状导电体在模子里模塑包裹着芯子，模塑完成后，泪珠状体被除去形成阴极端。	WO0191147A AU1960701
US6370283B1	981029 981029	020409	美国 Tycom 公司	Guangning Yang	电－光调节器	一种具有电－光调谐器发光脉冲的元件和制造方法，这种调谐器包括第一和第二波导器形成一光干涉器，至少第一个波导器包括一种电－光材料，如铌酸锂和沿着其伸出的电极。	

专利号	申请日	公布日	申请人	发明人	专利名称	专利要点及有益效果	同族专利号
US6372667B2	000623 990625	020416	韩国 Hyndai 电气工业公司	Kee Jeundal；Lee	半导体记忆元件的电容器制造方法	在半导体基板上形成一个下电极，在这个较低的电极上用无碳的钽基物质 TaF_5 氢还原，氧气氧化形成 Ta_2O_5，在 Ta_2O_5 上形成上电极。	KR2001003782
US6373685B1	000323 990706	020416	美国 Cabot 公司	Jonathon L. Kimmel	氧化铌部分还原方法和减少了氧的氧化铌	由低价氧化铌作芯子，在 5～130V 形成，这种氧化铌对氧的原子比例是小于 1：2.5，是 1：1.1；DCL≤15nA/g，CV 为 1000～300000μFV/g，含 N 在 3.1%～13%。	CN1320103A US6391275 US6592740B
US6375704B1	990512	020423	美国 Cabot 公司	Kurt A. Habecker	高比容铌粉及其电容器阳极	片状铌粉有 5.0～12m^2/g 的 BET 比表面积，掺磷 0.04%以下，含氮 0.01%～2%，在 1200～1750℃烧结，所形成的电容器阳极具有 65000～250000μFV/g 的比容。	US7749297B US6702869B2 CN1350481
US6375710B2 US2001001854A	001221 990916	020423 010628	美国 Kemet 公司	Keith Lee；Moore Brian	除去粉末冶金坯块中黏结剂污染的方法	将金属钽粉和一定量（1%～6%）（质量分数）二甲基砜黏结剂混合，压制形成坯块，二甲基砜占 1%～6%（质量分数），200～400℃真空加热或用 60～95℃纯水洗涤除掉二甲基砜。	MXPA02002573 JP200350958 US6315808B1
US6377443B1	010623 000520	020423	美国 Kemet 公司	Randolph S.	二氧化锰阴极的氮化钽电容器的处理方法	氮化的阀金属电解电容器阳极，包括浸渍硝酸锰后在 200～250℃足够长时间→325～450℃足够长时间，将被覆有二氧化锰的多孔 TaN 阳极进行两段热处理。	US6214271B1 WO0193288A AU7489301A
US6380577B1	000707 981007	020430	美国 Sprague 公司	John Yates Cadwallader	片式钽电容器	有两个相对的端子的钽元件，至少部分被绝缘材料覆盖；一钽丝引线，有两个相对的端面和侧面，与钽元件点连接并从其中伸出穿过绝缘材料与之齐平；和钽元件电连接并覆盖其上的导电性材料形成阴极端子；与钽丝第一端面连接的第二导电性材料形成阳极端子。	US6238444B1
US6381121B1	000524 990524	020430	昭和电工株式会社	门田隆二	固体电解电容器	包括固体电解质层、金属粒子或碳粒子的电连接层和导电性金属粉末，其中至少有一层是橡胶状的弹性材料，用来制造电容器的导电浆料和石墨浆料。	US7060205B US6783703B

专利号	申请日	公布日	申请人	发明人	专利名称	专利要点及有益效果	同族专利号
WO0234436A	001023 001024	020502	德国 H. C. Starck 公司	Tripp Terrance	用于电解电容器基体的钽粉和 TaN 混合粉	由难熔金属粉末制造高品质电容器的方法：包括混合 Ta、Nb、TaN、NbN 粉末，其中氮化物占 50% ~75%，烧结，阳极化，形成电容器阳极。这样制成的电容器 ESR 低。	US6554884B CN1498144A MX03003544
WO0235563A	011025 001026	020502	日本昭和电工株式会社	内藤一美；永户伸幸	电容器用铌粉，烧结体及用该烧结体制的电容器	铌粉的原生粒子平均粒径为 0.01 ~0.5μm，其圆度（$4\pi A/L^2$，A 是粒子在平板上投影面积，L 是粒子周长）为 0.8 以上，团聚体的平均粒径为 0.03 ~20μm，经过造粒团化的二次团化颗粒的平均粒径为 50 ~150μm。	US6843826B AU9600701 BR0114919
US6383459B1	000831 990830	020507	美国 Osram Sylvania 公司	Raj P. Singh	用氟化物和硫酸提纯钽的化合物的方法	将含有杂质的钽化合物和含氟化合物（二氟化铵、NaF、KF）及硫酸结合，形成含钽的溶液，钽的化合物有钽的氧化物、氢氧化物、氢铵钽氧化物或其组合，使钽与杂质分离。	BR6103789 AU780618B CN1340631A
US6387150B1	000216 990225	020514	昭和电工株式会社	内藤一美	粉末铌及其烧结体，用该烧结体制成的电容器及其制造方法	用作电容器的粉末铌烧结体，其中铌粉含有 Fe、Ni、Co、Si、Na、K、Mg 组中一种元素的含量均低于 0.01%，其总量低于 0.035%，铌烧结体包含至少一氧化铌晶体 0.1% ~20% 和氮化二铌晶体 0.1% ~20% 中一种，用该烧结体制成的电容器及其制造方法。	S6884277B JP4420568B JP2010062580A AU2571200A
US6391275B1	980916	020521	美国 Cabot 公司	James A. Fife	部分还原铌金属氧化物方法和低价氧化铌	在一种有吸气（钽铌或其氢化物）剂存在下，足够的温度和时间，加热五氧化二铌使氧从五氧化二铌转移到吸气剂的气氛（氢气）里，形成减少了氧的氧化铌（NbO_x，$x<2.5$）。	US2002141936A US6527937B
US6395148B1	000229 981106	020528	美国 Lexmark 国际公司	Whitman Charles Spencer	为喷墨打印头生产所要求的钽层的方法	用于喷墨加热片的钽的导电和电阻材料制造方法，在半导体基体上钽薄膜的方法：在半导体基片上沉积防护层，预溅射腐蚀半导体基体，预热，按照一定的功率溅射沉积钽层。	
WO0245106A	011130 001130	020606	昭和电工株式会社	大森和宏；内藤一美	电容器用粉末，用其制造的烧结体及电容器	含 Zr 0.01% ~15%（原子数分数），平均粒径 0.2 ~5μm 的 BET 比表面积为 0.5 ~15m^2/g 铌粉或钽粉的烧结体，用该烧结体制造的电容器。这种粉末制造的电容器比容高、漏电流低。	US6824586B CN1478287A EP1340235B1

专利号	申请日	公布日	申请人	发明人	专利名称	专利要点及有益效果	同族专利号
WO0245108A	011130 001130	020606	昭和电工株式会社	内藤一美；永户伸幸	电容器用铌粉及其烧结体制作电容器	一种电容器用铌粉，其平均粒径10～500μm，经过造粒的铌粉氧含量为3%～9%（质量分数），比表面积为0.2～15m^2/g，含N1×10^{-3}%～10%，用这种铌粉烧结后的烧结体制作电容器。	US7192465B US6756884B AU2412902A
WO0245109A	011104 001130	020606	美国Sprague公司	Pozdeev-Freema	掺氮烧结型钽铌电容器以及掺氮的方法	一种电解电容器芯子是由钽、铌粉末之一构成的，将多孔的芯子在无氧的条件下900℃的温度下经过1～10h热退火，掺入氮，这种烧结型钽铌电容器降低了漏电流。	US6447570B1 GB2374463B DE10195244B
US6402066B1	000316 000223	020611	美国Cabot公司	Kurt A. Habecker	铌和其他金属的制造方法	至少有一种液体溶剂存在下，在高温下研磨形成铌粉和其他金属粉末成片状粉，降低电容器的DC漏电流，显著减少研磨时间，形成高比表面积金属粉末，减少污染。	US7156893B US6706240B RU2243856
US6406512B2 US2001039852A	010404 000406	020618 011105	俄国Federalnoe公司	Ljudmila Ivanovna	高纯铌的生产方法	把原料粗铌放进含有铌和氟化钾和等摩尔量的碱金属氯化物以及5%～15%（质量分数）NaF融盐里电解，在阴极上沉积的铌在真空低于5×10^{-5} mmHg下EB熔炼，得到高纯铌锭。	RU2161207C DE10112822A
US6409796B1	001006 991008	020625	美国先进合金技术公司	Dian Surpin	增大表面积的钽粉、铌粉的生产方法	该方法是把初始的钽粉、铌粉与一种耐蚀性比钽铌弱的辅助性粉末（如Fe、Cu、Mn、Zn、Co等）机械合金化，粒子间相互交叉，机械合金化进行到钽铌金属和辅助金属达到固溶，钽铌金属粉末的表面积得到增大，用酸洗等方法除去固溶金属中的辅助金属。	AU7683200A EP1225996B AT235982T DE60001982T
US6410083B1	000225 980903	020625	美国Sprague公司	Pozdeev Freeman; Yuril	钽和铌电容器的烧结体掺氮的方法	掺氮钽和铌芯子的制造方法包括在无氧的气氛里，在600～1400℃使钽和铌的多孔芯子和氮接触足够长时间，使氮从外表面扩散进内部，外表面没有沉积的氮化物。	US6185090B EP09844698B DE69935951
US6410432B1	990427	020625	东京电子株式会社	John J. Hautala	从钽卤化物前体获得整体钽和氮化钽膜CVD法	该法是将五卤化钽（TaX_5，X：F、Cl、Br）前体加热蒸发与含氮气体混合，300～500℃，在基片上沉积高质量高深宽比保形的钽/氮化钽（Ta/TaN_x）双层膜的化学气相沉积法。	CN1354807A CN1150348C JP2002543281A

专利号	申请日	公布日	申请人	发明人	专利名称	专利要点及有益效果	同族专利号
US6410153B1	000214 990222	020625	美国罗尔斯罗伊斯公司	Robert W. Broomfield	镍基超合金	镍基超合金的成分（质量分数）是：6% ~ 11% Co、4.7% ~ 5.7% Cr、2.4% ~ 3.0% Mo、3.0% ~ 3.8% W、3.0% ~ 3.8% Re、5.5% ~ 7.0% Al、5.0% ~ 6.0% Ta、0.5% ~ 1.0% Nb、0 ~ 0.2% Hf、0 ~ 0.015% C、0 ~ 0.01% Y、0 ~ 0.01% La、0 ~ 0.0005% S，其余为镍和其他杂质。该超合金适合制造陶瓷热涂层的燃气涡轮机冷却叶片和翼。	DE60000053A EP1031637B GB9903988A
US6411499B2 US2001044994A	010425 000523	020625 011129	美国 Sprague 公司	Kormendy Michel J.	安装电容器端子的方法	电容器在一端有一阴极端面，从另一端伸出阳极引线。阴极端面的对中是相对于电容器的长轴方向，对中芯子的方法是在模子里有泪珠状导电性阴极在模塑时保护包裹着芯子。	WO0191147A US6368364B AU1960701A
US6413282B1	991115 980619	020702	松下电器株式会社	棚桥正一	电解电容器及其制造方法	电解电容器的阴极集电器直接用导电性聚合物而不通过各种黏结剂（如银层）和阀金属多孔体介电层表面直接电连接，阴极集电器安置在与作阳极的阀金属箔相对的位置，扩大集电区面积。	CN1213149A EP0885288B US6310765B
US6414451B1	000621 990720	020702	德国 W. C. Herance Hold	Reinhard Beeke	高压放电灯	一种高压放电灯有一个放电管，电流通过两个分开的电极导入，其中至少有一个电极是由金属钽或铌制成的，第二个电极比第一个电极具有更好的抗氧化性。	DE19933154B JP2003505834A EP1114438B
US6416730B1	990706 980916	020709	美国 Cabot 公司	James A. Fife	金属铌氧化物部分还原的方法	加热五氧化二铌使氧从五氧化二铌转移到吸气剂，得到这种 NbO_x（$x<2.5$）的低价氧化铌粉，用其在 1100 ~ 1500℃ 烧结，制成比容 75000 ~ 200000μFV/g 的电容器。	US6592740B US6759026B US7445762B
US6420043B1	000804 971103	020716	美国 Cabot 公司	James A. Fife	铌粉和铌电容器	一种片状铌粉和用片状铌粉制造的电容器。铌粉的比表面积至少为 $0.5m^2/g$，含氧量至少为 0.2%，降低 DC 漏电流的方法。电容器阳极的烧结温度是 1200 ~ 1750℃。	PT946323 EP0946323A JP2002507247A
US6421228B2 US2001039702A	010504	020716 011115	NEC 东金东山株式会社	新木研二	固体电解电容器的制造方法	用氧化性溶液接触多孔阀金属介电膜，再用单体溶液接触所述的介电膜，氧化反应形成导电性聚合物电解质层，单体溶液包含氧化聚合延缓剂，延缓聚合反应。	EP1154449B DE60128749T2

专利号	申请日	公布日	申请人	发明人	专利名称	专利要点及有益效果	同族专利号
US6423110B1	001011 991208	020723	昭和电工株式会社	内藤一美；大森和宏	用于电容器的粉末组合物及其烧结体，该烧结体制造的电容器	用于电容器的粉末组合物包括钽或铌和有 Si—O 键的化合物且至少部分氮化，其平均粒径为 0.1 ~ 5μm，用该组合物烧结的烧结体，及用该烧结体制造的电容器比往常电容器具有高可靠性、低损耗和较低的容量退化。	
US6426866B2 US2001030848	010409 000414	020730 011218	松下电器株式会社	小路仁	固体电解电容器及其方法	导电性聚合物分布在阳极体和阴极体之间，聚合物层包括软化聚合物的软化层（5.0%，质量分数），其熔点不高于 30℃，沸点高于 200℃，该电容器 ESR 低。	US6733545B
US6430032B2 US2002015279	010706 001206	020806 020207	昭和电工株式会社	阪井忠	固体电解电容器及其方法	电解电容器的固体电解质是在切割端部分形成的，厚度大于其他部分，提高了电解质的黏结力，因而改善了 CV、tanδ、DCL 稳定性和短路失效及回流焊特性。	US6867088B
EP1229146A	020124 010202	020807	美国通用电气公司	赵集成	铌基硅化物抗氧化涂层	改进了的铌基难熔金属间化合物（Nb-基 RMIC）在高温下抗环境氧化性能的涂层包括 Si、Ti、Cr、Nb。本专利包括涡轮体系及至少一种铌基 RMIC。	US6645560B US2003124342A
US6433379B1	010206	020813	美国高级微型装置公司	Sergey Lopatin	嵌镶在铜金属化电容器里的钽的阳极化	电容器阳极化方法，包括提供一个至少有蛇形沟槽的半导体基片，在沟槽里和基片上沉积整合的第一金属层，然后在第一层金属上阳极氧化，再在氧化膜上沉积铜层作为电极。	
US6436268B1	000802	020820	美国 Kemet 公司	Brian John	阳极化用无水电解质	无水电解质溶液包括丙三醇和至少一种含卤素元素的有机或无机酸阴离子与至少一种碱金属、铵或胺阳离子组成的中性盐，阴离子是由一种 pKa 值低于磷酸的酸提供的。	US6896782B US6755959B AU299801A
US6437380B1	010328	020820	美国 Symetric 公司	Myoungho Lim	有钽酸铋覆盖层的铁电器件	一种集成电路的元件包括：一基体、厚度低于 100nm 的含 Bi 超格子薄膜层、一个电极和一包括厚度在 3 ~ 30nm 的含钽酸铋的覆盖层，覆盖层在电极和薄膜之间。	

专利号	申请日	公布日	申请人	发明人	专利名称	专利要点及有益效果	同族专利号
US2002112789A	020220	020822	德国 H. C. Starck 公司	Peter R. Jepson	有均匀织构的难熔金属片及其制造方法	难熔金属，如钽锭、铌锭被切成短坯，进行冷压力加工（墩锻、拉拔、侧锻、横轧），加工后中间退火，得到织构均匀的难熔金属板材，切割下来圆形溅射靶，{100} 和 {111} 晶面取向的晶粒以固定的比例混合。	NZ527628A NO20033547A CN1535322A
WO0264287A	020214 010214	020822	德国 H. C. Starck 公司	Aimone Paul	难熔金属产品的再生	使用过的钽溅射靶有溅射面和铜背衬面，溅射面已经消耗了部分钽，用钽粉填充并在高扫描速度下高能加热烧结使所加的钽粉再生，使消耗了的部分得以修复，可得到其他部位的显微结构。	SK10062003A ZA200306259A CN1491294A
WO0264858A	020212 010212	020822	德国 H. C. Starck 公司	Simkins Leah	Ta-Si、Nb-Si 基材电容器	一种金属合金粉末，用 0.333g－60 目纯度为 99.999% 的 Si 和 9.667g 50K 钽粉混合，达到 $(Ta, Nb)_9Si_2$ 比例，在 1350～1550℃烧结，分别赋能 16V、30V、40V、50V、80V、100V，其中可以有氮。	EP1370716B MXPA03007171 CN1491298A
US6442016B2 US2002015278A	010306 000307	020827 020207	三洋电机株式会社	福山幸子；平川博敏	固态电解电容器	包括：一个有阳极（箔）的芯子，介电膜，在阳极上氧化聚合被覆的导电性噻吩聚合物作为阴极，混有硅烷耦合素的富有韧性的树脂和第二层树脂，密封上述阳极的外壳。	JP2001250747A TW507228B KR2001088355A
WO02066693A	020218 010219	020829	荷兰 Isotis N. V. 公司	Li Jiaping	植入用多孔金属及其镀层	组织植入作为骨架的多孔材料或镀层，浸入有钛、钽或它们的合金的平均粒径为 5～100μm 的颗粒浆料的制品经过 150～1350℃高温烧结，50% 孔径大于 400μm。	US2005048193A CA2438801A
US6444008B1	990319 980319	020903	美国 Cabot 公司	James A. Fife	含钽和/或铌粉的涂覆组合物	一种含有（非水易挥发）溶剂、一聚合物或乳胶黏结剂、一种包括钽、铌及其合金粉末（或氢化物）的金属添加剂（1%～40%）（质量分数）的涂覆组合物，粉末可以是角状、粒状粉、片状粉。	US6696162B US2003024436A
US6447570B1 US2002101645A	001103	020910 020801	美国 Sprague 公司	Pozdeev Freeman；Yuril	掺氮的钽和铌电容器的烧结体及其制造法	一种掺氮的钽铌烧结电容器阳极：活性金属（Mg）与 Ta（或 Nb）的坯块混合装炉，升温到第二温度 900℃降氧，在高于降氧、降温到低于退火温度通入氮气，N 扩散进钽烧结体。	GB2374463B JP2004515072T

专利号	申请日	公布日	申请人	发明人	专利名称	专利要点及有益效果	同族专利号
US6447623B1	000824	020910	美国通用电气公司	Melvin Robert Jackson	抗蠕变的 Nb-Si 镍基两相组合物	高于1150℃具有抗蠕变的 Nb-Si 镍基两相组合物的成分（原子百分数）是：20.5%～22% Si；Hf、Ti、Nb，其中 Nb：(Hf+Ti)≥1.4%，还可含最高25% Ti、2%～8% Hf、其余为 Nb。	
US6449140B1	010709 001109	020910	昭和电工株式会社	酒井忠；古田雄二	固体电解电容器元件及其制造方法	在阀金属表面形成介电体膜，并有一边沿为阳极，有一绝缘层环绕基体四周，固体电解质层、碳层和含金属粒子的导电层做阴极。	
US6451074B2 US2001018788A	010402 990831	020917 010906	美国 Sprague 公司	Alexander Bluvstein	导电性聚合物电容器的制造方法	用多孔金属体形成一阳极；连接一阳极引线；形成介电体膜；在介电体膜上形成第一层导电性聚合物层；再浸渍掺杂芳基砜酸和樟脑磺酸的聚苯胺有机溶剂后形成第二层聚合物。	WO0116972A EP1218897A AU2709100A
US6451249B1	000918 930924	020917	日本石冢研究所	小泉光德	组合物及其生产方法	组合物包括一种选自钛、锆、钽、铌、硅、铬、钨、钼金属和/或合金的碳化物、氮化物、硼化物、硅化物陶瓷的三元骨架结构和填充在其中的基体，如金属或陶瓷，是选自金刚石、硼氮化物高压聚合的超级研磨粒子。	US6500557B US6203897B KR100260368B
US6461564B2 US2000592974A	000612 000418	021008 000612	美国 Morris F. Dilmore 公司	Morris F. Dilmore；Henry	含钽的功能变化材料的固化方法	开始为粉末的可压制材料，加热粉末到200～1800℃高温，加热的粒子放在模床里，进行压制，通过流动的碳素或陶瓷粒子传递压力，压制成所要求的形状，增加密度。	
US6462339B2 US2000165849A	000920	021008 000920	美国 Cabot 公司	Cristopher A Micrhanluk	多晶材料的织构均匀度的定量方法	包括选择择优极取向，用扫描取向图像显微镜或其他测试技术对有一定厚度的多晶材料截面分层次地进行扫描，来得到实际的多晶材料的极取向。	AU9277501A CA2423406A
US6462934B2 US2001036056A	010111 000323	021008 011101	美国 Cabot 公司	Jonathon L. Kimmel	氧化铌部分还原方法和减少了氧的氧化铌	阳极包括有 NbO_x（$x<2.5$），N 含量3.1%～13%，在1500℃烧结10min，6V 以上60℃形成，CV40000～60000μFV/g，DCL＜15nA/g。	US2002135973A

专利号	申请日	公布日	申请人	发明人	专利名称	专利要点及有益效果	同族专利号
US6464739B2 US2002071236A	010326 000414	021015 020613	松下电器株式会社	吉田曾一；星野健二	用于电解电容器的电极及其制造方法	电解电容器的阳极包括：表面的多孔阳极，阀金属粉末烧结的有微孔的叠层，表面有介电层并充有电解质，侧面有凹槽或凸出，在较小尺寸和较大尺寸微孔区域及它们之间形成了电通路，降低电阻，充分利用微孔区域，增加容量效率。	EP1045410B US6551371B CN1271173A CN1282977C
US6464777B2 US2001001944A	010105	021015 010531	日本国际无机材料研究所	北村研二	铌酸锂、钽酸锂单晶及其光学元件生产氧化物单晶的装置和方法	一种铌酸锂或钽酸锂化学计量成分单晶是拉制具有分子比为 $Li_2O/(Nb_2O_5+Li_2O)$ 或 $Li_2O/(Ta_2O_5+Li_2O)$ 至少0.490~0.500，在Li超过铌酸锂或钽酸锂的分子化学计量的融体，至少有0.1%~3%（摩尔分数）的Mg、Zn、Sc和In。	
WO02088412A	020108 010111	021107	美国Cabot公司	Micharluk Christopher	钽和铌带及其生产方法	一种挤压的钽条或铌条，具有小于150μm的均匀的晶粒，晶粒优选小于100μm，挤压条可以进一步锻造或用其他方法加工成最终产品，如溅射靶，在足够高的温度进行再结晶。	
US6479012B2 US2002033072A	010802 990519	021112 020321	美国Cabot公司	Bhamidipaty K.	团化金属粉末的方法和有改良性能的金属粉末	用一种可挥发性液体与粒子混合形成湿的粉末，压结粉末干燥形成饼块，加热所述饼块，形成团化颗粒。其中所述的压结粉末是把湿粉末置于容器内振动，用去离子水与粉末混合，至少浸润5h。	HU0102249A AT305352T CN1305399A
US6479857B1	000302	021112	美国LSI逻辑公司	Derryl Allman	有钽底电极的电容器及其制造方法	在Ti-Ni层上沉积Si，硅上面沉积钽层，将Ta氧化成 Ta_2O_5，上电极是多晶硅或其他半导体材料，为金属材料用于类似应用。未掺杂的聚合有机硅为上电极，为永久性储存器用。	US6861310B2 US2003006447A
US6483693B2 US2002048146A	010315	021119 020425	美国Sprague公司	Kormendy Michel J.	模塑电容器对中的方法	第一个模具和第二个模具同时移动并在它们之间形成模腔。一个电容器芯子被放置在该模腔里，形成了一阳极端子、一阴极端子、一前壁、一后壁及相对的两侧壁，对中芯子的方法是在模子里有泪珠状导电性阴极，在模塑时保护包裹着芯子。	

专利号	申请日	公布日	申请人	发明人	专利名称	专利要点及有益效果	同族专利号
US6485676B1	000911	021126	美国 Kemet 公司	David Alexander	大气压下从压块中加热除黏结剂的方法及无黏结剂坯块	除黏结剂的方法包括在 1 个大气压的压力下加热到 100～350℃，足够长的时间用惰性气体（如 N_2、Ar、He）空气循环通过压制的阳极坯块把挥发气体赶走而除去黏结剂二甲基硫砜，得到无黏结剂的压块。	
US6486047B2 US2002064927A	010531 001130	021126 020530	韩国种子智能产权集团	Won-Jae Lee；Yil-Suk Yang	Sr-Ta-O 薄膜的形成方法和设备	一种形成锶－钽氧化物薄膜的方法，利用原子层沉积工具和等离子体沉积的 Sr-Ta-O 薄膜的漏电流很低，介电常数为 30～100，其大小取决于加热条件。	WO02099394A KR2002042228A
US6493213B1	000830 990830	021210	美国 Epcos 公司	Helge Clasen	电解电容器阳极，电容器及其制造方法	电容器阳极有与阳极体连接的大表面积的平板阳极导电体，从阳极体引出的阳极导电体端子被弯曲形成端子连接体，扁平阳极导体宽厚比为 2～100，厚度 50～150μm。	DE19941094A
US6500557B1	000918 940922	021231	日本石冢研究所	小泉三上	组合物及其制造方法	组合物包括一种选自钛、锆、钽、铌、硅、铬、钨、钼金属和/或合金的碳化物、氮化物、硼化物、硅化物陶瓷的三元连接的骨架结构和填充在其中的基体，如金属或陶瓷。	US6451249B US6203897B KR100260368B
US6500763B2 US2001005631	001214 010628	021231 010628	韩国三星电子公司	金进旺	制造电容器电极的方法	用于半导体的电容器的制造方法，依次在半导体上形成支持绝缘层、腐蚀停止层（包括五氧化二钽）、膜牺牲绝缘层。	KR2001056241A JP2001201804A
US6503576B1 US2001005631A	011005 000327	030107 010628	美国 Sulzer Metca 公司	Lysa Russo	高温抗氧化、抗腐蚀和蠕变的超合金粉末	一种高速氧融热喷雾超合金粉末的通式是 MCrAl-Y-X，其中 M 是选自 Ni、Co、Fe，X 选自 Hf、Re、La、Ta 组中一种活性元素，Y 为 4%～6%，Cr 为 20%～35%，Al 为 5%～15%。	
US6510044B1	990830 980910	030121	德国 H. C. Starck 公司	Josua Löffelholz	烧结型难熔金属层，土酸金属电容器用浆料	用于阳极的土酸金属浆料，它包括 40%～92% 重量的难熔金属粉末，连续相包括氧原子对碳原子比至少 0.5 的有机化合物，还包括在 150℃ 以下可以挥发的有机溶剂。	TW531558B MX01002547A IL141321A

专利号	申请日	公布日	申请人	发明人	专利名称	专利要点及有益效果	同族专利号
US6510694B1 US2002066274	000710 020606	030128 020606	美国洛克西德·马丁公司	Salvotore Thomas Bruno	净模压碳化钽火箭喷嘴	一种热引擎部件的制造方法，包括至少有一个表面的难熔金属（如钽）喷嘴体，将一种陶瓷粉末（TaC、Ta_2C）压制在嘴体表面和模具之间，在足够高的温度和压强下使之致密化。	WO0204382A EP1309523A US6673449B2
US6512668B1	020219 011128	030128	韩国三星电子公司	金在光；吴贤娈	带有坡口引线框的片式钽电容器	以氧化钽为介电材料的钽芯子，其钽引线从钽芯子侧面伸出，在其上表面和下表面是平的表面，连接到阴极框架上；带切割槽的阳极引线框架在槽内与阳极引线焊接，外为两端子。	JP2003168626A KR2003043456A CN1423290A
US6514360B2 US2002136347A	010510 020926	030204 020926	韩国原子能研究所	金勇焕	高温燃烧核聚变用含铌锆合金管、片的制造方法	合金成分（质量分数）：0.3% ~ 0.6% Nb，0.7% ~1.0%Sn，0.2% ~0.5%Fe，0.05% ~0.2% Cr，0.05% ~0.4%Mn或Cu，0.008% ~0.012%Si，0.06% ~0.12%O，其余为Zr，方法：将原料熔炼，锻造成β相，在1015 ~1075℃固溶热处理后淬火，600 ~650℃热加工、冷加工、中间真空退火，共3 ~5次，最后产品为管、片。	KR2002062052A EP1225243B JP2002243881A CN1366089A
US6515846B1	000207 991222	030204	德国H. C. Starck公司	Terrance B. Tripp	氮化难熔金属制造的电容器基体	一种电容器基材包括有热稳定性的掺氮的基体金属粉末（TaN、Ta_2N、NbN）和在其表面形成的氧化物膜，这种电容器阳极有低的偏压－容量、温度－容量依赖性。	US6927967B2 EP1374262B CN1357149A
US6517645B2 US2001030005A	010321 991025	030211 011018	美国Cabot公司	James A. Fife	阀金属的组成及其制造方法	用一种金属添加剂溶液镀阀金属，在有还原剂存在下加热除去金属中的氧，金属盐阳离子形成添加剂。如镍包钽丝，还原剂是镁。含镍钽丝在制造电容器时与钽丝的结合性加强。	US6051324 US6231689B1
US6517892B1	000524 991001	030211	昭和电工株式会社	酒井忠；泽口公；泽口雄彦	固体电解电容器及其制造方法	在有微孔的阀金属箔上形成的氧化膜上形成导电性聚合物的氧化剂和单体溶液的黏度低于100cP，包括单体及其衍生物和阴离子掺杂剂在设定的湿度下，在阀金属氧化膜上形成层状结构的导电性聚合物，固体电解质占据10% ~95%的孔隙空间，覆盖约60%介电体膜。	US6696138B US7087292B

专利号	申请日	公布日	申请人	发明人	专利名称	专利要点及有益效果	同族专利号
US6521013B1	990805 980805	030218	昭和电工株式会社	内藤一美；下岛忠	电容器用铌烧结体及其生产方法	电容器用铌烧结体所使用的铌粉具有0.8以上的圆度（圆度 $=4\pi \times S/L^2$，S 是垂直投射粒子在一平面上的面积，L 为上述面积的外周长），铌烧结体含N、B、C为 $5\times10^{-3}\% \sim 20\%$，该烧结体制成的阳极漏电流低于300μA/g，CV高于40000μFV/g。	US6656245B EP1137021B DE69938056T AT385037T
US6521173B2 US2002041819A	010716 020411	030218 020411	德国 H. C. Starck 公司	Prabhat Kumar	粉末冶金用低氧难熔金属粉末	用一种粉末金属，优选它是氧含量低于0.01%的非球形颗粒，将这种粉末至少压制成100lb的成型体，用它加工成低氧终产品，加工中防止破损。加工包括一种难熔金属（Ta、Nb、W、Wo、Zr、Hf、V）和较低熔点金属的合金包覆，将高熔点金属粉末加工纤维品。	US2003056619A
US6521175B1	980209	030218	美国通用电气公司	David P. Mourer	高压涡轮盘最佳应用的高温性能的超合金	超合金的组成（质量分数）：16.0% ~22.4% Co，6.6% ~14.3% Cr，1.4% ~3.5% Ta，1.9% ~4.0% W，1.9% ~3.9% Mo，0.03% ~0.1% Zr，0.9% ~3.0% Nb，2.4% ~4.6% Ti，2.6% ~4.8% Al，0 ~2.5% Re，0.02% ~0.10% C，B < 0.1%，少量的V、Fe、Ha、Mg，余量为Ni和其他不可避免的微量杂质。	
US6522522B2 US2002171996A	000201	030218 021121	美国 Cabot 公司	Yuan Yu；Curtis E. Dams	电容器和含碳的超电容器	一种电容器的电极至少含有改进的有黏结剂的碳产品，所述的碳产品至少附着一种有机基团，电极里的碳产品改善电容和（或）降低电容器里的内电阻，且容易制造。	EP1254470B TW516051B AT427552T
US6527160B2 US2001054638A	010824 991022	030304 011227	Sigmabond 技术公司	Boy Hardwick	能在高温加工的金属复合材料生产方法	复合材料包括一层金属包套和基体金属，其间有夹层，到900℃形成复合夹层，使基体材料达到所要求的机械、冶金性能，锭可以在高温下加工，防止有害的金属间化合物的产生。	US6296170 NZ511261A MX1003990A
US6527937B2 US2002141936A	020217 980916	030404 021003	美国 Cabot 公司	James A. Fife	氧化铌电容器阳极体的制造方法	部分还原氧化铌坯块的方法包括在氢气中及足够高的温度下加热足够长时间，形成减少了氧的氧化铌（NbO_x，$x<2.5$）。用这种铌低价氧化物制造电容器阳极。	US2001054638A US 6391275B2

专利号	申请日	公布日	申请人	发明人	专利名称	专利要点及有益效果	同族专利号
US6529367B1	991213 990126	030304	昭和电工株式会社	内藤一美；下岛忠	铌电容器及其制造方法	介电体包含以 $NbO_{2.5}$ 为主的第一层和 $NbO_{2.5}$ 及 NbO_2 混合的第二层两层，第二层中 $NbO_{2.5}$ 与 NbO_2 的比例为 0.25～4，所使用的铌粉、烧结体是部分氮化的。	US6661646B CN1334957A US2003147203
US6531002B1	010424	030311	美国通用电气公司	Michael Francis Henry	镍基超合金及其制品	超合金包含有"γ"四角形相，其组成（质量分数）是：0.05%～2.0%的 Al，1.5%～50%的 Co，15%～25%的 Cr，40%的 Fe，6%～12%的 Mo，2%～7%的 Nb，2%～3%的 Ta，2.5%的 Ti，其余为 Ni 和其他杂质。	
US6537371B2 US2002059902	010504	030325 020523	美国 Fox 集团公司	Yury Alexandrovich	铌坩埚的制造和处理方法	为碳化硅单晶轴向生长的铌坩埚，碳化硅生长位错密度小于 $10^4/cm^2$，微观位错密度小于 $10/cm^2$，含有第二相密度低于 $10/cm^2$，多晶 SiC 和 SiC 晶种放在坩埚里，坩埚抽空密封。	US6562131B US2002083891A
US6537925B2 US2002086476A	011204 001218	030325 020704	韩国 Marshall，Gestein 公司	Kyong-min Kin	等离子强化原子层沉积形成的 Ta_2O_5 膜	等离子强化原子层沉积形成的 Ta_2O_5 膜，是将 $Ta(OC_2H_5)_5$ 前体物在腔体内产生等离子体，用等离子体沉积形成的 Ta_2O_5，在氧气气氛里热处理，使 Ta_2O_5 结晶。	KR2002048625A TW589925B JP2002305195A
US6540810B2 US2001050838A	010423 001018	030401 011213	昭和电工株式会社	内藤一美	用做电容器的铌粉，铌粉的烧结体及电容器	铌粉含钽至多 0.07%，平均粒径 1μm，含 N 量为 $1\times10^{-3}\%$～10%，铌粉形成的烧结体，在还原性气氛里 500～2000℃热处理 1min～10h，和用该烧结体制造的电容器。	US7037355B2 US6689185B2
US6540851B2 US2002011290A	010823 020131	030401 020131	美国 Cabot 公司	Louis E. Huber	Ta-Si 合金及其制品，生产这种合金的方法	钽占主要成分的钽硅合金，形成丝时，丝的抗拉强度标准偏差低，未退火的为 3ksi，退火的产品丝的标准偏差为 2ksi，制造这种 Ta-Si 丝的方法包括将一种含硅（0.01%～2.0%）固体和含钽固体还原成一种液态和混合这种液态混料，从这液体中形成固态合金；另一种方法是将钽粉或钽的氧化物和硅或硅的化合物混合，然后还原成液体并由它形成固体。	US6576068B CN1306585A RU2228382C PT1080742E CZ302590B

专利号	申请日	公布日	申请人	发明人	专利名称	专利要点及有益效果	同族专利号
US6540974B2 US2001040785A	010727 000323	030401 011115	美国 Agere Systems 公司	Sudhanshu Misra	制造混合金属氧化物的方法	把第一种有机（钽、铌）金属反应剂与第二种有机金属（Al）反应剂混合成前体物，用50%丙酮、20%二甲基甲醛、20%乙丙醇、10%的水的混合液进行水解，除去挥发性物质。	US6312565B
US6547877B2 US2002083890	010504 970122	030415 020704	美国 Fox 集团公司	Yury Alexandrovich	钽坩埚的制造和处理	用钽材制造的坩埚，用有机溶液、无机酸、水清洗后在内表面和外表面形成小于500μm的碳化钽层、硅化钽层，钽的纯度高于99.9%。在800～2000℃、10^{-1}Torr的真空下退火。	
US6548685B2 US2002143200A	020315 010319	030415 021003	德国 H. C. Starck 公司	Freiech Zell	烷氧基钽和烷氧基铌的制备方法	本发明涉及一种制备烷氧基铌和烷氧基钽的方法，在有氨存在的情况下，用 $NbCl_5$、$TaCl_5$ 在0～－50℃下和醇反应，醇的含量是5～7mol（氨）/mol（$NbCl_5$，$TaCl_5$）。	GB2389361 CN1537089A DE10113169
US2002070509A	021010	030417	日本住友株式会社	大阪利行	铌和钽粉的制造方法	第一次用碱金属和/或碱土金属还原铌和钽的氧化物得到低价氧化物粉末——$(NbTa)O_x$，其中x = 0.06～0.35。第二次用碱金属和碱土金属熔液还原第一次产物得到铌和/或钽粉。	KR2001038501A
US6552896B1	001026 991028	030422	松下电器株式会社	井恒美惠子；白石正刚	固体电解电容器及其生产方法	在阀金属氧化膜上形成的固体电解质层是一种沸点不低于150℃，熔点不高于150℃的有机化合物，如乙醇、酚、酯、醚和酮，在直流电压有机溶剂放出离子修复氧化膜。	CN1297236A CN1184652C US6811576B
US6554884B1	001024	030429	德国 H. C. Starck 公司	Terrance B. Tripp	用于电解电容器的钽和氮化钽粉末混合物	难熔金属和难熔金属氮化物混合粉中难熔金属氮化物的比例50%～75%（质量分数）时，烧结体的孔隙度达最大，基体质量分数比为50%/50%或25%/75%时电容器容量引出率较高，且ESR较低。	US6716389B DE60133142 CN1498144A
US6558447B1	990505	030506	德国 H. C. Starck 公司	Leonid N. Shekhter	用气态镁还原氧化物生产金属粉末	Ta、Nb的金属氧化物用气态碱土金属还原，酸洗、脱氧和团化制造有或没有Ta、Nb、Ti、Mo、W、V、Zr、Hf金属的Ta、Nb粉末，该粉末制造的电容器阳极比容为80000～250000μFV/g。	

专利号	申请日	公布日	申请人	发明人	专利名称	专利要点及有益效果	同族专利号
US6562097B1	011102	030513	昭和 Cabot 株式会社	水崎雄二郎；泉知夫	电解电容器用钽粉，电容器阳极和电解电容器	在把金属粉末压制成带有引线的坯块，将坯块烧结成烧结体，把烧结体表面形成介电层制造电容器的阳极氧化步骤时，最佳赋能电压与钽粉原生粒径的关系。当使用金属粉末烧结体阳极氧化时，50%以上的原生粒子粒径在2.7～10Vf（nm）。	JP2000306781A US2003200833A
US6563695B1	000608 991122	030513	昭和 Cabot 株式会社	Ryosuke O.；西山忠夫	钽铌粉的生产方法，用该粉制造的电容器多孔烧结体	在熔融盐里融有钽、铌离子（不和还原剂直接接触），还原剂 Na、Mg 与融盐里的钽铌离子作用生成长度为2～20μm 柱状钽、铌原生粒子的辐射状团化的粉末。	US6788525B
US6566161B1	001120	030520	美国 Honeywell 公司	Harry Rosenberg	钽溅射靶及其制造方法	一种高纯的钽坯料，杂质总含量低于0.05%，Nb $< 5 \times 10^{-3}\%$；W、Mo $< 5 \times 10^{-3}\%$，O $< 6 \times 10^{-3}\%$。K_2TaF_7 经钠还原得到钽粉，将钽粉与碘反应后用电子束熔炼。	EP1090153 AU4210189 JP2002516918
US6576038B1	990519 980522	030610	美国 Cabot 公司	Bhamidipaty P. Rao	金属粉末团化方法和有改良性能的金属粉末	钽铌粉末，其团化方法是：用一种可挥发性液体与粒子混合形成湿的粉末，但不形成浆状，压结粉末干燥形成饼块，加热所述饼块，形成团化颗粒。得到的团化钽粉流动性好。	RU2226139C HU0102249A CN1305399A
US6576069B1	990519 980522	030610	美国 Cabot 公司	Louis E. Huber	Ta-Si 合金和生产这种合金的方法	钽硅合金丝，其抗拉强度标准偏差，未退火的为3ksi，退火的为2ksi，制造这种 Ta-Si 丝的方法，还原含硅固体和含钽固体，在液态混合形成液体混料，从液体中形成固态合金。	PT1080742E EP1080242B DK1080242T
US6576099B2 US2002114722A	010323 000323	030610 020822	美国 Cabot 公司	Jonathon L. Immel；James A. Fife	减少了氧的氧化铌	把 NbO_x（$x<2.5$）（如 NbO、$NbO_{0.7}$、$NbO_{1.1}$）与黏结剂混合压制形成压结块，脱黏结剂，在1200～1750℃烧结，得到多孔阳极。	TW517252B MX02009291A EP1266386B
US6583362B2 US2003085053A	011105	030624 030508	美国通用电气公司	Mark Gilbert Benz	用氧化锆稳定的多股铌锡超导线	将有固溶态 O 和 Zr 的铌合金棒拉丝制成的具有超细 Nb_3Sn 晶粒丝，在有锡存在的情况下热处理丝，产生 ZrO_2 沉积的 Nb_3Sn 连续丝，ZrO_2 使得在1100℃热处理时使 Nb_3Sn 稳定。	US2003168246A WO03058729A JP2005514743A

专利号	申请日	公布日	申请人	发明人	专利名称	专利要点及有益效果	同族专利号
US6585786B2 US2002095874A	011120 001124	030701 020725	日本电气株式会社（NEC）	土谷安旦	化学机械抛光（CMP）浆料	一种用于在钽基金属壁垒膜上形成的铜基金属膜内联的化学机械抛光浆料，至少包含一种抛磨粒子、一种氧化剂、一种氨基酸化合物。	TW283266B JP2002164309A
US6589898B1	990705 980707	030708	俄罗斯 Fiziki Tverdogo	Boris Abramovich	高温高强度耐热复合金属“REFSIC”	一种包括碳化硅和（Mo、W）$_5$Si$_3$、（Mo、W）Si$_2$和（Mo、W）$_5$Si$_3$C，与 Ta、Re、Nb、Ti、Zr 等的硅化物合金化，可以提高材料强度。	
US6592740B2 US2003003004A	020517 990706	030715 030102	美国 Cabot 公司	James A. Fife	含部分还原的氧化铌的电容器的制造方法	（1）用氧化铌压制成块，在有片状铌粉或含镁的吸气剂存在下，在足够高的温度下加热足够长时间，如 1100～1750℃烧结 10～90min，制备部分还原的氧化铌 NbO_x（$x<2.5$）作为阳极体；（2）阳极氧化阳极，所述的阳极具有比容 75000～200000μFV/g。	US6759026B US7445762B CN1320103A CN102603002A
US6592830B1	991020 981026	030715	俄罗斯 Aleksandr Krupin	Aleksandr Krupin	Ta 和/或 Nb 原料的处理	在氯化氨沸点温度下分解钽铌原料，水洗，除去氯化锑，过滤得到含钽铌的氯化铵液，加 NH_3 沉淀钽铌氢氧化物，将得到的钽铌物料溶解于氢氟酸的溶液里形成含钽铌溶液，萃取分离钽和铌，分别在钽、铌溶液加氨水沉淀钽铌的氢氧化物，干燥后煅烧。	SE512978C EP1135537B EE04284B AU1428300A
US6593532B1	001011 991011	030715	德国 H. C. Starck 公司	Howard V. Goldberg	电极引线	表面掺有间隙元素 N 的金属钽、铌电极引线，间隙元素的浓度超过整体浓度的厚度部分在 20nm 以内，用这样的引线制造的电容器可以降低漏电流。	
US6600646B1	000811 990811	030729	昭和电工株式会社	内藤一美	铌粉，用它制造的烧结体及其电容器	一种含氮 0.05%～0.7% N 的铌粉，其平均粒径 0.2～3μm；用该铌粉烧结的烧结体，其漏电流不大于 400Pa/μFV，可用其制造电容器。	
US6605129B1	000225 990225	030812	昭和电工株式会社	内藤一美	铌粉，烧结体及其电容器及其方法	一种含 Fe、Ni、Co、Si、Na、K、Mg 小于 0.01%和/或它们的总量低于 0.035%具有良好漏电流值的铌粉，用该铌粉制造的烧结体及用该烧结体制造的电容器及其方法。	US2005513170A

专利号	申请日	公布日	申请人	发明人	专利名称	专利要点及有益效果	同族专利号
US6606236B2 US2003117767A	020906 010912	030812 030626	昭和电工株式会社	内藤一美；小圆修二	铌粉，其烧结体以及用它制造的电容器	含磷 $3\times10^{-7}\%\sim1\times10^{-4}\%$ 的土酸金属，优选铌，用这种铌粉制造烧结体、电极，该电容器是具有大容量比和良好的抗潮湿性的电容器。该粉末的平均粒径为 0.2～5μm。	
US6610623B1	000619 951222	030826	英国 Neil McNeill Alford	Neil McNeill Alford	改进的烧结材料	一种掺有微量（低于 5%）（质量分数）Y、Zr、Nb、Ti 金属或半金属氧化物的低介电损失陶瓷，含 Al 低于 0.0165%，其密度是理论密度的 98%，在 25℃，9～10GHz 下 Q 值大于 35000。	
US6611421B2 US2002048139A	010907 000908	030826 020425	美国 AVX 公司	Paul M. Meadows	无极性钽电容器和电容器的排列	电容器包括：第一个极性钽电容器有第一端和第二端，第二个极性钽电容器也有第一端和第二端；阴极位置为第一个电容器的第一端和第二个电容器的第一端，它被用来作为电容器的电接触。用镀金铜把第一个电容器的阳极杆和第二个电容器的阳极杆相连接。	
US6616728B2 US2002069724A	011207 000309	030909 020613	美国 Cabot 公司	James A. Fife	氮化铌粉及铌电解电容器	一种含氮 0.03%～0.5% 的铌粉，其 BET 比表面积为 $0.62\sim5.0m^2/g$，斯科特密度低于 $35g/in^3$，该铌粉在 1200～1750℃ 烧结得到的电容器，CV 为 30000～61000CV/g，DC 漏电流 0.5～5.0nA/CV，漏电流比没有含氮的铌粉降低 50%，工作电压是 4～16V。	US6896715B US6338816B US6051044 CN1307725A
US6625009B2 US2002163775A	020405 010405	030923 021107	日本 Rohm 株式会社	前田昌英	固体电解电容器及其制造方法	电容器芯子和伸出的导电引线，第一电极与芯子电连接，第二电极通过垫棒与引线电连接，树脂整体包封，两电极由暴露的下表面作为端子，第二电极与芯子分离。	US6808541B
US6626975B1	000105 990115	030930	德国 H. C. Starck 公司	Benno Gries Wolfen	硬质合金混合物的制备方法	由硬质合金材料粉末和黏结剂金属粉末制备均匀混合物，混合物组分在产生较高的粉末颗粒剪切冲击速度区混合和再混合，不会产生硬质材料粉末的颗粒粉碎。	DE19901305T CN1336962A CN1114706C
US6627508B1	001006 980615	030930	美国微技术公司	Scott Jeffrey	形成含钽电容器的方法	形成含钽电容器的方法包括：形成第一导电层→形成包含钽的绝缘层→形成第二导电层，包含一些氮和绝缘性钽→还可以形成第三导电层。	US6282080B US6141959

专利号	申请日	公布日	申请人	发明人	专利名称	专利要点及有益效果	同族专利号
US6633003B2 US2002038719A	010622 981224	031014 020404	意大利 Pirell Cavil 公司	Marco Nassi	超导电缆和组合管道	超导电缆包括：一层超导带、一支撑超导带的管状元件、一冷却圈。冷却圈把超导材料冷却到低于临界温度以下的超导工作温度，支撑管由两种热膨胀系数不同的材料组成，第二种材料的膨胀系数大于第一种材料的膨胀系数，适应温度变化范围。	
US6635362B2 US2002155316A	010604 010116	031021 021024	美国 Maggie Zheng	Xiaoci Maggie Zheng	高温燃气透平镀层	用于高温燃气涡轮部件的镀层包括 MCrAlX 相和富铝相。在合金中，一种铝扩散－延迟成分包括 Ni、Co、Ta、Y、Zr、Nb、Mo、Rd、Ca、In、Fe、Si、B、C、W 等。	US2002155316A
US6639787B2 US2002172861A	011106 001106	031028 021121	美国 Cabot 公司	Jonathon L. Kimmel；Randall	改进了的减少了氧的阀金属氧化物	压制添加有黏结剂或润滑剂的减少了氧的氧化物粉末 NbO_x（$x<2.5$）（如 NbO、$NbO_{0.7}$、$Nb_{1.1}$）可采用喷雾法、喷雾干燥法、流态床法、微囊法和/或凝聚法。	US2004040415A US2002172861A US7220397B
US6641929B2 US2003044634A	010431	031104 030306	美国通用电气公司	Thomas Joseph Kelly	有超合金涂覆层的制品	以第一镍基超合金为基体，涂覆层的组分（质量分数）是：Co 3.1%，Cr 7.6%，Al 7.8%，Ta 5.45%，W 3.85%，Rh 1.65%，C 0.02%，Hf 0.016%，B 0.015%，Si 0.5%，余量为 Ni 和其他杂质。	
US6643120B2 US2001048582A	010427 000428	031104 011206	昭和电工株式会社	大森和弘；内藤一美	电容器用铌粉，铌的烧结体及其电容器	一种含锑（Sb）（摩尔比）为 0.1%～10%，平均粒径 0.2～5μm 的铌粉，一种用上述铌粉制造的烧结体，和用所述烧结体制成的电容器，该电容器的漏电流低。	US6909594 US2004008469
US6643121B1	000707 990708	031104	英国 AVX 公司	David Huntington	固体电容器及其制造方法	在导电性基板上有很多孔，孔里形成多孔的阀金属，使多孔的阀金属表面形成介电体氧化膜，在氧化膜上形成导电性阴极，阳极端与基板连接，阴极端与阴极电连接。	WO0104919A IL147462 CN1372691A
US6646160B2 US2003097020A	000503	031111 030522	美国 Monsanto 技术公司	Thaddeus S. Franczyk	从醇制取羧酸盐的方法	从醇制取羧酸盐的方法包括：在催化剂（Cu、Ni、Co、Ca，少量的 Cr、Mo、Ti、Ta、Nb、V、Mn、W）存在下，用醇胺与强碱（碱金属、碱土金属、氢氧化铵）反应制取羧酸。	

专利号	申请日	公布日	申请人	发明人	专利名称	专利要点及有益效果	同族专利号
US6652619B2 US2002064476A	010810 000810	031125 020530	昭和电工株式会社	内藤一美	铌粉，其烧结体及用它制造的电容器	有选自 Nd、Re、La、Er、Y、W、Al 中之一种元素含量为10%（摩尔百分数）或以下的铌粉，粉末的平均粒径为 0.05～5μm，最大比表面积为 $40m^2/g$，含 N、C、B 总量为20%以下。	US2003205106A US7594947B
US6652729B2 US2003111355A	011210	031125 030619	美国 Kemet 公司	Brian J. Elody;John Tony	极高电压电解电容器的电解质	一种为2-甲基-1，3-丙烷二醇、硼酸（三者等分子量）和二甲基胺乙氧基乙醇（电解液电阻约10000Ω-cm/100℃）的聚酯。电解质含量（质量分数）1%～10%，还有0.1%～1%正磷酸。	
US6652780B2 US2002088966A	020306 000406	031125 020711	加拿大 Gramman 公司	Harold M. Stoll	掺氧化铁的铌酸锂的方法	掺铁离子的铌酸锂质子化，将其置于10～100个大气压装置中，高纯压力氧，以低于50℃/min 的速度加热到950℃，使铌酸锂晶体中二价铁离子与三价铁离子之比接近于1∶100。	
US6654434B1	020719 000214	031125	美国军队文书部	Stanly Kronenberg	有钽的质子吸收的中子谱	多元中子测定器，监视器被用来粗略估测中子的浓度，每一个多元中子测定器包括一个堆叠在吸收层上的测定器，包括第一吸收中子材料钽，吸收材料堆叠在含氢基体上。	
US6656245B2 US2002194954A	020708 981118	031202 021226	昭和电工株式会社	内藤一美；下岛忠	用作电容器的铌烧结体及其制造方法	一种铌粉制作的电容器烧结体，该铌粉含 N、C、B 总量为 $5\times10^{-3}\%$～20%，铌粉的平均粒径3～30μm，漏电流低于300μA/g，比容40000～200000μFV/g。	EP1137021B DE69938056
US6659283B1	010517	031209	美国 Wilson 公司	Barry C. Muffoletto	电容器级粉末	提纯电容器级粉末(如钽粉)的步骤包括:把混有杂质的电容器粉末放到磁选机上用非磁力使其运动而磁选,杂质是带磁性的,电容器级粉末是不带磁性的。	
US6660057B1	000929 991001	031209	日本昭和电工株式会社	内藤一美；大森和宏	电容器用粉末组成，及以这种粉末形成的烧结体和电容器	含钽铌和有 Si—O 键化合物的至少部分氮化的平均粒径为0.1～5μm 粉末组成物，用该组成物烧结的烧结体，和以其为一电极和有另一个电极的电容器。这种电容器较低容量退化。	US2004200317A US7011692B

专利号	申请日	公布日	申请人	发明人	专利名称	专利要点及有益效果	同族专利号
US6661645B1	000525 990528	031209	昭和电工株式会社	酒井忠；市村高志	固体电解电容器及其制造方法	改进阀金属为基体的固体电解电容器引线框和电容器芯子的结合，在阴极的侧面的绝缘层的末端部分和阴极侧面引线框架的最末端有一空间，是阴极长度的1/20～1/3，阴极侧面引线框架末端角落在板厚度方向是经倒角的。	JP4534184B EP1215691B WO0074091A AU4949200 AT516588T EP2259276
US6661646B2 US2003147203A	000525 991113	031209 030807	昭和电工株式会社	酒井忠；白根上郎	铌电容器及其制造方法	铌电容器的介电体包含以 $NbO_{2.5}$ 为主的第一层和 $NbO_{2.5}$ 与 $NbO_{2.0}$ 混合的第二层，第二层中 $NbO_{2.5}$ 与 $NbO_{2.0}$ 的比例为1/4～4/1，铌粉、烧结体是部分氮化的。	EP1158552B DE69933793A CN1334957A US2003147203A
US6665172B1	020813 020522	031216	韩国三星电器	金键宽	固体电解电容器	阳极引线框在第一端有一沟槽，嵌放阳极引线端子的一端，其另一端装在PCB上，阴极引线框形成阴极端子，且其第一端接触电容器芯子外表面，另一端安装在PCB上。	KR2003090303A JP2003347173A
US6671164B2 US2002075629A	010424 000424	031230 020620	昭和电工株式会社	内藤一美；永户伸幸	铌粉及其烧结体，该烧结体制成的电容器	铌粉包括铌、氮和氧，部分氧化和部分氮化，N含量与O含量的质量比约1/45或更多，其O含量为0.5%～0.6%，N含量0.03%～0.9%，粉末的平均粒径为0.05～3μm，铌烧结体做电容器一个电极，氧化铌作介电体，另一个电极是无机半导体或有机半导体。	JP2000122672A
US6671168B2 US2003133256A	021127 011130	031230 030717	松下电器株式会社	吉田曾益	固体电解电容器及其制造方法	在阀金属阳极上依次形成介电层、电解质层，先在第一种溶液里形成第一种导电性聚合物，再在pH值低于第一种溶液的溶液里形成第二种导电性聚合物，用电解氧化聚合。	JP2001365847A
US6673330B1	000309 990326	040106	日本国家无机材料研究所	北村健次；古河安典	铌酸锂、钽酸锂单晶及其光学元件，生产单晶的工艺和设备	从含有Li过量于铌酸锂化学计量或Ta过量于钽酸锂化学计量熔体生长的单晶，$Li_2O/(Nb_2O_5+Li_2O)$ 或 $Li_2O/(Ta_2O_5+Li_2O)$ 之比为 x $(0.490 \leq x < 0.500)$，单晶至少含有选自Mg、Zn、Sc和In组元素中之一（按铌、锂或钽、锂总量计算），总量为0.1%～3.0%（摩尔分数）。	US6464777B US2001001944A

专利号	申请日	公布日	申请人	发明人	专利名称	专利要点及有益效果	同族专利号
US6673389B1	020819 990917	040606	美国 AVX 公司	David Huntington	固态电容器的制造	提供一基体层，在其上表面形成多个结实的阀金属多孔体，在多孔体上形成介电层，对各相邻多孔体提供一电绝缘层把它们分开，在多孔体暴露的介电层表面部分形成阴极，对每个多孔体上部区域提供一阴极端子，分开个体。	IL148171A EP1213764B CN1222962C
US6673449B2 US2003126855A	020521 000710	040106 030710	美国洛克希德·马丁公司	Salvatore Thomas Bruno	净模压碳化钽火箭喷嘴及其制造方法	用难熔金属制造的物体至少有一个面，在一模子里在足够的压力、足够的高温下压制陶瓷粉末到足够的密度，难熔金属，如钽制的环形体内表面涂覆陶瓷碳化钽。	JP20030126855A
US6673668B2 US2003008456A	020612 010612	040106 030109	韩国 Hynix 半导体公司	Kyong-Min Kim	形成半导体记忆元件电容器的方法	在半导体基体上形成底电极→形成含钽介电体层→用原子沉积形成上电极的第一层 TiN→在介电体上形成氧化的 TiN 层→用等离子体气相沉积形成上电极的第二层 TiN 层。	JP2001032686A KR2002094461A
US6674635B1	020611 010611	040106	英国 AVX 公司	James A. Fife	一种（钽、铌）电解电容器的防护性涂层	制造步骤包括：阀金属的阳极→整个阳极表面上形成介电体膜→介电体膜上涂覆较绝缘的（树脂，如干油－橄榄油、亚麻油、桐油、大豆油）防护层→导电性聚合物。	
US6679934B2 US2002088507A	010228 000301	040620 020711	美国 Cabot 公司	Bhamidipaty K.	阀金属氮化物及其生产方法	烧结的阀金属含氮量为 0.15% ~0.4%，有不大于 0.15% 的氮均匀分布，阀金属是钽、铌，比容 40000 ~ 80000μFV/g，流动性 70 ~ 300mg/s，Scott 密度 25 ~40g/in^3。	CN1426334A US2004108018A US7144546B
US6682780B2 US2002192494A	020522 010522	040127 021219	英国 Bodycote 金属镀层公司	Konstantin K. Tzatzov	高温合金产品的保护体系	为碳钢和不锈钢提供保护和惰性化镀层的方法是在基体上沉积一层 MCrAlXSi 合金，500 ~ 1200℃ 惰性气氛活性烧结形成冶金结合，其中 M 是 Ni、Co、Fe 或它们的组合；X 是 Y、Hf、Zr、La、Sc，还可以含有 Ta、Ti、Pt、Pd、Re、Mo、W、Nb 或它们的组合。	CA2348145A
US6687117B2 US2003142464A	030130 020731	040203 030731	美国 Wilson 技术公司	刘严明	用于电容器的电解质	一种储能装置的电解质包括：1% ~80% 的水、一种通式为 $C_nH_{2+n}O_2$ 的有机酸、一种该有机酸的铵盐，电解质对于铝和钽是化学相容性，能耐高电压，具有良好的导电性。	US2003142464A JP2004040077A EP1333455B CA2418255C

专利号	申请日	公布日	申请人	发明人	专利名称	专利要点及有益效果	同族专利号
US6689185B2 US2003117766A	021219 010423	040210 030626	昭和电工株式会社	内藤一美	电容器用铌粉及其烧结体制造电容器	一种铌粉颗粒包括铌和钽，其中钽最多为0.07%，铌粉颗粒是将铌粉在500~2000℃高温处理凝聚然后破碎而得到的，其N含量为1×10^{-3}%~10%。	US6540815B US7037355B
US6692586B2 US2003049154A	010323	040217 030312	英国罗尔斯罗伊斯	Raymond R. Xu	用于铌基合金高熔点钎焊材料	组分包括一种合金（质量分数）：45%~91.5% Ti、选自0.01%~43.5% Cr、0.01%~26.3% Al、0.01%~74.5% Nb、0.01%~2.25% B、0.01%~75.4% Si、0.01%~53.5% Ge中之一并混合的，其熔点1300~1590℃。	WO020944499A EP1395389A
US6696138B2 US2003148023A	021126 000524	040224 030807	昭和电工株式会社	酒井忠；门田隆二	固体电解电容器及其制造方法	阀金属箔上形成有孔径2×10^{-7}m，孔总量不小于$5\times10^{-3}cm^3/g$的孔，在介电层膜上形成导电性聚合物层状电解质，固体电解质占据孔隙的10%~95%，还有外壳和导电引线。	US6517892B US7087292B
US6696162B2 US2003024436A	020712 990319	040224 030206	美国Cabot公司	James A. Fife	含钽和/或铌粉的浆料或镀覆组合物	组合物包括：（1）纤维加强剂；（2）黏结剂；（3）包括钽、铌及其合金片状粉末的金属添加剂。粉末的Scott密度3~30g/in^3，BET比表面积为0.2~2.0m^2/g。	US6444008B1 US2003024436A
US6699431B2 US2002075628A	020220 000830	040302 020620	德国Epcos公司	Helge Clasen	生产电容器阳极的方法	电容器的阳极是扁平的导体，可不断变形的材料模塑成阳极导体固定为预定的形状，并硬化，形成阳极体，可障板印刷粉浆成型阳极。	DE19941094A CN1371522
US6699767B1	991028 981106	040302	美国AVX公司	David Huntinton	固态电容器的制造	为电容器提供一基体层，在其上表面形成多个结实的阀金属多孔体，在多孔体上形成介电层，用可流动成分，如可固化的浆料，液体或气体沉积在芯子上形成中间导电层，使阴极与中间层物理接触，树脂包封，把它们分开成单个电容器。	US7687884B EP1127360B CN1329746A
EP1394278A	030827 020827	040303	美国通用电气公司	Sceck Libarot	降低了Ta的超合金及其生产方法	超合金成分（质量分数）含4%~12% Co，3.5%~7.0% W，2%~9% Cr，0.5%~4.5% Ta，5.5%~7.5% Al，0~3.5% Re，0.1%~1.2% Ti，0~3% Mo，0.5%~3% Nb，其余为Ni和不可避免杂质。单晶或多晶，高温汽轮机引用。	US2005139295A US2004042927A JP2004162173A SG108932A

专利号	申请日	公布日	申请人	发明人	专利名称	专利要点及有益效果	同族专利号
US6702869B2 US2002124687A	020201 990512	040309 020912	美国 Cabot 公司	Kurt A. Habecker; James A. Fife	高比容铌粉及其电容器阳极	一种铌粉，BET 比表面积至少 5.5m^2/g 片状粉，含 P≤0.04%，N 0.01% ~0.05%，其中所述的阳极在 5.5g/cm^3 压制，1200 ~1700℃烧结，60V 以下形成，比容至少为 62000μFV/g，（250000μFV/g）包括阀金属。	US6375704 BAU765971B CZ100377817C
US6706059B2 US2002094186A	011121 010706	040316 020718	美国 Cadiac Pacemakers	Robert S. Harguth	液体钽电容器再形成	保持一个以上的液体钽电容器在可插入的玻璃瓶装置中，每个电容器有额定电压或最大能量电压保持一定时间，使一个以上液体钽电容器通过系统漏电放电，保持一定的时间，然后使一个以上液体钽电容器通过无质量负载放电。	US7171267B US2004098058A
US6706240B2 US2002179753A	020311 000316	040316 021205	美国 Cabot 公司	Kurt A. Habecker	铌粉和其他金属粉末的制造方法	片状铌粉的制造方法：在有液体溶剂存在下高温（300 ~420 ℉）球磨金属粉末，当用这种金属粉末制造电容器阳极时降低 DC 漏电流或增加比容。这种球磨法可减少达到高比表面积金属粉末的球磨时间。铌粉 CV 为 65000 ~ 250000μFV/g，DCL < 5nA/CV。	US66402066B US7156893B CN1367724A MX01009477
US6707660B1	030421 010720	040316	美国 Evans 公司	David A. Evans	棱柱形电容器	一种平板式电容器，包括带缘的金属箔外壳，外壳是由坯料折叠，四周相互接触焊接形成边缘，一引线从外壳的一洞伸出，当外壳含合金时，阳极是覆盖有氧化钽的烧结钽坯料，外壳内表面涂覆多孔金属氧化物，这种电容器有高储能密度、高击穿电压。	
US6716389B2 US2003126944A	021025 001024	040406 030710	德国 H. C. Starck 公司	Terrence B. Tripp	用于电解电容器基体的钽和氮化钽粉末混合物	由钽粉和氮化钽混合的粉末的烧结体有高的内团聚孔，以 50% ~75%（质量分数）的氮化钽的比例有最大的总孔隙度，总孔表面积取决于氮化钽含量，25/75 ~50/50 的钽/氮化钽有较高比容和较高的 ESR。	US2003126944 JP2004524674A MX03003544
US6719813B2 US2003007311A	020618 010721	040413 030109	松下电器株式会社	小岛利地	电解电容器及其制造方法	固体电解电容器，依次在阀金属阳极体上形成介电层，固体电解质层和阴极，引线端子连接阴极和阳极外引线，树脂包封，其中第一分隔区和第二分隔区是在阳极和阴极之间形成的，并在这两分隔区之上形成绝缘材料。	JP2003007571A CN1396609A SG104971

专利号	申请日	公布日	申请人	发明人	专利名称	专利要点及有益效果	同族专利号
WO2004033748A	031002 021004	040422	美国 Cabot 公司	Micharluk Christopher	回收用过的溅射靶的成分	回收结合在背衬板上靶的组件成分的方法，包括氢化钽靶和铌靶，把氢化钽或氢化铌从背衬板上剥离下来。并且可以用于制造新的溅射靶。	AU2003282906 EP1549779
WO200464114A	040107	040729	美国 Cabot 公司	Micharluk Christopher	粉末冶金溅射靶及其生产方法	形成具有可控制的氧含量和氮含量的溅射靶和其他金属物件的方法，方法包括金属粉末脱氧和表面氮化、粉末冶金固化，优选的金属粉末包括阀金属，钽、铌及其合金。	EP1585844A US7067197B US7601296B US8168118B
US6726732B1	011023	040427	韩国 Ness 电容器公司	金顺民	电能储存装置及其制造方法	形成离子导电聚合物电解质分离器，为电解质制备普通溶剂溶解聚合物，如聚丙烯，加热溶剂和聚合物的混合物，涂覆在集电器上。在第一电极上形成所述分离器，卷绕第一电极半圈，再与第二电极弯曲卷绕。与氧化钽介电层电容器不同。	US6563694B2 US6396682B1
US6733545B2 US2002149903A	020603 000414	040511 021017	松下电器株式会社	小路政；白司静吾	固体电解电容器及其制造方法	阀金属形成的电解电容器的方法：在阳极或阴极上形成导电性聚合物；在聚合物上浸渍软化剂软化导电性聚合物，沸点低于200℃的软化剂用低沸点溶剂稀释；蒸发稀释剂。	JP2000113731A
US6740176B2 US2002007778A	010518 000520	040525 020124	英国 Rolls-Royce 公司	David A. Ford	单晶晶种合金	单晶合金包括：Ni 5%～50%，其他金属，5%～50% Ta，5%～50% W，没有 Al 和 Ti，其固化温度1300～1400℃，熔化时无氧化层。用作气体涡轮机零件。	GB2364327B
US6740177B2 US2004022661A	020130	040525 040205	美国通用电气公司	John Herbert Wood	铸态可焊镍基合金	合金成分（质量分数）包括：10%～25% Co，20%～28% Cr，1%～3% W，0.5%～1.5% Al，1.5%～2.8% Ti，0.8%～1.4% Nb、Ta，0.005%～0.04% B，Zr≤0.4%，0.02%～0.075% C，余 Ni。	EP1391527B CN1492065A RU2323994C
US6740292B2 US2004005238A	030328 020430	040525 040108	瑞士 Alstom 公司	Douglas Arrell	高抗氧化性镍基超合金	合金成分（质量分数）包括：5.0%～5.2% Co，7.7%～8.3% Cr，7.8%～8.3% W，4.9%～5.1% Al，1.3%～1.4% Ti，5.8%～6.1% Ta，0.001%～0.025% B，0.11%～0.15% Hf，0.02%～0.15% C，余量是 Ni。	CH0745/02A ES2250826A

专利号	申请日	公布日	申请人	发明人	专利名称	专利要点及有益效果	同族专利号
US6750500B1	990105	040615	美国微技术公司	Vishnu K. Agarwal	集成电路里高介电性材料电容器电极	集成电路里高导电性材料氮化钽电容器电极，高介电性氧化钽阻止了其与接触塞的接触，或者起着记忆元件电容器的底电极或上电极的作用，所述的氮化钽含氮量为7%～40%。	
US6751085B1	000707 990708	040715	美国 AVX 公司	David Huntington	固态电容器及其制造方法	提供一导电性基体，在导电性基体表面形成多个与基体电连接的直立的多孔导电性阳极体→多孔体表面形成电绝缘层→形成导电层→把基体分成单个电容器→引出阳极和阴极→这样，在同一个面既有阳极，又有阴极。	EP1194937B CN1360728A AU6297100A
US6759026B2 US2002135973A	020201 000323	040706 020926	美国 Cabot 公司	Jonathon L. Ricky	部分还原氧化铌的方法，减少了氧的氧化铌	NbO_x（$x<2.5$）含 N 3.1%～13%，比表面积为1.0～10m^2/g，表观密度为0.5～1.5g/mL，在1200～1750℃烧结，比容为1000～300000μFV/g，DCL 为0.5～5nA/g。	US7445762B CN1320103A US6373685B
US6762927B2 US2002080552A	010823 000825	040713 020627	德国 H. C. Starck 公司	Christoph Schnitter	铌基电容器阳极	低价氧化铌阳极，五氧化二铌的阻挡层，其中所述的导电性低价氧化铌层（>50nm）处于铌芯和五氧化二铌之间。在五氧化二铌的阻挡层里含钽为0.15%～1.2%。	EP1314175B CN1471716A RU2284069
US6764669B2 US2003068267A	001228 000904	040720 030410	三井金属矿业株式会社	井阪浩通；东贤治	氟钽酸钾结晶的制造方法及氟钽酸钾结晶	将95%以上的高纯度钽溶液中添加1%～20%（质量分数）的氢氟酸及盐酸原液，升温60～90℃，添加氯化钾，将混合物以小于15℃/h 的降温速度降至40℃以下，使氟钽酸钾析出。	CN1399613A DE10085177B CN100413785C
US6765786B2 US2003179522A	030318 020318	040720 030925	川崎矿业株式会社	桐原正；内藤信之	铌粉及用它制造的电容器	铌粉含氢（质量分数）0.005%～0.10%；含 S 0.002%～5%；比表面积1～10m^2/g，二次粒子10～200μm，及用该铌粉制造的电容器。	EP1347065B US20030179522A
US6770132B1	990511 980511	040803	美国加利福尼亚工业技术	Lee J. Burrows	铌酸锂压力退火及得到的铌酸锂结构	光调谐光波导用铌酸锂钽酸锂压力退火的方法，退火温度范围150～1000℃，在没有水分的氧气气氛里进行，保持压力和温度，离子交换，释放应力，然后冷却到室温。	WO9963393A JP2002517780A EP1078296B

专利号	申请日	公布日	申请人	发明人	专利名称	专利要点及有益效果	同族专利号
US6770154B2 US2003089429A	010918	040803 030515	美国 Praxair 公司	Gilman Paul S.	织构-晶粒-粉末冶金钽溅射靶	为增加溅射的均匀性，溅射钽靶原子从溅射面传递出来，钽晶粒至少有40%（222）方向的取向比，低于15%（110）方向的取向比。	EP1427865B US2005250924
US6776957B1	991008 990422	040817	俄罗斯联合事业 AA	Antonia Vasilievna	用于核反应芯棒的锆基合金	合金成分（质量分数）是：Nb 0.5%～3.0%，Fe 0.005%～0.02%，O 0.003%～0.02%，C 0.001%～0.02%，Si 0.002%～0.02%，余量为 Zr 和不可避免的杂质。结构包含有晶粒度 0.1μm β 铌相，均匀分布于 α-固锆熔体里。	EP1184472B CA2367614 AT263847A
WO2004074530A	040211 030213	040902	美国 Cabot 公司	Micharluk Christopher	为改进溅射靶形成金属坯料的方法	为改进溅射靶形成金属坯料、盘、溅射靶等的制造方法，只对两个平面中的一个面进行平整，第二个面省去了平整，单面的平整度低于 0.005in，改进了靶和背衬的结合度。	US2004159545 US6921470B CN1771346A
US6786950B2 US2003126984A	021210 000815	040907 030710	美国纳米产品公司	Tapsh Yadav	高纯微细粉末及其生产方法	99.9%的球形、片形纤维状胡须状的 Cu、Fe、Ni、Ta、Nb、Al 纳米级粉末，是把含金属的原料加入乳化剂、表面活化剂、分散剂进行加工。粒子的长宽（径）比为 1～1000000。	US6569397B
WO2004076355	040226 030226	040910	美国 Cabot 公司	David M. Reed	氧还原阀金属氧化物相成形和造粒方法	含低价氧化铌粉（NbO、$NbO_{0.7}$、$NbO_{1.1}$），包括纯度至少为75%（质量分数）的第一低价氧化物相，并具有 0.5～10m^2/g 的 BET 比表面积。造粒包括原料氧化物、吸气剂，或两者造粒或还原后造粒；造粒包括湿筛分、湿造粒、干式造粒。	US7655214B PT15599419E CN1777562A
US6790384B2 US2002034060A	010925 990120	040914 020321	昭和电工株式会社	小沼宏志；白根上郎	固体电解电容器及其制造方法	电解电容器包括有微孔的阀金属，在该阀金属上形成的电介质膜，固体电解质层是多层结构，导电性聚合物有特殊凝聚环结构，包括：有硫阴离子团和醌结构的其他阴离子磺化醌阴离子固体电解质，有包含硫化蒽离子的其他阴离子的固体电解质层。	US2002034060A US6807049B US2005030070A US7175781B
US6791821B1	011016	040914	美国 Yosemite 公司	Mark T. Monnett	有活性炭的钽-碳混合电容器	钽壳液体电解电容器的钽壳内表面涂覆碳，在真空或惰性气氛里加热到 1000～1500℃ 形成活性层，防止钽钝化，提供高的表面积。	

专利号	申请日	公布日	申请人	发明人	专利名称	专利要点及有益效果	同族专利号
US6791822B2 US2004027789A	030606 020607	040914 040212	松下电器株式会社	河内步；高木诚司	固体电解电容器	阀金属阳极上电解质层上的集电层的第一电容器与相同的第二电容器相叠合，阀金属膜连接到外电极，2 个集电极相连接到另一外电积上，形成的电容器容量高，ESR 低。	CN1469403A CN100350526C
US6793875B1	000831 970927	040921	美国康涅狄格州立大学	Leon L. Shaw	高能球磨纳米级碳化物陶瓷粉末	一种合成碳化物陶瓷粉末的方法：以大于 300r/min 的速度高能球磨包含至少 2 种不同金属碳化物原料，形成磨碎的粉末，退火包含有金属氧化物的碳化物陶瓷粉末。有 SiC、TiC、VC、HfC、ThC、Cr_3C_2、WC、ZrC、TaC、Ta_2C、NbC。	
US6795299B2 US2003090860A	021023 010718	040921 030515	昭和电工株式会社	内藤克三	电容器电极以及用该电极的电容器	阀金属箔经过腐蚀，表面粗糙化，表面积增加 50 倍，平均孔径为 0.05 ~ 3μm，有 5% 的厚度，箔的厚度 90 ~ 400μm，经过氮化处理的钽、铌片制作电容器。	
US6797560B2 US2001055821A	010518 000522	040928 011227	东京电子株式会社	细田圭三；村木雄佑	氧化钽膜绝缘膜的电容器的制造方法	（1）在钌低电极上沉积氧化钽膜；（2）在氧气里 300 ~ 500℃ 处理；（3）在惰性气氛里 620 ~ 690℃（比氧化钽的结晶温度低 10 ~ 80℃）处理，在氧化钽膜上形成导电性上电极。	JP2000149988A TW508599
US6798644B1	030710	040928	美国 Kemet 公司	James L. Piller	用导电性聚合物作阴极的低 ESR 电容器的制造	（1）阀金属钽烧结体焊接引线；（2）阀金属表面形成介电层；（3）形成第一导电性聚合物；（4）涂覆碳层；（5）形成第二导电性聚合物层；（6）导电性金属涂层；（7）接引线框架；（8）树脂包封。	
US6800259B2 US2003165416A	020304	041005 030904	美国 Cabot 公司	Robert A. Hard	控制硫化氢和砷化物逸散的方法	在湿式分解矿石时，如钽铌矿，控制硫化氢和砷化物逸散的方法，向含硫、含砷物料，如载钽、铌矿石中添加至少一种铜化合物，如氧化铜、硫酸铜，至少加入足够量（如矿石重量的 0.1% ~ 5%）（质量分数）的铜（如二价铜化物）的化合物到原料中。	WO03076671 EP1481103B CN1646712A
US6800268B2 US2003049196A	011120 001129	041005 030313	三井矿业株式会社	中野义证	氟铌酸钾晶体的制造方法和氟铌酸钾晶体	先将氟铌酸加入含钾的电解质沉淀过滤得到粗晶体（$K_3Nb_2F_{11}O$），用 12% ~ 35% 的 HF 水溶液 50℃ 以上溶解粗晶体，以低于 20℃/h 的速度降温低到 40℃ 以下，结晶出氟铌酸钾。	JP4004550B DE10195201B CN1419521A

专利号	申请日	公布日	申请人	发明人	专利名称	专利要点及有益效果	同族专利号
US6800392B2 US2002058181A	011105 001116	041005 020516	德国 W. C. Heraeus 公司	Uwe Jantsch	铌合金以及由其生产的渗氢膜	一种渗氢膜片是含（质量分数）5% ~ 25% 的至少选自钯、钌、铼、铂、金、铑中的一种的铌合金。可采用物理气相沉积方法、化学气相沉积或机械镀方法。	DE10057161 EP1206958B JP2002206138A
US6802884B2 US200321729A	020521	041012	德国 H. C. Starck 公司	Leah Simkins	用作电容器阳极的 Ta-Si、Nb-Si 基材	Ta-Si、Nb-Si、TaN-Si、NbN-Si 作为电解电容器阳极烧结体的基材，在其多孔表面形成氧化膜。比容至少 10000μFV/g，含 Si 至少 0.05%，多到 10%（质量分数）。	US2003217619A
US6803028B2 US2003190132	020408	041012 031009	美国 Corning 公司	Kishor P. Gadkaree	化学计量的铌酸锂的制造方法	锂原子和铌原子之比接近 1 的铌酸锂，将包括锂和铌的粉末混合、烧结为单一的固体组合物，其中 Li/Nb 大于 1，优选大于 1.5，加热到 800 ~ 1200℃ 变成合乎化学计量的基体。	WO03087442A AU2003225905A
US6804109B1	031020	041012	美国 Kemet 公司	Randolph S. Hahn	有导电性聚合物的固体电解电容器	制造步骤：（1）阀金属上形成阳极化膜；（2）在稀水溶液中涂覆金属盐；（3）把金属盐转变为氧化物；（4）形成导电性聚合物；（5）把阀金属和聚合物与两个分开的电极相连接。	
US6807048B1	030530	041019	美国 Medtronic 公司	Christian S. Nielsen	用于植入医疗器的电解电容器	电容器有第一主面和第二主面的浅拉外壳；阴极在外壳里，接近第一主面和第二主面，阴极、阳极引线是双极性的，有绝缘的引线通过外壳把阳极引线和阴极引线连接起来。	
US6807049B2 US2002039274A	010926 980319	041019 020404	昭和电工株式会社	小沼宏志；白根上郎	固体电解电容器及其制造方法	电解电容器的固体电解质层是多层结构：有硫阴离子团和醌结构的其他阴离子的磺化醌阴离子固体电解质，有包含硫化蒽离子的其他阴离子的固体电解质层。	US6351370B US6790384B US7175781B US2005030070
US6813140B1	001115 991115	041102	英国 AVX 公司	David Huntington	固体电解电容器及其制造方法	在导电性基体上形成多个各自分开的阀金属多孔体，在每个多孔体上形成一层电绝缘膜，在绝缘膜上形成阴极层，然后分开成单个包括基体和电容器芯子，连接两电极端子。	CN1423821A AT266247A GB9926975A

专利号	申请日	公布日	申请人	发明人	专利名称	专利要点及有益效果	同族专利号
US6814926B2 US2004184944A	030319	041109 040923	美国 3D 系统公司	Bran Geving	用于激光烧结的粉末组合物	低碳钢、碳钢、不锈钢和聚合物黏结剂加上高熔点粒子，如 Ta、W、Mo 的碳化物的混合物，一层一层地放在激光烧结系统的工作面，激光照射融化形成高密度高强度制品。	
US6816357B2 US2003174461A	030317 020318	041109 030918	三洋电机株式会社	高溪一口	固体电解电容器及其制造方法	一种电容器，有金属电极，在该电极表面形成氧化物介电层和在该介电层上形成碳层，电解质层是阳极氧化形成，碳材料层通过以形成有电解质层的阳极电泳法形成。	TW254333B CN1447360A
WO2004097869A	040421 030425	041111	美国 Cabot 公司	Mariani Robert	形成烧结阀金属材料的方法	在有碘源存在的情况下烧结阀金属钽或铌，该方法可以用于烧结和/或与使金属脱氧。由本方法形成的烧结阀金属具有较大的空隙，收缩率小，比容高 20%，漏电流低。	JP2006524751A US7485256B US216558A CN1809904A
US6818040B1	000615 990616	041116	瑞典 Uddeholm	Odd Sandberg	粉末冶金制造的高速钢	高铌含量的高速钢的成分（质量分数）是：C 1% ~2.5%，N 1% ~3.5%，Mn 0.05% ~1.7%，Si 0.05% ~1.2%，Cr 3% ~6%，Mo 2% ~5%，W 0.05% ~5%，（V + Nb）1.7% ~6.2%，余量为 Fe 和其他不可免杂质。	SE9902262
US6821314B1	001027 991109	041123	德国 H. C. Starck 公司	Karlheind Reichert	电容器粉末	铌阳极、氧化铌阻挡层和半导体阴极及电解质，阻挡层含 Al、Si、Ti、Zr、W、Ta、Y，其比容为 70000 ~300000μFV/g。是把铌粉浸渍在改变表面积的元素体的可水解或分解化合物的溶液里，把铌粉从中分离出来，把水解产物还原成金属。	EP1230655B RU2253919C CN1387667A
WO2004103906A	040519 030519	041202	美国 Cabot 公司	Reed David M	生成铌减少氧的氧化物的方法和减少了氧的氧化铌	一种减少了氧的氧化铌粉末压制烧结成的烧结体，具有多模态孔径分布，约 0.1 ~20μm，BET 比表面积为 0.5 ~8m^2/g，1380℃烧结 10min，30V 形成电容器阳极时，其比容有 40000 ~300000μFV/g。	US7515397B US8110172B CN101676217A
US6827828B2 US2002139667A	010329	041207 021003	美国 Honeywell 公司	Guangxin Wang	混合金属材料	电解方法形成的包含 Ti、Ta 两种金属的混合材料，含 Ti 不少于 50%，含 Ta 为 1% ~50%。产品是在有阳极、阴极和电解液的电解槽里进行精炼得到的。	US2002139667

专利号	申请日	公布日	申请人	发明人	专利名称	专利要点及有益效果	同族专利号
WO2004110684A	040609 030610	041223	美国 Cabot 公司	王端凡	钽粉及其制造方法	一种钽粉，至少有 $1.5m^2/g$ 的 BET 比表面积，在 1400℃烧结 10min，20V 形成电容器阳极时，其比容至少有 190000μFV/g。使用高能磨在流体介质中高冲击研磨。降低粉末的 DC 漏电流和/或增加电容量，且杂质含量降低，特别适于制造片状钽粉和片状铌粉。	US7142408B CN1823823A CN101579743A CN100528417C
US6835225B2 US2003172774A	010420 000421	041228 030918	昭和电工株式会社	内藤一美	铌烧结体及其生产方法以及用其制造的电容器	铌粉烧结体，其比容大于 90000μFV/g，所使用的铌粉的原生粒子的 D_{50} 与漏电流乘积除以比容低于 5×10^{-4} μm · μA/μFV，电容器具有高容量、低漏电流和高可靠性。	EP1275125B CN1507643A CN100339917C
GB2403216A GB2403216B	010508 000621	041229 050223	德国 H. C. Starck 公司	Karlheinz Reicher	含 V 的铌粉或铌化合物及其制造方法	阳极由金属铌、低价氧化铌、氮化铌和/或氮氧化铌组成，氧化铌膜中包含钒 $1 \times 10^{-3}\% \sim 10\%$；它是将含钒的氧化铌在氢气流中还原得到的含钒 NbO_2，再在 900 ~ 1600℃与铌粉反应得到 NbO。	US6992881B US7833511B SV2002000501A
EP1496130A1	991124 981125	050112	美国 Cabot 公司	Kinkeeidey	用于溅射靶的高纯钽	一种高纯度钽金属或钽合金，具有至少 99.995% 的纯度，任意 5% 厚度增量内的（100）强度低于约 15 的无序度和/或（111）:（100）强度比的对数大于 −4.0。该高纯钽优选具有精细和均匀的微观结构。	US5348113B US6893513B2 CN101407881A
US6843825B2 US2004042154A	011025 001026	050118 040304	昭和电工株式会社	内藤一美；永户伸幸	电容器用粉，烧结体及用其制造的电容器	圆度（$4\pi A/L^2$，A 为粒子投影面积，L 为投影周长）0.8 以上，一次粒子平均粒径为 0.01 ~ 0.5μm，凝聚粒子平均粒径为 0.03 ~ 20μm，把凝聚粉造粒成平均粒径为 50 ~ 150μm 二次凝聚铌粉，比表面积 $4 \sim 30m^2/g$，及用该铌粉制造的电容器。	WO0235563A BR0114919A AU9600701A
US6843956B2 US2004029708A	010814 000829	050118 040212	德国 Epcos 公司	Matjaz Valant	银、铌、钽酸盐陶瓷的生产方法	一种陶瓷物件包括 A 型和 B 型至少 5μm 的粒子，每种粒子都是基于氧化银、氧化铌、氧化钽的混合物，压制、烧结而成。	DE10042349C TW572865B

专利号	申请日	公布日	申请人	发明人	专利名称	专利要点及有益效果	同族专利号
US6843970B1	960326	050118	美国 Cabot 公司	Robert A. Hard	把原料溶解于有硫酸、碳源和还原剂的溶液里回收金属	将包含 Ta、Nb、U 的原料溶解于有硫酸、氢氟酸、碳源和（Fe、Al）还原剂的溶液里，加热溶解的混合液到 75～95℃保持足够长时间，分离（过滤），Ta、Nb 在溶液里，滤渣为铀的化合物。	CN1219980A BR9710412A AU2325197A
US6848608B2 US2004129560A	030929 021001	050201 040708	美国 Cabot 公司	Carles E. Wickersham	溅射靶金属结合的方法	将背衬板结合到有一个以上的凹座的孔模上以形成结合的靶时，结合的靶任选真空密封上述凹座，结合的靶任选进行真空退火形成退火的溅射靶，然后将溅射靶去掉孔模。	WO2004031436A AU2003277058
US6849104B2 US2002066338A	010504 001010	050201 020606	德国 H. C. Starck 公司	Leonid N. Shekhter	难熔金属氧化物热还原（气相镁还原）	连续地将自由流动的金属或其合金氧化物粉末和可流动的 Mg、Al、Ca 或其合金还原剂粉末加入到反应器里，在还原区点火还原产生高温自持反应，得到难熔金属及其合金、低价氧化物或它们的混合物。也可以分批次进行还原。滤洗除去反应还原剂和副产物。	US2004163491A US7150776B US7678175B US2007107549A
US6849137B2 US2003045433A	010820 000221	050201 030306	日本日立电缆株式会社	岩木元三；木村森尾	Nb_3Sn 系超导丝	包括铌或铌合金和加强材料，加强材料对复合丝的体积比为 0.05～0.65，复合丝里嵌镶有 Cu-Sn 基体丝，Nb 对 Cu-Sn 的比例为 0.8～2.5，这种超导丝作超导磁体有足够的强度。	JP2001236836A DE10140109A JP2003086032A
US6853540B2 US2004184221A	040402 030107	050208 040923	松下电器株式会社	工藤康夫；赤见研二	电容器及其制造方法	在阳极氧化膜层和导电性高分子（聚吡咯、聚噻吩、聚苯胺）的阴极层之间形成极薄的耦合剂（硅烷、钛、铝耦合剂）和界面活性剂，钽为阳极的电容器损耗低。	JP2001326145A US6602741B US6793690B
US6856500B2 US2003026061A	020731 970228	050215 030206	昭和电工株式会社	内藤一美	电容器	一种电容器有 2 个电极，一个电极是由含氮量为 $1\times10^{-3}\%$～20% 的烧结的氮化铌，另一电极导电度为 $10^{-2}Sem^{-2}$以上的有机半导体，在两电极中间有 Nb_2O_5 介电层。	US6347032 US7006343B
US6858126B1	021106	050222	美国 Paceseter 公司	Ralph Jason Hemphill	高容量阳极及其体系和它们的制造方法	把一种（铝、钽、锆、铌、镁）箔放进有三氯化钛、盐酸、高氯酸钠、高硫酸钠和丙三醇的酸性电解质溶液里，直流对箔电充电，使其腐蚀。增加表面积，电容器的 ESR 不增加。	

专利号	申请日	公布日	申请人	发明人	专利名称	专利要点及有益效果	同族专利号
US6860948B1	030905	050301	美国 Haynes 国际公司	Lee M. Pike	时效硬化抗腐蚀 Ni-Cr-Mo 合金	一种时效硬化抗腐蚀 Ni-Cr-Mo 合金的成分（质量分数）是：Cr 19.5% ~ 22%，Mo 15% ~ 17.5%，Fe≤3%，Mn≤1.5%，Al≤0.5%，C≤0.02%，B≤0.015%，Si≤0.5%，W≤1.5%，Hf、Ta、Zr（择一）≤0.5%。	EP1512767A MX04008584A KR2005025276A
US6861310B2 US2003006447A	020827 000302	050301 030109	美国大型集成逻辑公司	Darryl Allman	由钽作下电极的电容器及其制造方法	在硅基片上沉积氮化钛，其上沉积钽层，氧化形成 Ta_2O_5 层，在 Ta_2O_5 上沉积金属或多晶硅作上电极，也可以是氮化硅。	US6479857B
US6862169B2 US2003156364A	030210 020304	050301 030821	昭和电工株式会社	黑柳正弘	固体电解电容器及其制造方法	固体电解电容器是由多个芯子组成的，它们的阳极互相叠合，阴极也互相叠合，并连接到引线框上，每个电容器芯子至少在阴极部分有一个凹部位，填以导电性材料。	JP2002045248A
WO2005019493A	040810 030811	050303	美国 Honeywell 公司	Yi Wuwen	靶/背衬板结构及其形成方法	靶可以包括铝、铜、钽、钛组中的一个以上的靶，中间层可以包括选自银、铜、镍、锡、钛、铟中的一种以上。靶和背衬板的结合力至少 20ksi，靶中平均粒径为 80μm。	CN1802450A US2008197017A EP1654395B
US6863745B1	000928 990930	050308	法国法玛通 ANP	Daniel Charquet	用于核反应堆组件的锆基合金及其制造方法	合金的成分（质量分数）是：0.02% ~ 1% Fe，0.8% ~ 2.3% Nb，Sn < 0.2%，O < 0.2%，C < 0.01%，S（5 ~ 35）× 10^{-4}%，至少选自 Cr、V 中之一，总量为 0.01% ~ 0.25%，（Nb − 0.5%）/（Fe + Cr + V）之比高于 2.5，余量为 Zr 和不可避免杂质。	FR2799210A EP1216480B CN1399780A DE60024113T
US6863750B2 US2002072475A	010521 000522	050308 020613	美国 Cabot 公司	Cristopher A. Michaluk	高纯铌及其产品及其制造方法	高纯铌、纯度高于 99.99%，晶粒小于 150μm，（100）强度在任何 5% 的厚度增幅范围低于 30% 的随机度，强度比（111）:（100）大于 4.0。用它制作靶材、电容器外壳、电阻膜层、铌丝等。制取方法是铌盐在铌反应器里被还原。	TW587101B EP1287172B CN1449452A
US6864527B2 US200301194A	020829 980226	050308 030102	美国微技术公司	Scott Jeffrey	有氮氧化膜的电容器及其制造方法	在基片上形成下电极，在其上形成 Ta_2O_5 膜，引入氮气形成氮氧化钽膜，在氮氧化钽膜上形成上电极，如此构成的电容器。	US6458645B2

专利号	申请日	公布日	申请人	发明人	专利名称	专利要点及有益效果	同族专利号
US6865069B2 US2004037023A	030618 011002	050308 040226	昭和电工株式会社	可部功；内藤一美	铌粉及其烧结体，化学改性产品及其电容器	一种含有氮的铌粉，氮在铌粒子上从表面进入的深度是 50 ~ 200nm，含氮浓度（质量分数）是 0.29% ~4%，铌粉的粒径为 0.1 ~ 1000μm，BET 比表面积为 0.5 ~ $4m^2/g$。	JP2001305907A
US6865071B2 US2004114310A	030822 010222	050308 040617	意大利 Acktar 公司	Dina Katsir；Zvi Finkelstein	电解电容器及其制造方法	集成的电解电容器，在基片上涂敷形成各层：真空沉积有高比表面积的有阀金属氧化物的阀金属层，有稀土金属和碱土金属的阀金属氧化物的介电层，在其上有固体电解质层。	
US6867088B2 US2002191367A	020531 010706	050315 021219	昭和电工株式会社	坂井忠	固体电解电容器及其制造方法	介电层上用氧化剂和有机聚合物单体反应，在阀金属周边形成的固体电解质的厚度大于中间部分的厚度，电容器的漏电流、回流焊、耐热、耐湿性能得到改善。	US6430032B
US6870727B2 US2004066607A	021007	050322 040408	英国 AVX 公司	Douglas M. Edson	改进了体积效率的电解电容器	表面组装电解电容器，有在模塑组装底面共平面提供的第一端子位置的阳极端子和阴极端子，第二个阴极端子位置是弯曲在垂直于第一个阴极端子位置，第二个阳极端子位置上弯曲在垂直于第一个阳极端子位置，并和阳极引线相焊接。	US7271995B2 US6870727B US6863750B US7656647B
US6876083B2 US2004016978A	030703 020726	050405 040129	三洋电机株式会社	谷野睦文	电解电容器及其制造方法	电极是铌合金，至少含有选自 W、V、Zr、Al、Mo、Hf 中一种作为合金元素，含量（质量分数）为 0.01% ~10% 的掺氮的铌合金作电极的电容器，在该电极上电解氧化形成电介质层。	JP2002217482A TW225656B CN1474422A JP2008235949A
US6881158B2 US2005020377A	030724	050419 050127	中国台湾复生工业	杨顺发；陈产通	高尔夫球杆头	包括：高尔夫头体，它有凹座，焊接装在凹座里的重物，其中的重物是由钛和选自 W、Ta、Mo、Nb 和少量其他材料通过粉末冶金制造的。	
US6881698B2 US2004033892A	010424 000426	050419 040219	法国 Atofina 公司	Phillippe Bonned	基于钽、铌、钛锡和锑的路易斯酸离子液体	基于钽、铌、钛锡和锑的路易斯酸的通式为 X^+A^- 的有机盐，其中 A^- 是卤素离子，X^+ 是四元一价基磷，或三元硫阳离子。该液体被用在含 C-Cl 基团的饱和或非饱和 HF 里。	FR2808268A CN1433420A EP1276743B

专利号	申请日	公布日	申请人	发明人	专利名称	专利要点及有益效果	同族专利号
US6882520B2 US2004105197A	031126 021203	050419 040603	三洋电机株式会社	上川秀德	固体电解电容器	电解电容器的阴极端子连接在阴极引出层上，上述电流控制机构具有由于过电流或过热而可逆增大电阻的电流控制层及夹持前述电流控制层的板状或箔状的一对电极部件。	JP2002350698A CN1549285A CN100477035C
US6882522B2 US2004233614A	040130 030131	050419 041125	昭和电工株式会社	内藤一美；可部有功	固体电解电容器的生产方法	一氧化铌、铌合金作阳极的电容器，在阳极化形成介电层后，在形成阴极前，把它多次暴露在200～1000℃的温度下，一次电化学再形成，形成有机半导体阴极。	JP2003023072A JP4596543B AT541300T
EP1524252A2 EP1524252B2	041001 031014	050420 110601	德国 H. C. Starck 公司	Schnitter Christoph	基于低价氧化铌的烧结体	一烧结体，含（摩尔分数）有30%～100%的NbO_x和70%～0的MgO，其中$0.5<x<1.5$，优选$0.7<x<1.3$，其杂质Fe、Cr、Ni、K、Na、F、Cl各小于$1\times10^{-3}\%$，优选低于$5\times10^{-4}\%$。对烧结体进行机械处理和热处理。烧结体的孔隙率小于30%，优选孔隙率小于20%。	US7419926B US7897197B ZA200408188 CN1607197A
US6884277B2 US2002134196A	020328 990216	050426 020926	昭和电工株式会社	内藤一美	铌粉，用它制作的烧结体、电容器及生产方法	一种铌粉，含N、C、B 20%；含Fe、Ni、Cr、Co、Si、Na、K、Mg各低于0.01%，总量低于0.035%，一氧化铌的烧结体及其电容器。这种电容器比容高，高温特性好。	US6387150B1 JP4420568B WO0049633A
US6884304B1	020812 991123	050426	法国欧洲锆公司	Daniel Charquet	抗腐蚀、抗水和水汽对太阳暴晒的锆合金	具有高抗腐蚀、抗水和水汽对太阳暴晒的锆合金成分（质量分数）是：至少95% Zr，S 0.05%～0.1%，至少含有Sn、Fe、Cr、Hf、Nb、Ni、V、O中的一种，添加元素有C、Si、P、W、Sn中至少一种。	FR2801323A US7364631B EP1232291B
US6885546B2 US2004207973A	040116 010718	050426 041021	昭和电工株式会社	内藤一美	含土酸金属合金箔及其电容器	土酸金属合金铌的金属箔，其表面经过腐蚀从而增加表面积，电容器有2个电极，至少有一个电极是由所述金属箔制成的，这种电容器有很好的频率特性，小尺寸、大电容量。	
US6887296B2 US2003000340A	001211 991212	050503 030102	德国 H. C. Starck 公司	Bernd Mende	粉末混合物和复合粉末及其制备方法	包括至少一种高熔点金属、硬质材料和陶瓷粉末，如Mo、W和（或）碳化物及氮化物，如WC、TiC、TiN、TaC、NbC、Mo_2C和（或）混合金属碳化物和/或陶瓷粉末TiB_2，B_2C。	CN1413268A CN1159464C TWI232221B

专利号	申请日	公布日	申请人	发明人	专利名称	专利要点及有益效果	同族专利号
US6887356B2 US2003019746A	011109 010601	050503 030130	美国 Cabot 公司	Robert B. Ford	中空阴极靶及其制造方法	提供一个阀金属溅射金属加工件，进行冷加工得到轧制件，将冷加工轧制件加工成预定形状的加工件。该溅射靶至少在外壁呈现一致的晶粒结构和/或织构。	US7468110B JP2004536958A CN1531605A
US6888717B2 US2004252444A	030613	050503 041216	德国 H. C. Starck 公司	John Tony Kinard	电解电容器的工作电解质	提供一种击穿电压高的液体电解电容器电解质，高至 85% 的水，高至 65% 的有机溶剂和包括 HOOC—$(CH_2)_x$—COOH 的酸，其中 x 是 3、5、7 或 9 的氢氧化铵。	JP2007534152T WO2004114337 KR200604059A
US6887296B2 US2003000340A	001211 991222	050503 030102	德国 H. C. Starck 公司	Bernd Mende	粉末混合物或混合粉末，其制造方法及应用	至少有一种选自高于 2000℃ 高熔点金属（W、Mo、Ta）硬材料和陶瓷粉末，至少还有第二种选自黏结剂金属（Co、Fe、Ni、Cu）混晶和黏结剂金属合金。第一种粉末可以含有第二种粉末前体化合物悬浮液先加入，把一种溶液（草酸盐、草酸或其混合液）加入到该悬浮液中。	TW232211B IL149808A CN1413268A JP2003518195A
EP1527834A EP1527834B	011023 001024	050504 080305	德国 H. C. Starck 公司	Tripp Terrance B.	用作电容器基体的钽和氮化钽粉末	由难熔金属和难熔金属氮化物混合粉末制成的烧结体有更多的内部团化孔隙，并且提高了容量。混合物中难熔金属氮化物的质量分数为 50% ~ 75% 时，烧结体孔隙度达最大，基体中难熔金属氮化物含量为 50% 或 75% 时电容器容量引出率较高，ESR 较低。	US6716389B EP1527834B MX03003544A PT1527834E
US6890363B1	000524 000217	050510	昭和电工株式会社	酒井忠	固体电解电容器及其制造方法	在电容器基片上的介电层上涂覆遮蔽材料，起到确保阴极与阳极绝缘的作用，所用材料可以用树脂，这样可降低漏电流，减少回流焊产生的应力。	US7141081B US7046504B
US6890659B2 US2004214012A	030425 020424	050510 041028	美国 Guardian 工业公司	Grzegorz Stachowiak	包含红外反射层的铌锆热处理镀覆的器件	一镀覆的器件包含有基底支撑的一层体系，该层体系包括：一第一介电层；一在第一介电层上的包括铌锆（NbZr 和/或 $NbZrN_x$）的层；一至少在该铌锆层之上的第二介电层；该铌锆层的折射指数“n”为 2.0 ~ 3.0，其吸光系数“K”为 2.0 ~ 3.5，它包含 0.1% ~ 60% Zr。	PL328058A EP2243753A EP1653683A CA2521952A

专利号	申请日	公布日	申请人	发明人	专利名称	专利要点及有益效果	同族专利号
US6890792B2 US2004171214A	030822 020827	050510 040902	日本新兴电子工业	小池展狂	形成有机固体电解质层的电容器方法和线路板的生产	在电路板预定形成电容器的位置至少选铝、钽、铌、钛、锆的一种金属形成下电极，在下电极上形成金属氧化物的介电层，在介电层上形成整体连续的有机半导体电解质层，形成金属箔的上电极层。	JP2004087829A CN1485865A JP2002247357A
US6891075B2 US2001025129A	010322 990222	050510 010927	加拿大 Symyx 技术公司	刘裕民	氧化的脱氢方法	一种使用新式的催化剂使烷脱氢氧化成一种或多种烯，如从乙烷到乙烯，催化剂是有氧化铌和氧化钽的至少有50%的氧化镍的催化剂。	
US6892490B2 US2004261310A	030613	050517 041230	Mike Mattlage	Mike Mattlage	一种钓鱼钩	一种钓鱼钩的成分（质量分数）之一是：60%~89%的碳化钨，4%~28%的碳化钽，4%~24%的碳化钛，3%~30%的钴；优选5%~13%的钴，65%~89%的碳化钨，碳化钛和碳化钽总量为30%以下。	
US6893513B2 US2002026965A	010806 981125	050517 020307	美国 Cabot 公司	Cristopher A. Michaluk	高纯钽、含高纯钽的产品及其生产方法	99.995%~99.999%的高纯钽，含高纯钽的产品（金属、合金）晶粒度小于50μm，（100）面，任意5%的厚度增量中无序度小于15，再结晶98%以上，或［111］:（100）强度增量对数比值大于－4.0，含所述高纯钽的溅射靶及其制造方法。	US6348113B TW530091B JP2011190537A
US6894889B2 US2004085707A	031003 021003	050517 040507	三洋电机株式会社	矢野睦；高谷和宏	电解电容器及其制造法	本发明涉及掺杂氮的钛或钛与钨、钒、锌、铝、钼、铪、锆和铌中至少一种形成的合金为阳极的电容器。	CN1497629A TWI232474B
US6896715B2 US2004089100A	030630 011207	050524 040513	美国 Cabot 公司	James A. Fife	氮化铌粉和铌电解电容器	一种铌粉含氮至少0.03%~0.5%；BET 比表面积至少为0.62~5.0m^2/g；流动性至少为1mg/s；1200~1750℃烧结，比容为30000~61000μFV/g。	US6616728B PT1082739
US6895991B2 US2004025939A	020809	050524 040212	美国 Honeywell 公司	Geoge T. Woessner	导弹推进系统和难熔金属活塞圆筒阀	一种螺旋推进的阀，包括难熔金属圆筒壁与圆筒轴线对称配置，活塞轴相对于圆筒轴线，沿着轴线来回运动，其中难熔金属选自铼、钨、铌、钽、钼金属或它们的合金。	

专利号	申请日	公布日	申请人	发明人	专利名称	专利要点及有益效果	同族专利号
US6896750B2 US2004084114A	021031	050524 040506	美国 Houmet 研究公司	Joge Tablie Wolt	钽无定型合金	一种为$(Zr,Hf)(Al,Zn)_b Ti_e Nb_f Ta_g Y_h (Cu_x Fe_y (Ni,Co)_x)_e$表示的钽无定型合金其中组成（原子数分数），$a$为45%～65%，$b$为5%～15%，$e$和$f$分别为0～4.5%，$g$为0～2%，$e+f+g$为3.5%～7.5%。	EP1416061B KR101179311B JP4750353B
US6896782B2 US2004163965A	040220 020628	050524 040826	美国 Kemet 公司	Brian John Melody	无水电解质制造的电容器	阀金属在无水电解质溶液里赋能制造的电容器，这种电解质包括甘油和至少一种无卤素的有机或无机酸阴离子和至少一种碱金属或铵阳离子的可溶盐。	US6436268B JP2004518812A US6755959B
US6896807B1	030227	050524	加拿大 Toxco 公司	W. Novis Smith	电容器电解质的回收	把壳装电容器打成碎片，放进水里。搅拌后过滤，溶于水的电解质和盐形成溶液后结晶回收，不溶于水的金属被滤出。	
US6899744B2 US2003183080A	030505	050531 031002	美国 Eltron 研究公司	Michael V. Mundschau	氢渗透薄膜	一种氢可渗透的薄膜，它是一种金属陶瓷，包含的金属氧化物至少有40%是氢能够渗透的，选自V、Nb、Ta、Zr或它们的合金。	AU2003220048 EP1475447A
US6902633B2 US2004223868A	030509	050607 041111	美国通用电气公司	Warren Tan King	涡轮部件的可铸造可焊接镍基合金	其成分（质量分数）是：15%～17%的Cr，7%～10%的Co，1.0%～2.5%的Mo，2.0%～3.2%的W，0.6%～2.54%的Nb，Ta≤1.0%，Al为3.0%～3.9%，3.0%～3.9%的Ti，0.005%～0.06%的Zr，0.005%～0.03%的B，0.07%～0.15%的C，其余Ni。	EP1475447A CN1550561A CN100355922C
US6902634B2 US2003098105A	020709 030529	050607 030529	韩国原子力研究所	金勇焕	用于核燃料棒包套的含铌锆基合金的制造方法	合金包括（质量分数）铌1.1%～1.7%，O 0.06%～0.15%，Si（8～12）$\times 10^{-3}$%，其余为锆，把它们熔炼成锭，在1000℃以上β相温度锻造锭，水中淬火，在1000℃以上β相温度退火，β相淬火锭在600～640℃热加工，570～610℃真空退火3～100h，冷加工后470～580℃退火。	KR2003037137 EP1308966B CN1415771A CN1161482C
US6902809B1	040629	050607	美国 Honeywell 公司	Don L. Mittendorf	铼－钽合金	将97%（质量分数）的铼和3%（质量分数）钽粉混合，压制，1800～2200℃烧结使钽固溶进铼，冷轧，1450～1800℃退火，得到的合金含钽2.5%～3.5%（质量分数），其余为铼和不可避免杂质，高温强度提高。	

专利号	申请日	公布日	申请人	发明人	专利名称	专利要点及有益效果	同族专利号
US6905559B2 US2004109786A	021206	050614 040610	美国通用电气公司	Kevin Swayne	镍基超合金部件及用于单晶制品	合金成分（质量分数）是：1% ~ 3% Re，6% ~ 9% Al，0 ~ 0.5% Ti，4% ~ 6% Ta，12.5% ~ 15% Cr，3% ~ 10% Co，2% ~ 5% W，0 ~ 0.2% Hf，0 ~ 1% Si，0 ~ 0.25% Mo，0 ~ 0.25% Nb，其余为 Ni 和其他杂质。	SG118217A CA2451299A
US6906835B1	040510	050614	新加坡科技局	徐学武；钟涛崇	掺杂化学计量铌酸锂，快速全息数据存储	快速全息记录媒介包括掺杂铽和铁化学计量铌酸锂晶体，该晶体抗光损伤高于 145kW/cm^2，而且当激光光束从所述晶体 z 轴小于 15° 入射时传输光束呈现可忽略的扇形。	SG117522A JP2005326847A
US6908518B2 US2003103862A	020512 010228	050621 030605	美国通用电气公司	Gregory Keith	镍基超合金和用它制作的涡轮部件	超合金成分（质量分数）是：Cr 7% ~ 12%，C 0.06% ~ 0.10%，Co 5.0% ~ 15%，Ti 3.0% ~ 5.0%，Al 3.0% ~ 5.0%，W 3% ~ 12%，Mo 1% ~ 5%，B 0.008% ~ 0.01%，Re 0 ~ 10%，Ta 2% ~ 6%，Nb 0 ~ 2.0%，V 0 ~ 3%，Hf 0 ~ 2%，其余为 Ni 和不可避免杂质。	US2003103862A US2004011443A AU4330201A
US6908519B2 US2004221927A	020719	050621 041111	美国通用电气公司	Edward Lee Raymond	在空气中等热锻造镍基超合金	锻模锻造的镍基超合金，把工件加热到 1700 ~ 1850 ℉，以通常的应变速度锻造，锻模选择具有蠕变强度不低于锻造镍基合金在锻造温度和应变速度下流动应力。	CN1488457A EP1382706B RU2003122512A
GB2409466A GB2409466B	030827 021104	050629 060521	巴西冶金矿业公司	Tagusagawa Solen	生成具有大表面积的铌和/或钽粉末的方法	粉末的生成方法：在熔融盐（$CaCl_2$、NaCl、$MgCl_2$、KCl、CaF_2）浴内，用碱金属或碱土金属和/或金属氢化物在 300 ~ 1200℃ 还原氧化物粉末，接着浸提、过滤干燥。	CN1694973A US2006096418 BR200300122A
US6916371B2 US2004103840A	030805 020227	050712 040603	中国台湾“国立大学”	兰春文	生长钽酸锂、铌酸锂单晶的设备和方法	设备包括：一个腔体、一拉晶系统、腔体里的一个长坩埚、放在坩埚里的分开装置，把坩埚分成熔化区和进料区、腔体外围的加热器、安装在坩埚下面的推且旋转装置。	
US6918172B2 US2002194724A	020602 010102	050719 021226	美国合成材料技术公司	James Wong	制造 Nb_3Sn 超导体的方法	用金属封闭着延性金属条和铌条，加工该组合物使铌条被拉长到厚度只有 1 ~ 25μm，用酸把延性金属腐蚀除去，在含（质量分数）Sn 13% ~ 95% 的 Cu-Sn 熔融液里浸渍，加热生成 Nb_3Sn。	US2002194724A

专利号	申请日	公布日	申请人	发明人	专利名称	专利要点及有益效果	同族专利号
US6920035B2 US2005013093A	040713	050719 050120	日本电气株式会社（NEC）	长泽利刚	薄型表面组装电容器	电容器阳极体是增加了面积的板状或箔状阀金属，电解质上功能性聚合物膜、黏性绝缘树脂贴合到芯子的上下边，还贴合有加强金属片和可焊性阴极金属带。	JP2005039040A TW260660B
US6921440B2 US2002129877A	020314 000908	050726 020919	法国 Ugine SA 公司	Silke Liesert	铌稳定化 14% 铬铁钢	排气歧管包括铌稳定化 14% 铬铁钢，成分（质量分数）是：C ≤ 0.02%，N 0.002% ~ 0.02%，Si 0.05% ~ 1.0%，Mg 0 ~ 1%，Nb 0.2% ~ 0.6%，Cr 13.5% ~ 16.5%，Mo 0.02% ~ 1.5%，Cu ≤ 1.5%，Ni ≤ 0.2%，P ≤ 0.02%，S ≤ 0.003%，Zr ≤ 0.01%，其中 Nb、C 和 N 满足关系：9.5% ≤ Nb/(C + N)。	US6423159B PT1083241E ES2233308
US6921470B2 US2004159545A	030213	050726 040819	美国 Cabot 公司	Christopher A. Michaluk	为溅射靶形成金属坯件的方法	钽、铌坯件、盘和溅射靶改进的制造方法：将金属板的 2 个面中一个面弄平，明显降低成本。弄平的平面的平整度为 0.005in 或更低，改进了溅射靶坯件与背衬板的结合度。	US2004159545 US2005274775 CN100412224C
US6924195B2 US2004161892A	040212 020507	050802 040819	美国微技术公司	Haining Yang	形成包含金属材料和电容器电极的方法和电容器的结构	提供有节点的半导体基体，在与节点电接触处形成内连接，电的内连接包括掺杂硅，形成钛、钽、钨金属，在贴近内连接处提供有机金属（钌、铑、铂、钯、镍）前体物，在还原性气氛里使有机金属生成金属，形成第一个电容器电极及第二个电极。	
US6926771B2 US2003159645A	020827 020227	050809 030828	中国台湾台湾大学	兰春文	近化学计量铌酸锂、钽酸锂单晶的生长方法	将原料装进长的坩埚里，固体原料在坩埚下部位置，上面接着是熔化区，中间有隔离器，保持原料区为固体，晶种下到熔化区，进行旋转提拉，晶体长大，坩埚往上升。	US6916371B TW236455B US2004103840A
US6926969B2 US2004101706A	021004 011011	050809 040527	加拿大 Inco 公司	Alexander Bohm	多孔烧结体的生产方法	生产方法包括至少一种活性金属形成金属间相或混晶在多孔基体表面，热处理这多孔基体，形成金属间相或混晶，增加比表面积。活性金属有镍、铁、钛、钽、铌、钨、钼。	TW257334B CN101585084A CN1514756A

专利号	申请日	公布日	申请人	发明人	专利名称	专利要点及有益效果	同族专利号
US6927967B2 US2004008472A	021217 990208	050809 040115	德国 H. C. Starck 公司	Terrance B. Tripp	难熔金属氮化物制成的电容器基体	金属表面钝化前脱氧，氮化该金属，在氮化物上形成阳极化氧化膜。热稳定金属氮化物基体——氧化膜，这样制得的电容器，比没有氮化的金属粉末制造的电容器有较低的比容-温度，较低的比容-频率依赖关系。	US6517892B2 PT1374262 CN1357149A
US6933041B2 US2001051442A	010628 980303	050823 011213	以色列 Alctar 公司	Diana Katsir	生产高比表面积箔电极的方法	在阀金属箔的表面真空沉积阀金属，如铝、钛、钽、铌、钒、锆、硅、钨等，形成不规则的碎片形表面结构，这种箔用来作阴极。沉积的上述结构的尺寸为 2 ~0.2μm。	US6287673B1 US6764712B2
US6936116B2 US2002182100A	020110 010110	050830 021205	德国 MTU 航空工程	Uwe Glatzel	用于生产单晶形式固化的镍基合金	单晶形式固化的镍基合金的成分（质量分数）是：Re ≥ 2.5%，W 3.0% ~ 3.7%，Ta 2.0% ~ 2.6%，Al，Cr，Co，Hf，Mo，Ti，Ni。	EP1223229B ES2256274T
US6939389B2 US2005028642A	050210	050906 050210	美国 Frank Mooney	Frank Mooney	制造细粉的方法和设备	提供一种在包含气体或多种气体里迅速加热（等离子熔化）到熔点或熔点以上的温度，喷发形成细微基质粉末粒子。叙述了该粉末的生产、收集、操作、储存和钝化方法。	US2005028642A
US6939774B2 US2004240150A	040416 030330	050906 041202	美国 Kemet 公司	Mark Edward Viste	电解电容器阳极用低凝固点电解质	电解电容器中的电解质包括（质量分数）35% ~ 60% H_2O，10% ~55% 有机溶剂，0.05% ~10% 硫酸，0.05% ~10% 硼酸，0.05% ~10% 羟基酸。pH 约为 5，凝固点在 −30℃以下。	US6859354B WO2004109729A US2004240148A
US6949149B2 US2004118486A	021218	050927 040624	美国 Goodyear 轮胎橡胶公司	Michael Gregory	高强度高碳钢丝	一高强度高碳钢，含有（质量分数）：0.95% ≤C ≤1.3%；和碳结合的 0.2% ≤Cr≤1.8%；0.2% ≤ Mn≤0.8%；Co≤2.2%、0.2% ≤Si≤1.2%、Nb≤ 0.1%、$6\times10^{-8}\% \leq B \leq 2.5\times10^{-7}\%$，铸造，锻造拉丝。	EP1433868A BR0305998A US2004118486A
US6953120B2 US2003152503	020208	051011	美国 Cabot 公司	Claude Deveau	从矿浆和尾渣回收金属和/或氧化物方法	回收金属氧化物的方法为：（1）进行磁选，将矿浆中部分磁性物质分离；（2）过滤或溶解，除去留在矿浆中的磁性杂质；（3）加入螯合剂；（4）回收金属氧化物。	WO03066916A CA2476283A AU2003210886A

专利号	申请日	公布日	申请人	发明人	专利名称	专利要点及有益效果	同族专利号
US6955938B2 US2003082864A	020827 001120	051018 030501	美国 Honeywell 公司	Harry Rosenberg	钽溅射靶及其制造方法	一种包括溅射形成的高纯钽的电容器，总金属杂质低于 0.05%，W、Mo 金属杂质低于 $5\times10^{-3}\%$。提纯原料钽，再进行精炼成高纯钽。	US6958257B EP1090153A
WO05098066A	050321 040326	051020	美国 Prax-Air 技术公司	Koenigmann	粉末－晶粒－织构粉末冶金钽溅射靶	有粉末冶金形成的钽体和一溅射面，溅射面由钽原子直接转移出去镀覆到基板上。钽晶粒有 40% 的（222）取向率，少于 15% 的（110）取向，钽体没有（200）－（222）带。	
US6958257B2 US2002132388A	020115 001120	051025 020919	美国 Honeywell 公司	Harry Rosenberg	钽溅射靶及其制造方法	包括溅射形成的一层高纯钽、一个钽坯件，总金属杂质低于 0.05% W，W、Mo 金属杂质低于 $5\times10^{-3}\%$ W。铌低于 $1\times10^{-3}\%$ W，钼和钨低于 $2\times10^{-4}\%$ W，提纯原料钽，再精炼成高纯钽。	US6566161B US6955938B US6323055B
US6960675B2 US2005079290A	050414	051101 050414	美国先进技术材料公司	陈田柳；许重映	形成含钽沉积膜的氨基钽化合物及其制造方法	一种用于气相沉积或原子沉积方法在基体上沉积氮化钽或氧化钽的氨基钽前体化合物，用该化合物在微电子装置结构的铜金属化和/或铁电薄膜上形成钽基扩散阻挡层。	US7198815B US7838073B US7371878B
WO2005105346A	050409 040423	051110	德国 H. C. Starck 公司	Bartmann Ulrich	阀金属粉末的生产方法	在还原气氛里用还原金属和/或它们的氢化物还原相应的金属氧化物，还原金属的分压在 5 ~ 110hPa，总压是 1000hPa，生成高度稳定的团聚粒子。	KR2007051779 RU2006141282 DE102004020052
US6965510B1	041213 031211	051115	美国 Wilson Greatbatch 技术公司	刘雁鸣；David Goad	可植入电容器烧结阀金属粉末	阀金属（Ta、Nb、Al、Ti）粉末的烧结：阀金属粉末被压制成坯块在相对较高的温度（1550 ~ 1650℃）和较短的时间（不到 8min）里进行烧结，比容高、低漏电。	US2004190224A JP2004319971A
US6970345B2 US2005105248A	040525	051129 050519	三洋电机株式会社	Hyun Sub Oh	固体电解电容器及其制造方法	阳极引线从电容器前表面伸出，平的阴极引线框与电容器的后表面接触，阳极引线的端部放入平的阳极引线框中间凹坑里电连接，模塑。缩小了引线框的体积，电容器小型化。	KR2005046895A JP2005150674A CN1617271A

专利号	申请日	公布日	申请人	发明人	专利名称	专利要点及有益效果	同族专利号
US6972337B1	040812	051206	美国 Lyondell 化学技术	Wilson H. Onimus	环氧化催化剂	将钛、钒氟石加热到高于400℃，用过氧化氢进行烯环氧化，与水接触生产环氧化物。支撑物选自C、Ti、锆石、氧化铌、氧化铝、氧化钽、SiO_2、氧化钼、氧化钨。	
US6974637B2 US2005136283A	031219	051213 050623	美国通用电气公司	Jeffrey Allan Pfaendtner	具有耐热阻挡镀层系统的 Ni 基超合金	一种 Ni 基超合金物件，该物件包含钌金属合金和一种或多种难熔金属（如钽、钨、钼、铼等）形成的基体。该基体表面用含铝的胶接镀层体系和用陶瓷镀层。	US2005136283A EP1544323A
US6979429B2 US2003170158A	021105 030911	051227 030911	美国 Cabot 公司	Robert A. Hard	固化金属的方法	从含有钽铌的氯化物原料中固化钽铌的方法：把原料与酸和络合剂的水溶液接触，在一定的温度和压力下，形成络合离子，溶解钽铌为氯化物，把钽铌与溶液分离。	DE19781674T CN1420185A BR9710413A
US6984370B2 US2003082097A	020114 951012	060110 030501	美国 Cabot 公司	Patrick M. Brown	生产铌和钽的化合物的方法	一种生产窄的粒度分布范围的阀金属氧化物，如氧化铌和氧化钽的方法，氧化物 BET 不大于 $3m^2/g$，优选小于 $0.4m^2/g$；SBD 大于 3g/mL，优选大于 4g/mL。将含阀金属原料在控制的温度和 pH 值和足够的时间下分解，沉淀。	US6338832B RU2189359C CN1442370A
US6989475B2 US2004065654A	040106	060124 040810	美国高级技术材料公司	Smuruthi Kamelli	用于沉积钽基材料的化学气相沉积母体	在衬底上化学气相沉积含钽材料如钽、TaN、Ya-SiN 等的钽母体。钽母体为取代的环戊二烯基钽化合物。该化合物被甲硅烷化，以构成钽/硅源反应物，用于阻挡铜金属扩散。	WO2004065650 CN1738826A US2006135803A
US6992261B2 US2005011749A	030715	060131 050120	美国 Cabot 公司	Milkhail Y. Kachalov	电阻焊接溅射靶	用电阻焊接法与有槽的其他金属背衬板形成溅射靶组件的方法，溅射靶组件包括钽和其合金。	
US6992881B2 US2004028922A	021216 000621	060131 040212	德国 H. C. Starck 公司	Kariheinz Reichert	电容器粉末	在铌基体上有五氧化二铌介电膜，至少介电膜里含有钒（$1\times10^{-3}\%\sim10\%$），阳极可以是铌钽合金。电容器容量与偏压无关。	RU2391731C WO0199130A BR0112389A

专利号	申请日	公布日	申请人	发明人	专利名称	专利要点及有益效果	同族专利号
US6995972B2 US2005162816A	050126 040128	060207 050728	三洋电机株式会社	藤井永造	固体电解电容器及其制造方法	突出了阳极引线的阳极体的电容器元件；位于阳极引线下方的阴极侧引线和设在阴极引线和阴极侧引线框之间，将它们进行连接的枕部件：阳极引线至少部分嵌入枕部内。	CN1649052A
US7002788B2 US2005152094A	050111 040114	060221 050614	韩国三星电子公司	金永阔；李炯红	有非均质晶体区的电解质层的电容器及其制造方法	半导体部件中的电容器有上电极和下电极，它们之间是电解质层，该电解质层包括上部电解质层区和下部电解质层区及中间电解质层区，中间区有结晶区。上电极层和下电极层选自钛、氮化钛、钽、氮化钽、钨层、氮化钨……	
US7002790B2 US2004064155A	020930	060221 040401	美国 Medtronic 公司	Joachim Hossick-Scko	医用植入装置里的电容器	电容器包括一阳极、一个有导电性镀层的阴极、分布在金属基体和有金属氧化物的活性炭外层之间的化学吸收导电性层、与阳极和阴极接触的电解质层。	
US7005015B2 US2002157738A	020129 021031	060228 021031	德国西门子公司	Ralf Burgel	抗高温部件及其生产方法	合金的成分（质量分数）是：Cr 11% ~13%；W 3% ~5%；Mo 0.5% ~2.5%；Al 3% ~5%；Ti 3% ~5%；Ta 3% ~7%；Re 1% ~5%；余为 Ni。	JP2003529677A EP1204776A
US7009834B2 US2005185362A	050218 040220	060307 050825	日本电气株式会社（NEC）	新井俊	固体电解电容器、传输线元件及其制造方法	固体电解电容器包括阀金属（Al、Nb、Ta）阳极和阳极引线、在阀金属阳极上形成介电层氧化物，在介电层上形成导电性阴极层；绝缘性树脂包封；连接阳极、阴极端子。	US7595235B KR2006042030A CN1658345A
US7011721B2 US2003091459A	020712 010301	060314 030515	美国 Cannon-Muskegon	Kenneth Harris	具有铸态超极限强度的单晶涡轮叶片用超合金	镍基超合金的成分（质量分数）是：4.7% ~4.9%的 Cr，9% ~10%的 Co，0.6% ~0.8%的 Mo，8.4% ~8.8%的 W，4.3% ~4.8%的 Ta，0.6% ~0.8%的 Ti，5.6% ~5.8%的 Al，2.8% ~3.1%的 Re，1.1% ~1.5%的 Hf，0.06% ~0.08%的 C，0.012% ~0.020%的 B，0.004% ~0.010%的 Zr，其余为 Ni。	JP2004131844A EP1382697A CA2434920C
WO2006027119A	050826 040826	060316	德国 H. C. Starck 公司	Erfinder	阀金属粉末的脱氧	铌粉或钽粉末与 Ca、La、Ba、Y、Ce 作用而脱氧，使用 Ca 是在 880 ~1050℃进行；使用 La 是在 940 ~1150℃进行；脱氧得到的阀金属粉末含 Na、K 和 Mg，总量和与电容量的比率小于 3×10^{-4}%/(10000μFV/g)。	CN101052488A US2008011124 EP1793950A

专利号	申请日	公布日	申请人	发明人	专利名称	专利要点及有益效果	同族专利号
WO200637497A	050924 041008	060413	德国 H. C. Starck 公司	Haas Helmun	制造固体电解电容器的钽粉	由粒径为 0.2 ~ 0.8μm 比表面积为 0.9 ~ 2.5m^2/g 的原生粒子凝聚钽粉，且按照 ASTM B 822 测定的相对应粒度分布值是：D_{10}为 5 ~ 25μm；D_{50}为 20 ~ 140μm；D_{90}为 40 ~ 250μm。钽粉不含防止烧结剂，其中 $P < 3 \times 10^{-3}\%$，$N < 4 \times 10^{-3}\%$，$S < 1 \times 10^{-3}\%$。	DE102004049040 US7898794B EP1843868B JP2008516432A
WO2006039999A	050924 041008	060420	德国 H. C. Starck 公司	Haas Helmun	阀金属脱氧方法	脱氧反应是阀金属粉末不与还原性金属/或氢化物相接触进行的。还原性金属的分压在 5 ~ 110h 0.5 ~ 11kPa，优选 20 ~ 40kPa 的蒸汽压中进行，还原金属优选金属镁和/或氢化镁。	CN101039769 EP2292355A US2009214378A
US7037355B2 US2004125537A	040701 021219	060502 040701	昭和电工株式会社	内藤一美；大森和宏	电容器用铌粉，用这种粉末的烧结体及电容器	一种含有 Ta 高至 0.07% 的铌粉，用原生粒子为 0.1 ~ 1μm 的铌粉在 500 ~ 2000℃ 1min ~ 10h 热处理得到的 1 ~ 300μm 的颗粒，部分氮化，含氮 $1 \times 10^{-3}\%$ ~ 10%。	US6689185B US6540810B
US7046504B2 US2004233615A	040628 000217	060516 041125	昭和电工株式会社	酒井淳	固体电解电容器及其制造方法	固体电解电容器包括一种阀作用金属材料，在其上形成介电膜，用耐热树脂或其前体物溶液充分渗滤阀金属，在介电膜所要求部位形成遮盖固体电解质层，降低电容器的漏电流。	US6890363B US7141081B
US7049679B2 US2004087102A	021101	060523 040506	松下电器株式会社	永井孝夫	电容器及其制造方法	由钽、钛、铝、铌等金属（粉）烧结得到的固体电解电容器，有 75% 以上的开孔率（75% ~ 97%），在阳极表面依次形成氧化膜、导电性物质作为阴极。	JP3763307B CN1488155A
US7056383B2 US2005178315A	040213	060606 050818	美国 Fox 公司	Heikki I. Helava	钽基坩埚	高温下热稳定，适合于大的 AlN、$Al_xGa_{1-x}N$ 或其他氮化物单晶的生长的钽基坩埚，首先表面碳化处理，再在氮气中氮化处理。	
US7056470B2 US2005031481A	030121 020124	060606 050210	德国 H. C. Starck 公司	R. Khard Malen	增加了强度和硬度的电容器级引线	制造成含硅铌丝的步骤是：（1）制造小于 150μm 的低氧铌粉；（2）氢化脱氢；（3）掺硅等静压压制；（4）热机械加工成棒；（5）退火→轧制→退火→精轧拉丝。	NZ370639A CN1623205A

专利号	申请日	公布日	申请人	发明人	专利名称	专利要点及有益效果	同族专利号
WO2006061040A	041209	060615	德国 H. C. Starck 公司	Josua Löffelholz	阀金属粉末的制备	在稀释剂存在下，碱金属（Na、K）还原阀金属化合物（K_2TaF_7、K_2NbF_7）制备阀金属（Ta、Nb），添加颗粒细化剂（含硫化物-Na_2SO_4、硼化物、磷化物和/或硅化合物）。	EP1827739B CN101124060A CA2589109A
US7066979B2 US2003230167A	030507 020312	060627 031218	德国 H. C. Starck 公司	Josua Löffelholz	阀金属粉末及其生产方法	制造具有所要求形态的前体物，把该前体物转变成阀金属氧化物，热处理使氧化物结构稳定化，还原氧化物并保持其形态。这样得到的阀金属粉末具有 10～80μm 的球形团化颗粒结构。	PT102923E CN101695751A CN1443618A
US7067197B2 US2004141870A	040606 030107	060627 040722	美国 Cabot 公司	Christopher A. Michaluk	粉末冶金溅射靶及其制造方法	钽铌或它们的合金粉末在 $0.7T_H$ 以下温度冶金固化制作成溅射靶、钽铌靶和背衬所构成的组件，粉末表面氮化，钽铌粉末的氧含量约 0.01%，N 含量至少为 4×10^{-3}%，靶的屈服强度为 18000～40000psi，溅射靶的平均晶粒度小于 300μm。	US8168118B US7601296B US2004141870A US2006201583
US7071562B2 US2004063310A	030916 011205	060704 040401	美国高级微装置公司	Minh Van Ngo	具有改良阻挡层结合力的互联结构	在介电层形成开口，在含氮、氨的气氛里对该介电层的暴露面进行（激光照射，370～430℃）退火，以及形成包括沿该开口沉积 α 钽、氮化钽的合成阻挡层，开口处填充铜。	CN1599949A CN1316566C JP2001512522A
US7079377B2 US2005146841A	050707 030330	060718 050707	美国 Joachim Hossick	Joachim Hossick	电容器及电容器的生产方法	一种电解电容器的电极，含包括一种金属的基体，贴近该基体提供一碳化物层，在上述碳化物层上提供一氧化锰层。	US2008229565A
EP1681368A	041020 031106	060719	日钢材料株式会社	小田国博	钽溅射靶	一种钽溅射靶，其表面以整体结晶取向的总和为 1 时，具有（100）、（111）、（110）之一取向的结晶其面积率不超过 0.5。本溅射靶成膜速度快、膜均匀、成膜特性好。	US7892367B CN1871372A CN10857950B JP4593475B
US7081141B2 US2004240151A	040427 030530	060725 041202	美国 Medtronic 公司	Joachim Hossick-Sco	电解电容器用电解质	电解电容器包括阳极、阴极和电解质，该电解质包括 CH_3-（OCH_2CH）$_m$-OCH_3 的水溶液，其中 m 为 3～10，阳极是钽。	US6788523B WO2004109726A DE112004000928
US7081148B2 US2004250924A	040326 010918	060725 041216	美国 Praxair 技术公司	Holger J.	织构－晶粒－粉末冶金钽靶材	溅射靶是钽粉粉末冶金形成的，有从溅射面输送钽原子镀到覆基材的输送方向，在这个原子输送方向，钽晶粒至少有 40%（222）方向取向比例，低于 15%的（110）取向比例，用于增强溅射均匀度。	EP1735476A KR101150690A CN1981065A

专利号	申请日	公布日	申请人	发明人	专利名称	专利要点及有益效果	同族专利号
US7082025B2 US2004212058A	040219 030220	060725 041028	三洋电机株式会社	田村弘之	电容元件	有熔断特征的微型化薄而轻的电容器，有被绝缘沟分开的两个电极点，电容器芯子的阳极引线和阳极点之间有薄的可熔断的金属丝连接。	JP2003043321A
US7090763B2 US2004178081A	031219 021220	060815 040916	德国 H. C. Starck 公司	Marianne Gottsck Hlin	电化学浸渗生产钽铌定型件	在含有氢氟酸和聚合物的水溶液中电化学蚀刻由结构化的光致抗蚀剂掩膜覆盖的铌或钽的片材，把蚀刻电流 5% ~ 10% 的平均变异的噪声电流叠加到产生的蚀刻电流上。	DE10259934A EP1441049B CN1521288A
US7099143B1	050524	060829	英国 AVX 公司	James A. Fife	液体电解电容器	一种液体电解质电容器，其阳极、基体为金属，覆盖有低价氧化铌（$Nb_{0.7}O$、NbO、$NbO_{1.1}$、NbO_2）的阴极，分散在阴极和阳极之间的液体电解质，覆盖氧化物的有导电性聚合物，如 3，4-亚乙二氧基噻吩。比容高于 20000μFV/g。	US7456073B CN101180695A GB2440478B
US7101447B2 US2002125128A	011031 000202	060905 020912	美国 Honeywell 公司	Stephen P. Turner	细晶粒均匀织构的钽溅射靶及其制造方法	钽溅射靶的生产方法，包括加工变形后的工件在惰性气氛里的不同条件的三次退火，没有大于 100μm 的晶粒，均匀织构主要是 {111}。	US6331233B
US7102229B2 US2005284546A	050812 020827	060905 051229	美国 Honeywell 公司	Harry Rosenberg	含高纯金属的电容器	电容器包括从靶溅射沉积的钽，其纯度为 99.95%（质量分数），总金属杂质小于 0.05%，总金属小于 $5\times10^{-3}\%$，钨、钼总含量低于 $5\times10^{-4}\%$；Nb 低于 $3\times10^{-4}\%$；氧低于 0.01%。	US6566161B US6955938B US6958257B JP2002516918A
US7106575B2 US2006044736A	050817 040826	060912 060302	三洋电器株式会社	竹谷丰	固体电解电容器	固体电解电容器的阳极体含有多元醇饱和碳氢化合物，如多元醇醛、多元醇酮、多元醇乙醇等。	
US7110244B2 US2004111849A	020410 010412	060919 040117	昭和电工株式会社	河边功	铌电容器的生产方法	一种铌电容器的生产方法，包括在模塑前把介电氧化物膜暴露在 100 ~ 1400℃ 的一个步骤。这种电容器漏电流低。	JP2001113391A EP1380039A
US7115175B2 US2005016641A	040719 010830	061003 050127	美国联合技术公司	Daninel P. DeLuca	改进的高强度单晶超合金	超合金的组分（质量分数）是：3% ~ 12% Cr；Mo≤3%；3% ~ 10% W；6% ~ 12% Ta；4% ~ 7% Al；Co ≤ 15%；C ≤ 0.05%；B ≤ 0.02%；Zr ≤ 0.01%；Hf≤0.8%；Nb≤2.0%；V≤1.0%；Ti≤ 0.7%，余为 Ni。	US2006207693A US2003041930A

专利号	申请日	公布日	申请人	发明人	专利名称	专利要点及有益效果	同族专利号
US7126812B2 US2006082951A	051013 041015	061024 060420	三洋电机株式会社	平田义和	固体电解电容器及其制造方法	导电性高分子混合物覆盖在氧化膜上，至少部分是利用耦合反应形成的、含有磺基硅烷醇衍生物层和至少形成于所述含有磺基的硅烷醇衍生物层上的导电性高分子化合物。	CN1761007A CN1761007B
US7138004B2 US2004168548A	040304 010620	061121 040902	昭和电工株式会社	和田小右一	铌粉的生产方法	在分散剂水或有机溶剂里，-200～30℃磨碎氢化铌，在100～1000℃脱氢；得到0.01～10μm，$0.5\sim40m^2/g$的BET比表面积，$0.54g/cm^3$松装密度，氧小于2.5%（质量分数）的铌粉。	US2004168548A US6780218B
US7142408B2 US2004252445A	040609 030610	061128 041206	美国Cabot公司	王端凡	钽粉及其生产方法	在流体中有球磨介质存在下将原料研磨成高能粉末，用阀金属粉末形成阳极，可以缩短研磨时间，得到高比表面积的阀金属粉末。钽粉比容200000～285000μFV/g。	CN1823823A JP2007511667A CN101579743A
US7142409B2 US2005024810A	040720 030728	061128 050203	美国Cabot公司	袁石	氮化的阀金属材料及其制造方法	一层位于阀金属上的氮化层和位于氮化层上的氧化层的阀金属材料。该方法包括在阀金属上形成一层氧化物层，之后在氧化物层和阀金属之间形成一层氮化物层。	WO2005013297A US7323017B US2007064357A
US7144546B2 US2004108018A	031125 000301	061205 040110	美国Cabot公司	Bhamidipaty K. D. Rao	氮化的阀金属及其氮化方法	一种氮化阀金属的方法包括：在脱氧前，200～600℃进行氮化。经过氮化的阀金属粉末流动性得到改善，松装密度增加，改善空隙度分布和改善形成电容器阳极的电性能。	US2002088507A US6679934B2 WO0164373A US2004108018A
WO2006128687A	060531 050603	061207	德国H. C. Starck公司	Schnitter Christoph	无机化合物	一种制造具有高击穿电压电容器的低价氧化铌粉末，该电容器在较高的温度下工作延长寿命，掺氮的低价氧化铌，N均匀分布，主要呈Nb_2N晶。	US2008105987A KR2008199393A
US7146709B2 US2004244185A	031216 021217	061212 041209	美国合成材料技术公司	James Wong	生产超导体的方法	一种含有钽或铌组分的延性超导材料，是将原始组合件进行热等静压或冷等静压后机械加工→挤压→拉拔→退火→切断，再组装→热等静压或冷等静压→挤压→拉拔到所需尺寸→退火→切断→成形，压制→酸洗	US2009044398A US7480978B
US7149074B2 US2003026756A	020412 010419	061212 030206	美国Cabot公司	Jonathon L. Kimmet	制造铌金属氧化物的方法	将NbO_x（$x<2.5$）在800～1200℃烧结1～10h；在85℃的温度下16～75V形成；接着在300～350℃退火10～60min；被膜温度为220～280℃。	RU2282264C CN1529893A EP1405323B

专利号	申请日	公布日	申请人	发明人	专利名称	专利要点及有益效果	同族专利号
US7149076B2 US2005013092A	040712 030715	061212 050120	美国 Cabot 公司	袁施；王端凡	在基体上用金属柱形成的电容器阳极	电容器阳极包括从基体向外伸展的截面为螺旋状的金属柱，其宽度为 0.001 ~ 0.5μm，高为 0.1 ~ 2000μm。用气相沉积方法或掠射沉积和侵蚀部分金属形成金属柱。	WO2005010903A
US7150920B2 US2002189400A	020731 000810	061219 021219	美国 Cabot 公司	Toivo T. Kodas	金属碳化物粉末	一种金属碳化物粉末具有良好的微观结构和形貌，优选具有小的平均粒径，生产这种金属碳化物粉末的方法是粉末前体物溶胶。	US7517606B2 US7094370B2 US2003006517A
US7151347B1	050628	061219	美国杰夫孙科学联合会	Ganapati Rao Myneni	高梯度具有高质量高纯铌腔	用等离子将铌腔内部表面的氧化物除去；在高真空下 600 ~ 900℃除氢气等气体；有长期化学稳定的超导转变温度。	
US7154740B2 US2004085711A	030815 020816	061226 040506	德国 H. C. Starck 公司	Udo Merker	电解电容器电解质聚合物替代物	电解电容器包括：（1）可氧化金属层；（2）该可氧化金属的氧化层；（3）固体电解质；（4）多种接触物。该电容器包括有多个单体的聚噻吩。	EP1391474A RU2003125098A KR20040016409A DE10237577A
US7154742B1	060510	061226	美国 Kemet 公司	Randy S. Hahn	改进容量带槽构的阳极及其电容器	一种阳极，有一个以上 0.06 ~ 0.2mm，小于 0.3mm 窄缝的槽构，有利于阴极材料的浸渍，使用 50000μFV/g 以上的钽粉。制造步骤：形成氧化膜；被膜；焊接阳极阴极端子。	CN101443866A CN101443866B
US7154743B2 US2006114645A	031203 021213	061226 060601	三洋电机株式会社	高谷和宏；矢野睦	固体电解电容器及其制造方法	钽、铌固体电解电容器的阴极层含有平均粒径小于 2μm 的银粉的第一材料和平均粒径小于 1μm 的碳粉和/或银粉的第二材料和黏结剂。	US2005039577A JP4368349B
U7155806B2 US2004206544A	031017 021023	070102 041021	意大利 Eurova 公司	Seljiu Rotshy	高性能 Nb-Ti 超导电缆制造用棒及其制造方法	将 Nb-Ti 合金棒的单根或多股超导电缆芯插入铜套，再用贵金属或其合金作为壁垒，组装成 Nb-Ti 组合件，得到由排他性低温塑性变形构成的棒状半成品。可以多次连续变形。	EP1418596A RU2322716C ITTO20020927
US7156893B2 US2005039577A	040203 020311	070102 050224	美国 Cabot 公司	Kurt A. Habecker	铌和其他金属粉末的制造方法	片状铌粉，含有 C，$4 \times 10^{-3}\%$ ~ 0.02%；含有 Fe、Cr，$5 \times 10^{-4}\%$ ~ 0.02%，其流动性大于 80mg/s；松装密度大于 $12g/in^3$。是在一种流体中湿磨制成片状铌粉或钽粉。	EP1171254A US66402066B CN1367724A

专利号	申请日	公布日	申请人	发明人	专利名称	专利要点及有益效果	同族专利号
US7157073B2 US2004219094A	030502	070102 041104	美国 Reading 合金公司	Charles A. Motchenbacher	高纯一氧化铌的生产和用其生产的电容器	将铌的氧化物 Nb_2O_5、NbO_2、Nb_2O_3 粉末和铌金属粉末混合；压制混合物；在高于 1800℃ 加热熔化；冷却；把反应物弄碎。用于制造电容器。	US7585486B CN1812935A
US7177141B1	060710 050628	070213	三洋电机株式会社	饭田高久	固体电解电容器及其制造方法	阳极是铌粉烧结多孔体，表面有一层铌钽丝引线部分埋入烧结体中，在氧化铌上形成导电性聚合物，阴极有第一层导电层和第二层导电层。	JP2011193035A CN1905103B
US7180728B2 US2006084237	051013	070220 060420	三洋电机株式会社	小林延幸	固体电解电容器及其制造方法	电解电容器的氧化膜上的第一导电性高分子层、至少形成于未覆盖的氧化膜层上的硅烷耦合剂处理层和在第一导电性高分子层和硅烷耦合剂层之上的第二导电性高分子层。	CN1761006A JP2004301282 US2006084237A
US7182925B2 US2004213716A	041028 040422	070227 041028	美国 Osaam Sylvania 公司	Raj P. Singh	钽富集物的溶解方法及提纯方法	以氟氢化铵盐代替氢氟酸，单独用氟化钠、氟化钾和氟化钙或和氟氢化铵合用，钽矿用硫酸和氟化物溶解，然后与杂质分离。	
US2007044873A	050831	070301	德国 H. C. Starck 公司	Paul R. Aimone	通过熔铸法制造微晶粒合金铌片	包括：(1) 形成包含铌粉末和选自钇、铝、铪、钛、锆、钍、镧和铈的金属粉末的掺混物，并挤压形成坯块；(2)将所述压制坯块附到含铌电极上；(3)在真空电弧熔炼；(4)冷却形成合金锭；(5)使所述合金锭进行热－机械加工步骤，形成锻造的产品。	WO2007027466 JP2009506219 MX2008002746A EP1924718B NO20081363A CN101680055A
US7190571B2 US2005174719A	030521 020521	070313 050811	美国 Kemet 公司	Hans Heusmann	片式电容器及其制造方法	电容器包括至少两个阳极芯子，第一芯子的阳极引线从其芯子伸出；第二阳极引线从第二芯子伸出，2 个芯子叠放，还包括一阴极接触板，2 个芯子被安放在阴极接触板上。	JP2005526391A CN1656582A AT337607A
US7207103B2 US2005122663A	031208	070424 050609	美国 Kemet 公司	Jeffrey P. Poltorak	粉末压结体及电容器阳极的制造方法	阀金属粉末的压结体，有相对的肋和槽交错着，以及被用作具有均匀压制密度和表面没有不完善的，以及这种电容器的生产方法，用相对的带有肋和槽的冲头进行压制。	US7569080B US8268019B CN1757084A
US7210641B2 US2003057304A	020225	070501 030327	美国 Cabot 公司	Riky W. Kitchell	铌金属氧化物的制造方法	将氧化铌、部分还原的氧化铌和吸气剂混合在介质中研磨，第一次研磨后进行第二次研磨或多次研磨，第二次研磨的介质直径小于第一次研磨所用的介质直径，后面研磨的介质都小于前一次所使用的介质的直径。	US2003057304A CZ1370492A IL157610A

专利号	申请日	公布日	申请人	发明人	专利名称	专利要点及有益效果	同族专利号
US7214362B2 US2005115364A	030227 020227	070508 050602	日本斯特拉化学株式会社	菊山裕久；泉浩人	高纯度铌化合物和/或钽化合物的精制方法	将有机溶剂添加于含有杂质的铌化合物和/或钽化合物的水溶液中，进行溶剂萃取。使用对溶解液进行结晶后所得到的结晶制成前述水溶液。	CN1639069A EP1484283A
US7218505B2 US2006146481A	040302 030315	070515 060706	昭和电工株式会社	内藤一美	片式固体电解电容器	用阀金属或导电性氧化物的烧结体作阳极，是多个元件平行并列连接的，在阳极基体表面依次形成介电氧化膜层、半导体层、导电层。	WO2004079760A
US7228722B2 US2005034503A	040702 030609	070612 050217	美国 Cabot 公司	Eric von Spreckelsen	多方位形变形成溅射靶件的方法	一种多向变形形成阀金属的方法，该阀金属足以被分割形成多个溅射靶的尺寸，该方法包括：第一变形形成预成型板坯，再轧制形成具有约小于100μm 晶粒和/或基本没有结构带结构。	EP1636398A CN1833048A
US7236350B2 US2006268492	060404 050531	070626 061130	三洋电机株式会社	矢野睦文	固体电解电容器及其制造方法	一种阳极包含铌粉烧结的多孔基体，在基体表面形成铌氧化物层，阳极化形成氧化物介电层，在介电层上形成聚吡咯电解质层，阴极层。	US2006268492 JP2005160281
US7241911B2 US2007073072A	050929	070710 070329	德国 H. C. Starck 公司	Karsten Beck	铌化合物	一种新的能够溶解于水的铌化合物及其制造方法。$(NH_4)[Nb(O)(C_2O_4)2(H_2O)_2]\cdot 3H_2O$，将氢氧化铌和草酸溶解于水，通入氨气。	CN101277968A AU2006299233
US7248462B2 US2006000707A	050729 030617	070724 060105	美国 Kemet 电子公司	Brian John Melody	阀金属阳极氧化方法得到的阳极体和电解液	一种电解质里包括（质量分数）：5% < 水 < 30%；0.1% ~ 20% 无机，包括：磷酸和烷醇胺，其中无机物的量最多保持溶液的 pH 为 4 ~ 9 的惰性极溶液。上述阳极包括钽、铌。	GB2418433B US7678259B CN1806068A
EP1826297A2	070223 060223	070829	美国 Greatbatch 公司	刘延明；Goad David	用二重酸体系作高压电解电容器阳极氧化电解液	电解液组成：（1）磷的氧化物酸及其盐，如磷酸、磷酸铵；（2）弱无机酸/盐，如硼酸、硼酸铵；（3）水；（4）一种或两种以上的质子溶剂，如乙烯乙二醇、二乙烯乙二醇。	US2007221507A JP2007224421A
US7265965B2 US2006023401A	060202 040707	070904 060202	昭和电工株式会社	内藤一美	电容器元件和碳（石墨）浆料	一种电容器，在其介电层上依次形成半导体层、碳层和电极层，其中碳层是掺杂的。这种电容器抑制了高温负荷下增加 ESR。	JP2004201012A
US7271994B2 US2006279906A	060707 050608	070918 061214	美国大批量公司	Eric Stermen	高能量密度电解电容器阳极体	液体电解电容器阳极体，其密封外壳包，支承着圆的侧壁，容纳阳极。为了在焊接时不因生热损坏绝缘子，焊接处与绝缘子间有充分的空间。	EP1737005B

专利号	申请日	公布日	申请人	发明人	专利名称	专利要点及有益效果	同族专利号
US7271995B2 US2005088805A	041118 021007	070918 050428	英国 AVX 公司	Douglas M. Edson	改进了体积效率的电解电容器	提供一种表面组装的电解电容器阳极，模塑组装，在底面有一个端子共面结构，第二个阴极端子部分被弯曲垂直地与第一个端子黏附。	US6863750B US6870727
US7273943B2 US2007056468A	060824 050827	070925 070315	德国 H. C. Starck 公司	Knud Reuter	高纯 Zr、Hf、Ta 和 Nb 的烃氧化物的制造方法	高纯 Zr、Hf、Ta 和 Nb 的烃氧化物的制造方法，将含有卤素杂质（至少0.05%）（质量分数）的烃氧化物原料 $M(OR)_x$ 与醇 ROH 混合，这里 R 是 C_1 ~ C_{12} 的烷基，同时加入过量的氨。	JP200770357 CN1919813A
US7274552B2 US2004079189A	020315 010321	070925 040429	昭和电工株式会社	内藤一美	电容器用铌粉和用该铌粉制得的烧结体的电容器	（1）电容器用铌粉，其 Cr≤5×10^{-3}%，造粒，烧结；（2）用所述铌烧结体作阳极的电容器；（3）使用该电容器的电路和装置。这种电容器具有良好的耐电压特性。	WO02075758A AU2002241261 JP200176880
US7276225B2 US2005232850A	050601 951012	071002 051020	美国 Cabot 公司	Patrick M. Brown	铌和钽化合物的制造方法	煅烧的五氧化二铌粉末，其 BET 比表面积不大于 $3m^2/g$，堆积密度不小于 $1.8g/cm^3$，五氧化二铌的形态是球形的，团聚颗粒粒径为 27 ~ 96μm。	US6338832 CN1442370A
US7279015B2 US2005248910A	050415 040505	071009 051110	德国 H. C. Starck 公司	Udo Merker	低 ESR 电解电容器的制造方法	制造方法：（1）将含有产生聚合物的前体物、至少一种氧化剂引入到形成了介电层的多孔体电极；（2）将电极在相对湿度为70%聚合上述前体物；（3）提供溶液，包括一导电性聚合物和黏结剂，到多孔体里并干燥。	EP1598841A CN1858866B
US7282187B1	960326	071016	美国 Cabot 公司	Patrick M. Brown	阀金属的回收	分解可溶金属的原料，在溶液里增溶金属成分，分离氟化物；过滤；从上述水溶液中萃取金属成分：U、Th、Sc、Zr，特别适应于 Ta、Nb。	DE19781673A CN1219978A
US7285312B2 US2005158590A	040116	071023 050721	美国 Honeywell 公司	李称位	涡轮件的原子层沉积	在超合金件基体的表面进行原子层沉积耐热阻挡镀层，包括包覆镀层，氧化铝层沉积在氧化钇稳定的氧化锆层的顶上，也可以在硅基体上先沉积氧化钽层再沉积氧化铝层。	US2005158509A US2008038576A
US7300708B2 US2005207896	040316	071127 050922	美国通用电气公司	Michael Francis	涡轮发动机组件用耐侵蚀、耐磨损的保护结构	该结构包含形状记忆合金。它包括：Ni-Ti、In-Ti、Ni-Al、Ni-Ga、Au-Cd、In-Cd、Fe-Pt、Fe-Pa、Ru-Nb、Ru-Ta、Ti 基、Fe 基合金或至少一种前述合金的组合。	CN1676884A EP1577422B US2005273015A

专利号	申请日	公布日	申请人	发明人	专利名称	专利要点及有益效果	同族专利号
US7323017B2 US2007064357A	061120 030728	080129 070322	美国 Cabot 公司	Shi Yuan（施原）	氮化的阀金属及其制造方法	阀金属上一层氮化物，在氮化物层上形成氧化物层，然后用等离子方法形成氮化物层，介于氧化物层和阀金属之间。	US2007064357A US7142409B2
US7330347B2 US2004264109A	020606 010628	080202 041230	美国 Kemet 公司	Helge Clasen	电容器	一种电容器，包括：一个阳极体和外壳，该电容器还从阳极体里面伸出一个平面到外面的阳极，用软的可焊接材料与外阳极焊接。	US2004264109A CN10043785C
US7341705B2 US2005019581A	040719 030722	080311 050127	德国 H. C. Starck 公司	Christer Schnitter	生产低价氧化铌的方法	生产 NbO_x 的方法，其中 $0.7 < x < 1.3$，它是用化学计量的金属铌与 NbO_y，其中 $1.8 < y < 2$，在氢气气氛里 900～1600℃反应 0.5～4h。	ZA200405851A CN1576234A
US7349198B2 US2006133014A	041221 040204	080325 060622	三洋电机株式会社	矢野睦文	固体电解电容器及其制造方法	在固体电解电容器中，氧化铌为介电层，第一层介电层含有氟化物，第二层介电层含有磷或硫。这种电容器漏电流低。	JP2005252224A CN1774777A
US7352563B2 US2007211414A	061120 060313	080401 070913	英国 AVX 公司	Jaromir Pelkak	电容器组件	一种改善性能、缩小体积电容器组件，该电容器组件是由多个阳极组合成的，至少有两个阳极，其中至少一个陶瓷元件，它们被平行地接在公共端子上，密封在一外壳里。	JP2007273996 GB2436211A DE102007012559A
US2008078268A	061003	080403	德国 H. C. Starck 公司	Leond N. Shekhter	制备低氧含量金属粉末的方法，该方法制备的粉末	将含氧为 $5 \times 10^{-3}\%$ ～0.3% 的钽粉在 1～10^{-2} Pa 的惰性气体里加热到 1700～3800℃，使金属氧化物（氧化钽）变得热不稳定，从而蒸发除去氧，使氧含量低于 $1 \times 10^{-3}\%$。	WO2008042947A US8226741B CN101522342A EP2073947A
US7354472B2 US2005279187A	040621	080408 051222	德国 H. C. Starck 公司	Leonid Natan Shekhter	难熔金属氧化物的热还原	（1）将氧化物粉末与还原剂结合；（2）形成混合物；（3）将混合物送入炉子里；（4）使混合物点火反应达到高温；（5）使温度高到自持闪火反应；（6）生产自由流动的被还原的氧化物粉末。	EP1761353B JP2008503654A PT1761353E
CA2605859A1	071005 061009	080409	德国 Poligrat 公司	Piesslinger-Schweiger	铌和钽的电解研磨方法	对钽铌金属及其合金表面进行电化学抛光的方法，它采用一种包括已烷磺酸二氟化氨的电解质，用该电解质对钽铌工件进行电化学抛光，效果好，对环境、人员无害。	EP1911862A DE102006047713 JP2008095192A

专利号	申请日	公布日	申请人	发明人	专利名称	专利要点及有益效果	同族专利号
US2008087138A	070905 041209	080417	德国 H. C. Starck 公司	Roland Scholl	阀金属粉末的生产	一种阀金属粉末，特别是钽粉的生产，例如，钠还原氟钽酸钾，在有稀释剂存在下，优选连续或断续地添加晶粒细化剂到反应混合物中。	EP1827739A CN101124060A
US7361302B2 US2005106332	040913 020507	080422 050519	美国联合工艺公司	Russell Albert Beers	抗氧化性抗疲劳的金属涂料	沉积在汽轮机组件上的金属涂料，其成分（质量分数）：Co≤18%；Cr 3% ~ 18%；Al 5% ~ 15%；Y 0.1% ~ 1.0%；Hf ≤ 0.05%；Si ≤ 0.3%；Ta 3.0% ~ 10%；W ≤ 9%；Mo 10%；Re 1.0% ~ 6%。	US6919042 CN1483769A EP1361291B
EP1918950A2	000216 990216	080507	昭和电工株式会社	内藤一美	铌粉，其烧结体，用该烧结体制造的电容器	铌粉含 Fe、Ni、Co、Si、Na、K、Mg 各元素约 0.01%或更低，或总量为 0.035%（质量分数）或更低，烧结体包含一氧化铌晶体和/或一氮化二铌晶体，用上述烧结体制造的电容器。	CN1549284A CN1294747A US2005109430A
US2008105082A	050919	080508	德国 H. C. Starck 公司	Leonid Schekliter	从镁还原粉末中除去钽酸镁、铌酸镁的方法	把含钽酸镁、铌酸镁的钽粉、铌粉在惰性气氛里或真空下加热到 800 ~ 1300℃，保温足够长时间，如 10min ~ 6h。	US2005576320A US2004593163A
US7371878B2 US2007117385A	070123 031014	080513 070524	美国高新技术材料公司	陈天牛；许重映	用于沉积含钽膜的氨基钽化合物及其制造方法	一种用于在气相沉积钽的氧化物或氮化物的前体物。该前体物包括 η^2 – N，N′二甲基乙烯二氨基 – 三 – 二甲基氨钽（η^2-MeN(CH_2)$_2$NMe)Ta(NMe_2)$_3$（DEMAT），蒸气。	US6960675B KR2006101477A WO2005037847A
US7374596B2 US2005139037A	050228 010515	080520 050630	昭和电工株式会社	大森和宏；内藤一美	铌粉，铌烧结体和用其制造的电容器	铌粉的摇实密度为 0.5 ~ 2.5g/cm^3，平均粒径为 10 ~ 1000μm，堆积角为 10° ~ 60°，BET 比表面积为 0.5 ~ 40m^2/g，用所述铌粉制造的烧结体孔径分布是出现多峰的。	EP1388870A US6934146B RU2300156C
US7381396B2 US2005013765A	040713 030711	080603 050120	德国 H. C. Starck 公司	Oliver Thomas	铌低价氧化物	一种铌低价氧化物包括 0.01% ~ 0.06% 的 Mg，还包括 5 × 10^{-3}% ~ 0.04% 的 Mo 和/或 W，这种铌低价氧化物适合制造有五氧化二铌良好绝缘层的电容器阳极和相应的电容器。	EP1498391A MX04006821A CN101407338A

专利号	申请日	公布日	申请人	发明人	专利名称	专利要点及有益效果	同族专利号
US7391604B2 US2006146474A	040216 030225	080624 060706	三洋电机株式会社	吉满充；藤本和雅	固体电解电容器	一种固体电解电容器包括：阳极箔、阴极箔及其之间的绝缘膜相叠卷绕，阳极是由 Zr、Ta、Nb、Ti、Al 的金属氮化形成氧化物作为介电层。电解质是导电性聚合物。	CN1754235B TWI245300B JP2004265951A
EP1942204A EP1942204B	060907 050410	080709 120425	日矿金属株式会社	小田国弘	溅射靶	提供的钽或钽基合金靶。溅射的最外表面 X 射线衍射测定的｛200｝晶面最大半宽（FWHM）是0.1~0.6，或是 FWHM 的变化范围为 ±0.05。	WO200740014A JP2005290894A
US7399335B2 US2006213327A	060928	080715 060928	德国 H. C. Starck 公司	Nionid Natan	初级难熔金属的制备方法	用难熔金属氧化物与加热的氢气（如等离子）接触，氢气对难熔金属氧化物的重量比分别选自：（1）加热的气体，包括原子氢；（2）难熔金属氧化物原料，实质上是热稳定的；（3）难熔金属氧化物被接触的加热的气体还原。	EP1866449A CN101146918 MX200701A
US7410609B2 US2005018384A	040719 030722	080812 050127	德国 H. C. Starck 公司	Christoph Schnitter	电容器的制造方法	涉及有五氧化铌为介电层的基于低价氧化铌电容器。用于制造该电容器的粉末混合物。用上述混合物压制的压结体，将压结体烧结成烧结体，在压制前混入阀金属粉末。	JP2005045252 EP1505611A CN1577659A
US7411779B2 US2007171597A	060719 050720	080812 070726	德国 H. C. Starck 公司	Udo Merker	具有聚合外层的电解电容器及其制造方法	一种具有低 ESR 和漏电流的电解电容器，所述电容器由重复单元或其重复单元的聚苯胺和/或聚噻吩导电性聚合物为固体电解质，外层含导电性聚合物。	EP1746613B CN101110297A RU2402090C
US7419926B2 US2005103638A	041012 031014	080902 050519	德国 H. C. Starck 公司	Christoph Schnitter	基于低价氧化铌的烧结体	一种烧结体，包括：（1）30% ~100%（摩尔分数）的 NbO_x，其中 $0.5 < x < 1.5$；（2）0 ~70%（摩尔分数）的 MgO_x，其中 $0.5 < x < 1.5$。该烧结体生产低价氧化铌粉或低价氧化铌阳极。其孔隙率小于 30%。	CN1607197A BR10406065 DE10347702
US7425093B2 US2005147150A	040713 030716	080916 050707	美国 Cabot 公司	Charles E. Wickersham	用于溅射靶的焊合热量测试方法及装置	溅射靶组件结合完整性的热量测试方法及装置，对溅射靶组件的其中一面提供一加热或冷却介质或能源进行加热或冷却，用图像装置绘制出组件另一面的相应温度变化图。	EP1654702A JP2007531817A CN1836056A

专利号	申请日	公布日	申请人	发明人	专利名称	专利要点及有益效果	同族专利号
GB2447727A GB2447727B	080207 070302	080924 110622	英国 AVX 公司	Gang Ning	液体电解电容器的阴极	包括：一钽或低价氧化铌的阳极，表面镀有包括多个电化学活性粒子和黏结剂的电流集电器层的阴极，黏结剂是在100℃以上具有玻璃相转变的无定型聚合物。工作电解质分散在阳极和阴极之间。活性粒子如金属、金属氧化物、碳素粒子。	DE102008000334A CN101271771A JP2008235986A US2008232031 US7554792B
US2008233274A	080108 070319	080925	韩国三星电子公司	李吉安	钽电容器的制造方法	制造步骤包括：钽烧结体形成阳极后浸渍聚合物悬胶，烘干，形成阴极层；上述浸渍聚合物－烘干－形成阳极步骤，如果不满意，可以多次进行。	KR2008085294A CN101271765A
US2008233420A	070323	080925	美国 Reading 合金	Colin G. McCracken	高纯片状钽粉的生产方法	加工步骤是：(1) 将钽冷加工成薄片；(2) 将钽薄片氢化，形成脆的钽箔；(3) 调整钽箔的尺寸到所要求的粒径；(4) 真空烧结脱氢；形成片状钽粉。	WO2008118647A
GB2448019A	080211 070320	081001	英国 AVX 公司	Brady Jones	一种液体电解电容器	包括一组由多个如钽粉或铌粉形成的厚度不大于1500μm的阳极，一阴极和分散在阳极和集流电极（阴极）之间的电解质。这种液体电解电容器ESR低。	JP2008277811A US7649730B CN102171768A
US2008233274A	080108 070319	080925	韩国三星电子公司	李吉安	钽电容器的制造方法	将钽烧结体形成阳极后浸渍聚合物悬胶，烘干，形成阴极层；上述浸渍聚合物－烘干－形成阳极步骤，如果不满意，可以多次进行。	KR2008085294A CN101271765A
GB2448019A	080211 070320	081001	英国 AVX 公司	Brady Jones	一种液体电解电容器	电容器包括一组由多个钽粉、铌粉形成的厚度为1500μm或以下的阳极，一阴极和分散在阳极和集流电极之间的电解质。这种液体电解电容器ESR低。	CN101271768A US7649730B
US7431753B US2006065073A	040929 060330	081007 050728	德国 H. C. Starck 公司	Leoled Latana	从镁还原的金属粉末中除去镁	含有钽酸镁或铌酸镁的金属粉末，在惰性气氛下，在镁、钙和/或铝的存在下将该粉末加热或真空加热至足以从粉末中去除钽酸镁或铌酸镁的温度及加热15min～6h。	SV2006002244 CN101065206A RU202406593

专利号	申请日	公布日	申请人	发明人	专利名称	专利要点及有益效果	同族专利号
US2008254293A	060907 050916	081016 070322	德国 H. C. Starck 公司	Josua Löffelholz	还原方法	在第一容器里在第一温度下保温一定时间熔化含有阀金属前体物（如 K_2TaF_7）和稀释剂（KCl、KF 等）的混合物；将混合物转移到第二容器，在第二温度和时间进行反应（加入金属，如钠）形成阀金属。	US2008061436 ZA200802073A CN101818267A
US7442407B2 US2007042213A	060707 050715	081028 070222	德国 H. C. Starck 公司	Knud Reuter	气相沉积用钽和铌的化合物	通式 R_1-N-M-钽和铌化合物，其中 M 表示 Nb 或 Ta，R_1 互相独立地表示任选取代的 $C_1 \sim C_{12}$ 烷基、$C_5 \sim C_{12}$ 环烷基、$C_6 \sim C_{10}$ 芳基、1-烯基、2-烯基、3-烯基、三有机甲硅烷基 SiR_3 或 NR_2，其中 R 表示 $C_1 \sim C_4$ 烷基。	AT410434T CN1896079A EP1757612B
WO2008134439A	080424 070424	081106	德国 H. C. Starck 公司	Almone Paul R.	抗水腐蚀的钽基合金	一种抗水腐蚀的钽基合金包括基本上是纯钽和含有至少选自 Ru、Rh、Pd、Os、Ir、Pt、Mo、W 和 Re 中一种元素的合金及上述合金的制备方法。	US2008061436A CO6241173A CN101668871A EP2152924A
US7456073B2 US2006287761A	061221 050524	081125 061221	英国 AVX 公司	James A. Fife	液体电解电容器	包括一阳极、阴极和分散在两者之间的液体电解质。其中阴极包含金属氧化物涂层，如 NbO_2，连接另外的任选的涂层。镀层是烧结形成的。	GB2440478 CN101180695A
US7460356B2 US2008232029A	070320	081202 080925	英国 AVX 公司	Gang Ning	液体电解电容器的中性电解质	液体电解电容器的中性电解质，其 pH 值为 5.5 ~ 7.5，在 25℃，电导率为约 10MS/cm 或更高，如 40 ~ 100MS/cm。阳极可以是钽、铌或导电的氧化铌（低价氧化铌）。	KR2008085754A GB2447724B CN101271769A JP2008235895A
US7460538B2 US2008232035A	070321	081202 080925	英国 AVX 公司	Martin Biler	含防黏附层的固体电解电容器	在介电层和固体电解质之间有防黏附层的固体电解电容器，该防黏附层包括有羧基官能团重复单元的聚合物，如聚乙烯醇。例如，聚合物至少 90%（摩尔分数）水解的。聚乙烯醇可以是乙烯醇和一种单体的聚合物，甲丙烯脂。	DE102008000323A HK1124165A JP2008235908A CN101271770B GB2447729B
US7467741B2 US2004079634A	031021 021021	081223 040429	美国 Cabot 公司	Charles E. Wickersham	形成溅射靶组件的方法及溅射靶组件	溅射靶组件的形成方法，包括通过在背衬板和靶上提供凸出部和凹槽，在低温下将溅射靶结合到背衬板上，使凸出部变形从而至少部分填充凹槽，在靶元件和背衬之间形成至少机械结合。还涉及由该方法形成的溅射靶组件。	EP1556526B JP2006508239A CN1726301A

专利号	申请日	公布日	申请人	发明人	专利名称	专利要点及有益效果	同族专利号
US7468110B2 US2005167015A	050328 011109	081223 050804	美国 Cabot 公司	Robert B. Ford	中空阴极靶及其制造方法	阀金属溅射金属加工件，进行冷加工得到轧制件，再加工成预定形状的加工件。该溅射靶至少在外壁呈现一致的晶粒结构和/或织构。	CN1531605A MX03004635A
US7468882B2 US2007253147A	061120 060428	081223 071101	英国 AVX 公司	Ladislav Marek	固体电解电容器组件	一种完整的电容器组件，体积缩小，包括第一固体电介质层和紧靠的第二固体电介质层，阀金属形成的阳极比容为70000μFV/g或以上，阳极厚度0.1~4mm，在两层固体电解质之间有导热层，其热导系数为100W/(m·K)。	GB2437613B CN101064217B HK1111802A
US7471503B2 US2007230092A	070330 060331	081230 071004	德国 H. C. Starck 公司	Eric L. Bruner	固体电解电容器	一种包括位于介电层和聚合物电解质层之间的有机磷材料的固体电解电容器，该有机磷化合物提供对介电层和聚合物电解质层的黏附。	US7362501B EP2025980A
US7471504B2 US2008084652A	071126 060331	081230 080410	三洋电机株式会社	高谷一口	固体电解电容器	电容器阳极有两金属层，第一金属层选自Nb、Al、Ta中的一种或合金，第二金属层选自Ti、Zr、Hf中的一种；第一金属层部分表面部分地被第二金属层覆盖。	CN101047068B US2007232012A
US7473294B2 US2006230877A	060605 020620	090106 061019	美国 Cabot 公司	泉知夫	含氮金属粉末及其生产方法，用其制造的多孔烧结体及电解电容器	含氮均匀的钽粉或铌粉，用上述粉末制造的电解电容器具有高比容、低漏电流。提供的含氮金属粉末氮是固溶的，含氮量为$5\times10^{-3}\%$~2%。其制造方法是含上述金属的化合物在被还原形成金属的同时，将氮结合到金属里。	US7066975B JP2000031029A US6432161B
US7480130B2 US2007211412A	060309 890621	090120 070913	英国 AVX 公司	James A. Fife	液体钽电解电容器	一种包括一阳极、阴极和电解质的液体钽电解电容器，其中阴极含有许多分布在烧结体和基体表面的化学活性金属粒子镀层，粒子的中位径为20~500μm。	GB2435958B JP2007243203A DE102007011358A
US7481864B2 US2005150328A	050114 040114	090127 050714	美国 Cabot 公司	Robert Mariani	Ta_2O_5 转化成金属钽的方法	用气相转化剂将阀金属氧化物形成气相阀金属成分，在有固体的吸气剂（还原剂）材料存在下，转换成阀金属。这样制造的阀金属及用该阀金属制造的阳极和电容器。	WO2005068668A

专利号	申请日	公布日	申请人	发明人	专利名称	专利要点及有益效果	同族专利号
US7483259B2 US2008232033A	070321	090127 080925	英国 AVX 公司	Martin Biler	含阻挡层的固体电解电容器	电解电容器的介电层上覆盖着阻挡层，对电容器起保护作用，阻挡层是聚合物形成的三维交联网。电容器在高温高湿度环境里有高可靠性。	GB2448020A CN101271780B
US7485198B2 US2002157736A	020109 010611	090203 021231	美国 Cabot 公司	Christopher A. Michaluk	钽条、铌条及其生产方法	在 1200～2950 ℉挤压、锻造、轧制退火得到的钽或铌坯料，在进一步的热加工前具有不大于 150μm 的平均晶粒度。将该挤压坯料锻造或用其他加工技术形成最终产品，如溅射靶。叙述了在一定温度下保温足够长时间再结晶。	US8231744B TW1238198B CN1492942A
US7485256B2 US2004216558A	040421 030307	090203 041104	美国 Cabot 公司	Robert Mariani	形成烧结的阀金属材料的方法	在有碘源的情况下烧结阀金属，如钽、铌。任选包括用同一炉子对上述金属进行烧结和（或）脱氧，或它们的组合步骤。烧结体具有较大的孔隙度、高比容和低漏电流。	JP2006524751 EP1620868 CN1809904A
US7485257B2 US2006219055A	050928 020312	090203 061005	德国 H. C. Starck 公司	Josua Löffelholz	阀金属粉末	用预制形态的前体制造的阀金属粉末，该阀金属粉末的二次粒子结构、三次粒子结构有前体物的二次粒子结构、三次粒子结构及用该阀金属粉末制造电解电容器的方法。	DE10307716A CN1899728A US7066979B US2006219055A
US7495890B2 US2008030929A	060804	090224 080207	美国 Kemet 公司	Antony Chacko	固体电解电容器中用第二黏附剂改善阴极连接的可靠性	一种固体电解电容器，芯子用第二黏附剂与引线框连接形成电容器组件，该组件包括一在阴极表面形成的导电片。第二黏附剂为导电性黏附剂。引线框和这些黏附剂接触，同时黏附剂凝固。该电容器改善了电容器芯子与引线框的连接。	
US7511943B2 US2007211413	060309	090331 070913	英国 AVX 公司	James A. Fife	含阴极镀层的液体钽电解电容器	一种液体电解电容器，包括阳极，一个有基片和在基片上覆盖有镀层，镀层包括碳粒子和无机物粒子，其中无机物粒子含有 NbO_x（$x<2.5$），将其烧结到碳粒子上和基片上，电解质分布在阳极和阴极之间。	GB2435960B HK1108219A JP2007243202A
US7515396B2 US2008232037A	070321	090407 080925	英国 AVX 公司	Martin Biller	含导电性聚合物的固体电解电容器	（1）形成阳极，在阳极体表面形成一介电层；（2）在每摩尔单体聚合溶液中有化学计量的 1/2～3/4 的氧化性聚合催化剂存在下进行单体聚合，在介电层上形成更短的导电性聚合物，与阳极结合更紧密。该电容器性能优异。	US7938866B GB2447730A CN101271777A

专利号	申请日	公布日	申请人	发明人	专利名称	专利要点及有益效果	同族专利号
US7517417B2 US2006118212A	060112 010130	090414 060608	美国 Honeywell 公司	Stephen P. Turner	钽物理气相沉积组件的生产方法	包括3个步骤：每个步骤包括形变和随后的惰性气氛里退火，形变是在大气中750 ℉或以下常温下进行。退火温度至少前两次为2200 ℉，钽组件平均晶粒度小于100μm，有均匀的织构，整个厚度主要为{111}。	
US7521871B2 US2006280950A	060703 030128	090421 061214	美国 Hpilip 公司	Arnd Ritz	透明氧化锆－钽和/或氧化钽涂层	包括氧化锆和至少一种选自钽和/或氧化钽的添加剂，钽原子相当于涂层中金属原子的比例为5%～30%，$\lambda = 550$nm 时，涂层折射率 $n = 2.1 \sim 2.3$。	AT376536A CN1741970A
US7532457B2 US2008170354A	070115	090512 070817	英国 AVX 公司	Leos Dvorak	带熔断器的电解电容器	该组件包括电解电容器元件和表面安装熔断器，包含在外壳内且连接到共同的阳极端子。在最初生产期间，电解电容器和熔断器连接到阳极端子，使得熔断器在单独的电容器的测试期间被旁通。在测试后，阳极端子可以被修剪，使得熔断器和电容器串联连接。	GB2445673B CN101236844A EP1654395B
US7553555B2 US2006140774A	051220 041223	090630 060629	意大利 Nuovo Pignone 公司	Carlo Cortese	蒸汽涡轮机	一种用含有氯化物和/或硫化物之类的腐蚀性的热蒸汽来运转的蒸汽涡轮机，其包含（质量分数）54%～58%镍合金制成的叶片，镍合金是 Ni-Cr-Mo 合金；Ni-Cr(19%～25%)-Mo(7.0%～9.5%)-Nb(2.75%～4.0%)合金制成转子叶片。	EP1691036A CN1831298A IT20042483A CN102518475A
US7554792B2 US2008232031A	070320	090630 080925	英国 AVX 公司	Gang Ning	液体电解电容器的阴极涂层	液体电解电容器，包括：导电的钽、铌阳极；氧化物介电层；分散在电流集电器表面的阴极涂层，它包括电化学活性粒子和黏结剂；电解质，如 pH 值为5～8的硫酸水溶液。	CN101271771A KR2008085755A JP2008235896A GB2447727B
US7563290B2 US2008010797A	060706	090721 080117	美国 Kemet 公司	Yongjian Qiu（邱永坚）	用于高压固体电解电容器的聚合物料液	在阳极上形成介电层；将上述形成了介电层的阳极浸入到导电性聚合物（PEDOT，PANI）浆料里；干燥上述浸渍了聚合物的阳极，在阳极上的介电层形成导电性聚合物层。	US2008247121A US7990683B

专利号	申请日	公布日	申请人	发明人	专利名称	专利要点及有益效果	同族专利号
US7566796B2 US2008071102A	070914 060914	090728 080320	德国 H. C. Starck 公司	Knud Reuter	用于制备高纯度烷氧基铌的方法	通式为 $Nb(OR)_5$，其中 R 相同或不同的为直链或歧化的 $C_1 \sim C_{12}$ 烷基，粗制烷基铌通过添加 0.01%～5%（质量分数）的一种或多种，通式为 R^1OH 的醇或者用含氧气体混合，随后蒸馏提纯，其中 R^1 独立于 R、直链或歧化的 $C_1 \sim C_{12}$ 烷基。	CN101143804 EP1900717B AT516527A
US7570480B2 US2008080124A	070927 060928	090804 080403	韩国三星电子株式会社	金佳光	钽电容器	钽电容有阴极引线框，电容器芯子在阴极引线框上；钽丝的一部分插入钽芯子里，一部分露在外面，外露部分和阳极引线框连接，其中插入钽芯子里的钽丝部分至少有一弯折。	KR100878412B KR2005029203 JP2008085344A CN101154506A
US7575621B2 US2006159603A	060113 050114	090818 060620	美国 Cabot 公司	Karel Vanheuden	纳米金属粉末的分离	将钽、铌、金、银混合物与一种包括多羟基化合物和能够吸收纳米粒子的物质形成纳米粒子，加入纳米沉淀液体和质子溶剂，形成混合物，沉淀纳米物质，使其与溶液分离。	WO2006076613A US7749299B
US7578457B2 US2005158227A	050114 040310	090825 050721	美国 Precsion 材料公司	Robert Dobbs	用研磨介质生产氢化的金属细粉的方法	（1）提供氢化的金属粗粉原料；（2）使用多元碳化物介质球，且有硬度高，韧性好的表面，不会使金属粉末污染。该多元碳化物材料包括铬、铪、钼、钽、铌、钛、钨等的碳化物。	
US2009214378A	050924 041008	090827	德国 H. C. Starck 公司	Helmut Haas	阀金属粉末的脱氧生产方法	在载流气体中还原金属或其氢化物，还原反应不要求阀金属与还原金属接触。其中的阀金属是钛、镐、铪、钒、铌、钽，还原金属包括铝、镁、钙、钡、镧和/或它们的氰化物。	DE102004049039 BR0508166A CN101039766B
US7585380B2 US2003168131A	021217 020514	090908 030911	美国 Cabot 公司	Christopher A. Michaluk	高纯钽及其镀层的制造方法	钽金属溅射靶的厚度约为 0.08～1.5in，具有（1）平均晶粒度为 50μm 或更低；（2）任意 5% 厚度增量内的（100）强度低于约 15 的无序度或（111）:（100）强度比的对数大于 -4.0。	US7431782B US6893513B2 CN101407881A
US7585762B2 US2009081868A	070925	090908 090326	美国应用材料公司	Kavita Shah	气相沉积方法制备钽的碳氮化合物	在基体上形成含钽材料：在工艺箱里加热基体材料到一定的温度，使基体暴露在含氮介质和含有钽的前体物的气体中，沉积碳氮化钽晶体。间隙碳与元素碳之比为 2 或更高。	

专利号	申请日	公布日	申请人	发明人	专利名称	专利要点及有益效果	同族专利号
US7601296B2 US2006201583A	060510 040106	091013 060914	美国 Cabot 公司	Christopher A. Michaluk	粉末冶金溅射靶及其制造方法	脱氧后的粉末表面氮化，含 $O \leqslant 0.03\%$，$N \geqslant 1 \times 10^{-3}\%$；将脱氧粉末用粉末冶金法在不超过 $0.7T_H$ 温度形成溅射靶。用 30000～90000psi 压力压制，达到理论密度的 80%～100%。	US7067197B US8168118B US7601296B
US7602600B1	081125 080318	091013	富士通株式会社	伊东雅之	钽电容器及其制造方法	多个烧结体，间隔设置，并且分别具有形成端子的第一表面；各钽烧结体均由从第一表面伸入其中的电极。还包括在钽烧结体表面上顺序形成的氧化膜层、功能聚合物层或锰层、碳层的多层。	KR10143296B EP2104120B CN101540231B
US7609072B2 US2008246492A	070405 070405	091027 081009	美国通用电气公司	Allen Michael Ritter	装配 PWAs 低失效率钽电容器的方法	一种在印刷线路上装配的钽电容器调节筛选方法，对每一只钽电容器都在同样条件下测试，以脉冲电压让浪涌电流通过电容器，按照预定的电压和时间使电容器老炼。	JP2008256695A EP1978320B
US2010015467A	071012 061107	100121	德国 H. C. Starck 公司	Stefan Zimmermann	基材表面镀层方法及获得的产品	气流与选自以下材料的粉末形成气体－粉末混合物：铌、钽、钨、钼、钛、锆、镍、钴、铁、铜，它们中的至少两种的混合物，使气流具有超声速，将其导向物体的表面。	CN101730757A EP2104753A NZ576664A
US7691177B2 US2008118391A	071030 061030	100406 080522	美国 Niotan 公司	John Crawley	钽粉的等离子处理方法和装置	将钽粉和惰性气体送进中空阴极真空腔，在阴极和阳极间产生等离子体，等离子弧加热钽粉，用阴极和阳极间的电场加速钽粉到阳极口，用钽粉撞击阳极对面的冷却剂表面。	
US7704448B2 US2005199321A	050303 040304	100427 050915	德国 W. C. 贺利氏公司	Bend Spanio	耐高温的铌线	耐高温的铌导线，含磷 $5 \times 10^{-3}\% \sim 0.2\%$，是通过将含磷物质掺入，经过电子束熔炼或电弧熔炼或烧结或将掺磷铌粉烧结。导线直径为 0.2～0.4mm，作钽、铌电容器引线使用。	EP1571228B CN1828781A SI1571228T
GB2465451A GB2465451B	090910 081006	100526 130417	英国 AVX 公司	Ian Pinwill	由粗凝聚颗粒和细凝聚颗粒形成的电容器阳极	电容器阳极由粗团聚颗粒和细团聚颗粒形成，细团聚颗粒至少部分占据相邻粗团聚颗粒之间界定的孔隙，粗团聚颗粒的平均尺寸和细团聚颗粒的平均尺寸比约为 10～150。	DE102009043508 KR2010039233 US2010085685 CN101714461A

专利号	申请日	公布日	申请人	发明人	专利名称	专利要点及有益效果	同族专利号
US2010158747A	091120	100624	美国 Cabot 公司	饭岛均	阀金属粉末细粉回收方法	把还原剂加入到含钽化合物的混合熔体里生成细钽粉，用虹吸管插入到反应容器里，外面有容器接住，当反应容器里的液面高于外部容器里的液面，细粉外流。	JP2010168650A
US7767305B1	040114	100803	美国航空航天局	David A. Stewart	高效钽基陶瓷构件	包括一多孔基体，它有较低表面和较高表面，有不同的基体热膨胀系数；第一层材料为20%～60%钽的二硅化物，40%～80%硼硅酸盐玻璃；第二层包括5%～70%钽的二硅化物，5%～30%钽的二硅化物，10%～90%硼硅酸盐玻璃。	
US7833511B2 US2009278095A	081030 000621	101116 091112	德国 H. C. Starck 公司	Karlheinz Reichert	电容器粉末	导电性铌的氧化物 NbO_x，其中 x 为0.8～1.2，含钒 $1\times10^{-3}\%$～10%，含氧0.3%～$0.45\%/m^2$，含Fe、Cr、Ni、Al、Na、K总量为0.01%以下，每种低于 $25\times10^{-4}\%$。	CN1437753A SV2002000501A US6992811B
US7824463B2 US2007227305A	051102 040423	101102 071004	德国 H. C. Starck 公司	Helmut Haas	铌粉、钽粉的制造方法	用气态还原金属和/或其氢化物，惰性气体下还原阀金属氧化物粉末来制造铌和钽粉末，比表面积为0.9～$6m^2/g$，其附聚体 D_{50}/D_{50US} 小于2，D_{50US} 值在超声波处理后测定。	EP1753566B CN101774018B CN101774018A
US7833511B2 US2009278095A	081030 041203	101116 091112	德国 H. C. Starck 公司	Karlhenz Reicher	电容器粉末	一种选自 NbO_x 的低价氧化物，其中 x 为0.8～1.2，含V $1\times10^{-3}\%$～10%，含O 0.3%～$0.45\%/m^2$。含Fe、Cr、Ni、Al、Na、K总量低于0.01%，每种低于 $25\times10^{-4}\%$。	WO0199130A US6992881B US7833511B SV2002000501A
US7837743B2 US2009078344A	070924	101123 090326	美国 Medtronic 公司	Kevin M. Gaffiney	高压电容器钽阳极	一种用于生理植入高压电容器钽阳极，包括：烧结钽粉压制块；烧结块阳极化；将阳极块在空气里400～460℃处理45～65min；15～30℃阳极化。	EP2201586 JP2007519951A
US7862852B2 US2008233275A	080108 070319	110104 080925	韩国三星电子株式会社	李吉安	钽电容器的制造方法	用简单而经济的设备高效地制造高性能钽电容器的方法，烧结钽芯子，阳极氧化在芯子表面形成介电层，在氧化膜上形成聚合物层，在聚合物悬胶里再化学形成。	KR2008085293A CN101271766A

专利号	申请日	公布日	申请人	发明人	专利名称	专利要点及有益效果	同族专利号
US2011041650A	101029 090707	110224	德国 H. C. Starck 公司	Paul R. Aimone	抗水腐蚀的铌基合金	一种铌或铌合金，它包含纯的或基本纯的铌以及至少一种选自 Ru、Rh、Pd、Os、Ir、Pt、Mo、W 和 Re 的金属元素，形成抗水腐蚀的钽合金。	WO2011005745A
US7898794B2 US2008094779A	050924 041008	110301 080424	德国 H. C. Starck 公司	Haas Helmun	用于制造固体电解电容器的钽粉	一种团化的钽粉，它是由最小的粒径为 0.2 ~ 0.8μm，比表面积为 0.9 ~ 2.5m^2/g 的原生粒子凝聚而成的钽粉，粒径分布是：D_{10}为 5 ~ 25μm；D_{50}为 20 ~ 140μm；D_{90}为 40 ~ 250μm。P < 3 × 10^{-3}%，N < 4 × 10^{-3}%。	EP1843868B RU2007116851 MX2007011298
US7910051B US2008216602A	071105 050505	110322 080911	德国 H. C. Starck 公司	Stefan Zimmerman	为溅射靶和 X 射线阳极的制造的镀覆方法	一种气流，形成一有择自钽、铌、钨、钛、锆中两种以上的金属与气体形成气体/粉末混合物（粉末粒径为 0.5 ~ 150μm），以超声速度直接射到要处理的物件表面。	CN101368262A MX2007013601 NO20076128A
US2011067524A	101029 080425	110324	德国 H. C. Starck 公司	Paul R. Aimone	抗水腐蚀的钽基合金	一种钽或钽合金，它包含纯的或基本纯的钽以及至少一种选自 Ru、Rh、Pd、Os、Ir、Pt、Mo、W 和 Re 的金属元素，形成抗水腐蚀的钽合金。	CO6241173A CN101668871A
EP2319948A	101019 091021	110511	美国通用电气公司	姜良；赵继承	含镍合金及其制造方法及铌合金部件	成分（质量分数）是：Al 1.5% ~ 4.5%；Ti、Nb 0.8% ~ 3%；Cr 14% ~ 28%；Co 10% ~ 23%；W 1% ~ 3%；C 0.05% ~ 0.2%；B 0.002% ~ 0.012%；Ni 40% ~ 70%；其中 Al 对 Ti 的原子比大于 1。	JP2011089201A CN102041412A
WO2011055373A	091103	110512	印度原子能部	Khare Prashant	铌基超导高频加速器腔的激光焊接，及其制造方法	有一个从腔室里内表面焊接的激光束，其厚度的一半到整个厚度具有最低的 HAZ 及最小的变形和收缩率。焊接表面无缺陷，另外还披露了焊接嘴系统（NAINB）和焊接环（CF）。	EP2496379A JP2013510463A US2012094839A
EP2322684A	091016	110518	美国通用电气公司	Bewlay Bernarl Partric	铌基合金抗氧化涂层	铝、硅，至少选自铌、钛、铪和铬的元素；选自间隙相，包括 $M(Al,Si)_3$、$M_5(Al,Si)_3$ 和 $M_3Si_5Al_2$，其中 M 是铌、钛、铪和/或铬。	

专利号	申请日	公布日	申请人	发明人	专利名称	专利要点及有益效果	同族专利号
US7981191B2 US2009095130A	081009 071015	110619 090416	美国高温特殊金属公司	Joseph Smokovich	利用回收的废料作为源材料制备钽粉末的方法	将源材料氢化；将氢化的源材料压碎并碾磨以形成粉末；将所述粉末脱氢并附聚以形成附聚物；将所述附聚的粉末脱氧；以及任选地将所述附聚物压碎并筛分成期望的粒度。	EP2214853A JP2011500962A CN101808770A
US2011165012A	100727 090729	110707	意大利诺沃皮尼奥内有限公司	Marco Innocenti	镍基超级合金及其制成的机械构件，涡轮机工件及方法	适用于机械构件制造的镍基超级合金，该机械构件用于涡轮机工件，其特征在于，其包含至少下述元素，以质量分数计为：3% ~7% 的铬、3% ~15% 的钨、4% ~6% 的钽、4% ~8% 的铝、低于0.8% 的碳、剩余百分比的镍和杂质。	EP2312001B IT20090027A CN102071338A
US2011170238A	090825 080823	110714	德国 H. C. Starck 公司	Christoph Schnitter	阀金属和阀金属亚氧化物凝聚体及其生产方法	阀金属和低价阀金属氧化物凝聚颗粒烧结的电容器阳极体具有烧结密度大于其理论密度 88% 的低价阀金属氧化物，如低价氧化铌。	CN102165545A CN102891018A EP2329507A
US7986508B2 US2010208414A	100503 030307	110726	昭和电工株式会社	大森和宏	一氧化铌粉末，一氧化铌烧结体及其制造的电容器	用一氧化铌烧结体制造的电容器，其中一氧化铌烧结体的孔隙度有一峰值，NbO_x（$x=0.8\sim1.2$）的摇实密度为 0.5 ~ 2.5g/mL。电容器阴极用导电性聚合物聚 3，4 - 乙烯二氧噻吩。	US7737066B US2003170169A
US7989339B2 US2010129535A	100203 070925	110802 100527	美国应用材料公司	Kavita Shah	碳氮化钽的气相沉积方法	在气相沉积过程中，通过控制沉积温度和含氮气体的流量沉积一定厚度的碳氮化钽层。包括热沉积 CVD，脉冲-CVD 沉积或 ALD 沉积。	US7678298A US2009078916
US8012410B2 US2008060568	050915	110906 081223	美国 Grede LLC 公司	Bipin H. Shuh	高硅钼铸造合金及其生产方法	其成分含量（质量分数）：2.6% ~ 3.5% C；3.7% ~ 4.9% Si；0.45% ~ 1.0% Nb；最高 0.6% Mn；最高 0.02% S；最高 0.02% P；最高 0.1% Ni；最高 1.0% Cr；最高 0.1% Mg；其他杂质 0.2%，余 Fe。	CN101300368A JP2009509035A EP1931810B
US8029762B2 US2008212263A	060601	111004 080904	德国 H. C. Starck 公司	Christoph Schanitter	含低价氧化铌的多孔阳极体	适用于固体电解电容器的多孔阳极体，提供一种总体氮含量为 0.05% ~2% 的团化的低价氧化铌粉末构成的多孔阳极体，和一种由所述阳极体制成的电容器。	US8187567B JP2008543069 MX2007016540A

专利号	申请日	公布日	申请人	发明人	专利名称	专利要点及有益效果	同族专利号
US8036740B2 US2008119897A	071031 030507	111011 080522	美国 Kemet 公司	John D. Norton	液体钽再形成方法及装置	医用装置包括液体钽的容器，它有额定电压值并包括水合阳极沉积，将其充电到低于接近额定电压的 75%，充电后至少有部分放电后再进行充电。	US8346356B EP1623439B
US8040660B US2009073640A	080711 070718	111018	美国 Cabot 公司	Sridhar Venigalla	高压用低价氧化铌及其电容器	Nb_xO_y 的低价氧化铌，其中 x 小于 2，且 y 小于 2.5，掺杂有 Y、Si、Mn、Ce 的氧化物 Y_2O_3、SiO_2、Mn_2O_3、Al_2O_3、CeO_2，它们中的一种或任意组合，掺杂量为 0.25% ~2.5%（质量分数）。	CN101755315B EP2176872A JP2010533642A US2011317336A
GB2481508A	110615 100623	111112	英国 AVX 公司	Lan Pinwill	具有改进的二氧化锰层的固体电解电容器	使用 120000 ~ 250000μFV/g 的钽粉，在硝酸锰溶液中使用含 6 ~ 14 个碳原子的芳香环或杂原子环的亲水性基团和疏水性基团分散剂，如磺酸盐、磷酸酯、羧酸酯、硫醇、磺酸酯、亚磷酸盐、亚砜等，改善锰氧化物层的均匀性。	US2011317335A CN102496486A
US8061177B2 US2007169529A	070323 051020	111122 070726	美国 H. C. Starck 公司	Peter R. Jepson	难熔金属罐	将难熔金属（如钽、铌）锭切削→镦锻→高温第一次退火至少部分再结晶→减径锻造→镦锻→锻造→高温第二次退火部分再结晶→锻造→第三次退火→轧制成板→深拉成罐。	US8499606B JP4980883B EP1733065B
US8111125B2 US2011193666A	110224	120207 110811	美国马萨诸塞技术学院	Timotary A. Antory	铌锡超导线圈	Nb_3Sn 超导线圈是由多股铌与锡接触的缆线绕成的，热处理后使锡与铌反应形成 Nb_3Sn。多股超导缆线被装进通管里，截面里不超过 9 股，还可以有焊锡，线圈至少有 1200 圈。	US7541905B2 US7920040B2 US7696847B JP200924200A
US8114340B US2009193637A	060901	120214 090806	英国 AVX 公司	Culin MoCracken	固体电容器阳极体的成型方法	粉末压制成型时采用润滑装置，适于局部地施加乳化剂以润滑阳极体的外表面和模压设备的表面之间的界面。减少润滑剂用量，如钽粉在成型前不必混入黏结剂和润滑剂。	JP2009507368A EP1920447 CN101258572B
US8128765B2 US2006219336A	050405	120306 061005	美国 Jeffson 科协	Ganapanath Bhat	由纯铌锭制得的大晶粒腔	铸锭得到大晶粒铌锭（直径 17in ~ 6ft），将大晶粒铸锭横向切成 1/4 ~ 1/16in 厚的片，拉压（冷轧）大晶粒片，然后制成半胞，将半胞焊合成超导腔。	

专利号	申请日	公布日	申请人	发明人	专利名称	专利要点及有益效果	同族专利号
US8147749B US2010158695A	100624 050330	120403	美国联合技术公司	Por. El. Lenolus	超耐热合金组成、制品及制造方法	合金的组成为（质量分数）：最大含量的镍，至少16.0%的钴和至少3.0%的钽。该组成可以将合金成分混合，熔炼，再制粉，采用粉末冶金工艺来制造涡轮发动机的涡轮叶轮。	EP1710322A CN1840719A CA2533574A
US8159016B2 US2005145016A	041215 031215	120417 050707	韩国三星电子	朴星昊；李正贤	半导体器件电容器及其制造方法	一种半导体器件的电容器和制造该电容器的方法，该电容器含下电极层、介电层和上电极层，介电层由钽氧化物和周期表第5族元素的氧化物如铌氧化物或钒氧化物形成。	CN100466262C CN1630085A KR100519777B
US8168118B2 US2009324439	090902 040106	120501 091231	美国Cabot公司	Christopher A. Michaluk	粉末冶金溅射靶及其制造方法	粉末冶金形成的如钽、铌等及其合金靶，氧含量低于0.03%，表面氮化，含氮低于0.01%的粉末进行粉末冶金制得的钽、铌溅射靶。	US7067197B US7601296B
US2012106029A	101101	120503	英国AVX公司	John Gavagnl	体积高效的湿式电解电容器	阳极和金属外壳的尺寸（体积分数）：阳极一般占据内部空间的70%或更多，优选约占据75%或更多，更优选约占据85%～95%。	DE102011117190A CN102568863A
US8187567B2 US2008199393A	080821 050603	120529	德国H. C. Starck公司	Christoph Schnitter	无机化合物	有高击穿电压、高温下运行且寿命长的电容器的低价氧化铌粉，该粉末掺有氮，至少部分地均匀分布，X射线测定以Nb_2N为主，本发明低价氧化铌含有氮0.05%～2%。	EP1890967A US8187567B JP2008543069
US8199461B2 US2010302713A	101202 090529	120612	英国AVX公司	Stanlslaw Zednicek	用于固体电解电容器的难熔金属浆料	包括多孔钽、铌阳极的电容器，阳极引线与阳极体表面是通过粒径为1～20μm钽粉浆料连接，浆料的厚度为0.01～50μm，经过烧结把阳极引线与阳极表面连接起来的。	JP2010278415A DE102010021337A
US8226741B2 US2010272889	071003	120724 101028	德国H. C. Starck公司	Ieonid N. Shekheter	制备低氧含量金属粉末的方法，由此制得的粉末	制备O≤1×10^{-3}%的钽、铌粉，在惰性气氛中、在1×10^{-7}bar的压力下加热到总共含有5×10^{-3}%～0.3%氧的金属粉末，使氧化物达到热力学不稳定的温度，通过挥发除去产生的氧。	US2012291592A WO2008042947 RU2009116616A CN101522342B
US8247085B2 US2011146848A	110623 081121	120821 110623	美国通用电气公司	Bernard Partrick Bewlay	铌基材料防氧化涂层的形成	涂层的成分为（原子百分比）：1%～37% Si，0～40%的Nb + Ti + Hf + Fe，其中Hf、Fe任选；至少（体积分数）72%硅、钼Cr_2Nb的Laves相，高至28% CrNbSi中间相，其中M选自Nb、Ti、Cr。	US2012282485A US2012146808A

专利号	申请日	公布日	申请人	发明人	专利名称	专利要点及有益效果	同族专利号
US8252126B2 US2005247386	050504 040506	120828 051110	美国 Cabot 公司	John P. Matera	溅射靶，通过旋转轴向锻造形成该溅射靶	对铸造锭得到的难熔金属（如钽、铌或其合金）的预成型件旋转轴向锻造至所述溅射靶的形状和尺寸。在 900～1200℃ 进行退火；以 30～300r/min 的速度旋转轴向锻造。	US8252126B EP1735476 KR101192528B
US8259435B2 US2012106030A	101101	120904 120503	英国 AVX 公司	Willian A. Milliman	密封的湿式电解电容器	包括密封盖子组件的湿式电解电容器，该盖子限定了一内孔。一导电管从孔内穿过，该孔的尺寸和形状足以容纳阳极引线。孔内还有绝缘材料，以导电管和盖子之间形成密封。	DE102011117189A CN102543485A
US8279583B2 US2010302710A	090529	121002 101202	英国 AVX 公司	Stanlslaw Zednicek	用难熔金属浆料连接的电解电容器阳极体	用钽或铌浆料把两个或以上钽或铌芯片进行电连接起来的电解电容器阳极，阳极引线可埋入到任一芯片内，经过烧结形成强固而可靠的连接，增大阳极切面和表面积。	JP2010278447A DE102010021338A
US8282988B2 US2011300721A	110816 071218	121009 111208	美国微技术公司	Wishwanath Bhat	制造五氧化二钽晶体的方法	把含钌材料表面用水蒸气处理，除去部分氧，用含钽的前体化合物，如甲氧基钽、乙氧基钽，进行化学气相沉积，且有水或臭氧存在，在含钌的材料表面沉积五氧化二钽晶体。	US2009155486A US8012532B US2013011990A
US2012269646A	120629	121026	英国罗尔斯罗伊斯公司	Robert J. Mitchell	镍基超合金	其成分（质量分数）：20%～40% Co，10%～15% Cr，3%～6% Mo，0～5% W，2.5%～4% Al，3.4%～5% Ti，1.35%～2.5% Ta，0～2% Nb，0.5%～1% Hf，0～0.1% Zr，0.01%～0.05% C，0.01%～0.05% B，0～2% Si，余量是 Ni，γ 相含 $(Ni/Co)_3(AlTiTa)$。	EP2045345B JP2009097094
US8310815B2 US2010265634A	090420	121113 101021	美国 Kemet 公司	Yuri Freeman	高压高效聚合物电解质电容器	钽阳极的比容不低于 30000μFV/g，击穿电压不低于 75V，阳极的碳含量低于 $5\times10^{-3}\%$，氧含量低于 $0.15\times10^{-4}\%$ μC/g。	UUS8323361B EP2422350A WO2010123936A
US8323361B2 US2011252613A	110622 020420	121204 111020	美国 Kemet 公司	Yuri Freeman	高压高效聚合物电解质电容器	比容高于 30000μFV/g，碳含量低于 $5\times10^{-3}\%$，氧含量低于 $0.15\times10^{-4}\%$ μC/g，将钽阳极形成介电层；将阳极浸渍在导电性聚合物中；干燥；形成第一层阴极和第二阴极层。	US8310815B EP2422350A WO2010123936A

专利号	申请日	公布日	申请人	发明人	专利名称	专利要点及有益效果	同族专利号
US8333923B2 US2008206584A	070228	121218 080828	美国 Katerpillar 公司	James K. Jaszarowski	含铌的高强度灰铸铁	含铌的高强度灰铸铁合金包含（质量分数）3.05% ~ 3.40% 的碳、0.05% ~ 0.3% 的铌和 1.75% ~2.3% 的硅。所述灰铸铁合金还包含小于或等于大约 0.06 重量百分比的镍。	CN101622367A WO2008105987A
US2012330390A	120525 070516	121227	美国 Heraeus 贵金属公司	Jurgen Wachter	高强度低模量医用植入 Ta-Nb-W 合金	合金含选自锆、钨、钼中的一种，成分（质量分数）是：约 10% Nb，2.5% W，余量为 Ta，上述合金还可含 0 ~ 10% Zr,。该合金具有很好的生物相容性。	US2007276488A
US8349249B2 US2008312740A	080219 030408	130108 081208	德国 W. C. Heraeus 公司	Hans-Elgen Waihat Tritshell	改进的用于医用器械和移植物的金属合金	一种用于医疗器械和移植物的金属合金成分（质量分数），包括：0.1% ~70% Nb，0.1% ~30% 选自 W、Zr、Mo 中至少一种，低于 5% 的选自铪、铼、或镧系元素，其余为钽和不可避免杂质。	DE60309281T CN1521284A US8403980B
US8354176B2 US2010297472A	090522	130115 101125	美国联合技术公司	Michael Miner	金属抗腐蚀抗高温氧化涂层	涂层的成分（质量分数）是：2.5% ~13% Co；12% ~27% Cr；5% ~7% Al；0 ~1.0% Y；0 ~1.0% Hf；1% ~3.0% Si；0.2% ~4.5% Ta；0 ~6.5% W；0 ~2.0% Re；0 ~1.0% Mo；其余为 Ni。	EP2253738B EP2405032B
WO2013021004A	120808	130214	德国 H. C. Starck 公司	Haas Helmut	由阀金属粉末生产电解电容器的方法	将钽粉与钽丝压制成型→烧结成多孔烧结体→冷却多孔烧结体→用一种或多种气体或液体氧化剂氧化烧结体→在赋能液里赋能形成介电氧化膜。	DE102011109756A TW201330035A CN103717329A
US8382920B2 US2007209741A	070307 060307	130226 070913	美国 Cabot 公司	克雷格.M. 卡彭特	制备变形金属制品的方法	将金属锭制成矩形板坯，板坯在 700 ~ 1500℃ 退火 30min ~24h；多道次第一轧制该板坯；多道次第二轧制该板坯，每道次有0.06 ~0.18 的真实应变压下量。	CN101374611A EE20080004 JP2009528922 FR29005848
US8394170B2 US2011129386A	101202 091202	130312 110602	德国 W. C. Heraeus 公司	Herwing Schiefer	用于生产无夹杂铌合金的粉末冶金原料	（1）研磨第一种、第二种金属分别形成其粉末；（2）将上述两种金属粉末混合成第一种混合粉末；（3）用粉末冶金方法将（2）混合粉末形成第一混合体；（4）用熔融冶金法把余下的金属加入到混合体里得到合金。	DE102009056504A

专利号	申请日	公布日	申请人	发明人	专利名称	专利要点及有益效果	同族专利号
US2013096667A	111012	130418	德国 Abbott 公司	Rainer Bregulla	热处理的医用植入伸展体钽合金及其制造方法	一种丝网状医用可植入伸展体钽合金，其成分（质量分数）是：Ta 71% ~92%；Nb 7% ~13%；W 1% ~10%；晶粒为 13 ~16μm，通过热处理改善了如屈服强度、破断强度及延展性特性。	
US8430944B2 US2010158747	091120 081222	130430 100624	美国环球高级金属公司	饭岛均	阀金属微细粉末回收方法	在反应弹里进行还原反应，包括反应产物钽粉形成的熔盐（液体）混合物，用虹吸管将液体混合物转移到另一个容器里，同时进行搅拌，钽粉混合物自动流入回收容器。	JP2010168650A
US2013055580A	121211 111220	130620	英国 AVX 公司	Tomas Karnik	有改进的液体钽阳极容器	有改进的液体钽阳极容器,包括一个烧结多孔阳极体、液体电解质和一阴极,至少一个纵向延伸的通道嵌入阳极体中,该通道具有相对较大的纵横比,如在一些实施例中大约为 2 或更大,为 10 ~200。	FR2984587A DE102012223637A CN103177829A
US8477479B2 US2012176729A	110112	130702 120712	英国 AVX 公司	Robert Hazen Pease	用于液体电解电容器的扁平式阳极的引线	一种用于液体电解电容器的扁平式阳极引线嵌在阳极内，并从阳极沿纵向方向延伸。所述引线可以由任何导电材料制成，如钽、铌、铝、铪、钛等金属及其导电氧化物和/或氮化物。	CN102592829A GB2487277A FR2970368A DE102012200231A
US8493712B2 US2010232091A	100308 090312	130723 100916	三洋电机株式会社	金田和博	固体电解电容器及其制造方法	一种降低了漏电流的固体电解电容器，包括一金属铌或铌合金的阳极，在铌金属表面形成介电层，在介电层上形成阴极，其中阴极是由工作效能为 5eV 或更高的金属或导电性金属化合物构成。	JP2010212594A
US8503165B2 US2009214374A	090521	130806 110421	美国 Kemet 公司	Chacko Antony	改进可靠性的固体电解电容器	固体电解电容器，包括：阳极、阳极上的介电层，介电层上的阴极，阴极上的一金属平板，金属平板和阴极层之间的镀层，进一步包括在金属平板和阴极层之间的金属填充层，金属填充层，如银、镍等，厚度为 2 ~100μm。	WO2012088161A
US8503167B2 US2011188173A	110124 100127	130806 110813	三洋电机株式会社	太田妙子；原田学	固体电解电容器及其制造方法	由阀作用金属或其合金构成的阳极；在阳极的表面形成电介质层；由通过烷基将至少 2 个膦酸基结合的偶联剂构成、在电介质层上设置的第一偶联剂层；在第一偶联剂层上设置的第一导电性高分子层；和在第一导电性高分子层上设置的阴极层。	CN102194579B

专利号	申请日	公布日	申请人	发明人	专利名称	专利要点及有益效果	同族专利号
US8506882B2 US2009090827A	090428	130813 090827	美国 Tosoh SMD 公司	Yugena Y. Ivanov	高纯激射靶的生产方法及装置	将金属粉末（W、Ta、Mo、Hf 等）压制成致密的坯料，可以热等静压或别的方法，然后轧制成接近激射靶的尺寸，并增加密度。	
US8512422B2 US2011317335A	110531 100722	130820 111229	英国 AVX 公司	Ian Pinwill	改良的锰氧化物电解质的固态电解电容器	通过在硝酸锰溶液中使用分散剂，分散剂有助于最小化锰氧化物前体接触电介质表面后形成液滴的可能性，使得锰前体溶液（如硝酸锰）可轻易渗入阳极的孔洞中。	US8747489B CN102496486A GB2481508 JP2012014528A
US8512423B2 US2012137482A	100729 090729	130820 120607	昭和电工株式会社	中村英则	固体电解电容器的制造方法	（1）在含有硝酸及磷酸的赋能液中，在40℃至赋能液沸点的温度，对铌阳极体进行赋能；（2）在150～300℃，对该经赋能后阳极体进行热处理；（3）按照前赋能条件再次赋能。	WO2011013375A EP2461337A CN102473528B

日文专利（1900 ~ 1999 年）

专利号	申请日	公布日	申请人	发明人	专利名称	专利要点及有益效果	同族专利号
昭 45-009148A 昭 52-41465B	671025	700512 771018	昭和电工株式会社	矢野友三郎	烧结电容器的制造方法	一种扁平度 2 以上，短轴粒径为 250μm 以下的粒子占 80% 以上的钽粉，这样的钽粉耐烧结性好，烧结收缩率小，烧结体比表面积大，用该钽粉烧结制成电容器比容高，漏电流低。	DE1805372 US3647415 BE722915
昭 48-6748B	650222	730228	昭和电工株式会社	矢野友三郎	高电压电解电容器用钽粉的制造方法	将还原得到的金属钽粉经过氢化，吸氢 0.05% ~ 0.2%，破碎制粉后再高温脱气，团化热处理，得到适合高压应用的电容器级钽粉。	
昭 48-32882B	680227	731009	昭和电工株式会社	矢野友三郎	铝 - 钽母合金的制造方法	氟钽酸钾和碱金属卤化物熔融盐，用铝还原反应得到铝 - 钽母合金。成分（质量分数）是 Al 65.66%；Ta 33.75%；Fe 0.18%；Si 0.15%；C 0.10%，其他 0.15%。	
昭 48-43006B	691009	731215	昭和电工株式会社	小松昭利	钽粉制造方法	钠还原氟钽酸钾，在 K_2TaF_7 上面盖 KF、KCl、NaCl，再放 Na，抽空，加热至 250 ~ 450℃ 使钠熔化，升到 500 ~ 800℃，通 Ar 气，Na 透过隔离层与 K_2TaF_7 反应，制得钽粉。	
昭 49-82962A	731121	740809	德国西门子公司	Werner Schnabel	钽的干式电解质电容器的制造方法	烧结钽阳极化形成介电体层后，形成半导体二氧化锰层，将其在醋酸 - 过氧化氢溶液里浸渍除掉一薄层，然后被覆碳层。	
昭 49-39342B	700528	741024	昭和电工株式会社	花冈晖夫	烧结型电容器电极成型体	使用不同粒径和松装密度的钽粉成型，如，平均粒径（μm）：$12 \geq D > 8.4$，$8.4 \geq D > 7.8$，$7.8 \geq D > 7.2$；对应的松装密度分别为（g/mL）$3.6 \geq d \geq 2.8$，$3.4 \geq d \geq 2.3$，$3.2 \geq d \geq 1.8$。	GB1322431A US3843360
昭 50-7006B	691009	750302	昭和电工株式会社	内藤博夫	还原钽粉的制造方法	气 - 液搅拌钠还原，利用下部钠蒸气挥发到上部，坩埚里装有熔融 K_2TaF_7 并搅拌，使 K_2TaF_7 还原，钠蒸汽以 $0.2g/(cm^2 \cdot h)$ 的速度供给。这样得到的钽粉纯度高、收率高、漏电流低。	

专利号	申请日	公布日	申请人	发明人	专利名称	专利要点及有益效果	同族专利号
昭 50-14604B	701224	750529	信越化学株式会社	山中义雄	金属粉末的制造方法	100 份重量的氧化铌、氧化钽，加入 1 ~ 10 份重量的碱金属、碱土金属和反应所需要的碳量，在真空里加热，得到多孔金属碳化物，经过粉碎为碳化物粉末。	
昭 50-56377A 昭 57-27184B	740912	750517 820609	德国 BASF 公司	Wolfgang Habermann	电解用阳极	一种至少含有铁族元素的钨合金电极材料，含有钽、硼化钽、碳化钽或钽合金 10% ~70%（质量分数）的电极阳极。	DE2346055 BE819674
昭 51-58654A	741119	760522	松下电器株式会社	西野忠	氧化锰固体电解质电容器	在形成二氧化锰层时，几次浸渍硝酸锰后在半封闭的炉子里，在少许正压下加热分解，分解炉只让大气从分解炉壁上的孔里通过。这样可以制造钽、铝等阀金属作电极的电容器。	US4038159
昭 51-61517A	751005	760528	美国 Owens 公司	Chung Chang Young	钠特殊玻璃组成物	一种离子选择性玻璃电极的玻璃组成为（摩尔分数）：Na_2O 5% ~ 25%；Al_2O_3 0 ~ 20%；Ta_2O_5 1% ~10%；SiO_2 60% ~82%。	DE2544377 DK444675
昭 52-42453A	750731	770402	信越化学株式会社	千田男	多孔钽粉的制造方法	平均粒径为 7μm 的金属钽粉在 1000 ~ 1800℃ 加热轻度烧结，得到的钽粉粉碎过 60 目筛，加入黏结剂造粒制成所需粒径粉，在 1000 ~ 1800℃ 热处理 300min，得到多孔钽粉。	
昭 52-65854A 昭 57-014020B	751127	770531 820320	松下电器株式会社	早川林	固体电解电容器的制造方法	对于较大的电容器芯子要浸很多次 $Mn(NO_3)$，结果仍不均匀，MnO_2 不致密，在浸渍液中加入 $Mn(OH_2)$-NH_4NO_3-$Mn(NO_3)_2$溶液，可解决上述问题。	US4148131
昭 52-107211A	760305	770908	三井矿业株式会社	高濑清吉	金属钽粉制造方法	氟钽酸钾加稀释剂搅拌注钠还原的方法制取钽粉，例如将 K_2TaF_7 100kg + KCl 80kg，300℃ 干燥，升到 700℃ 保温，再升到 880℃ 注钠，注钠速度 100g/min，以 200r/min 速度搅拌，还原制取钽粉的方法。也可用 NaCl 作稀释剂。	
昭 52-107212A 昭 58-39883B	760305	770908 830902	三井矿业株式会社	左藤松次	金属钽粉制造方法	氟钽酸钾钠还原所得产物，用 pH 值为 2.5 ~ 5.0 的缓冲水溶液洗，除去钽粉中的副产物，得到的钽粉氧含量低，钽金属损失少。	

专利号	申请日	公布日	申请人	发明人	专利名称	专利要点及有益效果	同族专利号
昭 52-112757A	760319	770921	松下电器株式会社	早川林；吉田昭彦	固体电解电容器的制造方法	阀金属形成的烧结体，在烧结体表面形成阳极化介电体，然后浸渍 $Mn(OH_2)$-NH_4NO_3-$Mn(NO_3)_2$ 溶液，热分解形成固体电解质，制取的电解电容器漏电流低、性能稳定。	FR2343540 US-4148131 DE2610224
昭 52-117813A	76031	771015	三井金属矿业株式会社	高漱清吉	金属钽粉处理方法	钽粉酸洗，在容器里用 60 ~ 100℃ 蒸汽从下往上吹，钽粉流动状态，酸洗后 Fe 等金属杂质低，钽粉适合制造电解电容器。	
昭 52-142615A	760524	771128	三井金属矿业株式会社	松平靖	金属钽的氢化方法	将金属钽在氢气气氛中 400 ~ 700℃ 保温，在 30min 内降温到 200℃，然后从 200 ~ 50℃ 继续补充氢气，钽金属吸氢被氢化。	
昭 52-150362A	760609	771214	三井矿金属业株式会社	高漱清吉	金属钽粉制造方法	K_2TaF_7 钠还原时，加入 0.05% ~ 1.0% 的 NH_4F、KHF_2、碘化钾、四氟化硼钠、四氟化硼铵，在 700 ~ 950℃ 还原，钽粉细化，平均粒径小。	
昭 53-49253A	761015	780504	富士通株式会社	别所国晴	氮化钽电解电容器的制造方法	氮化钽电解电容器的制造步骤：在熔融盐中或含氮气中、氨气的氩气中氮化钽粉，将氮化钽粉末压制成型；将成型体烧结，在烧结体表面形成介电膜；在该介电膜上形成阴极。	
昭 53-65997A	761125	780612	芝浦电器株式会社	福田永生	钽酸锂单晶的制造方法	用一种 Pt-RA 合金，含铑 20% ~ 40% 的坩埚拉单晶，在氮气或还原气氛下或它们的混合气体中拉单晶，气体流动速度为 0.1 ~ 1L/min，最终育成钽酸锂单晶。	US4135963
昭 54-52614A	771005	790425	昭和电工株式会社	平野忠男	含蚁酸的醋酸耐腐蚀性 Cr 合金	耐含有蚁酸的醋酸腐蚀合金成分（质量分数）：Cr 27% ~ 31%，Mo 0.5% ~ 3%，$C < 0.005\%$，$20 \times C\% \leq Nb + Ta \leq 60 \times C\%$，$N \leq 0.015\%$，$O \leq 0.008\%$，$S \leq 0.020\%$，其余为 Fe 和不可避免杂质。	
昭 55-113807A 昭 59-5642B	790223	800902 840206	昭和 KBI 株式会社	小山惠二夫	钽粉制造方法	K_2TaF_7 与碱金属卤化物（NaCl，KCl）稀释剂混合，用钠还原时，加入硅的化合物、磷酸盐中之一，可以细化钽粉。	

专利号	申请日	公布日	申请人	发明人	专利名称	专利要点及有益效果	同族专利号
昭 55-113858A	790226	800902	昭和电工株式会社	浅川勇勇	苛性碱溶液用镍合金	一种苛性碱溶液用镍合金成分（质量分数）：Cr 35% ~75%，Ni 25% ~65%，Fe≤20%，至少选自 Ti、Zr、Ta、Nb、Mo、W、Mn、Co 其中之一，合量为 0.05% ~6%。	
昭 55-134925A 昭 60-26288B	790410	801021 850622	松下电器产业株式会社	中田维明	固体电解电容器阳极及其制造方法	一种钽粉烧结的固体电解电容器阳极，其中钽粉至少有 0.003% ~3%（原子数分数）选自 V、Mo、Pt 中一种元素。该电容器允许有低的反向电流。	US4277543
昭 56-3635A 昭 58-53698B	790619	810114 831130	三菱化成工业株式会社	田丸明生	生产钽富集物的方法	从含钽的氧化物、钽酸盐与金红石型氧化钛的混合晶体矿中提取钽，用浓度不小于 50%（质量分数）的硫酸 200℃到沸点处理矿石，在水溶液中加还原剂用浓度小于 50% 的硫酸溶解钛的化合物	US4302243 MY8500588A DE3022874A
昭 56-114831A 昭 62-25610B	800215	810909 870604	东京芝浦电器株式会社	远藤搏	从含 Si 的废钽中回收钽	用无机酸溶解废钽，溶液加入离子交换树脂，用 3 ~ 10mol/L HF（b）0.01 ~ 0.5mol/L HF 和 1 ~ 6mol/L 强酸洗上述离子交换树脂，然后用 HF 水溶液，铵盐水液洗……	US4446115
昭 57-34026A	80081	820224	昭和 KBI 株式会社	林田容夫	高纯 K_2TaF_7 制造方法	将粗钽或钽的化合物用 HF 溶解，使此溶液含 K^+ 0.01 ~0.15g/mL，在 50℃慢慢加入钾的化合物，如 KCl、KF，到室温结晶出高纯度 K_2TaF_7。	
昭 57-51205A 昭 59-7765B	800913	820326 840221	吉泽昭宣	吉泽昭宣	生产细金属粉末方法	金属卤化物与惰性气氛被送入反应管，还原性气体流与其同向，只是流速不一，两气流接触层状交界区，金属卤化物被还原成均匀粒径的细粉。	US4383852
昭 57-136311A	810823	820823	日立制作所株式会社	龟井常章	薄膜电容器的制造方法	基板的下部电极用钽薄膜，将该薄膜阳极氧化形成介电体，在介电膜上形成上部电极，上述薄膜形成后在氮气氛 200 ~350℃下进行热处理。	
昭 57-136317A	810818	820823	富士通株式会社	松崎寿夫	固体电解电容器的制造方法	关于铝、钽等阀金属的形成和补形成工艺，是在大气下施加电压。把介电膜中的缺陷进行修复，这样的电容器的漏电流得到改善。	

专利号	申请日	公布日	申请人	发明人	专利名称	专利要点及有益效果	同族专利号
昭 57-154825A 平 2-50612B	810319	820924 901102	松下电器株式会社	中田维明	钽电解电容器电极的赋能方法	钽阳极在碱金属、碱土金属的硝酸盐或它们的混合物水溶液中赋能，适合于制造液体或固体电解质钽电容器。	
昭 57-155721A	810320	820925	松下电器株式会社	平野雅一	电子部品	钽电容器的电子元件的封装，第一层为含有光硬化树脂，第二层含有热硬化树脂。	
昭 57-170512A	810413	821020	Malcon 株式会社	半田喜代二	树脂包封固体电解电容器的制造方法	在电容器芯子被膜时，在 $Mn(NO_3)_2$ 溶液中添加 2% ~ 10% 的 NH_3NO_3，这样电容器的容量引出率从 90% 增加到 99%，容量随时间变化小，而漏流基本不增加。	
昭 57-201013A 昭 61-60567B	810604	821209 861222	松下电器株式会社	人藏宫	固体电解电容器的制造方法	钽电容器制造中，用鳞片状扁平状 TiN 与高分子材粉混合作为涂料涂在石墨层外，为导电阴极第一层，这种电容器抗潮性好。	
昭 57-208123A	810617	821221	松尾电机株式会社	今井俊夫	固体电解电容器的制造方法	对于小型电容器，在引出线的根部涂一层树脂，可缩短钽引线，在焊接时，温度升高时不至于伤了根部的二氧化锰。	
昭 58-14521A 昭 62-2452B	810717	830127 870120	日本电气株式会社（NEC）	铃木哲雄	电解电容器	铝和钛合金做成的多孔体制造的电容器，用钽丝埋入或焊接作为阳极引线的阳极体的电容器。这样的电容器容易成型加工，由于钽的熔点高，烧结条件好控制，性能稳定可靠性好。	
昭 58-32407A 昭 62-9206B	810820	830225 870227	松下电器产业株式会社	中田维明	形成钽电容器阳极和制造电容器方法	钽烧结体在水溶液里阳极化形成阳极化介电层膜后在碱金属熔融硝酸盐或亚硝酸盐（KNO_3、$NaNO_3$）中进行电解，融盐温度范围 160 ~ 400℃，优选 250 ~ 350℃。	US4450049
昭 58-39703A	810903	830308	日本电气株式会社（NEC）	岗崎刚信	电解电容器制造方法	钽粉成型体烧结时，从室温到 1000℃ 用油扩散泵抽真空时，1000℃ 以上升温用低温冷却泵抽空，这样得到的钽烧结体纯度高。	
昭 58-70520A 昭 61-61693B	811023	830427 861226	新日本电气株式会社	小田富太郎	固体电解电容器的制造方法	阀金属粉末压制、烧结、形成氧化膜，阳极引线从根部向上被覆上一层缩水性膜。防止在引线上部形成半导体层。	

专利号	申请日	公布日	申请人	发明人	专利名称	专利要点及有益效果	同族专利号
昭 58-107622A	811221	830627	松下电器株式会社	入藏宫	固体电解电容器的制造方法	钽阳极在被覆第二层二氧化锰时，二氧化锰中掺入有机高分子黏结剂，其比例为 5% ~25%。品质稳定，质量改善，成品率高。	
昭 58-154221A	820310	830913	东京芝浦电气株式会社	木原泰周	铌电解电容器的制作方法	把铌芯子浸在含有氯离子 2 ~ 25g/L 的溶液里，拿出后在空气里 300 ~ 800℃退火 5min，然后在含有卤素离子为 10^{-5}g/L 以上浓度的溶液里施加电压进行阳极氧化，时效处理。	
昭 58-171811A	820402	831008	日立电容器株式会社	柴田良平；堀直之	固体电解电容器的制造方法	阀金属烧结体阳极在第一次浸石墨时用大于 3 ~ 10μm 的粗石墨浆料，第二次用小于 3μm 的石墨浆料。防止半导体层耐电压性下降，提高耐压性。	
昭 58-176128A 昭 62-47817B	820409	831015 871009	工业技术院长	林宏上官野	从含钽铌矿石中提取钽铌	矿石用 HF + H_2SO_4 分解，F 型离子交换树脂处理，用 HF + NH_4Cl 溶液溶解，提取钽铌，纯度高，收率高。	
昭 58-218110A	820526	831219	日本电气株式会社（NEC）	小田富太郎	固体电解电容器的制造方法	阀金属粉末的烧结块，第一步在 pH 值大于 8 的盐基溶液中以所定电压下赋能，第二步在充分低的电压下赋能，膜生长速度快。	
昭 58-218111A	820526	831219	日本电气株式会社（NEC）	小田富太郎	固体电解电容器的制造方法	阀金属粉末的烧结块，在制造电容器的过程中，在其表面形成无电解镀的电极引出层。防止氧化膜劣化，减轻厚膜化对漏电流的影响。	
昭 58-218112A	820526	831219	日本电气株式会社（NEC）	小田富太郎	固体电解电容器的制造方法	在用阀金属制造电容器的过程中，用不同的熔点的铅 - 锡合金在 220 ~ 280℃将引线端子与电容器芯子进行焊接。改善漏电流。	
昭 58-223313A	820612	831224	日本电气株式会社（NEC）	岗崎刚雄	钽电解电容器的制法	用 -325 目钽粉在 1600 ~ 1800℃烧结制造的烧结体，用它制造的电容器，电容器漏电流低。	
昭 59-8325A 平 1-26526B	820706	840117 890524	Nichicon 株式会社	三井弘一	片式固体电解电容器的制造方法	在阀金属烧结块表面先后形成氧化膜、固体电解质、阴极导出层，用静电涂装法形成树脂层，同时在引线表面形成凹凸不平的无电解镀层。	

专利号	申请日	公布日	申请人	发明人	专利名称	专利要点及有益效果	同族专利号
昭 59-8326A 平 1-26527B	820706	840117 890524	Nichicon 株式会社	三井弘一	片式固体电解电容器的制造方法	在阀金属烧结块表面形成氧化膜、固体电解质、阴极导出层，用静电涂装法形成树脂层，喷砂法除去引线上的树脂层，形成凹凸不平的无电解涂层。	
昭 59-8327A 平 1-26528B	820706	840117 890524	Nichicon 株式会社	三井弘一	片式固体电解电容器的制造方法	在阀金属烧结块表面形成氧化膜、固体电解质、阴极导出层，无电解镀层，阴极、阳极的无电解镀层可以是同种金属或含异种金属的合金。	
昭 59-8329A	820705	840117	松下电工株式会社	盐谷泰浩	模塑片式电子元件	封口部最外层为树脂模塑片式电子元件，外封树脂支持部和芯子间有刚性板，其厚度在 1mm 以下。在 280℃熔焊 10s 无裂纹。	
昭 59-8330A	820705	840117	松下电工株式会社	盐谷泰浩	模塑片式电子元件	封口部最外层为树脂模塑的片状电子元件，外封树脂支持部和芯子间有刚性板，其厚度在 1mm 以下。小型电子元件得到强固，有工业使用价值。	
昭 59-47822A	820910	840317	住友株式会社	横山武	弹性表面波用基片的制造方法	用压电性单晶体铌酸锂、钽酸锂单晶，切去两端面，磨，中心线平均 Re 为 0.3 ~ 0.5μm，主面、附面和端面进行老炼处理。	
昭 59-98411A 平 4-40806B 特许 1769892B	821129	840606 920706 930630	科学技术厅金属材料技术研究所	和田仁	极细多股 Nb-Ti 超导丝的制造方法	制造有 10% ~ 50% Nb 40% ~ 75% Ti 和不高于 30%（原子数分数）至少选自 Ta、W、Hf 的合金丝；覆盖稳定材料，拉拔，捆扎多股上述稳定化的丝，与稳定材料包扎，挤压后拉丝。如此多次进行。250 ~ 600℃进行热处理。	US4508578
昭 59-99712A	821129	840608	松下电器株式会社	上野二良	电解电容器阳极成型体	钽粉与钽丝压制成型，该钽丝的表面真空蒸镀了一层厚度为数百纳米的一层 Al 薄膜，这样可以在较低的温度下烧结，多孔烧结体与钽丝结合牢固。	
昭 59-206042A 平 3-66014B	830507	841121 911015	住友电器株式会社	上条荣治	细粉的制造方法及设备	在激光束加热放电状态下，挥发性金属化合物和/或气态金属和活性气体发生反应生成金属或陶瓷细粉末。	US4556416
昭 60-130818A	831219	850712	松下电器株式会社	船越康雄	烧结型电解蓄电器用阳极的制造	钽粉中添加有机黏结剂后成型，坯块在 10^{-3} Torr 以下的高真空中，按一定的升温速度升到有机物的沸点以上的温度，脱掉有机物再进行本烧。	

专利号	申请日	公布日	申请人	发明人	专利名称	专利要点及有益效果	同族专利号
昭 60-131901A	831217	850713	昭和 Cabot 超金属株式会社	泉知夫	钽粉制造方法	钽粉在真空热处理时，从大气压到 10^{-2}Torr，使用机械泵和油扩散泵抽空，真空到 10^{-2} ~ 10^{-5}Torr，使用无油低温泵抽空热处理钽粉，降低钽粉碳含量。	
昭 60-131902A	831217	850713	昭和 Cabot 超金属株式会社	泉知夫	钽粉制造方法	使用低温无油泵热处理钽粉，使真空度达到 10^{-2} ~ 10^{-5}Torr，这样处理过的钽粉的碳含量得到降低，降低了钽粉的漏电流。	
昭 60-145304A 昭 61-55563B	840109	850731 861128	昭和 Cabot 超金属株式会社	泉知夫	钽粉制造方法	K_2TaF_7 在稀释剂里被钠还原时，在原料中添加 MgCl、$MgSO_4$ 等含 Mg 的盐，降低钽粉氧，提高比容。	
昭 60-149706A 昭 62-16242B	840118	850807 870411	昭和 Cabot 超金属株式会社	泉知夫	钽粉制造方法	在钠还原氟钽酸钾时掺入 P 和 B，或在钠还原时和热处理前各掺入一种掺杂剂。可以用 H_3BO_3、KBF_4、$Ca_3(PO_4)_2$、H_3PO_4。钽粉比容达 10000μFV/g。	DE3501591C US4645533
昭 60-241281A	850308 840515	851130	IBM 公司	Ensto Eblhalt	固体物质催化氧化方法	在铌基板上配制数层铈单分子层，在室温下作为铌氧化的催化剂，在含氧气氛里形成绝缘性高的氧化层。	
昭 61-51906A	840822	860314	Chemicon 株式会社	伊藤隆人； 岛田晶弘	固体电解电容器	在阳极金属表面形成的介电体上形成固体电解质层时，添加 N-二甲基甲醛与 4 氰化醌基甲烷络合物盐之类的混合物作溶解固化剂。	
昭 61-123123A	841120	860611	松下电器株式会社	船越康雄	烧结型电解蓄电器用阳极的制造	钽粉中加入三聚纤维素和甘油，水和黏结剂成型，先在真空中以低于 50℃/min 的速度升温到 500℃以下脱掉有机物，然后在真空中 1000 ~ 2000℃烧结。	
昭 61-134111A	841204	860621	信越化学工业株式会社	版口新	钽酸锂单晶片	一种单畴化的钽酸锂单晶片的（108）±15°方向取向，或与该（108）±15°方向正交方向至少一个方向取向的平面所形成钽酸锂单晶片。	US4755314

专利号	申请日	公布日	申请人	发明人	专利名称	专利要点及有益效果	同族专利号
昭 61-146717A 平 3-28376B	841218	860704 910418	住友化学工业株式会社	丹雨健二	钽金属的提纯方法	将含钽原料溶于含 HF 的酸，将此溶液与和水不相溶的含四铵化合物有机溶剂混合，将钽提取到有机溶剂里，将此有机与含有机酸和铵盐的水溶液混合，除去钽液中的杂质，氢氧化铵沉淀氢氧化钽，焙烧得 99.999% 的氧化物。	CA1283523C AU582611B BR8506340
昭 61-151098A 特许 1952540B	841224	860709 950718	信越化学工艺株式会社	获原正宏	SAW 器件声速偏差低于 15% 的钽酸锂单晶片	该方法包括提供一种在波长为 632.8nm，20℃双折射值在 $4.5\times10^{-3}\pm6\times10^{-4}$ 以内的钽酸锂单晶片，在单晶片表面形成双电极，彼此平行，其取向平行于 SAW 传播方向。	US4898641 FR2575191 DE3545355C
昭 61-186404A 平 7-91567B	850215	860820 951004	株式会社小松制作所	小形胜	烧结方法	一种烧结金属粉末、陶瓷粉末或它们的混合物的方法，是将压接体在 10000 个大气压下，高温短时间烧结，要达到快速短时间烧结，要在高压下进行。	US4761262
昭 61-194185A	850225	860828	住友金属工业株式会社	佑值宏之	被覆耐蚀材料及制造方法	钽、铌粉与树脂等混合涂、压于基材（如碳钢、镍基合金）表面，经激光照射熔化而被覆一层 10～500μm 耐腐蚀材料。	
昭 61-281831A	850607	861212 871102	日本电信电话株式会社	本间中八郎	高纯度钽的精炼方法	将钽用氢氟酸溶解的含钽液通过阴离子交换树脂、重金属和高熔点金属溶离，钽被阴离子交换树脂吸着，氟钽酸氨溶离而分离，得到高纯度钽。	
昭 61-284501A 平 2-4641B	850610	861215 900130	昭和 Cabot 株式会社	泉和夫	钽粉的制造方法	K_2TaF_7 经钠还原物料→破碎→水酸洗→高温（1250～1550℃）热处理，再加 Mg 在 800～1000℃还原低温热处理，钽粉氧含量低，成型强度高，CV 高，DCL 低。	
昭 62-5628A	850702	870112	松下电器株式会社	获野修邦	固体电解电容器	钽电容器制造中，形成阴极后，浸有机金属化合物，干燥；有机为 R—Si≡(R′)，上述 R 为乙烯基、环基、丙烯基、氨基，R′可从甲氧基、乙氧基、卤素中选择一种。	
昭 62-17177A	850716	870126	索尼株式会社	斋藤真树	高介电体膜	基板上钽和钛的混合氧化物膜，气相沉积形成的 Ta/Ti 比例（原子数分数）为 0.1%～4% 的膜作为介电体。	

专利号	申请日	公布日	申请人	发明人	专利名称	专利要点及有益效果	同族专利号
昭 62-56506A	850904	870312	川崎制铁株式会社	大冢研一	金属钽粉制造方法	TaF_5 与钠蒸气 800℃以上反应，Ta 粉 NaF 在 993~1500℃混合凝固→水洗，得钽粉 0.001~1μm，比容为 25000μFV/g 以上。	
昭 62-74068A	850926	870404	住友电气工业株式会社	矢敷哲雄	筒状部件内壁被覆方法和设备	在真空条件下，把原料供给到筒的中心，用化学气相沉积法局部沉积膜，其中原料是 Ti、Si、B、Al、W、V、Ta、Hf。	
昭 62-101015A	851028	870511	Nichicon 株式会社	三井弘一	超薄型片式固体电解电容器	用阀金属烧结片状阳极，侧面引出引线，引线根部涂树脂，使其表面生成介电氧化膜，然后形成电解质层阴极层、阴极。电容器厚度只有 0.38mm。	
昭 62124268A	851125	870605	东芝株式会社	中野博隆	五氧化二钽膜的制造法	在真空室里导入气体离子，将五氧化二钽熔化，蒸发出五氧化二钽，在基板上沉积五氧化二钽膜。	
昭 62-141728A	851216	870625	富士通株式会社	长谷川斋	Ta_2O_5 膜的形成方法	大型集成电路的基片上形成钽膜，加热形成氧化钽膜，在钽膜生长时，钽的晶格常数 $a \leq 0.35$nm。	
昭 62-247001A 平 2-33761B	860418	871028 900730	昭和 Cabot 株式会社	泉知夫	金属钽粉的精炼方法	钽粉镁还原后用混酸进行酸洗，HCl 5mol/L 以上，HNO_3 0.13~6.5mol/L，或再加 <3mol/L HF + HNO_3 酸洗钽粉，钽粉的氧、氢和金属杂质低。	
昭 62-268125A 平 5-53052B	860516	871120 930809	日本电气株式会社（NEC）	清水成章	电解电容器多孔体的制造方法	钽粉中添加铝粉进行烧结，铝粉的平均粒径是钽粉的 2 倍以上，加入铝的量为 5%~10%（体积分数），可改良孔隙度。	
昭 62-271413A 平 6-16465B	860520	871125	昭和电工株式会社	内藤一美	卷箔型固体电解电容器	一种电解电容器，有卷箔元件，有阀金属做阳极，在其上形成介电体层，在介电体上形成半导体层——主要是二氧化铅，在半导体上形成导电层。	US4888666
昭 62-272516A	860520	871126	日本电气株式会社（NEC）	峰和洋	带保险的片式固体电解电容器	电容器芯子的阳极引线和“山”形阳极端子和上述突出外部阳极端子间，在外封树脂内安装熔断器的固体电解电容器。	
昭 62-277717A	860527	871202	日本电气株式会社（NEC）	三谷敏幸	固体电解电容器的制造方法	在电容器芯子的外面用无电解镀被覆导电性金属层，外面再套热收缩性树脂管。	

专利号	申请日	公布日	申请人	发明人	专利名称	专利要点及有益效果	同族专利号
昭 62-293608A	860612	871221	日本电气株式会社（NEC）	斋木载彦	固体电解电容器的制造方法	在阳极体上依次形成介电体膜、半导体层、水溶性高分子和导电性碳粉的第一碳层、润湿性绝缘树脂、第二碳层、第三碳层、镀层、焊料金属。	US4794491
昭 63-16613A	860709	880123	松下电器株式会社	栗田淳一	钽多孔烧结体	高纯钽粉中含氢 0.07% 以上，经在 10^{-3}Torr 以上真空里烧结，所得阳极块中含氧量低、漏电流低，高温负荷试验可靠性得到改善。	
昭 63-51945A	870320	880305	三菱化工株式会社	和田启辅	氧化性催化剂及其制法	一种含有氢和氧的氢氧化钽催化剂，在 600℃ 以下加热处理，具有强氧化性的催化剂作用。	
昭 63-62828A	860901	880319	日本钢管株式会社	尾关昭失	活性金属的制造方法	将高纯活性金属（如 Ti、Si、Nb、Ta）的氧化物与高纯碳混合并压制成块状，用电子束熔炼，碳还原其中的氧，得到高纯活性金属。在压制时加入黏结剂。	
昭 63-86509A	860930	880416	松下电器株式会社	栗田淳一	钽多孔烧结体	钽烧结体是在有氨气氛下 1100℃ 以上处理，脱除氧。得到的多孔烧结体氧含量较低。用该多孔烧结体形成的钽阳极，其氧化膜缺陷得到修复，漏电流减低。	
昭 63-166204A	861227	880709	昭和电工株式会社	横山丰	固体电解电容器的制造方法	阀金属作为阳极的卷箔元件，对其进行老炼处理，在其上形成介电体层，浸渍含铅的水溶液，在介电体上形成主要成分是二氧化铅和硫酸铅半导体层，在半导体上形成导电层。	
昭 63-166208A	861227	880709	昭和电工株式会社	内藤一美	固体电解电容器	有阀金属做阳极的电解电容器，有卷箔元件，在其上形成介电体绝缘层，在介电体上形成主要成分是二氧化铅和硫酸铅半导体层，在半导体上形成导电层。	US4889536 EP0247759B DE3787119 CN8710366
昭 63-203704A	870218	880823	昭和电工株式会社	角以上	金刚石超硬合金复合烧结体	以碳化钨为主体，碳化物占 90% ~98% 的 Fe 系合金的成分是 Ni 20% ~50%；Co 2% ~20%；其余为 Fe，介于从 W、Mo、Ta、Nb 之中至少选择一种金属的烧结复合体。	

专利号	申请日	公布日	申请人	发明人	专利名称	专利要点及有益效果	同族专利号
昭 63-235435A	870324	880930	西村渡边提取研究所	渡边彭夫	金属钽的制造的方法	从含有钽和铌与金属杂质离子共存的原料，用 HF 或 $HF + H_2SO_4$、酮类、磷酸的酯类、烷基胺类中任意一种试剂来提取钽，分离钽铌，然后沉淀出氟钽酸钾，金属热还原制取金属钽。	
昭 63-307607A	870609	881215	昭和电工株式会社	佐佐木	高介电率磁介电体材料	按照重量，钛酸钡 100 份，锡酸钡 5 ~ 24 份，氧化钽 0.01 ~ 3 份，氧化锰 0.01 ~ 0.5 份组合的高介电率磁介电体。	
昭 63-312905A 平 5-45641B	870616	881221 930709	日本矿业株式会社	内田安三	钽微粉的制造方法	用有机金属 BuLi 还原剂（Bu 表示 $CH_3CH_2CH_2CH_2$—）还原 TaCl，用甲苯为溶剂，还原温度 50 ~ 200℃，热处理为 200 ~ 300℃/30min ~ 1h。得到的微细钽粉一次粒子小于 1μm。	
昭 64-15334A	870709	890119	东邦钛业株式会社	奥平成教	由金属卤化物制取金属的方法	还原金属和金属（Ti、Zr、Ta）卤化物以气态形式从下向上进入反应容器里，在比得到的金属熔点低的温度下，用还原金属还原金属卤化物生产高纯金属，在底部收集形成金属粒子。	US4877445 EP0298698B CA1327272
昭 64-22017A	870717	890125	富士通株式会社	久保秀之	钽电容器	用两个多层耙形（“ψ”型）钽箔，使两面形成电解质，互相错开咬合固定各引出电极，制成无极性大容量体积小的电容器。	
昭 64-31937A	870729	890202	西村渡边提取研究所	渡边彭夫	钽和铌的分离方法	含有铌和钽与多种金属离子的原料，用与 HF、NH_4、K 及硫酸至少择一的混合酸溶解，用烷基胺为提取剂，多孔载体吸着剂，选择性吸附钽与铌分离。	
昭 64-73009A	870911	890317	昭和电工；昭和Cabot	伊泽宏纯	高纯钽、铌粉的制造方法	钽铌卤化物用氢还原，还原温度为 800 ~ 1100℃，氢与钽的摩尔比为 30 ~ 500，制取的高纯钽铌，氧含量低。钽粉平均粒径为 10.9 ~ 24nm。	
昭 64-73028A	870916	890317	东曹株式会社	南条道夫	从废钽中提取高纯钽的方法	在氢气氛中用氢等离子熔炼废钽后电弧熔炼得到高纯钽，锰、氧含量低，是一种工序短、效率高制取高纯钽的方法。	

专利号	申请日	公布日	申请人	发明人	专利名称	专利要点及有益效果	同族专利号
昭 64-75632A	870918	890322	东曹株式会社	南条道夫	由钽的废料回收钽	钽电容器废块，用酸浸出 MnO_2（如 6N HCl，H_2O_2-H_2SO_4）或用碳还原，卤化蒸馏 Ar-H_2 还原（等离子）或用电子束来熔炼得纯钽。	
昭 64-84656A	870928	890329	东芝株式会社	森山丑松	半导体装置用电容器	在半导体装置上形成 Ta、Nb、Ti 等阀金属的氧化膜为介电体的电容器，其中掺杂 P、Sb，氧化膜中含有 N，电容器耐湿性好、容量高。	
平 1-91411A	871002	890411	日立电容器株式会社	羽诸宪弘	复合电容器	一种钽固体电解电容器和陶瓷电容器并列的复合电容器，它能够发挥两者的优势，在高频下阻抗低，温度偏压对容量变化率小、$\tan\delta$ 的变化也小。	
平 1-93111A	871002	890412	富士通株式会社	久保秀之	无极性钽固体电解电容器	钽芯子的表面有高耐反向电压的氧化钽膜，赋能电压是工作电压的 6～8 倍，2 端用电解质材料夹着，耐反向电压性好。	
平 1-102915A	871016	890420	日立电容器株式会社	安达弘	钽电容器阳极体的制法	钽烧结块在非氧化性气氛中，氩气保护下与钽丝焊接，再经真空烧结。电容器阳极电性良好。	
平 1-105523A 特许 1765993B	871019	890424 930611	日立电容器株式会社	河野通之	固体电解电容器	一种固体电解电容器，是在钽阳极块上先用化学氧化聚合，然后用电解聚合生成如聚吡咯、聚噻吩、聚苯胺之类的高分子聚合物代替氧化锰电解质。	
平 1-115820A	871030	890509	中心硝子株式会社	佐佐木宏纯	氢氧化铌，氢氧化钽的制造方法	在含 CO_2 的碱性溶液中，钽铌的氟化物加溴酸水溶液，使 pH 值大于 8 时结晶，析出 $Nb(OH)_5$ 和 $Ta(OH)_5$，这样的氢氧化钽、氢氧化铌的 F 含量低。	
平 1-117313A 特许 1865870B	871030	890510 940826	日本电气株式会社（NEC）	饭岛敬治	安装有保险丝的片式电解电容器	在阳极引线端子和阴极引线端子间安保险丝，除上述阴极端子和保险丝的结合部及外部的结合部外，其余用绝缘性树脂被覆。电容器性能稳定。	
平 1-125916A	871111	890518	富士通东和电子株式会社	久保秀之	电容器的制造方法	电极的一端接保险丝，保险丝的一端接阴极的一侧，另一端与外阴极端子用高熔点焊料相焊接。保险丝熔断后不会流到焊锡处。	

专利号	申请日	公布日	申请人	发明人	专利名称	专利要点及有益效果	同族专利号
平 1-138711A	880830	890531	日本电气株式会社（NEC）	山梗雅之	有保险丝的片式固体电解电容器	保险丝的一端与阴极相接，另一端与外阴极相焊接，阳极与外阳极焊接，再用弹性树脂包覆。熔断丝熔断后不会出现短路现象，可靠性高。	
平 1-181509A	880111	890719	Malcon 株式会社	玉木淳一郎	电解电容器芯子成型体制造方法	电容器芯子成型体是多次将金属粉末送入成型腔里，上下阳模多次压制成型，成型体密度均匀，电容器可靠性提高。	
平 1-184913A	880120	890724	松下电器株式会社	栗田淳一	钽固体电解电容器	含氧 0.05% ~0.5% 的钽粉加入 0.02% ~0.2% 比表面积为 $1000m^2/g$ 的活性炭，在 1400℃以上烧结，制得的烧结体氧含量降低，钽电容器漏电流降低。	
平 1-198013A	880203	890809	日本 Karit 株式会社	河野通之	固体电解电容器	用吡咯的卤化物置换出的吡咯单体经氧化聚合得聚吡咯，作为电容器的电解质。工艺简单，电容器质量良好，耐热性好，易于小型化。	
平 1-222027A	880229	890905	昭和 Cabot 株式会社	水崎雄二郎	钽箔及其制造方法	卤化钽在 800 ~ 1100℃ 氢还原，在钽箔上沉积形成大比表面积凹凸不平连续的薄膜，反应后将生成得钽箔剥离下来，纯度高，比表面积大。	
平 1-222028A 特许 2702954B	880229	890905 980126	昭和 Cabot 株式会社	水崎雄二郎	钽铌气相还原法	100 ~ 500μm 钽铌粒子，用 Ar 气 + 卤气在 200 ~ 600℃卤化，然后在 800 ~ 1100℃ 氢还原得钽铌，含氧量极低，平均粒径为 10.9 ~ 24.9nm 的粒度分布。工艺简单，钽粉比容高。	
平 1-242702A 特许 2665928B	880325	890927 970627	昭和 Cabot 株式会社	和田浩明	钽粉及其制造方法	钽锭氢化制粉，在无氧气氛下 1400 ~ 1700℃ 热处理，在无氧气氛里破碎，不酸洗、水洗，O ≤ 0.09%，卤素 $\leq 1\times10^{-4}$%。减少污染，表面积大。	
平 1-261814A	880413	891018	松下电器株式会社	入藏功	片式钽固体电解电容器	0.1 ~ 0.15mm 的 Ni、Fe、Ni-Fe 合金、不锈钢等金属片状端子，片式钽固体电解电容器里，芯子和外部端子间的曲折部 0.15 ~ 0.6mm。电容器漏电流低，定性好。	

专利号	申请日	公布日	申请人	发明人	专利名称	专利要点及有益效果	同族专利号
平 1-268014A	880420	891025	松下电器株式会社	长谷川信男	钽固体电解电容器的制造方法	外部端子和阳极导出线的结合是通过挤压，同时用激光焊接的钽固体电解电容器的制造方法。减少焊接应力，结合好。	
平 1-292808A 平 2-52695B	880520	891127 940706	三洋电机三菱化成株式会社	池田宏之助	固体电解电容器	一种固体电解电容器，在金属表面经过粗糙化处理，在氟硼酸溶液里电解氧化或其他化学处理，在形成氧化膜层同时形成导电性聚合物层，两物结合良好，无空隙。	EP0342998 DE68925437 US5019949
平 1-294559A	880520	891128	昭和电工株式会社	伊泽广宏	高频用介电体磁材料的制造方法	钙钛矿型结构的 ABO_3 材料 $Ba[(Mg_xZn_{1-x})_{1/3}$-$(Ta_{1-y}Nb_y)_{2/3}]O_3$ 将 B 原料混合，在 1250～1400℃预烧，粉碎后与 A 原料混合，在 1100～1200℃预烧，粉碎成型后在 1400～1700℃本烧。	
平 1-294803A 特许 2571263B	880524	891128 970116	昭和 Cabot 株式会社	水崎雄二郎	金属扁平粉及其制法	钽的卤化物经氢还原沉积在钽箔上，剥离下来的连续钽箔粉碎得到扁平度为 3 以上的粉末。比表面积大、压制性好、流动性好、比容高。	
平 1-313333A	880613	891218	中心硝子株式会社	佐佐木广美	钽铌氢氧化物的精炼	用 HF 液或草酸溶解，调 pH 值到 1～4.3，保持 60℃，加连二硫吡咯烷氨基甲酸酯铵至少 0.05% $(Ta, Nb)(OH)_5$ 沉淀出杂质元素氢氧化物，除沉淀，升 pH 值到 6 沉淀出 $(Ta, Nb)(OH)_5$。	DE38209806A US4942024A
平 2-34701A 特许 2675820B	880722	900205 971112	昭和 Cabot 株式会社	水崎雄二郎	钽粉造粒体	小于 5μm 的细钽粉加黏结剂喷雾造粒制得 250μm 以下的球形或椭球型颗粒，长径/短径小于 2，松装密度小于 3g/mL，流动性能好。	
平 2-38399A	880727	900207	昭和电工株式会社	小巷邦雄	气相法合成金刚石	在惰性气氛里，使用钽丝阴极加热（1600～2800℃）激励气相合成金刚石，碳化合物气体用氢还原，置换引起合成金刚石。	
平 2-41394A	880709	900209	大同特殊钢株式会社	山田敬彦	拉丝用润滑油	润滑油中加 0.05～3μm 的石墨粉，适合 Ti、Ta、Nb 金属及其合金的拉丝润滑剂，热传导性好，拉拔速度达到 10m/min，加工率 10%～20%，拉出的金属丝表面光洁。	

专利号	申请日	公布日	申请人	发明人	专利名称	专利要点及有益效果	同族专利号
平 2-61039A	880824	900301	松下电器株式会社	松田胜则	电解电容器用钽箔的制造方法	平滑的钽基材在 $1\times10^{-5}\sim1\times10^{-8}$Torr 真空中形成致密的阀金属薄膜后，用离子侵蚀，使表面粗化，增大表面积。	
平 2-62030A 特许 2636357B	880829	900301 970730	松下电器株式会社	尾崎润二	固体电解电容器	在阀金属表面的氧化膜上形成固体电解质，配电极与电解质接触，用此电极进行电解聚合形成连续导电的高分子聚合物（吡咯、噻吩、呋喃）。	
平 2-70028A	880902	900308	日本矿业株式会社	宫崎英男	钽、铌的制造方法	K_2TaF_7、K_2NbF_7 钠还原，在溶盐中加入钽粉作结晶核（设备可连续装料连续出料）生成的剩余部分钽粉、铌粉继续作为结晶核。	
平 2-70029A	880902	900308	日本矿业株式会社	宫崎英男	钽、铌的制造方法及设备	还原容器内保持非酸性气氛，残留部分钠、钾，反应后，多余钠蒸发到反应器盖，盖下部有一集钠器，收集的钠下次可再用，该设备可连续装料连续出料。	
平 2-106013A	881015	900418	松下电器株式会社	长谷川信男	模塑片式钽固体电解电容器	电容器的阴极端子和电容器芯子的接触部分用低熔点合金覆盖，残余的阴极电极部分用模塑树脂包封，与低熔点合金紧密结合的低温熔融高分子材料。	
平 2-106014A	881015	900418	松下电器株式会社	长谷川信男	模塑片式钽固体电解电容器	在模塑片式钽固体电解电容器中，阳极端子上阳极导出线位置设有沟槽，这样阳极端子和阳极导出线结合好，简单易行，精度高，可靠性高。	
平 2-106015A	881015	900418	松下电器株式会社	杉木秀树	固体电解电容器	设置有阳极引线和阴极引线的电容器芯子，被覆紫外线硬化树脂的外侧设有一对板夹着，使外形尺寸一致。	
平 2-106016A	881015	900418	松下电器株式会社	荻原郁夫	电解电容器及其制造方法	有圆柱形外壳的电容器芯子外壳的开口部位和封口部位的结合处外围形成有短纤维的密集层，这样电容器可以防震。	
平 2-106020A	881015	900418	松下电器株式会社	长谷川信男	模塑片式钽固体电解电容器	模塑片式钽固体电解电容器中，与阴极端子相接的保险丝，用低温熔融高分子材料被覆。此高分子材料熔化，保险丝熔化分散掉。	

专利号	申请日	公布日	申请人	发明人	专利名称	专利要点及有益效果	同族专利号
平 2-106024A	881015	900418	松下电器株式会社	长谷川信男	模塑片式钽固体电解电容器	模塑片式钽固体电解电容器中，在模塑树脂中，保险丝与阴极端子和电容器芯子相接处，露出的保险丝的安装孔，可将保险丝安装取出。	
平 2-106031A	881015	900418	松下电器株式会社	长谷川信男	模塑片式钽固体电解电容器及制造	先将保险丝与阴极端子用导电性结合材暂时硬化，把阴极端子和电容器芯子相固定，然后进行本硬化。	
平 2-149601A 特许 2632985B	881130	900608 970723	昭和 Cabot 株式会社	水崎雄二郎	含钛族元素钽粉的制造方法	由钽的化合物还原得到的钽粉中含 Ti、Zr、Hf 元素中至少一种，含量 $2\times10^{-3}\%\sim0.5\%$（还原时加入）可使表面积增加，CV 值提高，对漏电流无害。	
平 2-256222A	890329	901017	松下电器株式会社	入藏宫;山口秀人	片式固体电解电容器的制造方法	阴极与阳极各在一端，阴极用热硬化导电性材料把阴极端子和芯子表面的阴极镀层相接，阳极引线与阳极端子相接。	
平 2-256224A	890329	901017	Malcon 株式会社	室井纯一	电解电容器的制造方法	含磷控制在 $4\times10^{-3}\%$ 以下的阀金属（钽粉）粉末，在高真空高温下烧结的烧结体制得的电解电容器，漏电流低。	
平 2-264415A	890405	901029	松下电器株式会社	小桥康博	固体电解电容器	固体电解电容器的阴极材料包括黏结性聚合物和具有导电性的 1～30μm 的片状钯粉，丙烯、聚乙烯、乙烯基、纤维素等热可塑性树脂，其比为（9.5～6）:（0.5～4）。	EP0372519A US5005107
平 2-276218A	890418	901113	松下电器株式会社	长谷川信男	钽固体电解电容器	圆柱体的电容器，阴极有 3 个以上的外表面和外部阴极端子用导电性黏结剂接触。电容器短路、开路减少，漏电流降低。	
平 2-276219A	890418	901113	松下电器株式会社	野原保则	钽固体电解电容器	钽电容器在浸银后，钽丝引线与环状阳极端子相接，环内用树脂填满，设有平衡座，防止焊接不均匀，适于印刷电路基板安装的 Dip 型电容器。	
平 2-276220A	890418	901113	松下电器株式会社	野原保则	钽固体电解电容器	钽电容器在浸银后，钽丝引线与山形、S 形阳极端子相接，其内用树脂填满，设有平衡座，适于印刷电路基板安装的 Dip 电容器。	

专利号	申请日	公布日	申请人	发明人	专利名称	专利要点及有益效果	同族专利号
平 2-277212A	890418	901113	松下电器株式会社	人藏宫	钽电解电容器及其制造方法	多孔钽烧结体先在硝酸溶液中形成，再在磷酸溶液中形成介电性氧化膜。氧化膜得到修复，电容器的脉冲性能好。	
平 2-290907A	890428	901130	昭和电工株式会社	木山晃男	焊料微粉制造方法及装置	用 W、Mo、Nb、Ta 在容器里等离子熔化后熔滴经高速旋转喷雾制粉。旋转体与熔融液接触的部分是 W、Mo、Nb、Ta 或 Cr 材。	
平 2-305429A 判平 7-6564B	890328	901219 971208	日立电容器株式会社	铃木敏胜	钽固体电解电容器	制备的电容器的钽粉的 –325 目比例在 20% 以下，用这种钽粉制造的烧结体制造的钽固体电解电容器的 $\tan\delta$ 小。	
平 2-310301A	890524	901226	昭和 Cabot 株式会社	和田浩明	钽粉及其制造方法	平均粒径 1μm，含氧 0.1%；6μm 含氧 0.03%；1400～1600℃烧结，含 N 0.01%～2%，氢化钽锭在衬钽桶内球磨，不酸洗，直接热处理后再磨，钽粉含卤族元素低于 $1\times10^{-4}\%$。	
平 3-3220A	890531	910109	Malcon 株式会社	富田实	钽固体电解电容器	在电容器赋能后，先进行化学聚合，后进行电解聚合，生成导电性高分子层聚合物（如聚吡咯），用平均粒径小于 5μm，最好小于 2μm 的石墨浆浸，ESR 和 $\tan\delta$ 小。	
平 3-18009A 特许 2694670B	890615	910125 971224	Malcon 株式会社	富田实	钽固体电解电容器的制造方法	钽芯子赋能后，在 H_2O_2 和酸溶液中浸渍后，在含吡咯单体溶液中浸渍，化学聚合，然后在含吡咯单体和对硫磷砜酸盐中进行电解聚合生成聚合吡咯电解质。	
平 3-23222A	900607 890608	910131	德国 H. C. Starck 公司	Balt Blutoss	氧化铌粉末及其制造方法	Nb_2O_5 粉末，F 含量低于 0.1%，99.9% 通过 45μm，BET 比表面积大于 $3.5m^2/g$，煅烧后重量大于 99.8%。含 Fe$(2\sim20)\times10^{-4}\%$，含 Ni $(2\sim30)\times10^{-4}\%$。	ZA9004388A AU630967B
平 3-27565A	890623	910205	日本电气株式会社（NEC）	神山聪；善家昌伸	容量绝缘膜的形成方法	TaF_5 和 O_2 进行化学气相沉积方法，在半导体装置上形成氧化钽膜，再在含 NH_3 的气氛里高温短时间加热进行氮化处理。	

专利号	申请日	公布日	申请人	发明人	专利名称	专利要点及有益效果	同族专利号
平 3-62914A 平 7-60778B	890731	910319 950628	ALNA 株式会社	原省三	固体电解电容器的制造方法	在固体电解电容器的制造中，用聚乙醚乙醚酮，聚乙醚磺或热可塑性酰亚胺垫圈插入钽丝根部热熔密封。加强了引线保护，薄膜很薄。	
平 3-109712A	890925	910509	花王株式会社	今西邦彦	固体电解电容器	将钽芯子赋能后，在其表面用芳香族化合物氧化聚合形成高分子聚合物，再在其上形成金属层，电容器且有良好的高频特性。	
平 3-232213A	900228	911016	日立 AIC 株式会社	中村浩介	钽固体电解电容器的制造方法	用二次粒子粒度大于 61μm 的钽粉制造钽固体电解电容器，这种电容器漏电流低，CV 高，$\tan\delta$ 小。	
平 3-284820A 特许 2908830B	900320	911216 990621	Malcon 株式会社	室井纯一	电解电容器的制造方法	一种用作电容器的钽粉，钽粉的 K 的含量（5 ~ 10）$\times 10^{-4}$%，K、Na 含量之和低于 15×10^{-4}%，这种钽粉制造的电容器，漏电流小，耐压性好。	
平 3-290913A 特许 2061380B	900406	911220 960610	日本 Rohm 株式会社	栗山长治郎	固体电解电容器的生产方法	大量生产固体电解电容器，压制模具有一系列压制凹坑，装粉后成型器的阳模对准凹坑压制，引线槽通过这一系列凹坑，把引线放置在引线槽里。	GB2242856 JP7087171B
平 4-2618A	900420	920107	日本矿业株式会社	新藤裕一郎	氟钽酸钾精制方法	粗 K_2TaF_7 加入 HF 液，升温到 50 ~ 95℃溶解，加 K 离子，冷却，固液分离，其中 HF 的含量（质量分数）25%，K 离子浓度为理论值的 0.5 ~ 1.2 当量。	
平 4-42520A 特许 2101458B	900608	920213 961022	日立 AIC 株式会社	中村浩介	钽固体电解电容器	钽电容器烧结体的引线用熔点比钽低的钽合金或金属，如钽－钛，钽－钒等，或钽丝上被覆低熔点金属，烧结钽阳极时，钽丝与烧结体结合力高。	
平 4-57316A	900627	920225	日立 AIC 株式会社	本间证治；金子亨史	片式钽电容器	钽电容器芯子赋能被膜后，在侧面形成由金属粉和热硬化性聚合物组成的导电性浆料层（铜粉），导电性浆料层以外用焊料层被覆，再用绝缘性树脂包覆。	
平 4-69914A	900710	920305	东和电子株式会社	壳石旭	氮化钽固体电解电容器	烧结电容器先在 1500℃/15min，降到 800℃充氮气 10Torr 保温 3h，使表面氮化，然后升到 1650℃/20min 本烧，制成的电容器静电容量变化小，击穿电压高。	

专利号	申请日	公布日	申请人	发明人	专利名称	专利要点及有益效果	同族专利号
平 4-85915A 特许 2523399B	900730	920318 960807	日立 AIC 株式会社	中村浩介	钽固体电解电容器	被覆二氧化锰膜后，用导电性浆料（如加铜粉）加石墨浸渍层 20 ~ 100μm，然后浸 Ag 浆，电容器损耗低，失效率低。	
平 4-099011A 特许 2596194B	900807	920331 970402	日本电气株式会社（NEC）	斋木义彦	片式固体电解电容器	片式固体电解电容器，有一个从端面伸出引线的阀金属阳极体，在阴极上形成一绝缘层覆盖部分表面、平板层上形成的焊锡层、阳极引线端部形成合金层。	US5142452A EP0470563B
平 4-101406A	900820	920402	日本电气株式会社（NEC）	堀仁孝	片式钽固体电解电容器	用 50μm 厚的钽箔和钽粉压制（不用钽丝）烧结，制成电容器，阳极块 2 个以上串联。是薄型耐压电容器。整个电容器厚度小于 1mm。	
平 4-107807A	900828	920409	Alna 株式会社	高久侑也；栗原要	钽固体电解电容器	钽丝在 HNO_3、HF、H_2O_2 中腐蚀，有和钽粉平均粒径大小相当的坑后再压制成钽坯快，烧结，这样，钽丝与烧结体结合牢固，CV 高，且钽丝拔出强度大。	
平 4-146663A	901009	920520	日本电气株式会社（NEC）	马场干夫	钽薄膜电容器	在玻璃、陶瓷、硅或金属板上涂以绝缘层后的板上形成钽薄膜，对向电极膜为铝箔，经光刻形成电容器。	
平 4-147938A	901011	920521	吉田工业株式会社	桥本功二	高耐蚀性镁合金	含（原子数分数）Ta、Nb 中至少之一种元素 5% 以上，或含 Ta、Nb 含量为 20% ~ 80%，其余为 Mg 的合金。溅射法制备。	
平 4-148522A	901012	920521	松下电器株式会社	小桥康博	钽固体电解电容器	多孔钽阳极在形成二氧化锰后，在浸石墨时，第一层用热可塑性树脂和 1 ~ 30μm 的石墨，第二层用热可塑性树脂和 10 ~ 60μm 的氧化镍粉末作为阴极。	
平 4-164308A	901029	920610	日本电气株式会社（NEC）	堀仁孝	片式钽固体电解电容器	钽箔和钽粉压制成块制成电容器阳极，2 个以上的芯子并联，阴极用锡箔连接，钽箔的未氧化部分连接起来，和金属板相接，是薄型耐压电容器。	
平 4-171975A	901106	920619	新日本制铁株式会社	江口公平	容量元件及其制造方法	由下部电极，在下部电极上形成氧化钽膜和上部电极构成的容量元件，在下电极和氧化钽之间有氮化钛膜，防止容量降低。	

专利号	申请日	公布日	申请人	发明人	专利名称	专利要点及有益效果	同族专利号
平 4-177817A	901113	920625	松下电器株式会社	小桥康博	钽固体电解电容器	钽烧结体阳极被覆二氧化锰后，阴极层用热可塑性树脂和混有钯粉末的粒径为 10～60μm 的氧化镍粉末代替银浆。耐湿性试验 tanδ 值好。	
平 4-186813A	901121	920703	日立 AIC 株式会社	中村浩介	钽固体电解电容器的制造方法	钽阳极被膜后，在减压下用空气喷管喷射导电性金属微粉浆料，形成阴极金属层。低压气氛里形成的金属层电容器阻抗低。	
平 4-186814A	901121	920703	日立 AIC 株式会社	中村浩介	钽固体电解电容器的制造方法	钽阳极被膜后，在减压下用空气喷管喷射导电性金属微粉浆料，再在其上被覆导电性浆料。低压气氛里形成的金属层阻抗低。	
平 4-208512A	901130	920729	日本电气株式会社（NEC）	田所宏一；后藤有博	固体电解电容器烧结体的制造	把阀金属压制的坯块，放进真空炉里真空下，通入惰性气体流通（3L/min）加热烧结，烧结最高温度为 1500～1800℃。这样阳极漏电流低、耐压性好。	US5456878A
平 4-218608A	910201 900203	920810	德国 H. C. Starck 公司	Recteca Volv	高比容土酸金属粉末及其制造	钽粉、铌粉在 1250℃以上进行热处理凝聚，再进行镁还原脱氧，钽氧含量低，将钽粉压制成 4.5g/cm³ 的坯块，在 1400℃烧结 20min，阳极容量高于 25mC/g。	EP0440976A DE4003253A
平 4-223318A 特许 3099371B	901225	920813 001016	松下电器株式会社	栗田淳一；西武志；广田洁	钽多孔烧结体的制造方法	钽坯块在碳制容器中进行真空烧结，坩埚不要暴露在空气中，钽粉表面氧及溶于内部的氧可降低，降低烧结体氧含量。电容器降低漏电流，提高高温可靠性。	
平 4-224670A	901225	920813	日新电机株式会社	石冢浩；诸方洁	耐蚀性金属材料	金属材料表面粒子注入 Al、Cr、W、Ta、Ti 中至少一种金属元素，其厚度为 10nm 以上，于金属材料表面原子形成同种类的薄膜层。得到牢固的耐蚀性层。	
平 4-256306A	910208	920911	日本电气株式会社（NEC）	小林淳	带保险的片式固体电解电容器	一种带保险的片式固体电解电容，电容器的熔断器安装在阴极和阴极端子之间，把它们进行电连接，外面树脂包封。	US5168434A

专利号	申请日	公布日	申请人	发明人	专利名称	专利要点及有益效果	同族专利号
平 4-259724A	910213	920916	日本电气株式会社（NEC）	太田亮一	内藏保险片式钽电容器	钽芯子阴极与阴极端子用导电性胶（Ag-Pb 等）焊接，该导电性胶作为保险丝。机械强度好，工艺简单，一定时间一定温度就熔断。	
平 4-329808A	910430	921118	昭和 Cabot 株式会社	野口佳和；船木健一	钽粉的制造方法	先加 K_2TaF_7，再加入金属 Na 为正转法；先加钠，再加 K_2TaF_7 为逆转法，K_2TaF_7 钠还原中逆转法占 10% ~50%，所得钽粉烧结收缩率较小，钾含量较低，电容器漏电流低。	
平 4-352310A 特许 3077916B	910529	921207 000821	京瓷株式会社	棚桥成夫	钽电容器及其制造方法	钽板上形成 Ta_2O_5 中心线，在平均粗糙度为 50nm 的钽板两面形成氧化钽，再蒸镀形成钽层构成的电容器，无氧化锰层，其耐电压高。	
平 4-362101A 特许 2089652B	910606	921215 960902	昭和 Cabot 株式会社	野口佳和	钽粉的制造方法	钽粉造粒方法：细钽粉浸水（2% ~30%）后，静置加热干燥，然后在 1250 ~1450℃ 热处理，粉末流动性好，电容器加工性好，比容及击穿电压性能优越。	
平 4-362102A 特许 2505324B	910606	921215 960605	昭和 Cabot 株式会社	水崎雄二郎	钽粉制造方法	钽粉中掺磷 4×10^{-3}% ~0.015%。然后在 1200 ~1600℃ 热处理，再用 3% ~10%（体积分数）HF + HNO_3/H_2SO_4 混酸洗涤，降低磷含量，钽粉比容高，漏电流低。	
平 5-3138A 特许 3213994B	901113 901113	930103 011002	住友化学工业株式会社	土居秀二	固体电解电容器的制造方法	在钽阳极上形成氧化膜，在该氧化膜上涂布聚苯胺和芳香胺混合溶液，干燥后再用聚乙烯噻吩溶液处理，成为掺杂噻吩离子的聚苯胺导电性膜，在该膜上形成阴极端子，制造出电容器。	
平 5-13281A 特许 2752533B	910702	930122 980518	日本化学株式会社	横山丰	电解电容器用电极材料	在铝或铝合金的表面蒸镀纯度为 99.99% 以上的电解电容器级铌，达到高容量，低漏电流稳定电极材料。	
平 5-21299A 特许 2752534B	910716	930129 980518	日本 Rohm 株式会社	高见胜广	电容器制造中通电老炼方法	带状引线条的左右侧引线条之间放置电容器，电容器两引线分别和侧引线条连接，在沿着条长度方向，每数个电容器间有间断，在两侧条间施加电压进行老炼。	

专利号	申请日	公布日	申请人	发明人	专利名称	专利要点及有益效果	同族专利号
平 5-55087A	910828	930305	日本电气株式会社（NEC）	谷岛秀崎	模塑片式固体电解电容器	片式固体电解电容器，在互相垂直方向有 2 个外阴极和 2 个外部阳极，使外部阴极和阳极间距离短。防止电极接反。	
平 5-58792A 特许 3013206B	910820	930309 000228	东金株式会社	目黑奖	铌酸锂单晶的制造方法	基板结晶的组成为 $Nb_{1-x}Ta_xO_3$，其中（$0<x<0.90$）的一种混晶单晶，得到质量良好的单晶膜，这种晶体膜的晶格常数失配性小。	
平 5-65502A 特许 3105294B	910430	930319 001030	昭和 Cabot 株式会社	野口佳和	钽粉制造方法	流态床造粒法，先不用黏结剂，用水喷雾造粒，接着用黏结剂造粒，使颗粒外壳结实，得到的钽粉碳含量低，流动性好，适于制作电解电容器。	
平 5-74647A 特许 2746778B	910912	930326 980506	京瓷株式会社	明石理	钽电容器	在钽上制备氮化钽层和氮－氧化钽层，再制备电极基板配线导体，这种电容器有一定的容量，耐电压性好。	
平 5-82384A 特许 2746780B	910920	930402 980506	京瓷株式会社	明石理	钽电容器	在板状钽上形成氧化膜层，在该氧化膜层上形成钼层和铜层，这样使得氧化膜内应力小，绝缘膜耐电压性高，电容器耐电压性提高。	
平 5-85898A	910927	930406	日立金属株式会社	古川保典	钽酸锂单晶片及其制造方法	一种钽酸锂单晶，含有的 Fe、Mn、N、Cr、V、U、Rh 量分别低于 $10\times10^{-3}\%$，总量低于 $20\times10^{-3}\%$。该钽酸锂单晶作为二次谐波发生器（SHG）性能好。	
平 5-90094A	910930	930409	松下电器株式会社	栗田淳一雄	片式固体电解电容器	片式固体电解电容器，在阳极引线侧面被覆的外装树脂有凹坑，这凹坑里容纳阳极导出线，在此薄弱点弯曲。电容器耐焊试验、环境试验、$\tan\delta$ 特性好。	US5390074A EP0538651B
平 5-98464A	911003	930420	株式会社神户制作所	丸尾聪	钽电容器用引线框材料及其制造方法	镍或镍合金基材和锡及焊锡镀层间形成有 0.2～2μm 的锡和铜，形成 0.1～1μm 厚的铜镀层，铜镀层上形成焊锡镀层，使锡和焊锡镀层熔融，这样引线框耐热剥离，焊接湿润性好。	
平 5-101988A 特许 2738186B	911008	930423 980408	ELNA 株式会社	高久有也	固体电解电容器的制造方法	钽固体电解电容器制造中，在被膜浸碳后，在 240～300℃热处理，补形成时，碳层不溶解，这种电容器漏电流低、阻抗小。	

专利号	申请日	公布日	申请人	发明人	专利名称	专利要点及有益效果	同族专利号
平 5-105591A	911016	930427	日立金属株式会社	古川保典	铌酸锂单晶及其光元件	一种耐光损伤性能优良的含卤素元素的铌酸锂单晶，用所述铌酸锂单晶制造的二次谐波的二次谐波发生器元件，光调制器。	
平 5-105592A	911016	930427	日立金属株式会社	古川保典	铌酸锂单晶及其光元件	含有元素周期表中ⅡA 和ⅡB 元素一种或两种以上，原子数分数 10% 以下的铌酸锂单晶，改善了耐光损伤性。	
平 5-105593A	911022	930427	日立金属株式会社	古川保典	钽酸锂单晶及其光元件	一种钽酸锂单晶，含有元素周期表中ⅡA、ⅡB 和ⅢB 族元素一种或两种以上，原子数分数 10% 以下，改善了耐光损伤性。	
平 5-105594A	911016	930427	日立金属株式会社	古川保典	钽酸锂单晶及其光元件	钽酸锂单晶在 300 ~ 700℃（居里温度以上）臭氧里退火 10min 以上，改善耐光损伤性，钽酸锂单晶的组分是 $Li_2O/(Li_2O+Ta_2O_5)=0.483\sim0.5$。	
平 5-105595A	911022	930427	日立金属株式会社	古川保典	钽酸锂单晶及其光元件	一种钽酸锂单晶，含有ⅡB 族元素（Mg、Ca、Sr、Ba）一种或两种以上，原子数分数 10% 以下，改善了耐光损伤性。	
平 5-129160A	911030	930525	ALNA 株式会社	山本隆一	固体电解电容器	在铝、钽、铌、钛的阳极化膜上的阴极引出部分形成导电性金属硫化物，如银、铜、钛、锆、铌、钽等硫化物，再在其上形成吡咯、噻吩、苯胺等导电性高分子层。	
平 5-129161A	911030	930525	山本隆一	山本隆一	固体电解电容器	铝电容器中氧化铝为介电层，在氧化铝层上有选自 Ti、Ta、Nb、Zr、Hf 的硫化物为导电性阴极层。其导电性好。	
平 5-136005A	911108	930601	松下电器株式会社	西山澄夫	钽固体电解电容器的制造方法	在氮化钽烧结体的表面形成氧化膜、氧化锰层，再进行电解沉积形成导电性高分子层。这种钽电容器的高频特性好、容量变化小。	
平 5-144678A 特许 2773499B	911120	930611 980709	日立 AIC 株式会社	安达宏	固体电解电容器及其制造方法	被膜时硝酸锰溶液里悬浮有氧化铅，被膜的电解质层是二氧化锰和二氧化铅混合物，这种电容器的 ESR 低、损耗值、漏电流特性好。	

专利号	申请日	公布日	申请人	发明人	专利名称	专利要点及有益效果	同族专利号
平 5-148675A 特许 3212334B	911128	930615 010925	Perm 电子电极	岛宗孝之	电解用的电极	电解用的电极包括有导电基体，在其上火焰喷镀一厚度为 10～200nm 氧化物层（Ti、Ta、Nb 的非化学计量成分的氧化物）→中间层→电极活性金属层。	US5354444 US6103299
平 5-156314A	910703	930622	德国 W. H. Heraeus 公司	Sheneck Henshietr-ase	钽、铌及其合金的半成品的制造方法	由钽、铌中之一为基的小于 100μm 粒子的粉冷压制尺寸为 2～20mm 厚度，密度为真密度的 65%～80% 的小板状半成品，烧结到 85% 以上密度，电阻烧结，再冷加工为致密金属。	EP0468130A
平 5-175084A	911224	930713	日本电气株式会社（NEC）	古川浩贵	钽固体电解电容器	可防止固体电解电容器向印刷基板安装时电极反装，其外阴极与外阳极互相垂直，其中另一个电极离开中心线，不是左右对称的，防止电极安装反了。	
平 5-205980A 特许 3315714B	920129	930813 020819	日本 Rohm 株式会社	中村伸二	固体电解电容器的制造方法	钽烧结体形成氧化膜后，浸渍硝酸锰溶液，接着在水蒸气里热分解形成二氧化锰，再在比重低的硝酸锰溶液里浸渍后进行热分解，这样能使高比重的硝酸锰浸透内部。	
平 5-210132A 特许 3303346B	920824	930820 020722	索尼株式会社	山田正裕	铌酸锂、钽酸锂分极控制法及光导波路装置的制造	在铌酸锂单畴化形成的基板上，形成电畴反转构造的铌酸锂电畴控制方法中，配置第一电极和第二电极，至少与上述第一电极最终得到的电畴反转构造的模型对应，使第一电极和第二电极间距离小于 200μm；钽酸锂单晶电极间距小于 700μm。	
平 5-217808A	920205	930827	富士通株式会社	武井文雄	固体电解电容器及其制造方法	烧结体钽阳极形成氧化膜后，在氧化膜上由烷基/碳酸脂基置换形成吡咯导电性高分子层，添加了芳香族磺酸盐或脂肪族磺酸盐，提高了导电度。降低了电容器的 ESR。	
平 5-234825A 特许 3305743B	920220	930919 020724	日本 Rohm 株式会社	中村伸二	固体电解电容器的制造方法	钽铌金属粉末烧结后进行 CV 测试分组，比容低的组在赋能时控制赋能电压，使氧化膜薄一点，比容高的组氧化膜厚一点，使整个电容器 CV 偏差小。	
平 5－243524A	920228	930921	日本电气株式会社（NEC）	神山聪	半导体装置的制法	在半导体基板上形成有机硅作下电极，在下电极上形成氮化硅，用有机钽化合物气相沉积法形成氧化钽膜，然后形成氮化钛/氮化钨膜。这种容量元件特性好。	

专利号	申请日	公布日	申请人	发明人	专利名称	专利要点及有益效果	同族专利号
平 5-247558A 特许 3258046B	921224	930924 020218	美国通用电气公司	Marck Gilbate Benz	NbTiAlCr 合金基体的铌基强化材料	一种铌基合金，为 Nb-Ti（32%～48%）－Al（8%～16%）－Cr（2%～12%）（原子摩尔百分数）铌基合金，合金为体心立方晶系，密度低，形成延性强化构造，室温延性好及抗氧化性好，1000℃以上有高抗拉强度。	US5296306A
平 5-247567A 平 8-23055B	921228	930924 960306	美国通用电气公司	Bo Chin Chien	核燃料隔壁被覆用 Zr-Bi-Nb 合金	核燃料隔壁被覆用 Zr-Bi-Nb 合金的主要成分（质量分数）是：0.1%～0.5% Bi，0.1%～0.5% Nb，其余为 Zr 的海绵合金，具有耐蚀性和延性，努氏硬度低于 155KHN。	MX9207503A CA2082691A
平 5-254813A	920306	931005	住友电气株式会社	水砂博文	从金刚石原料粉中除去钽的方法	金刚石原料粉→氢氧化钠、钾、碳酸钠钾加热→加水溶解→加 HF 酸溶解渣中的钽的化合物。除去了金刚石原料粉中的钽。	
平 5-254996A	920312	931015	日立金属株式会社	伊藤显知	铌酸锂单晶薄膜的制造方法	以 Li_2O、Nb_2O_5 和 V_2O_5 为原料，在坩埚里加热熔化，使基板与熔融体接触外延生长成铌酸锂单晶薄膜，坩埚内温度差分布在 1℃以内，生长温度从饱和温度 0.5℃以下外延生长。	
平 5-259000A 特许 2999842B	910409	931008 000107	三洋电机株式会社	水富胜则	有机半导体固体电解电容器	Ta、Nb 金属上形成氧化膜，形成有同一分子内至少有一个有氧原子直接结合的氢原子，且熔点为 200℃以上的有机羧基化合物的被膜，然后在其上形成 TCNQ 有机半导体复合盐，固化。	
平 5-263101A 特许 2505343B	920317	931013 960605	昭和 Cabot 株式会社	水崎雄二郎；松野贤次郎	钽粉及其制造方法	钽粉表面含氟 5×10^{-3}%～0.1%，抑制钽粉在运输、保管中增氧。在烧结时可完全除去钽粉里的氟，对漏电流无影响。	
平 5-263178A	920317	931012	日立制造所株式会社	藤原澈男	高强度铌合金制造方法及铌合金	主要以 Al5 结晶构造的 Nb_3Al 金属间化合物粉末和高熔点过渡金属单质粉末（铌粉、钽粉）混合，机械合金化，热等静压成型。	
平 5-270992A	920324	931019	Diso 株式会社	营伸治；井本裕树	无光损伤的铌酸锂单晶	一种光损伤小的铌酸锂单晶，是从 Li_2O 浓度为 53%～61%（摩尔分数）的铌酸锂熔融盐里析出的单晶，其中添加氧化镁 0.1%～3%（摩尔分数）。	

专利号	申请日	公布日	申请人	发明人	专利名称	专利要点及有益效果	同族专利号
平 5-275285A	920320	931022	富士通株式会社	大贯政幸	有极性电容器	有极性电容器逆极性串联组装，发生可见光。有极性电解电容器电路，防止钽电解电容器装反，防止电容器烧损。	
平 5-286796A 特许 2505343B	920406	931102 010723	Ibiden 株式会社	土星利寿；过昌弘	铌酸锂单晶薄膜的制造方法	在 Li_2O-V_2O_5-Nb_2O_5-Na_2O-MgO 体系里，使其与钽酸锂接触，用液相 Evitactial 方法生长铌酸锂单晶薄膜。温度控制在 938.1～941.3℃。	
平 5-287304A	920413	931102	昭和 Cabot 株式会社	水崎雄二郎	电容器用钽粉	使钽粉被覆一层有机黏结剂，如聚乙烯醇、聚乙烯缩丁醛、聚醋酸乙烯、碳酸脂丙烯，防止储运中增氧，防止凝聚颗粒在运输中被震碎，并保持良好的电气特性。	
平 5-287540A	920414	931102	松下电器株式会社	小岛环生	钽的表面处理方法及电容器的制法	钽的表面用碱溶液侵蚀，除去表面的氧化钽膜，使露出无电解镀的催化性金属钽层，再浸入无电解液镀液中，形成镀层，这样，金属钽和镀层间没有氧化钽，结合强度高。	
平 5-310499A	920508	931122	日立金属株式会社	古川保典	铌酸锂单晶及其制造方法以及光学元件	用二重坩埚法、流动区法、LPE 法或气相生长法生长的铌酸锂的成分 $Li_2O/(Li_2O+Nb_2O_5)$ 为 0.45～0.485，耐光损伤性好，用这种结晶薄膜作为从激光源射出的基本波向非线性光学晶体通过的二次谐波的二次谐波发生器元件。	
平 5-310500A	920508	931122	日立金属株式会社	古川保典	钽酸锂单晶及其制造方法以及光学元件	用二重坩埚法、流动区法、LPE 法、气相生长法生长的钽酸锂的成分 $Li_2O/(Li_2O+Ta_2O_5)$ 为 0.45～0.485，耐光损伤性好，用这种结晶薄膜作为从激光源射出的基本波向非线性光学晶体通过的二次谐波的二次谐波发生器元件。	
平 5-330827A	921204	931214	法国 Rhone-Pou	Ebal Nisbom	以钽铌为基的钙钛酸结构化合物	一种钙钛矿结构的化合物，含有 Ta、Nb、碱金属、碱土金属过渡金属、第 I B 族元素及稀土元素为基材的复合混合物，烧结而成，其质不均匀区域小于 1μm。	FR9115136A FI925533A

专利号	申请日	公布日	申请人	发明人	专利名称	专利要点及有益效果	同族专利号
平 5-335187A	920603	931217	东和电子株式会社	佐藤学	电解电容器的制造方法	在氧化膜上电解聚合形成一层有弹性的能修复氧化膜的硫基三嗪（3 个 N 原子，3 个 C 原子组成的环）聚合物。电容器漏电流低。	
平 5-343272A	920709	931224	昭和电工株式会社	内藤一美	固体电解电容器	片形钽烧结块的端部安有直方状的阳极，其余部分顺次形成半导体层和导电体层，电容器漏电流特性好。	
平 6-10074A	930302	940118	德国 H. C. Starck 公司	Walter Bludss	钽铌的分离方法	用 HF 或 HF + H_2SO_4 溶解原料，用 MIBK 萃取钽、铌复盐，用蒸气蒸馏含钽、铌的有机酮，产生新水相，用新的 MIBK 与新水相接触，选择性地萃取钽。	BE1006385A CN1076731A
平 6-13271A	920624	940121	日本 Rohm 株式会社	村山智浩	固体电解电容器的制造方法	成型模的膜腔连接真空泵，负压下快速填充金属粉末，湿粉末压制均匀，烧结体密度均匀，密度差别很小，漏电流低。	
平 6-16500A 特许 3263594B	921007	940125 020304	日立金属株式会社	二反田文雄	钽酸锂单晶基板及光学元件	钽酸锂单晶中掺有 0.1%（摩尔分数）或更多的 Mg，含 Fe 低于 1×10^{-3}%，改善短波段范围的紫光短波段光透过率，向短波侧基础吸收端转移。	US5359452A
平 6-20877A	920302	940128	Du Pont 株式会社	稻叶明	钽固体电解电容器	钽烧结体表面形成介电体氧化膜与含有金属导电性树脂构成的阴极之间，有导电性树脂层含有氟树脂，防止导电性树脂内的金属扩散迁移到钽一侧造成短路。	EP0559109A CN1078572A
平 6-20891A 特许 2535489B	920402	940128 960918	日本 Rohm 株式会社	栗山长治郎	固体电解电容器	片式电容器的阳极引线和外阳极端子焊接，阴极和阴极端子间有熔断丝，合成树脂包封，熔断丝和外阴极连接端形成球状，加压结合。	
平 6-45208A 特许 3459277B	930401 920407	940218 031028	日本 Rohm 株式会社	栗山长治郎	固体电解电容器	片式电容器的阳极引线和外阳极端子焊接，阴极和阴极端子间有熔断丝，还有第三引线端子间连接有熔断丝，熔断丝和外阴极连接端形成球状，加压结合。外阳极端子、阴极端子外露。	
平 6-48896A	920727	940222	东金株式会社	武田次夫	铌酸锂单晶的制造方法	用 Czochralski 方法拉制铌酸锂单晶的方法，由碳酸锂和氧化铌在加热过程中重量损失及含有无用成分含量，求出加热时间与失重关系，进行配料、加料。	

专利号	申请日	公布日	申请人	发明人	专利名称	专利要点及有益效果	同族专利号
平 6-57479A	920812	940301	三菱材料株式会社	木村悦泊	电解溶盐制钽镀层方法	LiF(50%)-NaF(30%)-KF(20%)(摩尔分数)熔点 600℃加 K_2TaF_7 1.0%(摩尔分数),钽板为阳极,铁板为阴极,800℃、0.01A/cm^2 电解 30min 后反向加电压 5min,使铁板镀上 100μm 厚钽。	
平 6-65670A 特许 2894661	920820	940308 990524	昭和 Cabot 超金属株式会社	泉知夫	钽材及其制造方法	将氧含量低于 0.3% 的钽粉混入 0.01% ~1.0% 的稀土(Y、Ce、Nd)元素,压制烧结,电子束熔炼,钽材氧含量低于 0.01%,稀土元素抑制晶粒长大。	
平 6-77097A 特许 3373557B	920828	940318 030204	日本 Rohm 株式会社	青山诚	固体电解电容器及其制造方法	在浸渍原料中加入荧光物质,通过对荧光敏感器、固体电解电容器被覆银层后,银层不良率便能自动检查出来。	
平 6-84709A 特许 2923135B	920903	940325 990726	日本 Rohm 株式会社	田中营作	固体电解电容器的制造方法	钽、铌电容器的制造中,形成氧化膜后,在空气中在 300 ~400℃加热 2 ~30min,被膜二氧化锰后,在空气中 300 ~400℃加热 2 ~30min,制造成电容器后在 85 ~125℃,2 ~3.5 倍额定电压的浪涌电压进行耐压试验。	
平 6-87698A	920803	940329	三井金属矿业株式会社	小出明	铌酸锂晶体热处理方法	一种铌酸锂的热处理方法,使用波长 2.87μm 光吸收系数 0.2/cm 以下的晶体,且在 0℃以下的湿度露点温度进行热处理。	
平 6-104146A 特许 2925411B	920918	940415 990728	日本 Rohm 株式会社	村山智浩	钽电容器的赋能方法	钽电容器阳极在赋能槽内,有加热除湿的气体吹入,压力大于 1 个大气压,施加电压,进行赋能。这样工作条上附着的水汽少。防止该板阳极块没有施加上电压的事情出现。	
平 6-120091A	920930	940428	神钢金属制品	古谷雅春	钽电容器引线	内面为高熔点金属(如 Ti)外侧为钽,热等静压,拉拔到 0.25mm,切断端头镀钽作引线。	
平 6-122935A 特许 2709553B	921009	940506 980204	新日本制铁株式会社	桥本敬三	Nb_3Al 基金属间化合物	Nb_3Al 基金属间化合物的成分(原子百分数)是:Nb-(1% ~15%)W-(18% ~26%)Al,添加 Ta 的 Nb-Al 金属间化合物,Nb-(1% ~ 15%)Ta-(18% ~26%)Al。合金在 1600℃以上压缩强度得到提高。	

专利号	申请日	公布日	申请人	发明人	专利名称	专利要点及有益效果	同族专利号
平 6-151258A	921110	940531	松下电器产业株式会社	吉田雅悬	固体电解电容器	在阀金属的氧化膜上有低电阻的钌层，氧化钽膜不受损伤，导电性高分子与外电极和电解质混合构造，电容器高容量高频特性好。	
平 6-157198A 特许 3121361B	901228	940603 001225	Ibden 株式会社	大野哲史	含钛的铌酸锂单晶薄膜	在基板上形成的铌酸锂单晶薄膜，该基板是六方晶格，a 轴晶格常数为 5.128 ~ 5.148Å，且含有钛 TiO_2 0.2% ~60%（摩尔分数）。	
WO 94/12428A 特许 3394043B	931116	940609	昭和电工株式会社	门前博之	生产过氧化氢的方法	在氧化铌、铌的复合氧化物、氧化钽、钽的复合氧化物、钨氧化物上载持着铂金属催化剂，在反应介质中，使氧和氢反应，生成过氧化氢。	US5496532A EP0627381B
平 6-163323A	921117	940610	三洋电机株式会社	水富胜则	有机半导体固体电解电容器的制造方法	阀金属铝、钽、铌等箔经过腐蚀及阳极化后作阳极，和其相对的阴极间是绝缘纸含浸加热的 TCNQ 络盐，进行卷绕，在绝缘纸上导入化学式为 —$Si(OCH_3)_n$，$n=1,2,3$，—$Si(OC_2H_5)_n$，$n=1,2,3$，可降低电容器因热应力引起的漏电流增大。	
平 6-163526A	921126	940610	日本电装株式会社	牧野魏典	阳极氧化膜的形成方法	电解液里加入 0.01 ~ 1.0mol/L 的氧化剂（不含金属元素，如过氧化氢、亚硝酸盐），含弱电解质铵盐，这种方法制造的钽电容器漏电流降低。	
平 6-176985A 特许 3516167B	921208	940624 040405	日本 Rohm 株式会社	长谷川美树	片式钽电容器的制造方法	钽丝部分埋入钽粉中成型体是经过二次以上压制的，先压中心部分，第一次的尺寸小于最终尺寸，第二次再压制一些钽粉上去，最后达到所定尺寸后再烧结，近钽丝部分密度较大。钽丝和烧结体结合力大。	US5486977A US5667536A
平 6-183896A	921227	940705	东金株式会社	武田次夫	铌酸锂单晶的培育方法	在 Czochralski 方法拉制铌酸锂单晶的方法中，把籽晶放入原料熔体中心，从该基准点向上到生长的晶体直径的 5/4 等距离的温度变化率为 15 ~ 20℃/cm，拉制的铌酸锂单晶无亚晶。	
平 6-184704A	921221	940705	三菱重工株式会社	条原正朝	高温耐蚀材料	用于热交换器的高温耐蚀材料，其成分（质量分数）是：C ≤ 0.08%，Si ≤ 0.06%，Mn ≤ 1%，Cr 13% ~15.5%；Mo 0.5% ~2.5%；Nb 0.1% ~0.3%；Ti≤0.1%，W 0.5% ~3%；Hf≤0.25%，其余为不可避免杂质。	

专利号	申请日	公布日	申请人	发明人	专利名称	专利要点及有益效果	同族专利号
平 6-188158A 特许 3316896B	921218	940708 020819	昭和电工株式会社	内藤一美	电容器	一种用铝箔进行电解腐蚀，形成直径 3.6μm，深度 20μm 的坑，浸五氯化钽碱溶液，在铝箔表面形成氧化钽层，再形成二氧化铅、硫酸铅，涂银，作引线，包封。	
平 6-188366A 特许 3149584B	921221	940708 010326	松下电器株式会社	西迁充	半导体集成电路元件制造方法	配线形成过程中，不损伤第一配线形状，用钽、钛的氧化物作成容量元件的绝缘物质。防止发生配线短路、断路现象。	
平 6-191996A	911120	940712	日立金属株式会社	古川保典	铌酸锂单晶的制造方法及光学元件	在以 $Li_2O/(Li_2O+Nb_2O_5)$ 组成摩尔比为0.57～0.62 的熔融盐拉制铌酸锂单晶中，熔融盐用双重坩埚装入，内坩埚组分为上述范围，外坩埚熔融盐的组成用固化相同组成的原料。	
平 6-196349A	921224	940715	株式会社神户制钢所	丸尾聪	钽电容器用铜系引线框材料及其制造方法	钽电容器用铜系引线框是在白铜基体上形成 0.2～2.0μm 镍镀层，在镍镀层上形成金属间化合物铜锡合金层，在铜锡合金层上形成 0.1～1.0μm 镀锡层，材料耐热性好，焊接性好。	
平 6-199598A 特许 2034934B	921015	940719 960328	科学技术无机材料研究所	宫泽结人	铌酸锂单晶的制造方法	拉制铌酸锂单晶是在中性或氢气、一氧化碳还原气氛里进行的，在含有锂、铌、氧的熔融盐里添加镁和锌不会出现螺旋状，亚晶密度小。	
平 6-204096B	930105	940722	日本电气株式会社（NEC）	田井中明芳	固体电解电容器	钽烧结体阳极的阳极引线和阳极端子焊接，阴极层上形成的金属层至少选自铜、金中之一，阴极端子是无氧铜，上述金属层和阴极固相扩散焊接。	
平 6-212341A 特许 2626866B	930119	940802 970418	东京钨株式会社	浅田信昭	高强度超硬合金及其制造方法	制造方法：把 0.5μm 的 WO_3、0.2μm 的 CrO，0.3μm 的 V_2O_5、0.1μm 的 Ta_2O_5、1.0μm 的 MoO_3 与碳混合压制，在 1250℃ 烧结 30min，1500℃ 保温 30min，还原成复合碳化物。	
平 6-220069A 特许 2599855B	911125	940809 970109	日本能源株式会社	铃木棱行	钽醇盐的精炼方法，得到高纯度钽醇盐	钽醇盐在金属氢化物或金属氢化物络合物里处理提纯。用含有氯元素在 $1\times10^{-3}\%$ 以下的钽醇盐气相沉积在基板表面形成钽氧化膜。氧化钽平滑性好，利于加工。	

专利号	申请日	公布日	申请人	发明人	专利名称	专利要点及有益效果	同族专利号
平 6-231632A	930201	940819	昭和电线电缆株式会社	市原致光	PCS 用 Nb_3Sn 超导线的制造方法	永久电流开关（PCS）用 Nb_3Sn 超导线的制造方法是：在 Cu-Nb 合金基体管里插入锡丝，形成多股的复合体，进行等静压压制，然后拉拔成丝，热处理生成 Nb_3Sn 超导线，降低电阻率。	
平 6-234597A 特许 2875699B	930210	940823 990331	信越化学株式会社	牧川新二	钽酸锂单晶及其制造方法	一种含 Ir、Rh 各为 $1\times10^{-4}\%$ 以下的钽酸锂单晶，是用有后热器的坩埚，采用丘克拉斯基方法生长钽酸锂单晶，不含铑和贵金属铱。	
平 6-236832A 特许 3175379B	930212	940823 010611	松下电器株式会社产业	田制正俊	片式钽固体电解电容器的制造方法	在模塑包封时，从树脂注入口把树脂注入模子里，防止树脂从阳极引线往外流，使钽电容器的 $\tan\delta$ 低而稳定。	
平 6-236834A 特许 3175380B	930212	940823 010611	松下电器株式会社产业	田制正俊	片式钽固体电解电容器的制造方法	电容器芯子置于上下模之间，树脂注入口在阳极引线面的对面，从注入口注入树脂封装电容器芯子，注入口旁有储料室。	
平 6-244364A 特许 2786071B	930217	940902 980813	日本电气株式会社（NEC）	神山聪	半导体装置制取	以有机硅聚合物为下电极，氮化的致密化处理的 Ta_2O_5 膜为电容器介电层，增大比容，降低漏电流，为 DRAM 元件（电容器）。	US5352623A KR0168144B
平 6-252008A 特许 3294361B	930206	940909 020624	日本 Rohm 株式会社	中村伸二	固体电解电容器的构造及制造方法	片式钽烧结体的一端浸渍合成树脂绝缘物质，除了浸渍有树脂的部分之外的部分，先后形成氧化钽膜、二氧化锰层和阴极层，在浸渍绝缘物质部分侧面断面形成阴极端子膜。	
平 6-252009A 特许 3378285B	930206	940909 030217	日本 Rohm 株式会社	中村伸二	固体电解电容器的构造及制造方法	钽等阀金属粉末烧结体的一端面固定一钽等金属片，烧结体和金属片的表面阳极氧化形成氧化钽膜，形成二氧化锰等固体电解质层、阴极，上述金属片形成阳极端子。	
平 6-252010A 特许 3294362B	930226	940909 020624	日本 Rohm 株式会社	中村伸二	固体电解电容器的构造及制造方法	多孔钽烧结体一端是有一致密的阳极端子，形成氧化钽膜，除了致密部分外，形成电解质和阴极层，在致密端形成阳极，阳极和阴极完全隔离，缩小体积。	

专利号	申请日	公布日	申请人	发明人	专利名称	专利要点及有益效果	同族专利号
平 6-256093A	930301	940913	Ibden 株式会社	中村正则	铌酸锂单晶薄膜	在 Li_2O-B_2O_3-Nb_2O_5 熔盐体系，采用助熔剂 Evi-tactial 法，形成与钽酸锂基板格子整合的铌酸锂单晶薄膜，单晶中不含 B。	
平 6-256094A	930301	940913	Ibden 株式会社	中村正则	铌酸锂单晶薄膜	在 Li_2O-B_2O_3-Nb_2O_5 熔盐体系，采用助熔剂 Evi-tactial 法，形成与钽酸锂基板的表面，生长出含有适量 B 的铌酸锂单晶薄膜。	
平 6-256095A 特许 3137487B	930301	940913 010219	信越化学株式会社	牧川新二	钽酸锂单晶薄膜	将钽酸锂单晶进行单畴化处理成同一结晶面，平均晶格常数比单畴化前的多畴钽酸锂单晶的同一结晶面的平均晶格常数要小 0.0001Å，或要大 0.0010Å（25℃时）。	
平 6-256893A	930304	940913	三菱重工业株式会社	角屋好邦	高温高强度高韧性合金钢	合金钢成分（质量分数）是：C 0.15% ~ 0.35%；Si ≤ 0.15%；Mn ≤ 1.2%；Ni 0.5% ~ 2.0%；Cr 2.0% ~ 2.5%；Mo 0.5% ~ 1.5%；W 0 ~ 1.0%；Hf 0.2% ~ 0.45%；Nb 0 ~ 0.1%；Ta 0 ~ 0.1%；N ≤ 0.05%，其余为 Fe 和不可避免杂质。	
平 6-258539A	930309	940916	三井金属矿业株式会社	小出明	铌酸锂单晶片及其制造方法	一种铌酸锂单晶片，在波长为 2.87μm 晶片的吸收率最大和最小值偏差落在 ±0.1cm^{-1}，以及这种晶片的制造方法。	US5437761A EP0615005A
平 6-283392A 特许 3065845B	930325	941007 000717	日本 Rohm 株式会社	栗山长治郎	套装型固体电解电容器构造及制造法	该电容器片有两个相对的端面，两根片形金属引线从两相对端面伸出，里面分别与阳极引线、阴极端面连接；阴极引线在树脂包封内较窄，外面较宽。	US5559668A
平 6-291000A	930402	941018	神钢金属制品株式会社	古谷雅春	钽电容器引线	价格较低，其性能不比以往钽电容器引线逊色的钽丝的生产方法：芯子为 Ti、中间为 Nb，外面为 Ta，热等静压压制，拉丝至外层钽厚 20μm，线径 0.25mm。	
平 6-293597A	930408	941021	日立金属株式会社	佐藤正纯	铌酸锂单晶的制造方法及光学元件	铌酸锂单晶加工后在 500 ~ 1150℃ 进行热处理至少 10min 以上，提高铌酸锂单晶耐光损伤性。	

专利号	申请日	公布日	申请人	发明人	专利名称	专利要点及有益效果	同族专利号
平 6-305895A	930428	941101	日立金属株式会社	佐藤正纯	钽酸锂单晶及弹性表面波元件	一种钽酸锂单晶，控制钽酸锂单晶内亚晶粒偏移度在7分以内，表面弹性波声速变动在±0.01%以内，用所述钽酸锂晶体制成的弹性表面波元件制造带有表面波元件滤波器的移动通信电话。	
平 6-316788A 特许 2937690B	930430	941115 990823	夏普株式会社	中村好坤	氧化钽膜形成方法	玻璃基板磁溅射钽膜，在有N的氧化物阴离子（HNO_3）存在下阳极氧化形成氧化膜并掺氮。氧化钽膜里N的浓度为每立方厘米$1\times10^{21}\sim1\times10^{22}$个原子，氧化膜绝缘稳定性好。	
平 6-322402A 特许 2547500B	920319	941122 961023	昭和电工株式会社	高桥修二	氟化钾的分离精炼方法	把钠还原氟钽酸钾生成的混合物副产物破碎，利用 NaF、KCl 溶解度的差异，用少于使混合盐溶解所必要的水溶解副产物，这样使 NaF 成固态，KF、KCl 分离。	
平 6-325987A 特许 2766446B	930512	941125 980618	日本 Rohm 株式会社	金武康雄	固体电解电容器	钽固体电解电容器，树脂包封有阴极伸出的第一个端面，临近阳极引线的第二个端面向一侧伸出，每个阳极、阴极引线都向外弯曲到树脂包封的下面，极性易辨认。	US5410445 DE4416667B
平 6-333788A 特许 2875452B	930521	941202 990331	日本 Rohm 株式会社	栗山长治郎	片状电解电容器的构造	体积小、容量高的片式钽固体电解电容器，用2个金属片夹住阳极引出线并固定，形成与阳极引线轴线略成直角的阳极端面，形成另一端的阴极端子面。	
平 6-346164A 特许 2772409B	930608	941220 980702	日本工业技术院	和久井喜人	Nb/Ta 的分离方法	用含有 Nb 离子的水溶液与一般式 O═C—R（R为1～8个碳原子的烷基或苯）表示的置换基树脂接触，至少有一种以上除 Nb 外的金属离子共存，分离。	
平 7-6932A	940329	950110	美国 Medtronic 公司	Lin Maria Shifrid	镀钽贯通进料箱	导电性钽料箱含有贯通进料机构，其中钽箱的一部分与绝缘体接触，一部分与电容器的结构接触，保护电气金属膜。	
平 7-6933A 特许 3002605B	920526	950110 000124	Malcon 株式会社	京兼纯	固体电解电容器的制造方法	多孔体的绝缘膜（如 Ta_2O_5、有机物 TCNQ 络合物）用 N_2、Ne、He 离子照射蒸镀形成阴极做成的电容器容量高，高频特性好，温度特性好。	

专利号	申请日	公布日	申请人	发明人	专利名称	专利要点及有益效果	同族专利号
平 7-22288A 特许 2586381B	930705	950124 970226	日本电气株式会社（NEC）	藤原正橘	固体电解电容器及其制造方法	带引线的钽电容器芯子，在芯子表面形成氧化膜，形成第一层半导体氧化物层，浸渍悬浮有石墨微粒的硝酸锰在 200～250℃热分解，形成第二层夹带有碳粒的氧化物半导体层。	EP0633583A US5938797A
平 7-29777AA	930707	950131	昭和 Cabot 超金属株式会社	水口纪元	钽丝	通过将钽丝通电加热在钽丝表面熔接有 0.05～1μm 的钽粉粒子，用这种钽丝烧结的烧结体，钽丝与烧结体结合强度高。	
平 7-45481A	930729	950214	日本电气株式会社（NEC）	小林淳	固体电解电容器及其制造方法	钽阳极电解电容器的电解质层由两层导电性聚合物组成，氧化聚合而成的聚合物包括聚吡咯层，第二层为聚苯胺。容量引出率达到 99%，150℃高温放置 500h 频率特性不劣化。	US5461537A
平 7-50229A	910304	950221	京兼纯；吉野胜美	京兼纯	固体电解电容器的制造方法	多孔体的绝缘膜（如 Al_2O_3、Ta_2O_5、有机物 TC-NQ 络合物）用 N_2、Ne、He 离子照射蒸镀形成阴极做成的电容器容量高，高频特性好，温度特性好。	
平 7-50231A 特许 2879182B	921215	950221 990405	日本 Rohm 株式会社	长谷川美树	钽电容器片的制造方法	在压制成型钽块时，钽粉装入模腔后，上下阳模互相间隔震动，互相缩短距离驱动（有弹簧），这样压制的压块中密度均匀，坯块强度高，耐久性好。	
平 7-53219A	930818	950228	千代田化工建设局	浅冈佐知夫	铌酸粒子及其制造方法	平均粒径为 1μm 以上，含有酸度系数 *Ho* 是 -3.0 以下的酸量 A 为 0.35mmol/g 以上，含酸量调整到 50% 以上，酸度系数 *Ho* 是 -5.6 以下的强酸，350℃耐水性试验后酸量 A 减少率在 10% 以下的铌酸。	
平 7-53253A	930809	950228	日本 Mectron 株式会社	上远野智子	铌酸锂组成标准用陶瓷的制造方法	锂的化合物和铌的化合物按照给定的组成进行混合，在 1235～1245℃烧结 5～20h，制造成标准的铌酸锂陶瓷。	
平 7-54139A 特许 2500952B	870330	950228 960529	东芝株式会社	深泽美治	溅射靶	15%～50%（原子百分数）的 Mo，其余为 Ta 的一种复合靶，其加工性、导电性和氧化膜的形成性都很好。	

专利号	申请日	公布日	申请人	发明人	专利名称	专利要点及有益效果	同族专利号
平 7-79046A	930906	950320	三井金属矿业株式会社	杉冈晶子	铌酸锂单晶和用该单晶的激光发振器	一种含有（质量分数）：钕 0 ~ 0.5% 和钪 0.05% ~0.5% 的铌酸锂单晶以及用该单晶作为激光发振器，得到的是绿色激光发振器。	
平 7-86097A	930622	950331	日本 Rohm 株式会社	村树智浩；金武康雄	固体电容器及其制造方法	在成型坯块时，金属丝穿透电容器芯子，成棒状，烧结后，一头接阳极，形成时可串联着 4 个，被膜后切下焊接阳极、阴极，包封。这样节省钽丝，效率高。	US5412533A
平 7-86866A	930917	950331	松下电器产业株式会社	江田和生	复合单晶压电板制法	第一单晶压电基板（铌酸锂或钽酸锂）与第二单晶压电基板之间用金属硅或硅化物直接结合，对热变化、机械振动稳定性好；电极引出构成自由度高。	
平 7-94368A 特许 2765462B	931201	950407 980618	日本电气株式会社（NEC）	深海隆	固体电解电容器及其制造方法	在阀金属表面的介电层上形成导电性聚合物时，在导电性聚合物里弥散一种粉末，使固体电解质表面凹凸不平，增加表面积，增加固体电解质层和阴极层的结合强度。ESR、tanδ 特性好。	US5473503A EP0637043B DE69417118T
平 7-101726A 特许 3305832B	931007	950418 020724	三井金属矿业株式会社	小林纯太郎	粒状氧化钽、氧化铌的制造方法	在氟化钽、氟化铌的溶液里加氨沉淀出氢氧化钽和氢氧化铌，将沉淀物洗净，煅烧成粒状物，控制洗液中 F 离子浓度，可以控制粒状物粒径和比表面积。	
平 7-106205A	930930	950421	日立 AIC 株式会社	安达宏	固体电解电容器及其制造方法	形成有突起的阀金属阳极体，将上述突起和金属线结合，在突起和金属线的根部处积层绝缘性树脂，再形成介电体层、固体电解质层、阴极层，除去绝缘性树脂，露出突出部分和阴极层，切断金属线，在突出部分和阴极处积层。	
平 7-122464A 特许 2580980B	931020	950512 970212	日本电气株式会社（NEC）	西山利彦	钽固体电解电容器	在钽阳极的氧化膜上形成导电性高分子固体电解质，导电性高分子层和氧化膜间有空洞，化学聚合，空洞里的氧把导电性高分子变为绝缘物，细孔内导电性高分子化合物充填率 70% 以下，空洞作为导电性高分子化合物化学氧化聚合用。	US5455736A EP0650175B KR0152629B
平 7-126100A 特许 3512480B	940822 930909	950516 040319	三井石油化学工业	山田一博	铌酸钾单晶的制造方法	在铌酸钾单晶第一 C-面一侧形成正电极，在第一 C-面相对的第二 C-面形成半绝缘层，在半绝缘层上形成负电极，在正负电极间施加一电压，使铌酸钾单晶单纯化。	US5477807A EP0643158B DE69418119T

专利号	申请日	公布日	申请人	发明人	专利名称	专利要点及有益效果	同族专利号
平 7-130579A 特许 2765453B	931104	950519 980618	日本电气株式会社（NEC）	小林淳次	固体电解电容器的制造方法	阀金属电容器用聚合物做电解质：烧结体阳极氧化，浸渍苯胺-P-硫化甲苯溶液，干燥，在氧化性溶液里浸渍苯胺-P-硫化甲苯溶液，浸酸。如此反复多次。	US5567209A EP0652575B DE69400566T
平 7-130582A 特许 2527689B	931101	950519 960828	Himaker 株式会社	井上胜行	钽阳极体的制造方法	钽的多孔烧结体和钽丝利用加压电阻焊结，焊接处多孔体的密度较大的凹坑焊接强度高，具有 1.5～3.0kg 力的钽丝拉拔强度。	
平 7-135125A 特许 2570143B	931110	950523 970108	日本电气株式会社（NEC）	谷口博通	片式固体电解电容器及其制造方法	采用静电粉体涂装法，在比粉末树脂凝胶化低的温度，在含电容器阳极引线导出面部分上形成外封树脂内的连续空隙里填满连接用导电性物质，形成碳填充部，连接阳极；在比粉末树脂凝胶化高的温度热处理，消除碳填充以外部分，外封树脂。	
平 7-135126A	931110	950523	日本电气株式会社（NEC）	阪田幸治	固体电解电容器及其制造方法	电容器阳极体在形成氧化膜后用氧化剂氧化形成第一层导电性聚合物，用含有聚合物成分溶解在有机溶剂里进行聚合，然后在未掺杂聚合物层进行酸掺杂具有导电性，形成第二层导电性聚合物，在第二层聚合物上形成阴极。	US5457862A EP0652576B DE69401697T
平 7-142290A 特许 3503971B	931116	950602 040308	Nichicon 株式会社	三井弘一	电容器芯子的制造方法	阀金属粉末成型体烧结时加入还原金属（Mg、Ca 等）氢或碳还原酸洗，降低烧结体的氧含量，改善了引线的机械强度，减少氧化膜的缺陷，降低漏电流。	
平 7-145451A	931124	950606	日本大同特殊钢株式会社	山田广志	引线框用 Fe-Ni 合金及引线框薄板	成分（质量分数）：Ni 33%～37%，Nb 1%～4%，其余为 Fe 的引线框 Fe-Ni 合金，经热锻、热轧、退火、冷轧，最终压下率达 40%，厚度为 0.25mm，在 500～720℃ 退火，HV 达到 260，高强度。	
平 7-147216A 特许 3425200B	931124	950606 030707	Nichicon 株式会社	三井弘一	电容器芯子的制造方法	阀金属粉末成型体在真空中烧结时加入氨、镁等，降低烧结体的氧含量，改善了引线的机械强度，减少氧化膜的缺陷，降低漏电流，改善耐压性，延长寿命。	

专利号	申请日	公布日	申请人	发明人	专利名称	专利要点及有益效果	同族专利号
平 7-153650A	931126	950616	Elna 株式会社	富泽孝史	固体电解电容器阳极制造方法	钽、铌阀金属粉末烧结电容器芯子，先在 H_3PO_4 液中赋能，然后将此阳极在 HNO_3 液中洗净，漏电流低，损耗及阻抗改善。	
平 7-161931A	931202	950623	日本电气株式会社（NEC）	神山聪	半导体装置的制造方法	在多晶硅上形成钨膜下电极，用等离子处理形成氧化钽膜，为 DRAM 做成的容量元件。	
平 7-166270A	931213	950627	三菱材料株式会社	长俊之	耐蚂蚁巢状腐蚀的铜合金	一种铜合金，含（质量分数）0.005% ~0.5% 的钽、铌中的一种或两种：还含 Zr、Ti、Y、Sn、Zn、Al、Mg、P 等，耐蚂蚁巢状腐蚀。	
平 7-201662A 特许 2861774B	931228	950804 990224	日本电气株式会社（NEC）	西山利彦	固体电解电容器	钽电容器的钽丝导出部分用聚四氟乙烯树脂、硅树脂、丙烯树脂、环氧树脂组中择一形成砧板材，它于钽丝引出面成 α 角，防止向钽丝部分形成导电性高分子。	
平 7-207391A	941202	950808	美国西屋电气公司	Nelu Besal	燃气涡轮机机翼部件	合金的组成（质量分数）：Al 3.4% ~4.0%；Ti 3.0% ~ 4.7%；Ta 0.8% ~ 2.0%；Cr 13.75% ~ 15.5%；Co 8.0% ~ 8.5%；Nb 0.01% ~ 1.0%；W 2.0% ~4.5%；Mo 0.1% ~2.0%；其余为 Ni 和不可避免杂质。	EP0669403A CN1110993A AU7771399A
平 7-220973A	940201	950818	宫城冲电气株式会社	高桥圣也	固体电容器及其制造方法	用有阀门作用的金属（Ta、Al）烧结体制造的阳极板，其对向的多晶硅膜为阴极，在阴极引线连接处形成导电性浆料。	
平 7-220982A	940131	950818	Elna 株式会社	富泽孝史	固体电解电容器的制造方法	钽铌烧结体阳极先在 0.001% ~0.5% 的磷酸里按照规定的电压形成，然后在 0.001% ~0.1% 的硝酸里 60V 以下形成。改善硝酸锰含浸，改善电容器的阻抗和损耗。	
平 7-226348A	940210	950822	石川岛重工业株式会社	松村孝太郎	液体钽电解电容器	钽外壳为阴极，烧结钽为阳极，硫酸为电解质的电容器，中间有一个贯通孔，有保险丝、衬垫、多层玻璃耐酸纤维密封，是常温固化高强度材料。	
平 7-230934A	940218	950829	日本 Rohm 株式会社	栗山长治郎	极性元件结构及其安装结构	元件有两个极，第一个极有两个叉开的腿，弯曲向下贴着底面，第二个极插在第一个电极两腿之间，彼此不接触。组装时便于区分正负极。	US5459641A CN1112280A

专利号	申请日	公布日	申请人	发明人	专利名称	专利要点及有益效果	同族专利号
平 7-240345A	940228	950912	松下电器株式会社	长谷川信男	片式固体电解电容器的制造方法	和半硬化或硬化状态阴极接触的有金属丝网、蜂窝状金属箔导电性骨骼层里充满导电性树脂的阴极层，这种片式固体电解电容器的漏电流、损耗特性稳定。	
平 7-252552A	950219	951003	德国 H. C. Stack 公司	Bludssus W. Eckert	钽铌萃取分离方法	将含钽铌的原料用 HF 蒸煮分解为钽铌的氟化物络盐，MIBK 提取钽铌负载钽铌有机相以 1.25L/h，水 10L/h 对流洗净，水相排出前用新 MIBK 接触，将少量钽提取到有机相中，再和主流有机相合并。	DE4404374C BR9500498A AU700944B
平 7-252554A	940314	951003	科学技术厅金属材料研究所	宫崎昭光	防止 Nb-Al 合金高温氧化的方法	合金添加有 W，有 A2 相和 A15 共存的 Nb-Al 合金，Nb 与 W 的合计量（原子百分数）超过 80%，并且，W 的含有量不超过 1/8；添加有 Ta，Nb 与 Ta 的合计量（原子百分数）超过 80%，合金高温耐氧化。	
平 7-252575A	940312	951003	日本制铁株式会社	寿山龟之	高温强度好的 Nb-Al-Mo 金属间化合物	成分（原子百分数）为 Nb-(18% ~26%)Al-(1% ~15%)Mo，Mo 的金属间化合物，其中 Mo 可以由 W 和 Ta 代替，它在 1600℃使 Nb-Al 强度增加，作高温结构材料。	
平 7-263431A 特许 3319138B	940317	951013 020825	索尼株式会社	长谷川利昭	含钽高介电性膜的形成方法	在基体上形成高介电性钽膜后，通入少量含氮气体进行等离子处理，或者在含氮气氛里进行气相化学沉积形成含钽膜。	
平 7-263442A 特许 3334323B	940317	951013 021015	索尼株式会社	长谷川利昭	形成含钽高介电性膜方法及其半导体	钽系高介电体 $Ta_xO_yN_z$，其中的 x、y、z 有下列关系 $x+y+z=1$，$0.1\leqslant Z\leqslant 0.625$，$0\leqslant Y\leqslant 0.6$，且 $X\geqslant 0.4Y+0.6Z$，是以 Cp_mTaN_n（Cp 是环戊醇 $m+n=5$）为原料，CVD 法形成 $Ta_xO_yN_z$。	
平 7-267644A 特许 3407821B	940325	951017 030519	三井矿业株式会社	小林纯太郎	钽、铌的氧化物及氢氧化物的制造方法	把含有杂质的钽铌的氧化物溶解于 60℃以上的，浓度为 130g/L 以上的氢氧化钾钾盐溶液里，把不溶的杂质过滤，滤液中加酸沉淀出钽、铌的氢氧化物。	

专利号	申请日	公布日	申请人	发明人	专利名称	专利要点及有益效果	同族专利号
平 7-277896A 特许 3412906B	940408	951024 030603	三井金属矿业	杉刚晶子	铌酸锂单晶及用该单晶的激光发振器	一种含有（质量分数）铵 0.01% ~ 1.2% 和钪 0.5% ~ 2.0% 的铌酸锂单晶以及用该单晶作为激光发生器，得到的是绿色激光。	
平 7-305123A	940510	951121	日本大同特殊钢株式会社	青水孝纯	吸氢合金的制造方法	一种可以可逆吸收－放出氢气的含铌 Laves 相 C15 型铌合金，铌源溶解在铌铁里，含有 Zr、V、Ni 和 Mn。	
平 7-316694A	940527	951205	日本大同特殊钢株式会社	青水孝纯	吸氢合金的制造方法	一种可以可逆吸收－放出氢气的含以 Zr 和 Ni 为主要成分的 Laves 相 C15 型铌合金，其中的 2% ~ 15% Zr 被 Nb 所代替，3% ~ 17% 的 Ni 被 B 所代替。	
平 7-320982A 特许 3801660B	940530	951208 060726	日本 Rohm 株式会社	中村伸二	钽固体电解电容器用芯子的制造方法	有钽丝引线的钽粉烧结体，在形成氧化膜时，在钽丝引线和赋能液间流过电流，钽烧结体的钽丝浸入电解液中部分涂布上耐热性树脂或玻璃，固定钽丝，钽丝不接触电解液，降低成本。	GB2289988A US5699597A
平 7-335493A	940610	951222	关西日本电气株式会社	村岸正人	片式固体电解电容器	片式钽固体电解电容器的阴极引线和阴极结合部的根部开有凹槽，有翘起的舌片，结合好，钽芯子尺寸和导电性黏结剂不受影响。	
平 8-12333A	950628	960116	德国 H. C. Starck 公司	Deta Belens; Balute Blutoss	球形氧化钽、氧化铌的制造方法	钽的氟化物溶液通入 CO_2、NH_3、碳酸铵，使 pH 值到 7 以上，沉淀的这种氢氧化物过滤，用氨水洗后干燥，再在 850℃煅烧。得到粒径约 1μm 的球形粒子。	BR9502973A CN1128733A
平 8-31698A 特许 3377308B	940708	960202 030217	Malcon 株式会社	柿崎信雄	钽固体电容器阳极的制造方法	把阳极芯子放入金属壳内，插入头有针孔的阴极端子，浇入熔融焊料，焊料进入针孔里，这种电容器阻抗裂化率低。	
平 8-41559A	940802	960213	三井金属矿业株式会社	德田昌则	钽铌的氧化物矿石的溶解方法	钽铌氧化物矿石及其精矿用 2 ~ 10mol/L 的 KOH 水溶液，$KOH/(Ta(OH)_5Nb(OH)_5)$ 摩尔比为 6 ~ 30，150 ~ 300℃加压，使矿石里的钽铌氧化物溶解。	
平 8-41567A 特许 2990041B	950508	960213 991213	美国 Canon Maskican	Geary E. Ericason	高温抗腐蚀单晶镍基超合金	高温抗腐蚀单晶镍基超合金的组成（质量分数）是 Cr 1.5% ~ 13.5%，Co 5.5% ~ 8.5%，Mo 0.4% ~ 0.55%，W 4.5% ~ 5.5%，Ta 4.5% ~ 5.8%，Nb 0.05% ~ 0.25%，Hf 0.01% ~ 0.06%，其余为 Ni。	US5488346A ZA9502936A

专利号	申请日	公布日	申请人	发明人	专利名称	专利要点及有益效果	同族专利号
平 8-69948A 特许 3877340B	940829	960312 070207	日本 Rohm 株式会社	藤野绅一	安全保险丝组装型固体电解电容器	在固体电解电容器里，阴极和负极端子电连接要通过熔断器，树脂包封时，朝熔断器处的树脂有凹坑，用透明的弹性封口器堵住树脂的凹坑。	US5583740A
平 8-78293A 特许 3199101B	940831	960322 010813	Alna 株式会社	富泽孝史	钽固体电容器芯子的制造方法	钽烧结阳极在被膜形成了二氧化锰层后，浸渍含有 0.1～0.5μm 的碳粒子的悬浮液，提出后在一定温度下退火形成碳层，电容器二氧化锰和碳层结合好，耐热性好。	
平 8-78294A 特许 3175755B	940831	960322 010611	Alna 株式会社	富泽孝史	钽固体电容器芯子的制造方法	在被膜的最后几次，硝酸锰液中掺有炭黑，使得二氧化锰中有碳，这种电容器二氧化锰和碳层结合好，耐热性好。	
平 8-86930A	940916	960402	日本结晶光学株式会社	小出明	铌酸锂单晶片光导波路的形成方法	结晶片退火后，经过研磨、抛光，然后进行金属热扩散形成的铌酸锂晶体片光导波路。防止 Li 的外扩散，再现性好，相等的折射率的光导波路。	
平 8-97095A 特许 3434041B	940928	960412 030804	Starck V-teck 株式会社	内藤博夫	钽粉及其电解电容器	用 100 份（重量）通常的钽粉（平均粒径 1.0～5.0μm）和 1～20 份（重量）纳米级（10～500nm）钽粉相混，烧结制成的阳极。低密度，低烧结温度，钽丝和烧结体结合良好。	US5560761A CN1131803A
平 8-97096A	940628	960412	Starck V-teck 株式会社	岩渊克朗	钽粉及其所制得的电解电容器	钠还原氟钽酸钾制得的钽粉，不进行热处理，加镁还原脱氧后酸洗干燥得到比容为 70000～80000μFV/g 的钽粉。防止生产中着火。	US5605561A CN1123206A
平 8-102433A 特许 2846845B	930402	960416 990113	日本 Rohm 株式会社	栗山长治郎	固体电解电容器	片式固体电解电容器芯子，和阴极端子连接的熔断丝，结合处是按压成半球状，使电容器小型化，轻量化。	
平 8-115852B	950825	960507	日本 Rohm 株式会社	栗山长治郎	固体电解电容器芯子的制造方法	在阳极引线的根部安装缩水性垫片，在形成氧化钽膜、形成二氧化锰固体电解质时，防止溶液上爬，在焊接阳极端子前，从所述垫片下面切下。	
平 8-124810A 特许 2565849B	941024	960517 961218	精研株式会社	坂本秀光	电容器芯子的制造方法及其制造装置	阴模内一对阳模，设定成型阳模移动空间开口部，各阳模移动互相靠近，从开口部填入钽粉，从开口部插入钽丝引线，阳模进一步移动压制成型。	

专利号	申请日	公布日	申请人	发明人	专利名称	专利要点及有益效果	同族专利号
平 8-143315A 特许 2875486B	941118	960604 990331	多木化学株式会社	生赖真一郎	氧化钽溶胶及其制造方法	溴酸和氧化钽，$(HCOO)_2/Ta_2O_5$ 摩尔比为 0.5～5；制取粒径为 50nm 以下的氧化钽溶胶，所用 $(HCOO)_2/Ta_2O_5$ 摩尔比为 5.0～30，加溴酸，90℃ 2h 反应得到。	
平 8-162373A	941130	960621	精研株式会社	坂本秀光	引线埋入部密度大的钽电容器芯子	在成型时钽丝插入部分周围密度大于其他部分，这种电容器芯子的拔出强度大。电容器小型化、高容量化。	
平 8-165528A	941209	960625	日本能源株式会社	神原正三	高纯度高熔点金属及其合金的制造法	铌、铼、钽、钼、钨及为主要成分加入选自钒、铬、锰、铁、钴、镍中一种以上的粉末，压制成型，在 1000℃、100MPa 以上高温高压烧结。再电子束熔炼。	US5722034 BR9505379
平 8-170125A 特许 4017197B	950629	960702 071205	美国通用电气公司	Marck Gilbat Bensh	Nb_3Sn 超导体的制造方法	在无氧气氛里制造 Nb_3Sn 箔的方法为：(1)0.0005in 厚表面有氧化物铌基合金箔，在 930℃以上的立式退火炉从上向下通过约 10～30s；(2) 将铌箔在 300～800℃的锡浴里通过；(3) 在 1100℃立式退火炉里从下向上以同样的速度通过，连续进行。	US5472936A EP0691691B DE69512710T
平 8-186060A	941031	960716	日本 Rohm 株式会社	国枝洋一	固体电解电容器的制造方法	制造一有阳极丝伸出的电容器芯子，把阳极丝与阳极引线接触，在连接位置把阳极丝与阳极引线焊接，切掉没有焊接的丝头。	US5850332A
平 8-203787A	950130	960809	Alna 株式会社	富泽孝史	钽固体电解电容器的老炼方法	用直流电源对钽电解电容器施加直流电压进行老炼，同电容器和直流电源间接入串联抗流圈，防止在老炼电源突然加入时破坏钽电容器。	
平 8-203788A 特许 3543865B	950130	960809 040721	Alna 株式会社	富泽孝史	钽固体电解电容器的老炼方法	在并联的多个钽电容器和直流电源之间加扼流线圈和多个二极管。防止在老炼电源加入时，突然电流引起不必要的破坏。	
平 8-236405A	950223	960913	日本电气株式会社（NEC）	佐藤秀明	固体电容器阳极体的制造方法	钽粉经造粒，造粒体的凝聚力为 100～200g/cm^2，用这种粉制造的容量变化小，高频阻抗小，耐压性好。	
平 8-250660A	950314	960927	日本真空技术株式会社	谷典明	容电器芯子及其制造方法	在基板上形成白金下电极，在其上添加 1%～20%（原子百分数）的改质剂使介电氧化膜（钛酸锶、钽酸铋锶等）质量提高。	

专利号	申请日	公布日	申请人	发明人	专利名称	专利要点及有益效果	同族专利号
平 8-288183A	950921	961101	日本 Rohm 株式会社	栗山长治郎	固体电解电容器及其芯子的制造方法	在无氧气氛里，把钽丝引线尖端压焊到片式钽烧结体上，形成球形，电连接，这样可以节省材料，使电容器小型化。	
平 8-298231A 特许 3391364B	950426	961112 030331	Alna 株式会社	富泽孝史	钽固体电解电容器的制造方法	在被膜的最后几次，硝酸锰液中掺有炭黑，使得二氧化锰中有碳，这种电容器二氧化锰和碳层结合好，耐热性好。	
平 8-300255A	950509	961119	住友金属矿山株式会社	铃木橄朗	单晶的加工方法	铌酸锂、钽酸锂单晶片的周边加工成粗面时，用相同材质的粉末和油脂混合浆料涂布，进行研磨，不至于划伤晶片。	
平 8-311584A 特许 3146341B	951102	961126 010427	科学金属厅金属材料所	小泉裕	高熔点超合金	在 Ir、Rh（铑）或其混合物中添加选自 Ta、Nb、Hf、Zr、U、V、Ti 中至少一种元素的 FCC 构造和 L12 构造的两种结晶的耐氧化的高熔点超合金。用于气体涡轮发动机等耐热部件。	
平 8-316109A 特许 3451574B	950519	961129 030929	日本 Rohm 株式会社	栗山长治郎	组装带保险丝的固体电解电容器的方法	将电容器安装在相对的阳极、阴极引线之间，阴极引线有尖端，保险丝装在芯片和阴极间尖端，模塑包封，切削掉阳极阴极上的树脂，形成阳极端子和阴极端子。	US5716420A DE19620087B
平 8-325018A 特许 3051322B	950530	961210 000612	多木化学株式会社	生赖真一郎	氧化铌溶胶	含有柠檬酸/ Nb_2O_5，其摩尔比为 0.01 以上，溴酸/ Nb_2O_5 之摩尔比为 0.9 ~ 2.0 氧化铌溶胶，改善溶胶的稳定性。	
平 9-12399A	950623	970114	信越化学工业株式会社	今则克之刚	钽酸锂单晶的制造方法	钽酸锂单晶用原料装入坩埚里熔融，采用乔克拉鲁斯基方法连续生长单晶，初次原料装料占整个装料的 4 成以上，初次单晶提拉成品率提高。	
平 9-17684A	950627	970117 030627	村田制造所株式会社	内藤康行	电容器	钛钽多孔烧结体表面形成一般式为 $ATiO_3$ 的钙钛矿型化合物的介电体膜，导电线高分子化合物 TC-NQ 所构成的电容器。	
平 9-27440A	930402	970129	日本 Rohm 株式会社	栗山长治郎	固体电解电容器	钽电容器芯子的阳极引线和阳极端子焊接，阴极和阴极端子之间连接有熔断丝，和阴极端子相接部压接形成球形，电容器小型轻量化，成本低。	

专利号	申请日	公布日	申请人	发明人	专利名称	专利要点及有益效果	同族专利号
平 9-31600A 特许 3310825B	950717	970204 020805	三菱重工业株式会社	藤田明次	高温蒸汽涡轮材料	其成分（质量分数）是：C 0.05% ~0.13%；Si 0.005% ~0.1%；Mn 0.01% ~0.5%；Cr 9% ~12%；V 0.1% ~0.3%；Nb、Ta 合计 0.01% ~0.1%；N 0.01% ~0.1%；Mo 0.05% ~0.5%；W 1.5% ~3%；Co 1% ~4%；其余为 Fe 和不可避免杂质。	EP0754774A
平 9-74051A 特许 3459146B	950906	970318 031020	Malcon 株式会社	河野克彦	固体电解电容器用烧结体及其制造方法	由阀金属粉末加甲基丙烯酸酯聚合物纤维、碳酸聚乙烯纤维、碳酸聚丙烯纤维、碳酸聚丁烯纤维一起进行压制、烧结形成多孔体，有 1 ~50μm 的孔。电容器容量引出率高，tanδ 低。	
平 9-78101A 特许 2705667B	950908	970325 980128	日本电气株式会社（NEC）	高桥昌弘	钽粉末的造粒方法及其装置	溶于溶剂中的有机粉末加热随气流进入造粒腔，气流温度下降到溶剂的过饱和状态，溶剂结露，有机粉末溶解，和钽粉末黏结形成造粒体，形成流动性好的造粒体。	
平 9-78170A	950918	970325	新日本制铁株式会社	寿山龟之	Nb-Al 系合金	合金的成分（质量分数）是：1% ~18% 的 Al，1% ~15% 的 W，余量 Nb；1% ~18% Al，1% ~30% Ta，余量为 Nb；1% ~18% Al，1% ~15% W，1% ~29% Ta，余量为 Nb；1600℃ 以上温度比 Nb-Al 二元系强度提高。	
平 9-97744A	950929	970408	Alna 株式会社	栗原要	钽固体电解电容器及其制造方法	阳极有引线的上端面两侧分别形成台阶状肩部，阳极端子板对侧成直角弯折成“コ”形的凸缘，与阳极嵌合；阴极引出层的底面嵌合在底角筒状的阴极端子板里，阴极端子板的露出面和阳极引线涂布离型剂，浸渍树脂，干燥。	
平 9-97745A	950929	970408	Alna 株式会社	栗原要	钽固体电解电容器的老炼方法	电容器芯子的底面阳极侧和阴极侧分别形成一定的深度缺口，在阴极面安装“L”形阴极端子板，在阳极端子板和阴极端子板上涂脱型材料，浸渍树脂液形成外封，安装“L”形阳极端子板。	
平 9-97748A	950929	970408	Alna 株式会社	栗原要	钽固体电解电容器及其制造方法	钽阳极体的阳极引线和阳极端子板，成“コ”字形的阴极端子板从底面和侧面与阴极引出层嵌合相接，除阳极端子和阴极端子外的外周树脂包封。	

专利号	申请日	公布日	申请人	发明人	专利名称	专利要点及有益效果	同族专利号
平 9-97752A 特许 2792480B	950928	970408 980903	日本电气株式会社(NEC)	简井诚	钽阳极体的制造方法	将一高密度成型体置于粉末里低密度成型，使高密度块部分表面外露，钽丝引线与高密度外露表面焊接，一次烧结，烧结体强度高，氧含量低，漏电流低。	
平 9-97753A 特许 3447443B	951002	970408 030916	日本 Rohm 株式会社	山上守	带保险的表面安装固体电解电容器	电容器包括一芯片，从芯片伸出的一阳极引线，连接外阳极；在芯片上形成阴极，一保险丝与芯片组成电连接向下弯，连接外阴极，包封。	DE19640849A US5661628A
平 9-105305A 特许 3581958B	951012	970422 971027	三菱重工株式会社	藤田明次	高温蒸汽涡轮材料	火力发电涡轮部件的成分（质量分数）：C 0.1% ~0.18%，Si 0.005% ~0.1%，Mn 0.01% ~1%，Cr 8% ~11%，V 0.1% ~0.25%，Nb、Ta 合计 0.01% ~0.1%，N 0.01% ~0.1%，Mo 1.3% ~1.9%，其余为 Fe 及不可避免杂质。	
平 9-118686A 特许 3202924B	931202	970506 010827	日本能源局	铃木俊行	钽化合物的制造方法	式（1）表示的卤代烷氧基钽化合物和甲基金属化合物反应，减压蒸馏回收得到式（2）所示化合物，$TaX_2(OR)_3$…(1)；$Ta(CH_3)_3(OR)_2$…(2)。式中 R 为 2~7 的烷氧基，X 卤素元素	
平 9-120935A	951024	970506	日立 AIC 株式会社	铃木芳博	钽固体电解电容器	对从多孔烧结块里导出的阳极导出线和多孔烧结体接着的（钽丝周围）部分加力形成凹部，降低电容器漏电流，提高其可靠性。	
平 9-125177A 特许 3209902B	951106	970513 010917	美国 Canon Maskigon	Geary E. Ericason	高温抗腐蚀单晶镍基超合金	合金组成（质量分数）是：Cr 14.2% ~15.5%，Co 2.0% ~4.0%，Mo 0.3% ~0.45%，W 4.0% ~5.0%，Ta 4.5% ~5.8%，Nb 0.05% ~0.25%，Al 3.2% ~3.6%，Ti 4.0% ~4.5%，Hf 0.01% ~0.06%，其余 Ni。	
平 9-129512A	951026	970516	日立 AIC 株式会社	佐野真二	钽固体电解电容器	多孔钽阳极体在浸石墨后，形成一层选自金、银、铂中之一的金属层后再涂银浆，这种电容器等效串联电阻小，高频特性好。	
平 9-129520A	951029	970516	富士通东和电子株式会社	中岛敏夫	钽固体电解电容器	钽固体电解电容器的阴极引出层和阴极导出端子间有热绝缘化导电层（如氟树脂表面形成 Pd、Pt、Ag、Cu、Sn 粒子，分散在氟系、环氧、酚、丙烯等树脂中），电容器短路时，防止烧损。	

专利号	申请日	公布日	申请人	发明人	专利名称	专利要点及有益效果	同族专利号
平 9-132497A	951109	970520	住友金属矿山株式会社	铃木数郎	钽酸锂单晶单一分域方法	在单晶侧表面配置一对电极，加热到居里温度以上，对钽酸锂单晶的 *z* 轴方向电极作用的单一分域方法，用铜粉与钽酸锂粉和有机载体作电极浆料。	
平 9-148188A	951116	970606	日立 AIC 株式会社	中村浩介	片式钽固体电解电容器	片式钽多孔烧结体阳极导出线的根部有多个多孔氟树脂膜热可塑性树脂纤维叠层垫片，与阳极导出线加热密着。电容器漏电流、耐压性改善。	
平 9-148198A	951116	970606	日立 AIC 株式会社	佐野真二	钽固体电解电容器	钽固体电解电容器的阴极构成是在二氧化锰层表面，有粒径为 0.01～0.1μm 的金粉分散在分子量为 74～154 的沸点为 58～220℃有机液体里。电容器 ESR 低。	
平 9-153491A	960829 951128	970610	韩国三星电子	朴永旭	钽氧化膜的形成方法	半导体装置的记忆元件的电容器的钽氧化膜经蒸镀、紫外线臭氧及等离子体－氧退火，这些操作在单一腔室里进行。	US6426308B TW248137B
平 9-162075A	951213	970620	日立 AIC 株式会社	佐野真二	片式钽固体电解电容器	片式钽固体电解电容器的两电极弯折到底部，其支座的形状对于电容器的导出方向的对称线是不对称的，用以表示极性。	
平 9-162080A 特许 3465456B	951207	970620 031110	日立 AIC 株式会社	中村浩介	片式钽固体电解电容器	多孔钽阳极导出线的根部设有通气性 PTFE（四氟乙烯树脂）、FEP（四氟乙烯与六氟丙烯共聚合树脂）或 PEA（四氟化乙烯烷乙烯乙醚共聚合物）构成的垫片。	
平 9-165653A	960826 950825	970624	美国国际镍公司	Jien Scott Smiss	低热膨胀高强度合金	合金成分（质量分数）：Ni 40.5%～48%，Nb 和/或 Ta 2%～3.7%，其余为 Fe 和不可避免杂质的合金，在 204℃的热膨胀系数小于 4.9×10^{-5} m/℃。	EP0765950A ES2161983T
平 9-167719A 特许 3536951B	951215	970624 040614	日立 AIC 株式会社	佐野真二	钽固体电解电容器	钽电容器阴极是在二氧化锰层、碳层表面，有粒径为 0.01～0.1μm 的金粉分散在分子量为 74～154 的沸点为 58～220℃有机液体里涂布上去经过干燥形成的。	

专利号	申请日	公布日	申请人	发明人	专利名称	专利要点及有益效果	同族专利号
平 8-188596A	950112	970722	日本 Mechatron	永掘淳司	铌酸锂单晶的加工方法	一种用提拉生长，把 x 轴作为生长方位的铌酸锂单晶，至少在居里温度以上 10℃，熔点（1240℃）以下的温度进行热处理得到的铌酸锂单晶片。	
平 9-205042A	960126	970805	日立 AIC 株式会社	佐野真二	钽固体电解电容器的制造方法	在形成阴极时用分子量为 74～154，熔点 58～220℃的有机液体中分散金、银、铂粉末，再热处理。电性稳定。	
平 9-213570A	960129	970815	日立 AIC 株式会社	中村浩介	片式钽固体电解电容器	片式钽固体电解电容器钽芯子在均匀递模塑封外装树脂时，外装树脂内部有未填充的空穴，离上面的距离是 0.1～0.3mm，这样可以降低不良品率。	
平 9-213571A	960129	970815	日立 AIC 株式会社	佐藤真二	片式钽固体电解电容器	钽芯子，用一端有开口、另一端有小孔的树脂外壳装入，树脂壳的底部有金属片，作为阳极外部电极，树脂壳开口部露出电容器芯子的一部分无电解镀层作为阴极外部电极。这种电容器形状固定，厚度 0.2～0.5mm 外壳，不使用引线框，体积小。	
平 9-213572A	960131	970815	日立 AIC 株式会社	佐藤键	固体电解电容器	由阀金属粉末制成的阳极体，在阳极引线的根部设有凹坑，填充绝缘性树脂，这种电容器漏电流低，减少短路。	
平 9-219118A	960209	970819	日立制作所株式会社	小南信也	超导配线	多层配线的超导体的表面形成氧化铝、氧化钽、氧化锆、氧化铪中之一的金属氧化物，防止在高温下超导性能退化。	
平 9-246484A 特许 3577384B	960304	970919 041013	旭电化工株式会社	小野泽和久	氧化钽薄膜的形成方法及其材料	用有 1～2 个碳原子的烷基的有机钽化合物，采用 CVD 法沉积氧化钽膜，作业性好，提供均一的膜。	
平 9-260213A	960325	971003	日立 AIC 株式会社	中村浩介	烧结型电容器的制造方法	阳极引线框弯折成有 3 个直角，与钽丝引线前端正交，用激光焊接，阴极引线框折曲成有和阴极平行的在合成树脂里的直线部分和在合成树脂外的折曲部分嵌合的“コ”形状。	
平 9-260216A	960326	971003	日立 AIC 株式会社	羽睹寇弘	钽固体电解电容器	钽阳极形成氧化钽膜后，形成第一层二氧化锰层，形成里面分散有二氧化锰微粒的第二层二氧化锰层，再形成第三层二氧化锰层。防止热应力引起阻抗增加。	

专利号	申请日	公布日	申请人	发明人	专利名称	专利要点及有益效果	同族专利号
平 9-260221A	960326	971003	日立 AIC 株式会社	中村浩介	烧结型电容器的制造和引线切段方法	在电容器的制造中，第一次从焊接条上沿着板条切下，第二次切下多余的引线回收。这样对氧化膜损伤小，切刀损伤少，生产率提高。	
平 9-278462A	970116 960216	971028	佳伦株式会社	平林敬二	光学元件成型用模具及其制造方法	在压制成型光学元件时，在模具上形成含有锂的 TaN 膜。使光学元件在压型后离模性极好。得到的成型体表面精度好，透过度、形状精度良好。	
平 9-283367A 特许 3624993B	960416	971031 050302	日立 AIC 株式会社	佐野真二	片状电子元件	片状元件电极两端设有易附着的金属箔，导电性好的黏结剂接触，组成外电极。由于导电线带表面的外部电极积层有焊锡，特性好而稳定，减少外观不良率。	DE19714544A US5784248A
平 9-283380A 特许 3539057B	960412	971031 040614	松下电器株式会社	藤山辉已	钽固体电解电容器阳极的制造方法	钽阳极氧化，是在密闭的赋能槽里进行的，使电解液振动来形成氧化膜的。由于及时排出吸附在阳极表面的气体，有利于氧化膜形成，氧化膜缺陷少，厚度均匀。	US5784248A
平 9-283381A	960416	971031	松下电器株式会社	藤山辉已	钽固体电解电容器阳极的赋能	赋能槽是密闭的，控制槽内压力。压力低，可以及时排除反应放出的气体；压力高，可以压缩吸附在表面的气泡，赋能时间短，阳极体的氧化膜缺陷少，厚度均匀。	
平 9-289141A 特许 3092512B	960419	971104 000925	日本电气株式会社（NEC）	小林淳	固体电解电容器的制造方法	多孔金属阳极体浸渍热的含氢苯胺盐溶液，冷却结晶沉积在表面，再浸渍氧化剂溶液，形成厚的聚苯胺层。	US5951721A EP0803885B
平 9-293635A	960424	971111	Malcon 株式会社	茂木辉夫	片式钽电解电容器的制造方法	先把引线端子板的部分助焊剂除掉，再把阳极引线与去掉了助焊剂的引线端子板焊接。阳极引线与引线框熔接得良好。	
平 9-293646A	960425	971111	日立 AIC 株式会社	中村浩介	钽固体电解电容器	用 0.5% 对位钨酸铵溶液赋能，其赋能电压是工作电压的 1.5～2.8 倍，氧化膜薄而密，提高耐压性能，体积小。	
平 9-293647A	960425	971111	日立 AIC 株式会社	中村浩介	钽固体电解电容器	Ta 氧化膜中含有 0.01%～0.026% 的 W 的电容器，改善电气性能。漏电流降低，高 CV 值粉末电气特性改善。	

专利号	申请日	公布日	申请人	发明人	专利名称	专利要点及有益效果	同族专利号
平 9-295897A	960426	971118	富士电机株式会社	藤井信三	铌酸锂单晶的制造方法	拉制的铌酸锂单晶从熔点冷却到室温时，200～400℃为转折温度，高温段冷却速度为30～50℃/h，低温段为60～100℃/h，冷却后再经6h热处理。	
平 9-298128A	960430	971118	Malcon 株式会社	三浦范靖	钽电容器引线的构造	一种复合金属丝，它的外表是钽，芯材是比钽便宜的金属，如钛。使用钽量减少，节约钽资源，成本低。	
平 9-310156A	960521	971202	三菱重工株式会社	藤田明次	高温蒸汽涡轮材料	成分（质量分数）：Si 0.05%～0.13%，Mn 0.01%～0.1%，Cr 10%～11%，V 0.1%～0.3%，Nb、Ta 合计 0.01%～0.2%，N 0.01%～0.1%，Mo 0.01%～0.5%，W 0.9%～3%，Co 0.1%～2%，其余为 Fe 及不可避免的杂质。	
平 9-312241A	960521	971202	日立 AIC 株式会社	中村浩介	钽固体电解电容器	在钽电容器引线与阳极块相接处，使用机械力强热可塑性树脂纤维的织布或非织布和表面对水润湿性好的氟树脂叠层。电容器耐压特性好，改善漏电流。	
平 9-315898A	960530	971209	富士电机株式会社	藤井信三	铌酸锂单晶培育方法	圆柱状的籽晶的下端纵向切去一半，把铌酸锂籽晶的上部用铂金箔包住，铂金丝捆扎在切去一半的支柱上，籽晶与铌酸锂熔融液接触拉制单晶，籽晶用热传导率 6.0kcal/(m·h) 以上的材料。	
平 9-328399A	960605	971222	新加坡国立大学	雄谷博彦	铌酸锂单晶制作方法	原料熔融盐里加入铷、铯金属氧化物，铌酸锂的溶解度曲线急剧下降，用原料溶液的冷却速度反馈单晶生长速度，容易控制铌酸锂单晶的生长温度，提高单晶成品率。	
平 9-328400A	960603	971222	信越化学工业株式会社	今泽克之	钽酸锂单晶的制造方法	使用平均粒径 20μm 以下的碳酸锂和平均粒径 2μm 以下的五氧化二钽粉末混合，在 1500℃以上加热处理成 15μm 以下的粒状物，熔化拉晶，成品率高。	
平 10-1729A	960613	980105	日立 AIC 株式会社	中村浩介	钽的精炼方法	钽粉或钽电容器芯子在四氯化碳的气氛中烧结，去掉钽中的氧化物等杂质。降低烧结体氧含量，降低漏电流。	

专利号	申请日	公布日	申请人	发明人	专利名称	专利要点及有益效果	同族专利号
平 10-4036A	960613	980105	日立 AIC 株式会社	中村浩介	钽固体电解电容器的制造方法	钽粉或钽电容器芯子烧结前后暴露在四氯化碳的气氛中，去掉钽中的氧化物等杂质。降低烧结体氧含量，降低漏电流。	
平 10-12495A 特许 2818578B	960627	980116 981030	富山日本电气株式会社	上田英橘	固体电解电容器	在钽芯子的钽丝引线上有阻止固体电解质上爬的防止板，在防止板靠近钽芯子的一面有多个突起，使防止板和钽芯子之间保持有一定的间隔。	
平 10-36193A	960722	980210	信越化学株式会社	黛育夫	钽酸锂单晶的制造方法	把籽晶与熔盐接触成 42° ±3.5°旋转 y 轴钽酸锂单晶 Czochralski 法提拉法中，使用 33° ±5°旋转 y 轴钽酸锂单晶作为籽晶，生长 42° ±3.5°旋转 y 轴钽酸锂单晶。	
平 10-36379A 特许 3223800B	960725	980210 011029	三菱材料株式会社	若林和夫	钽的化合物	用于有机金属化学蒸着法的钽的化合物，有 4 个 AO-基团、一个芳香基团与 Ta 相连，其中 A 表示 $—C(CH_3)_3$ 或 $(CH_3)_3CH_3$，R 为 $—C(CH_3)$ 或 $—CH_3$。	
平 10-36380A	960725	980210	三菱材料株式会社	若林和夫	钽的化合物	一种挥发性高，汽化稳定高效稳定的金属有机化合物化学气相沉积（MOCVD）法形成钽膜的有机钽化合物，有 5 个环结构，10 个 R 为 $—C(CH_3)_3$，$—CH_3$ 或 $—CF_3$。	
平 10-50563A	960805	980220	日本 Rohm 株式会社	中村伸二	固体电解电容器	含有钛等异种金属或合金的钽金属粉末多孔烧结体阳极，在表面形成氧化膜介电体和阴极所构成的电容器，介电体的介电常数高。	
平 10-50564A	960805	980220	Malcon 株式会社	三浦范靖	钽电容器芯子的制造方法	钽电容器芯子的构造是中间用粗粉，外表面用细粉，被膜效果好。便于硝酸锰浸渍和 NO_x 气体排除。	
平 10-55937A	960929	980224	日立 AIC 株式会社	中村浩介	钽电容器的制造方法	在形成阴极时用分子量为 74 ~ 154，熔点 58 ~ 220℃的有机液体中分散金、银、铂粉末浸，再热处理。这种电容器电性稳定。	

专利号	申请日	公布日	申请人	发明人	专利名称	专利要点及有益效果	同族专利号
平 10-55938A	960807	980224	日本 Rohm 株式会社	富安智浩	固体电解电容器	设有熔断器的与原先同规格电容器有相同尺寸，容量不减少的电容器，经烧结表面有凹坑，形成介电体膜，形成阴极，整体包封，阴极端子与阴极膜之间由金属丝连接，低于整体表面。	
平 10-64762A 特许 2919371B	960816	980306 990712	富山日本电气株式会社	西山利彦	固体电解电容器	在钽阳极体上形成氧化膜，在氧化膜上形成第一层阴离子基体和疏水性基团（脂肪酸、芳香羧酸），在其上形成导电性聚合物固体导电层。	EP0825625B US6024772A
平 10-74668A 特许 3696341B	960830	980317 050914	日本 Rohm 株式会社	栗山长治郎	制造排组型固体电解电容器方法	在基片上并排组装多个金属粉末烧结体，每个烧结体形成介电氧化膜，电解质层，烧结体钽多元接触层通过接触洞与基体相连，和外阳极相连。	US6040229A DE19738149A US5928363A
平 10-88291A 特许 3358951B	960910	980407 021224	三菱重工业株式会社	河合久孝	高强度、高韧性耐热铸钢	铸钢的成分（质量分数）：0.08% ~0.25% C，0.1% ~0.5% Si，Mn≤1%，0.5% ~1% Ni，9% ~12% Cr，0.3% ~1.5% Mo，1% ~1.9% W，0.1% ~0.3% V，0.02% ~0.1% Nb，0.01% ~0.08% N，0.001% ~0.01% B，2% ~8% Co，其余为 Fe 和不可避免杂质。	EP0828010B AT194394T US5798028A
平 10-92699A 特许 3520688B	960917	980410 040419	松下电器产业株式会社	工藤康夫	固体电解电容器及其制造方法	固体电解电容器有一对电极，它们之间有介电体，其中一个电极包括掺有多价阴离子和单价阴离子的导电性聚合物，聚合物是多层结构，第二层或第三层掺有噻吩或其衍生物。	US5812367A
平 10-102108A 特许 3277823B	960925	980421 020422	昭荣化学工业株式会社	钱田荣一	制备金属粉末的方法	将一种含有金属盐的溶液弄成细滴，加热液滴到一定温度，使金属盐分解，产生金属、半金属或金属氧化物（在此温度不熔化），包括 Ti、Zr、Hf、V、Ta、Nb、Cr、Fe、Ni、Mn、Cu、Co、Mo、W 等。	SG55381A MY116977A CN1184725A
平 10-106897A 特许 3863232B	960927	980424 061227	日本 Rohm 株式会社	前田尚宏	固体电解电容器的元件及其制造方法	阀金属压制的阳极丝从一个面伸出的电容器芯子，至少在一个侧面有凹槽，从顶面延伸下去但不到底面，这种电容器适合于高频使用。	US5949639A
平 10-106898A	960927	980424	日本 Rohm 株式会社	前田尚宏	固体电解电容器芯子及其形成方法	用阀金属粉末压制烧结的片式电容器阳极体，上端面有阳极丝伸出，在靠近端面位置周边有 4 个倒角面或圆弧面。降低不良品率。	DE19742793A US5959831A

专利号	申请日	公布日	申请人	发明人	专利名称	专利要点及有益效果	同族专利号
平 10-139441A	961108	980526	高纯度化学研究所	宝地户雄幸	高纯氧化钽、氧化铌的制造方法	含有 Fe、Ca、Sr、Na、U 等钽铌醇盐溶液状态搅拌，加水 1% ~20%，蒸馏分离钽铌的醇化物，与固体杂质分离提纯。分解生成固体生成物。容易精炼的方法。	
平 10-147545A 特许 3911740B	961118	980602 070509	昭和电工株式会社	大石昌一	钽的醇化物的制造方法	在无活性的有机溶剂中钽的卤化物与乙醇反应，除去氢，添加氨及胺类物。反应搅拌，操作容易，处理物料有效。	
平 10-149953A 特许 3175609B	961119	980602 010611	日本电气株式会社（NEC）	关口芳典	片状电子元件（电容器）	一种片状电子元件，芯子有一个底面，有两个锥面延伸到一平的支座面，2 个彼此相对的端子从侧面伸出，锥面与支座面的夹角为 10°~30°，体积小。	EP0843326A US5952715A
平 10-149954A 特许 3228155B	961120	980602 011112	日本电气株式会社（NEC）	深海隆	固体电解电容器的制造方法	赋能后先在常压室温下浸渍黏度为 100 ~500cP 的氧化剂溶液，干燥除去其中的溶剂，黏附一层固体氧化剂，接着浸渍导电性聚合物单体，氧化剂使单体聚合成导电性聚合物，这样反复多次。	EP0844630A US6086642A DE69737225T
平 10-153795A	961126	980609	松下电器株式会社	金子尚美	液晶显示装置	具有多晶硅薄膜晶体管的基体排列的液晶显示装置，用介电率高的 Ta_2O_5 作容量元件。元件小，有效显示面积增大。	
平 10-212544A	980127 970129	980811	美国国际镍公司	Carl Antrier Heck	时效硬化性热膨胀可控的合金	合金的成分(质量分数)是:Ni 32% ~55%，Co≤14.5%，Cr≤4.2%，Al 0.25% ~1.5%，Ti 0.25% ~3%，（Nb +1/2Ta）2% ~8%，Si≤0.2%，其余为 Fe 和不可避免杂质。	EP0856589A
平 10-223478A	970210	980821	日本电气株式会社（NEC）	关山贤治	表面组装用片式钽电解电容器	片式钽电容器，树脂外封的底端面露出的阳极端子和阴极端子按照阴极—阳极—阴极顺序排列，阳极端子和阴极端子一旁设有空隙倾斜沟槽，矩形底面长边和短边极性有别，防止装反。	
平 10-233347A	970219	980902	日本电气株式会社（NEC）	筒井诚	固体电解电容器芯子的制造方法	在钽粉的成型中，在下型和下型对向设有形成沟的 2 个模子，和两相对的加压型块形成的装钽粉腔，钽粉供给后送进钽丝，加压型块的前端是凹凸形状，经过多次加压形成成型体。	

专利号	申请日	公布日	申请人	发明人	专利名称	专利要点及有益效果	同族专利号
WO98/38660A	980227	980903	昭和电工株式会社	内藤一美	电容器	电容器有2个电极，一电极是烧结的氮化铌，另一电极是溶液、有机半导体、无机半导体中任意一种，在两电极中间有氧化铌介电层。该电容器稳定性好，漏电流低。	EP0953840B US6115235
平10-241998A 特许3202640B	970227	980911 010827	富山日本电气株式会社	荒井智次	固体电解电容器的制造方法	在钽烧结体的氧化膜上用低分子氧化剂在烧结体的细孔里形成导电性高分子，再用高分子氧化剂在外周形成导电性高分子层，形成碳层和银层，这样制造的电容器容量引出率高。	
平10-242000A 特许3482983B	970228	980911 040106	日本Alna株式会社	古本胜秋	钽电解电容器芯子及其钽电解电容器	钽电容器芯子，在钽固体电解电容器的碳层和银层之间有一层碳和银的混合层，C : Ag =（1 : 0.1）~（1 : 5.0），该膜厚为20 ~ 60μm，这样碳 - 银界面电阻小，阻抗低。	
平10-242003A 特许3189724B	970227	980911 010716	日本电气株式会社（NEC）	神部好喜	固体电解电容器的制造方法	钽阳极块烧结时，钽坩埚底铺上一层钽粉再放阳极块，这种钽粉事先在比烧结温度高150 ~ 300℃的温度下热处理，这样可以防止烧结块和坩埚黏结。	
平10-242004A 特许3254163B	970228	980911 020204	昭和电工株式会社	内藤一美	电容器	一种电容器有两个电极，一个电极是由含氮量0.001% ~20%的烧结的氮化铌，另一电极导电度为10^{-2}S/cm^{2}以上的有机半导体，在两电极中间有Nb_2O_5介电层，阴极是选自有机半导体、无机半导体，其电导率是10^{-2} ~ 10^3S/cm。该电容器稳定性好，漏电流低。	US6452777B EP0953847B CN1224529A US6115235A
平10-245658A	970305	980914	三菱重工业株式会社	藤田明次宏	高Cr精密铸造材料及其涡轮叶片	高Cr精密铸造合金的成分（质量分数）：C 0.08% ~ 0.14%，Si 0.1% ~ 0.3%，Mn 0.01% ~ 1%，Cr 8.5% ~ 9.5%，Ni 0.01% ~ 0.6%，V 0.1% ~ 0.2%；Nb 0.03% ~ 0.06%，N 0.02% ~ 0.07%；Mo 0.1% ~ 0.7%；W 1% ~ 2.5%；Co 0.01% ~ 4%；其余为Fe和不可避免杂质。	ES2149023T CZ9800634A AT192508T

专利号	申请日	公布日	申请人	发明人	专利名称	专利要点及有益效果	同族专利号
平 10-251811A 特许 3245097B	970108	980922 020107	三菱重工业株式会社	搽田政智	高温用蒸汽涡轮材料	火力发电蒸汽涡轮材料的成分（质量分数）：Si 0.01%～0.1%，C 0.05%～0.13%，Cr 0.01%～1%，Mn 0.01%～1%，Nb、Ta 合计 0.01%～0.2%，V 0.1%～0.8%，Mo 0.01%～0.5%，W 0.9%～3.5%，Co 1%～4%，Hf 0.01%～0.2%，其余为 Ni 和不可避免杂质。	WO9830727A EP0896071A CZ9802849A
平 10-259449A 特许 3504835B	970117 970117	980929 040308	三菱重工业株式会社	搽田政智	低合金耐热铸钢及蒸汽涡轮铸钢	成分（质量分数）：C 0.06%～0.14%，Si 0.01%～0.35%，Mn 0.2%～0.8%，Cr 0.8%～1.5%，Ni 0.1%～0.5%，V 0.05%～0.3%，Nb 0.01%～0.1%，Mo 0.1%～1.5%，W 0.1%～3%，B 0.001%～0.01%，其余为 Fe 和不可避免杂质。	
平 10-289689A	970411	981027	索尼株式会社	山中英雄	灯电极的构造	灯管里有两个放电电极，它是在真空管内的灯丝通电使这一对电极放电产生光，灯丝表面涂覆一层至少选自 Ta、Ti、W、Mo 的氮化物。	
平 10-308328A	970507	981117	Malcon 株式会社	山川祯康	固体电容器元件	在由金属材料烧结形成的固体电容器元件里，有 0.01～5mm 孔径的贯通孔，便于浸渍硝酸锰等阴极材料。	
平 10-324943A 特许 3318887B	970527	981208 020826	东京钨业株式会社	浅田信沼	超合金微粉的制造方法	一种 WC-Co 微粒超硬合金，含 VN 0.05%～0.5%，CrN 0.02%～0.4%，TaN 及 ZrN 0.5%～1.0%，Co 5%～20%，其余为 WC，WC 的平均粒径不大于 1μm。	
平 10-330200A	980325 970328	981215	美国 Litton 公司	Clisten E. Joijlen	铌酸锂内部粒子移动分布极化方法	把铌酸锂加热到高于居里温度，在晶体间配置一对电极对晶体施加电压；使温度降到居里温度以下，对晶体施加与第一电场反向的电压，晶体显示强介电性。	US5766340A CA2240507A
平 11-6060A 特许 3792007B	970612	990112 060608	日本能源株式会社	叶野治	溅射靶极其制造方法	MSi_x（M＝W、Ta、Ti）（$x=0.5\sim1.1$），热等静压处理，提供密度在 95% 以上的坯料，以制作低摩尔比氧化硅靶。	

专利号	申请日	公布日	申请人	发明人	专利名称	专利要点及有益效果	同族专利号
平 11-12601A 特许 2894326	970630	990119 990524	日本电气株式会社（NEC）	三村知矢	钽粉及其固体电容器	用 CV 40000μFV/g，粒径 4～200μm 的凝聚粉末掺入 2%～5% CV 为 20000μFV/g 的原粉，用所述粉末制造的电容器阳极，加强了粉末之间的结合，改善 CV、$\tan\delta$。	EP0889492A US6040975A
平 11-12693A 特许 3422658	970625	990119 030630	三菱重工业株式会社	藤田明次智	耐热钢	成分（质量分数）：0.05%～0.15% C,0.01%～0.1% Si,8%～11% Cr,总量 0.01%～0.25% Nb 和 Ta,0.001%～0.01% N,0.01%～0.5% Mo,0.9%～3.5% W,0.1%～4.5% Co,0.001%～0.01% B,0.01%～1% Mn,0.1%～0.8% Ni，其余为 Fe。	US5972287A EP0887431A CZ9801996A
平 11-16794A 特许 3043663B	970619	990122 000523	富山日本电气株式会社	佐藤秀明	片式树脂包封电子元件的制造方法	片式钽电容器外包绝缘性树脂的强度需要加强处再滚压第二层绝缘性树脂，它可用酚或环氧树脂，厚度 10～100μm，改善电性，外装树脂薄，小型化。	
平 11-17116A	970627	990122	东芝株式会社	江口和弘	半导体装置及其制造方法	在有 Ru 膜于 SN 电极里的电容器中，SN 电极的大部分由应力小的 Ta 膜构成，Ta 膜上被覆 Ru 膜。降低漏电流。	
平 11-17153A 特许 3451943B	980610 970611	990122 030929	韩国现代电子	林灿	半导体芯片的电容器形成方法	为改善等离子强化化学气相沉积有高介电率的氧化钽薄膜的被覆性，先对下部电荷储存电极表面进行特殊处理，低压化学气相沉积五氧化二钽膜，电容器电性改善。	US5985730A CN1203440A
平 11-26314A	970709	990129	Nichicon 株式会社	三井弘一	固体电解电容器	固体钽电解电容器在形成固体电解质后，被覆一层 1～10μm 的水溶性碳层，再被覆聚酯树脂、环氧树脂、丙烯树脂的第二层碳层。电容器漏电流低，短路故障低。	
平 11-26315A	970709	990129	日立 AIC 株式会社	铃木芳博	固体电解电容器的制造方法	在钽电容器制造过程中，形成金属层后，外包封前，使电容器芯子的金属一侧与弹性电子构件接触，施加正方向电压的处理，降低漏电流。	
平 11-45824A	970724	990218	松下电器株式会社产业	工藤康夫	电容器及其制造方法	有一对电极，电极间设有介电体层，有可溶导电性高分子和导电性高分子（苯胺、噻吩、吡咯及其衍生物中之一）微粒复合体，满足小型大容量高耐热耐湿性电容器。	

专利号	申请日	公布日	申请人	发明人	专利名称	专利要点及有益效果	同族专利号
平 11-45825A 特许 3251208B	970724	990218 020128	日本电气株式会社（NEC）	阪田长治	固体电解电容器的制造方法	在进行氧化聚合形成高分子层时，将氧化剂充填到形成了氧化钽膜的烧结体里，把烧结体浸渍到对氧化剂不溶解但溶解导电性高分子单体的溶液中，形成导电性高分子层，防止填充在细孔里的氧化剂扩散，细孔里高效地生成高分子层。	EP0893807B US6110234A DE69834455T
平 11-60387A	970818	990302	冲电气工业株式会社	冈部丰	铌酸锂膜的制造方法	有机酸锂盐与烷氧基铌、β－二丙酮反应，生成铌酸锂前体，沉积了铌酸锂前体后，加热析出铌酸锂膜。	
平 11-74156A 特许 3255901B	970828	990316 020112	松下电器株式会社	赤见研二	固体电解电容器的制造方法	阳极体形成后，在空气中放置，减压浸高分子溶液，在空气中热处理，这样制得的电容器容量达成率高，容量温度依赖性低。	
平 11-87177A 特许 3228323B	970910	990330 011122	日本电气株式会社（NEC）	小林淳	固体电解电容器及其制造方法	用化学氧化聚合形成导电性聚合物电解质的电容器的芯子中心部分包括有厚度不小于 0.02μm 的导电性聚合物，其余部分为 0.08μm 或更薄，聚合物是由吡咯、噻吩、呋喃或其衍生物聚合而成。	US6151205A
平 11-87187A 特许 3119604B	970901	990330 001225	富山日本电气株式会社	荒木健二	固体电解电容器的制造方法	在化学聚合形成聚吡咯高分子层后，用掺有 30%～50%（体积分数）甲醇（或酮类），导电度为 50～300μS/cm 的磷酸溶液补形成，修复氧化膜，电容器 ESR 低。	EP0899757B DE69834985B US6110235
平 11-87629A 特许 3768338B	970912	990330 060419	冲电气工业公司	木城耕一	半导体装置的制造方法	在半导体基板上的下部电极上形成 Ta_2O_5 膜，再在其上部形成上电极，再热处理，使 Ta_2O_5 晶化，使之有 50 以上的介电率。	
平 11-92147A	980723 970725	990406	美国 Clist 技术公司	Vite Frank Boltvie	预处理的铌酸锂、钽酸锂单晶	增大晶体表面电荷减少能力的铌酸锂、钽酸锂单晶的制造方法：把原料在含有氩气、氢气、氮气、二氧化碳、一氧化碳、氧气中的至少一种气体的气氛里，在 500～1140℃进行热处理。	EP0893515B US6319430A DE69819971T
平 11-97296A 特许 3065286B	970924	990409 000717	日本电气株式会社（NEC）	小林淳	固体电解电容器及其制造方法	电容器：包含一种单体、一种阳离子作氧化剂、阴离子做掺杂剂，在聚合体系里阴离子化学计量超过阳离子的量，导电性聚合物是在 125℃高温生成的，防止树脂包封时热胀冷缩应力的影响，防止 LC 和 ESR 性能劣化。	US6219223B1

专利号	申请日	公布日	申请人	发明人	专利名称	专利要点及有益效果	同族专利号
平 11-111575A	971008	990423	松下电器株式会社	广田洁	固体电解电容器及多孔阳极的制造方法	在烧结钽丝埋入钽粉中的阳极块时，加入还原剂，在惰性气氛或真空里，然后用无机酸洗涤，得到的阳极氧含量低，漏电流低，寿命实验可靠性高。	
平 11-121279A 特许 3505370B	971009	990430 040308	三洋电机株式会社	高松武史	固体电解电容器及其制造方法	阀金属上形成氧化膜，在整个氧化膜上形成第一层固体导电物质阴极层，控制电解液的 pH 值不变，用正电极与第一层阴极接触，电解氧化形成高导电性聚合物层。	CN1591723A US6313979B
平 11-135756A 特许 3721759B	980605 971022	990521 051130	韩国三星电子	黄专铉	有五氧化二钽体膜电容器的形成方法	在半导体基板上形成下电极，在下电极上形成 Ta_2O_5 膜，在氨气里 800℃下 180s 急速热氮化，再进行二次急速氮化，急速热氧化处理，形成 Ta_2O_5 膜电容器。	KR100247935B US6207488B
平 11-145008A 特许 3223084B	971106	990528 011126	富山日本电气株式会社	向野节	固体电解电容器阳极体的制造方法	将具有降低熔点性能的活性阀金属粉末（0.5～20μm）和通常粉末装进压模里，在一步压制的压模里，使得引线埋入表面附近有较多的这种降低熔点的活性阀金属。	US6139593A
平 11-168034A 特许 3231689B	971204	990622 011126	富山日本电气株式会社	荒木健二	导电性聚合物膜的固体电解电容器的制造方法	固体电解电容器的导电性聚合物涂覆在介电层上，在引线附近导电性聚合物层有较厚的部分(1～40μm）和其余的较薄的部分（0.05～10μm)，两者之间是过渡厚度层。	US6352564B US6128180A
平 11-168208A	971203	990622	日本电气株式会社(NEC)	最上撤	半导体装置及其制造方法	半导体基板上形成门电极，下层是多晶硅层，中间是无定型膜层，上层是金属层多层膜构成的。	
平 11-172490A	971216	990629	夏普株式会社	田中淳	绝缘体薄膜及其制造方法	在树脂基板或树脂膜上溅射形成钽膜，再阳极氧化形成绝缘膜，对全部的金属膜，包括用来进行阳极氧化的电极附近，都不要对金属薄膜形状进行加工。	
平 11-193436A 特许 3207393B	980126	990720 010910	东芝株式会社	小墙佳子	高纯度钽材及其钽靶，用它形成的薄膜	含 $O \leqslant 50 \times 10^{-4}\%$，Ni、Cr、Fe、Al、Mg 等各元素 $\leqslant 0.05 \times 10^{-4}\%$，$N \leqslant 10 \times 10^{-4}\%$，碱金属 $\leqslant 0.1 \times 10^{-4}\%$，用所述钽材制造的钽靶和其半导体电路薄膜。	

专利号	申请日	公布日	申请人	发明人	专利名称	专利要点及有益效果	同族专利号
平 11-193447A 特许 3455407B	980106	990720 031014	山阳特殊制钢株式会社	横井大圆	冷加工工具钢	冷加工工具钢的成分（质量分数）：0.65% ~ 1.3% C，Si≤2%，0.1% ~ 0.2% Mn、5.0% ~ 11% Cr、0.7% ~ 5.0% Mo（Mo + W/2）、0.1% ~ 2.5% V（V + Nb/2）、0.010% ~ 0.10% S，其余为 Fe，150 ~ 500℃回火。	
平 11-199391A 特许 3390905B	971226	990727 030331	科学技术厅无机材料研究所	古川保典	添加 Ce 的铌酸锂单晶及其制造方法	$Li_2O/(Nb_2O_5 + Li_2O)$ 为 0.495 ~ 0.50 比率的组成物结晶，这种添加 Ce 的铌酸锂单晶，吸收从可见光到红外线区域的光线，使感光度增加，及其制造的光学元件。	
平 11-200025A 特许 3465567B	980108	990727 031110	三菱材料株式会社	渡边和男	形成 Ta-Si-N 膜用的靶材	溅射靶材的组织中含有硅化钽和金属钽，所述硅化钽相占 33% ~ 92%，是理论密度的 90% 以上；在全体组成中，$TaSi_x$，x 的比值为 0.1 ~ 0.65，$TaSi_xN_y$，y 为 0.1 ~ 0.75，热压烧结体。	
平 11-214261A 特许 3485785B	980120	990806 040103	Malcon 株式会社	玉木淳一郎	片式钽固体电解电容器	焊接板状金属端子，在本体的底面，上述端子的尖端有突起部分，焊接不留下焊渣。提高钽电容器的稳定性。	
平 11-219860A 特许 3350846B	980202	990810 021125	富山日本电气株式会社	高田大脯	导电性高分子固体电解电容器及其制法	在多孔阳极表面依次形成固体电解质层、阴极层，外部电极及外包装，其中化学形成高分子化合物后，浸渍硅烷耦合剂聚合反应液，形成导电性高分子层。这样可以防止高分子层剥离。	US6215651B1
平 11-222671A	980202	990817	日立金属株式会社	久保井健	溅射靶及其制造方法	溅射靶的成分（原子百分数）：Cr 12% ~ 27%，Ta 3% ~ 13%，Pt/Ni ≤ 30%，Nb ≤ 10%，其余为 Co，400 ~ 1100℃热处理，得到面心立方结构的（200）。	
平 11-228225A 特许 3354408B	980218	990824 050602	村田制造所株式会社	木村雅彦	压电陶瓷组成物	以铌酸钾钠锂组成物，通式 $(1-n)(K_{1-x-y}Na_xLi_y)n(Nb_{1-z}Ta_z)O_3 - nM1M2O_3$，M1 是 Mg、Sr、Ba、Pb 等 2 价金属，M2 是 Ti、Zr、Sn、Hf 等 4 价金属，$x \leq 0.9$，$0.02 \leq y \leq 0.3$，$0.75 \leq x+y$，$0 \leq z \leq 0.3$。	
平 11-246924A 特许 3829430B	980304	990914 060913	东芝株式会社	小泉裕	镍基单晶超合金及其制造方法及汽轮涡轮部件	超合金的组成（质量分数）为：6% ~ 9% 的 Co，4.9% ~ 5.5% 的 Cr，2.5% ~ 3.5% 的 Mo，8% ~ 9.6% 的 W，5.1% ~ 5.5% 的 Al，0.1% ~ 1% 的 Ti，4% ~ 5% 的 Ta，2% ~ 3.5% 的 Re，0.01% ~ 0.2% 的 Hf，其余是 Ni 和不可避免杂质。	US6159314A

专利号	申请日	公布日	申请人	发明人	专利名称	专利要点及有益效果	同族专利号
平 11-255518A	980311	990921	同和矿业株式会社	福本聪	氢氧化钽氧化钽及其制造方法	用氢氟酸溶解钽废料，用正磷酸酯萃取，钽络盐在溶剂里，用氨水反萃取，除去吸附的有机物，再添加氨沉淀氢氧化钽，干燥煅烧得到含氟、磷低的氧化钽。	
平 11-264064A	980318	990928	日本能源株式会社	神原正三	超导材料及其制造方法	O、C、N 分别低于 $1\times10^{-3}\%$ 的高纯铌，在450～1500℃加热处理，超导临界温度达 30K，可以加工所需要的超导形材。	
平 11-273998A	980324	991008	明电株式会社	深井利真	真空电容器	一种真空耐压大容量小型电容器，有一组固定电极及一组可动电极构成的圆筒状电极，材料选自不锈钢、镍、钼、铌、钽、钛、钨、铜镍合金。	
平 11-283870A	980327	991015 040304	三洋电机株式会社	上川秀德	固体电解电容器，及其制造方法及设备	在阀金属体上形成氧化膜→固体导电性基体层→振动涂覆碳层→振动涂覆银浆银层。引线框表面部分或全部形成一层比引线框基体导电性更高的材料，使其延伸到芯子和电路连接。	US6362950B2
平 11-283878A 特许 3615388B	980331	991015 050202	三洋电机株式会社	吉田觉昭	固体电解电容器及其装置	阀金属上形成氧化膜，在氧化膜上形成第一层固体导电物阴极层，再控制电解液的 pH 值不变，用正电极与第一层阴极接触，电解氧化形成均匀的高导电性聚合物层。	CN1591723A CN1215216A
平 11-288848A	980403	991019	静冈日本电气株式会社	佐野和美	固体电解电容器的制造方法	阳极引线和阳极端子基部覆盖绝缘性树脂，再进行焊接，防止阳极端子和阳极引线焊接时的焊料与阴极短路。	
平 11-288851A 特许 4088849B	980403	991019 080521	松尾电机株式会社	平冢伸彦	固体电解电容器的制造方法	用10%的 H_2O_2 处理烧结块后再赋能，可以溶解黏结剂碳，减少氧化膜疵点缺陷，降低漏电流，提高耐绝缘能力。	
平 11-317325A 特许 3697888B	980506	991116 050921	松下电器株式会社产业	赤见研二	固体电解电容器的制造方法	钽烧结体芯子在阳极氧化形成氧化膜介电体后，进行化学聚合形成第一导电性高分子层，再进行电解聚合形成第二层高分子层，在阳极引线的根部周围涂敷用绝缘基板和包封材料隔挡，完全防止了聚合溶液上爬。电容器漏电流低。	

专利号	申请日	公布日	申请人	发明人	专利名称	专利要点及有益效果	同族专利号
平 11-329902A 特许 3196832B	980515	991130 010806	日本电气株式会社（NEC）	吉田胜祥	固体电解电容器及其制造方法	压制铌粉烧结得到的阳极表面形成介电体层的固体电解电容器包括氧化铌和氮化铌。铌粉含氮量 0.09% ~0.23%，在介电体上形成如聚吡咯导电性聚合物、石墨层、银层作为阴极。这种铌电容器静电容量变化小。	US6215652B1
平 11-343199A 特许 3398633B	980529	991214 030214	村田制造所株式会社	下方干生	铌酸锂单晶膜及其制造方法	在 $LiNbO_3$-$LiVO_3$-$LiBO_2$ 三元熔融盐里与钽酸锂单晶基板接触制造铌酸锂单晶薄膜，制膜温度低于 620℃。	

日文专利（2000 年至今）

专利号	申请日	公布日	申请人	发明人	专利名称	专利要点及有益效果	同族专利号
JP2000-7338A 特许 3586104B	980629	000111 040813	三井金属矿业株式会社	井板浩通	从含氧化钽的废料中提取高纯钽	把含有氧化钽的废料用氢氟酸溶解 - 溶剂萃取，用酸处理或碱处理，提高钽的品位，酸处理可以用盐酸、硝酸、硫酸；碱处理可以用苏打、苛性钾、碳酸钠。	
JP2000-7339A 特许 3586103B	980629	000111 040813	三井金属矿业株式会社	井板浩通	从含钽的废料中提取高纯钽	把含钽的废料在 400 ~ 800℃进行焙烧，去掉有机物，把钽变成氧化钽，再用氢氟酸溶解，溶剂萃取得到高纯钽的化合物。	
JP2000-16815A 特许 3586105B	980630	000118 041110	三井金属矿业株式会社	井板浩通	超高纯氧化钽的制造方法	在用氢氟酸溶解——用溶剂提取钽液，其氢氟酸浓度调整在 1.5mol/L 以下，进行溶剂萃取，降低 Nb 含量，得到高纯钽。	
JP2000-21686A 特许 3667531B	980707	000121 050706	松下电器株式会社	滨田贵裕	电解电容器的制造方法	控制聚合速度，充分镀覆多孔体的内外表面，得到的电容器里的导电性聚合物的性能得到改善，降低漏电流，提高可靠性。	US6224639B EP0974988B DE69923121T
JP2000026928A	980713	000125	大冢昌助	大冢昌助	牙科用 Nb-Ti 合金	一种 Nb-Ti 的合金成分（质量分数）是：Ti < 3%，Nb < 20% 的 Nb-Ti 合金，还含 Ag < 7%，Cu < 20%，Pt < 20%，Zr < 2%，Si < 2%，Ir < 2%，In < 10%。其机械强度高，生理安全性好，可铸造。	
JP2000044243A 特许 3540614B	980730	000215 040710	三井金属矿业株式会社	井板浩通	碳化铌的制造方法	将氧化铌和碳粉混合，压制成型，在碳化炉里 1400 ~ 1800℃一次碳化，分析 C、O 后补充碳或氧化铌量在 1800 ~ 2000℃二次碳化，粉碎，筛分。	JP2001237384A
WO0008662A JP4676546B	990805	000217 110427	昭和电工株式会社	内藤一美	电容器用铌烧结体的制造方法	选自氮化铌、碳化铌、硼化铌的铌粉制造的烧结体所制造的电容器阳极 CV 高于 40000μFV/g，漏电流低于 300μA/g。含 N5 × 10^{-3}% ~ 20%，平均粒径 3 ~ 30μm，颗粒圆度 = $4\pi \cdot S/L^2$，其中 S 为颗粒投影面积，L 为颗粒投影周长。	US6656245B US6621013B JP2009224814A
JP2000058401A	980814	000225	日本 Rohm 株式会社	青山诚	固体电解电容器	有阳极第一引线和负极第二引线，树脂包封，电容器芯子和第二引线间安装有熔断丝，熔断丝在异常情况下熔断，熄弧材料吸收低熔点金属填充透孔连通。	US6188566B

专利号	申请日	公布日	申请人	发明人	专利名称	专利要点及有益效果	同族专利号
JP2000058789A	980813	000225	冲电气工业株式会社	木城耕一	半导体装置的制造方法	在半导体基板上形成下电极，溅射形成结晶态的 Ta_2O_5，CVD 法形成白金上电极，在非氧化性气氛里结晶化温度以上热处理。	
JP200068157A 特许 3973299B	980826	000303 070912	昭和电工株式会社	内藤一美	电容器	一种电极是铌或氮化铌，介电体是五氧化二铌（介电常数高），外引线是钽，这种电容器容量大，漏电流低。	
JP2000068160B 特许 3486113B	980819	000303 040113	日本电气株式会社（NEC）	吉田胜洋	钽固体电解电容器及其制造方法	一种钽固体电解电容器，其中介电层有 Ta_2O_5 和 $BaTa_2O_6$ 复合氧化物的钽固体电解电容器。在形成 Ta_2O_5 层后，水热法形成有 $BaTa_2O_6$ 的复合氧化物层。	
JP2000096159A	980917	000404	三井矿业株式会社	井阪浩通	含有钽铌的合金溶解提取方法	用 $HF + H_2SO_4$ 溶解钽铌原料，分解槽里加入一定量的水，加入含钽和/或铌原料，断续地（缓慢）加入所需量 $HF + H_2SO_4$，抑制发生氢气爆炸，安全地提取钽铌的方法。	
JP2000103697A 特许 3213907B	980928	000411 011226	科技厅无机材料研究所	北村健二	铌酸锂光机能元件	$Li_2O/(Li_2O + Nb_2O_5)$ 摩尔比为 0.490 ~ 0.52，强介电周期反转施加 10kV/mm 以下电压的铌酸锂单晶，以及用它变换激光波长的光功能元件。	
JP2000129380A 特许 4003319B	981030	000509 071107	石川岛播磨重工	大井成人	镍基单晶超合金	镍基单晶超合金的成分（质量分数）为：Re 2% ~ 7%，Mo 0.5% ~ 5.0%，W 2.0% ~ 6.0%，Cr 0 ~ 5.0%，Al 3.0% ~ 6.0%，Ta 3.0% ~ 8.0%，Si 0 ~ 2%，余 Ni 和其他不可避免的杂质。	
JP2000129381A 特许 4003318B	981030	000509 071107	石川岛播磨重工	大井成人	镍基单晶超合金	超合金的成分（质量分数）：Re 2% ~ 7%，Mo 0.5% ~ 5.0%，W 2.0% ~ 6.0%，Cr 0 ~ 5.0%，Al 3.0% ~ 6.0%，Ta 3.0% ~ 8.0%，Hf 0 ~ 5.0%，优选 0.15% ~ 5.0%，添加 Si 多，熔点上升，固溶强化，蠕变强度和耐热性提高。	
JP2000133550A 特许 4036985B	981026	000512 080123	三洋电机株式会社	藤本正久	固体电解电容器	包括：一阳极，阳极氧化在阳极上形成的介电膜，在介电膜上形成的固体电解质层，与电解质连接的阴极，电解质层是用硫酸烷基离子掺杂的导电性聚合物（包括杂环单体按照下列通式重复聚合，每 2~ 5 个杂环单体一个硫酸烷基离子）	DE69931571T EP0993009B US6462936B

专利号	申请日	公布日	申请人	发明人	专利名称	专利要点及有益效果	同族专利号
JP2000135491A	980918	000516	三井矿业株式会社	井阪浩通	铌钽加工过程中氟化铵的处理方法	用石灰处理氟化铵水溶液，NH_4OH 再生，得到稀的氨水，氟的浓度为 0.5 ~ 2g/L，$2NH_4F + Ca(OH)_2 = CaF_2 + 2NH_4OH$。防止污染。	
JP2000138144A	981029	000516	日立 AIC 株式会社	铃木裕	固体电解电容器芯子中间体的制造装置及自动装置	有 2 台含浸机、1 预干燥机、4 台热处理炉、1 冷却棚、1 形成槽、2 台洗涤机，按照设定程序，烧结体送进去后，机械手自动转料，进行赋能，被膜形成二氧化锰（浸渍溶液、热分解温度各次设定不同）。	
JP2000150305A	981106	000530	松下电器株式会社	岛田博司	固体电解电容器及其制造方法	钽金属网的一面与阀金属微粉烧结电连接，另一面熔融压入氟树脂，将该氟树脂研磨，露出部分钽，接着形成镍阳极端子，进行阳极氧化形成阳极氧化钽膜，形成固体电解质层、导电层、导电体接续层、导电体金属层、外封树脂。大容量电容器。	
JP2000150316A	980828	000530	美国 Wilson 公司	Donald H. Stephenson	电容器里使用的电解液	高导电率的电解液里含有溶解的铵盐、乙烯乙二醇的混合的磷酸水溶液，pH 值为 3 ~ 6，钌/钽的电容器活性化，其击穿电压可以到 175 ~ 300V。	EP0989572B AT350757T
JP2000150511A 特许 3228245B	981113	000530 011112	日本电气株式会社（NEC）	小柳贤一	用于 DRAM 高密度钽氧化膜的处理法	用于 DRAM 的高密度高介电性低漏电流的钽氧化膜的制造方法：在第一温度下形成无定型氧化钽膜，在第二温度进行第一次热处理，在更高的温度下，氮气气氛里进行第二次热处理，在第四温度（较前低）下进行第二次热处理。	US6187693A KR2000035415A
JP2000164831A 特许 3189813B	981130	000616 010716	日本电气株式会社（NEC）	广田俊幸	半导体装置的制造方法	在第一阶段 510℃，3.0Torr 压力，形成 Ta_2O_5 膜，第二阶段成膜，510℃，0.3Torr 压力下形成 Ta_2O_5 膜。Ta_2O_5 膜很薄，提高了容量膜 Ta_2O_5 质量，增加绝缘膜的可靠性。	GB2344218B US6229702B
JP2000173860A	981209	000623	太阳诱电株式会社	秋本欣男	复合电容器	小型大容量钽电解电容器和多层陶瓷电容器的复合电容器，用金属端子并接，其静电容量是两者之和，而等效串联电阻是单体的等效串联电阻的并联连接的电阻。	

专利号	申请日	公布日	申请人	发明人	专利名称	专利要点及有益效果	同族专利号
JP2000178100A	981211	000627	村田制造所株式会社	下方干生	铌酸锂单晶膜及其制造方法	用贵金属坩埚，准备过饱和熔融液，在 Li_2O-Nb_2O_5 Li_2O-V_2O_5-Al_2O_3 系等熔盐，与单晶基板接触，生长铌酸锂单晶膜，膜中含有 Al。	
JP2000182899A	981215	000630	昭和电工株式会社	内藤一美	电容器的制造方法	以铌粉在氮气气氛里烧结的氮化铌作为一个电极，其氮含量为 $1\times10^{-3}\%\sim15\%$，介电体是氧化铌，另一个电极是有机半导体或无机半导体，电容器的漏电流低。	
JP2000182907A 特许 3403103B	981212	000630 030506	三洋电机株式会社	本田伸浩	固体电解电容器	卷绕型固体电解电容器结构包括一带底的管壳，电容器芯子被密封在里面，管壳上面用一具有 2 个洞的盖板盖住，电极用管套和青铜接触，从洞里伸出。	EP1014400B US6219224A
JP2000188023A	981222	000704	日立电线株式会社	岩城源三	Nb_3Al 超导体及其制造方法	将多层铌板和铝板及高导电性金属叠合进行压延轧制，加工成板带，加热生成 Nb_3Al 超导体，也可以是圆筒形。	
JP2000188241A	981222	000704	日本电气株式会社（NEC）	吉田胜洋	固体电解电容器及其制造方法	在钽或铌阳极表面形成介电体，在该介电体层上形成由导电性物质组成的固体电解质层，电容器介电体层里含有 Mn，抑制了介电体里结晶化部分的绝缘性降低。	
JP2000188243A 特许 4263795B	981222	000704 090513	昭和电工株式会社	内藤一美	电容器	电容器的 2 个电极间的介电体第一层是 NbO_x（$x=2.5$）为主要成分，第二层是 NbO_x（$x=2.5$）和 NbO_x（$x=2.0$）混合物为主要成分构成的，电容器容量大，漏电流低。	EP1158552 CN1334957A
JP2000195757A	981215	000714	日立 AIC 株式会社	铃木芳搏	固体电解电容器及其烧结体的制造法	一种固体电解电容器，在扁状的阳极钽箔上压制超细钽粉末体，一次压制多个成型体，再进行烧结，在较高的电压下形成。强度增大，漏电流降低，提高生产率。	
JP2000200889A 特许 3914362B	990105	000718 070516	三星电子株式会社	南甲镇	有氧化钽膜的电容器制造方法	选择适当温度，用钽的前体物气相反应，在不同的温度，在半导体基板上蒸镀两层介电层氧化钽、氮化钽膜。	US6207489B KR2000050306A

专利号	申请日	公布日	申请人	发明人	专利名称	专利要点及有益效果	同族专利号
JP2000203841A 特许 3613443B	981228	000725 040126	三井金属矿业株式会社	井板浩通	含钽铌的合金溶出提取方法	含钽铌物磨成粉末，先用 Na(OH) 处理，过滤，固液分离，渣再用 H_2SO_4 + HCl 处理，过滤，然后用 HF 溶解渣，用 H_2SO_4 调酸度，萃取。该方法经济效益好。	
JP2000212678A	990121	000802	日本能源株式会社	新藤裕一郎	形成薄膜用高纯度钽及其制造方法	融盐电解得到的钽经过电子轰击精炼、真空电弧熔炼、等离子熔炼、感应熔炼，制取的高纯度钽，含 Nb、W、Mo 等重金属不大于 $1\times10^{-4}\%$，含 U、Th 不大于 $1\times10^{-7}\%$，K、Na 等其他杂质不大于 $1\times10^{-4}\%$。	
JP2000216060A	990126	000804	三洋电机株式会社	竹谷启介	固体电解电容器的制造方法	在阀金属阳极体表面依次形成介电体氧化膜、导电性高分子化合物阴极层，在电解聚合形成阴极时，把阳极体浸入电解液，由于是从外部电极片给电与氧化膜接触，在阴极层形成后，把上述外部电极与氧化膜接触部分切去。	
JP2000219969A 特许 3117011B	990201	000808 001211	三菱材料株式会社	平社英之	有机钽化合物及含有金属化学蒸镀用原料及含钽膜	通式：$Ta[O\text{-}C_5H_{11}]_5$ 的有机金属化学蒸镀用有机钽化合物在有机溶剂里溶解上述有机钽化合物。作为有机溶剂可以是 4 ~ 10 碳原子的直链、分支状或环状的有机化合物。适合于 MOCVD 法形成高介电体薄膜用。	
JP2000226602A 特许 3871824B	990203	000815 070124	昭和 Cabot 超金属株式会社	小田幸男	高容量电容器级钽粉	钽粉的 BET 方法测得的比表面积 S_B 为 1.3 ~ 2m^2/g，而 S_B 与 FSS 方法测得的比表面积 S_F 之比 S_B/S_F 为 4 ~ 6，钽粉 Dg = 5g/cm^3，1250℃ 烧结 30min，20V 赋能，阳极的比容 78000 ~ 161000μFV/g，1300℃烧结比容为 50000μFV/g，$\tan\delta < 29$。	US2002050185A US6689187B2
JP2000226607A	990203	000815	昭和 Cabot 超金属株式会社	小田幸男	钽或铌粉的制造方法	以等离子弧为热源 CVD 法反应制造（氢还原卤化物）的钽粉或铌粉，使用特殊的等离子焰炬，多段控温，制取粒径分布成正态分布，平均粒径 50 ~ 150nm 的粉末。	

专利号	申请日	公布日	申请人	发明人	专利名称	专利要点及有益效果	同族专利号
WO0049632A	990216	000824	昭和电工株式会社	门田隆二	固体电解电容器及其制造方法	固体电解电容器中的固体电解质层及导电性浆料及石墨层和石墨层上的含有金属粉末导电体层至少一层中含氟橡胶状弹性体，吡咯、噻吩、苯胺或其衍生物，对外部应力有缓解作用。	EP1158551B AU2572900A AT414980T
WO0049633A JP4420568B	990216	000824 100224	昭和电工株式会社	内藤一美	铌粉、铌烧结体、铌电容器及其制造法	一种铌粉，含 Fe、Ni、Cr、Co、Si、Na、K，分别低于 0.01%，上述金属杂质总量小于 0.035%。含 NbO 0.1% ~20%，NbN 0.1% ~20% 的铌粉烧结体，以及使用所述烧结的电容器的制造方法。	EP1093137A US6387150B US6684277B
JP2000243665A	990217	000908	松下电器产业株式会社	和田友英	固体电解电容器及其制作方法	在至少一个粗糙化层和多孔层的起伏层的电容器芯子和阳极外引线之间有一禁止带，防止由于导电性聚合物层到达外引线部分发生绝缘故障和绝缘破坏。	CN1264137A SG90095A
JP2000243671A 特许 3166756B	990218	000908 010514	日本电气株式会社（NEC）	林健二	电容器焊接定位的装置	钽电容器焊接定位装置，多个芯子在一平板状支架上焊接，可以调整芯子引线的距离，使钽丝引线和预接引线成一直线，效率高。	
JP2000264607A 特许 3776250B	990312	000926 060517	三井金属矿业株式会社	井板浩通	氮化钽的制造方法	以钽粉为原料，在氮化炉内，控制氮气的流量，500 ~ 1000℃第一次氮化，再在 1400 ~ 1800℃第二次氮化。	
JP2000277114A 特许 3619701B	990325	001006 050216	三洋电机株式会社	太田妙子	锂二次电池	正极是由通式 $M_xNb_{2-x}O_y$（其中 M 选自 V、Cr、Mo、W、Mn、Fe 中的过渡元素，$0<x\leq0.6$；$4.7\leq y\leq5.3$）表示含锂的斜方晶系复合氧化物，Nb_2O_5 比锂二次电池放电周期特性好。	
JP2000290741A 特许 3393378B	000131	001017 030407	科学技术厅金属材料研究所	谷月峰	高熔点超合金及其制造方法	合金成分有 Ir 或 Rh，至少选自 Ti、Zr、Hf、V、Nb、Ta 组金属中之一，镍基，其组织为 fcc（面心立方）和 L12 相结构，L12 相占 20% ~80%（体积分数）。是一种比较便宜的超合金。	
JP2000299253A	990414	001024	松下电器株式会社产业	赤见研二	电容器的制造方法	烧结体经过阳极化后含浸聚合性单体溶液和氧化剂溶液经冷却后的混合溶液，迅速加热到溶液中溶剂的沸点以上温度，发生化学聚合，形成导电性高分子，容量达成率高，损耗和阻抗低。	

专利号	申请日	公布日	申请人	发明人	专利名称	专利要点及有益效果	同族专利号
JP2000301227A	990416	001031	细川宏纯	细川宏纯	钛、钽、铌、锆的加工方法	钛、钽、铌、锆或它们的合金的加工（拉丝）：在表面涂敷溶于有机溶剂的有机金属化合物，加工率高，后处理容易。有机金属的有机基为脂肪族、环状脂肪、芳香脂肪的羧基。	
JP2000306775A	990420	001102	松下电器株式会社产业	岛田博司	固体电解电容器及其制造方法	多孔钽阳极体在形成阴极后，把阳极、阴极的共同端子和阳极引线阴极层相接，外封树脂包封后，把共同端子切去一部分，断开成为阳极端子和阴极端子。	
JP2000306776A	990420	001102	松下电器株式会社产业	岛田博司	固体电解电容器的制造方法	钽粉多孔阳极体顺次形成氧化膜、被膜，形成阴极后，阳极端子和阴极端子在芯子的相对的两侧固定，外封树脂，抑制电容器阳极导出线部分绝缘破坏。	
JP2000306782A	990422	001102	松下电器株式会社产业	小岛浩一	固体电解电容器用电极材料制造方法	用0.5μm粒径的阀金属粉末加黏结剂和分散剂调成浆料，涂敷在厚度300μm以下的钽箔上，烧结成片状，2个以上的此种片状体相连接，生产性高，电容器容量大。	
JP2000327330A	990518	001128	泽山株式会社	池田刚	氧化铌的精炼方法	将粗氧化铌，以氧化铌对无水氟化氢摩尔比为1∶15氟化氢处理，使氧化铌溶解，与不溶的渣分离，得到精制氧化铌。	
JP2000331884A	990520	001130	松下电器株式会社产业	小岛浩一	钽固体电解电容器的制造方法	钽烧结体在加入有导电性高分子单体的电解溶液里进行阳极氧化；或先阳极氧化，化学聚合导电性高分子，在含有导电性高分子的电解质里补形成，使氧化膜里含有固体电解质。	
JP2000340458A	990530	001208	甲府日本电气株式会社	伊藤慊	极性表示方法及钽电容器	组装基板在暗室里组装，元件上用荧光标记表示极性，便于大量元件的确认。一种用荧光标记表示极性的钽电容器。	
WO0075943A	000609	001214	昭和电工株式会社	永户伸幸	用于电容器的电极材料和电容器	用钽和/或铌金属作电极材料，在其上面形成介电层。在碱溶液中电解氧化在金属表面形成氧化物，或者以上述材料为正极形成氧化物。	JP2010183091A US6430026B

专利号	申请日	公布日	申请人	发明人	专利名称	专利要点及有益效果	同族专利号
JP2000351624A	990608	001219	泽山株式会社	吉永雅树	氧化铌的精炼方法	将 Nb/Ta 的摩尔比为 15 以下含 Ta、Nb 离子的氢氟酸溶液调整到含五氧化铌为 60g/L 以下，流通阴离子交换树脂，进行分离提纯。	
JP2001006978A	990618	010112	松尾电机株式会社	白重道弘	片式电容器	电容器下面为平面，从芯子端部伸出钽丝。平板阴极端子有两相对的平面，主平面与阴极层电连接；平板状阳极端子有两相对的主表面，在阴极平面的下方，阴极主表面和阳极主表面几乎在同一平面，钽丝和阳极在主表面电连接，树脂包封，露出阳极端子和阴极端子。	US6262878B EP1061536A EP1061536B EP1061536B
JP2001015387A	990625	010119	茨城日本电气株式会社	中岛迷	片式钽电容器	片式电容器有外壳，芯子与阳极相接，壳的底部配置有阳极端子；芯子与阴极相接，底部配置有阴极端子，阳极端子和阴极端子配置在壳底部两邻接边部侧。	
WO0106525A JP4527332B	000714	010125 100818	昭和电工株式会社	内藤一美	铌粉，其烧结体及用其制造的电容器	含 N 量 0.05% ~ 0.7%，平均粒径 0.2 ~ 3μm 的铌粉，该铌粉制造的烧结体，烧结体的漏电流一般低于 400Pa/μFV，以该烧结体为一电极组成电容器。	CN1363102A AT304734T
JP2001028322A	990714	010130	日本 Rohm 株式会社	金武康雄	固体电解电容器	钽烧结阳极体一端伸出的阳极引线和外阳极端子焊接，把外引线加宽或打薄，增加第一外引线单位长度的接触，消除阳极引线焊接偏斜。对于小阳极，加强了焊接，提高了可靠性。	US6493214B1
JP2001048542A	990810	010220	中心硝子株式会社	毛利勇	氧化钽制造装置的清洗方法	用钽的醇盐分解反应，生成物黏结在坩埚上，用 ClF_3、F_2、BrF_3、BrF_5、IF_5、IF_7 放在坩埚里加热反应，清除黏结物。	
JP2001049430A	990805	010220	Victor 株式会社	井冈隆之	钽系薄膜及其制造方法	用蒸镀法和溅射法形成钽系薄膜，有氮化钽膜和钽膜多层交替沉积，每层氮化钽膜厚度约 5nm，钽膜约 30nm，导入氩气形成钽膜，导入氩气加氮气形成氮化钽膜。	

专利号	申请日	公布日	申请人	发明人	专利名称	专利要点及有益效果	同族专利号
JP2001053578A	990817	010223	信越化学株式会社	盐野嘉幸	弹性表面波装置用压电性单晶片	一种压电性信号单晶片，其腐蚀坑密度低于 7.8×10^4/mm，送－收信号声表面波或漏泄声表面波电极，是由钽酸锂单晶片制成的。	US6580196B
JP2001059983A	980928	010306	科技厅无机材料研究所	北村健二	铌酸锂单晶	$Li_2O/(Li_2O+Nb_2O_5)$ 摩尔比为 0.50～0.52，强介电周期反转施加 10kV/mm 以下电压的铌酸锂单晶。	
JP2001079663A 特许 3682599B	990910	010327 050810	日立株式会社	山内清	原子炉内焊接构造物的表面处理方法	原子反应堆压力容器的开口插入焊接对象，与压力容器的内壁镍基合金焊接，焊接构造的表面被覆铌，用激光照射融合形成合金。	
JP2001085273A	990910	010330	松下电器产业株式会社	增田洋二	片式固体电解电容器	电解电容器包括由阀金属制成的阳极引出端（箔）和埋入部分、阳极体、介电氧化膜和负电极层，阳极端直接和正极引线电连接，阴极端子直接和阴极层连接。体积小，降低 ESR。	US6400556B TW459256B
JP200189148A	990927	010403	泽山株式会社	吉永雅稻	铌的精炼方法	用氢氟酸溶解粗氧化铌，有机熔剂萃取，调整溶液浓度，使换算成 60g/L 的 Nb_2O_5，使溶液通过阴离子交换树脂流通等工序的精炼方法。	
WO0126123A	991001	010412	昭和电工株式会社	内藤一美	电容器粉末的组成,烧结体,电容器	平均粒径为 0.1～5μm 的含有硅－氧结合（至少 0.5%）（质量分数）的钽、铌的部分氮化（1×10^{-3}%～15%）粉末，由所述粉末烧结制成电容器阳极及电容器。	JP2010161387 CN1322368A
JP2001102255A	990910	010413	松下电器产业株式会社	加藤寿孝	钽固体电解电容器及其制造方法	用化学聚合聚苯乙烯砜作为电解质层，含浸多种环式单体溶液和氧化剂溶液形成的化学聚合高分子层的钽固体电解电容器，电容器的高频用阻抗小、漏电流低。	
JP2001102272A	990929	010413	日本 Kemicon 株式会社	横山丰	钽固体电解电容器及其制造方法	在 0.01% 碳酸锰水溶液里 40V 赋能的钽阳极，在 400℃加热 30min 析出氧化锰，在含吡咯 0.2M 的乙腈溶液中 10℃浸渍 5min、在含聚甲苯砜酸 0.04M 的乙腈溶液中 0℃浸渍 60min，形成聚吡咯。这样反复操作 10 次，被覆石墨、银层，焊电极外包装。	

专利号	申请日	公布日	申请人	发明人	专利名称	专利要点及有益效果	同族专利号
JP2001110688A 特许 3881480B	991014	010420 070214	日本 Rohm 株式会社	中村贵宏	固体电解电容器	包括有引线的活性阀金属粉末烧结体、在所述的金属粉末上的介电层、二氧化锰层、石墨层，其中在二氧化锰上是水性石墨层，在金属层上是树脂石墨层。	US6333844B US6529366B
JP2001122625A	991026	010508	三菱化学株式会社	小早川聪	含铌复合金属氧化物的制造方法	用除铌以外的其他金属（Mo、V 等）80%以上和含铌溶液的混合溶液制造的糨料，除去溶剂煅烧成混合氧化物，其活性好。	
JP2001135549A 特许 3907358B	991104	010518 070418	Malcon 株式会社	远藤和劳	固体电解电容器	由阀金属构成的阳极芯子，在芯子表面形成介电体氧化膜，在氧化膜上形成高分子聚噻吩导电层构成的电容器，在被覆导电性高分子层时把电容器芯子表面附着的气泡赶出来。	
JP2001135552A 特许 3585791B	991104	010518 041104	日本电气株式会社（NEC）	佐藤秀明	固体电解电容器芯子及制造方法	压制的活性阀金属芯子在真空高温下烧结，在低真空自然冷却，在氩气里冷却到室温，接着使烧结体在缓慢氧化限制氧的腔里经过真空—漏入大气—真空的几次循环，从炉子里拿出。	US6350406B EP1098328A EP1098328B
JP2001143970A	991116	010525	昭和 Cabot 超金属株式会社	铃木亮辅	钽粉及其制造方法，烧结体及其电容器	一种柱状（丝）粒子的钽粉，由许多柱状粒子组成放射状集合粒子的。它是由钽的复盐与还原剂（Mg、Na）不直接接触还原得到的。由上述钽粉制造的烧结体，及其电容器。	US6563695
JP2001146424A	991117	010529	德山株式会社	吉永雅树	氧化铌和/或氧化钽的制造方法	将含钽铌的原料溶解，水溶液中的钽铌离子经过有机萃取，有机相中的钽铌再反萃进入水相，用碱中和沉淀出氢氧化铌和/或氢氧化钽，煅烧得到氧化铌和/或氧化钽。	
JP2001148326A	991119	010529	松下电器株式会社	大森实	钽固体电解电容器的制造方法和装置	将多个电容器芯子放置在导电性黏结剂上，把芯子的阳极引线放置在阳极端子上进行焊接，对各个电容器施加压力使导电性黏结剂被挤出到邻近侧面加热固化，树脂封装。	CN1297237A US6613190B JP2001148326

专利号	申请日	公布日	申请人	发明人	专利名称	专利要点及有益效果	同族专利号
JP2001148330A	990920	010529	韩国 Homh 电子公司	衫村	在金属氧化物膜上形成导电性高分子	使金属氧化物表面浸渍吡咯、苯胺或噻吩溶液，在氧化膜上形成导电性高分子膜，进一步进行阴极电解聚合，可制造固体电解电容器。	
JP2001155963A 特许 4422258B	991130	010608 100224	昭和电工株式会社	内藤一美	电容器	由阀金属或其合金制成的至少一个电极，连接着至少一个电极的引线是由部分氮化的铌制成的。该电容器能经受高电压，在不降低容量的前提下，重量轻。	US6545858B US6809919B
JP2001155965A	991126	010608	三洋电机株式会社	松冈桂子	固体电解电容器的制造方法	在钽烧结体表面用化学聚合高分子有机半导体化合物制成固体电解质制取电容器的过程中，所述烧结体是扁平的直方体，短边是长边的 1/2 以下。好浸渍，被膜好。	
JP2001155969A 特许 4930958B	991125	010608 120516	昭和电工株式会社	内藤一美	电容器及其制造方法	开始赋能时用 200mA/g 以上的电流密度，然后在一定的电压下恒压制造铌电容器，这种电容器容量不低，漏电流小，一致性好，耐热性好。	
JP2001163621A	991213	010619	德山株式会社	吉永雅树	氧化铌、氧化钽的制造方法及其氧化物	从含氟离子和硼酸溶液中结晶析出铌钽的方法，F/B 离子比为 0.05 ~ 4，结晶析出的氢氧化物在 500 ~ 1000℃煅烧得到氧化物。	
JP2001172701A	991210	010626	昭和卡博特株式会社	铃木亮辅	钽粉、铌粉及其多孔烧结体及电容器	钽铌以离子形式溶解在融盐里，通过还原剂还原得到的钽粉、铌粉有很大的比表面积的成丝状、纤维状、胡须状，无序排列地团化。用它形成电容器，有较低的失败危险。	US2003206390A US6563695B US6788525B
JP2001176374A 特许 4160223B	991214	010629 081001	Rohm 株式会社	中村伸二	烧结体熔断器和用其制造的电容器	一种粉末烧结体的丝状或片状熔断器，在阴极和阴极端子之间有 1 ~ 3μm 的 Al、Cu、Ag、Au 粒子在烧结体里作为熔断器，其熔点和以前的熔断器相当，但这里不使用有毒的 Pb。	US6411498B
JP2001180935A 特许 3295687B	991228	010703 020624	三井金属矿业	内野赣嗣	氟钽酸钾的制造方法	将含高纯钽的氢氟酸溶液及盐酸溶液加热到 60℃，加入 KCl，以低于 15℃/h 速度冷却到 40℃以下，结晶出氟钽酸钾。上述原料液中的 HF 浓度为 20%（质量分数）以下。	

专利号	申请日	公布日	申请人	发明人	专利名称	专利要点及有益效果	同族专利号
JP2001180936A	99	010703	三菱化学株式会社	宅见英昭	含铌的复合氧化物的制造方法	含 Nb、Mo、Hf 及 Te 的复合金属氧化物，把各化合物单一组成混合，将其溶解，形成浆，除去溶剂，煅烧。	
JP2001181288A	991224	010703	旭电化工业株式会社	小野和久	用金属醇盐制取复合金属氧化物	提供一种适合于 MOCVD 法用热稳定性好的金属醇盐化合物，并用该化合物（Bi、Sr、Ta、Nb,）制取复合金属氧化物膜，适合 CVD 法的溶液。	
JP2001181761A 特许 3407876B	000314 991122	010703 030519	韩国能源服务部	金成焕	核燃料用 Zr-Nb 合金	具有良好耐蚀性的锆合金的成分（质量分数）：Nb 0.8% ~ 1.2%，Fe、Mo、Cu、Mn（至少择一）0.1% ~ 0.3%，O 0.06% ~ 0.14%，Si 8×10^{-3}% ~ 0.012%，其余为 Zr 和不可避免杂质。	CN1421537A US6261516B CN1305018A
WO01/47813A	001228	010705	三井矿业株式会社	井板浩通	氟钽酸钾的结晶方法及氟钽酸钾结晶	在含 Ta（20 ~ 200g/L）的原料液里加 K（理论量的 1.2 ~ 2.0 倍）系电解质，沉淀出粗 K_2TaF_7，过滤，由盐酸和氢氟酸水溶液再结晶溶剂加热到 60℃以上，使粗 K_2TaF_7 溶解，以 15℃/h 降温到 40℃以下，进行再结晶，析出 K_2TaF_7。	AU2231501A CN1399613A JP2002080223A
JP2001192209A 特许 3613324B	000107	010717 050126	三井金属矿业株式会社	内野赣嗣	氧化钽/氧化铌及其制造方法	在含有 Ta/Nb 的 HF 溶液里添加氨，使其沉淀出 $Ta(OH)_5$ 或 $Nb(OH)_5$，过滤，先在 500 ~ 700℃进行煅烧，然后在 750 ~ 1000℃进行煅烧，产品含 F、Si 低。	
JP2001196274A	000112	010719	日本电气株式会社（NEC）	渡边和惠	固体电解电容器阳极的制造方法	阀金属粉末经过压制、烧结、预阳极氧化，在烧结体表面形成一定厚度的氧化膜；这种阳极化氧化膜比由烧结化学形成的氧化膜（约 5nm）要薄，运输安全。	EP1117110A US2001007167A
JP2001196279A 特许 3806567B	000117	010719 060804	三洋电机株式会社	山田和明	固体电解电容器的制造方法及其装置	制造方法为：（1）把氧化剂溶解在通过氧化聚合成为导电性聚合物的单体中，得到混合物；（2）用压缩空气或振动搅拌该混合物；（3）在刚搅拌之后的混合物中浸渍电容器元件阳极氧化后被覆阴极材料，浸渍单体和氧化剂时，有溶液混合槽、有利用空气搅拌的槽、有含浸槽。	TW502268B CN1306289A CN1237557C US6508846B
JP2001213626A	000131	010807	三井金属矿业株式会社	内野赣嗣	原料再利用的氢氧化钽铌的制造方法	在含有 Ta 和/或 Nb 的 HF 溶液里添加氨，使其沉淀出 $Ta(OH)_{55}$ 和/或 $Nb(OH)_5$，过滤，滤液里加入氢氧化钾，回收发生的氨气和氟化钾可以再利用。上述滤液升温到 70 ~ 100℃。	

专利号	申请日	公布日	申请人	发明人	专利名称	专利要点及有益效果	同族专利号
JP2001217160A	000203	010810	松下电器株式会社产业	娣口武彦	固体电解电容器及其制造方法	多个阳极体分别埋设有互相平行的阳极引线，至少有一个与引线平行的凹槽，阳极引线与阳极端子电连接，阴极层与阴极端子电连接，高频 ESR 低，偏差小。	
JP2001217161A 特许 4375589B	000202	010810 091202	昭和电工株式会社	内藤一美	电容器及其制造方法	部分氮化的氮化铌粉制造的电容器，铌烧结体含氮 $1\times10^{-3}\%\sim15\%$ 的 N，比容大于 50000μFV/g。另一个电极的电导率为 $10^{-2}\sim10^{3}$S/cm 的有机或无机半导体。	
JP2001220627A 特许 4370655B	000201 091125	010814	东曹株式会社	新井一喜	钽的精炼方法	把含钽的溶液与阴离子交换树脂接触，把该阴离子交换树脂与氟化氢、溴化氢溶液接触，使溶液里除钽以外的高熔点金属杂质溶解，然后从该阴离子交换树脂溶解出钽的络合物。	
JP2001223140A	000208	010817	日本 Chemicon 株式会社	岛田晶弘	钽固体电解电容器及其制造方法	以烧结钽金属为阳极，以铂金、不锈钢等为阴极，在含导电性高分子单体和界面活性剂的水溶液里电解赋能，形成导电性高分子层，导电性浆料，阴极导出。	
JP2001223141A 特许 4049964B	000208	010817 080220	昭和 Cabot 超金属株式会社	小田幸男	含氮的金属粉末及其制造的烧结体和固体电解电容器	含氮 $5\times10^{-3}\%\sim2\%$ 的金属钽、铌粉末，是由金属化合物（如氟化物、氟铌酸钾）被还原剂（Na、Mg、Ca、H）还原时，导入含氮气体到反应容器里，生成金属的同时，生成含氮金属粉末。由该金属粉末制造的电容器阳极及其电容器。	US6432161B CN1180101C US7060975B
JP2001226732A	000215	010821	超高温材料所株式会社	田中久男	铌基合金	一种含有（原子百分数）15% ~30% Mo，5% ~15% W 的铌基合金，在 1500℃以上温度下有很高的强度，并有好的韧性。	
JP2001226747A 特许 3542754B	000209	010821 040714	茨城材料研究所	菊池武丕儿	形状记忆合金	在 Fe-Mn-Si 为主要成分的 Cr、Ni 合金中添加 NbC 的合金，其中 Nb/C 原子比不小于 1，记忆合金材料在 1000 ~1300℃热处理，在 400 ~1000℃时效处理。	EP1123983B CN1317595A

专利号	申请日	公布日	申请人	发明人	专利名称	专利要点及有益效果	同族专利号
JP2001226761A	000215	010821	超高温材料所株式会社	笠冈昭夫	铌系耐热材料的耐氧化被膜构造及形成法	铌系耐热材料基体表面形成氮化铌和/或硼化铌扩散防止层，并形成一种至少选自 Nb、Cr、Mo 中一种金属的硅化物抗氧化层，采用离子注入 N、B 的同时蒸镀 Nb，形成抗氧化层。	
JP2001233139A 特许 4393659B	000208	010827 100106	日本 Chemicon 株式会社	岛田晶弘	固体电解电容器的制造方法	用阀金属作阳极，阴极为铂、不锈钢等，导电性高分子作电解质，及添加磺酸界面活性剂的电解液中阳极氧化。	
JP2001234306A 特许 4346192B	000222	010831 091021	三井造船；桥本功二	桥本功二	高耐蚀非晶态合金	Ta、Nb 合计（原子数分数）占 25% ~65%，上述 Ta、Nb 任何一种至少 3%，含 2% ~8% P，其余为镍和不可避免杂质。	
JP2001237399A 特许 4247421B	001220 991223	010831 090402	韩国京畿道	李起正	半导体装置的电容器的制造方法	在基板下部形成 TaON 薄膜作下部电极，在 NH_3 气气氛中热处理形成 Ta_3N_5 介电体，再在其上形成上电极。	GB2364825B CN1307359A
JP2001247942A 特许 3492969B	000307	010914 040203	日立制造所株式会社	副井宽；土井	蒸汽涡轮旋转轴	其成分（质量分数）：C 0.05% ~0.2%、Si < 0.2%、Mn 0.05% ~1.5%、Ni 0.01% ~0.1%、Cr 9.0% ~13%、Mo 0.05% ~2.0%、W 0.05% ~5.0%、V 0.05% ~0.3%、Nb 0.01% ~0.2%、Co 0.5% ~10%、N 0.01% ~0.1%、B 0.001% ~0.03%、Al 0.0005% ~0.006%，其余为 Fe。	US6419453B EP1132489B US2001041137A EP1132489A
JP2001250747A	000307	010914	三洋电机株式会社	福山幸子	固态电解电容器	一个有阳极（箔）的芯子，在阳极的介电膜上氧化聚合被覆的导电性噻吩聚合物作为阴极，混有硅烷耦合素的富有韧性的树脂和第二层树脂，密封上述阳极的外壳。	US6442016
JP2001251295A	000312	010914	昭和电工株式会社	内藤一美；河边功	电容器	两个电极中至少一个电极是由钽或其合金组成的，两电极间是介电层，连接到外电极的引线是铌合金，N 含量为 $2\times10^{-3}\%$ ~15%，烧结体 CV 在 40000μFV/g 以上。	US7012798B2 GB2380258B FR2824902A

专利号	申请日	公布日	申请人	发明人	专利名称	专利要点及有益效果	同族专利号
JP2001262260A	010216 000218	010920	美国西屋电气公司	Robot J. Comstock	原子反应堆用 Zr-Nb 合金	原子反应堆用 Zr-Nb 合金的成分（质量分数）：Nb 0.60% ~ 2.0%，Sn 0.25% 时，Fe 0.5%；Sn 0.40% 时，Fe 0.35% ~ 0.5%；Sn 0.5% 时，Fe 0.25% ~0.5%；Sn 0.70% 时，Fe 0.05% ~0.5%；Sn 1.0% 时，Fe 0.05% ~0.5%；Sn + Fe = 0.75%，其余为 Zr 和其他不可避免杂质。	WO0161062A SE526648C AC1152146 EP1259653A CN1404532A
JP2001262278A 特许 3542024B	000317	010926 040714	日立金属株式会社	西田纯一	高强度低热膨胀 Fe-Ni 合金	用于障板和引线框的高强度低热膨胀 Fe-Ni 合金的成分（质量分数）：Ni 30% ~50%，Co≤20%，Nb 0.005% ~0.1%，C <0.1%，N 0.002% ~0.02%，其余为 Fe 和不可避免的杂质。	
JP2001267189A	000314	010926	三洋电机株式会社	岩边州悦	固体电解电容器	密封型固体电解电容器，将阳极芯子浸渍导电性树脂，有两层树脂，第一层树脂比第二层树脂可绕性高。	
JP2001274040A 特许 4478906B	000328	011005 100609	昭和电工株式会社	大旗英橘	固体电解电容器及其生产方法	在阀金属表面形成介电体层，在介电层上形成叠层结构固体电解质导电性碳浆料是具有弹性的黏结剂和金属浆料，电容器 CV 高、低阻抗、耐湿性抗热性好。	US6556427B
JP2001279486A 特许 3594530B	991112	011010 041202	科技振兴团	盛满正同	镀钽的方法	$TaCl_5$ 和烷基亚胺氯化物与氟化锂等碱金属氟化物盐及碱土金属氟化物盐熔融进行电解，低温电镀金属钽。	US6936155B WO0175193A
WO0175917A	010216	011011 110518	昭和电工株式会社	坂井厚	固体电解电容器及其制造方法	通过控制含浸时间、挥发时间，在阀金属多孔体表面电解质膜上氧化聚合形成的导电性聚合物电解质层，基体两端、切断面周围的电解质层比中间的厚，电解质层间密着性好。	AU4117101 JP4683318B CN1996521B
JP2001284191A 特许 3857857B	000331	011012 061213	三洋电机株式会社	小林延幸	固体电解电容器	用多个分别形成氧化膜和阴极材料的阳极并联组成的电容器元件，其中阳极体是薄板状钽烧结体，这种电容器容量大，等效串联电阻小。	
JP2001287999A 特许 4107365B	001108	011016 080625	独立行政法人材料研究所	古川保典	钽酸锂单晶及光学元件及其制造方法	钽酸锂中 Li 比定比组成要过剩的熔融盐生长的单晶至少含有 Mg、Zn、Sc、In 中一种以上元素 0.1% ~3%（摩尔分数），$Li_2O/(Li_2O + Nb_2O_5)$ 为 0.490 ~0.500 的钽酸锂单晶。	

专利号	申请日	公布日	申请人	发明人	专利名称	专利要点及有益效果	同族专利号
JP2001288557A	000331	011019	超高温材料研究所株式会社	坂本和志	铌系耐热材料耐氧化被覆构造及其形成法	在基体表面形成以氮化铌（Nb_2N）为主的防止扩散层，基材保持300℃以上的温度，离子注入氮，同时采用溅射铌；并在其上形成第二层耐氧化层铌系耐热材料耐氧化被覆构造。	
JP2001302396A 特许 4257717B	000214	011031 090422	日本碍子株式会社	村里真宽	单晶原料粉末及单晶的制造方法	把碳酸锂、碳酸钾和五氧化二铌的原料用溶剂混合，喷雾造粒后进行热处理，得到原料粉末。将原料粉末放进坩埚里加热熔融，用铌酸锂晶种拉单晶。	US6402385B EP1127963B
JP2001303240A	000426	011031	东芝株式会社	铃木幸神	溅射靶	用含氮2%（原子数分数）的高纯钽或高纯TaN做溅射靶，形成氮化钽膜，氮化钽膜作为铜材的壁垒层，其中铜含量低于$5\times10^{-3}\%$，所有的产品铜含量的波动在30%以下。再现性高。	
WO0181029A	010423	011101	昭和电工株式会社	内藤一美	铌粉、其烧结体及其电容器	在部分氧化、氮化的铌粉中，氮含量对氧含量比在1/45以上，其中含氧量0.03%～0.9%，铌粉平均粒径0.05～3μm，用该铌粉制成的烧结体和用该烧结体制成的电容器。	EP1281460B CN1433346A AT388779T
JP2001307963A 特许 4647744B	000421	011102 110309	昭和电工株式会社	内藤一美	电容器用铌粉及其烧结体及电容器	含Ta 0.07%以下的铌粉，部分氮化，含N $1\times10^{-3}\%$～20%，在500～2000℃将该铌粉坯块烧结成烧结体，做成电容器CV不低于90000μFV/g。	WO0182318A
JP2001313272A 特许 4172739B	000428	011109 081029	京瓷株式会社	新乐浩一郎	等离子CVD方法及装置	将原料气体导入腔体内时，使等离子活性化，在基板上沉积钽，在其过程中配置有热催化剂。大面积高速制膜。	
JP2001326145A	000516	011122	松下电器株式会社	工藤康夫	电容器及其制造方法	在钽阳极氧化膜层和导电性高分子（聚吡咯、聚噻吩）的阴极层之间形成极薄的耦合剂（硅烷、钛、铝耦合剂）和界面活性剂，阴极层与氧化膜层接触好，容量引出率高，损耗低。	US6602741B US6793690B US6853540B
JP2001329321A 特许 3641190B	000518	011127 050420	三井矿业株式会社	东贤治	含有钽铌的原料、产品的处理方法	原料→加入强碱→搅拌成浆→过滤→水洗滤饼→加无机酸搅拌→过滤→酸洗滤饼→酸洗滤液，提高了钽铌纯度，回收率也高。	

专利号	申请日	公布日	申请人	发明人	专利名称	专利要点及有益效果	同族专利号
JP2001329330A	000519	011127	三井矿业株式会社	中山茂稻	Nb-Fe-V 系合金	提供一种价廉、吸氢性好、原料容易的具有 bcc（体心立方）构造的 Nb-Fe-V 系合金，实例 $Nb_{0.8}$-$Fe_{0.8}V_{2.5}$。	
JP2001332449A	000524	011130	日本电气株式会社（NEC）	大饲奈泉	固体电解电容器阳极及其制造方法	含阀金属粉末泥浆形成的阀金属箔围绕阀金属丝卷绕（一端露出），然后进行烧结，形成阳极体，制成固体电解电容器。这种电容器成本低。	
JP2001335919A	001211	011207	株式会社村田制作所	中川贤俊	α 钽膜的制造方法	在氮气中沉积 α 钽膜，在不含氮气的气氛中沉积钽膜，在不同的含氮量的气氛中沉积钽膜，达到不同的 N/Ta 比，使 α 钽膜成长。该膜电阻率低。	
JP2001335923A	000522	011207	东芝株式会社	石上隆	溅射靶	靶材各个部分的氧含量和平均氧含量之差小于 20%，氮含量与平均含量之差低于 40%，碳含量与平均含量之差小于 70%。溅射时尘埃少，氧含量平均值为 0.03% 以下。	
JP2001342506A	000531	011214	日立金属株式会社	韩刚；上野	粉末原料及钽靶材的制造方法	以废弃的高纯钽靶材为原料，加工成高纯度均匀的再生粉末原料，在再生加工中不会导入杂质，提供制造成本低的靶材。	
JP2001345238A 特许 3718412B	000601	011214 051124	昭和 Cabot 超金属株式会社	小田幸男	铌或钽粉及其制造方法及其电容器	铌或钽的凝聚粉，其含氮量为 $5\times10^{-3}\%\sim1\%$，至少含 P、B 中一种 $1\times10^{-3}\%\sim0.05\%$，在钽铌粉中添加形成孔隙的材料（择自 Mg、$MgH_2$、Ca、$CaH_2$、Al），热处理成凝聚粉末。	EP1291100B CN1437517A US7204866B
JP2001357734A 特许 3754599B	000612	011226 060315	神户制钢所株式会社	长谷隆齐	Nb_3Sn 超导线材及其磁体	青铜法制造的 Nb_3Sn 超导线，Nb_3Sn 和 Nb 的合计断面对 Cu-Sn 基合金的断面比为 1.8 ~ 3.0，Nb_3Sn 和 Nb 对 Nb 的平均面积比为 5% ~20%。	
JP2001358038A 特许 4392960B	000612	011226 100106	日本 Rohm 株式会社	沟端正俊	钽电解电容器的制造方法	钽烧结体电容器芯子里，在钽丝根部设有疏水性四氟垫圈，在形成阴极时防止上爬超过外周壁。在引线框上直接安装电容器芯子。	
JP2001358041A 特许 4392960B	000612	011226 100106	日本 Rohm 株式会社	沟端正俊	钽电解电容器的制造方法	在板状阳极引线和阴极引线之间形成台座，从阳极引线架起台座，钽电容器芯子阴极防止阳极引线和阴极引线之间落入，片式电容器的下面阴极露出。	

专利号	申请日	公布日	申请人	发明人	专利名称	专利要点及有益效果	同族专利号
JP2002008946A	000623	020111	松下电器株式会社	赤见研二	固体电解电容器的制造方法	在含有烷基奈磺酸或其盐的电解质溶液里形成介电层，抑制了由体积小的阴离子介电体层的损伤，用体积小的阴离子过渡金属盐在氧化剂中进行化学聚合形成导电性高分子层，电容器特性好。	
JP2002008952A 特许 4697832B	000421	020111 110608	昭和电工株式会社	内藤一美	铌烧结体及其制造方法及其电容器	铌粉在 500 ~ 2000℃烧结 60 ~ 150min 的烧结体，比容为 90000μFV/g 以上，一次粒子（3μm 以下）的平均粒径（μm）与漏电流（μA/g）乘积除以 CV 低于 5×10^{-4} μm · μA/g。铌粉部分氮化，含 N 2×10^{-3}% ~20%。	
WO0204152A	010711	020117	昭和 Cabot 株式会社	掘尾勇男	含氮金属粉末及其制造的烧结体和电容器	含氮 0.05% ~3% 各粒子间含氮量波动量低于 100% 以下的钽粉、铌粉，它的制造方法是在含氮气氛里，旋转的炉子里加热，用这种粉制造的电容器空隙率高、比容高。	JP2002030301A
JP2002025855A	000630	020125	日立制作所	松鸠直树	薄膜电容器及其制造方法	在绝缘膜上溅射氮化钽，在氮化钽厚度方向改变 N 的浓度，形成三层不同的氮化钽层，再阳极氧化形成氧化膜，防止加热时漏电流增加，提高可靠性。	
JP2002025864A 特许 4704161B	000428	020125 110622	昭和电工株式会社	内藤一美	用电容器用铌粉及其烧结体制造电容器	含锑 0.1% ~10%（摩尔分数），平均粒径 0.2 ~ 5μm 的铌粉，用所述的铌粉制造的烧结体，及用这种烧结体制造的电容器。	US6909594B
JP2002033246A	000719	020131	三菱化学株式会社	武田政幸	电化学用电解液及电化学电容器	六氟铌酸（碱金属，四烷基盐、六氟铌酸锂盐）盐在非水溶剂中溶解作为电容器的电解液，电容器耐压性高，耐久性好。	
WO02/11932A	010807	020214	昭和 Cabot 株式会社	水崎雄二郎	钽粉的制造方法，钽粉及其电容器	钠还原氟钽酸钾（稀释盐/K_2TaF_7 为 40 ~ 1000 倍）得到的钽粉在 1000 ~ 1250℃进行热处理，加镁在 700 ~ 1000℃进行低温热处理，钽粉的 CV 为 80000 ~ 250000μFV/g。	AU7674601A JP2002206105A
WO0213998A	010809	020221	昭和 Cabot 超金属株式会社	野口佳和	电容器用钽烧结体的制造方法	还原钽粉末的松装密度 0.5 ~ 1.85g/mL，按照 4.5 ~ 7.0g/mL 压制成型，在惰性气氛中烧结，形成体积不到 $5mm^3$ 的坯块，收缩率 2% ~ 15%；还原钽粉松装密度 1.75 ~ 2.5g/mL，压制成大于 $5mm^3$ 的坯块，在惰性气氛中烧结，收缩率 2% ~ 15%；漏电流低。	JP200260803A US2003174459A CN1449316A AU7773201A

专利号	申请日	公布日	申请人	发明人	专利名称	专利要点及有益效果	同族专利号
W00215208A JP4562986B	010809	020221	昭和电工株式会社	大森和弘	铌粉，其烧结体，及其电容器	含选自铬、钼、钨、硼、铝、钛中至少一种元素的铌粉，含量（摩尔分数）0.01%～10%，铌粉平均粒径0.2～4μm，BET为1～20m²/g的烧结体。N、B、C一种元素2%以下。	EP1324359B EP2224462B CN1446364A
JP2002060862A 特许4360452B	000807	020228 091111	永富聪	永富聪	生产钽粉的副产物完全回收	钠还原氟钽酸钾的副产物的氯化钾、氟化钾等的回收。按照公式 $R=(a\times C-K)/[(1.0+C)\times a]$ 计算，式中 R 为稀释剂调整比，a 为主原料稀释比，C 为副产物生成比，K 为0.25～0.34进行处理。	
JP2002060934A 特许4625345B	000824	020228 111130	东芝株式会社	渡边光一	溅射靶	用高纯钽制成的溅射靶，含有 $0.001\times10^{-4}\%$ ～ $20\times10^{-4}\%$ 至少选自具有自维持放电特性的Ag、Au、Cu元素之一。可保持长时间稳定。	TW593707B KR2002016534A
JP2002064034A	000821	020228	Tobputs株式会社	横山浩	钽电容器及其制造方法	钽电容器引线由两种金属组成，一端为钽材，插入钽粉中，另一端和赋能架焊接的用镍材。节约钽资源。	
JP2002076140A	010530	020315	韩国Hynix半导体	金京民	半导体元器件的制造方法	用蒸镀铷膜在半导体基板上形成下部电极，在铷膜上形成TaON膜，再在TaON膜上形成上部电极，形成半导体元器件的电容器。	US6653197B KR2001108993A
W02022895A	000912	020321	三井矿业株式会社	祖摈嘉男	用氟处理原材料生产金属和金属化合物	一种钽、铌金属或其化合物的生成方法，从含有该金属的矿石或富集物，用含氢氟酸的溶液处理时，添加一种物质，使残渣量增加，从而降低残渣中放射性物质的浓度。	EE200100310A CN1378604A BR0007290A
JP2002093253A	000918	020329	日立电线株式会社	森合英纯	Nb_3Al 超导线的制造方法	Nb片和Al片交错叠卷成NbAl复合体，插入Cu、Ag管中进行拉伸，然后截断再插入Cu管进行拉拔，这样反复进行多次，中间进行热处理，得 Nb_3Al 超导复合线。	
JP2002093666A	000920	020329	昭和电工株式会社	内藤一美	铌粉，其烧结体以及其制造的电容器	用含水分低于0.1%（质量分数）的，平均粒径小于5μm，二次粒子 $2\times10^{-3}\%$ ～0.05%，BET大于0.5m²/g，含 $N3\times10^{-3}\%$ ～20%的铌粉制造的烧结体、电容器，可防止漏电流恶化。	

专利号	申请日	公布日	申请人	发明人	专利名称	专利要点及有益效果	同族专利号
JP2002097550A	000920	020402	日本钢管株式会社	真保幸雄	硫化物弥散强化	质量分数为：Mn：0.05%～4%、Nb：0.03%～0.8%、S：0.01%～0.08%，余量为铁和不可避免的杂质，且硫化物是以2～1000nm的粒子分散在钢中，为600℃以上高温强化钢。	
JP2002100542A 特许3797413B	000922	020405 060428	昭和电工株式会社	内藤一美	电容器粉，用其制的烧结体及其电容器	添加B（硼）$1\times10^{-4}\%\sim5\times10^{-4}\%$以上，BET 0.2～5$m^2/g$，平均粒径为0.2～5μm土酸金属粉末，如钽、铌，以及用这金属粉末制的烧结体和电容器。	
JP2002129316A	001031	020509	日矿材料株式会社	小田国博	钽及钨靶铜合金装配板及其制造方法	在钽材或钨材靶和铜合金质的装配板0.5mm厚的铝片或铝合金，扩散结合。靶材和装配板的热膨胀系数差别大，扩散结合后变形小。	EP1331283B US6759143B
JP2002134360A	001020	020510	松下电器产业株式会社	上西谦次	固体电解电容器及其制造方法	在电容器的阳极、阴极复合一层铁－镍或镍的板状材料，直接镀锡层，在回流焊时在板状金属和镀锡层之间构成锡－镍化合物，焊接性能好，组装方便。	US6560090B CN1350313A
JP2002134367A	001024	020510	大日本墨汁化学工业株式会社	末永涉	钽粉多孔成型体，钽电解电容器及制造方法	将钽粉和溶剂、黏结剂混合后的分散液充填到给定形状的容器里，冻结真空干燥之，形成多孔形成体。烧结后制成钽阳极，制成电解电容器。通过调整溶剂的磁性溶剂量等，可以控制成型体的孔径和孔隙率。	
JP2002134368A	001026	020510	昭和电工株式会社	内藤一美	电容器用粉，烧结体及用其制造的电容器	铌粉的原生粒子平均粒径为0.01～0.5μm，其圆度（$4\pi A/L^2$，A是粒子在平板上投影面积，L是粒子周长）为0.8以上，经过造粒团化的二次团化颗粒的平均粒径为50～150μm。	CN1471717A EP1328952B AT416468T
JP2002147403A 特许4869848B	011114	020522 120125	住友金属矿山株式会社	大迫敏行	电容器用铌粉及其制造方法	可靠性高的电容器级铌粉，其氧含量0.7%以下，各种碱金属、碱土金属的含量为0.02%以下，使用至少一种碱金属、碱土金属还原氧化铌，还原温度为600～900℃。	US6532738B US6474064B AT432390A

专利号	申请日	公布日	申请人	发明人	专利名称	专利要点及有益效果	同族专利号
JP2002151356A 特许 3541001B	001113	020524 040402	富山日本电气株式会社	原田大辅	片式固体电解电容器	片状芯子，树脂完全包裹所述元件，一对电极连接芯子正负极并从所述树脂伸出，两电极离开中心向一侧偏移，树脂底面形成凸起，凸起部分的上下面有斜面。	US6507482B2
JP2002158142A 特许 3532519B	001122	020531 040312	日本电气株式会社（NEC）	佐野光范	片状钽电容器制造方法和装置	从阳极芯子伸出的引线与阳极端子加载用激光焊接，也可以是在焊接反射面有槽口，将引线放置在槽口上进行焊接操作。	US6616713B2 EP1209706A
JP2002161059A	001127	020604	高纯度化学研究所	田中实	钽醇盐的精炼	将含有钽醇盐的盐溶解于醇里，用碱金属氢氧化物处理，使钽醇盐里的 Cl 大幅度降低到小于 $1\times10^{-3}\%$。	
JP2002167297A 特许 4729698B	001129	020611 110720	日立金属制造所	宫本晃男	钽酸锂单晶及其光学元件	Li 比定比组成过剩的熔融盐生长的钽酸锂单晶，Na 量 $1\times10^{-3}\%$ 以下，$Li_2O/(Li_2O+Nb_2O_5)$ 的%（摩尔分数）为 0.4900 ~ 0.5200 的钽酸锂单晶。	
JP2002167601A 特许 5020433B	001130	020611 120905	昭和电工株式会社	内藤一美	用电容器用铌粉及其烧结体制造电容器	氧含量（质量分数）为 3.0% ~ 9.0% 造粒的，平均粒径为 10 ~ 500μm，BET 为 0.2 ~ $15m^2/g$ 的电容器用铌粉，该铌粉制造的烧结体及其电容器。铌粉稳定性高，长期劣化少。	CN1419701A CN101335133A CN101335132A
JP2002173371A 特许 4683512B	001130	020621 110518	昭和电工株式会社	大森和宏	用电容器用粉末及其烧结体制造电容器	含 Zr 0.01% ~ 15%（原子数分数），平均粒径 0.2 ~ 5μm 的 BET 比表面积为 0.5 ~ $15m^2/g$ 铌粉或钽粉，用所述的铌粉/钽粉制造的烧结体及其电容器。这种电容器比容高，漏电流低。	US6824586B EP1340235B1 CN1478287A
JP2002176152A	001207	020621	日本电气株式会社（NEC）	喜多村宏之	半导体装置及其制造方法	在叠层电极形成孔里充填氧化硅，形成钛膜，热处理形成氮化钛膜，再形成钽膜，在有氧的气氛热处理，再形成氮化钛膜，形成热稳定性高，漏电流小的半导体装置。	US2002089009A KR2002045550A
JP2002180290A 特许 4738591B	001213	020626 110803	Cabot 超金属株式会社	掘尾勇幸	钽或铌的赋能膜及其形成方法及用其制造的电容器	钽或铌的赋能膜里有钽或铌金属和钽或铌的氧化物中含 N 0.2% ~ 1.2% 的中间组成部分层，其厚度为 40nm 以上，它所形成的氧化膜中的 O 被阻止向基体金属中扩散。	AU2258002A US2004068856A US7223671B2

专利号	申请日	公布日	申请人	发明人	专利名称	专利要点及有益效果	同族专利号
WO02/052593A	011227	020704	三洋电机株式会社	竹谷丰	电解电容器的制造方法	在赋能液（磷酸、硝酸、硫酸）凝固点以上，40℃以下，优选25℃以下温度赋能制造的铌电解电容器，抑制回流焊热负荷带来的容量变化，改善静电容量与偏压的关系。	JP2002198266
JP2002193622A 特许3634747B	001225	020710 050107	三井金属矿业株式会社	内野义嗣	钽铌分离精炼方法	在含有钽铌的水溶液中，与含有磷酰基的萃取剂接触，将钽首先被萃取到有机相里，萃取有机相用0.1～4mol/L的硫酸洗净，用水反萃有机相钽，第一步的水相添加磷酰基有机萃取铌。用2.5～10mol/L的硫酸洗之。	
JP2002206105A 特许4828016B	000809	020726 111130	Cabot 超金属株式会社	水崎雄二郎	钽粉的制造方法，钽粉及其电容器	钠还原氟钽酸钾（稀释盐/K_2TaF_7 为40～1000倍）得到的钽粉在惰性气氛里1000～1250℃进行高温热处理，破碎凝聚的钽粉，加镁在真空中700～1000℃进行低温热处理，钽粉的CV为80000～250000μFV/g。	AU7674601A WO0211932A
JP2002206128A	010109	020726	昭和电工株式会社	山井智明	铝包套材和电解电容器用铝箔	用铝包套衬铌或铌基合金强化层，在厚度方向至少一面是99.8%以上高纯度铝。抗腐蚀性能高，耐折强度大，适合作电解电容器电极铝箔。	
JP2002212717A	010321	020731	中国台湾锁拉材料技术公司	高桥刚	金属溅射靶材的制造方法	在制造溅射靶材中，用选自Al、Ti、Cu、Si、Zr、Ta、Os、Mo、W、Pt、Au、Nb、Co、Re中之一或任意组合的合金，经过两次真空熔炼，处理，对得到的微细均匀的二次相晶粒织构的金属靶材进行高温锻造。	TW541350B US2002083571A
JP2002217070A	010122	020802	川铁矿业株式会社	佐藤信之	铌粉及其固体电解电容器阳极	一次粒子的平均粒径为0.10～2μm，粒度分布几何标准偏差超1.4，球形度2以下的铌粉，用该铌粉烧结制造的电解电容器阳极体。赋能消耗的表面积不会明显降低容量。	EP1227508B US6635100B CN1367511A
JP2002222736A	010125	020809	日本 Rohm 株式会社	中村贵宏	钽固体电解电容器的构造及其制造方法	在制造钽电容器时，烧结钽阳极形成氧化膜层，在氧化膜层上浸渍硝酸锰时，硝酸锰溶液里加入可溶性盐，被膜的二氧化锰里掺入Li^+、Th^{2+}、Cr^{3+}离子，降低电容器的阻抗。	

专利号	申请日	公布日	申请人	发明人	专利名称	专利要点及有益效果	同族专利号
JP2002231583A 特许 4521849B	001201	020816 100811	昭和电工株式会社	内藤一美	电容器用铌粉，该铌粉的烧结体及电容器	含有 0.05% ~ 20%（质量分数）一氧化铌和 0.05% ~ 20%（质量分数）一氧化六铌的铌粉，用这种铌粉形成的烧结体，在这种烧结体上形成五氧化二铌介电体及所构成的电容器。	AT294991A CN101106022A CN1397029A
JP2002241864A 特许 3890990B	010209	020829 050624	三井金属矿业株式会社	木下正典	钽、铌的制造方法	低浓度的氢氟酸熔解钽铌矿石，高效除掉其中锑。矿石磨到 $0.5m^2/g$ 以上的比表面积，用 55%（质量分数）氢氟酸水溶液溶解，用选自 Zn、Al、Fe、Ni、Sn、Pb 中至少一种金属置换锑。	
JP2002246385A	010221	020830	JSR 株式会社	加藤仁史	含钽生成物及氧化钽膜的制造	从钽的醇盐、醇类和酚类组中至少择一与羟基化合物反应生成含有钽的生成物，将生成物作为氧化钽膜形成用的组成物，涂布到基板上进行热处理，形成氧化钽膜。	
JP2002270469A	980927	020920	松下电器株式会社产业	仓贯健司	固体电解电容器	将有钽引线的钽烧结体表面形成氧化膜，钽丝根部有绝缘物带区，在阳极体上形成电解质层，绝缘带部和固体电解质的交接处有别的绝缘物层，阴极引出导电层部分覆盖别的绝缘层。	
JP2002287097A	010326	021003	Sanlip 株式会社	大泽等	Ti、Zr、Nb、Ta 合金基制造眼镜框	采用精密铸造 Ti、Zr、Nb、Ta（Ti-Zr-Nb 三元合金）基合金制造眼镜框，先用石蜡制成和眼镜框同样形状，浇铸后石蜡融化落下。	
JP2002289479A	010323	021004	三洋电机株式会社	竹谷丰	固体电解电容器及其制造方法	在铌阳极体表面依次形成介电体层、第一聚合物层、第二聚合物层，其中第一聚合物层由噻吩及其介电体在非水溶液里化学聚合而成，第二层由吡咯在水溶液里电解聚合而成。	
JP2002308624A 特许 4118527B	010406	021023 080502	三井金属矿业株式会社	祖滨嘉男	高纯 K_2TaF_7、K_2NbF_7 制造方法及其产品	把粗的 K_2TaF_7、K_2NbF_7用 HF 溶液在 60 ~ 90℃形成饱和溶液，搅拌进行冷却，在 35 ~ 50℃，冷却速度为 T℃/h；10 ~ 20℃，冷却速度为（$T-18$）~（$T-1$）℃/h。	CN1460088A EP1378490A US6860941B

专利号	申请日	公布日	申请人	发明人	专利名称	专利要点及有益效果	同族专利号
JP2002316822A 特许 4183926B	010419	021031 080912	三井金属矿业株式会社	内野义嗣	从钽、铌的碳化物原料中回收钽铌	从钽铌的碳化物原料中回收钽铌，原料→粉碎→与空气接触焙烧→加氢氟酸或含氢氟酸的混酸溶解→过滤→回收溶液里的钽铌。可以回收困难的含钽、铌原料，回收率高。	
JP2002317252A 特许 4836062	010419	021031 111214	三菱重工业株式会社	种池正树；阿部富士雄	铁素体系耐热钢及其制造方法	成分（质量分数）：1.0% ~ 13% Cr，0.1% ~ 8.0% Co，0.01% ~ 0.20% N，Ni≤3.0%，0.01% ~ 0.50% 选自 V、Nb、Ta、Ti、Hf、Zr 中至少一种，作为 MX 析出相形成元素和 C≤0.01%，0.001% ~ 0.3% B，其余为 Fe。	JP2002317252 CN1222632C US7211159B
JP2002319521A	001219	021031	韩国 Hinix 陶瓷制品	朴束洙	氮氧化钽构成的电容器的形成方法	（1）形成下电极；（2）进行湿式或干式腐蚀，用含硅气体形成 MPS；（3）用含 P 气体对 MPS 进行掺杂；（4）在同一腔里氮氧化钽膜前处理氮化钽膜；（5）含钽气体 CVD 法在 TaN 膜上沉积氮氧化钽膜；（6）把上述膜表面氮化，氮氧化钽膜后处理；（7）形成上电极金属。	KR2002051062A TWI263247B US6852136B
JP2002321917A 特许 3907102B	931007	021108 070126	三井金属矿业株式会社	小林纯太郎	粒状氧化铌的制造方法	把胺加入到氟化铌的溶液里，沉淀出氢氧化铌，将所述沉淀洗净，然后进行煅烧得到 0.61 ~ 1.10μm，BET 比表面积 6.1 ~ 9.8m^2/g，含氟低于 3×10^{-3}% 粒状氧化铌。	
JP2002326108A	010501	021112	三菱材料株式会社	岸野淳	高速切削、耐磨损挥发超硬合金钻头	高速切削、耐磨损挥发超硬合金的成分（质量分数）：Co 8% ~ 10%，$(W_{1-y}Ti_y)$ C（原子比，y 为 0.3 ~ 0.6）复合碳化物 20% ~ 30%，NbC 5% ~ 10%，其余是 WC 结合相，有 Co-W 系合金组织。	
JP2002327221A 特许 3709979B	010502	021115 050819	三井金属矿业株式会社	木下正典	钽铌精制原料溶液的制造方法	将含有 Fe、Sb 等异种金属杂质的 Ta、Nb 原料，用碱溶解造渣，破碎，加矿物酸溶解→过滤，滤渣用 HF 溶解，溶液里的锑被残渣中的异种金属置换，从而沉淀，被除去。	
JP2002327264A 特许 4432015B	010426	021115 100317	日立金属株式会社	村田英夫	形成薄膜用的溅射靶材	为在基板上形成 Mo 合金的溅射靶材，其组成从 V、Nb 中至少选一，总原子比为 2% ~ 50%，其余为 Mo 和其他杂质，相对密度 95% 以上。	

专利号	申请日	公布日	申请人	发明人	专利名称	专利要点及有益效果	同族专利号
JP2002338354A	010518	021127	京瓷株式会社	斋藤涉	氧化铌烧结体及其制造方法以及用其制造的溅射靶	一种由平均粒径为 5 ~ 20μm 粒子在 850 ~ 1350℃烧结，第二次在大气中 1250 ~ 1520℃烧结后进行热等静压而成的相对密度小，不易破损的纯度 99.9% 以上相对密度在 90% 以上氧化铌烧结体，其表面电阻在 50Ω 以下。	
JP2002343687A	020315	021129	昭和电工株式会社	西冈正明	电容器用铌粉，铌粉制造的烧结体及其电容器	铌粉含 Cr≤5×10^{-3}%，优选 Cr≤4×10^{-3}%，最优选 Cr≤3×10^{-4}%，平均粒径为 0.1 ~ 3μm，BET 比表面积为 0.5 ~ 7m^2/g,，铌粉制造的烧结体，介电体膜主要成分是氧化铌，用所述的烧结体为阳极，另一电极从电解液、有机半导体、无机半导体中至少择一组成的电容器。	JP200176880A
JP2002356328A 特许 4996016B	010601	021213 120808	三井金属矿业	井阪浩通	氧化铌糨糊，氧化铌粉末及其制造方法	把氧化铌加入液体媒介进行研磨成氧化铌微粒糨糊，湿筛只有 0.1% 的粒子在 45μm 以上，激光粒度分布分析，累计 90% 粒径 D_{50} 为 0.1 ~ 5μm、D_{90}/D_{10} 在 10 以下。	
JP2002363662A	010601	021218	日矿材料株式会社	新藤裕一郎	高纯度钽回收及高纯度钽靶及其钽膜	把含钽废料（Fe > 5×10^{-3}%，Nb > 1×10^{-3}%，W > 0.025%，Mo > 5×10^{-4}%，C > 0.025%）用 HF 溶解，过滤除去渣，加钾盐析出 K_2TaF_7，钠还原得到钽粉，电子束熔炼为 5N 高纯钽锭。	
JP2002367867A	010606	021220	松下电器株式会社	小岛浩一	固体电解电容器及其电容器及制造方法	纯度不低于 99% 的阀金属箔作阳极体，在其上形成粉末烧结的阀金属层，减少氧化膜的缺陷，这种固体电解电容器漏电流低、ESR 低、小尺寸大容量，及其制造方法。	US6522527B SG98055A CN1389883A
JP2002367869A 特许 3700771B	010402	021220 050722	日本电气株式会社（NEC）	生田优司	钽电容器及环氧树脂组成物	一种环氧树脂包封的钽电容器，其中的环氧树脂包括：（1）环氧树脂；（2）苯酚树脂；（3）硬化促进剂；（4）无机填充材料；（5）硬化后热硬化性树脂表面被覆氢氧化铝。	
JP2003003204A	010620	030108	昭和电工株式会社	和田弘一	铌粉的制造方法	氢化铌在 -200 ~ 30℃ 破碎制粉，得到的铌粉氧含量低，用这种铌粉烧结的烧结体制造的电容器，比容高、漏电流低。	US6780218B2

专利号	申请日	公布日	申请人	发明人	专利名称	专利要点及有益效果	同族专利号
JP2003013109A 特许 3739675B	010706	030115 051111	真空冶金株式会社	德泽精一	电子部件烧结用坩埚	有底的低圆桶形坩埚，中心有同心圆筒，容纳被烧结电子元件，底部有多个同心圆向上突起的环状V字形棱，所述的圆桶体和周边间设有多个弯曲的隔离板。这样热变形少。	
JP2003013115A	010628	030115	住友金属矿山株式会社	大迫敏行	铌及/和钽粉的制造方法	将铌或钽的氧化物和还原性碱土金属或稀土金属，如镁、钙等分开放进反应器里，加热到800～1400℃，使还原金属的蒸汽接触铌或钽的氧化物还原生成的铌或钽金属粉末。	
JP2003022719A 特许 4058920B	010710	030124 071228	日立制作所株式会社	森田裕	超导体的连接方法	将两根以上的超导体连接起来，在上述超导体间充填含超导体的粉末，如 MgB_2，还有Nb、铅、锡、镁、钽等	US7152362B US6921865B
JP2003055702A 特许 4187953B	010815	030228 081126	昭和 Cabot 超金属株式会社	小田幸男	含氮金属粉末及制造方法及其多孔烧结体和固体电解电容器	含氮金属粉末，含氮量 W（$1\times10^{-4}\%$）和BET法测定的比表面积 S（m^2/g）的比 W/S 为500～3000；氮固溶在金属中。通过在还原反应中通入氮气得到含氮金属粉末。用上述粉末得到的烧结体和用其制造的电解电容器。	CN1541147A CN1872461A CN1265919B
JP2003059763A 特许 3906043B	010820	030228 070119	三洋电机株式会社	竹谷丰	固体电解电容器	固体电解电容器阳极在形成介电层后，浸渍0.7%～10%（质量分数）双氧水和0.3%～3%（质量分数）的硫酸水溶液，提上后再浸渍吡咯并在吡咯或吡咯衍生物里暴露，氧化形成第一导电性聚吡咯层，浸渍聚合性单体电解聚合形成第二层导电性聚合物。	US2005030678A CN1545713A US7125764B WO03017299A
JP2003063894A	010829	030305	京瓷株式会社	掘健次	钽酸锂单晶及其制造方法	相应组成摩尔比Li/Ta大于0.95，且居里温度高于610℃的钽酸锂单晶，在氧压5～20hPa及惰性气氛900hPa，$\Delta p<10hPa$，采用CZ法拉的单晶，拉制的单晶缺陷少，均匀性好。	

专利号	申请日	公布日	申请人	发明人	专利名称	专利要点及有益效果	同族专利号
JP2003068572A	010824	030307	日本 Chemicon 株式会社	佐佐木嘉彦	钽固体电解电容器的制造方法	把钽粉烧结体芯子用含3,4-聚乙烯二氧化噻吩和硫酸离子氧化剂进行氧化聚合，聚-（3,4-聚乙烯二氧化噻吩）内的硫酸离子脱掺杂剂，再掺杂磷酸离子、烷基磺酸离子、芳香族烷基磺酸离子，聚-（3,4-聚乙烯二氧化噻吩）化学反应，固体电解电容器ESR低。	
JP2003068577A 特许5116130B	010824	030307 130109	日本 Chemicon 株式会社	远藤和劳	固体电解电容器及其制造方法	把钽粉烧结体用含聚乙烯二氧化噻吩和0.5%～2%硫酸，形成固体电解质后，用水洗净，控制硫酸离子的含量在0.5%以下导电性低；2%以上，寿命测试差。	
JP2003073702A	010904	030312	住友金属矿山株式会社	大迫敏行	铌粉及其制造方法	通过用碱土金属、碱金属、稀土金属中至少一种还原铌的化合物得到的铌粉，铌粉中氧含量 A（质量分数）和BET比表面积 B（m^2/g）之比在3100以下。	
JP2003073900A	010830	030312	科学技术振兴事业团	立花和宏	钽或铌材料表面糙化方法	将钽或铌材置于有机电解液（一种以上的碱金属，烷基铵离子为阳离子，阴离子选自 BF_4^-、PF_6^-，含 SO_3、SO_2 等阴离子）中作阳极进行电解。	
JP2003089801A	010917	030328	住友金属矿山株式会社	大迫敏行	铌和/或钽粉的制造方法	将铌和/或钽金属细粉和碱土金属/稀土金属的氧化物混合，在真空或惰性气氛下900～1300℃处理（金属：氧化物＝10%～600%（体积分数）），使铌和/或钽粉烧结，酸洗去掉金属氧化物。或用铌和/或钽的氧化物与碱土金属/稀土金属混合，加热还原生成铌和或钽的细粉。	
JP2003092231A	010919	030328	日本 Chemicon 株式会社	远藤和劳	固体电解电容器及其制造方法	把钽粉烧结体芯子用含3,4－聚乙烯二氧化噻吩和银盐氧化剂进行氧化聚合，形成需要的导电性高分子聚合物。固体电解电容器ESR低，特性好。	
JP2003092232A	010919	030328	日本 Chemicon 株式会社	原岛丰	固体电解电容器的制造方法	把钽粉烧结体芯子用含3,4-聚乙烯二氧化噻吩和银盐氧化剂进行氧化聚合，因银盐可以缩短聚合时间，特性好。	

专利号	申请日	公布日	申请人	发明人	专利名称	专利要点及有益效果	同族专利号
JP2003096534A	020408	030403	三菱重工业株式会社	近藤雅之	高强度耐热钢基管材及其制造方法	高强度耐热钢的成分（质量分数）是：C 0.06%～0.15%，Si ≤ 1.5%，Mn ≤ 1.5%，V 0.05%～0.3%，Cr ≤ 0.8%，至少选自 Nb、Ti、Ta、Hf、Zr 中一种，其总量 0.01%～0.2%，N 2×10^{-3}%～0.02%。	EP1277848A US6818072B
JP2003104726A 特许 4894121B	010927	030409 120314	JSR 株式会社	冈田幸子	形成氧化钽膜用组成物及其形成方法	醇化钽和氨基醇分子内有 2 个以上的氢氧基的化合物（氨基醇除外），在湿度为低于 5.0g/m 下涂覆，光照或加热形成氧化钽膜。该方法简单。	
WO0329147A	020925	030410	三井金属株式会社	内野义普	低氧氟钽酸钾、低氧氟铌酸钾结晶方法及其产品	氢氟酸为必要成分的氟钽酸钾饱和溶液冷却进行再结晶，饱和氟钽酸钾（氟铌酸钾）氢氟酸溶液中氢氟酸的浓度是 0.5～10mol/L，过滤后结晶在 50～200℃干燥，干燥后出炉前把温度降低到 50℃以下。	JP200395658A US6979434B2 CN1483001A
JP2003109850A	010928	030411	日本 Chemicon 株式会社	佐佐木嘉彦	固体电解电容器的制造方法	把钽粉烧结体芯子用含 3,4-聚乙烯二氧化噻吩和氧化剂交替浸渍，进行氧化聚合反应，用超声波去掉阳极体外围异常生长的高分子聚合物，调整高分子层的厚度，特性好。	
JP2003109851A	010928	030411	日本 Chemicon 株式会社	铃木拓哉	固体电解电容器的制造方法	把钽粉烧结体芯子用含 3,4-聚乙烯二氧化噻吩和氧化剂交替浸渍，进行氧化聚合反应，电容器芯子再浸渍聚合性单体，从电容器芯子阳极导出线的端面的相对端面，形成导电性高分子，固体电解电容器发生短路现象少。	
JP2003119506A 特许 3610942B	011012	030423 041029	住友金属矿山株式会社	大迫敏行	铌和/或钽粉的制造方法	用碱土金属还原铌、钽的氧化物，第一阶段进行到生成（Nb、Ta）O_x，其中 $x=0.06\sim0.35$，的低价氧化物，酸洗，低价氧化物再用熔融的碱金属或碱土金属还原得到铌粉或钽粉。	US6855185B US7351271B CN1223424A
JP2003129115A 特许 3633543B	011013	030508 050107	住友金属矿山株式会社	大迫敏行	铌和/或钽粉的制造方法	用碱土金属或稀土金属还原铌、钽金属的氧化物，（1）还原得到（Nb、Ta）O_x，$x=0.06\sim1.5$ 低价氧化物；（2）酸洗；（3）还原低价金属氧化物。得到 0.1～1.0μm 的铌、钽粉。	

专利号	申请日	公布日	申请人	发明人	专利名称	专利要点及有益效果	同族专利号
JP2003142337A 特许 3984519B	010822	030516 070713	昭和电工株式会社	内藤一美	电容器	以金属钽或钽合金为一个电极的电容器，电极的引出线用铌合金，如含 N 为 $2\times10^{-3}\%$ ~ 15%。电容器容量高，成本低，稳定，耐热性良好。	US7012798B2 CN1545712A
JP2003142347A	011102	030516	日本 Rohm 株式会社	金武康雄	固体电解电容器的构造及其制造方法	烧结的阀金属多孔板状阳极体，表里两平面中一面固着阳极片，接阳极端子，使整个阳极体形成介电体膜，另一面形成阴极层，接阴极端子。电容器小型化、薄型化。	
JP2003142350A	011108	030516	日本 Rohm 株式会社	松本伊久夫	电容器	电容器的内部电极和外部电极之间接着有在 300 ~ 350℃熔化的 Ag-Sn 合金的熔断丝，熔断丝的成分，Ag/Sn 比例为(35 : 65) ~ (90 : 10)。	
JP2003147402A	011108	030521	住友金属矿山株式会社	大迫敏行	铌粉末	一种金属铌粉，孔径为 8.0μm 以下，摇实密度 1.0 ~ 1.3g/cm^3，粒度分布中，D_{16} 为 5 ~ 100μm，D_{84} 为 20 ~ 300μm。适合制造特性优良可靠性高的电容器。	
JP2003147403A	011114	030521	住友金属矿山株式会社	大迫敏行	电容器用铌粉及其制造方法	铌粉的氧含量在 0.7% 以下，碱金属与碱土金属之和为 0.02% 以下。在碱土金属还原氧化铌的终了在 600 ~ 900℃保持（3h），出炉酸洗水洗得到的上述铌粉。	
JP2003147455A	011101	030521	住友金属矿山株式会社	大迫敏行	从线锯浆料里回收钽的化合物	回收线锯拉锯钽酸盐晶体/化合物的浆料里的磨料：（1）用和切削油相溶的溶剂溶解钽化合物磨料；（2）把粗粉和细粉分级，粗粉磨料再使用，回收细粉中钽化合物。	
JP2003163138A 特许 4328483B	011126	030606 090909	NEC 东金株式会社	荒木健二	固体电解电容器及其制造方法	一种 LC 和 ESR 都很低的阀金属的固体电解质电容器，在绝缘层和电解质层的交界层有不导电粒子，采用这种结构，防止在介电层里局部电场增强时增加 LC 的现象。	US6671167B KR2003043654A GB2384116B
JP2003166002A	011130	030613	Cabot 超金属株式会社	饭岛均	铌粉或钽粉的制造方法及其烧结体及电容器	一种长度为 0.5 ~ 20μm，和长度方向垂直的最大为 0.05 ~ 0.5μm 的纤维状铌粉或钽粉，是用铌或钽金属盐加入至少有 KCl 的稀释剂，用还原剂还原生成的钽、铌粉末。	

专利号	申请日	公布日	申请人	发明人	专利名称	专利要点及有益效果	同族专利号
JP2003171199A	011130	030617	日本材料研究机构	北村健二	大型氧化物单晶生长方法	用双重坩埚法，外坩埚只供给结晶所要重量的原料，对坩埚的旋转方向和旋转速度进行变化，还有采用加速旋转法，这样搅拌效果高，能够得到大直径单晶。	
JP2003191109A	011225	030708	京瓷株式会社	柴田大辅	超硬合金及其切削刀具	碳化钨粒子之间是由一种铁素体相结合的超硬合金，用扫描电镜观察碳化钨粒子长径 2μm 以上的粒子占面积比率为 5% ~ 30%，TaC 占 1%。耐磨损冲击。	
JP2003197468A	020913	030711	NEC 东金富山株式会社	高田大辅	固体电解电容器及其制造方法	固体电解电容器的半导体层具有改进的机械强度，多孔的阀金属阳极表面形成介电体层，在其上形成半导体层，通过贯通孔把聚合物充入微孔里，在半导体表面形成阴极。	TW564446B CN1412797A US6594141B
JP2003213301A	020121	030730	川铁矿业株式会社	佐藤信之	铌粉及其固体电解电容器	含 H $1\times10^{-4}\%$ ~ 0.06%、C $1\times10^{-4}\%$ ~ 0.02%，Ni $1\times10^{-4}\%$ ~ $5\times10^{-3}\%$ 的铌粉，其余实质上是铌的粉末，一种用上述铌粉制造的固体电解电容器。比容提高，损失系数小。	US2004244531A WO03061881A TW266661B
JP2003213302A 特许 4010868B	020514	030730	昭和电工株式会社	大森和弘	铌粉、铌烧结体和用其制造的电容器	铌烧结体里有孔径在 0.01 ~ 500μm 峰尖，铌粉的摇实密度为 0.5 ~ 2.5g/mL，平均粒径为 10 ~ 1000μm，安息角为 10° ~ 60°，BET 比表面积为 0.5 ~ $40m^2/g$。	US6934146B
JP2003213309A	020118	030730	日本重化学工业株式会社	见持洋司	多孔铌粉的制造方法及多孔铌粉	将氧化铌与选自碱金属、碱土金属、稀土金属的氢化物组中一种相混合，在还原性或惰性气氛里加热还原，然后用无机酸洗，得到多孔铌粉（0.1 ~ 5μm，BET 为 0.1 ~ $15m^2/g$）。	
JP2003222619A	020604	030808	三井金属矿业株式会社	川口浩	钽材中杂质的分析方法及分析装置	通过阴离子交换树脂溶离液形成连续的流路，感应耦合质量分析进行定量分析，变更条件重复二次分析。可简便自动连续分析钽材里的微量杂质，提供分析方法和装置。	
JP2003231933A 特许 4413492	011218	030819 100210	美国联合技术公司	Eletate	定向结晶镍基超合金	高强度抗氧化耐腐蚀定向结晶镍基合金的成分（质量分数）是 Cr 12%，Co 9%，Mo 1.9%，W 3.8%，Ta 5%，Al 3.6%，Ti 4.1%，B 0.015%，C 0.1%，其余为 Ni 和不可避免的杂质。	US2003111138A UA73989C CN1432659A

专利号	申请日	公布日	申请人	发明人	专利名称	专利要点及有益效果	同族专利号
JP2003243262A	020214	030829	松下电器株式会社	松本胡治	固体电解电容器及其制造方法	在20~100μm厚阀金属箔上形成一层70~200μm厚的平均粒径0.3μm以下的阀金属粉末层，烧结，形成氧化膜、固体电解质层和阴极层制造的电解电容器。	
JP2003247041A 特许4367827B	021210	030905 091118	昭和电工株式会社	大森和弘	铌合金，其烧结体及其电容器	铌与元素周期表中2~16号元素中的至少一种作为合金成分，含量为0.01%~10%（原子百分数），并有一氮化二铌的铌合金粉，其粒径为0.05~5μm，比表面积为0.5~40m^2/g，及其烧结体。	
JP2003257788A	020304	030912	昭和电工株式会社	黑柳政宏	固体电解电容器及其制造方法	固体电解电容器有阀金属阳极芯子，在芯子表面形成的介电层，阴极包括电解质层和导电层，电容器的阳极部分与引线框的焊接是用激光照射完成的。	US6813141B
JP2003267728A 特许4188676B	020315	030925 080919	住友金属矿业	冈田修二	氧化铌微粒的制造方法	使氯化铌在170~240℃挥发，氯化铌蒸气中加入水蒸气使其水解，在气流中得到1.0μm的氧化铌粒子；或者将氯氧化铌在300~400℃挥发加水水解回收。	
JP2003267798A 特许4553081B	001108	030925 100929	日本材料研究所	古川保典	铌酸锂单晶及其光学元件及制造方法	从Li比计量过剩的熔融液里生长铌酸锂单晶，含有Mg、Zn、Sc、In中至少一种元素，$Li_2O/(Li_2O+Nb_2O_5)$为0.490~0.500；室温下对铌酸锂单晶施加极性反向的3.7kV/mm的电压。	
JP2003277192A	020322	031002	信越化学株式会社	高桥纪文	钽酸锂单晶片及其制造方法	一种钽酸锂单晶，波长2.870~2.895μm的最大吸收系数是1.0/cm，它至少是在导入水蒸气，居里温度以上施加电压，冷却后得到的钽酸锂单晶。	
JP2003277860A	020320	031002	茨城材料研究所	村上秀芝	钇钽被覆镍基超合金	通过钽的扩散浸透，在镍基超合金表面被覆5~100μm厚的Ir-Ta（含Ir 30%~80%）层，它具有耐高温抗腐蚀性。	
JP2003299977A	020408	031021	Cabot超金属株式会社	片冈英二	钽粉或铌粉的制作方法	粉碎钽粉的粉碎机里至少表面是由钽材构成的，粉碎铌粉的粉碎机的表面至少是由钽材、铌材、钽铌合金材中择一构成的。优选氮化的钽材、铌材、钽铌合金材，它的硬度高。	

专利号	申请日	公布日	申请人	发明人	专利名称	专利要点及有益效果	同族专利号
JP2003306725A 特许 3718691B	020418	031031 050916	财团法人生产技术研究会	冈部澈	纯金属的制造方法及制造装置	以 Ti、Zr、Nb、Ta、稀土元素的卤化物和氧化物为原料，用 Ca、Mg、Na、Al、K、Ba 或它们的合金为还原剂，在活性金属的熔融盐浴里进行电解，使 Ti、Zr、Nb、Ta 等还原。	
JP2003321724A 特许 3624898	020426	031114 041210	昭和电工株式会社	内藤一美	铌粉，用其制造的烧结体及其电容器	铌粉含有 Mg 和 Zr $5\times10^{-3}\%$ ~ 0.04%，W $2\times10^{-3}\%$ ~ 0.02%，Ta 0.03% ~ 0.3%，O、N、H 和上述元素外各元素为 $5\times10^{-3}\%$ 以下，用该铌粉制造的电容器烧结体及其电容器。	CN1533444A AT319866T CN1767103A
JP2003321762A 特许 3897634	020426	031114 070105	昭和电工株式会社	川畑博之	含氮 Al-Nb 合金薄板及其制造方法及电解电容器	Al-Nb 合金薄板有 Al-Nb 金属间化合物，该合金板表面腐蚀区域存在 Al-Nb 金属间化合物粒子至少部分氮化，做大容量电容器，防止漏电流。这种结构的 Al-Nb 板是在含 N 至少 20%（体积分数）的气氛里轧制而成的。	
JP2003332173A	020516	031121	松下电器株式会社	吉田雅惠	电容器芯子，固体电解电容器及其内藏板	由 100000μFV/g 钽粉和 0.2mm 钽丝做成的有埋入阀金属粉末和多根阀金属引线形成的烧结体阳极，阴极内部连接组成的电容器，其 ESR 低，用于高频领域。	
JP2003335740A	020515	031128	三菱材料株式会社	斋笃	钽的络合物，有机化合物 CVD 沉积薄膜	用有机溶剂溶解 $(R_2N)_3TaNR^2$ 的含钽络合物，进行气相化学沉积，在铜基上沉积得到钽膜，其中 R 为 6 ~ 11 碳原子的直链或分支的烷基，如己烷、环己烷、甲基环己烷等。	
JP2003338433A	020522	031128	NEC 东金株式会社	吉田胜洋	固体电解电容器阳极体及其电容器	固体电解电容器阳极包括阀金属箔和在其上形成一层阀金属粉末烧结层，在靠近钽箔的第一层为烧结性好的 0.3μm 细钽粉，在这一层上的第二层是 1.0μm 的较粗的钽粉。	US2003/18869A US6775127B
JP2003342603A	020320	031203	川铁矿业株式会社	桐原理	铌粉及其固体电解电容器	含有 H 0.5% ~ 0.1%，S 0.2% ~ 5%，Mg、Al 合计 0.02% ~ 1%，比表面积 1 ~ $10m^2/g$，二次粒子平均粒径 10 ~ 200μm 的铌粉。该铌电容器比容高。	EP1347065A US6765786B

专利号	申请日	公布日	申请人	发明人	专利名称	专利要点及有益效果	同族专利号
WO3102254A	030604	031211	Cabot 超金属株式会社	守屋则雄	金属的回收方法	把含钽化合物、铌化合物的溶液的 pH 值和氧化还原电位调整到 $E<60\times(10-pH)$，使上述钽化合物、铌化合物沉淀，用膜过滤回收钽化合物、铌化合物，适合于钽铌废水处理。	JP200460047A CN1659294A AU2003242042
JP2004002927A	020531	040108	三井金属矿业株式会社	中村行孝	超硬质合金废料的处理方法	超硬质合金废料→酸处理→固液分离去 Co→渣焙烧→粉碎→碱处理去 W→固液分离（回收含 W 溶液）→碱处理→渣酸处理溶解→Ta/Nb 原料。	
JP2004027359A 特许 3951928B	030206	040129 070801	日立制造所株式会社	西和也	汽轮用高温材料	汽轮用高温材料的成分（质量分数）：Cr 15% ~ 30%，Si 0.02% ~ 1.5%，C 0.01% ~ 0.2%，Ni < 5%，加工硬化的 Mo 1% ~ 12%，Nb 0.3% ~ 8%，W 1% ~ 20%，Ta 1% ~ 10%，Re 1% ~ 10% 中一种以上的原子比 10% 以下耐磨性碳化物硬质粒子。一种新的耐磨耗高温材料。	
JP2004035989A	020708	040205	川铁矿业株式会社	桐原理	铌粉，固体电解电容器用阳极及其电容器	铌粉含成分（质量分数）：Mo 0.002% ~ 20%，Cr 0.002% ~ 10%，W 0.002% ~ 20%，H 0.005% ~ 0.10%，Mg 0.002% ~ 1%，Al 0.002% ~ 1%，粉末的比表面积 1 ~ 10m^2/g，二次粒子 10 ~ 200μm。	CN1665624A EP1529585A TWI248418B
JP2004039912A	020704	040205	昭和电工株式会社	福井清	电容器用箔材及其制造方法及电容器	Al、Ta、Nb、Zr 或其合金的箔材经过腐蚀，阳极氧化形成介电体层，将低阻抗的金属与阀金属直接相结合作为阳极引出，把结合部位的氧化膜除去，直接与阀金属结合。	
JP2004043194A 特许 4314789	020618	040212 090819	村田制作所株式会社	立川勉	透光性陶瓷及用它制作的光学元件	一种透光性陶瓷的通式是 $A_vB_2O_5$（其中 A 选自 Zn、Ca、Mg 组中的至少一种，B 是选自 Nb、Ta 组中的至少一种，$0.95\leq v\leq1.05$）。	
WO2004013879	030731 020802	040212	日本 Rohm 株式会社	栗山长治郎	铌电容器及其制造方法	铌阳极表面为介电体（Nb_2O_5）的阳极，阳极和介电体接触部分，至少在铌粉表面有 0.1% ~ 10%（质量分数）的 Mn。这种电容器的容量与电流电压的依赖关系低，容量和漏电流的热稳定性高。	US7154741B2 JP2004071676A CN1675725A

专利号	申请日	公布日	申请人	发明人	专利名称	专利要点及有益效果	同族专利号
JP2004051383A 特许 4025594B	020716	040219 071012	三井金属矿业株式会社	东贤治	氧化钽、氧化铌粉的制造方法及其产品	在给定的氟化钽、氟化铌溶液里加入一定量氨溶液，控制 pH 值在一定的范围，生成的氢氧化物经过稀释的氢氧化氨洗净，加压过滤，烘干，焙烧，得到氧化钽、氧化铌。	
JP2004052003A	020716	040219	Cabot 超金属捻株式会社	马场正彦	铌粉或钽粉的制造方法	在熔融的 $CaCl_2$ 中，氧化铌或氧化钽被 Ca 还原，熔融盐进行电解，产生 Ca^+ 有强还原性，得到钽粉、铌粉，电解还原是在密闭容器里惰性气氛里进行，石墨作阳极，白金作阴极。	WO2004007808A AU2003252648A
JP2004063970A 特许 4117727B	020731	040226 080502	NEC 东金株式会社	岩井悟志	固体电解电容器的制造方法	用钽烧结体阳极化后在氧化膜上进行化学聚合聚吡咯层时，使用蒸汽压不同的多种溶剂氧化剂溶液，开始用蒸汽压高的第一种溶剂。然后用蒸汽压低的溶剂，形成多层聚合物。	
JP2004071745A 特许 4000945	020805	040304 071031	松下电器株式会社	松本耕治	固体电解电容器及其制造方法	电容器阀金属芯子为四方形体，有第一与第二相对的短侧面和第一与第二长侧面，阳极和阴极平行于第一与第二短面，外正电极与芯子的阳极相连，外负电极芯子的阴极相连。	
JP2004071815A	020806	040304	松下电气株式会社	松本耕治	固体电解电容器及其制造方法	电容器阀金属芯子为四方形体，有长边和短边，阳极、阴极分别与阳极端子、阴极端子相连接，树脂包封，使阳极、阴极端子部分外露，一对端子间距离比长边距离短。	JP2002092127A JP2002227128A TW223820B
JP2004076063A	020813	040311	川铁矿业株式会社	佐藤信之	铌合金粉末、固体电解电容器用阳极及固体电解电容器	一种铌合金粉末含有（质量分数）0.002% ~ 20%的 Mo、Cr、W；0.002% ~5% P，其 BET 比表面积 $0.2m^2/g$ 以上，累计细孔容积的全体对 1μm 以下直径细孔容积的累计为 10% 以上，10μm 以上直径细孔容积累计占 40% 以上。	TW592850B CN1675013A US7054142B
JP2004091839A	020830	040325	川铁矿业株式会社	片山英司	吸收氢气的复合金属粉末及制造方法设备	核心 Mg 为主要成分（90% ~98%），表面为 Ni、Nb 或 Co（2% ~10%）的平均粒径为 10 ~100nm 的粒子，粉末比重轻，吸收氢气的量大，吸氢温度、脱氢温度低。	

专利号	申请日	公布日	申请人	发明人	专利名称	专利要点及有益效果	同族专利号
JP2004091889A	020902	040325	住友金属矿山株式会社	过村富雄	金属铌粉末及其制造方法	球状铌粉，其单位 BET 比表面积的 O < 0.45%。其制造方法是氧化铌粉末与水混合制造成悬浮液，喷雾干燥的二次粒子氧化铌被还原生成的铌粉经过酸洗水洗得到的。	
JP2004104080A	030603	040402	JSR 株式会社	加藤仁史	氧化钽膜及其制造方法	一种氧化钽膜，具有 $0.004F/m^2$ 以上的电容量，介电强度 $-1.25 \sim +1.25MV/cm$ 的范围 $1\times10^{-4}A/cm^2$ 以下的漏电流，用这种氧化钽膜制造的半导体装置的绝缘膜。	
JP2004107527A 特许 4198427B	020919	040408 081010	科技振兴事业团	中户晃之	氧化铌纳米液晶及其制造方法	碳酸钾和氧化铌按照 2.1 : 3.0 的比例混合，在电炉里加热到 1100℃保温 10h，生成 $K_4Nb_6O_{17}$ 盐纳米片状氧化铌液晶，在含氨的水溶液中处理，分散胶体化，还进行震动。	
JP2004107758A	020820	040408	日矿材料株式会社	小田围博	钽溅射靶及其制造方法	一种盘状或凸透镜形状的钽溅射靶，钽溅射靶厚度的 10% 的位置到靶的中心面，以（222）取向占优结晶组织，其余部分不是这种取向。溅射靶的加工包括将熔炼钽锭轧的坯经过锻造，再结晶退火，再轧制。	US7740717B US7156963B CN1659305A
JP2004111598A	020918	040408	住友金属矿山株式会社	大通敏行	电容器阳极体及其制造方法	铌阳极体在赋能后在真空里或大气里加热处理 0.5 ~ 48h，使残留物低于 0.2%（质量分数），这种电容器在回流焊中电气特性劣化现象下降，提高可靠性。	
JP2004115867A	020926	040415	日本墨水化学 Nb-Ti	大泼弘之	钽粉的回收方法	用水或水溶性分散剂得到钽粉分散液，把溶剂去掉得到钽粉，钽粉和树脂进行搅拌得到钽粉树脂分散液，包括冻结真空干燥处理，从水溶性溶剂或碳化氢系溶剂里的钽粉回收。	
JP2004119409A	020920	040415	三洋电机株式会社	竹谷丰	铌固体电解电容器	铌粉制造的电容器在树脂包封时用尿烷液体树脂射出充填成型，加热硬化。电容器不劣化，简单地进行老炼即可修复。	

专利号	申请日	公布日	申请人	发明人	专利名称	专利要点及有益效果	同族专利号
JP2004128381A 特许3960187B	021007	040422 070525	东曹株式会社	原靖；林	溶解钽的组成物及使用方法	溶解除去钽和钽的化合物的溶剂是由乙二醇、糖类、多元醇等多价乙醇和水组成的溶解钽的组成物，含有乙烯乙二醇、甘油等组成物是总量的0.01%～50%，优选含有高分子。	
JP2004131793A	021010	040430	日本大同特殊钢制造所	本庄则夫	含有铌的低合金耐热钢部件及其制造方法	一种低合金耐热钢含有（质量分数）：C 0.3%～1.0%，Nb 0.01%～0.10%，Ni ≤ 1.0%，Cr ≤ 3.0%，Mo≤1.5%，V≤0.5%，其余为Fe及不可避免杂质，用这种钢锻造的部件，NbC的结晶析出60%以上固溶。	
JP2004143009A	021025	040520	三井矿业株式会社	木下正典	溶剂萃取分离钽、铌的有机溶剂再生方法	含有杂质和钽、铌的精矿与有机溶剂或水溶液接触多次，得到钽、铌之一或杂质降低的再生有机溶剂，同时得到提纯的钽或铌的有机溶剂再生的方法。	
JP2004143477A	021022	040520	Cabot 超金属株式会社	片冈英二	铌粉及其制造方法及电容器	铌烧结体的密度为3.15～3.9g/cm^3，20V形成，比容为80～240kCV/g，铌粉是用氟铌酸钾在600℃分析的含水量不大于0.1%，在镍反应器里碱金属还原制备铌粉。	EP1561531 AU2003275590 US2006016921
JP2004152990A	021030	040527	独立行政法人通信研究所	川上彰	多层构造超导体及其制造装置和方法	第一超导体层，在第一超导体层上用混入氧气的放电气体离子束进行溅射，形成介电阻挡层，在阻挡层上由直流反应溅射形成第二超导体层。这样形成多层超导体层。	
JP2004153263A	031014	040527	日本墨水化学工业株式会社	大泼弘之	电解电容器阳极芯子及其电解电容器	片状阀金属多孔成型体，引线的一端是扁平的，其中扁平的部分埋入多孔烧结体中，提高引线的弯曲强度。	
JP2004156060A 特许4236906B	021101	040603 081226	Cabot 超金属株式会社	前田和哉	金属粉末制造方法和使用原料评价方法	钽、铌金属盐在稀释剂中被还原生成钽、铌的方法中，金属盐和稀释剂盐，在600℃加热分析的含水量为0.2%以下。这样制造的钽铌粉末中Fe、Ni、Cr、Mo等杂质含量低。	CN1720114 AT411859 AU2003280614

专利号	申请日	公布日	申请人	发明人	专利名称	专利要点及有益效果	同族专利号
JP2004158397A 特许 4020764B	021121	040603 071005	川铁矿业株式会社	内田守重	高分散性超细金属粉末浆料	高分散性超细金属粉末浆料包括：有机溶剂、至少选自有羧基的聚氧乙烯基、硫基、硫酰氧基的亲水基团和含有 12 个以上碳原子的烷基或烷酚基的亲脂基团表面活化剂、在浆料中质量分数为 60% ~ 95% 的超细金属粉末。	US6881239A CN1327422A CA2415035A
JP2004162117A 特许 4263900B	021113	040610 090513	日矿材料株式会社	小田国博	钽溅射靶及其制造方法	通过熔化铸造形成的钽锭经过锻造、退火、压延加工制造溅射靶，锭或坯经过锻造后在 1373 ~ 1673K 的温度下经过再结晶退火。得到的靶的平均晶粒粒径至多为 80μm。	EP1591556B N1694976A CN100445419C
JP2004175602A 特许 4045178B	021126	040620 071122	三井金属矿业株式会社	内野义关	氧化钽糨糊及其粉末及制造方法	把氧化钽粉末加入液体分散剂进行湿磨，进行湿筛通过 45μm 的筛孔，粒度分布 D_{90}、D_{10} 均在 10% 以下，BET 比表面积 $5m^2/g$ 以上。这种氧化钽容易混合，流动性好，容易烧结。	
JP2004182435A	021205	040702	芝浦 Mechatronics 株式会社	三好秀和	胶片剥离机构及其用的钽电容器阳极芯子	本发明为钽电容器阳极制造装置的改进，用胶片垂直剥离装置的刀刃涂布含钽粉的薄膜，这样制造的钽电容器阳极芯子，避免了塑性变形，抑制破损，利于电容器小型化。	
JP2004183040A 特许 4928706	021203	040702 120509	东芝株式会社	渡边光一	铌溅射靶及其制造方法，用其制造的光学器件	一种铌靶，其中含有 Al、Si、Ge、Mg 的总和低于 0.01%，含 C、O、N、F、S 总和低于 0.03%，各种元素分别偏差低于 30%，得到的氧化铌膜的曲折率偏差低于 1% 的光学薄膜。它是电子束熔炼多次得到的铌锭经热挤压轧制的铌板制造成溅射靶。	
JP2004200417A	021218	040715	OPPC 株式会社	仓田勤	片式电解电容器及其制造方法	阀金属烧结体为阳极，依次形成介电层和阴极，电容器芯子的下端面引出阳极引线和阴极引线，座板上有阳极、阴极引线的坑穴，阳极、阴极沿着座板曲折，电容器可小型化。	
JP2004203694A 特许 4322008B	021226	040722 090826	Strucmifer 株式会社	菊山裕久	钽和/或铌化合物的回收方法	钠还原副产物氟化钠和/或氟化钾、钽和/或铌成分的混合盐和/或该溶液中使其与氨化合物和/或联氨（NH_2NH_2）化合物反应，高收率地回收氢氧化钽和/或氢氧化铌。	

专利号	申请日	公布日	申请人	发明人	专利名称	专利要点及有益效果	同族专利号
JP2004203695A 特许 4275939B	021226	040722 090313	Strucmifer 株式会社	菊山裕久	钽、铌化合物的回收方法	含有钽铌的化合物废料和/或其溶液与钙的化合物反应，使含有不溶性的钽铌化合物的氟化钙溶解后，与氨和/或联氨化合物反应，高收率地回收氢氧化钽和/或氢氧化铌。	
JP2004204266A 特许 4078971B	021224	040722 080215	东曹株式会社	原靖	溶解钽的组成物及其使用方法	溶解钽的组成物有碳酸钠、碳酸氢钠等碳酸盐，过氧化氢、臭氧等过氧化剂，所述的组成物优选含醇的水溶性有机溶剂；将所述的溶剂在 0～100℃与含钽物接触，使钽溶解。	
JP2004207718A	031212	040722	德国 H. C. Starck 公司	Marine Godsheling	钽铌的成型品电腐蚀方法	用 HF 溶液电化学腐蚀铌片或钽片制造光阻障板，腐蚀用电流的平均偏差低于 5%～10%，上述腐蚀性溶液里放进水溶性聚合体。	EP1441049B CN1521288A
JP2004224619A	030122	040812	住友金属矿山株式会社	户屋广特	钽和铌的粗氧化物的精炼方法	用氢氧化钠在 100～300℃，0.1～30MPa 的压力下处理钽和铌的粗氧化物，钽和铌不溶解，Al、Si 溶解，得到精炼的钽和铌的氧化物。	
JP2004224627A	030122	040812	精工 Epson 株式会社	桶口天光	铌酸钾单晶薄膜的制造法，表面弹性波元件滤波器频率发振器	气相法制造铌酸钾薄膜，使 K_2O 和 Nb_2O_5 在保持共晶温度以上的基板里，K_2O：Nb_2O_5 以（50：50）～（65：35）的组成堆积速度进行堆积，形成铌酸钾薄膜，实现电气机械结合系数大的表面弹性波元件、滤波器、频率发生器的小型化，实现电子回路电子机器省电。	
JP2004232013A 特许 4276853B	030130	040819 090313	株式会社超高通材料研究所	田中久男	铌基复合材料	成分（原子数分数）为：Mo 5%～30%，W 5%～30%，Si 5%～18.7%，C 2%～20%，Hf 2%～20%，其余为铌。或 Mo 5%～30%，Si 18.7%～26%，C 2%～20%，Hf 2%～20%，其余为 Nb。增加高温强度和高温韧性，改善蠕变特性。	
JP2004241455A	030204	040826	NEC 东金株式会社	吉田勝洋	固体电解电容器用阳极及其制造方法及固体电解电容器	在阀金属薄板的至少一面形成阀金属粉末层，在上述粉末层形成有沟槽，沟槽的深度是粉末层厚度的至少 20% 以上，将粉末烧结层分成许多小块，烧结时，收缩变形小，电容器生产产品率高。	US2004150942A US6930877B

专利号	申请日	公布日	申请人	发明人	专利名称	专利要点及有益效果	同族专利号
JP2004244726A	030210	040902	德国 W. C. Heraeus 公司	Hans-Elgen	医疗装置或移植用合金	合金成分（质量分数）：Nb0.1% ~70%；至少从 W、Si、Mo 中择一元素的合计量0.1% ~30%；Hf、Lu、La、Ce 中择一元素的合计量 1% ~5%；其余为 Ta。	EP1444993B CN1521284A US8403980B
JP2004247299A 特许 4638675B	040204	040902 110223	德国 W. C. Heraeus 公司	Belent Shievoniol	铌丝及其制作方法	铌中氧含量为 0.3% ~3%，空气中 500Pa 以下，600 ~800℃热处理，增加氧含量，增加室温延性。这种铌丝在 1200 ~1400℃稳定性好。	CN1519385 AT413384A
JP2004253615A	030220	040909	NEC 东金株式会社	芳居其二	固体电解电容器及其制作方法	把 2 个以上钽或铌阀金属芯子按照和衬底安装表面垂直的方向叠放，基板平行方向的宽幅比垂直方向厚度大，引出的阳极引线被折成 L 形和阳极端子焊接，阴极和阴极端子连接，树脂包封，阳极、阴极端子各露出一部分。	US6912117B CN1523622A
WO2004077465	040216 030226	040910	三洋电机株式会社	吉满充	固体电解电容器	阳极箔、阴极箔及其之间的绝缘膜相叠卷绕，阳极是由 Zr、Ta、Nb、Ti、Al 的单金属或复合金属氮化形成氧化物作为介电层。	TWI245300B JP2004265951
WO2004079061 特许 4220997B	040305 030306	040916 090204	日本信越株式会社	盐野嘉幸	钽酸锂晶体的制造方法	钽酸锂晶体于低于 T_1（700℃以上）和居里点的温度 T_2（℃）下在还原性环境中，使已在温度 T_1 下还原处理过的物质与钽酸锂接触，使单一极化的钽酸锂晶体的导电率提高。	US7323050B CN1754014A
JP2004269300A	030306	040930	信越化学株式会社	盐野吉幸	钽酸锂单晶的制作方法	在 T_1（700℃）温度还原的物质，在比 T_1 温度低的 T_2 温度的还原气氛（CO，NO_x，$x<2.5$，SO_x，$x<3$）里与钽酸锂接触，增加钽酸锂的导电率。	
JP2004284889A	030324	041014	科学技术振兴机构	小松隆一	铌酸钾结晶及其水热合成方法	将 K_2NbO_3F 加水在 100 ~435℃保持高压，转化为 $KNbO_3$ 结晶。在基板上浸渍 K_2NbO_3F，加水在 100 ~435℃保持高压，转化为 $KNbO_3$ 结晶出单晶薄膜。	

专利号	申请日	公布日	申请人	发明人	专利名称	专利要点及有益效果	同族专利号
JP2004292228A	030329	041021	精工 Epson 株式会社	桶口天光	铌酸钾单晶薄膜的制造方法及表面弹性波元件滤波器频率发振器	一种气相法制造铌酸锂单晶薄膜的方法，在给定的氧气分压下在 K_nbO_3 和 $K_2O \cdot Ta_2O_5$ 的共晶点 E 温度及 T_E、x_E 时（$xK_xNb_{1-x}O_y$ 钾与铌之比）$0.5 \leqslant x \leqslant x_E$ 的范围，由 K、Nb、O 等离子体供给基板，基板的温度保持 T_S（$T_E \leqslant T_S \leqslant T_m$），进行堆积 $K_xNb_{1-x}O_y$ 单晶。	
JP2004292234A 特许 4183539B	030326	041021 080912	三井矿业株式会社	东贤治	氧化铌及其制造方法	用氨、碳酸氨或碳酸氢氨中择一作沉淀剂，在 0~60℃的温度下进行，700~1100℃煅烧，得到的氧化铌的表观密度 0.65~2.0g/cm³，平均粒径为 2~20μm。	
JP2004303813A	030328	041028	日本 Chemican 株式会社	久山苑	固体电解电容器的制作方法	把钽粉烧结体芯子在 3,4-乙烯二氧噻吩溶液里和氧化剂溶液里交互浸渍，进行氧化聚合，其中电容器芯子在氧化剂里浸渍时，以阳极导出线为正极，氧化剂为负极，施加电压进行电解聚合，形成导电性高分子层。	
JP2004304071A 特许 4248289B	030331	041028 090123	三洋电机株式会社	高谷和宏	固体电解电容器及其制作方法	钽烧结体上顺次形成氧化膜、电解质吡咯、噻吩等导电性高分子层、碳层、金属导电层，其中金属层是用平均粒径小于 0.5μm 的粒子与保护胶加有机溶剂涂在碳层上，在 150℃干燥。	US6894890B CN1534702A TW231513
JP2004315316A 特许 4071670B	030417	041111 080125	信越化学株式会社	盐野嘉幸	单畴化钽酸锂晶体的制造方法	在含重氢的还原气氛里热处理钽酸锂晶体，在比该热处理温度低的温度下含重氢的还原气氛里时，与单畴化的钽酸锂晶体接触，使其导电率增加。	
JP2004319970A 特许 4131709B	030328 030328	041111 080606	三洋电机株式会社	高谷和宏	固体电解电容器及其制作方法	由铌基体和氮化铌组成的阳极体，在其表面形成氧化铌，氮化铌粉（NbN_x，$0.05 < x < 1.0$）的组成比实质上是 Nb_2N。这种电容器的漏电流低。	US7038903B CN1534700A
JP2004319971A	030328	041111	三洋电机株式会社	高谷和宏	固体电解电容器及其制作方法	由钽粉、铌粉烧结形成的阳极，在磷酸水溶液里形成的介电层、在阳极表面形成金属层，其中金属层是由平均粒径小于 0.5μm 的银粒子与保护胶加有机溶剂混合而成的。	CN1534703A US6965508B

专利号	申请日	公布日	申请人	发明人	专利名称	专利要点及有益效果	同族专利号
JP2004323930A	030425	041118	日进化成株式会社	松原串央	阳极基体及阳极	从钽、锆、钛、铌中择一的导电性金属，在其基体表面形成薄膜阳极，该薄膜是防腐蚀的，采用电镀法、蒸镀法或溶射法形成白金、铱的氧化物膜。	
JP2004328712A	031226	041118	住友金属株式会社	焦田隆	钽酸锂基板及其制造方法	在使用钽酸锂晶体制作 LT 基板的过程中，进行除气过程，然后在 2% 以下的低氧和氮气气氛里 1200～1650℃处理 4h 以上。	
JP2004331443A	030507	041125	信越化学工业株式会社	盐野嘉幸	单极化改良型钽酸锂晶体的制作方法	在居里点以下的高温把钽酸锂晶体进行还原处理，还原气氛的压力控制范围为 0.2～1.0MPa，不会带来成品率低，声表面波器件单极化构造的钽酸锂晶体的导电率增加。	
JP2004339567	030515	041202	Cabot 超金属株式会社	前田和哉	钽和/或铌的制作方法	含钽或铌的金属盐在稀释剂里还原成钽或铌金属的方法，稀释盐粒子有 80%（质量分数）为 100 目以下，控制原料中吸收的水分，空气，降低钽粉杂质。	WO2004101203A
JP2004349658A 特许 4274658B	030620	041209 090313	三洋电机株式会社	矢野睦	电解电容器	第一种电解电容器中，Nb、Ti、W 的合金中择一作电极，形成介电层；在第二种电解电容器中，Nb、Al 的混合烧结体作电极，形成介电层；在第三种电解电容器中，Nb 或其合金作电极，掺 F 阳极化形成介电层。	JP2002217482
JP2004352533A 特许 4160857B	030527	041216 080725	信越化学株式会社	盐野嘉幸	由钽酸锂晶体制成的片	按照 JIS Z8729 规定的 $L^* a^* b^*$ 色彩明度 L^* 值在 25～70 的钽酸锂晶体，在单晶片的制作中，单畴化处理是在氢气气氛里 400～600℃处理 1～8h。	
JP2004356951A	030529	041216	信越化学株式会社	盐野嘉幸	由钽酸锂晶体制成的片	由导电率增加的钽酸锂晶体制成的晶片的弹性表面波传输面呈黑褐色，表面中心线径 R_a 为 0.15μm 以下，导电率为 $1.0 \times 10^{-1} \sim 1.0 \times 10^{-10} \Omega/cm$。	
JP2004360043A	030606	041220	住友金属矿业株式会社	大通敏行	铌和/或钽粉末的制造方法	用碱金属或碱土金属分两步还原铌或钽的氧化物，第一步得到（Nb，Ta）O_x（$x=0.06 \sim 0.35$）的低价氧化物，除去碱土金属氧化物；第二步，在熔融碱金属盐用碱金属或碱土金属还原得到铌和（或）钽粉末。	

专利号	申请日	公布日	申请人	发明人	专利名称	专利要点及有益效果	同族专利号
JP2005001920A 特许 4202195B	030610	050106 081017	三井金属矿业株式会社	东贤治	氢氧化钽、氢氧化铌及其制造方法	把从含氟化钽、氟化铌的溶液里沉淀出的氢氧化钽、氢氧化铌，在含有水蒸气的气体里 50 ~ 300℃保持 0.5h 以上，然后把它进行强热减量 20% ~ 90% 程度干燥。	
JP2005001988A	040521 030523	050106	德国 BASF Actizelsift	Hans Josef Shetial	平均粒径小于 10nm 的氧化物制造方法	单质的 Ti、Zr、Nb、Ta 或它们的混合物的醇盐，单质 Li、Na、K、Mg、Ca、Sr、Nu、Sm、Dy、Eu、Bi 等或它们的混合物的金属氢氧化物、金属的羟化物（$C_1 \sim C_8$），金属的烃化物、金属碳酸盐相混合，在 50 ~ 200℃反应得到纳米粉。	EP1479653A US7208136B AT381517T EP1479653B
JP2005005430A	030611	050106	NEC 东金株式会社	朝见思昌	固体电解电容器及其制造方法	金属钽铌阀金属表面形成介电体绝缘层，在绝缘层上形成含导电性高分子层的阴极层，绝缘层里有磷酸硼，使绝缘性改善，降低电容器漏电流，改善 ESR。	
JP2005019491A	030620	050120	三洋电机株式会社	竹谷丰	铌固体电解电容器	以铌和铌为主要成分的合金为阳极的电容器，其阳极端子和阴极端子表面被覆上被覆材料，浸渍液体树脂后硬化，剥离开阳极端子和阴极端子，使表面露出。	
JP2005032631A	030708	050203	神户制钢所株式会社	加藤隆好	粉末法 Nb_3Sn 超导线材	在稳定用铜片筒内有钽或钽合金套筒，其内配置一根或多根铌芯，在它们的空间有至少有 Ta、Nb、Ti 之一和 Sn 粉末混合粉末，经过减径加工，形成一次 Nb_3Sn 超导线。	
JP2005035885A	040715 030715	050210	德国 Ha Tiu Shetaluc	Clistov Shenit	低价氧化铌粉末及其阳极及其电容器	低价氧化铌中掺入 Mg 0.01% ~ 0.06%、W 和/或 Mo 5×10^{-3}% ~ 0.04%，由所述的低价氧化铌制造的阳极，五氧化二铌作介电层构成的电容器，其漏电流低。	EP1498391A MX04006821A CN101407338A
JP2005039043A	030714	050210	OPPC 株式会社	仓田勤	片式电解电容器	钽烧结体作固体电解电容器芯子，用镍片和外部阳极端子和阴极端子连接，将端子沿着座板底面侧面弯折形成两个组装端子，电容器的外装是粉末涂装。	

专利号	申请日	公布日	申请人	发明人	专利名称	专利要点及有益效果	同族专利号
JP2005039168A	030925	050210	京瓷株式会社	土方良松	陶瓷容器及用其制造的钽电容器	制造一陶瓷容器，上面中央处有凹坑，其内侧面与底面间有段差，下面设有互相独立的第一导电体层和第二导电体层的陶瓷基体，形成第一金属层和第一内部配线及第二金属层和第二内部配线，各进行电连接。这种钽电容器在高温下气密性好、信号损失小。	
WO2005012174	040730	050210	日本新产业创造研究机构	金子忠昭	形成碳化钽膜的方法	将钽或钽合金基板置于真空炉中加热，在可以除去表面的氧化钽膜的条件下除去氧化膜，通入碳源气体到真空炉中进行热处理，使其表面形成碳化钽。	EP1666413 US8211244B2
JP2005048235A 特许 3932362B	030728	050224 070330	独立法人物质材料研究机构	黑田大介	生物用 β 型钛合金	一种生物用 β 型钛合金的成分（质量分数）：Fe 5% ~20%，Ta 5% ~20%，在含有锆的情况下，Zr 低于 10%，其余是 Ti 和不可避免杂质；力学强度、扭曲强度高，十分适合生物用。	
JP2005057057A	030805	050303	三洋电机株式会社	竹谷丰	铌固体电解电容器的制造方法	以铌、铌或铌合金作阳极的固体电解电容器在形成氧化膜时是在含硼酸盐、有机酸（己二酸）盐的水溶液里进行的，所述盐有铵盐、碱金属盐。	
JP2005057105A	030806	050303	NEC 东金株式会社	木田文夫	片状固体电解电容器	两个电容器芯子形成阀金属阳极在基板组装面垂直方向积层，引线是由芯子组成的阳极体与基板的组装面平行导出，并与阳极端子连接。	
JP2005060727A 特许 4175209B	030811	050310 080829	日立制作所株式会社	西和也	气体透平用高温部件	含 Cr 15% ~35%，Si 0.02% ~1.5%，C 0.01% ~0.2% 以及 Nb、Ta、W 中至少一种，除碳外，含浸总量的原子百分数为 10%，Ni、Fe、Mn 中至少一种，为 1% ~9%，部件表面喷珠预硬化，得到气体透平高温部件。	EP1507015B US2009317286A DE602004002906T
JP2005064038A	030812	050310	Cabot 超金属株式会社	增渊诚	电解电容器用阳极引线	钽材或铌材里含有稀土元素 $0.01 \times 10^{-4}\% \sim 3 \times 10^{-4}\%$ 带状电解电容器阳极引线，钽或铌粉末中溶解有 0.5% ~3%（质量分数）稀土元素，得到 0.01% ~3%（质量分数）熔炼锭，经过锻造、轧、切带得到烧结特性稳定的带状阳极引线。	WO2005015586A

专利号	申请日	公布日	申请人	发明人	专利名称	专利要点及有益效果	同族专利号
JP2005064066A	030819	050310	东曹株式会社	原蒲	溶解氧化钽的组成物及溶解方法	溶解半导体装置上的氧化钽的组成物含有溴酸及过氧化氢，在10～100℃温度下把含氧化钽的部件浸渍在所述溶液里，把氧化钽溶解下来，而硅和氧化硅不溶解。	
JP2005064352A	030819	050310	三洋电机株式会社	言满聪	固体电解电容器及其制作方法	未腐蚀的铝箔或腐蚀过的铝箔的表面，钛的醇盐、钽的醇盐或锆的醇盐溶液通过有机金属化学蒸镀，形成金属氧化物膜，作固体电解电容器阳极、阴极用。	
JP2005072506A	030827	050317	京瓷株式会社	植田义明	钽电解电容器	钽电解电容器有上面第一金属层和第二金属层，下面第一金属层和第二金属层，分别和金属导体连接，第一金属层连接阳极端子，第二金属层连接阴极端子。	
JP2005086125A 特许4870327B	030911	050331 120208	日立AIC株式会社	羚木健夫	固体电解电容器	钽等阀金属固体电解电容器的阴极碳层和银浆层之间有导电性氟塑料层，该电容器在高温放置，抑制等效串联电阻增加。	
JP2005089433A	030916	050407	株式会社高纯度化学所	门急秀公	铌、钽和锂及其双烷氧基及其制造方法及用它制备的介电体膜	一种新的铌、钽和锂及其双烷氧基化合物 $LiM(OC_2H_6)_4[OC(CH_2)_2CH_2OCH_3]_2$，其中M是Nb、Ta，在室温下为液体，不易热解，在180℃下有0.7Torr的蒸气压，这种化合物可以作为光学元件铌酸锂薄膜、碳酸锂薄膜的原料。可进行蒸馏回收。	
JP2005089517A	030912	050407	松下电器株式会社	高木司	导电性高分子及用其制造的电容器	含有两种以上掺杂剂，且至少一种是芳香族磺酸阴离子的导电性高分子，该导电性高分子具有富有可绕性，等效串联电阻低。	
JP2005093463A	030912	050407	三洋电机株式会社	竹谷丰	铌固体电解电容器	铌合金组成的阳极体，依次形成介电体膜、固体电解质、阴极引出层；阴极、阳极分别与阴极端子、阳极端子连接，被覆树脂，用液体硅树脂喷射加热硬化形成的。	US2005141174A CN1595562A US7092243B
JP2005093591A	030916	050407	三洋电机株式会社	加藤千博	固体电解电容器	阳极引线自阳极体的一端部突出，将阴极侧引线架焊接在阳极引线上，在阴极侧引线架与阳极引线的连接面上，形成了凹凸不平的毛面，使接触面积增大。	US7072172B CN1598984A

专利号	申请日	公布日	申请人	发明人	专利名称	专利要点及有益效果	同族专利号
JP2005097643A 特许 4089579B	030922	050414 080307	日本墨水化学工业株式会社	黑木胜仁	钽金属分散液及用其制造的电容器芯子	含有粒度分布中位径 15μm 以下，用贡压空隙度仪测定 1μm 以下的细孔累计量为 0.07mL/g 的钽粉与黏结剂树脂、溶剂的混合液一起制成浆液，将所述浆液涂布、印刷、干燥得电解电容器芯子。	
JP2005101561A	040818 030818	050414	美国 Wilson 大批技术公司	寿屋则雄	电容器的制造中使用的障板	由钽阳极及在其表面形成氧化膜、由衬垫印刷在导电性基体上涂覆悬浮液活性物质（Ta、Ti、Ni、Pt、Au、Ag、Nb 等）作阴极，和阳极、阴极接触的电解质组成的电容器。	US7116547B US7244279B CA2478004A
JP2005103641A 特许 5068927B	040924 030926	050421 121107	美国通用电气公司	James T.	镍基合金的组成，其制造方法及其产品	一种镍基合金的组成（原子数分数）：10% ~ 25% 的 V；0.1% ~ 5% 的 B + Si，含有 Ta、Ti、Zr 中至少之一，还可以有 Al、Cr、Co，其余为 Ni，该镍基合金用于制造涡轮部件。	EP1518636A US7651023B US2005067061A
JP2005109318A 特许 4374972B	031001	050421 091202	东曹株式会社	原靖	腐蚀氧化钽的组成物	一种高速溶解氧化钽的组成物是：含有氟化氢、氨及过氧化氢的酸性组成物。必要时，还有多价碳酸（硅酸、磷酸、酒石酸、苯二酸等中至少择一），该组成物的 pH 值低于 8。	
JP2005116589A	031003	050428	OPPC 株式会社	仓田和也	成型方法及成型装置	有第一凹部和第二凹部的下模和有第一凹部和第二凹部的上模，在凹部装钽粉进行压制成型，其空间内全部的棱角都是圆角。	
JP2005119906A 特许 4063190B	031016	050512 080111	住友金属矿山株式会社	角田隆	钽酸锂基板及其制造方法	提拉法生长的钽酸锂单晶加工成基板得到 LT 基板，把它埋入 Al 和 Al_2O_3 混合粉末中，在惰性气氛/真空中 350 ~ 600℃ 保温，使体积电阻率达到 10^6 ~ $10^8 \Omega/cm^3$ 钽酸锂基板。	US7442250B CN1856599A
JP2005119907A	031016	050512	住友金属矿山株式会社	角田隆	钽酸锂基板及其制造方法	提拉法生长的钽酸锂单晶加工成基板得到 LT 基板，把它埋入 Al 和 Al_2O_3 混合粉末中，在惰性气氛或真空中 350 ~ 600℃ 保温，使体积电阻率达到 10^{10} ~ $10^{13} \Omega/cm^3$ 钽酸锂基板。	US7713511B TWI345001B CN1856597A

专利号	申请日	公布日	申请人	发明人	专利名称	专利要点及有益效果	同族专利号
JP2005119908A 特许 4063191B	031016	050512 080111	住友金属矿山株式会社	角田隆	钽酸锂基板及其制造方法	提拉法生长的钽酸锂单晶加工成基板得到 LT 基板，把它埋入 Al 和 Al_2O_3 混合粉末中，在惰性气氛或真空中 350 ~ 600℃保温，使体积电阻率达到 $10^6 \sim 10^8 \Omega/cm^3$ 钽酸锂基板。从无色透明变成有色不透明的同时，充分具有作为压电材料的特性。	WO2005038097 CN1856598 KR2006126927 US7628853B
JP2005119950A	030917	050512	信越化学株式会社	盐野喜幸	单畴化钽酸锂晶体的制造方法及产品	钽酸锂晶体，至少波数为 3480/cm 的光吸收系数 0.3/cm 以下的单畴化的钽酸锂晶体，在 250℃ 以上，居里温度以下温度还原气氛中进行热处理，晶体导电率在 $1 \times 10^{-2} \Omega/cm$ 以上。	
JP2005132757A	031029	050526	东曹株式会社	山川哲	钽化合物及其制造方法和含钽膜的形成方法	含有 $R^4 - CH_3 - C - CH_3 - N = Ta - R^3 - R^3 - (R^1)_m - (R^2)_n$ 的钽化合物，其中 R^1 是 1 ~ 3 个碳原子烷基，R^2 是 1 ~ 5 个碳原子烷基，R^3 是 1 ~ 6 个碳原子烷基或三碳原子三烷基硅甲基，R^4 是甲基或乙基，m 为 0 ~ 5，n 为 0 ~ 3，$m + n \leq 5$。用该钽化合物形成含钽薄膜。	
JP2005133217A	031031 031031	050526	美国国际商务机器公司	Bate W. Rone	氮化钽及二重层等离子强化原子堆积法	用等离子强化原子堆积法沉积的氮化钽层，使用氢等离子和氮等离子，膜的含氮量控制在从 0 到 N/Ta = 1.7，TaN/Ta 二重膜很好地防止铜的扩散。	US7186446B CN1662319A
JP2005135990A 特许 3989428B	031028	050526 071010	三洋电机株式会社	松崎健一郎	固体电解电容器	固体电解电容器，其固体电解质层由作为掺杂剂至少含有氟代烷基萘磺酸离子、四氢化萘磺酸离子、苯磺酸离子的导电性高分子构成。掺杂剂离子是 20% ~60%（摩尔分数）。	CN1612274A CN100580832C US6912118B
JP2005158769A	031120	050616	松下电器产业株式会社	麻生浩之	固体电解电容器的制造方法	把阀金属粉末在溶剂里粉碎，最大粒径为 0.01mm 的阀金属颗粒与树脂分散液混合形成分散液，印刷涂布到金属箔上，烧结后形成阳极，制成电容器。	
JP2005158851A	031121	050616	Rulesas 技术	门岛胜	半导体装置及其制造方法	在半导体基板上形成 N 型 MIS 晶体管 Q1 门电极，在其上形成无定型氮化钽膜和钨膜；和 P 型 MIS 晶体管 Q2，在其上形成结晶氮化钽膜和钨膜。	

专利号	申请日	公布日	申请人	发明人	专利名称	专利要点及有益效果	同族专利号
JP2005159154A 特许 4704674B	031127	050616 110615	NEC 东金株式会社	斋藤猛	固体电解电容器的制造方法	把阀金属表面形成阳极化氧化膜，把该阳极体依次放进有杂环化合物的第一槽、有掺杂剂和氧化剂的第二槽、水溶液洗涤的第三槽中浸渍，在基体上化学聚合形成杂环化合物导电性聚合物作为固体电解质，并反复进行多次。	
JP2005167223A 特许 4360680B	041109	050623 091111	昭和电工株式会社	大森和弘	电容器用铌粉	铌层和氮化硅与铌混合层的铌粉，混合层厚度 8 ~ 2000nm，含氮化硅 5×10^{-3}% ~ 50%，氮化硅有 SiN、Si_2N_2、Si_2N_3、Si_3N_4 多种形式。这种铌制电容器容量高、漏电流低、ESR 小。	
JP2005167246A	031201	050623	美国 Wilson 技术公司	Barry C. Muffoletto	高压电解电容器用的电解质	电解电容器的电解质含有醋酸铵、无机弱酸盐或 10 个以下碳原子的碳酸铵盐以及水，pH 值3 ~ 6，阳极的击穿电压为 250V 以上，高到 400V 以上。	EP1538642A US2005117276A
JP2005171384A 特许 4583894B	041122 031120	050630 101119	德国 Bogwana 公司	Grarude Shall	耐热超合金及其使用	超合金成分（质量分数）是：C 0.01% ~ 0.2%；Cr 8% ~ 10%；Al 4% ~ 6%；Ti 2% ~ 4%；Mo 1.5% ~ 2.8%；W 10% ~ 13.5%；Nb 1.5% ~ 2.5%；B 0 ~ 0.04%；Zr 0 ~ 0.15%；Hf + La 0 ~ 1.5%；优选微量 Ta，其余 Ni 和不可避免杂质。该合金耐热耐腐蚀性好。	US2005238521A US2008271822A EP03026683.7
JP2005179177A 特许 4492291B	041020	050707 100630	住友金属株式会社	角田隆	铌酸锂基板及其制造方法	把提拉法生长的铌酸锂晶体放入选自 Al、Ti、Si、Ca、Mg、C 组中至少一种元素所构成的容器里，并埋入上述至少一种元素的粉末里，在 300 ~ 500℃ 进行热处理 1h 以上。	
JP2005191198A	031225	050714	京瓷株式会社	田中信幸	钽电解电容器	电容器钽芯子装在陶瓷容器里，陶瓷容器的第一金属层和芯子阳极焊接接续，陶瓷容器的第二金属层和芯子的阴极层接续。第一金属和第二金属都连接到外部，成为电极端子。	
JP2005193294A	040109	050721	索尼株式会社	羽生和隆	无铅焊	含 Zn 为 7% ~ 9% 的 Sn - Zn 无铅焊料中添加锗或铌中至少任意一种金属，添加 0.001% ~ 0.5%；或 Sn-Zn-Bi 添加 0.001% ~ 0.5% Ge 和/或 Nb。	

专利号	申请日	公布日	申请人	发明人	专利名称	专利要点及有益效果	同族专利号
JP2005200235A 特许4651000B	04013	050728 110316	多木化学株式会社	山口勇	氧化铌溶胶的制备方法	溴酸稳定化氧化铌溶胶中加入柠檬酸后，加氨水调整 pH 值到 7～10，然后除去溴酸得到氧化铌溶胶。	
JP2005206444A 特许3938147B	040305	050804 070406	住友金属矿山株式会社	角田隆	钽酸锂基板及其制造方法	用 LT 晶体制造 LT 基板中，把结晶生长的晶体棒埋入碳粉中或放入炭制容器里，在 650～1650℃保持 4h 以上进行热处理。	CN1324167C US7544248B
JP2005216981A	040128	050811	NEC 东金株式会社	石鸠正苏	固体电解电容器及其制造方法	钽粉、铌粉在单萜烷（萜烯）的溶剂中浸渍，压制成型后烧结，然后按照制造电容器正常工序进行，这种电容器的等效串联电阻低。	
JP2005225732A	040213	050825	三井金属矿业株式会社	东贤治	氧化钽粉末	用 $CuK\alpha_1$ 的 X 射线衍射分析 2θ 反射角 = 20°～60°的范围的最大峰值 2θ = 23° ±1°的位置或 2θ = 28.4° ±0.4°共同出现峰值，半峰高（2θ）在 0.08°～1.0°的氧化钽粉末。这种氧化钽适合制作玻璃、陶瓷薄膜形成材料及钽酸锂单晶。	
JP2005231976A	040223	050902	NEC 东京株式会社	佐佐木淳	铌酸锂压电单晶，用其制作的压电振子及压电震动陀螺	铌酸锂单晶中添加 5%（摩尔分数）以下的镍，用作压电振动子，将该振动子用适当的支持机构安装在基板上，作为压电振动陀螺。添加镍，其电－机结合系数 k 及机械品质系数 Q_m 的变化减小，压电振子及压电振动陀螺可以小型化。	
JP2005233887A	040223	050902	NEC 东京株式会社	佐佐木淳	铌酸锂压电单晶，用其制作的压电振子及压电震动陀螺	铌酸锂单晶中添加 5%（摩尔分数）以下的锌，用作压电振动子，将该振子用适当的支持机构安装在基板上，作为压电振动陀螺。添加锌，其电－机结合系数 k 及机械品质系数 Q_m 的变化减小，压电振子及压电振动陀螺可以小型化。	
JP2005247601A 特许4271060B	040301	050915 090306	三井金属矿业株式会社	东贤治	氧化铌粉末	用 Cu 的 K_α 线 X 射线测定氧化铌粉末，2θ = 20°～30°的最大峰值半峰高 0.08°～0.8°，该粉末均匀，流动性好。	
JP2005251808A	040301	050915	独立行政法人科学技术	立花和宏	用铌制造的固体电解电容器	在给定耐电压下将铌阳极氧化形成氧化膜，在氧化膜上压着碳层（有黏结剂）与聚合物共同作阴极，这种电容器在热负荷下漏电流低。	

专利号	申请日	公布日	申请人	发明人	专利名称	专利要点及有益效果	同族专利号
JP2005252213A	040421	050915	信越聚合物株式会社	正宏泰	固体电解电容器及其制造方法	在阀金属表面形成的氧化膜上形成沟通电解质，有电解聚合化学聚合的第一导电性高分子层，和含有导电性高分子树脂化合物涂布形成的第二层，电容器有良好的特性。	
JP2005255454A	040311	050922	Stella Chemife 株式会社	菊山裕久	氧化钽及/或氧化铌及其制造方法	向氟钽酸盐或氟铌酸盐里添加氯基水溶液，得到氢氧化钽或氢氧化铌，该氢氧化物结晶煅烧得到针状或柱状氧化物。水溶液中钽或铌的浓度为 1～150g/L。	EP1734005A US2007178040A
WO200587668A	050311	050922	Stella Chemife 株式会社	菊山裕久	中空柱状微粒氧化钽、氧化铌的制造方法	（1）提供含钽、铌的化合物溶液；（2）生成氟钽酸溶液或氟铌酸溶液；（3）使氟钽（铌）酸结晶溶解于水中的液体；（4）得到氢氧化钽或氢氧化铌，将氢氧化物煅烧成氧化钽、氧化铌。	EP1734006A US2007189957A CN1946638A
JP2005256022A	040309	050922	新日本制铁株式会社	上田正洁	高碳轨道钢的制造方法	含 Nb 0.002%～0.050%，C 0.95%～1.40% 压延轨道钢，轨道头表面温度 850～700℃，2～30℃/s 速度冷却到 600℃，然后冷却到室温。	
JP2005259759A 特许 4401195B	040309	050922 100120	三洋电机株式会社	矢野睦	固体电解电容器及其制造方法	铌阴极表面形成含氟 0.01%～1.0% 的氧化膜，在氧化膜上形成二氧化锰层和导电性高分子层，再形成碳层、银层，最后外装包封制得固体电解电容器。	
JP2005263565A 特许 4061378	040319	050929 080111	独立物质法人物质材料研究所	木村秀夫	铌酸钾结晶及其制造方法	钾的醇盐和铌的醇盐为原料，反应生成铌酸钾，在 500～800℃ 下氧化性气氛里热处理，100～600℃/h 的冷却速度冷却到室温，结晶无裂纹，方法简单。	
JP2005264330A 特许 4886199	050303 040304	050929 120229	德国 W. C. Heraeus 公司	Belunt Shiebniol	高温稳定的铌丝	铌丝中含有 50～2000μg/g 的磷，是含磷母合金经过电子束熔炼或电弧熔炼，或粉末冶金的粉末中掺磷烧结，加工成 0.2～0.4mm 的铌丝。	US7704448B RU2341577C
JP2005272983A 特许 4178519B	040326	051006 081112	日立 AIC 株式会社	七尾进	固体电解电容器用铌合金粉末、烧结体及制法	铝热还原法制造的含铝铌粉与铝粉混合，在非氧化性气氛里加热，实现固溶氧很低的阳极材料用的合金粉末及烧结体。用这种原材料制造的电容器耐热性和耐电压性优良。	

专利号	申请日	公布日	申请人	发明人	专利名称	专利要点及有益效果	同族专利号
JP2005281113A	040331	051013	独立行政法人物理化学所	斋藤彰	铌酸锂基板及其制造方法及表面处理	元件基板的铌酸锂在大气中700℃以上，熔点以下温度热处理一定时间，进行镜面研磨，表面原子是平的，上述表面是单一元素。	
JP2005290559A	050328 040401	051020	美国 Wilson 技术公司	Yanshin Liu	高压用电容器阳极，用阳极氧化电解质	含有亚烃甘油类、聚亚烃甘油类、亚烃类、聚亚烃甘油类的单体乙醚类以及它们的任意组合的氢核型熔剂及弱无机酸或弱有机酸或其盐，将这些熔剂和弱无机酸、弱有机酸或其盐的电解质以一定体积比混合，阀金属在低温下（低于60℃）的电解质里进行阳极化处理。	US2005218005A EP1591564A
JP2005294385A	040331	051020	日本 Chemicon 株式会社	石野继	固体电解电容器	在钽粉烧结体氧化钽膜上形成导电性高分子层，再形成碳层、银层，用丙烯树脂热可塑性树脂为黏结剂形成第一银层，用酚醛树脂热硬化树脂黏结剂形成第二层银层。	
JP2005294401A 特许 4401218B	040331	051020 100120	三洋电机株式会社	高谷和宏	固体电解电容器及其制造方法	以钽、铌、铝为阳极的电解电容器，阳极表面形成氧化膜介电层，在介电层上形成镍的氧化物作电解质，在氧化镍上形成阴极碳和银导电层。半导体黏结剂和阴极端子接着。	
JP2005294402A 特许 4383227B	040331	051020 091216	三洋电机株式会社	高谷和宏	固体电解电容器及其制造方法	钽阳极在含氟离子的溶液里赋能，使阳极体表面形成含氟0.01%～1.0%（质量分数）的氧化钽层，在其上形成阴极层。电容器的ESR低。	US7038902B2 US2005219803A
WO200599935A	050412	051027	JFE 矿业株式会社	佐藤信之	钽粉及用其制造的电容器	钽粉氢含量（$1\times10^{-4}\%$）与BET比表面积（m^2/g）之比为10～100，低于500，BET比表面积为4～$10m^2/g$，松装密度为0.1～$1.0g/cm^3$，及用该钽粉制造的电容器阳极。	JP2005325449A US7729104B CN1942268A
JP2005311014A	040421	051104	三洋电机株式会社	竹谷丰	铌固体电解电容器	2个铌电容器芯子并列使它们阴极与阴极端子电连接，两阳极引线并联到阳极端子上，2个芯子一起进行模塑外封树脂做成的电容器。这样阴极引出层平均路径短，ESR低。	

专利号	申请日	公布日	申请人	发明人	专利名称	专利要点及有益效果	同族专利号
JP2005314202A 特许 4381911B	040722	051110 091209	三井金属矿业株式会社	东贤治	氧化钽粉末及氧化钽粉末的制造方法	一种氧化钽球形粉末，用扫描电镜检查粒度分布中的 D_{10}/D_{90} 有 $1 \geqslant D_{90}/D_{10} \geqslant 3$，其摇实密度 TD 与松装密度 AD 的关系是：$0.8 \leqslant AD/TD$，D_{50} 为 10 ~ 50μm。	
JP2005314716A	040427	051110	日立金属株式会社	高岛洋	靶材的制造方法	原料金属粉末导入热等离子中 200Pa 以下的真空里，直流脉冲电流密度 0.3A/mm^2，20MPa 以上压力，制成球形颗粒。	
JP2005317822A	040430	051110	信越化学株式会社	盐野喜幸	单极化钽酸锂单晶的制造方法	高效制造单极化钽酸锂单晶的方法，将钽酸锂单晶在还原性气氛里 750 ~ 1400℃ 进行导电率高的热处理，然后在非氧化性气氛里在居里温度以上的温度进行单极化处理。	
JP2005322664A	040506	051117	NEC 东金株式会社	朝见忠昌	铌固体电解电容器及其制造方法	以氧化铌为介电层的铌电容器，在介电层表面硅烷耦合剂反应形成中间层，在中间层表面形成聚苯乙烯磺酸层，再形成导电性高分子层。抑制漏电流增大。	
JP2005325380A	040512	051124	巴西 CBMM 亚洲株式会社	望月隆	铌电解电容器阳极氧化方法及其电解电容器	阳极电解液是 pH 值为 6 ~ 11.5 的磷酸、硝酸、硫酸或它们的混合酸溶液，可在其中进行阳极化，可以在 pH 值为 0 ~ 5.9 的磷酸、硝酸、硫酸溶液里进行修复。该方法形成的电解电容器。	
JP2005325448A	050414	051124	JFE 矿株式会社	佐藤信之	钽粉及用其制造的固体电解电容器	一种比容高漏电流低的电容器级钽粉，BET 比表面积为 4 ~ 10m^2/g，松装密度为 0.1 ~ 1.0g/cm^3，用这种钽粉制造的电容器阳极。	
JP2005343745A 特许 4450372B	040603	051215 100414	NEC 东金株式会社	佐佐木淳	铌酸锂压电单晶	铌酸锂中添加（摩尔分数）4% 以下的钼的压电单晶，铌酸锂的组成比（摩尔分数）为 48.0% ~ 50.0%，这种铌酸锂单晶的电气机械结合系数高。	
JP2006041228A	040728	060109	松下电机株式会社	麻生浩之	固体电解电容器及其制造方法	大容量低 ESR 电解电容器的制造法，在钽箔上粘多层由阀金属粉末、溶剂、树脂组成的浆料，先粘汉细粉的浆料，外层粘粗粉浆料，烧结在阳极化，被覆电解质层和阴极层。	

专利号	申请日	公布日	申请人	发明人	专利名称	专利要点及有益效果	同族专利号
JP2006062893A	040825	060309	NEC 东金株式会社	藤原千惠子	铌酸钾锂压电单晶	一种铌酸钾锂压电单晶含（摩尔分数）氧化钾 26% ~ 34%、氧化锂 19% ~ 27%、氧化铌 45% ~ 53%，其中 5% 以下（不含 0）为氧化钼置换，熔融态拉制而成。	
JP2006093198A	040921	060406	三洋电机株式会社	山田逸成	固体电解电容器及其制造方法	金属钽粉、铌粉末烧结体表面上形成氧化钽膜，在氧化钽膜上形成氧化钴电解质层，再形成第一导电性层（Mn、Zn、Mg 氧化物）和第二导电性层，作为阴极层。	
JP2006103987A	041001	060420	NEC 东金株式会社	藤原千惠子	铌酸锂压电单晶	在铌酸锂单晶中，铌和锂合计量（摩尔分数）为 100% 时，钨的含量为 5% 以下，这种单晶的机械性能提高，是共振频率与温度的稳定性优良的铌酸锂单晶。	
JP2006108171A 特许 4947888B	040930	060420 120606	三洋电机株式会社	西村康一	固体电解电容器及其制造方法	用铌作阳极，在所述阳极上形成含有镁 0.2% ~ 0.6%（原子百分数）的氧化铌介电体层，在介电体上形成阴极，这样制成的电容器。	
JP2006108172A	040930	060420	三洋电机株式会社	饭田贵久	固体电解电容器及其制造方法	由铌基体进行硼化的阳极表面形成氧化铌介电层，含 B 为 1% ~ 10%（原子百分数），在上述介电体上形成阴极，这样制成的电容器。	
JP2006108173A	040930	060420	三洋电机株式会社	西村康一	固体电解电容器及其制造方法	由铌基体进行硼化的阳极表面形成氧化铌介电层，含 B 为 0.2% ~ 5%（原子百分数），在上述介电体上形成阴极，这样制成的电容器。	
JP2006108188A	040930	060420	NEC 东金株式会社	船三议席	固体电解电容器及其制造方法	钽粉烧结体的钽丝引线上套有缩水性热收缩性树脂环，将烧结体全部浸入电解液里进行阳极氧化形成介电体膜，树脂环浮在液面，树脂环热收缩，密着在引线上，容量增大。	
JP2006108626A	040910	060420	三洋电机株式会社	矢野睦	固体电解电容器及其制造方法	铌基体表面含有结晶性 NbO 和 NbO_2 中至少一种，在其上形成非结晶氧化铌，在氧化铌上形成聚吡咯电解质层，形成阴极，制造成电容器。	

专利号	申请日	公布日	申请人	发明人	专利名称	专利要点及有益效果	同族专利号
JP2006124836A	051027 041027	060518	德国 H. C. Starck 公司	Bol A. Eison	含硅铌钽合金的制造方法及含有铌钽的压延材料	形成含有硅的铌或钽合金的配合物，将其压接成型，真空电弧熔融混合，形成合金铸锭，经过热机械加工，压延轧制、拉拔成材，得到完全再结晶的铌、钽合金板材。	US7666243B NO20054942A EP1652945A
JP2006134916A	041102	060525	NEC 东金株式会社	村田正浩	电解电容器及其制造方法	铌箔两面有凹部，凹部里有铌粉，烧结后，铌金属箔及铌金属为多孔体阳极，表面经过阳极化处理形成介电体膜，绝缘子在阳极和阴极之间，是多孔体；阴极是多孔体。	
JP2006176841A	041222	060706	Cabot 超金属株式会社	增渊诚	电解电容器阳极体导线	钽或铌材料形成的带状物，其角部有圆弧曲面，宽度 0.5 ~ 5mm、厚度 10 ~ 500μm，含稀土元素 $0.01\times10^{-4}\%$ ~ $3\times10^{-4}\%$。	
JP2006179886A 特许 4743507B	041129	060706 110810	昭和电工株式会社	大森和宏	固体电解电容器，多孔阳极体及其制造方法	含氧的铌材或钽材粉末与空隙形成剂制成成型体，在还原温度下与还原剂还原，除去空隙形成剂，得到多孔阳极体。还原剂有钠、钾、镁、钙、钽、铌、氢、碳等或氢化物。	US7594937B US2008106852A WO2006057455A
WO2006075510A	051226 041227	060720	三井金属矿业株式会社	米田佳弘	氧化铌及其制造方法	由 Nb_2O_5 在 1000 ~ 1800℃ 还原（800 ~ 1300℃ 氢还原，然后碳还原）得到铌的低价氧化物，比表面积为 2.0 ~ 50m²/g，其中直径小于 2.0μm，含 NbO 为 90% 以上。	CZ20060590A S2007031324A BR10508759A
WO2006085635A	060207 050214	060817	东洋炭素株式会社	藤原广和	碳化钽涂层及其制造方法	在碳基上涂覆碳化钽涂层，在 X 射线衍射图显示出碳化钽膜的碳化钽晶体（220）面衍射线显示有最强衍射线密度，碳化钽（220）面衍射线半高宽不超过 0.2°。	HK1105096A US8216667B2 CA2559042C
JP2006228679A 特许 4519679B	050221	060831 100804	NEC 东金株式会社	户井田刚	导电性高分子组成物及用其制造的电解电容器	导电性聚合物组合物，其含有通过使用由 3,4-乙烯二氧基噻吩重复结构单元组成的阳离子聚合物、作为阴离子的聚苯乙烯磺酸而得到导电性聚合物，还有含添加剂的萘磺酸。	US7379290B CN1824700A CN100537656C
JP2006241525A 特许 4931174B	050303	060914 120516	爱发科株式会社	五户成史	钽氮化物膜的形成方法	用 CVD 法在成膜室内导入有钽元素的周围配位 N =（R，R′）的配合物的原料气体及卤素气体，形成 $TaN_x(Hal)_y(R, R')_z$ 化合物膜，再导氢与卤素反应，形成含钽的钽氮化膜。	TWI410517B CN101091005A CN101091005B

专利号	申请日	公布日	申请人	发明人	专利名称	专利要点及有益效果	同族专利号
JP2006244724A 特许 4442469B	050228	060914 100331	日立电线株式会社	岩城源三	铌三锡超导线材的制造方法	铜锡合金里配置多股铌丝或铌合金丝，在 Nb_3Sn 超导相生成前对 Nb_3Sn 超导线材进行热处理，在 30～200℃间，升温速度为 0.5～10℃/h，加热时间为 10～140h。	US2006196580A
JP2006245149A	050301	060914	NEC 东金株式会社	村田正浩	液体电解电容器及其制造方法	在相对配置的阳极与阴极之间设置有离子透过性绝缘液体电解质，多孔阳极由铌箔、铌多孔体构成，铌箔中央至少有贯通孔。阳极表面形成阳极氧化膜。	
JP2006269570A 特许 4459100B	050323	061005 100428	三洋电机株式会社	武弘义	固体电解电容器及固体电解电容器用阴极材料	由阀金属作阳极，在阳极表面依次形成介电体层、电解质层、阴极层的固体电解电容器，其中阴极层的碳粒子表面至少部分地覆盖比碳电导率高的金属和/或金属化合物层。	US7221557B US2006215352A
JP2006269579A 特许 4508913B	050323	061005 100721	三洋电机株式会社	饭田贯久	固体电解电容器及其阳极的制造方法	一种介电体层含 Si 的电解电容器，用铌或铌合金作阳极，及其固体电解电容器，介电体层含有硅 1%～10%（质量分数）。上述阴极材料是在含有氟化钾、氟化钠的熔融盐里制造的。	US7126813B US2006215353A
JP2006278788A 特许 4553770B	050329	061012 100929	三洋电机株式会社	高谷和宏	固体电解电容器及其制造方法	在钽、铌合金的阳极上依次形成氧化钽第一介电层、氧化钽第二介电层、阴极层、导电性黏结剂，形成聚合物第一导电层和第二导电层，外装树脂的电解电容器。	CN1841604A US7233484B
JP2006278789A 特许 4454526B	050329	061012 100421	三洋电机株式会社	高谷和宏	固体电解电容器及其制造方法	在钽、钽合金阳极上依次形成氧化钽第一介电层、氧化钽第二介电层、阴极层、导电性黏结剂，形成聚合物第一导电层和第二导电层，外装树脂的电解电容器。	
JP2006278790A 特许 4553771B	050329	061012 100929	三洋电机株式会社	饭田贵久	固体电解电容器及其制造方法	在阀金属阳极上形成电介质氧化膜及电解质层；在电解质层上形成含碳粒子的第一导电层和含银粒子的第二导电层；在电解质层和导电层之间有含硅烷的中间层。	CN1841603B US7742282B
JP2006312779A 特许 5109115B	060403	061116 121226	国立长崎大学	奇川明勇	镍基超合金及其制造方法	镍基超合金主要成分为镍，至少含有 Cr、Nb、C 和 Ni-Nb-C 接种剂，NbC 分散在合金里。接种剂使因科镍 718 合金晶粒微细化。	

专利号	申请日	公布日	申请人	发明人	专利名称	专利要点及有益效果	同族专利号
JP2006321682A 特许 4596149B	050519	061130 101208	信越化学工业株式会社	盐野嘉幸	钽酸锂晶体的制造方法	将钽酸锂结晶和钛一起暴露在居里点温度以下的温度，简短地制造出具有均一的再现性的导电性 $1\times10^{-11}\sim1\times10^{-12}/(\Omega\cdot cm)$ 的单晶钽酸锂。	
JP2006321683A 特许 4482761B	050519	061130 100616	信越化学工业株式会社	盐野嘉幸	钽酸锂晶体的制造方法	将钽酸锂结晶和 Mg、Ca、Al、Li、MgH_2、AlH_3、LiH 中至少一种一起暴露在居里点温度以下的温度，制造出具有均一的再现性的导电性 $1\times10^{-11}\Omega\cdot cm$ 以上的单晶钽酸锂。	
JP2006336042A 特许 5065580B	050531	061214 121107	Cabot 超金属株式会社	水崎雄二郎	金属粉末及其制造方法	钽粉、铌粉经过压制成形、热凝聚，凝聚粉末用差动辊破碎制造的金属粉末。形成三个以上的表面平坦面，占全表面积的 30% ~70%。	CN101184568A CN101184568B
JP2006336112A 特许 4381401B	060907 981013	061214 091209	德国 H. C. Starck 公司	Joza Lefelholz	铌粉末的制造方法	用碱土金属或稀土金属还原铌的氧化物，抑制还原温度，分两阶段还原，第一阶段得到 NbO_x，式中 x 为 0.5 ~1.5 的平均组成，酸洗后再进行第二阶段还原，酸洗，得到铌粉。	DE09847012 US6136062 CN1251325A RU2238821A
JP2006338912A 特许 5095089B	050531	061214 121212	株式会社丰田中央研究所	丰田英司郎	固体高分子电解质，高分子燃料电池及其制法	提供一种高电传导率、高耐久性高分子电介质，阳离子交换基的质子的一部分，V、Mn、Nb、Ta、Cr、Mo、W、Fe、Ru、Ni、Pd、Nd、Tb、Dy、Ho、Er 离子中至少择一。	US7879475B
JP2006339177A 特许 4555157B	050531	061214 100929	Nichcon 株式会社	志村崇	固体电解电容器及其制造方法	用铌粉压制成形，烧结，浸渍 20% ~60% 含量（质量分数）的硝酸锰，在高真空下 800 ~1300℃ 进行热分解，形成一氧化锰扩散到阳极内部，提供一种施加 DC 偏压时容量变化小的电容器。	
JP2006344775A	050609	061221	日本 Rohm 株式会社	中健太郎	封装型固体电解电容器的制造方法	一种树脂封装的以多孔钽烧结体为阳极的钽固体电解电容器，有 1% ~5%（质量分数）的硅胶分散在包封电容器的树脂里，提高了电容器的耐湿性。	
JP2007012650A 特许 4724480B	050628	070118 110713	Nichcon 株式会社	尾形庆一	固体电解电容器的制造方法	在用阀金属粉末制造电解电容器中，形成固体电解质、碳层和银层后，在 100 ~180℃ 加热处理，在 40 ~100℃ 老炼处理。	

专利号	申请日	公布日	申请人	发明人	专利名称	专利要点及有益效果	同族专利号
JP2007012898A 特许 4566077B	050630	070118 101020	三洋电机株式会社	武弘义	固体电解电容器及其制造方法	在阀金属阳极上形成介电质氧化物层，于 200～600℃在氧化物上形成金属氮化物，如氮化钽、氮化铌层，在氮化物上形成导电性高分子层，形成阴极。这种电容器漏电流低。	
JP2007059886A 特许 4818006B	060714	070308 111116	三洋电机株式会社	饭田贯久	固体电解电容器元件及制造方法及固体电容器	固体电解电容器芯子，阳极上形成含氧化铌的氧化物层，在氧化铌上形成阴极层，所述阳极由钽引线、阳极引线上形成含铌的表面层、上述表面形成含铌的多孔烧结体构成。	
JP2007076926A 特许 4576532B	050909	070329 101110	独立行政法人产业技术所	林拓道	钽酸钾结晶及薄膜的制造方法	将氧化钽和低浓度的氧化钾水溶液混合，超临界水热条件下水热处理，基本构造如通式 $Ta_2O_5 \cdot xK_2O$（x 为 0.9～1.1）所示。提供强介电材料钽酸钾微结晶及薄膜的制造方法。	
JP2007077460A	050915	070329	Cabot 超金属株式会社	水崎雄二郎	金属粉末及其制造方法	将钽粉铌粉压制成成型体，将成型体在差动辊破碎机上进行破碎，筛分得到所定粒径的粉末，对所定粒径以外的粉末再次进行压制、破碎、筛分。	CN101184568
JP2007081067A	050913	070329	三洋电机株式会社	高谷和宏	电解电容器及其制造方法	电解电容器阳极体是由钽粉或铌粉中添加选自钼、锡、硅中至少一种元素复合粒状烧结体制成的，氧化膜上形成导电性高分子层和第一导电层和第二导电层构成的阴极。	
JP2007081277A	050916	070329	NEC 东金株式会社	千星聪	电解电容器用金属材料	由铌和钛组成的合金制成的电解电容器，钛的摩尔比为 1%～7%；一种以铌和锆组成的合金制成的电解电容器，锆的摩尔比为 4%～7%，该电解电容器 CV 值高，漏电流低。	
JP2007096264A 特许 4804235B	060615	070412 111102	三洋电机株式会社	饭田贯久	固体电解电容器芯子及其制法、电解电容器	由铌粉烧结体构成的多孔阳极，在阳极上有 Nb_2O_5 第一氧化层，在第一氧化层上有含 $NbO_{1.5}$ 的第二氧化层，和含碳粒子的第一导电层，在导电层上形成银层构成的阴极。	US7561409B CN1925075A CN1925075B
JP2007119327A 特许 4599562B	051031	070517 101215	国立大学法人新澙大学	户田健司	铌酸钾单晶及其合成方法	将 Nb_2O_5 和 K_2CO_3 混合，添加造渣剂（如 KF），800～1000℃烧结，固相法低温结晶，难以生成结晶缺陷，可以高效地得到质量优良的铌酸钾结晶。	

专利号	申请日	公布日	申请人	发明人	专利名称	专利要点及有益效果	同族专利号
JP2007145394A	051130	070614	Cabot 超金属株式会社	副本佑二	钽坩埚再使用的方法	热处理使用的钽坩埚加入镁粉还原剂加热到 700~1200℃（优选 850~900℃）进行脱氧处理，钽材软化，然后再整形，防止坩埚脆裂，坩埚可以反复使用，延长寿命。	
JP2007150152A 特许 4662266B	051130	070614 110330	Nichicon 株式会社	手塚泰行	固体电解电容器的制造方法	ESR 低的电解电容器，是在被服好黏结剂于银粉混合物层后，用有机浸洗去掉黏结剂，银层表面只有银。黏结剂有环氧树脂、丙烯树脂、聚酯树脂等，有机溶剂如丁甲醇等。	
JP2007169074A	051219	070705	NEC 东金株式会社	佐佐木纯	铌酸锂单晶的制造方法	至少含 GeO_2、ZrO_2、SnO_2 一种以上，含总量为 0.1%~3.0%（摩尔分数）的铌酸锂单晶，该单晶在 50℃以上的氢氟酸、硝酸混酸水溶液里浸渍，将溶液搅拌、侵蚀 0.19μm/min。	
JP2007523993A	040617 030620	070823	美国卡伯特公司	Chales E. Wicksham	溅射靶安装到垫板上的方法	一个组装元件上有凸起，另一个组装元件有凹槽，使凸起容纳在凹槽中，其间存在间隙；对装配的组件加热，使两个组件侧壁结合，形成临时机械固定。	WO2004114355 CN1836307A EP1639620
JP2007231365A 特许 4789001B	060301	070913 111005	日矿金属株式会社	桂滋男	从钌钽合金分离钽和钌的方法	在送入氯气的同时加入钌钽合金，在 200~220℃使钽氯化，接着在 700~800℃使钽彻底氯化，留下钌金属。氯气用量是所需要量的 1~4 倍。	CN101029356
JP2007261910A 特许 477052B	060329	071011 110914	索尼株式会社	冈本免	钽酸锂单晶的制造方法	添加ⅡA 族元素、ⅡB 族元素、ⅢA 族元素、ⅢB 族元素中一种以上或两种以上的钽酸锂单晶基板，在含钽原料和锂原料的气氛里气相平衡处理，得到近化学计量的钽酸锂单晶。	
JP2007266573A	061228	071011	三洋电机株式会社	高谷和宏	固体电解电容器及其制造方法	用 X 射线衍照射电容器的介电层时放出铌的特性 X 的 MZ 线峰半高值幅为 0.098nm 以上的氧化铌。并且铌的特性 X 的 MZ 线峰半高值宽为 0.100nm 以上的氧化铌所构成。	US2007166981A

专利号	申请日	公布日	申请人	发明人	专利名称	专利要点及有益效果	同族专利号
JP2007269626A 特许4590531B	070406	071018 101201	独立行政法人材料研究所	古村保典	铌酸锂单晶、光学元件及其制造方法	用 $Li_2O/(Nb_2O_5+Li_2O)$ 摩尔比为0.56～0.60的原料熔融拉制的单晶铌酸锂含Mg元素0.1%～3.0%（摩尔分数），单晶的 $Li_2O/(Nb_2O_5+Li_2O)$ 摩尔比为0.490～0.500。	
JP2007277091A 特许4848960B	070727	071025 120613	东和控股公司	副本聪	氧化钽及其制造方法	钽电容器的废料用氢氟酸浸出的溶液用正磷酸酯萃取，含钽萃取液用氨水反萃取，得含钽水溶液，用吸附剂除去有机成分，添加氨水得到氢氧化钽。干燥、煅烧得到氧化钽。	
JP2007284277A 特许4701459B	060414	071101 110615	独立行政法人材料研究所	佐佐木高义	纳米筛网氧化钽的合成方法及其用途	在开放腔室积层氧化钽，第一阶段导入氧化铌离子，然后第二阶段在含阳离子的溶液接触，形成单层剥离1nm以下有规则排列孔的氧化钽筛网片结构。用作高活性催化剂。	
JP2007530207A	050324 040324	071101	德国H. C. Starck公司		形成有可控微观结构的α和β钽薄膜的方法	新型微观结构的钽薄膜，如纳米晶体、单晶和无定型。有优异的扩散阻挡性能并可用于微电子器件。使用激光淀积（PLD）和分子束外延（MBE）淀积法形成薄膜的方法。	CN1984839A MX06010834 EP1730072A
JP2007291487A	060904	071108	Cabot超金属株式会社	松冈良辅	钽粉及其制造方法	钠还原钽粉经过热处理，热处理的钽饼用差动辊碾碎、筛分，再脱氧处理，得到的钽粉 D_1 为0.2～1.0μm，且ASTM B330-02测定粒径 D_2 与上述 D_1 之比 D_2/D_1 为1.0～3.0。	
JP2007294875A 特许4879040	070219 060331	071108 120215	三洋电机株式会社	高谷一口	固体电解电容器	电容器阳极有第一金属层和第二金属层，第一金属层选自任一的Nb、Al、Ta或含其的合金，第二金属层选自任一的Ti、Zr、Hf；第一金属部分地覆盖第二金属层的表面。	JP2006098904 US7362561B2 US2008/084652A
JP2007335118A	060612	071227	Jeffeson科技联合体	Grabat Ro Maineni	由纯铌锭构成的大晶粒腔体	铌铸锭横向切断，经过冷加工成片深拉制成半个盒，然后焊接成腔。制造步骤：（1）形成高纯铌锭；（2）深加工上述铌锭成片或管；（3）将上述片或管深冲/拉成腔包；（4）焊接为腔室。	

专利号	申请日	公布日	申请人	发明人	专利名称	专利要点及有益效果	同族专利号
JP2007335516A 特许 4716431B	060613	071227 110706	NEC 东金株式会社	春日健男	固体电解电容器	由铝、钽、铌等阀金属多孔体内部形成的氧化膜上形成导电性分子膜，3,4-乙烯二氧化苯硫酚的多重单位构成的阳离子形态的聚合物以苯乙烯磺酸为掺杂剂，过硫酸铵作氧化剂添加进行化学聚合，合成高分子化合物。	
JP2008001582A 特许 5046572B	060625	080110 121010	三井金属矿业株式会社	米田佳弘；小仓宗二	一氧化铌	由微粒构成的多孔质结构的一氧化铌，其特征在于，X 射线衍射的衍射峰中，相当于（111）面的峰或相当于（200）面的峰的半宽度为 0.21°~1.0°。其氧含量为 14.0%~15.3%（质量分数）。	US7988945B2 CN101472844A DE112007001510A
JP2008010684A	060629	080117	三洋电机株式会社	饭田贵久	固体电解电容器及其制造方法	以铌为阴极的电解电容器，在阳极和氧化铌层界面附近形成含有硫 2%~25%（原子数分数）的第一界面区域，在氧化铌层和阴极界面附近形成含有硫的第二界面区域。	
JP2008010747A 特许 4884108B	060630	080117 120229	三洋电机株式会社	高谷和宏	电解电容器及其制造方法	一种以铌或铌合金烧结为阳极的电解电容器，在阳极上形成氧化铌层，在氧化铌层上形成阴极层，阳极含有磷化铌 0.004%~0.2%（质量分数），优选 $2\times10^{-3}\%\sim5\times10^{-3}\%$ 的磷。	
JP2008010826A 特许 4879048B	060531	080117 120215	三洋电机株式会社	高谷和宏	固体电解电容器及其制造方法	阳极和阴极件配置有氧化铌层的电解电容器，氧化铌层含有氟和磷，含环氧树脂、酚醛树脂和氧化硅粒子填充的树脂。氟浓度的分布是氧化铌层和阴极界面一侧浓度最高。	CN101083172B US2007285876 CN101083172A
JP2008022041A	071005	080131	三洋电机株式会社	矢野睦	电解电容器	电解电容器是由铌粉和铝粉混合后烧结成的阳极，形成氧化铌和氧化铝的介电体层，其中铝含量为 0.01%~10%（质量分数）。	
JP2008031016A	060731	080214	联盟材料株式会社	林武彦	碳化钽粉末、碳化钽－铌复合粉末及其制造方法	BET 法测定一次粒子平均粒径 0.10~0.40μm，FSSS 法测定二次粒子平均粒径为 0.4~1.0μm，且一次粒子平均粒径/二次粒子平均粒径为 0.21~0.40 的碳化钽粉末和碳化钽－铌复合粉末。	

专利号	申请日	公布日	申请人	发明人	专利名称	专利要点及有益效果	同族专利号
JP2008034566A 特许 4753809B	060727	080214 110824	三洋电机株式会社	高谷和宏	电解电容器的制造方法	电解电容器的赋能是在 0.001% ~5.0%（质量分数）的六氟化物的电解液中进行的，如六氟硅酸铵、六氟锗酸铵、六氟锆酸铵中择一的六氟酸盐。然后在介电层上形成电介质层和阴极。	US2008047116A CN101114543A
JP2008037702A	060807	080221	住友金属矿山株式会社	高塚裕二	烧结体的制造方法	含氧化铌、氧化硅或氧化钨等粉末的石墨型热压烧结，设计孔隙，在孔隙里填充呋喃，真空下烧结，呋喃蒸发后，加热烧结。	
JP2008047576A	060811	080228	三洋电机株式会社	依豆博昭	电解电容器	一种包括铌阳极的电容器元器件，含铌的阳极引线至少含有铪和锆中的一种。上述阳极引线含铪和锆的量为 0.1% ~10%（质量分数），含氮 $5\times10^{-6}\%$ ~0.1%。	US2008239630A CN101123140A
JP2008060234A 特许 4845645B	060830	080313 111228	三洋电机株式会社	饭田贵久	固体电解电容器及其制造方法	一种固体电解电容器包括阳极、介电层、阴极层，其阴极包括导电性高分子第一电解质层，在第一电解质层上形成的含有机呋喃的中间层和含导电性高分子层第二电解质层。	US7800887B CN101136285A CN101136285B
JP2008069403A	060914	080327	超高温材料研究所株式会社	岩永功	耐热合金的抗氧化结构及其被覆方法	耐热合金的抗氧化结构，是在耐热合金表面形成一种至少含 Al 和 Si 的合金层中分散氧化物的纤维及粒子的抗氧化膜。在耐热合金的表面形成一防止扩散的第一层合金膜，且在其表面形成至少含 Al 和 Si 的合金层中有氧化物的纤维及粒子分散的第二抗氧化膜。	
JP2008081378A 特许 4891021B	060928	080410 120307	触媒化成工业株式会社	俵迫佑二	铌系氧化物微粒的制造方法	将铌氧分散液或铌氧和铌以外的化合物分散液里添加过氧化氢溶解和/或解胶，得到的溶液在 80 ~300℃水热处理，制备铌系氧化物微粒。	
JP2008144261A 特许 4455603B	070214 061205	080626 100421	韩国原子力研究所	郑龙焕；李明缟	用于核应用的耐腐蚀性优异的锆合金组合物及其制备方法	锆合金的成分（质量分数）是：Nb 1.3% ~2.0%；Fe 0.05% ~0.18%；Si 0.008% ~0.012%；C 0.008% ~0.012%；O 0.1% ~0.16%；余量为 Zr。制备方法是：(1) 混合、熔融、铸锭；(2) 将上述铸锭在 β-区中热处理，冷却；(3) 将上述锭热轧；(4) 冷轧、热处理制成终产品锆合金。	US2008131306A AT426685T CN101195880A CN101195880B

专利号	申请日	公布日	申请人	发明人	专利名称	专利要点及有益效果	同族专利号
JP2008166849A 特许 4864035B	080327	080717 120125	三洋电机株式会社	矢野睦	固体电解电容器	由铌构成的基体表面氮化，在氮化层上形成氧化铌介电体层的固体电解电容器，将铌粉在含氮气氛里烧结形成烧结体。铌粉的组成是 NbN_x，其中 x 优选为 0.05～1.0。	
JP2008166851A 特许 4545204B	080327	080717 100915	三洋电机株式会社	矢野睦	固体电解电容器及其制造方法	在铌和铌合金阳极体上形成铌和氧为主的第一介电层，在第一介电层上形成含磷离子的第二介电层，在第二介电层上形成阴极。从第一介电层到第二介电层氟离子浓度逐渐降低。	
JP2008198794A	070213	080828	富士通株式会社	栗源和明	固体电解电容器及其制造方法	在腔室里，在氩气和氢气的还原气氛里，供给的氧化钽粉末经过熔射炬等离子体照射，在印模基板上设置的铜箔基板上，形成多孔的金属钽。	
JP2008198984A	071126	080828	三洋电机株式会社	小林泰三	铌固体电解电容器及其制造方法	一种铌电解电容器，在阳极上形成介电层，介电层含有氮和氟，介电层中从阴极侧到阳极侧氟的浓度逐渐增加。氮含量为 0.05%～3%（质量分数），阳极是在含氟的水溶液里形成的。	CN101226831A
JP2008201641A 特许 4924818B	070222	080904 120425	住友金属矿山株式会社	尾骨富男	钽酸锂基板及其制造方法	一种体积电阻率为 $10^{10}\,\Omega\cdot cm$ 以下的钽酸锂基板，钽酸锂基板中 Nb 的浓度为 0.01% 以下，优选 3×10^{-3}% 以下。基板用铝粉或铝和氧化铝混合粉末还原处理。	
JP2008208002A	070227	080911	三菱材料株式会社	佐藤一祐	钽的回收方法	含氟化钠、氟化钾和微量钽的钠还原副产物用水浸出，残渣用硫酸溶解，含钽溶液里添加亚铁源，生成氢氧化亚铁和钽的沉淀，过滤，使钽浓缩回收。	
JP2008216623A 特许 4939259B	070305	080918 120523	日矿金属株式会社	小田国博	溅射靶	靶最外面通过 X 射线衍射测定的｛200｝结晶面的半宽为 0.1～0.6，半宽的变动为 ±0.05。｛110｝结晶面的半宽为 0.25～0.4，半宽的变动为 ±0.05。加工应变深度离表面 15μm。	US8425696B TWI302831B CN101278071B
WO2008111324A 特许 5146443B	070314	080918 130220	旭硝子株式会社	林一郎；小高秀文	透明导电膜和制造透明导电膜方法及溅射靶	用于通过溅射法形成透明导电膜的溅射靶，所述溅射靶包含氧化锡作为主成分，并且包含铜元素和选自由铌、钨、钽、铋和钼组成的 A 组掺杂剂的至少一种元素作为掺杂剂。	US2012003495A CN101631892A KR2009122233A

专利号	申请日	公布日	申请人	发明人	专利名称	专利要点及有益效果	同族专利号
JP2008227549A	080620	080925	昭和电工株式会社	西冈正明	电容器用铌及用铌制造的电容器	一种电容器用铌粉的铬含量为 $5\times10^{-3}\%$ 以下，优选 $3\times10^{-4}\%$ 以下。及用所述的铌粉制造的电容器，耐电压特性得到改进。	CN1509483A JP2012054574A
JP2008248378A	080201 070307	081016	三洋电机株式会社	金田和博	电解用电极及电解单元	一种电解用电极，由基体、基体的表面层构成，其表面层是非晶的绝缘层，如无定型氧化钽、氧化铝薄膜。上述表面层的厚度为20～2000nm。	KR2008082488A CN101260536A
JP2008260663A 特许4735594B	070413	081030 110721	住友金属矿山株式会社	梶谷富三	氧化物单晶的育成方法	切克劳斯基法生长氧化物单晶的方法，其特征是生长的单晶直筒（等径区）直径 d 与坩埚内径 D 之比（d/D）为0.8～0.9，氧化物单晶为铌酸锂单晶，钽酸锂单晶。	
JP2008266047A 特许5054414B	070417	081106 121024	三井金属矿业株式会社	三口靖英	氧化铌粉末	氧化铌，以标准白色板为基准测定的波长500nm中分光反射率为95%以上，波长400nm中分光反射率为75%以上，波长320nm中分光反射率为10%以下。	
JP2008288561A	080313 070420	081127	三洋电机株式会社	小林泰三	铌固体电解电容器及其制造方法	低价铌构成的电容器阳极，在其介电层中含有氟，氟的浓度分布的最大值存在于阳极界面或者超过电介质层的厚度方向的一半地存在于阳极侧。电容器含有的磷偏在阴极侧。	CN101290834A CN101290834B
JP2008300464A	070530	081211	三洋电机株式会社	伊豆博昭	固体电解电容器	电解电容器有阳极、阴极和其间设介电层，其阳极是含铌粉和氮化铌（$Nb\text{-}Nb_2N$）的多孔烧结体，其中氮化铌的含量是总量的1%～30%（质量分数），铌粉和氮化铌粒子粒径约为2μm。	
JP2008308701A 特许3779314B	050902 050214	081225 060524	东洋炭素株式会社	山田典正	碳化钽被覆碳素材料及其制法	一种碳素基材，在碳素基材的上被覆碳化钽（222）面结晶层，X射线对碳化钽（222）面的衍射线峰值半高宽0.2°以下，被覆的碳化钽膜厚度为10～100μm。	
JP2009039784A	080805 070807	090226	美国通用电气公司	S. 萨蒂安	具有增强的抗氧化性的钎焊合金组合物	合金的组分（质量分数）：Cr 22%～24.75%；Ni 9%～11%；W 6.5%～7.6%；Ta 3%～4%；C0.55%～0.65%；Zr 0.3%～0.6%；Ti 0.15%～0.3%；B 1.5%～2.6%；Si 1%～10%；Fe ≤1.3%；Mn≤0.1%；S≤0.02%；余量为Co。	EP2022599A CN101363090A US2009041611A

专利号	申请日	公布日	申请人	发明人	专利名称	专利要点及有益效果	同族专利号
JP2009044021A 特许 4931730B	070810	090226 120516	三洋电机株式会社	加藤菊子	固体电解电容器及其制造方法	铌金属或铌合金为阳极，在阳极上形成氧化铌介电层和阴极层的固体电解电容器，其特征是氧化铌介电层含氟，同时含有钽、铝中至少一种金属，有1%～50%（原子数分数）原子固溶在其中。	
JP2009046733A	070821	090305	日矿金属株式会社	山越康广	钽铂溅射靶及其制造方法	一种钽铂溅射靶，其中含铂为15%～75%（原子数分数），其余为钽和不可避免杂质，其密度为理论密度的99%以上。制造方法是预先制备Ta-Pt金属间化合物粉末，将粉末混合，成型烧结。	
JP2009073675A	070918	090409	三井金属矿业株式会社	小野幸子	金属氧化物粉末及其制造方法	一种结晶性氧化铌或氧化钽金属氧化物粉末，粒子的平均粒径为0.2μm以下，F含量为0.01%以下。钽、铌电极浸渍在氟离子溶液里，阳极氧化形成钽铌氧化物。	
JP2009097073A	071227 070906	090507	大同特殊钢株式会社	末钢伯理	再熔炼用消耗电极及其制造方法	镍含量（质量分数）超过30%，Al、Ti、Ta、Nb的总含量超过2%的析出硬化合金再熔炼电极的制造方法，在比固溶温度低的温度，850～950℃热处理10～100h。	
JP2009102680A 特许 5183145	071222	090514 130417	Cabot 超金属株式会社	松冈良辅	钽凝聚粒子及其制造方法	凝聚钽粉的制造方法是将钠还原氟钽酸钾得到的松装密度为0.2～1.0g/cm³的钽粉边加水边高速搅拌，进行造粒；将造粒体干燥，然后热处理得到凝聚粒子的钽粉。	
JP2009114540A 特许 4754617B	081205 030401	090528 110824	日矿金属株式会社	小田国博	钽溅射靶及其制造方法	熔炼得到的钽锭经过锻造、退火、压延加工制得的钽溅射靶，钽靶的组织结构有20%以上为未再结晶组织。维氏硬度为100以上，在最终塑性加工后在1173K以下温度退火。	EP1609881B CN1771350A US8172960B
JP2009120417A	071113	090604	住友金属矿山株式会社	梶谷富男	钽酸锂基板的制造方法	掺杂Rh的钽酸锂基板的制造方法：将加工好的钽酸锂基板和Ru或Pt-Rh合金接触，在800℃以上、钽酸锂熔点以下的温度保温3～50h。	

专利号	申请日	公布日	申请人	发明人	专利名称	专利要点及有益效果	同族专利号
JP2009120933A	071113	090604	Shase技术研究所	岛宗孝之	耐腐蚀多晶材料	一种耐腐蚀材料电极，基体是Ti-Ta合金，合金表面有一层1μm以上，实质上不含卤素，含0.1%～20%（摩尔分数）Ti，其余为Ta的或In-Ta氧化物的导电性氧化物层。	
JP2009124162A 特许4906130B	090105 011002	090604 120328	昭和电工株式会社	河边功	铌粉、其烧结体、其阳极体及其电容器	从粒子表面到内部的厚度方向含氮量不同，50～200nm的平均氮含量为0.29%～4%，且优选从粒子表面到50nm深度平均氮含量为0.19%～1%。	JP2012069967A BR0206094A CN1486498A
JP2009137789A	071205	090625	住友电气工业株式会社	森田俊雄	碳化钽烧结体及其制造方法和成型用靶材	相对密度96.5%以上的碳化钽烧结体是用纯度99.0%，平均粒径3μm以下的碳化钽微粉在惰性气氛里或30Pa以下真空中1600～2300℃烧结30min得到的。	
JP2009167065A 特许5137594B	080118	090730 130206	三井金属矿业株式会社	东贤治	氧化钽	500～425μm，425～355μm，355～300μm，共计3%（质量分数）以下；300～250μm及250～150μm合计40%（质量分数）以上；75μm以下为15%（质量分数）以下。比表面积2.0m^2/g以上。	
JP2009176972A	080125	090806	NEC东金株式会社	坂田幸治	固体电解电容器用阳极体及固体电解电容器	由阀金属纤维粉末压制的多孔烧结体为阳极的电解电容器，阀金属占烧结体的体积分数为5%～50%，纤维直径为15～150μm，阀金属如钽、铌。提供薄型、容量高的电容器。	
JP2009188417A 特许4712883B	090403 031110	090820 110629	昭和电工株式会社	大森和弘	电容器用铌粉、铌烧结体及电容器	以铌烧结体为阳极，在阴极表面形成氧化铌，阴极为电解液、有机半导体、无机半导体、导电性高分子中至少择一的电解电容器，其中介电体层含有氧化硅。	CN1879081A EP1683167A KR2006123249
JP2009194266A 特许5091710B	080218	090827 121205	三洋电机株式会社	加藤菊子	固体电解电容器及其制造方法	铌或铌合金组成的阳极，在阳极上形成的氧化铌，上述介电层上形成导电性高分子层（露出形成的中间层），在上述中间层和上述介电层上形成的阴极。氧化铌介电层掺杂氟。	

专利号	申请日	公布日	申请人	发明人	专利名称	专利要点及有益效果	同族专利号
JP2009197332A 特许4593475B	090403 031106	090903 101208	日矿金属株式会社	小田国博	钽溅射靶	钽溅射靶，其表面以整体结晶取向的总和为1时，具有（100）、（111）、（110）之一取向的结晶其面积率不超过0.5。成膜速度快，膜均匀，很少产生电弧和颗粒的钽溅射靶。	EP1681368 US7892367B2 CN1871372A
JP2009221514A	080314	091001	大宇生态系统	汤本彻也	从电子基板回收钽的方法	把有钽电容器的组装基板在氧化性气氛里加热到550℃以上氧化处理，冷却后过筛，筛下得氧化钽，筛上是贵金属。	
JP2009536266A	070503	091008	Cabot 超金属株式会社	水崎雄二郎	钽粉及其制造方法	提供一种高比容钽粉，该钽粉压制密度为4.5g/cm^3，烧结后的钽块在0.1%（体积分数）磷酸溶液里90mA/g的电流密度6V形成阳极，该阳极在25℃30.5%（体积分数）硫酸溶液里120Hz和1.5V电压下测定比容为200000～800000μFV/g。	GB2450669B CZ20080704A US7679885B2
JP2009239312A 特许4809463B	090716 011004	091015 111109	昭和电工株式会社	内藤一美	钽烧结体及电容器的制造方法	用10～300μm的钽粉压制成型，压力是在粉体成型可能压力以上，在500～2000℃烧结，得到一个孔径分布峰的烧结体。	JP2005505933 WO03032743
JP2009272598A	080814 080506	091119	三星电机株式会社	李永久	钽电容器外电极形成方法	钽电容器模压材表面用氟化物进行处理，压接体表面阳极端面用钯催化剂进行一次催化处理，阳极周围表面用钯催化剂进行二次处理，在阳极表面镀覆镍膜。	KR100975919B
JP2010040423A	080807	100218	高能加速器研究所；东京电解株式会社	齐藤健治；竹内孝一；山崎弘志	超导高频加速腔的制造方法	（1）通过圆盘形状的铌材料得到铌锭；（2）在支撑铌锭的状态下，不断喷射微小的浮游磨粒，通过使多重金属线锯运动，将所述铌锭切割成多个具有特定厚度的铌板；（3）除去切割后的铌板上附着的浮游磨粒；（4）通过深冲成型方式使铌板成型，为所需形状。	EP2312945A CN102132634A US8324134B2 US2011130294A
WO2010058534A	091110	100527	三洋电机株式会社	大山达史	电容器电极，电容器及电容器电极的制造方法	该方法包括在由钽（或钽合金）箔制的正电极表面上喷洒由钽金属粉末和导电性有机粒子形成多孔层，形成多孔正极层。可以用2个喷嘴同时喷金属钽粉和有机粒子。	US2011222209A

专利号	申请日	公布日	申请人	发明人	专利名称	专利要点及有益效果	同族专利号
JP2010141180A	081212	100624	Nichicon 株式会社	木原浴幸	固体电解电容器及其制造方法	在钽金属阳极上依次形成氧化膜层、二氧化锰层、导电性阴极层的芯子，芯子是由斥水性树脂粉体形成的斥水性树脂层，在斥水性树脂层上形成绝缘性树脂层。	
JP2010150650A	090515 081127	100708	Cabot 超金属株式会社	松岗良辅	钽凝聚粒子的制造方法	将还原得到的二次粒子钽粉粉碎，加水制成块；将含水钽块干燥；将干燥后钽块过筛得到球形化粒子，将球形化粒子进行热处理得到凝聚钽粉。	
JP2010159496A	100305	100722 140221	日矿金属株式会社	小田国博	钽溅射靶及其制造方法	从钽靶厚度的30%位置向中心面，(222) 取向优先的结晶组织，从钽靶厚度的10%位置向中心面，(222) 取向优先的结晶组织。	
JP2010214352A	090319	100930 130517	独立行政法人产业技术研究所	大木达也	钽电容器回收方法	把从印刷电路基板上剥离下来的元件筛分，钽电容器用气流（12.4m/s、23.6m/s）筛选出密度为 $2.8 \sim 4.3g/cm^3$ 的颗粒进行回收，再用0.024T的磁场进行磁选，得到钽电容器高浓缩产物。	
JP2010245554A 特许4942837B	100630 040930	101028 120530	三洋电机株式会社	西村康一	固体电解电容器	铌粉烧结多孔体为阴极，氧化铌为介电层，介电层上覆盖电解质层，电解质层上是第一导电性层和第二导电性层组成的阴极，阴极、阳极分别接阴极端子、阳极端子。	
JP2010265520A	090515	101125	Cabot 超金属株式会社	松岗良辅	钽混合粉末及其制造方法，钽坯块制造方法	将钽凝聚粒子（X）和钽凝聚粒子（Y）混合，将钽凝聚粒子（X）和钽凝聚粒子（Y）分别用25W的超声波振动10min，3μm以下的累积粒子比例分别为5%和10%（质量分数）以下；	WO2010131483AJP2009119000 US2012081840A
JP2010265549A	100611 000421	101125	昭和电工株式会社	内藤一美	电容器用铌粉	一种铌粉，含钽0.07%以下，该铌粉部分氮化，含氮10ppm至数万ppm（$1ppm = 1 \times 10^{-4}\%$），一次粒子粒径小于1μm，经过造粒处理。是钠还原氟铌酸钾产物粉碎或铌锭氢化制粉脱氢得到的。	
WO2011018970A	100804 090811	110217	吉坤日矿日石金属株式会社	福岛笃志	钽溅射靶	一种钽溅射靶，含有钼 $1 \times 10^{-4}\% \sim 0.01\%$，还含有Mo大于0小于0.01%为必要成分，钽纯度（除Nb、Mo外）为99.998%。	JP2011144454A

专利号	申请日	公布日	申请人	发明人	专利名称	专利要点及有益效果	同族专利号
WO2011018971A	100804 090811	110217	吉坤日矿日石金属株式会社	福岛笃志	钽溅射靶	一种钽溅射靶，含有钨 $1\times10^{-4}\%$ ~ 0.01%，还含有 Mo 和/或 Nb 大于 0 小于 0.01%，（Nb + W + Mo）总量为 $1\times10^{-4}\%$ ~ 0.015%，钽纯度（除 Nb、Mo、W 外）为 99.998%。	JP2011137240A
WO2011061897A	101104 091117	110526	东芝株式会社	中岛信昭	钽溅射靶及其制造方法	钽锭进行捏压锻造冷加工，捏压锻造后在 1000℃ 以上进行再结晶退火；接着进行捏压锻造冷加工，其断面缩减率为 35% 以上，在 900℃ 以上的温度进行退火处理。	
JP2011168890A	110210	110901	吉坤日矿日石金属株式会社	福岛笃志	钽溅射靶	含有 $1\times10^{-4}\%$（质量分数）以上且 0.01%（质量分数）以下的钼作为必要成分，并且除钼和气体成分以外的纯度为 99.998% 以上。上述钽溅射靶，还含有 0 ~ 0.01%（质量分数）的铌。	US2012037501A EP2465967A CN102471874
JP2011214110A 特许 5010706B	100401	111027 120829	三井金属矿业株式会社	吉田麻美	钽的回收方法	将含钽废料，如废钽阳极块，经过破碎，过筛，然后用盐酸处理，再用碱洗涤，如氢氧化钠或氢氧化钾，得到降低了磷和锑的钽。	US2013014611A DE112011011153
JP2012012708A	040211 030213	120116	美国 Cabot 公司	Christopher A. Michaluk	形成溅射靶金属坯件的方法	金属坯件（如钽、铌、钛）、盘和溅射靶的制造方法：将金属板的两个面中一个面弄平。弄平的平面的平整度为 0.005in 或更低，改进了溅射靶坯件与背衬板的结合度。	
WO2012008334A	110705 100716	120119	吉坤日矿日石金属株式会社	大桥一允	钽基烧结体溅射靶及其制造方法	将钽粉和钛粉混合烧结成的钽基溅射靶，0 < Ti ≤ 50%（质量分数），相对密度为 90% 以上。提供防止集层体相互扩散和铜的扩散的阻挡层。烧结法提高密度，组分均匀，减少偏析。	KR2012120964A JP2010161589A
JP2012021218A	100716	120202	Dowa Ecoa 株式会社	小野浩之	钽的回收方法	把组装板废钽电容器在氧化性气氛里 400 ~ 500℃ 加热，得到的产物进行粉碎，与硅化物进行分离，分离硅化物后在 550℃ 以上的温度处理，得到的产物与贵金属分离得钽。	JP2012021219A

专利号	申请日	公布日	申请人	发明人	专利名称	专利要点及有益效果	同族专利号
JP2012021219A	100716	120202	Dowa Ecoa 株式会社	小野浩之	铌的回收方法	把组装板废铌电容器在2.5%氧化性气氛里350～500℃加热处理，得到的产物再在550℃以上的温度处理，得到的产物对长度为0.1～1mm，再进行铌的分类回收。	
WO2012020631A	110721 100809	120216	JX 日本矿材料业株式会社	仙田真一郎	钽溅射靶	含有$1\times10^{-4}\%$以上且$5\times10^{-3}\%$以下的硼作为必要成分，且除硼和气体成分外的纯度为99.998%以上。得到具有均匀微细的组织、等离子体稳定、膜的均匀性优良的高纯度钽溅射靶。	CN103052733A TW201209177A US2013092534A
JP2012036440A	100806	120223	三井金属矿业株式会社	米田加弘	铌粉、一氧化铌的制造方法	用五氧化二铌与粒子生长抑制剂混合，用还原性碱金属（如Mg、Ca）还原，再次与抑制剂混合用还原金属二次还原，还原产物里除去抑制剂，得到铌粉或一氧化铌。	
JP2012041576A	100816	120301	UJVAC 株式会社	西方靖	电加热丝，成膜方法	一种电加热丝，芯子是金属钽，外表是碳化钽，碳化钽的厚度为50μm以下，这种电加热丝的电阻小，施加的电压低。还涉及其制造方法。	
JP2012052235A	110912	120315	东洋炭素株式会社	金子忠昭	钽管和 PIT 炭芯的制造方法	将炭粉装填进钽管，进行拉拔加工，在钽表面氧化钽能够挥发的温度进行真空热处理，然后引入碳源在更高的温度热处理，钽与炭粉 PIT 固相扩散，在钽管内表形成碳化钽。	
JP2012054574A	111011	120315	昭和电工株式会社	西岗正明	电容器铌粉，及其制造的烧结体和电容器	铌粉里含铬量不大于$0.8\times10^{-4}\%$，一次粒子的平均粒径为0.1～3μm，团化颗粒的平均粒径为10～300μm，比表面积为0.5～7m^2/g，该铌粉的烧结体和铌烧结体制的电容器。	JP2008227549A CN1509483A BR0208129A
JP2012054595A	111107 050223	1210315	三洋电机株式会社	饭田贵久	固体电解电容器及其制造方法	阀金属阳极电容器，在阳极上形成电介质氧化膜层，电解质层包括在阳极侧的第一电解质层和在其上的第二电解质层，第二电解质层中氧的浓度从第一电解质层向阴极层减少。	JP2010232699A CN1825509B

专利号	申请日	公布日	申请人	发明人	专利名称	专利要点及有益效果	同族专利号
JP2012087085A	101019	120510	住友金属株式会社	户田英二	高纯度铌溶液的制造方法	在有氯存在下蒸馏氯化铌，得到实质上不含 Na、Al、Ta 的氯化铌，加水形成铌酸浆料，水洗后脱水，50℃干燥，络合剂混合得到高纯铌液。	
JP2012087371A	101029	120510	Cabot 超金属株式会社	久保田治	钽粉的制造方法，钽粉脱氧方法	钽粉与 Mg 接触脱氧后测定含镁 $2\times10^{-3}\%$ 以下，钽粉松装密度 $1.83g/cm^3$ 以下，BET 比表面积 $4.0m^2/g$ 以上，比容 170000μFV/g 以上，氧0.8% ~ 2.1%，N 0.08% ~0.25%。	
JP2012094436A	101028	120517	日立电线株式会社	大圃一実	Nb_3Sn 超导体前驱体	在铜管内用钽或铌作隔离层，管内交互配置横截面为正六边形的铜包铌单芯棒和铜包锡单芯棒，铌棒连接锡棒，锡单芯棒与铌单芯棒断面之比为0.3~2.2。	EP2448029A US2012108437A
JP2012513105A	091207 081219	120607	德国 H. C. Starck 公司	Ralphotterst Marianne	电容器阳极	一种基于氧化铌的固体电解质电容器阳极，通过成形阳极坯体和烧结形成阳极体来制备这种阳极的方法，以及制备具有氧化铌阳极的固体电解质电容器的方法。	CN102257584A EP2380181A
JP2012111684A	111031 101101	120614	佳能株式会社	山本哲士	氧化钽粒子的制造方法	把钽的醇盐放在容器里，加水使钽的醇盐分解，得到含氧化钽，容器内的最高温度 T 和最高压力 P 要满足下列两关系式：$205℃ \leqslant T < 300℃$ 且 $P \geqslant 0.9MPa$。	JP2012108745A
JP2012117096A	101130	120621	东洋炭素株式会社	阿部纯久	钽容器渗碳处理方法	将要渗碳的钽容器置于气密封容器内，用削尖的支撑杆支撑钽容器，使其接触面极小，将碳源置于要渗碳的钽容器附近，抽空加热进行渗碳。	
JP2012132099A	120207 000928	120712	成田敏夫	成田敏夫	铌基合金耐热材料	铌基合金有第一层 $Re_{1-a-b}M_aR_b$ 合金（其中 M 是 Cr、Si 中至少一种；R 是 Nb、Mo、W、Hf、Zr、C 中至少一种，a，b 是 M、R 原子比），第二层合金 $Q_{1-c}Si_c$，Q 是 Mo、W、Nb 中至少一种。	WO0227067A
JP2012148927A	110119	120809	住友化学株式会社	中田邦彦	氧化铌微粉	在 X 射线衍射图中，有氧化铌（Ⅲ-Nb_2O_3）的峰值，一次粒子粒径为 100nm ~ 1μm 的氧化铌（Nb_2O_3）。用五氧化二铌与镁混合在 650 ~ 800℃处理，Mg/Nb 原子比为 1.1 ~ 10。	

专利号	申请日	公布日	申请人	发明人	专利名称	专利要点及有益效果	同族专利号
JP2012211048A 特许5103541B	110331	121101 121219	三井矿业株式会社	黑田龙太郎	铌的分离精炼方法	（1）用石油碳氢化合物作稀释剂，将铌从氢氟酸硫酸溶液里萃取到有机相；（2）用硫酸水溶液洗涤；（3）将降低了杂质的含铌有机相用水溶液反淬到水相。	WO2012132017A
JP2012227380A	110420	121115	JVAC 株式会社	西方靖	电加热丝，加热丝的制造方法及真空设备	电加热丝（TaBN 线 20），是用氮化钽与硼作用在表面形成一层 TaBN。这样，在真空高温下不会脱氮，强度高，不变形，耐久使用。是在真空里加热通入硼或碳使其硼化。	
JP2012255209A	120518	121227	Cabot 超金属株式会社	野口佳和	钽粉的制造方法	还原得到的钽粉产物在水中形成悬浮液，水洗后用膜过滤，然后酸洗，上述钽粉的比表面积在 $9000cm^2/g$ 以上。装置水洗方法钽粉收率高。	
JP2012255424A	110610	121227	东芝株式会社	根本邦义；	蒸汽涡轮机的铸造用 Ni 基合金及其铸造部件	Ni 基合金以质量分数计含有 C 0.01% ~0.1%、Cr 15% ~ 25%、Co 10% ~ 15%、Mo 5% ~ 12%、Al 0.5% ~2%、Ti 0.3% ~2%、B 0.001% ~0.006%、Ta 0.05% ~1%、Si 0.1% ~0.5%、Mn 0.1% ~0.5%，且余量由 Ni。	US2012315133A CN10281695A
JP2013001581A	110613	130107	住友金属矿山株式会社	大山公士	钽酸锂单晶的生长方法	在 CZ 法拉制钽酸锂单晶中，当钽酸锂单晶生长到直筒部分时，间隔 5 ~ 800min 反转一定的时间，这样拉出的单晶在 *x* 轴方向不会弯曲，由锭切割的单晶片直径无问题。	
JP2013028834A	110727	130207	国立大学法人北海道大学	三浦诚司	Nb-Si 系耐热合金	一种高温强度高，室温韧性好的 Nb-Si 耐热合金，含有 Au、Pd、Re、Os、Pt 中至少一种元素，从 1%（原子数分数）到固溶度以下，在铌母合金中，Nb_5Si_3 分散在其中，Nb/Nb_5Si_3 为共晶组织，可进行精密铸造，单向结晶。	
JP2013032590A	120910	130214	印度 Rharat Heavy	Kuluit Sigh	用于汽轮机外壳添加铌的 CrMo1/4V 钢铸件	一种铬-钼-钒（Cr-Mo-V）铸钢，含有（质量分数）：Nb 0.04% ~0.08%；C 0.08% ~0.2%；S ≤ 0.015%；P ≤ 0.02%；Si 0.30% ~ 0.60%；Mn 0.50% ~0.80%；Cr 1.2% ~ 1.5%；Mo 0.9% ~ 1.1%；V 0.2% ~0.3%；其余为 Fe。	US7981360B EP1979499A CN101111618A

专利号	申请日	公布日	申请人	发明人	专利名称	专利要点及有益效果	同族专利号
JP2013058757A	120907 110908	130328	韩国三星电子公司	Chutaiiun	钽电容器	一种钽粉压制的片式电解电容器，其中阴极引线是用铌丝，这样铌丝与钽烧结体结合力强，等效串联电阻低，漏电流低。	CN103000380A EP2568486A
JP2013076142A	110930	130425	Covlent 株式会社	松田征隆	耐蚀器材及其制造方法	一种半导体或液晶制造等离子处理用耐蚀器材，至少在其表面被覆有耐蚀性膜，是以钇为主的至少包含钽或铌，其五价氧化物含量相当于钇的摩尔比为0.02%～10%。	US2013164700A KR2013035877A
JP2013105892A	111114	130530	富士通株式会社	中岛友一	钽电解电容器	箱式阴极端子装入钽芯子并与其阴极用导电性黏结剂黏结，开口与阳极隔离，阳极端正好插入钽芯子的钽丝连接，确保阴极的强度，等效串联电阻低。	
JP2013119668A	120521 111206	130617	美国 Canon 公司	Kenneth Harris	发动机叶片用低铼单晶镍基超合金	低铼镍基超合金的成分（质量分数）：Al 5.6%～5.8%；C 9.4%～9.6%；Cr 4.9%～5.5%；Hf 0.08%～0.35%；Mo 0.50%～0.7%；Re 1.4%～1.6%；Ta 8.1%～8.5%；Ti 0.6%～0.8%；W 7.6%～8.0%；余量为镍和不可避免的杂质。	US2013142637A CA2774730A EP2612935A
JP2013159815A	120203	130829	环球高级金属株式会社	松岗良浦；泉知夫	钽粒子的制造方法	钽的化合物被还原后用25W超声波超声处理，使得5～20μm的粒子的量至少占40%，然后在100份钽粉（质量）中加入14～16份（质量）的水，搅拌造粒。	WO2013115366A

专利号	申请日	公布日	申请人	发明人	专利名称	专利要点及有益效果	同族专利号
CN85101505A CN85101505B	850401	860827 880330	华北光电技术研究所	刘寓中	耐磨的带有钽酸锂薄膜的钽制品及其制备工艺	在钽铌金属表面除油、清洁，施加电压阳极化，用氢氟酸腐蚀表面，将金属件置于430～580℃的$LiNO_3$，KNO_3与LiOH的混合盐熔融盐中，施加3～45V进行电解，在170～400℃老化。	
CN85103967A CN1003865B	850521	860903 890412	包钢稀土一厂	李慧清；程永聚；代克智	稀土精矿球团矿热炉制备稀土矿渣和含铌磷铁	采用稀土氧化物7%～10%的中贫铁矿石入高炉，稀土精矿球团入矿热炉，以焦炭为还原剂，硅石为造渣剂还原冶炼，脱铁除磷制备稀土矿渣和含铌磷铁的副产物。	
CN85102190A	850401	861015	昆明冶金研究所	蒋明志；易绍贤；陈金凤；陈一晴；陈　青；宋　萍	连续离心选矿机	用于连续选锡、钨、钽、铌等金属矿物的选矿机包括一内锥面有环形通槽，外锥面有突起的多头螺旋的内转筒，一锥度与内转筒相同的外转筒，一摆线针轮减速器，一精矿排出斗和尾矿排出斗。	
CN85103106A CN1008119B	850426	861022 900523	北京钢铁学院	陈伟庆；林宗彩；周荣章；王绍琴；赵慧英；黄　晔	铌渣合金化添加剂及其在炼钢中的应用	用于冶炼含铌低合金钢的添加剂，含$Nb_2O_5>4\%$，$Nb/P>5$的含铌渣，按其质量的30%～90%配入，还原剂选自硅钙合金、硅铁粉、碳粉中至少一种，加入量为10%～70%，氧化钙为添加剂。	
CN85104969A	850625	870107	轻工业部玻璃搪瓷研究所	马传玺；孔宝国；赵军令；张国宾；周亭亭	大直径铌酸锂单晶生长设备及工艺	电阻炉提拉铌酸锂单晶，在电阻炉膛上部有耐火材料锥面热辐射罩，液面温度梯度低于$dr/dz=15\sim7℃/cm$，$z=0\sim10mm$，晶体温度保持在居里点之上，使用铂铑籽晶杆。	
CN87100213A CN1004445B	870127	870119 890607	同济大学	李　杰	检验铌酸锂单晶的方法	将压电晶体的垂直于声波传播方向的一对界面抛光，将交变脉冲电磁场加在其一抛光面上，激发脉冲声波，信号被探极接收，测量其值与标准值比较，确定压电晶体缺陷。	
CN85107979A CN1010525B	851018	870422 901121	中国科学院上海冶金研究所	何　牧	制备铌三锡高场超导复合线的方法	经过二次或三次EB熔炼的纯铌锭，中心打孔，孔内装铜锡合金，外套紫铜管加工成六角形单芯复合棒，多芯复合加工成复合线。外套筒之间的铌芯是用二次以上的电子束熔炼的纯铌锭中间打孔。	

专利号	申请日	公布日	申请人	发明人	专利名称	专利要点及有益效果	同族专利号
CN85109070A CN1009739B	851220	870624 900926	北京有色金属研究院	贺从训；苏兰英；胡子尤；李家骏	铌合金的制造方法	铌合金的制造方法，将氢化铌粉和钛粉、钼粉、锆粉、铪粉中至少一种混合，压制成电极，经过200～700℃低温烧结和在900～1600℃高温烧结，再熔炼成铌合金。	
CN85109182A CN85109182B	851220	870624 880302	中国科学院物理研究所	李世恕；孟庆惠；韩翠英	超导带材的扩散焊接方法及其装置	将超导带要焊接部位互相搭接，加压5～10kg/cm^2，在真空里加热到950℃，保温5～10min，焊接部位镀铜。焊点电阻率低于$5\times10^{-14}\Omega$，全临界电流密度大于$3\times10^4 A/cm^2$。	
CN87101648A CN1004614B	870227	870819 890628	江西九江有色金属所	江民德；艾玉青	制取球形钽粉的方法及其产品	用携带气体将钽粉送入等离子反应区，喷入真空罐中冷却，制成球形钽粉，酸洗，1000～1250℃热处理。该钽粉耐击穿电压300～450V。	
CN86107657A CN86107657B	861111	871209 880113	北京有色金属研究院	何万年	球形五氧化二铌的生产方法	在搅拌下将氢氧化铌经过无机酸在约60～100℃酸洗，水洗，干燥后在500～750℃煅烧0.5h，得到球状α-Nb_2O_5颗粒。	
CN86107191A CN1015229B	861013	880427 920101	西安化工研究所	田　霞	血管栓塞剂的制备方法	血管栓塞剂的制备方法包括将主体胶α-氰基丙烯酸正辛酯，显影剂钽粉及调节剂碘油或碘苯酯按（80%～85%）:（1%～5%）:（10%～15%）的体积百分比配制。	
CN87203863U	870223	880518	宁夏有色金属冶炼厂	余平章	氧化物粉末焙烧装置	一种氧化物粉末焙烧装置，由耐热不锈钢罐、陶瓷坩埚和氧化铌制成的陶瓷构件组成，坩埚是多孔的，与炉罐接触过的气体不与物料接触。	
CN86108543A	861215	880713	包钢研究所	周昆吟；王鸿儒；王　静；张立贤	含铌冶金渣制取光学级氧化铌的方法	含铌冶金渣经过硫酸酸洗，HF-H_2SO_4浸出，仲辛醇萃取，低酸和纯水分段反萃取，制取纯度大于99.95%的光学级氧化铌。	
CN87100213A CN1004445B	870119	880831 890607	同济大学	李　杰	检验铌酸锂或钽酸锂单晶质量的方法	采用超声脉冲回波测试技术，通过插入损耗检测法，声衰减检测法，回波图形畸变检测法这三种方法来检验晶锭的任意区域的质量，以及通过扫描方法检验晶锭整体质量的均匀性。	

专利号	申请日	公布日	申请人	发明人	专利名称	专利要点及有益效果	同族专利号
CN86102269A	860409	881129	华北光电技术研究所	刘寓中	带膜钽铌喷丝头（板）的制造方法	制造钽铌喷丝头的步骤：清洗喷丝头表面，电化学反应，形成氧化物膜，在400～750℃的含氧锂盐里，0.5～40V阳极氧化。	
CN87104070A	870604	881214	南开大学	温金珂；唐燕生；吴仲康；王华馥	富锂高掺镁铌酸锂单晶体	一种掺镁铌酸锂晶体，投料比是：Li_2CO_3：Nb_2O_5：MgO＝（0.95×0.505）：（0.95×0.495）：0.05，效果最佳。器件的光转变阈大于$5.6\times10^4W/cm^2$，倍频转换效率40%，倍频匹配温度150℃。	
CN87104241A CN1010447B	870617	881228 901114	北京有色金属研究总院	刘人敏；吴国良	固体电解电容器的制造方法	将阀金属粉末烧结体进行阳极氧化，经被膜、被石墨、银浆层金属层、装配、老炼，用高比容钽粉，硝酸锰的浓度（质量分数）为20%～50%，在硝酸锰母液中添加硼酸铵。	
CN1030622A CN1003460B	870916	890125 890301	山东大学	孟宪林；徐炳起；孙友轩	钽酸锂晶体极化方法和装置	晶体正面接触电极，外用5～20mm厚的耐高温纤维毡，用铝作电极，在610～630℃温度下极化，其特征是用总厚度为0.1～0.5mm，每层厚5～30μm多层纯铝箔。	
CN1031896A CN1010533B	870907	890322 901121	山东大学	孟宪林；徐炳起	钽酸锂单晶晶轴极性快速确定法	对LT单晶进行极化，极化电场平行于生长LT单晶的z轴，肩面三条主棱彼此夹角为120°，将极化的LT单晶向上平放，对照肩面生长棱分布与晶体极轴的关系图，判断出z轴LT晶体极性。	
CN1032258A CN1017845B	880823 870824	890405 920812	法国弗拉马托姆	巴德·约瑟特	核反应堆燃料棒十字支撑栅格的制造方法	栅格由含2%～3%的铌的锆合金板构成，将铌锆合金板切割和冷加工成型为板，把板组装成栅格，将铌锆合金从处于α＋β相的温度中冷却下来，在500～550℃的α相中老炼10～30h。	ES2027026A ZA8806052 EP0307268B
CN1033107A CN1005930B	871020	890524 991129	化工部天津化工研究院	叶绪莘	钽－氧化钽pH传感器的制作方法	采用电化氧化法，在浓苛性碱电解液中，分两步直接氧化金属钽，在金属钽表面生成以Ta_2O_5为主体的pH值敏感膜，从而制成钽－氧化钽pH值传感器，灵敏度达到46～56mV/pH。	

专利号	申请日	公布日	申请人	发明人	专利名称	专利要点及有益效果	同族专利号
CN1034088A CN1013905B	881223	890719 910911	中国科学院上海冶金研究所	何　牧	铌三锡高场导体的制备方法	一种铌三锡高场导体的制备方法，将钛、镁作为第三元素和第四元素加入到母材中，Ti 是以 Nb-（0.5～1.5）Tiwt%合金，Mg 是以 Sn-（0～5）wt% Cu-（0.4～1.2）wt% Mg 合金加入的。	
CN1035682A CN1014080B	880308	890920 910925	鞍山钢铁公司	周富智；吴　伟	含铌高强度鱼尾板	成分（质量分数）：C：0.50%～0.62%；Si：0.20%～0.40%；Mn：0.50%～0.80%；P ≤ 0.040%；S ≤ 0.045%；N：0.015%～0.050%；Nb：0.015%～0.050%；余量为 Fe。出钢温度为 1600～1620℃，热轧温度为 1140～1180℃，870～880℃退火。	
CN1035852A CN1018736B	880318	890927 921021	中南工业大学	钟海云；王如珍；岳　忠；吴辉云	碳还原制取高压高比容钽粉	将 Ta_2O_5 与石墨混合，1450～1550℃保温到 3×10^{-3}Torr，1700～1800℃保温到 6×10^{-2}Torr，钽条制粉末压条在 1800～1900℃保温，1950～2000℃保温到 5×10^{-4}Torr，通氢气冷却后制粉，脱氢热处理。	
CN1033107A CN1005930B	871020	890524 891129	天津化工研究所	叶诸莘	钽－氧化钽 pH 值传感器的制造方法	将钽置于室温至 110℃的 10%至饱和的苛性碱溶液中在 20～100V 下进行阳极氧化 0.2～1h，再将其于室温下 0.2%～3%的苛性碱溶液中在 20～230V 下进行阳极氧化 0.5～1h。	
CN1037798A CN1014847B	880520	891206 911120	北京有色金属研究总院	王向东；宋显申；佟世昌；毛襄萍；宴志凡	掺铝化合物电容器级钽粉	掺铝化合物电容器级钽粉，钽粉中掺入水溶性铝盐，如偏铝酸钠、硫酸铝、硝酸铝中一种，使钽粉含 Al0.3%以下，和磷盐含 P0.005%～0.1%，提高比容和击穿电压。	
CN1044129A CN1012646C	890918	900725 910522	北京科技大学	杨则器；张　溪	一种炉渣中铌矿物催化结晶长大的方法	本发明方法，其特征在于用碳酸钠或二氧化钛作为铌矿物的结晶催化剂，在 1400～1000℃温度区间进行缓冷。催化剂含量为 3%～9%，缓冷速度为 0.2～10℃/min。	
CN1048569A	890703	910116	中国科学院上海硅酸盐研究所	周燕飞；王锦昌	均质掺镁铌酸锂单晶及其制造方法	按照三元摩尔总量等于 100% 计算，$Li_2O/Nb_2O_5=(47.2\pm0.3)/(52.8\pm0.3)$（摩尔比），MgO 含量为 4.0%～7.0%（摩尔分数）。MgO 与 $LiNbO_3$ 均质。	

专利号	申请日	公布日	申请人	发明人	专利名称	专利要点及有益效果	同族专利号
CN1052070A CN1023548C	891120	910512 940119	宁夏有色金属冶炼厂	潘伦桃；赵胜村；朱存喜	电容器级钽粉的生产方法	钠还原氟钽酸钾生产的钽粉，先在真空下1150～1500℃进行热处理，然后与还原金属镁混合加热700～1150℃还原，酸洗，水洗烘干。钽粉的氧和氢的含量都得到降低。	
CN1056316A	900506	911120	济宁中区钢砂厂	李春林；方孝福	铌铸铁丸制造方法	铌铸铁成分（质量分数）：C 2.5%～3%，Nb 0.5%～1.5%，Mn 0.3%～2%，Si＜0.8%，P＜0.2%，S＜0.1%，其余为Fe，铁水出炉后经过中间包，用镁石及碳酸钙处理，再用压力水流冲碎从中间包流出的铁水流，便形成铌铸铁丸。	
CN1057678A CN1018847B	910814	920108 921028	中国科学院力学研究所	朱宗厚；徐明显	铌铁精矿制取优质铌铁焊接的方法	矿石用盐酸浸取，水洗，选矿，焙烧，铝热还原，铌铁精矿成分（质量分数）：($Ta_2O_5+Nb_2O_5$) 50%～60%，Fe_2O_3 15%～25%，SiO_2 5%～12%，S＜0.5%，P＜0.5%，C＜0.5%，Ta_2O_5/Nb_2O_5＜0.5。	
CN1061202A CN1023654C	901105	920520 940202	中国科学院上海硅酸盐研究所	张燕行；华王祥	铌酸锂晶体室温腐蚀剂及其用途	室温下快速腐蚀铌酸锂晶体的腐蚀剂，包括40%的HF和98%的硫酸，氢氟酸的体积比为35%～80%，98%浓度的硫酸的体积为65%～20%。该腐蚀剂可对晶体的Z面和负Z面进行腐蚀和抛光。	
CN1068157A	910628	930120	焦作激光研究所	张世贵；王俊林	钽酸锂单晶无金极化工艺	将圆柱形LT单晶置于氧化铝坩埚中心，在LT单晶的Z面方向立两根接线电极，单晶及电极四周用LT单晶、多晶填充、捣实，进行极化。	
CN1076227A CN1026805C	941016	930915 971130	山东大学	孟宪林；孙友轩	掺杂铌酸锂晶体的极化方法和装置	本方法包括将磨好端面的样品置于极化陶瓷板之间，上下陶瓷板加一铂片电极，升温到极化温度，加极化电压，再降温到室温，铌酸锂两端是经过整平处理后经过掺杂LN陶瓷板。	
CN1077504A CN1029136C	930419	931020 950628	山东大学	王继杨；魏景谦；管庆才；刘跃岗；蒋民华	四方相掺杂钽铌酸钾晶体及其生长工艺	组成为M：$KTa_{1-x}Nb_xO_3$，$x=0.4～0.52$，M是Fe、Cu、Ni、Co、Cr，原料是Ta_2O_5、Nb_2O_5和K_2CO_3，掺杂剂占原料的0.1%～0.5%，原料和掺杂剂混后，加热到1300～1400℃后降到1250℃拉晶。	

专利号	申请日	公布日	申请人	发明人	专利名称	专利要点及有益效果	同族专利号
CN2151155Y	921115	931229	利士华	利士华	钽材制品离子电解镀膜	钽材（如钽喷丝头）上离子电解镀膜，锂离子镀膜厚度4μm，银灰色，钽基体和锂离子相渗透结合，深度50～60μm。	
CN1084227A	930903	940323	中国科学院上海硅酸盐研究所	徐良瑛；肖　兵	高灵敏度近红外光折变掺杂铌酸锂晶体	掺杂铌酸锂晶体，在750～850nm近红外区域有光折变效应的铌酸锂晶体，单掺 Fe_2O_3 为0.05%～0.3%（摩尔分数），双掺 $Fe_2O_3+CeO_2$ 为0.1%～0.6%（摩尔分数），生长后经高温还原处理。	
CN2175971Y	930908	940831	蔡祝华	蔡祝华	钽箔带	由钽丝退火后轧制而成，断面尺寸（0.2～2）mm×（0.02～0.03）mm，断面呈椭圆形，长度10000mm以上，用于钽材焊接。	
CN1093172A	930401	941005	山东大学	管庆才；王继杨；魏景谦；刘跃岗；蒋民华	制备高掺杂浓度钽铌酸钾的方法	以 Ta_2O_5、Nb_2O_5 和 K_2CO_3 为原料，Fe_2O_3、Co_2O_3、CrO_3 为掺杂剂，在单晶炉里降温生长，原料中加入过渡金属变价氧化物脱色剂。脱色剂为0.1%～1%（质量分数）。	
CN1096061A	930529	941207	中国科学院金属研究所	姜洪刚；佟华宇；丁炳哲；宋启洪	溅射法沉积难熔金属碳化物纳米晶	难熔金属如钛、铌、钽、钼、钨的碳化物的制备方法：抽空到 10^{-5}～10^{-6}Torr，充入氩气，用纯难熔金属作靶，靶极距50～80mm，溅射沉积。	
CN2197290Y	940818	950517	鞍山自行车公司	沈锡武；张安生；杨　宏	15锰钛铌自行车	采用15锰钛铌材料制造的自行车车圈、车把、车架、中轴。这种车强度性能高，耐腐蚀，表面光洁度好，车重量在13kg以下。	
CN1143048A	960520	970219	陈既明	陈既明	从含钛的钽、铌萃余废液中制取氟钛酸钾的方法	从含钽、铌萃余废液中制取氟钛酸钾的步骤：向废液里添加足量的90℃饱和食盐水以除硅，向已除硅的废液里添加足量的氯化钾，充分搅拌反应混合物中分离出氟钽酸钾。	
CN1148582A CN1068300C	960731	970430 010711	清华大学	李龙土；阮立坚；桂治轮；王新荣	铌镁酸铅基温度稳定型弛豫铁电陶瓷	组成通式：xPb（$Mg_{1/3}Nb_{2/3}$）O_3－$y$$BaTiO_3$－$z$Pb-$TiO_3$，其中 $x=0.70\sim0.90$，$y=0\sim0.3$，$z=0\sim0.3$ 制备工艺为预合成 $MgNb_2O_6$ 粉料，再配料、球磨、烘干、过筛、预烧、粉碎、干燥和烧结。	

专利号	申请日	公布日	申请人	发明人	专利名称	专利要点及有益效果	同族专利号
CN1165202A	970204	971119	济南铁路局配件厂	王增义；李贯颖	铁路货车用低铌合金铸钢心盘及其制造方法	其成分（质量分数）是：C 0.15% ~0.32%，Nb 0.015% ~0.05%，Mn 1.0% ~1.4%，Si 0.2% ~0.6%，P≤0.045%，S≤0.045%，余量 Fe。将原料熔炼成坯盘，880 ~900℃保温 1.5h 进行正火，冷却后精加工成货车通用心盘。	
CN1172170A	960725	980204	冶金部长沙矿冶研究所	钟　祥；杨应亮；屈曙光	二步电炉还原炼铌铁的方法	含氧化铌1% ~8%（质量分数）低品位铌精矿生产铌铁，将精矿加焦粉和有机黏合剂混碾、压团、烘干、在电弧炉里一次还原（脱铁、除磷）得富铌渣和含磷半钢，二次电炉铝热还原得铌铁和贫铌稀土渣。	
CN1174764A	960828	980304	邢台热压厂	王玉信；葛昌纯；夏元洛	金属陶瓷辊环	高速线材轧机辊环，它是含有钨、钴、三氧化二铝、氧化锆的陶瓷辊环，组分是：碳化钨 30% ~60%；钴 6% ~25%；三氧化二铝 10% ~55%；氧化锆 5% ~10%；还可以加入碳化铌或碳化钽。	
CN1184863A CN1065571C	961213	980617 010509	南京大学	刘冶国；胡卫生；冯　端	用电场诱导铌酸锂铁电薄膜取向生长法	用电场诱导铌酸锂铁电薄膜取向生长，薄膜生长系统中垂直于薄膜的方向施加一电场（电场强度为 2 ~20V/cm），使生长中的铌酸锂薄膜铁电畴沿电场方向排列，达到取向生长目的。	
CN1188641A	970123	980729	蔡中岳	蔡中岳	一种具有物理治疗作用的皮肤外用面霜	本外用面霜，将一含 70% ~90% 珍珠岩粉末，7% ~20% Ta_2O_5 和 3% Nb_2O_5 的具有能释放远红外线的组成物以 4% 的比例加入到市面上各种面霜里。Ta_2O_5、Nb_2O_5 的粒径是 17 ~20μm。	
CN1197707A CN1068809C	970429	981104 010725	宁夏有色金属冶炼厂	潘伦桃；曾芳屏；卢振达	团化钽粉的生产方法	将微细钽粉于还原金属混合压实，使密度达到 2.0 ~7.0g/cm³，解碎过筛，在 1100 ~1250℃下进行热处理。得到团化钽粉。其中将粉末压实的方法可以是模压、挤压、或冷等静压。	
CN1204535A CN1081074C	980709	990113 020320	北京钢铁研究总院	徐温崇；可大年；孙福玉；常　芬；聂小振；毛京生	复合式医用血管内支架	由两种金属丝按照设定根数编织而成，ϕ0.1 ~0.4mm 的 316L 不锈钢丝，和 ϕ0.1 ~0.2mm 的钽丝编织成圆筒形内支架 ϕ5 ~50mm，长度为 40 ~100mm，螺旋角 30° ~60°。	

专利号	申请日	公布日	申请人	发明人	专利名称	专利要点及有益效果	同族专利号
CN1213008A CN1067729C	980425	990407 010627	西北有色金属研究院	刘建章；薛祥义；李佩志	一种锆铌合金的制备方法	制备锆铌（0.35%～2.8%）合金的方法，用原子能级海绵锆，压制成锆电极，将铌板剪切和锆电极其紧附真空焊合成熔化的电极，真空自耗电弧炉中熔炼成铌锆锭。	
CN2332067Y	980527	990504	张活力	张活力	一种高压钠灯上的铌杯	铌杯的异型杯体的外端部有圆周向的凸缘，杯底有凹槽，高温下不漏钠，提高了钠灯的使用寿命。	
CN1217299A	971118	990526	肇庆有色金属多罗山钨矿	曹七林；袁新生；陈传国；伍尊中；郭　川；邝展鹏；卢　群；大杨广	用提炼锡后的含钽锡渣生产氟钽酸钾	钽铌原料经磨矿，用HF、H_2SO_4 分解，仲辛醇萃取，H_2SO_4 为酸洗剂和稀释剂，其中加酸量为：干矿与60%的HF的比例为1:0.8；蒸汽加热16～20h；$(TaNb)_2O_5$140～200g/L，总酸度12.5～16.5mol H^+。	
CN2332067Y	980527	990804	张活力	张活力	高压钠灯用铌杯	杯体的外端部处有一圆周向的凸缘，杯底有一凹槽，这种铌杯结构简单，实用，加工成本低。	
CN1230603A CN1115057C	981116	991006 030604	江西应用物理研究所	张德元；李　放；陆德平；罗　文；邓　鸣	钽喷丝头表面等离子体强化技术	在真空容器中，给钽喷丝头加200～1000V直流阴极电压，按照（4:1）～（10:1）通入氢氮混合气体，使容器内达100～1000Pa的真空度，保温500～900℃，维持0.5～1.5h。	
CN1230792A	980326	991006	长春物理研究所	刘洪武；黄锡珉；马　凯；吴　渊	金属－绝缘体－金属开关器件的制造法	用五氧化二钽作为金属－绝缘体－金属开关器件的绝缘层，阳极氧化形成的氧化钽膜在氢气里进行退火。提高了器件伏安特性的对称性。	
CN1235208A	990422	991117	李东阁	李东阁	铬镍氮铌高温耐热耐磨铸钢	一种铬镍氮铌高温耐热耐磨铸钢的成分（质量分数）是：C 0.5%～1.4%；Si≤2.5%；Mn≤2.5%；Cr 27%～36%；Ni 0.0～20.0%；N 0.2%～0.5%；Nb 0.1%～1.0%；Re 0.2%～0.5%；Fe余量。	
CN1238251A CN1073480C	980508	991215 011024	宁夏有色金属冶炼厂	潘伦桃；施文锋；陈　青；卢振达；朱存喜	团化钽粉的生产方法	将微细钽粉进行振动摇滚过筛，热处理；加入适量水，将微细钽粉摇滚过筛，预团化成颗粒。将预团化的钽粉在真空下900～1550℃进行热处理，过筛得到团化钽粉。	

中文专利（2000 年至今）

专利号	申请日	公布日	申请人	发明人	专利名称	专利要点及有益效果	同族专利号
CN1240688A CN1068564C	980707	000112 010815	宁夏有色金属冶炼厂	潘伦桃；郑爱国；朱存喜；曾芳屏；施文峰；卢振达	钽粉末的制造方法	钽化合物与稀释剂经加热熔化后，在加入液态钠还原钽的化合物的同时，加入部分固体稀释剂或稀释剂与钽的化合物。还原前、中和/后掺入至少选自含 O、N、P、S、Si、B 的细化晶粒的物质。	
CN2365438Y	981119	000223	刘忠林	刘忠林	包钽钉	包钽钉，是金属钉的钉帽上包有一层钽片。这种包钽钉可用于各种搪玻璃防腐化工设备的修补。	
CN2379912Y	990722	000524	江卫生；曹　鸣	江卫生；曹　鸣	高强度气体放电灯电极用铌管	一种高强度气体放电灯用铌管，其一端呈整体密封状，其密封端具有向外延伸的并能与电极杆插入端紧密配合的管状焊接口。这种铌管与电极杆连接处不会漏气。	
CN1277271A CN1091176C	000720	001220 020918	南开大学	孔勇发；许京军；李冠告；孙　骞；张国权；黄　晖；黄自恒；陈绍林；陈晓军；张光寅	双掺铌酸锂晶体	一种双掺杂铌酸锂晶体 $Li_{1-x}Nb_{1+y}O_3$：Fe_m，M_n，其中 M 是镁、锌、铟中一种，用 q 表示 M 离子的价态（M 为镁、锌时，$q=2$；M 为铟时，$q=3$）；$0.05\leqslant x\leqslant 0.13$，$0\leqslant y\leqslant 0.01$，$5.0\times10^{-5}\leqslant m\leqslant 7.5\times10^{-5}$，$0.02\leqslant qn\leqslant 0.13$。	US6835368B2 US2002009405A
CN1279510A CN1161836C	000701 990701	010110 040811	韩国现代电子株式会社	李起正；朱光喆	半导体存储元件的电容器的形成方法	在半导体衬底上形成下电极→进行表面处理→在 300～600℃ 0.1～10Torr 下形成 TaON 膜→TaON 膜结晶化→在 TaON 膜上形成上电极。用钽的化合物蒸气、NH_3、O_2、LPCVD 法形成的 TaON 膜。	KR2001008528A US6316307B
CN1281060A CN1147620C	000707	010124 040428	江西应用物理研究所	张德元；陆德平；李　放；彭文岐	钽非晶氧化物表面层或薄壁件的制备方法	钽件在真空中加 400～700V 负偏压，通入氢、氮混合气体，维持 100～1000Pa，辉光放电，形成氮化钽层，将钽件置于 450～510℃的ⅠA、ⅡA 族金属硝酸盐中，钽件为阳极，10～30V 进行阳极化处理。	
CN1283657A CN1181143C	000726	010214 041222	周　靖	周　靖；邓东元；谭日善	由钽、铌浮选尾渣锂云母制造公路反光粉	一种由钽、铌浮选尾渣锂云母制造公路反光粉的生产方法，以 120～200μm 片状锂云母为基料，经筛选→碱洗、酸洗、水洗→表面处理→反光粉，具有 40% 以上的反射率，无毒，无放射性。	

专利号	申请日	公布日	申请人	发明人	专利名称	专利要点及有益效果	同族专利号
CN1285418A CN1107735C	990818	010228 030507	包头钢铁公司	方华龙；马　腾；李常靖	铌稀土钢轨	成分（质量分数）是：C 0.7% ~ 0.82%，Si 0.6% ~ 0.9%，Mn 1.0% ~ 1.3%，P≤0.04%，S≤0.04%，Nb 0.02% ~ 0.05%，铁水经预处理后进入转炉，加铌铁精炼，再转入真空炉，加入稀土后进行连铸，加热后高压水除磷，轧轨，矫直。	
CN2432669Y	000624	010530	石嘴山电容器厂	李春光；马万成	片式钽电容器阳极块焊接夹持舟	焊接夹持舟包括：长条形垫板、梳齿和活动压板，垫板与梳齿构成可以并排水平放置一组钽块的矩形槽的形式组合，活动压板开有长槽，用螺钉拧在垫板上，螺钉头比长槽宽，压板可上下移动。	
CN1298542A CN1172317C	990330 980331	010606 041020	法国法玛通公司	J. P. 玛顿	用于核燃料组件的合金和管及该管的制备方法	锆合金成分是（质量分数）：含 Nb 0.8% ~ 1.3%，Fe、V、Cr 中总量为 0.03% ~ 0.25%，Sn < 0.2%，O 0.05% ~ 0.2%，C < 0.01%，Si < 0.005%；1000 ~ 1200℃ 棒淬火，中温拉拔，冷轧管，退火。	FR2776821A WO9950854A
CN1300874A CN1158403C	991223	010627 040721	西南交通大学	黄　楠；冷永祥；陈俊英	人工器官表面改性方法	一种人工器官表面改性方法，利用等离子体浸没离子注入机，对钛合金等材料的人工器官表面改性，进行掺杂铌或钽的钛－氧膜，钽或铌离子的含量为 0.1% ~ 20%。	WO0148262 US2003175444A
CN1349953A CN1123549C	011211	020522 031008	上海交通大学	陈海奕；孟中岩	大功率高居里温度压电陶瓷	综合镉铌锆钛酸铅（PCN）三元系和锰铌锆钛酸铅（PMN）三元系的特点，组成镉铌-锰铌-锆-钛酸铅（PCN-PMN-PZ-PT）四元系压电陶瓷，并添加 CeO_2 进行改性。	
CN1349954A CN1123550C	011211	020522 031008	上海交通大学	陈海奕；孟中岩	用于超声马达的压电陶瓷材料	采用锑铌-锰铌-锆-钛酸铅（PSN-PMN-PZ-PT）组成四元系压电陶瓷，通过在准同型相界附近调整锆钛比使组成位于四方相区及添加 Sr^{2+} 对 Pb^{2+} 进行同价取代来提高温度稳定性。	
CN1352318A CN1142305C	011108	020605 040317	北京科技大学	林均品；王艳丽；陈国良；宋西平	高温高性能高铌钛铝合金	高铌钛铝合金的成分（原子百分数）是：Al 45% ~ 46%；Nb 8% ~ 10%；C 0 ~ 0.2%；W 0 ~ 0.2%；Y 0 ~ 0.1%。余量为 Ti，由 γ 和 α_2 两种组织组成。100 ~ 150μm 细晶片层，片间距离 0.3 ~ 0.4μm。使用温度高达 900℃。	

专利号	申请日	公布日	申请人	发明人	专利名称	专利要点及有益效果	同族专利号
CN1360221A CN1116622C	011231	020724 030730	浙江大学	王明华；马惠莲	铌酸锂基多膜干涉波导型光功分器	一种铌酸锂基多膜干涉波导型光功分器，包括 1×*N* 多膜干涉光波导，是在铌酸锂衬底上设置渐变折射率分布的多膜光干涉区及其两端的单膜输出波导和 *N* 个单膜输出波导。	
CN1362545A	011217	020807	南开大学	孔勇发；许京军；陈晓军；李　兵	近化学计量比铌酸锂晶体及其生长方法	一种近化学计量比铌酸锂晶体，其 Li_2O 含量为 49%（摩尔分数）以上，包含掺杂至少一种选自镁、锌、铟、铁、铜、锰、钇、铬、铒或镥组中之一元素的氧化物，及掺杂量在 0～5%（摩尔分数）。	
CN1362545A CN1151318C	011217	020807 020526	南开大学	孔勇发；许京军；陈晓军；李　兵	近化学计量比铌酸锂晶体及其生长方法	利用气相传输平衡，在高温、富锂的气氛中，通过锂离子的扩散，使铌酸锂晶片达到近化学计量比。晶片中 Li_2O 含量为 49%（摩尔分数）以上，非常接近 50%（摩尔分数）。	
CN1362546A	011217	020807	南开大学	孔勇发；许京军；陈晓军；李　兵	近化学计量比铌酸锂晶体片及其生长方法	一种近化学计量比铌酸锂晶体片，晶片中 Li_2O 含量为 49%（摩尔分数）以上，晶片掺杂镁、锌、铟、铜、锰、铈、镱、铒、钕、铬中的一种或以上。	
CN1369320A CN1232321C	010215	020918 051221	陈中祺（中国台湾）	陈中祺	高尔夫杆头	合金钢成分（质量分数）：C≤0.03%；Si≤0.2%；Mn≤0.2%；P≤0.2%；S≤0.02%；Cr 10.5%～11.0%；Mo 1.8%～2.2%；Ni 9.5%～10.5%；Ti 0.9%～1.2%；Al≤0.5%；Cu≤0.1%；Nb≤0.3%；B≤0.3%；N≤0.01%；V≤0.1%；W≤0.1%；余量是 Fe。	
CN1370853A	010223	020925	中国台湾光洋应用材料科技公司	李沧晓；陈俊雄；叶建宏	金属溅射靶材的制造方法	由双 V 熔炼，产生单一金属的铝、钛或铜或添加选自铜、硅、钛、锆、钼、钨、钽、铌、钴、铼等至少一种金属所形成的合金，经高温锻造，生产适应于半导体产业及光电产业微晶均匀溅射靶。	
CN1374414A	010313	021016	上海新华印染机械厂	李东兵	钽器件化学保护膜的形成方法	将钽基体放入电解质水溶液中阳极化处理，然后在硝酸钠硝酸锂熔融盐里进行电解处理，经 40V 电压，55mA/mm 电流密度，形成耐用的保护膜。	

专利号	申请日	公布日	申请人	发明人	专利名称	专利要点及有益效果	同族专利号
CN1374519A CN1195221C	020414	021016 050330	福州大学	潘海波；陈耐生；黄金陵	氧敏传感器的制备方法	利用三氯化钛掺杂7%～15%（摩尔分数）的五氯化铌或掺杂1%～8%（摩尔分数）的五氯化钽，在60℃的水浴中充分搅拌3～5h，形成凝胶，将其在真空干燥箱里70～90℃干燥，研磨后350℃预烧形成纳米粉，将其涂抹在电极瓷管上380～450℃烧结，老化形成氧敏传感器。	
CN1374669A	010313	021016	上海新海印染机械厂	李东兵	钽器件化学保护膜形成方法	采用多次阳极老化镀膜，在钽基体上出生均匀的一层保护膜，增加电解质的容量，在熔融的硝酸锂硝酸钠盐浴里阳极化，40V阳极低压，电流密度为55mA/mm。	
CN1374670A	010313	021016	上海新海印染机械厂	李东兵	钽电解电容器的化学保护膜形成方法	钽电解电容器的化学保护膜形成方法，钽电解电容器阳极氧化后在碱金属或碱土金属的熔融硝酸盐（240～400℃）里对阳极施加电压处理。	
CN1379127A CN1190530C	020125	021113 050223	南开大学	陈云林；许京军；孔勇发	掺镁化学比铌酸锂周期极化微结构晶体制备法	掺镁化学比铌酸锂周期极化微结构晶体的制备法，是将 Li_2CO_3 和 Nb_2O_5 及 MgO 在850℃恒温，1100℃煅烧，采用 Czochralski 提拉法生长晶体，切片，在2.5～3V电压下极化。	
CN1380450A CN1279224C	020307	021120 061011	北京华宇创新科贸公司	刘寓中	湿法纺丝的钽喷丝头表面处理方法	将金属钽板加工成钽喷丝头，在离子掺氮炉里，氮气与氢气的比为（2∶1）～（1∶10），压力20～2000Pa，500～1000℃保持0.5～6h；镀膜，即在含氧锂盐中，440～650℃，1～35V电化学镀膜；抛光处理。	
CN1382548A CN1278804C	020330	021204 061011	宁夏东方钽业股份有限公司	潘伦桃；何季麟；袁宁峰；郑爱国；温晓立；王丹鹏；张庆生；李兴邦	铌和（或）钽粉的生产方法	用碱金属加至少一种选自 Mg、Ca、Li 的卤化物在300～1050℃还原氟铌酸钾、氟钽酸钾制取铌粉、钽粉的氧含量低，这样的铌粉、钽粉制造电容器阳极时，孔隙率大，漏电流低。钽铌粉末中含 N 0.01%～0.73%，CV 值为100000～160000μFV/g。	
CN1382957A	020608	021204	浙江大学	金仲和；马慧莲；丁　纯	光学陀螺用多功能铌酸锂集成光学芯片	光学陀螺用铌酸锂集成光学芯片，在铌酸锂衬底上从输入端到输出端，依次集成由波导构成的偏振器、对称Y光分路器、分别在对称Y光分路器的分路波导上由波导和电极构成相对称的两个相位调制器、输入/输出耦合器。本芯片使光路器件集成简化，稳定。	

专利号	申请日	公布日	申请人	发明人	专利名称	专利要点及有益效果	同族专利号
CN1387979A	020703	030101	沈阳科晶设备制造公司	江晓平；张革；王远成	全自控高精度晶体线切割机	由计算机控制的高精度切割机，适合切割硅片、石英玻璃、陶瓷、宝石、氧化镁、铌酸锂、钽酸锂、砷化镓、钛酸钇等硬脆材料。	
CN1388539A	010524	030101	潘奕	潘奕	钽电极的化学保护膜的形成方法	将钽件置于水溶液电解质里阳极氧化，形成一层氧化膜后放进含铒的熔融液里阳极化形成氧化钽膜。用阳极化的钽制成钽电解电容器。	
CN1393571A CN1236089C	010623	030129 060111	西北稀有金属材料研究院	马世光；赵永升；杨金峰；马万金；瞿康发	SGS 钽材、钽制品及其生产方法	高温下组织机构稳定的钽材、钽制品是钽粉中添加稀土元素，经过高温烧结或电子束熔炼铸锭，锻造开坯、轧制、退火得到掺杂有 0.005% ~0.015% 稀土元素的钽材，及用该钽材加工的钽制品。	
CN1396111A CN1166557C	020726	030212 030212	中国科学院上海硅酸盐研究所	高濂；李耀刚	制备立方相纳米氮化铌粉的方法	一种制备立方相纳米氮化铌粉的方法包括：先水解制备高比表面积无定型五氧化二铌粉末，在流动氨气氛下氮化五氧化二铌，合成粒径为 15 ~ 40nm 的立方相纳米氮化铌粉末。	
CN1397802A CN1161602C	020704	030219 040811	北京化工大学	袁其朋；杨军；杨晓进	分离铌、钽、锆、铪的方法	采用苯甲基酰苯基羟胺吸附在聚甲基丙烯酸酯吸附树脂上的特性树脂分析柱，用 2 ~ 4M HCl 洗出杂质铝、铁、钙、镁、钾、钠；用 2M H_2SO_4-0.5H_2O_2 洗出钛，用 5 ~ 7M HF 洗出铌、钽、锆、铪。降低离子质谱 ICP-MS 的检测下限到 ppb 水平。	
CN1410209A CN1169643C	010929	030416 040406	宁夏东方钽业股份有限公司	何季麟；潘伦桃；袁宁峰；温晓立；李兴邦	高比表面积钽粉和/或铌粉的制备方法	生产高比表面积钽和/或铌粉的方法，用 Mg、Ca、Ba 的卤化物和碱金属在 600 ~ 1000℃的高温下还原钽、铌的氧化物，任选有碱金属卤化物作稀释剂，还原得到的产物经过水洗、酸洗，热处理和脱氧后得到钽、铌粉末具有很高的比表面积，且纯度高，适合制作电解电容器，钽粉比容达到150000μF · V/g。	US6786951B JP4756825B GB2396161B DE10297448B KR100785153B
CN1417128A CN1289402C	021126	030514 061213	宁夏东方钽业股份有限公司	江祥民；李静；曹永平；王伟；张伟宁；刘军	钽或铌酸盐的生产方法	K_2TaF_7、K_2NbF_7、K_2NbOF_5 中加入 H_2O_2、HN_3 沉淀钽铌的水合氧化物，过滤（或烘干后）加 H_2O_2/H_2O 与碳酸盐或氢氧化物混合，烘干后烧结，酸洗、水洗、过滤烘干得到钽酸盐、铌酸盐。	

专利号	申请日	公布日	申请人	发明人	专利名称	专利要点及有益效果	同族专利号
CN1417620A CN1184506C	011111	030514 050112	华为技术公司	蒲天春；谭　松；李汉国	一种铌酸锂调制器及其制造方法	选择晶体切向和电场利用方向的铌酸锂晶体制备的衬底，在晶体上制作出光波导；与光波导匹配的调制电极，包括中心信号电极和接地电极，制作在调制电极的输入、输出端微带匹配多路。	
CN1417807A	021202	030514	马　龙	马　龙	同质异位素核炸弹	同质异位素炸弹包括设置在壳体内的热核炸弹引爆装置，所述壳体设有核素钾－40、钒－50、镧-138、钽-180任意块状或粉末组合。	
CN1428465A	011227	030709	北京华宇创新科贸公司	刘寓中	用于湿法纺织的钽喷丝头的表面处理方法	步骤：（1）将金属钽板制成钽喷丝头；（2）在离子氮化炉里20～2000Pa氮气压力，500～1000℃掺氮；（3）在熔融锂盐里440～650℃，在1～35V下阳极化形成钽酸锂膜；（4）抛光。	
CN1431330A CN100510317C	030128	030723 090708	幕容东林	幕容东林	高硬度、耐磨材料	高硬度、耐磨材料包括AX，一种B源和任选的X之间不完全反应的至少一种产物其中A和B是选自钛、锆、铪、钒、铌、钽、钼、钨等，X选自硼、碳、硅和氮。	
CN1438689A CN1215548C	020210	030827 050817	中国台湾积体电路制造公司	史望澄；吴泰伯；张志强	具有五氧化二钽介电层的电容器制造方法	适用于动态随机存取内存（DRAM）中的有五氧化二钽介电层的电容器是基板上形成第一导电层底电极，在第一导电层上形成（Ta_2O_5）$_{1-x}$＋（TiO_2）$_x$的介电层，$0.15 < x < 0.25$，Ti/Ta的原子比为0.088～0.167，在介电层上形成第二导电层为上电极，完成所述电容器的制造。	
CN1443880A CN1285772C	030415	030924 061122	西安理工大学	李留臣	人工晶体生长连续加料装置	人工晶体生长连续加料装置包括：料仓，基座，料仓与基座固定连接，送料导管，可控马达，转轴，拨料转盘，弹性托板，保证对铌酸锂、钽酸锂晶体生长的质量要求。	
CN1449879A CN1232373C	030430	031022 051221	北京科技大学；宁夏东方钽业股份有限	朱鸿民；何季麟；乔芝郁；李海军；孙根生；潘伦桃；曹战民；郑世萍；马春红；吕建波；赵春霞	微细钽和/或铌粉末的处理方法和由该方法制得的粉末	钽和/或铌的卤化物与还原金属在液氨中反应生成的原生粒子小于100nm的微细粉末的处理方法，在粉末与含氧介质接触前，在惰性气氛和/或还原气氛里，在200～1000℃保温30～1440min，冷却到室温，进行钝化处理。这样可以防止钽粉铌粉少吸氧，防止粉末激烈氧化和燃烧。	

专利号	申请日	公布日	申请人	发明人	专利名称	专利要点及有益效果	同族专利号
CN1458680A CN1265449C	020517	031126 060719	台湾积体电路制造公司	李显铭；潘兴强；刘重希；余振华	铜金属化制造的低电阻阻挡层的制造方法	在基材上形成开口，化学气相沉积一层阻挡层，使含氮反应气体流量递减，继续形成阻挡层覆盖于该开口，该阻挡层是钽等金属原子和 N 原子所组成，氮原子浓度由从阻挡层底面到表面递减。	
CN2590288Y	021220	031203	上海光学精密机械研究所	董前民；刘立人；刘德安	铌酸锂晶体全息光栅的光分插复用器	铌酸锂晶体全息光栅的光分插复用器包括单块双掺杂铌酸锂晶体和若干块带电极单块结构铌酸锂晶体构成的全内反射的电光开关组。	
CN1462816A CN1207423C	030611	031224 050622	北京科技大学	均品林；缪家士；王艳丽	一种高铌 TiAl 合金板材的制备方法	合金坯料经二次包套锻造开坯→退火热处理：1300～1320℃/20min FC + 1250～1270℃/2～2.5h 炉冷 +900～950℃/4～4.5h→车削→304 不锈钢包套→热轧制：1250～1290℃，变形速率0.1/s～0.5/s→剥套。	
CN1467154A CN1182033C*	020710	040114 041229	中国石化公司上海石油化工研究院	金照生；许茗喆	铌硅分子筛的制备方法	硅源（硅溶胶）、铌源（氧化铌、草酸铌）、季铵盐（四丙基溴化铵）、氟化铵、酸（草酸、硫酸）和水，按照一定配比，pH 值达到 6～8，在反应釜里（100～200℃）放置 0～6 天，过滤、洗涤、干燥。	
CN1467786A CN1266733C	021101 020712	040114 060726	广东鸿富锦精密工业公司	陈杰良	场发射显示元件	场发射显示元件包括一阴极板、电阻缓冲层、多个电子发射单元，每个电子发射单元由第一部分和第二部分组成，第一部分是由氧化硅制成，第二部分是用金属铌制成。	US6646282B1 TW548675B
CN1472171A CN1187285C	030610	040204 050202	武汉理工大学	张　辉；方　亮；洪学鹍；孟范成；杨俊峰；黄涛华；袁润章；刘韩星	铌酸盐高频介电陶瓷及其制备方法	该陶瓷以$(B_{a1-y}Sr_y)_{7-x}(La_sNd_tBi_u)_xTi_{2+x}Nb_{4-x}O_{21}$为主相，其中$0.00 \leqslant x \leqslant 3$，$0.00 \leqslant y \leqslant 1$，$s+t+u=1$，采用相应的方法制备。	
CN1475609A CN1263901C	030711	040218 060712	中科院上海光学精机研究所	徐　军；王海丽；周圣明；张连翰；杭　寅；周国清；赵广军；司继良	近化学计量比铌酸锂单晶片的制备方法	采用 K_2O 助熔提拉生长的 $LiNbO_3$ 晶片双面抛光，在含 Li 离子的硝酸盐混合熔体中，混合熔体中的 Li 离子取代 K 离子进入晶体中，提高晶体中 Li_2O 的含量，交换温度 300～350℃。	

专利号	申请日	公布日	申请人	发明人	专利名称	专利要点及有益效果	同族专利号
CN1479635A CN1227039C	011205 001206	040303 051116	瑞典艾斯特勒科技公司	S. P. 林斯塔多斯	具有改善生物相容性的医用假体器件和移植物	医用假体器件和移植物含有一种选自钛、锆、钽、铪、铌或其合金的金属材料 A 和一种铬－钒合金，金属 A 的表面涂有一层相应的氢化物材料，氢化物层中包含至少一种与其结合的生物分子。	AT271887T EP1339437B CA2431211
CN1482667A CN1237606C	020911	040317 060118	中国台湾积体电路制作公司	黄崎峰；陈俊宏；王是崎	金属电容器的制造方法	金属电容器的制造方法包括步骤：首先提供一半导体基底，具有一镶嵌铜结构，在铜结构上形成一金属层，在上述金属层上形成有氮化钽或氮化钛电极层的电容器。	
CN2606575Y	030314	040317	中国人民解放军总医院	杨伟炎	人工镫骨	包括加紧部和小柱体两部分，其中加紧部下半部分位于小柱部内部，其上半部分为双弧形或 β 性。所述加紧部为金属丝，如钽丝。	
CN1490421A CN1217021	030808	040421 050831	西北有色金属研究院	于振涛；周 廉；王克光；洪 权；赵 彬；牛金龙；付艳艳；王立新；程何祥	一种血管支架用 β 型钛合金	合金组成（质量分数）为：Zr 0.5% ~ 9.5%，Mo 0.5% ~ 6.5%，Nb 8.5% ~ 28.5%，余量为 Ti 和不可避免的杂质，其中低间隙元素含量 C≤0.03%，N≤0.04%，H≤0.003%，O≤0.12%。	
CN1490422A CN1217022C	030808	040421 050831	西北有色金属研究院	于振涛；周 廉；王克光；赵 彬；洪 权；牛金龙；付艳艳；蔡玉荣；梁芳慧	一种外科植入件用 β 型钛合金	合金的组成（质量分数）为：Zr 0.1% ~ 9.5%；Sn 0.5% ~ 9.5%、Mo 0 ~ 9.5%；Nb 20% ~ 30%，余量为 Ti 及不可避免的杂质，其低间隙元素含量为：C ≤ 0.03%；N ≤ 0.04%；H ≤ 0.003%；O ≤0.12%。	
CN1493718A CN1229527C	030916	040505 051130	上海大学	朱丽慧；徐 炯；黄清伟；赵海峰	铌酸钡钠柱状单晶颗粒的制备方法	用高纯 $BaCO_3$ 与 Nb_2O_5 为原料，以 NaCl 为介质，在高温熔融的 Na 盐中合成具有 2 ~ 4μm、长径比 8 ~ 16 的铌酸钡钠柱状单晶颗粒。本发明方法工艺简单、效率高、易于规模生产。	
CN2615694Y	030120	040512	北京世维通光通讯技术公司	不公开姓名	铌酸锂多功能集成光学器件	一种用于光纤传感及光学测量的铌酸锂多功能集成光学器件包括管壳、芯片、输入输出光纤，具有稳定可靠性，适合高温工作。	

专利号	申请日	公布日	申请人	发明人	专利名称	专利要点及有益效果	同族专利号
CN1496781A CN1329160C	030925 020926	040519 070801	法国法玛通 ANP 公司	A. 沙伯纳；D. 皮埃龙	用于电焊镍合金和钢的镍基合金、焊丝	合金的成分（质量分数,%）：C < 0.05；Si 0.015 ~ 0.5；Mn 0.4 ~ 1.4；Cr 28 ~ 31.5；Fe 8 ~ 12；Mo 2 ~ 7；Al 0 ~ 0.75；Ti 0 ~ 0.8；（Nb + Ta）0.6 ~ 2；N < 0.4；Zr 0.0008 ~ 0.012；B 0.001 ~ 0.010；S < 0.01；P < 0.02；Cu < 0.3；Co < 0.15；余量为 Ni 和不可避免杂质。	FR2845098 EP1408130B ES2242931A AT295904T
CN2379912Y	990722	040526	江卫生；曹　鸣	江卫生；曹　鸣	高强度气体放电灯电极用铌管	高强度气体放电灯电极用铌管，其一端为整体密封，密封端有向外延伸的并能与电极杆插入端紧密配合的管状焊接口，排除了连接处漏气。	
CN2618169Y	030401	040526	上海仪器仪表研究所	徐益民	钽电容器自动测试系统	一种基于 GPIB 总线的钽电容器自动测试系统，包括 GPIB 总线和 GPIB 接口的可程控仪器，可程控漏电流测试仪，多路开关，LCR 测量仪。	
CN1502717A CN1252309C	021126	040609 060419	中科院沈阳金属研究所	孙文儒；郭守仁；佟百运	高铌强化型单晶高温合金的热处理方法	一种改善高铌强化型单晶的热处理步骤是：在 1140 ~ 1170℃ 下保温 5 ~ 30h，冷却，在 1180 ~ 1240℃ 下保温 5 ~ 50h 的均匀化处理，常规时效处理析出强化相。	
CN1504147A	021203	040616	任光明	任光明	用于治疗褥疮和皮肤病的床垫或衣物	用于治疗褥疮和皮肤病的床垫或衣物，其组成材料含有添加物，该添加物在 80℃，波长 2 ~ 18μm 远红外线全发射率大于 75% 的物质，天然石英、电气石、铌酸锂、钽酸锂、钽酸锂钾等。	
CN1509708A	021223	040707	冯小英	冯小英	促进皮肤代谢和保健的护肤霜及制作方法	促进皮肤代谢和保健的护肤霜，采用山梨醇脂肪酸酯、羊毛脂、70% 麦芽糖醇、氧化铌、氧化钽、氧化铝、氧化锆、氧化镁等，改善人体微循环和血液循环，有生理相容性。	
CN2627439Y	030528	040721	江西南方稀土高技术公司	李　炜；周荣辉；杨新华	高纯金属蒸馏及收集装置	一种高纯金属蒸馏及收集装置，由炉体、加热体、坩埚、收集罩构成，坩埚是由含有钽、铌、钨、钼等任意一种元素的材料构成。	
CN1514046A CN1216185C	030711	040721 050824	中科院上海光学精密机械所	徐　军；王海丽；周圣明	坩埚下降法生长近化学计量铌酸锂单晶的方法	近化学计量铌酸锂单晶，按比例将 Li_2CO_3（54% ~ 63%，摩尔分数）和 Nb_2O_5 装入坩埚，放入籽晶，1160 ~ 1200℃ 恒温 2 ~ 6h，以 0.1 ~ 1mm/min 速度下降坩埚，晶体生长。	

专利号	申请日	公布日	申请人	发明人	专利名称	专利要点及有益效果	同族专利号
CN1524977A CN1274870C	991223	040901 060913	西南交通大学	黄　楠；冷永祥；陈俊英	用溅射技术进行人工器官表面处理的方法	利用0.1%～20%（原子百分数）的钽或铌合金靶溅射方法在形状复杂的人工器官表面合成钽、铌掺杂的钛－氧表面改性层。这种人工器官（如心脏瓣膜）的抗凝血性、耐久性改善。	
CN1528930A CN1209477C	031016	040915 050706	上海交通大学	程先华；谢超英；向国权	微米细晶钛镍－铌形状记忆合金块材制备方法	原料成分（原子百分数）为 Ti 45%～50%，Ni 40%～45%，Nb 5%～10%→真空下熔炼→合金铸锭→切割成坯料→表面光洁→挤压→获得强度、塑性等性能良好的钛镍-铌合金块材。	
CN1546566A	031212	041117	无锡市化工研究院	邓少文	一种用于片式钽电容器的模塑料	用于片式钽电容器的模塑料的成分(质量分数)是:环氧树脂10%～30%;固化剂5%～15%;固化促进剂0.1%～1.5%;填料50%～80%;脱模剂0.2%～2%;阻燃剂0.3%～3%;着色剂0.1%～5%;偶联剂0.2%～3%;增韧剂0～2%,改性剂0～2%。	
CN1549286A	030508	041124	中南工业大学	钟　晖；李　荐；钟海云；杨建文；岳　忠	一氧化铌电解电容器及其制作方法	一氧化铌电容器阳极，以平均粒径0.1～20μm的一氧化铌或掺杂一氧化铌，掺杂选自铌、钽、钛、钒、铝、锆金属或其低价氧化物，掺杂量（质量分数）为0～80%；低价氧化铌压制成2.7～3.8g/mL，1100～1500℃烧结，10～80V形成阳极。	
CN1559675A CN1248780C	040216	050105 060405	武汉理工大学	张高科；刘韩星	铌钾复合氧化物光催化剂及其制备方法	铌和钾氧化物复合物的物相选自 $K_2Nb_4O_{11}$ 或 KNb_3O_8 或 $K_3Nb_7O_{19}$ 或 $K_{5.75}Nb_{10.85}O_{30}$ 中的任一种或几种的混合物。制备方法是按照铌与钾的摩尔比为1.8～9，称取五氧化二铌和碳酸钾，研磨混匀，在600～1250℃，空气中煅烧0.5～10h，冷却后研磨。	
CN1560300A	040309	050105	株洲硬质合金集团有限公司	王　飞；王时光	TaWY合金条的制备方法	按照重量百分比，钨粉2.0%～12%，钇粉0.02%～0.1%，钽为余量，压制成型，1350～1450℃、12～18h烧结，冷却后在2000～2100℃烧结18～22h。	
CN1562734A CN1263676C	040407	050112 060712	株洲硬质合金集团有限公司	潘泽祥；王时光；杨生海	氮化钽粉末及其制作方法	钽粉在真空反应器里充入氮气0.02～0.16MPa，在700～1200℃下保温5～12h，酸洗水洗后得到含氮（质量分数）6.7%～7.39%的氮化钽，该钽粉的杂质总量小于0.0143%。	

专利号	申请日	公布日	申请人	发明人	专利名称	专利要点及有益效果	同族专利号
CN1563510A	040414	050112	山东大学	袁多荣；魏学成；尹　鑫	高稳定电光Q开关铌酸锂晶体及其制备方法	高稳定电光Q开关铌酸锂晶体是按照Li_2CO_3/Nb_2O_5摩尔比为（48～58）：(50～42)，掺杂钙、钡、锶、锌、铟、铁、钴或铒的氧化物中的一种或几种，熔融状态下提拉生长。	
CN1564336A	040416	050112	北京航空航天大学	比晓昉；杨　柏；宫声凯	高巨磁电阻效应纳米多层膜及其制备方法	一种高巨磁电阻效应纳米多层膜的制备方法，在（111）取向硅单晶基片表面依次溅射沉积钽1～4nm，镍铁1～4nm，铜1～3nm，钴1～4nm。得到的高巨磁电阻值高达100%。	
CN1566390 CN1273634C	030624	050119 060906	宝山钢铁集团公司	刘自成；陈　超	超细铁素体晶粒的含铌低碳低合金钢及其制造方法	超细铁素体晶粒含铌低碳低合金钢成分（质量分数）为：C 0.02%～0.20%；Nb 0.01%～0.10%；Si＜0.8%；Ti 0.007%～0.025%；N：0.0035%～0.0083%；余量是Fe和不可避免杂质。上述基材加热保温奥斯特化，快速冷却到未再结晶区，轧制下造成应变诱导相变。	
CN1567548A CN1317745C	030613	050119 070523	中国台湾联华电子	杨玉如；黄建中	形成阻挡层的方法与结构	在晶片的金属层上形成一双镶嵌结构，包含第一介电层与第二介电层，接着在双镶嵌结构上方形成第一钽金属层，在钽层上形成氮化钽层，离子溅击方式去除第一介电层内孔底部上方的氮化钽层，被击出的钽沉积在第一介电层内空洞内壁，在氮化钽上形成第二金属钽层。	
CN1584131A CN1330798C	040531	050223 070808	南开大学	孙　军；孔勇发；张　玲	熔体注入法生长近化学比铌酸锂晶体及工艺	系统包括晶体生长炉、供料炉、回路调节器、中频电源、工控计算机和配套软件；使注入生长坩埚原料量与晶体生长量保持平衡，从而使生长坩埚内原料成分保持恒定。	
CN1587066A CN1289401C	040909	050302 061213	宁夏东方特材开发公司；宁夏东方有色集团公司	袁宁峰；温晓立；王丹鹏；张庆生	低价氧化铌的制备方法	用比表面积为1～40 m^2/g的铌粉与五氧化二铌在非氧化性气氛里，600～1000℃保温足够时间，制粉得到NbO_x低价氧化铌，其中x为1.1～2.0，将上述NbO_x与适量上述铌粉混合，在1100～1600℃保温足够时间，得到NbO_y低价氧化铌，其中y为0.9～1.1。	

专利号	申请日	公布日	申请人	发明人	专利名称	专利要点及有益效果	同族专利号
CN1588594A CN100382215C	040928	050302 080416	宁夏星日电子股份有限公司	麻和红；罗春桃	非固体电介质钽电容器	非固体电解电容器，其银质外壳与电解质接触的表面有3～5μm的碳层。碳层涂敷方法是：硝酸水溶液腐蚀→水洗→烘干→浸渍石墨乳→干燥→水煮→烘干。石墨粒度小于3μm。	
CN1594169A CN1239424C	040621	050316 060201	南开大学	孙骞；崔国新；李玉栋	熔体扩散法制备近化学比铌酸锂晶体片的工艺	熔体扩散法制备近化学比铌酸锂晶体片：将同成分的铌酸锂晶片置入坩埚中→用锂离子晶体和钾离子晶体粉末覆盖晶片→加热到1000～1200℃，晶体粉末熔化，锂离子向晶体中扩散1～200h→降温到室温→抛光→得到锂/铌原子比为（49.5：50.5）～（50：50）。	
CN1594611A CN100489125C	040624	050316 090520	株洲硬质合金集团有限公司	万明远	一种铌的提纯方法	仲辛醇一次萃取反铌液，用N＋503＋煤油部分二次萃取，得到负载有机相混合液和低钽铌水相，二次反铌提钽，得到纯度高的反铌液，钽进入空载有机相，用NH_4F水溶液洗钽，把钽反萃到水相，经6级纯水反铌。	
CN1594673A CN1283853C	040623	050316 061108	南开大学	孙军；张玲；孔勇发	近化学计量比铌酸锂晶体制备工艺	本铌酸锂晶体制备方法是，用Nb：Li＝(42：58)～(41：59)的熔体，在生长过程中，往熔体里加入Nb：Li＝64：36的原料，使熔体成分保持不变，直拉法生长Nb：Li＝1的晶体。	
CN1597097A CN100358626C	040830	050323 080102	南京大学	李爱东；程进波	高比表面积钽酸盐和铌酸盐光催化剂的制备	钽铌的五氧化物与氢氧化钾研磨混合，400～550℃灼烧，得到钽/铌酸钾熔体，加入柠檬酸或草酸得到铌、钽的水溶液，溶于螯合剂EDTA，再制备碱金属、碱土金属的钽酸盐或铌酸盐光催化剂。	
CN1601658A	040929	050330	刘贤彰	刘贤彰	超导电力电缆	超导电力电缆，采用钡-铜-氧体系加铌和钛的合金组成，其生产工艺为：生产合金丝→绞制→成型→镀绝缘膜→真空成缆→三次镀膜→护套→微机检测→印厂标→复绕成盘→封头→包装→合格→出厂。	

专利号	申请日	公布日	申请人	发明人	专利名称	专利要点及有益效果	同族专利号
CN2689259Y	040330	050330	上海理工大学	陈抱雪；梁东波	硫化砷-铌酸锂复合波导耦合器	在铌酸锂晶体基板的微米表面上置有一个铌酸锂条波导，该铌酸锂条波导呈拉长的“S”形，中间部分是直线形，其中间部分的水平位置两侧置有成对的金属薄膜电极。	
CN2690054Y	040418	050406	浙江大学	刘少光；王飞燕；李志章	电弧喷涂机的导电嘴	由圆柱导电嘴前端、导电嘴后部组成，导电嘴前端由钨、钛、钽、铌、铬的碳化物和钴、镍组成；导电嘴的后部由高导电性耐磨的铜、铬、锆、镁或钇稀土合金组成的铜合金，烧结。	
CN1605639A CN1238536C	031008	050413 060125	中国科学院过程工程研究所	周宏明；郑诗礼	钽铌精矿清洁转化方法	提取六钽（铌）酸钾（$K_8(Ta,Nb)_6O_{19}\cdot nH_2O$）和偏钽（铌）酸钾（$K(Ta,Nb)O_3$）的方法：将原料加入到280～340℃的氢氧化钾亚熔盐里分解，用水稀释，过滤，得钽酸钾粗品，用60～200g/L的氢氧化钾在60～100℃浸取，得六钽酸钾浸出液和偏钽酸钾积及锰铁渣，六钽酸钾浸出液里加氢氧化钾350～600g/L，析出结晶六钽酸钾，母液返回使用。	MX04009964 RU2328226 BR10406065 US7419926B US7897197
CN1609253A CN1302140C	031021	050427 070228	酒泉钢铁公司	虞海燕；顾克井；张长平	微合金化高碳钢及其应用	一种微合金化高碳钢的成分（质量分数）是：C 0.6%～0.78%，Si 0.15%～0.55%，Mn 0.3%～0.9%，Nb 0.01%～0.1%，P 0～0.045%，S 0～0.045%，Al 0～0.02%，其余为铁，用所述微合金钢制备的盘条。	
CN1613960A CN1318537C	040921	050511 070530	同济大学	顾　牧；刘小林	稀土掺杂钽酸盐透明发光膜及其制备方法	其化学表达式为：$(Ln_{1-x}RE_x)TaO_4$，其中$0<x<0.1$；Ln = Gd、Lu，RE = Eu，Tb。将Gd_2O_3，Lu_2O_3，Eu_2O_3，Tb_4O_7与用乙醇溶解的$TaCl_5$，按化学计量数混合，加热到78～80℃，搅拌3～4h，然后加入聚乙二醇，回流1～2h，冷却到室温陈化12～24h得镀膜溶液。	
CN1614725A CN10039012C	040928	050511 080528	宁夏星日电子股份有限公司	李春光；董宁利；钟景明	固体铌电容器的制作方法	包括压制成型，烧结，用冷纯水钝化；用硝酸溶液、硫酸溶液先后形成；200～500℃热处理，形成二氧化锰层时浸渍硅溶胶溶液，反复多次形成阴极，包封制成电容器。	

专利号	申请日	公布日	申请人	发明人	专利名称	专利要点及有益效果	同族专利号
CN1614726A CN100369169C	040928	050511 080213	宁夏星日电子股份有限公司	贾廷庆	固体电解电容器的制作方法	制造步骤：将阀金属烧结体表面形成介电层氧化膜→形成二氧化锰层→涂敷石墨层→形成二氧化锰层→涂敷石墨层→涂敷银浆→烘干→封装→固体电解电容器。	
CN1614727A CN100382216C	040928	050511 080416	宁夏星日电子股份有限公司	仇新杰；贾廷庆；张建成	片式元器件老化装置	一种片式元器件老化装置包括老化箱和老化板，老化箱内可放置多层老化板与老化架，老化架上接有供电装置，老化架与老化板之间是通过相互接触的轨道平面进行导电的。	
CN2618169Y	030401	050526	上海仪器仪表研究所	徐益民；殷数函；史淑娟	钽电容器自动测试系统	一种基于 GPIB 总线的钽电容器自动测试系统，包括 GPIB 总线和 GPIB 接口的可程控漏电流测试仪、多路开关、LCR 测量仪、被测件箱和打印机，一次可以测试 40 个电容器。	
CN1621577A	041013	050601	中国科学院上海光学精密机械研究所	王海丽；夏长泰；徐　军；杭　寅；张连翰；刘军芳；朱月芹；何晓明	近化学计量比钽酸锂晶片的制造方法	在铂金坩埚内放置有气孔的 $LiTaO_3$ 和 Li_3TaO_4 混合块料，将同成分的钽酸锂晶片放置或悬挂于铂金丝上，坩埚加盖铂金盖，加热到 1000～1400℃，保温 1～200h，扩散达到近化学计量比钽酸锂晶片。	
CN1621894A CN100416342C	031127	050601 080903	中科院福建物质结构研究所	涂朝阳；吴柏昌；李坚富；朱昭捷；王　燕；游振宇；黄　燕	一种宽带可调谐激光晶体掺铬铌酸锂	该铌酸锂晶体 Cr^{3+}：$LiNbO_3$，Cr_2O_3 的含量（摩尔分数）为 0.1%～0.5%，在 484nm、657nm、725nm 处有三吸收峰，在荧光谱上，在 700～1100nm 存在荧光宽带发射峰，峰值波长为 900nm。	
CN2703316	040428	050601	欧阳一凤;刘建清	欧阳一凤;刘建清	高能钽混合电容器	它包括一个或多个由高比容钽粉压制而成的阳极钽芯，一个或多个涂有无定形氧化物、和注入的电解质之间形成电化学电容器的阴极，多个隔离层；一个钽外壳。	
CN1627459A CN100440401C	031212	050615 081105	广东风华高科基团公司	王英红;刘伟荣;蒋建新;马文娟	一种钽电容器的制造方法及其产品	钽烧结体一次赋能后，在 250～450℃热处理 15～30min，再在 50～70V 第二次赋能，赋能时间是 20～70min，然后被膜。电容器漏电流降低，可靠性寿命显著提高。	

专利号	申请日	公布日	申请人	发明人	专利名称	专利要点及有益效果	同族专利号
CN1629339A	031215	050622	张忠士	张忠士；郭淑君；田福礼	一种铝铌中间合金及其制备方法	合金成分(质量分数)是：Al 15%～55%，Nb 为余量。制备方法是炉外点火冶炼，原料比例是：Nb_2O_5 1kg，Al 0.423～1.07kg，CaF_2 0.07～0.16kg，$KClO_3$ 0.065～0.28kg，原料 70～80℃烘干 24h 以上。	
CN1629341A	031215	050622	张忠士	张忠士；郭淑君；田福礼	一种铝钛铌中间合金及其制备方法	合金成分(质量分数)是：Al 2%～10%，Ti 3%～30%，Nb 为余量。制备方法是炉外点火冶炼法，Nb_2O_5 1kg，TiO_2 0.25～0.66kg，Al 0.115～0.46kg，CaF_2 0.05～0.10kg，$KClO_3$ 0.07～0.12kg，原料烘干 24h 以上。	
CN1629342A CN1282758C	031215	050622 061101	张忠士	张忠士；郭淑君；田福礼	一种铝钼铌硅中间合金及其制备方法	合金成分(质量分数)是：Al 8%～12%，Nb 14%～16%，Si 0.8%～1.0%；Nb 为余量。其制备方法是炉外点火冶炼法，MoO_3 1kg，Nb_2O_5 0.373～0.43kg，SiO 0.010～0.013kg；Al 0.763～1.14kg，CaF_2 0.05～0.415kg。	
CN1629343A CN1288265C	031215	050622 061206	张忠士	张忠士；郭淑君；田福礼	一种铝铌钽中间合金及其制备方法	一种铝铌钽中间合金成分(质量分数)是：Al 19%～28%，Ta 23%～27%，Nb 为余量。其制备方法是炉外点火冶炼法，Nb_2O_5 1kg，Ta_2O_5 0.383～0.42kg，Al 0.75～0.913kg，CaF_2 0.15～0.20kg，$KClO_3$ 0.30～0.40kg，原料烘干 24h 以上。	
CN1632147A CN1322156C	031224	050629 070620	中国科学院金属研究所	卢　斌；崔玉友；杨　锐	一种钛三铝基合金及其制备方法	一种钛三铝基合金成分(原子百分数)是：Al 22%～25%，Nb 15%～18%，Mo 0.1%～1.5%，余量为钛和其他杂质。制备方法是真空自耗炉熔炼三次、铸锭、开坯、锻造、900～1100℃热处理。	
CN1636934A CN1276055C	041130	050713 060920	陕西煤炭化学研究所	刘　朗；李秀涛；史景利；郭全贵	含钽碳基复合材料前体的制备方法	将软化点 60～80℃的煤焦油沥青、石油沥青在无水惰性气氛中与氯化钽按质量比 100：(1～20)混合，于 260～420℃，0.3～1.0MPa 压力下，搅拌反应 4～10h，得到含钽沥青前体物。	

专利号	申请日	公布日	申请人	发明人	专利名称	专利要点及有益效果	同族专利号
CN1639363A	030303 020304	050713	德国得累斯顿莱布尼茨	叶卡捷琳娜·博奇哈洛娃	铜－铌合金及其制备方法	该合金的铜基体中除了有铜－铌混晶外，还有直径为5～100nm的微细的或纤维铌晶粒析出。铌部分地溶解在铜晶格中。它是铜粉和0.1%～50%（原子百分数）的铌粉机械研磨后至少进行一次热处理得到的。	DE10210423 EP1483420B AT369444A
CN1640506A CN100348281C	050106	050720 071114	东南大学	储成林；林萍华；浦跃朴；王世栋	大径向支撑力医用支架	由镍钛合金、不锈钢、钛合金、金属钽管刻蚀而成的大径向支撑力医用支架，呈管状网形结构，沿其轴向发布多个正弦波圆环状基本结构，每相邻的两个正弦波之间通过“X”连接件连接。	
CN1644562A CN100386291C	040715	050727 080507	清华大学；北京科技大学；日本丰田	李敬锋；张波萍；张利民；张海龙	铌酸钾钠系无铅压电陶瓷及其制备方法	其成分以式$(1-n)K_xNa_{1-x}NbO_3 \cdot nMH$表示，（其中MH为金属氧化物或碳酸盐）采用放电等离子烧结（SPS）工艺，将原料研磨混合后，烧结成铌酸盐，再放电等离子烧结，然后在含氧气氛中退火。	
CN1644731A CN1274858C	050314	050727 060913	北京航空航天大学	李　岩；徐惠彬；赵新青；宫声凯；李树索	一种钛镍铝铌高温合金材料	该合金材料由（原子百分数）50%～60%的钛（Ti）、35%～50%的镍（Ni）、1%～15%的铝（Al）和1%～10%的铌（Nb）组成。	
CN1654160A CN1321777C	050325	050817 070620	燕山大学	王青峰；陈大伟	铌钛硼微合金高强度气体保护焊丝	焊丝的成分（质量分数，%）是：C 0.04～0.15，Mn 1.0～2.0，Si 0.3～1.2，Ni 0.6～1.8，Ti 0.08～0.2，Mo 0.1～0.8，Nb 0.01～0.05，B 0.002～0.012，S≤0.1，P≤0.20，余量为Fe和不可避免杂质。	
CN1664143A CN1294286C	050420	050907 070110	北京航空航天大学	沙江波；徐惠彬；宫声凯	铱铪铌高温合金材料及其制备方法	合金成分（原子百分数）是：Ir 85%～96%；Hf 2%～6%；Nb 1%～10%；密度为21～22g/cm^3，杨氏弹性模量150～210GPa，室温维氏硬度HV 620～850，在1950℃屈服强度120～400MPa，工作温度为1200～1950℃。	
CN1673424A CN1308502C	050111	050928 070404	桂林矿产地质研究院	张昌龙；黄凌雄；周卫宁；张　戈；霍汉德	非线性光学晶体Nb_2O_5：KTP的合成法	光学晶体Nb_2O_5 KTP高压釜水热合成法：制备含铌试剂Nb_2O_5或$KNbO_3$，掺铌0.1%～15%（质量分数），加入碱金属矿化剂，450～520℃，150～170MPa恒温30～90天，造成过饱和状态，使籽晶生长。	

专利号	申请日	公布日	申请人	发明人	专利名称	专利要点及有益效果	同族专利号
CN1686841A	050524	051026	南昌大学	罗　岚；罗会秋；周　浪；魏秀琴	利用钽铌矿冶炼萃取残液制取氟铝酸钠	利用钽铌矿冶炼萃取残液制取氟铝酸钠的工艺：用氨中和萃取残液至 pH 值为 7~8，沉淀分离仲钨酸铵和杂质，母液中加入硫酸使 pH 值为 5~6，加入硫酸铝、硫酸钠，过滤洗净，烘干。	
CN1686842A	050524	051026	南昌大学	罗　岚；罗会秋；周　浪；魏秀琴	从钽铌矿冶炼萃取残液制取氟硅酸钠工艺	该工艺：按照大于萃取残液中氟离子 1.2 倍的量，往萃取残液中加石英砂，沉淀分离出钨酸，母液中加 NaOH 或 NaCl，加入的钠离子量大于 1.1 倍氟离子量，过滤，洗净，烘干。	
CN1687473A CN100393902C	050419	051026 080611	河源富马硬质合金股份公司	王忠平；何新江	硬质合金、硬质合金刀具及其制造方法	其成分是碳化钨 50.5% ~ 74.5%、碳化钽 3.5% ~8.5%，钴 6% ~12%，碳化钨 - 碳化钛固溶体 16% ~29%。碳化钨和碳化钛是在 2000 ~ 2500℃ 高温下形成的。提高强度和硬度，冲击韧性。	
CN1687475A CN100360149C	050419	051026 080109	河源富马硬质合金股份公司	王忠平；何新江	硬质合金、硬质合金刀具及其制造方法	一种硬质合金的成分是碳化钨 87.49% ~ 92.70%，碳化钽 1.2% ~ 3.63%，钴 4.2% ~ 6.3%，碳化钨-碳化钛固溶体 0.9% ~2.38%，该合金是在 2000~2300℃ 形成的。其改善了红硬性，耐磨性及高温强度。	
CN1689371A CN100436006C	040423	051102 081126	许德成；辛湘杰	许德成；辛湘杰	稀有金属合金纳米粉的制备方法	将钽、锆、铌、钯及钛粉中一种或几种与分散剂按照一定比例混合，放入键合反应器内，在立式行星高能球磨机里放入保护剂和保护性气体，研磨键合反应成 20~30nm 合金粉。	
CN1693500A CN1311091C	050524	051109 070418	长沙南方钽铌公司	蒋坤林；张　林	从钽粉 - 硝酸钇液 - 固掺杂体制造钽材的方法	用钽粉，加入 100g/L 的硝酸钇溶液拌匀烘干，等静压 210 ~240MPa 保持 20min，2450℃ 烧结 3h，烧结条密度达到理论密度的 92%，轧制成板坯，1320℃ 热处理 1h，轧制成 3.4mm 板，1320℃ 退火。	

专利号	申请日	公布日	申请人	发明人	专利名称	专利要点及有益效果	同族专利号
CN1694198A	050518	051109	中国振华（集团）新云电子元器件有限责任公司	张选红；黄　波；蒋春强；潘平华；王　刚；王成兴	耐高反向电压电容器	耐高反向电压电容器有：外壳、钽阳极、电解液及阴极、阳极引线，塞柱固定钽丝并密封钽外壳，套有绝缘下垫、阴极钽筒，阳极块和阴极钽筒间有电解液。钽外壳由玻璃绝缘体、钽管及钽环所构成绝缘密封。	
CN1699147A CN100415640C	050524	051123 080903	株洲硬质合金集团公司	潘泽强；王时光；杨声海；何坤池	超细高氮氮化钽粉末的制备方法	氮化钽，其氮含量为6.8%～7.4%，杂质含量低于0.0090%，费氏粒径小于1μm，将0≤0.4%的钽粉在真空反应器里在400～750℃充氮气升温到700～1200℃，恒温3～5h，出炉后制粉。	
CN1699186A CN1315733C	040521	051123 070516	南京大学	李爱东；吴　迪；闵乃本	稳定的水溶性的铌和钽前体的制备方法及应用	用钽或铌的五氧化物与氢氧化钠（钾）按照摩尔比1∶（2～20）混合研磨，在刚玉坩埚里加热到400～550℃保持2～4h，将熔体溶于水，加入醋酸沉淀钽铌氢氧化物，用硝酸调pH值到低于2。	
CN1699610A CN100362122C	040517	051123 080116	北京有色金属研究总院有研亿金新材料公司	于　洋；王希哲；刘　伟；张　翥	高弹性β钛合金及其所制成的产品	其化学成分及其质量分数为：锆20%～40%，铌20%～30%，铪0.5%～3%，钽0～2%，氧0.05%～0.20%，碳0～0.15%，氮0～0.01%，氢0～0.02%，余量为钛，其中，锆/铪质量比为30～50。	
CN1702179A	050321	051130	南昌大学	罗　岚；周　浪；谭郭强；罗会秋	钽铌萃取残液中提取钛的方法	在萃取残液中先加入铁萃取剂和4～12mol/L浓度的HCl，再按大于其1倍物质的量加入NaCl，然后加入阳离子氯盐，从母液中析出氟钛酸盐，烘干后850～1050℃煅烧。	
CN1724543A	050614	060125	哈尔滨工业大学	赵九蓬；张　蕾；权茂华	一种水溶性钽羧酸盐配合物的制造方法	将氧化钽溶解于氢氟酸，加入草酸反应，加入氨水沉淀出氢氧化钽，氢氧化钽经过陈化、碱洗、水洗、过滤后，将其溶解于羟基羧酸中，形成稳定的钽羧酸盐配合物。	
CN1730435A CN1329342C	050607	060208 070801	中科院山西煤化研究所	刘　朗；李秀涛；史景利；郭全贵	热压成型制备碳化钽/炭复合材料的方法	热压成型制备方法包括：将含钽2%～10%（质量分数），软化点95～150℃的沥青前体分成两部分，一部分为黏结剂，另一部分在1200～1300℃煅烧为钽焦粉为骨料，配料后热压而成。	

专利号	申请日	公布日	申请人	发明人	专利名称	专利要点及有益效果	同族专利号
CN1730436A CN1329343C	050607	060208 070801	中科院山西煤化研究所	刘　朗；李秀涛；史景利；郭全贵	模压成型制备碳化钽/炭复合材料的方法	将含钽 2% ~ 10%（质量分数），95 ~ 150℃的沥青前体分成两部分，一部分为黏结剂，另一部分在 1200 ~ 1300℃煅烧为钽焦粉为骨料，以沥青煅烧的钽焦粉为骨料，采用模压成型，再经过炭化、石墨化处理。	
CN1730438A CN100445234C	050607	060208 081224	中科院山西煤化研究所	刘　朗；李秀涛；史景利；郭全贵	自烧结碳化钽/炭复合材料的制备方法	将炭化残留物含量为 80% ~ 85%，挥发物含量为 9% ~ 14%，含钽 2% ~ 10%（以上均为质量分数），研磨至粒度小于 100μm，模压成型后，经炭化，石墨化，得到高强度碳化钽/炭复合材料。	
CN1730699A CN100335667C	050829	060208 070905	北京航空航天大学	沙江波；刘东明；徐惠彬；宫声凯	一种铌钨铪硅高温合金材料及其制备方法	该合金由 50% ~ 85% 的铌（Nb）、10% ~ 15% 钨（W）、0 ~ 15% 的铪（Hf）和 5% ~ 20% 的硅（Si）组成（以上均为原子百分数）。密度为 8.7 ~ 10.4g/cm^3，室温维氏硬度为 HV420 ~ 780。	
CN1730705A CN1309857C	050808	060208 070411	宣化钢铁集团	李贵阳；马立明；张志强；翟永臻；冯建航	含有铬铌的微合金钢筋及其生产工艺	合金成分（质量分数）是：C 0.17% ~ 0.25%；Si 0.40% ~ 0.80%；Mn 1.20% ~ 1.60%；Cr 0.1% ~ 0.3%；Nb 0.02% ~ 0.04%；P ≤ 0.045%；S ≤ 0.045%。其余为 Fe。加脱氧剂 0.8kg/t，转炉炼钢的终点温度为 1620 ~ 1640℃，终点 S ≤ 0.025%，P ≤ 0.020%。	
CN1733649A	050719	060215	北京科技大学	徐桂英；吴　卿；贾　斌	N 型铌酸钴氧化物热电材料及其制备方法	以金属氧化物或金属单质为原始材料，在氧化性气氛下合成，粉碎合成后的材料，冷压成型，在超高压下烧结，得到 N 型铌酸钴 $Co_{0.66}Nb_{1.33}O_4$ 氧化物。	
CN1733952A CN1314818C	050831	060215 070509	段立成	段立成	从废旧硬质合金中回收稀有金属的方法	将废旧硬质合金粉碎，煅烧，与氢氧化钠溶液反应生成钨酸钠，钨酸钠中加入硫酸、氨水经萃取和反萃生成钨酸铵溶液，经加热蒸发结晶烘干，煅烧，氢还原得钨粉。固态物与硫酸、草酸铵提取 Co、Ni、Ta、Nb。	
CN1745958A CN100379516C	050927	060315 080409	西北稀有金属材料研究院	汪　恺；马万金；王学泽；赵永升；李佳鹏；马　沁；杨强生	敞开式焊接金属钽、铌及其合金的方法	一种敞开式焊接金属钽、铌及其合金的方法是在围绕焊缝的背面设置封闭的通入保护气体的工装，在围绕焊缝的正面设置敞开的工装，靠近焊缝位置开有通气孔，焊接时连续通入保护气体。	

专利号	申请日	公布日	申请人	发明人	专利名称	专利要点及有益效果	同族专利号
CN1752265A CN1329549C	051026	050329 070801	北京科技大学	宋西平；张蓓；王艳丽；陈国良	细化 TiAl 合金铸锭显微组织的热加工工艺	一种细化 TiAl 合金铸锭显微组织的热加工工艺，属于金属材料领域，适用于 Al 含量（原子百分数）为 45%～48% TiAl 合金和铌含量范围为 6%～8% 的高铌 TiAl 合金。	
CN1767102A CN100514518C	051116	060503 090715	中国振华（集团）新云电子元器件有限责任公司	张选红；黄波；毛云武；李仁海	电解电容器阳极介质氧化膜制造方法	以阀金属的多孔烧结体为基材，并以该基材为阳极在形成液中对其施加电流进行阳极氧化；电流的通、断比为（10：1）～（25：1），电流密度为 10～200mA/g。得到的钽电容器的击穿电压提高10%～20%。	
CN1767718A CN100384305C	051111	060503 061129	赵夔	赵夔；颉维平；张保澄；李明阳；陈林；王莉芳；金胜文；郝建奎；何季麟；陈佳洱	大晶粒铌材超导腔及其制造方法	大晶粒超导腔，包括一椭圆形铌材腔体或多个椭圆形铌材串接成的腔体，束管及法兰，其壁板分布有多个 5～7cm 的大晶粒，它是直接从大晶粒铌锭切割的铌板，板材直径为 250～300mm，厚度为2.8～3mm，化学清洗后冲压，焊接两端的束管、法兰。	
CN1772953A CN100417748C	051020	060517 080910	株洲硬质合金集团有限公司	杨声海；李朝晖；潘泽强；谢康德；何坤池	高纯钽醇盐的生产方法	以金属钽和无水醇为原料，无水醇中加入导电剂作电解质，以金属钽为阳极，以牺牲钽合成钽醇盐，将混合溶液蒸馏、精馏挥发除掉醇。醇盐有 1～6 个碳原子的无水醇，导电剂为氯化锂等，	
CN2618169Y	030401	060526	上海仪器研究所	徐益民；殷数函；史淑娟；顾从润	钽电容自动测试系统	由 GPIB 控制器、可程控漏电流测试仪、可程控多路开关、LCR 测量仪、被测件箱和打印机组成，GPIB 总线分别连接 GPIB 控制器、可程控漏电流测试仪等。	
CN2703316Y	040428	060601	欧阳一凤	欧阳一凤；刘建清	高能钽混合电容器	电化学和电解电容器相结合的高能混合电容器，包括一个以上的钽芯，电化学形成的阴极，多个隔离层，钽外壳，钽盖和玻璃体加缓冲垫封装。电容器能量密度大。	
CN1786236A	051208	060614	北京航空航天大学	沙江波；徐惠彬；宫声凯	一种铱铌硅高温合金材料及其制备方法	铱铌硅高温合金材料，该合金材料由 69%～93% 的铱（Ir）、5%～25% 的铌（Nb）和 2%～6% 的硅（Si）组成（原子百分数）。在 1500℃ 屈服强度为 150～280MPa，1200℃ 屈服强度为 300～650MPa。	

专利号	申请日	公布日	申请人	发明人	专利名称	专利要点及有益效果	同族专利号
CN1786804A CN100353253C	051216	060614 071205	中科院上海光学精密机械所	朋汉林；潘守夔；姜本学；林礼煌	铌酸锂晶体微区周期性畴结构的制备方法	制备方法包括对铌酸锂单晶进行定向，垂直于晶轴方向为面切割成长方体晶片，表面抛光优于三级，经晶片置于相干飞秒激光装置的相干场靶位上，C轴入射辐照30s。	
CN1789144A	051222	060621	株洲硬质合金集团公司	万明远；高 潺；李启华；唐建中；何坤池	氢氧化铌或氢氧化钽的洗涤设备及方法	洗涤设备包括料浆槽、循环泵、陶瓷膜装置，洗涤时，循环至料液浓缩到固液比为10%～20%，再加稀氨水及热水反复洗涤至洗水中F^-≤0.15g/L。	
CN1789459A CN100348756C	051227	060621 071114	北京航空航天大学	沙江波；刘东明；徐惠彬；宫声凯	单相铌钨铪高温合金材料	合金成分（原子百分数）含Nb 70%～88%；W 12%～15%；Hf 0～15%，是单相铌基固溶体Nb_{ss}，通过对铌进行多元固溶强化使该合金在1400℃的屈服强度为180～360MPa，1200℃屈服强度为300～410MPa。	
CN2788763Y	050114	060621	东南大学	储成林；浦跃朴；林萍华；王世栋	人体血管及非血管腔道管状支架	该支架是由镍钛合金、不锈钢、钛合金及纯金属钽或金制成，有金属管刻蚀而成，有正弦波形的圆环状基本结构，“X”连接结构。	
CN2791831Y	050518	060628	中国振华（集团）新云电子元器件有限责任公司	张选红；黄 波；蒋春祥；潘平华；王 刚；王成兴	耐高反电压电容器	电容器包括阴极引线、阳极引线、由塞柱密封的钽外壳、外壳内有阴极钽筒，钽筒内有阳极钽块、阳极引线从塞柱穿出，阳极钽块与阴极钽筒之间间隙装有电解液。电容器可受3～10V反相电压。	
CN1793004A CN100386285C	060105	060628 080507	武汉理工大学	方 亮；张 辉；孟森森	低温烧结铌酸盐高频介电陶瓷	用于微波元器件及陶瓷电容器或温度补偿电容器的低温烧结铌酸盐高频介电陶瓷，该陶瓷以$(Ba_{1-x}Sr_x)_4LiNb_{3-y}Ta_yO_{12}$为主相，其中$0.00 \leq x \leq 1$，$0.00 \leq y \leq 2$，采用相应的方法制备。	
CN1800031A CN100387528C	051103	060712 080514	上海师范大学	彭子飞；刑 潇；曹 璠	一种钽酸锶铋插层化合物及其制备方法	其母体具有$Bi_2SiTa_2O_9$的结构，客体为C_1～C_{18}烷基胺或卟啉类化合物，如正丙胺、正八胺、正十二胺、正十八胺或四苯基卟啉。其制备方法是将酸化后的钽酸锶铋放入含客体化合物的溶液中。	

专利号	申请日	公布日	申请人	发明人	专利名称	专利要点及有益效果	同族专利号
CN1804081A CN100363519C	060119	060719 080123	北京科技大学	林均品；王文俊；王艳丽；张　勇；林　志；陈国良；	耐熔锌腐蚀的金属间化合物 Ti-Al-Nb 合金	一种耐熔锌腐蚀的金属间化合物——Ti-Al-Nb 合金，成分范围为（原子百分数）：Al 40% ~60%，Nb 5% ~20%，W 0.1% ~2%，B 0.05% ~2%，Y 0.05% ~2%，余量为 Ti。	
CN1847433A	050415	061018	上海逸非表业公司	周永三	一种金黄色硬质合金	合金的成分（质量分数）是：氮化钛 50% ~80%；碳化钽 6% ~12%；碳化铌 4% ~10%；镍 7% ~12%；钼 2% ~5%；碳 1% ~3%。合金可以制造手表、眼镜架等。	
CN1847470A	050405	061018	中科院福建物质结构研究所	龙西法；韩秀梅	非线性光学晶体铌酸钙	一种新型光电子功能材料。其分子式为 $Ca_2Nb_2O_7$，简称 CN。空间群为 P21（C22），单胞参数为 a = 0.7700nm，b = 0.5500nm，c = 1.3373nm，β = 98.43°，Z = 4。单胞体积 V = 0.56028nm^3。	
CN1856446A	040123 030925	061101	巴西冶金采矿公司	S. Y. 塔格萨格瓦	生产电容器用氧化铌粉末的方法	包括两步铌氧化物的还原步骤，第一步通过氢气还原五氧化二铌，第二步用氧吸收剂材料与二氧化铌反应，使二氧化铌中的氧转移到吸收剂材料上，还原二氧化铌为一氧化铌。	WO2005028370 GB2421945A BR0304252A
CN1863628A	040706 030711	061115	德国 H. C. 施塔克公司	R. 肖克	制造微细金属粉末的方法	由平均粒径较大的颗粒制造成 D_{50} 至多为 25μm 的金属粉末，所述方法在于：将原粉颗粒在变形步骤中被加工成碎片，其粒径比厚度为(10：1)~(10000：1)；在助磨剂存在下对颗粒间隙粉碎研磨。	WO2005007327A DE10331785 IL173056A
CN2842984Y	051111	061129	赵　夔	赵　夔；张保澄；王莉芳；金盛文；郝建奎；陈佳洱	大晶粒铌材超导腔及其制造方法	包括一椭圆形铌材腔体或一个以上椭圆形铌材串接成的腔体，在该腔体两端各连接一束管，圆管的另一端连接一法兰；铌材腔体壁板分布有多个直径为厘米量级（5~7cm）的大晶粒。	
CN1880522A CN1332078C	060515	061220 070815	山东大学	宋建安；袁多荣；尹　鑫；郭世义；段秀兰	一种铌酸锂晶体极化方法	将铌酸锂晶体 Y 切，晶体样品置于两个铌酸锂极化晶片之间，极化晶片和晶体样品之间有铌酸锂晶体粉料，上下两个极化晶片各加铂片构成极化电极，极化温度 1200 ±5℃，加电场极化。	

专利号	申请日	公布日	申请人	发明人	专利名称	专利要点及有益效果	同族专利号
CN1889212A CN1332406C	050630	070103 070815	天津大学	刘仲娥；宋金荣；陈晓静；陆　胜；王耀东	液体钽电解电容器用电解质及其制备方法	电解质包括电解液和凝胶电解液，电解液的组成为（质量分数）：硫酸 26% ~34%；乙二醇-丁醚 14% ~25%；其余纯水；凝胶电解液组成：硅溶胶与硫酸体积比为 2.4 ~3.2，乙二醇-甲醚的含量占 12% ~22%。	
CN2855535Y	060123	070110	周　斌	周　正；周　斌；邹在兰	多功能卧式摇床	一种多功能卧式摇床包括分选圆筒，可控调速旋转变频电机，广泛用于金、银、铅、锌、钛、钽、铌、铁、钨、锡、锑、钼、铜、铋镍或其他矿石的有效分选。	
CN1896303A CN100443629C	060622	070117 081217	上海交通大学	姚锦元；王裕超	钽喷丝头表面互相气相沉积金刚石薄膜强化方法	（1）将钽喷丝头置于含金刚石微粉的酒精悬浮液中，采用超声打磨，再用丙酮与酒精分别超声清洗钽喷丝头表面；（2）CVD 法沉积金刚石薄膜，在碳源浓度为 1% ~4%，压力为 0.5 ~5kPa，衬底温度为 600 ~900℃沉积 0.5 ~2h。	
CN1899730A CN100339172C	060630 050929	070124 070926	宁夏东方钽业股份有限公司	何季麟；潘伦桃；郑爱国；程越伟；马跃忠；刘红东；杨国启；王春翔；王艳萍；郑世萍	球化造粒凝聚金属粉末的方法，金属粉末和电解电容器阳极	（1）将阀金属粉末打碎到中直径小于 50μm；（2）含有 5% ~50%（质量分数）的可挥发性液体，如水，造粒成湿颗粒；（3）干燥湿颗粒制造成流动的预凝聚颗粒；（4）热处理预凝聚颗粒；（5）过筛得到凝聚的金属粉末。本专利方法制造钽铌金属粉末生产成本，低钽粉流动性好，比容高，漏电流低。	US7666247B KR100964565B JP5197369B EP1928620
CN1900350A	051108 050719	070124	美国黑罗伊斯公司	阿普杜勒-瓦哈	增强型溅射靶合金成分	一种溅射靶成分（原子百分数）为：Co，0 < Cr ≤24%，0 < Pt≤20%，0 < B≤20%，0 < Au≤10%，还包括钨、钽、铌、钇、锰、钼、钒、锆、钕等。	EP1746586A CZ20050638 US2005274221A
CN1903790A CN100404464C	060609 050728	070131 080723	西北工业大学	李贺军；史小红	碳/碳复合材料基二硅化钽/碳化硅涂层及其制备方法	一种碳/碳复合材料基二硅化钽/碳化硅涂层，组分有二硅化钽、碳化硅、硅和少量的过渡金属碳化物。利用二次包埋法在经打磨抛光后的碳/碳复合材料表面直接包埋沉积碳化硅涂层，再用包埋法在已沉积了碳化硅涂层的表面沉积制备二硅化钽外涂层。	

专利号	申请日	公布日	申请人	发明人	专利名称	专利要点及有益效果	同族专利号
CN1904097A CN100357464C	060718 060603	070131 071226	郭青蔚；曹万里	郭青蔚；曹万里	草酸体系萃取法制取无氟氧化铌工艺	用含铌的钢铁冶金渣在内的各种品位矿，包括矿石处理、矿物分解、水洗、浸出、萃取、反萃取铌、反萃取液处理及晶体煅烧工序，采用叔胺型有机试剂萃取，稀释剂为二辛醇、煤油。	
CN1911892A	060830	070214	姜立军	姜立军	高纯度草酸铌的生产方法	该方法是用纯水将分析纯的草酸溶液，在75～85℃下加入高纯氢氧化铌，氢氧化铌：草酸（摩尔比）=1：（2～2.8），调整pH值到3±0.2，冷却结晶，离心过滤。	
CN1933033A CN100479069C	061010	070321 090415	贵州振华亚太高新电子材料公司	陈群星；张力平；杨锐昌	一种钽电容器用可焊浸渍银浆	一种钽电容器用可焊浸渍银浆包括片状银粉和有机载体各为50%（质量分数）的混合物，有机载体由丙烯酸树脂、邻苯二甲酸二丁酯和乙酸丁酯组成，它们的比例为10：0.5：89.5。	
CN1935745A CN100551875C	060906	070328 091021	清华大学	李敬锋；甄玉花；森连太郎；清水逵彦	抑制铌酸盐基无铅压电陶瓷烧结中碱金属挥发	将碱金属铌酸盐陶瓷预烧后的压制坯体放入与其成分相似成分的碱金属铌酸盐内坩埚中，再将其埋入盛有与待烧结陶瓷相似成分的碱金属铌酸盐埋粉的外坩埚中，在大气中进行无压烧结。	
CN1935772A CN100500635C	061019	070328 090617	宁夏东方钽业股份有限公司	王　伟；李　静；李　辉；鲁　东；米玺学；仲　民；刘　军	草酸铌的制备方法	在浓度200～1000g/L的草酸溶液中，按草酸与铌的摩尔比为(1～10)：1加入含铌化合物(如五氧化二铌等)，在90～110℃反应10～30min至溶液完全变清，将反应后得到的溶液结晶，再过滤结晶，烘干。	
CN2884474Y	060223	070328	锦汉股份有限公司	林昌亮	电容器	一种电容器包括第一电极、第二电极及绝缘垫片，表面有介电层的钽元器件一端连接第一电极，另一端连接第二电极，绝缘垫片上表面与钽元器件表面有间隔，且未沉积介电层。	
CN1948218A CN1948218B	061019	070418 100512	宁夏东方钽业股份有限公司	周小军；郑金凤；韩建川；李海军；王秋迎；陈　林；孙本双；李　彬	高温抗氧化材料及由其制备的高温抗氧化涂层	其组分(质量分数)为：$MoSi_2$ 2.5%～9.5%；Mo 2.5%～10.0%；W 1.0%～4.0%；Hf O_2 0.1%～1.5%；Y 1.0%～8.0%；及选自下列组分：Fe 1.5%～4.0%，Al 2.0%～8.0%，Ta 3.0%～9.0%，Ti 0.1%～3.0%，B 0.1%～2.5%；余量为Si。上述材料与乙醇或水加钾、钠盐调浆涂敷在基体上，在真空、1350～1650℃下熔烧形成抗氧化涂层。	

专利号	申请日	公布日	申请人	发明人	专利名称	专利要点及有益效果	同族专利号
CN1951891A	051018	070425	中南大学	杨声海；潘泽强；唐朝波；何　静；唐谟堂；鲁君乐	一种电化学合成与纯化高纯铌醇盐的方法	在无水醇中添加0.01～0.1ml/L的导电剂作为电解质，以金属铌为阳极，电流密度10～1000A/m^2，槽电压15～20V，进行电解，蒸馏出的醇经冷却返回电解槽，并补充醇，减压精馏。	
CN2896478Y	060426	070502	中国振华（集团）新云电子元件有限责任公司	张选红；李俊伟；陈　健；吕林兴；龙继云；金　源	无焊点电容器	无焊点电容器包括：金属外壳、外壳内的钽阳极、封闭外壳的绝缘子、与外壳连接的阴极引线、钽阳极引线、阳极引线从绝缘子穿出与绝缘子固定密封，绝缘子设有台阶环。	
CN1958817A CN100465309C	060922	070509 090304	北京科技大学	曲选辉；路　新；何新波；王衍航；陈国良	利用放电等离子烧结制备高铌钛铝基合金	混合粉末被装入石墨模具中，置入放电等离子烧结炉中，施加10～80MPa的轴向压力，采用真空烧结温度为900～1400℃，冷却至室温，即得到高Nb-TiAl基合金块体材料。	
CN1958882A	060921	070509	上海大学	朱丽慧；张殿德；黄清伟；邵光杰	熔盐法合成片状铌酸钠单晶颗粒的方法	以Bi_2O_3、Na_2CO_3和Nb_2O_5为原料，以NaCl或Na_2SO_4为介质，两步反应合成片状$NaNbO_3$单晶颗粒。以片状单晶颗粒为原料，拓扑化学反应制备片状钙钛矿结构$NaNbO_3$单晶颗粒。	
CN1963966A	061129	070516	大连理工学院	张　莉；邹积岩；宋金岩	混合型超级电容器	包括：外壳和在其中的钽阳极，二氧化钌阴极，电解液，和隔板，阴极引线和阳极引线。其中钽阳极是钽粉和钽丝压制形成的。	
CN1963967A CN100521016C	061123	070516 090729	中国振华（集团）新云电子元件有限责任公司	吕林兴；陈　健；金　源；朱　强；潘平华；蒋春强	双极性固体电解电容器	一种无正、反向电压的固体电解电容器，包括将偶数个预制好的电容器芯子组装，均分两组的电容器芯子的钽丝分别固定在两块电极端子上。	
CN1974888A CN100497758C	061111	070606 090610	南开大学	刘士国；孔勇发；赵艳军；许京军；陈绍林；黄自恒；张　玲	掺锆铌酸锂晶体	掺入Zr的铌酸锂晶体，其中Zr的掺入量（摩尔分数）大于0.1%。一种新的抗光折变掺杂阈值低，易于生长出高品质的晶体，抗光折变能力比同成分铌酸锂晶体提高6个量级，	
CN1982495A CN100453687C	051214	070620 090121	中国科学院物理研究所	柳延辉；潘明祥；赵德乾；汪卫华	一种镍基块体金属玻璃及其制备方法	以镍、难熔金属铌或/和钽为主要成分，其他金属元素作为合金元素，其组成为$Ni_{62-x}Co_xNb_{38-y}Ta_y$，其中，$2\leq x\leq 15$，$0\leq y\leq 38$。	

专利号	申请日	公布日	申请人	发明人	专利名称	专利要点及有益效果	同族专利号
CN1994635A CN100551589C	061212	070711	武汉大学	金先波；陈　政；吴　田；汪的华；胡晓宏	超细钽粉的电化学制备方法	以含 $CaCl_2$ 的盐为电解质，将 Ta_2O_5 粉末或块与金属集流体作为固态阴极，以石墨为阳极，用参比电极控制电解电位，在惰性气氛，500～1000 ℃进行电解，得到超细钽粉。	
CN1995420A CN100457933C	061229	070711 090204	西北有色金属研究院	张小明；张廷杰；刘建章；胡忠武；李晴宇；杨雄毛；郭让民；白宏让；丁　旭	一种制备强化钽及钽合金材料的方法	将低氧钽合金粉末在300～800℃氧分压 10^{-1}～10^3Pa 下进行增氧，将处理后的粉末装入包套中，在1300～1500℃，150～200MPa 热等静压固化，得到致密的块体。最后进行真空热处理，调整材料的力学性能。	
CN101001971A CN100485078C	050607 040607	070718 090506	俄罗斯多种金属科学工业股份公司	弗拉基米尔·谢苗诺维奇·杜布	用于石油产品和产品管道的管及其制造方法	管材成分（质量分数）：碳0.02%～0.11%；锰0.10%～1.8%；硅0.06%～0.6%；铬0.005%～0.30%；镍0.005%～1.0%；钒0.01%～0.12%；铌0.02%～0.1%；铝0.01%～0.05%；钙0.005%～0.008%；铜0.005%～0.25%；钼不超过0.5%；余量为铁。	EP1811054B RU2252972C AT7748166T
CN101003371A CN100457612C	061231	070725 090204	株洲硬质合金集团有限公司	颜练武；段福安	制备细颗粒碳化钽的方法	（1）将含钽废料分解；（2）调节钽液酸度至1.8～2.2mol/L，加热到80℃，加入三氯化铝搅拌；（3）按照每公斤钽加入1.8～2.2kg 单宁酸；（4）洗涤步骤（3）得到的产物烘干；（5）在1300～1400℃烧结得到碳化钽；（6）球磨上述碳化钽。	
CN101003873A	070119	070725	上海交通大学	宁聪琴；戴尅戎；丁冬雁	Ti-Nb-Zr 低弹性模量β型合金、制备方法	合金的成分配比为铌（Nb）30%～37%，锆（Zr）0～20%，钛（Ti）为余量，其铸态组织为β相。合金其强度为中等强度，而弹性模量仅为 Ti-6Al-4V 的45%～55%。	
CN101024575A CN100519477C	060217	070829 090729	中国科学院金属研究所	周延春；林志军；李美栓；王京阳；胡春峰	原位热压/固液相反应制备钽铝碳陶瓷的方法	用一定化学计量比的 Ta 粉，Al 粉和 C 粉，原料经过球磨，以10～20MPa 的压力冷压成饼状，装入石墨模具中，在惰性气体或真空下1100～1600℃，20～40MPa 原位热压/固-液相反应。	

专利号	申请日	公布日	申请人	发明人	专利名称	专利要点及有益效果	同族专利号
CN101024901A CN100480436	070115	070829 090422	哈尔滨工业大学	孙　亮；徐玉恒；赵连城	Zr：$LiNbO_3$ 晶体及其制备方法	由纯度都为99.99%的 ZrO_2、Nb_2O_5 和 $LiCO_3$ 制成；其中 ZrO_2 的掺杂量为 ZrO_2、Nb_2O_5 和 $LiCO_3$ 总物质的量的4%～6%，Li 与 Nb 的摩尔比为0.946。制备方法：（1）称取原料；（2）提拉法进行晶体生长；（3）极化；（4）晶体切割抛光。	
CN101033134A CN100424039C	060310	070912 081008	中国科学院金属研究所	周延春；胡春峰；包亦望	原位反应热压合成 TiB_2-NbC-SiC 高温陶瓷材料及方法	以钛粉、铌粉、硅粉、碳化硼粉和石墨粉为原料，以无水酒精为介质，在玛瑙罐中球磨，干燥并过筛后冷压成型（10～20MPa），在真空或氩气烧结，1600～1800℃烧结1～4h、烧结压强为20～40MPa。	
CN101050122A CN101050122B	070521	071010 100707	北京工业大学	蒋毅坚；慈　戬	铌酸锂功能陶瓷的制备方法	步骤：（1）提供铌酸锂粉料；（2）球磨；（3）70～90℃烘干；（4）过180目筛；（5）加聚乙烯醇胶造粒，用40目过筛；（6）压力压制成片；（7）激光照射（960～980℃）。	
CN101050548A CN100510203C	070510	071010 090708	安徽光学精密机械研究所	张庆礼；殷绍唐；刘文鹏；孙敦陆；邵淑芳	钽酸盐的提拉法晶体生长方法	所生长的钽酸盐的分子式表示为 $RE_{1-x}D_xTa_{1-y}Nb_yO_4$，其中 RE 表示稀土 Lu、Gd、Y 离子；D 为掺杂离子 Bi、Ce、Eu、Tb；x、y 为掺杂量，其值均为0～1。	
CN101058428A	070424	071024	南昌大学	罗　岚；罗会秋	钽铌冶炼稀释盐的回收方法步骤	用水溶解混合盐，调节 pH 值大于11，将混合溶液升温到高于90℃，蒸发使溶液密度达1.318～1.330 g/cm^3，将钠盐从溶液中分离；再将溶液继续加热浓缩，冷却到低于30℃，结晶出 KF、KCl。	
CN200972829Y	061123	071107	中国振华（集团）新云电子元器件有限责任公司	吕林兴；陈　健；蒋春强；周　萍；潘平华；金　源	低等效串联电阻贴片电容器	包括绝缘外壳和电容器芯子，电容器芯子包括钽阳极及依次形成的介电层、二氧化锰层、石墨层和银浆层；其特征是至少两个芯子通过银浆层粘接形成芯子组，各阴极、阳极分别并联。	
CN101066761A CN100564256C	070608	071107 091202	山东大学	王继扬；姚淑华；刘　宏；郑斐斐；颜　涛	成分均匀的球状掺杂铌酸锂多晶原料的合成方法	（1）将氢氧化铌溶于浓盐酸或氯化铌溶于水，加入羧酸基的有机溶剂；（2）热重分析计算出铌含量；（3）计算出加入的 Li^+、MgO、ZnO、HfO_2 的量；（4）第（3）步得到的浆料喷雾干燥；（5）600～800℃煅烧得到掺杂铌酸锂原料。	

专利号	申请日	公布日	申请人	发明人	专利名称	专利要点及有益效果	同族专利号
CN101067183A	070628	071107	包头六合科技开发公司	吴赞贤；杜晓明；薛建刚；王永生	用白云鄂博矿冶炼后的高炉废渣制造含稀土、铌合金的方法	将高炉废渣和重晶石、天青石、白云石、石灰石、钢屑、石英石、萤石混合，用兰碳为还原剂，在矿热炉中冶炼，出铁水，扒渣，浇铸得到含稀土（如 Re）、铌的合金。本发明制得的合金用于钢铁冶炼行业，有脱氧、脱硫作用，又有微合金化作用。	
CN200972829Y	061123	071107	中国振华（集团）新云电子元器件有限责任公司	吕林兴；陈　健；蒋春强；周　萍；潘平华；金　源	低等效串联电阻贴片电容器	多个电容器芯子通过银浆层并联粘接，各电容器芯子的阴极层与电极引出片并联结构，各钽丝与另一块电极引出片并联结构；两块电极引出片从芯子组表面的绝缘外壳中伸出。	
CN200972830Y	061123	071107	中国振华（集团）新云电子元器件有限责任公司	吕林兴；陈　健；金　源；朱　强；潘平华；蒋春强	双极性固体电解电容器	电容器芯子包括钽阳极、氧化钽介电层和在介电层上依次形成的二氧化锰、石墨层、和银浆层组成的阴极。有偶数个电容器芯子通过银浆层粘接，均等的电容器芯子的钽丝引线分别与两块电极引出片连接，从绝缘外壳伸出。	
CN101083171A	060530	071209	中南大学	甘卫平；黎小辉；欧定斌；覃政辉	超级电容器 RuO_2 涂层阴极薄膜的制备工艺	高纯金属钽箔进行预处理，以酸性氯化钌胶体水溶液为电沉积液进行电沉积，三氯化钌浓度为 0.005～0.05mol/L，$NaNO_3$ 0.05～0.2mol/L，pH 值为 1.85～5，电流密度 1～50mA/cm^2，时间 0.5～5h；制备好的涂层在 100～300℃空气气氛下进行热处理。	
CN101089209A CN100465311C	070712	071209 090304	北京科技大学	林均品；王衍行；贺跃辉；王艳丽；叶　丰；孙　刚；陈国良	高铌钛铝多孔金属间化合物的制造方法	用 Ti、Al 和 Nb 粉末压制成坯，500～800℃预反应；再在 1300～1400℃反应。在真空度为 $1\times10^{-1}\sim1\times10^{-3}$Pa，压强为 0.5～10kPa 烧结，获得高铌钛铝多孔金属间化合物。	
CN101100381A CN100548919C	070621	080109 091014	山东大学	吕孟凯；马　谦；周媛媛；邱子凤；张爱玉	低温制备 Bi_3TiNbO_9 微纳米压电铁电粉体的方法	将五氧化二铌溶解于氢氟酸中，滴入氨水溶得到氢氧化铌沉淀，将沉淀物过滤、洗涤后溶于柠檬酸水溶液中，形成 Nb-柠檬酸溶液；将钛酸四丁酯、五水合硝酸铋、乙二胺四乙酸及硝酸铵加入 Nb-柠檬酸溶液中，加热搅拌得到前驱体凝胶；烧结，得 Bi_3TiNbO_9 纳米粉。	

专利号	申请日	公布日	申请人	发明人	专利名称	专利要点及有益效果	同族专利号
CN101100727A	070717	080109	陈 亚	陈 亚	具有高强度高密度的耐蚀合金	合金成分（质量分数）是：碳 0.08%；硅 0.43%；锰 0.38%；磷 0.01%；硫 0.015%；铬 10.22%；镍 10.65%；铜 2.95%；钼 0.17%；铌 0.015%；钨 24.3%；余量是铁。	
CN201008877Y	061131	080123	株洲硬质合金集团有限公司	吴建国	线材轧制用轧棍装置	该装置包括轧辊、轴承、机架，轧辊的辊身上设有关于辊身轴线垂直平分面对称定位的环槽，上下布置的该对轧辊的环槽在轴剖面上组成垂直轴线方向对角为圆弧形的若干个四方孔。	
CN101113507A CN100455689C	070831	080130 090128	武汉钢铁（集团）公司	周新龙；陈伟庆；刘正清；桂江兵；叶 飞；蒋跃东；任安超	冷镦用铌、钒复合微合金化低碳硼钢及其生产方法	按质量分数计为：C 0.18% ~ 0.24%、Mn 0.80% ~1.2%、Ti 0.01% ~0.03%、B 0.001% ~0.003%、Nb 0.02% ~0.08%、V 0.02% ~0.08%、Al 0.01% ~0.05%、Si < 0.20%、P < 0.03%、S < 0.03%，余量为 Fe。加工方法包括：转炉或电炉冶炼，LF 炉精炼，连铸，加热，轧制，控冷。	
CN101113510A CN100535174C	070825	080130 090902	宁夏东方钽业股份有限公司	潘伦桃；郑爱国；马跃忠；王治道	阀金属粉末的掺氮方法及含氮钽粉、铌粉	比表面积相差小于 10% 的钽粉、铌粉，在整个掺氮过程中，阀金属粉末在 250 ~450℃范围内的某温度 $T \pm 5$℃保温 30min 以上。得到的钽粉、铌粉含氮量差别小于 50%。	
CN101121985A CN100462465C	070930	080213 090218	北京航空航天大学	李 岩；崔 琰；徐惠彬	钛锆铌锡高温形状记忆合金及制法	一种钛锆铌锡高温形状记忆合金材料，由 30% ~40% 的锆(Zr)、0.2% ~10% 的铌(Nb)、5% ~10% 的锡(Sn)和余量的钛(Ti)组成，并且上述各成分的含量之和为 100%（以上均为原子百分数）。	
CN101135010A CN100516257C	071012	080305 090722	西北有色金属研究院	郑 欣；李中奎；王东辉；白 润；付 洁；夏明星；张廷杰；杨雄毛；张军良	铌及铌合金废料回收再利用的方法	将铸锭冒口、铸锭车屑、挤压缩尾、锻造棒头和板材边角以及锻造棒的精车屑处理干净后，将洗净的铌合金屑，真空炉里熔炼，在钢模里压制成电极，进行熔炼；或用氢化还原和脱氢的方法，经压坯、烧结后制备出烧结条。	
CN101136356A CN100459099C	060831	080305 090204	中芯国际集成电路制造公司	高建峰；王晓艳；刘艳吉；汪钉崇	铜互连的半导体器件的制造方法及其结构	在介质隔离层表面形成扩散阻挡层，通过改变沉积扩散阻挡层的工艺及其形成的结构，把 TaN 薄膜的晶体结构由体心立方结构改变为面心立方结构，覆盖在 Cu 布线层上更为致密，	

专利号	申请日	公布日	申请人	发明人	专利名称	专利要点及有益效果	同族专利号
CN101139110A CN100577574C	070825	080312 100106	宁夏东方钽业股份有限公司	施文锋；习旭东；李　勇；陈学清；王　伟	低价氧化铌或铌粉的制备方法	将原料氧化铌与还原剂（钙、锶、钡、钇、镧、铈等）混合，在真空、惰性气体或氢气气氛中、600～1300℃反应，产物经酸洗后在真空或惰性气氛里1000～1600℃进行热处理。该方法可直接将原料氧化铌还原至电容器级低价氧化铌。	US7727508B GB1490897B JP2005536708 KR1001158520B
CN101143382A	071017	080319	武汉钢铁集团公司	刘光明；李具中；宋泽启；陈国威	含铌微合金钢板坯连铸生产工艺	在连铸中，二次冷却矫直点温度为940～960℃；中包钢水过热度为15～30℃；一次冷却中，结晶器铜板的冷却水流速为5～6.0m/s，结晶器保护渣碱度为1.2～1.4。	
CN101143789A	060915	080319	中国科学院金属研究所	周延春；胡春峰；包亦望	一种纳米层状Ta_2AlC陶瓷粉体及其制备方法	该陶瓷属六方晶系，空间群为P63/mmc，单胞晶格常数 a 为0.308nm，c 为1.385nm。以钽粉、铝粉、石墨粉在树脂罐中球磨，过筛后装入石墨模具中冷压成型，在真空或氩气气氛中处理，冷却破碎和过筛，获得粉体。	
CN101144185A CN100494518B	070711	080319 090603	宁波大学	夏海平；张嗣春；王金浩；张约品；章践立	一种近化学计量比的铌酸锂晶体的生长方法	（1）按重量比1：(0.85～1.1)：(0.2～0.3)把Li_2CO_3 Nb_2O_5混合碾磨，得到的粉末在Pt坩埚里加入到800～850℃恒温1.5～2.5h；（2）100～1100℃煅烧2h；（3）将煅烧料研磨成粉；（4）装入Pt坩埚里密封；（5）1100～1200℃晶体生长。	
CN101157961A	071106	080409	东北大学	沈峰满；李小钢；姜茂发；徐广尧；刘承军；李春龙；张志宏	一种利用铌铁精矿生产低级铌铁的方法	将铌铁精矿、煤粉和少量黏结剂混匀后，加热加压制成热压造块；在电炉内高温把含磷半钢与富铌渣分立的电炉分熔；和在富铌渣中添加碳在1550℃把铌还原的低温冶炼。	
CN101161768A CN100567450C	071102	080416 091209	同济大学	顾　牡；刘小林；韩　坤；黄世明；倪　晨；刘　波	钽酸钆透明发光厚膜及其制备方法	该发光薄膜的化学表达式为：$Gd_{1-x}R_xTaO_4$，其中R为Eu^{3+}或Tb^{3+}，$0.04\leqslant x\leqslant 0.12$。制造步骤：将含$Gd_2O_3$和$Eu_2O_3$或$Gd_2O_3$和$Tb_4O_7$，$TaCl_5$溶液按化学计量数进行混合，将PVP混合液滴入，搅拌，静置，陈化，即得溶胶；凝胶膜进行干凝胶化处理，热处理。	

专利号	申请日	公布日	申请人	发明人	专利名称	专利要点及有益效果	同族专利号
CN101165228A CN100510204C	070816	080423 090708	南开大学	孔勇发；黄自恒；肖罗生；陈绍林；刘士国；张　玲；许京军	铌酸锂 PN 结及其制备方法	铌酸锂 PN 结是将两种不同载流子类型的铌酸锂晶体结合在一起，其结晶化学式可表示为：P($LiNbO_3$)/N($LiNbO_3$)。其中，P 是镁、铟、锌、铪、锆等抗光折变掺杂元素中至少一种，N 是铁、铜、锰、铈等光折变掺杂元素中的至少一种。	
CN101168169A	071128	080430	钢铁研究总院	刘清友；孙新军；阴树标；贾书君；汪　兵	采用薄板坯连铸连轧生产低碳钢高铌高强韧性钢带的方法	将铸坯均热温度控制在 1100～1180℃，开轧温度不大于 1050℃，变形量为 40%～50%，终轧温度 800～900℃，卷取温度 500～650℃。采用 5～7 套机架热轧，相对压下率 F1～F2 为 40%～50%，F3～F4 为 20%～40%，F5～F7 为 5%～30%。	
CN101169569A	071130	080430	南开大学	刘士国；吴胜青；孔勇发；许京军；陈绍林；黄自恒；张　玲	双掺铌酸锂晶体	其化学式可表示为：$LiNbO_3$：Fe，Zr，其中 Fe_2O_3 的掺杂范围是 0.01%～0.05%（质量分数），ZrO_2 的掺杂范围是 0.4%～6.0%（摩尔分数）。将抗光折变掺杂离子 Zr^{4+} 和 Fe^{3+} 共同掺入铌酸锂晶体中。	
CN101177768A CN100529150C	071217	080514 090819	西部金属材料股份有限公司	武　宇；权振兴；朱海林；李高林；杨晓维；赵鸿磊；曾蜀发；刘宁平；李　俊；宜　楠；任吉文；邓自南	一种制备金属铌带材的方法	其步骤为：（1）将直径为 150～160mm 电子束熔炼铌锭在 800～1100 ℃锻造，镦粗 30%～40% 一次，拔长 40%～50% 一次，拍扁加工率为 50%～70%；（2）第一道次轧制加工率不小于 40%，第二道次加工率不小于 35%，之后每道次加工率不小于 15%；（3）850～900℃退火，保温 3～4h。	
CN101181773A	071217	080521	西部金属材料股份有限公司	李高林；白宏斌；王国栋；冯宝奇	具有高深冲性能和高晶粒度的钽长带制备方法	步骤：（1）采用 7～8μm 粒度钽粉压制，在 2250～2350℃烧结 3～4h，锻造后 2100～2250℃二次烧结，锻造；（2）第一道次轧制加工率不小于 30%，第二道次加工率不小于 25%，第三道次加工率不小于 15%，轧制到 10mm 厚换向轧制到 0.8～2mm；（3）1100～1250℃退火 1～2h。	
CN101182602A CN101182602B	061114	080521 100414	宁夏东方钽业股份有限公司	何季麟，李海军；卢振达；张宗国，刘红东；潘伦桃；杨　君；阎　燕；董学成	粉末冶金用钽和（或）铌粉末及其制造方法	钽粉氧含量不大于 0.15%，氮含量不大于 0.02%，比表面积不大于 $0.15m^2/g$，松装密度 3.5～$7.0g/cm^3$。制造步骤：（1）将粉末压条；（2）真空烧结坯条；（3）将上述坯条氢化制粉；（4）将上述粉末脱氧、脱氢、热处理；（5）酸洗、水洗、烘干。	

专利号	申请日	公布日	申请人	发明人	专利名称	专利要点及有益效果	同族专利号
CN101186338A CN101186338B	071204	080528 100609	北京科技大学	张梅；郭敏；王习东；张慈；吕海军	一种热水合成钽掺杂的铌酸钾钠无铅压电陶瓷粉体方法	采用氢氧化钠、氢氧化钾、五氧化二铌、五氧化二钽为原料，在200~250℃保温20~30h，热水合成钽掺杂的$K_{0.5}Na_{0.5}NbO_3$的压电陶瓷粉体；氧化钽和氧化铌的掺入总量与碱液的摩尔比是（1：10）~（1：25）。	
CN101186990A	071019	080528	中南大学	刘沙；张伟	超细硬质合金包覆粉末及其制造方法	将82~93.5份超细碳化钨和0.5~10份其他碳化物，如碳化钽、碳化钛、碳化铌、碳化钒和/或碳化铬，完全被钴相超细粉末颗粒均匀包覆组成，粉末平均粒径不大于1μm。制造方法是将超细难熔金属碳化物加入到钴盐溶液里，氢氧化钴包覆碳化物，还原氧化钴形成钴包覆。	
CN101186996A CN100516276C	061117	080528 090722	中国科学院金属研究所	张海峰；潘大刚；王爱民；李宏；胡壮	铌颗粒增强的镁基非晶态合金复合材料及其制备方法	该复合材料的成分是：$Mg_{65}Cu_{20}Ag_5Gd_{10}$与Nb粉。制备方法是将Cu、Ag、Gd混合，惰性气氛下电弧熔炼，在将其与镁在惰性气氛下进行感应熔炼成合金，将铌粉与上述合金液相混合，电磁搅拌得到均匀的复合材料。	
CN101190798A CN100551827C	061129	080604 091021	山东大学	袁多荣；于法鹏；段秀兰；郭世义；程秀凤；王丽华	铌酸镓镧系列纳米粉体的制备方法	包括$La_3Ga_{5.5}Nb_{0.5}O_{14}$(LGN)，$La_3Ga_{5.5}Ta_{0.5}O_{14}$(LGT)，$La_3Ga_5SiO_{14}$（LGS）。将$Nb_2O_5$、$Ta_2O_5$或$SiO_2$溶解于浓氢氟酸中，加入草酸铵、氨水形成沉淀物，将沉淀物溶解于柠檬酸溶液中，再将硝酸镓、硝酸镧溶液加入其中；将溶液加热得凝胶；再煅烧，得到纳米粉体。	
CN101191161A CN100516256C	061122	080604 090722	中国科学院过程工程研究所	郑诗礼；王晓辉；张懿	一种难分解钽铌矿继续活化强化碱分解清洁转化方法	难分解钽铌矿继续活化强化碱分解清洁转化方法，该方法步骤是：（1）用高能搅拌球磨机将钽铌矿进行球磨；（2）在150~200℃的氢氧化钾溶液中分解；（3）降温后过滤得到偏钽/铌酸钾固相；（4）用盐酸洗涤偏钽/铌酸钾得到晶体。	
CN101200781A	061212	080618	北京有色金属研究总院	叶文君；脱祥明；张翥；王希哲	一种含硅的钛合金	其组分（质量分数）为：Mo 8%~16%，Al 1.75%~3.3%，Cr或Nb中的一种或两种3%~8%，Zr≤2%，Si 0.2%~0.3%，O≤0.15%，C 0~0.15%，N 0~0.01%，H 0~0.02%，余量为Ti。	

专利号	申请日	公布日	申请人	发明人	专利名称	专利要点及有益效果	同族专利号
CN101200801A CN100540744C	071218	080618 090916	中南大学	肖来荣；易丹青；蔡志刚；许谅亮；舒学鹏；张路怀	铌合金高温抗氧化硅化物涂层及其制备方法	在铌合金基体表层通过真空烧结的钼层，然后在氩气里，通过包掺硅化制备 MoSi 涂层，包掺硅化剂为 NaF，助剂为 Al_2O_3，且 Si：NaF 质量比为（25～45）：（50～65）：（3～5）。致密度比料浆法涂层好。	
CN201075338Y	070611	080618	田锡公	田锡公	分立钽电容老炼板定位装置	将装置装于老炼板上，有一对固定于覆铜电路板的弹簧片，两弹簧片的未固定端弯插于覆铜电路板的定位孔中；另有相对应的弹簧片开合托板，其上有弹簧片开合顶杆。	
CN101204716A CN100569404C	071218	080625 091216	本钢板材股份有限公司	邹天来；申　强；侯庆平；李德君；王旭生；焦金华	轧制高铌管线钢的方法	一种高铌管线钢的成分（质量分数）是：C 0.02%～0.04%；Si 0.15%～0.25%；Mn 1.60%～1.80%；P≤0.015%；S≤0.005%；Nb 0.085%～0.120%；O≤0.005%；余量为 Fe。公开了制造方法。	
CN101205464A CN100554369C	071214	080625 091028	山东大学	吕孟凯；马　谦；张爱玉；王兆光；杨忠森；周广军	新型红光发射荧光粉及其制备方法	在 $YNbTiO_6$ 基质上单独掺杂 Eu^{3+} 或是 Eu^{3+} 和 Li^+ 共掺；当单独掺杂 Eu^{3+} 时，化学通式为：$Y_{1-x}NbTiO_6$：xEu^{3+}，其中 x 的取值为 $0.001<x<0.35$。	
CN101205568A	071218	080625	本钢板材股份有限公司	邹天来；申　强；侯庆平；李德君；王旭生；焦金华	精炼高铌管线钢的方法	步骤：脱硫，钢包的钢液中加入预定成分的合金及镁基脱硫粉剂，使钢液中硫≤0.005%；脱气，用 RH 循环脱气法脱除钢液中的 C、N、O，使 C≤0.02%～0.04%；N≤0.006%；O≤0.004%。	
CN101212120A	061227	080702	中科院福建物质结构研究所	王国富；王国建；龙西法；林州斌；张丽珍	掺钕铌酸锶钡激光晶体及制备方法	采用提拉法（Czochralski 方法），在 1700℃左右，以 5～20r/min 的晶体转速，0.5～2mm/h 的拉速，生长出了高质量、较大尺寸的 Nd^{3+}：$(Ba_{0.5}Sr_{0.5})_5Nb_4O_{15}$ 晶体。	
CN101214468A CN101214468B	070229	080709 100414	内蒙古科技大学	张邦文；李保卫	从铁、稀土、铌共生矿选铌工艺	（1）将共生矿磨碎，得 -200 目颗粒不小于 90%，配浆；（2）磁选：得铁精矿和一次尾矿，尾矿再行强磁选，得次铁精矿和强磁中矿，与介电常数为8～50 的溶液配成矿浆；（3）将矿浆进行介电选。	

专利号	申请日	公布日	申请人	发明人	专利名称	专利要点及有益效果	同族专利号
CN101215635A CN100554445C	070105	080709 091028	中国科学院过程工程研究所	郑诗礼；王晓辉；张　懿	一种分离偏钽酸钾、偏铌酸钾混合物中钽和铌的方法	一种分离偏钽酸钾、偏铌酸钾混合物中钽和铌的步骤是：（1）将偏钽酸钾、偏铌酸钾混合物加入到氢氟酸和氟硅酸的混合溶液中，搅拌分解；（2）将分解产物降温到常温，过滤，得含钽铌清液和氟硅酸钾渣；（3）萃取分离钽铌。	
CN201084556Y	070712	080709	四川东盛电子科技有限公司	李绍荣；田明宪；孔　浩	固体钽电解电容器	电容器在阳极引线和阴极引线上分别穿有薄片状阳极基座和阴极基座，在两极端部和基座之间分别隔有聚四氟乙烯垫片，并用硅橡胶固定。	
CN201084557Y	070712	080709	四川东盛电子科技有限公司	李绍荣；田明宪；孔　浩	一种固体钽电解电容器	从本体两端的阳极和阴极引出的阳极引线和阴极引线，引出线为两端弯折且弯折端互相平行构成“匸”形的扁平双引线。	
CN101225545A CN101225545B	071025	080723 110720	宁夏东方钽业股份有限公司	张学锋；郭　顺；乔　伟；吕晋文；卢　巍；代小磊；侯俊峰；黄旭刚；张学信	一种近化学计量比钽酸锂晶体的制备方法	步骤：（1）按摩尔比 Li_2CO_3 ：Ta_2O_5 =（48～50）:（52～50）配基料；（2）在基料中加入助熔剂，研磨混匀；（3）加热步骤（2）的混合料，使 CO_2 分解，在 1200～1300℃煅烧得钽酸锂多晶；（4）提拉法拉晶。	
CN101226829A CN101226829B	071229	080723 100915	清华大学	王晓峰；尤　政	一种钽钌混合式电解电容器及其制备方法	电容器包括烧结钽阳极、电解液和密封在钽外壳内的氧化钌阴极。氧化钌阴极采用金属钛为电极基体，以氯化钌、氯化铱及钛酸四丁酯为反应前体物，将金属基体浸渍前体物，烘干后在 380℃烧结。	
CN201094127Y	070712	080730	四川东盛电子公司	李绍荣；田明宪；孔　浩	一种液体钽电解电容器	一种聚酯缩套的固体钽电解电容器，其中在阳极引线和阴极引线上分别穿有薄片状阳极基座和阴极基座，在两极端部和基座之间分别隔有聚四氟乙烯垫片，并用硅橡胶固定。	
CN101234425A CN100528418C	080111	080806 090819	宁夏东方钽业股份有限公司	李　彬；潘伦桃；郑爱国；马跃忠；程越伟；董学成；张学清；王治道；朱宝军	含氮均匀的阀金属粉末及其制造方法，阀金属坯块和阀金属烧结体	含氮均匀的阀金属粉末，该粉末的各粒子间氮含量差别在 20% 以下。在含氮气体的气氛中，在 200℃以下的温度下保温，对阀金属原料粉末掺氮 2h 以上，炉内各部位钽粉温度相差 ±5℃。	US8238078B EP2237910A JP2011510168 KR2010113559A

专利号	申请日	公布日	申请人	发明人	专利名称	专利要点及有益效果	同族专利号
CN101234949A CN101234949B	080131	080806 110119	宁夏东方钽业股份有限公司	王　伟；李　彬；鲁　东；葛力志；郭　涛	一种低氯含量的钽铌醇盐的制备方法	将钽铌氯化物加入稀释剂，冷冻到 $-40\sim10$℃，加入醇类，过滤，蒸馏分离稀释剂，收集 $40\sim1300$Pa，$130\sim250$℃的分馏，并加入氧化钙/氧化镁，减压蒸馏得低氯含量的钽铌醇盐。	
CN101235455A	080310	080806	北京航空航天大学	徐惠彬；沙江波；刘　军	一种铌钛硅锆铪硼合金及其制造方法	铌钛硅锆铪硼合金的成分（原子百分数）：由 Nb 46%～82.5%；Ti 10%～30%；Si 3%～10%；Zr 0.5%～4.0%；Hf 2%～8%；B 2%组成。	
CN101236843A	080128	080806	中国振华（集团）新云电子元器件有限责任公司	吕林兴；陈　健；金　源；蒋春强；潘平华；方　凯；周　萍	全密封固体电解质钽电容器的焊接封装工艺	将外壳于 $180\sim240$℃熔化焊锡，将钽阳极块放入外壳中继续加热 $1\sim2$min，冷却；在绝缘子的表面放置焊锡环，对外壳的外壁对应于焊锡环的位置加热到 $180\sim250$℃，焊锡环熔化后将外壳从加热环中取出，自然冷却。	
CN101250712A	080411	080810	中南大学	杨建广；杨声海；何　静；唐朝波；唐谟堂；鲁君乐	高纯有机胺钽化合物的生产方法	以金属钽和有机胺为原料，在有机胺中添加电解质，以金属钽作为阳极，电化学方法合成有机胺钽化合物和有机胺的混合溶液，将混合溶液进行蒸馏，减压精馏得高纯有机胺钽化合物。	
CN101254572A CN101254572B	080117	080903 100623	武汉理工大学	张联盟；王传彬；沈　强；罗国强；曾　浩	用铌中间层扩散焊接钛合金与铜合金	以铌箔或铌粉置于钛合金片与铜合金片之间，整体放入石墨模具中，将石墨模具移入真空焊接炉内，并施加 $0.5\sim2$MPa 的预压力；真空下 $700\sim850$℃后保温 $30\sim60$min。	
CN101265094A	080313	080917	电子科技大学	张德银；黄大贵；李金华；李　坤；董　政	热释电钽酸锂 $LiTa_3O_8$ 薄膜及其制备工艺	以铂金基底或硅单晶为基底，以高纯度金属锂和乙醇钽为原料，以乙二醇甲醚为溶剂，制备 $LiTa_3O_8$ 溶胶，在基底上得到 $LiTa_3O_8$ 湿膜，对湿膜快速热退火得到 $0.2\sim5\mu m$ 厚的 $LiTa_3O_8$ 薄膜。	
CN101265501A CN101265501B	080423	080917 110824	昆明理工大学	周　荣；张玉勤；蒋业华	一种钽掺杂氧化锡薄膜载体材料	它由普通玻片或单晶硅片基底材料、钽掺杂氧化锡薄膜及醛基活性修饰层组成，并且钽掺杂氧化锡薄膜的成分为（质量分数）：Ta 0.8%～8.2%；Sn 70.9%～78%；O 20.9%～21.2%。	

专利号	申请日	公布日	申请人	发明人	专利名称	专利要点及有益效果	同族专利号
CN201117439Y	070611	080917	田锡公	田锡公	分离钽电容可调恒流老炼板	有框架，电源连接插舌、把手，电容器定位槽，定位槽间有覆铜电路，每个定位槽间串接有恒流器件。	
CN101275275A	071221	081001	南开大学	张玲；孙军；许京军；孔勇发；陈绍林；刘士国；黄自恒；王红旗；王占银；楼慈波；刘宏德；高峰	制备化学计量比铌酸锂或钽酸锂晶片的方法	制备步骤是：（1）在密闭容器中放置化学计量比（摩尔分数）为48.2%～48.8%的铌酸锂或钽酸锂晶片，同时在其两侧放置含锂化合物蒸发源；（2）抽真空到0.5Pa，关闭真空泵；（3）制备铌酸锂为1000～1100℃，钽酸锂为1500～1600℃；（4）保温60～120h。	
CN101288610A CN101288610B	080527	081022 101006	东南大学	储成林；苏理成	径向大变形量与大支撑力的人体内官腔道支架	本体内官腔道支架是由金属管刻蚀而成，呈管状网形结构，每相邻的两正弦波圆环基本结构之间，通过两侧均为“Ω”结构且背靠背组成的连接件连接。	
CN201146084Y	080128	081105	中国振华（集团）新云电子元器件有限责任公司	蒋春强；吕林兴；金源；陈健；潘平华；周萍；朱强	电容器绝缘子	包括固定环和金属引出线。其中金属引出线为两根。金属引出线的下端设有T型或L型焊接头。	
CN101302599A	080701	081112	上海大学	闵永安；宋雯雯；吴晓春；张海东	铌微合金化高强度热作模具钢及制法	该钢的成分（质量分数）为：C 0.3%～0.6%，Si 0.1%～0.5%，Mn 0.1%～0.5%，Cr 4.0%～6.5%，Mo 1.0%～3.5%，V 0.4%～1.4%，Nb 0.02%～0.10%，P＜0.03%，S＜0.03%，Fe余量。	
CN101318818A CN101318818B	080722	081210 101027	景德镇科宏特种陶瓷公司	袁勇	一种高纯氧化铌、氧化钽陶瓷坩埚的制造方法及所得的产品	坩埚成分是：氧化铌或氧化钽75%～80%；丙烯酸铵或甲基丙烯酸铵0.2%～0.3%；N，N′-亚甲基双丙烯酸铵0.1%～0.2%；柠檬酸铵0.5%～1%；聚乙二醇0.5%～1%；过硫酸铵0.05%～0.1%；去离子水15%～22%。	

专利号	申请日	公布日	申请人	发明人	专利名称	专利要点及有益效果	同族专利号
CN101319391A CN101319391B	080606 101103	081210	山东大学	吴剑波；夏宗仁；郑斐斐；秦晓勇；朱怀列；王继扬；姚淑华；颜　涛；刘　宏	成分均匀的球状掺杂钽酸锂多晶原料合成方法	本合成方法是将钽原料在含羧酸基的有机溶剂中混合，形成含钽配合物，加入 Li^{+}，MgO 或 ZnO，磁力搅拌实现掺杂元素和基质材料原子级别的均匀混合，喷雾干燥造粒，在低于固相反应温度下煅烧合成而成。	
CN101328064A CN101328064B	070622	081224 100825	中国科学院金属研究所	周延春；胡春风；包亦望	一种原位反应热压合成 TaC-$TaSi_2$ 陶瓷复合材料及其制备方法	一种原位反应热压合成 TaC-$TaSi_2$ 陶瓷复合材料，两种成分相原位反应生成，按体积分数计：$0 < TaSi_2 < 100\%$。将钽粉、硅粉和石墨粉干磨 12～48h，冷压成型、1600～1700℃烧结得到高致密度 TaC-$TaSi_2$ 陶瓷。	
CN101339849A CN101339849B	080808	090107 120228	株洲宏达电子有限公司	刘勇刚；刘新军	非固体电解质全钽电容器及其制造方法	电容器，在阳极片和/或阴极片的两侧均形成氧化钽介电膜，采用两层阴极片一层阳极片的夹层结构，阳极、阴极均为多孔钽芯组成，多孔体内充入非固体电解质。	
CN101345135A CN101345135B	070712	090114 110706	四川东盛电子科技公司	李绍荣；田明亮；孔　浩	一种液体钽电解电容器及其制造方法	电容器包括外壳、钽芯子、绝缘子、封口焊球、阳极及阴极引出线，在阳极引出线和阴极引出线分别穿有薄片状阳极基座和阴极基座。	
CN101345136A CN101345136B	070712	090114 101222	四川东盛电子科技公司	李绍荣；田明亮；孔　浩	一种固体钽电解电容器及其制造方法	电容器包括外壳、钽芯子、绝缘子、阳极引出线、阴极引出线，在阳极引出线和阴极引出线分别穿有薄片状阳极基座和阴极基座，在两极端部与基座之间分别隔有聚四氟乙烯垫片。	
CN101345139A CN101345139B	070712	090114 111005	四川东盛电子科技公司	李绍荣；田明亮；孔　浩	一种固体钽电解电容器及其制造方法	包括外壳、钽芯子、绝缘子、金属外壳组成的电容器本体、阳极引出线、阴极引出线，电容器芯子、绝缘体、金属外壳的结构为扁平长方体，引出线为“匚”形的扁平双引线。	
CN101348891A	080829	090121	株洲硬质合金集团公司	王时光	一种钽粉受控钝化镁处理降氧方法	钽粉经过脱氧处理，冷却到室温后、出炉前进行受控钝化，然后酸洗。受控钝化先受控空气钝化，然后受控纯氧钝化。钝化时间不小于 12h。	

专利号	申请日	公布日	申请人	发明人	专利名称	专利要点及有益效果	同族专利号
CN101350253A CN101350253B	080917	090121 110323	中国振华（集团）新云电子元器件有限责任公司	陆　胜；方　鸣；梁正书；李仁海；黄　波	一种超低等效串联电阻固体电解电容器及其制造方法	100kHz 下 ESR < 50mΩ 的固体电解电容器，制造步骤：（1）形成带多孔阳极→（2）形成介电氧化膜→（3）在氧化膜上形成导电性高分子聚合层→（4）形成石墨层和银浆层→（5）模压封装，其中步骤（3）依次形成第一电解质层和第二电解质层和聚合外层。	
CN101352738A	080910	090128	西部金属材料公司	杨永福；巨建辉；叶建林；高文柱；孙爱民；付维军；庞　薇；杨军红	一种制备薄壁钽材换热器 U 型管的装置	一弯曲装置的结构包括：一弯曲轮，该弯曲轮为一扁圆柱形结构，在垂直柱形面上周向开有半圆环形凹槽，弯曲轮居中开有固定销孔；一弯曲轮固定销，与弯曲轮销孔转动联结；一操作手柄；一靠背轮，与弯曲轮靠紧平行设置。	
CN101352803A	080910	090128	西部金属材料公司	杨永福；巨建辉；叶建林；高文柱；孙爱民；付维军；庞　薇；杨军红	一种硫酸蒸发器钽材加热管束的安装方法	加热管束的加热管间、与加热管轴向垂直穿插有软木条，使每个加热管管面与 4 根交叉的软木条条面相切接触而支撑固定；加热管束由软质绳索在交叉软木条处加热管束外端固定，穿过搪瓷釜上的加热器安装孔，聚四氟折流板装在钽管束上。	
CN101354965A CN101354965	080916	090128 110316	中国振华（集团）新云电子元器件有限责任公司	蒋春祥；陈　刚；肖　毅；刘廷正	高温电解电容阳极氧化膜的制备方法	步骤：（1）在磷酸溶液里形成阳极；（2）去离子水冲洗、烘干阳极；（3）将阳极浸入磷酸中二次形成氧化膜；（4）冲洗、烘干。	
CN101355135A CN101355135B	080905	090128 100602	北京科技大学	张海龙；张　楠；张波萍；赵高磊	铌酸钾钠/铜功能梯度结构压电驱动器件的制备方法	利用气氛烧结方法将锂掺杂铌酸钾钠无铅压电陶瓷和贱金属铜进行复合，并形成铜含量梯度变化的铌酸钾钠/铜多层复合材料，制备得到铌酸钾钠/铜功能梯度结构压电驱动器。	
CN101363687A	080919	090211	中科院上海硅酸盐研究所	陶顺衍；周霞明；赵华玉；丁传贤	熔炼金属高温容器复合涂层及其制备方法	容器表面涂覆有单层或多层选自金属钨、钽、铌的过渡层，单层厚度为 0.1 ~ 20μm，在过渡层上有单层厚度为 0.15 ~ 0.25μm 的单层或多层氧化钇或锆酸钙或锆酸镁涂层。	
CN201193253Y	060913	090211	刘庆冠	刘庆冠	用于湿法纺丝的喷丝头	喷丝头上规则排列一定数量的微孔，喷丝头由纺丝体及喷丝头支持体构成，喷丝头支持体为钽、铌材。	

专利号	申请日	公布日	申请人	发明人	专利名称	专利要点及有益效果	同族专利号
CN101367039A	080918	090218	武汉理工大学	张高科；王珺婷	钽钾复合氧化物光催化剂及制备方法	一种钽钾复合氧化物光催化剂，它为基于通式$K_xTa_yO_{x+5y}$的任意三种以上的混合物，混合物中各组成成分之间为任意配比；其中，$x=1\sim7$，$y=1\sim11$。	
CN101372361A CN101372361B	080928	090225 110126	哈尔滨工业大学	周忠祥；田　浩；刘大军；宫德维；姜永远；侯春风；孙秀冬	立方相钽铌酸钾钠晶体及其制备方法	该晶体的化学式为 $K_{1-y}Na_yTa_{1-x}Nb_xO_3$ 或 M：$K_{1-y}Na_yTa_{1-x}Nb_xO_3$。方法：（1）称取原材料；（2）制备钽铌酸钾钠多晶体；（3）降温后引晶；（4）采用顶端籽晶助溶剂法，即可制得。	
CN101376988A	080925	090304	中南大学	杨建广；杨声海；唐朝波；何　静；鲁君乐；唐谟堂	一种高纯有机胺铌化合物的生产方法	有机胺中添加导电剂作为电解质，以金属铌为阳极，电化学合成有机胺铌化合物和有机胺混合液，将混合液蒸馏、精馏得到高纯有机胺铌化合物。导电剂为LiCl、NH_4Br或R_4NX的一种，其R为碳原子数为1～8的烷基，X为卤素原子。	
CN101381229A CN101381229B	081028	090311 110706	昆明理工大学	甘国友；严继康；孙加林；郑振中；郭宏政；王立惠；曹盈盈	低温共烧铌酸锌基微波介质陶瓷及其制备法	在100份的铌酸锌基料中，加入下列质量份的添加剂：CuO 0.5～1.5份，Li_2CO_3 0.5～2份，$ZnO-B_2O_3-SiO_2$ 2～5份。有效地将烧结温度降至900℃，实现了与银共烧，且不发生银扩散。	
CN101381854A CN101381854	081030	090311 110608	北京科技大学	武会宾；唐　荻；焦多田；余　伟；蔡庆伍；王路兵	低碳高铌含量的贝氏体高强钢中厚板生产法	含铌钢锭在1150～1250℃热处理，使Nb、V、Ti回溶；坯料高压水除磷（氧化皮）；再结晶区轧制，累计变形量大于60%，终轧温度1020～1080℃；冷却到980±30℃，未再结晶区轧制，终轧温度750～800℃；层流冷却。	
CN201207335Y	080515	090311	中国振华（集团）新云电子元器件有限责任公司	蒋春强；王　刚；王成兴；朱　强；潘平华	高温电容器	高温电容器包括金属外壳、钽阳极、电解液、阴极和阳极引线；钽丝从钽阳极上方的垫片、塞子中穿出与正极引线对接。	
CN201207336Y	080515	090311	中国振华（集团）新云电子元器件有限责任公司	吕林兴；金　源；陈　健；蒋春祥；邹　军	片式电容器插脚成型机	片式电容器插脚成型机包括：定位模和压块；其机架上设有滑槽，滑块下方的汽缸固定在机架上。	

专利号	申请日	公布日	申请人	发明人	专利名称	专利要点及有益效果	同族专利号
CN101386937A	080521 070831	090318	翁源申立五金加工厂	沈兴钟	钽戒指及其制造工艺	一种浇铸的戒指，成分是（质量分数）：TaC 40%～90%；Ni 9%～59%；胶合剂 1%。制造步骤：研磨、混料、浇铸成型、脱脂、1400℃烧结、精磨。	
CN101388262A	070914	090318	中科院物理所；西安交通大学	符汪洋；周岳亮；曹玲柱；汪　宏	钛酸锶钡/铌酸锌铋异质结构材料及制备方法	至少一层钛酸锶钡层和至少一层铌酸锌铋层，其中，钛酸锶钡层为锰掺杂的。用锰掺杂钛酸锶钡层，以及有目的地调控锰掺杂钛酸锶钡和铌酸锌铋层各自的厚度和生长条件。	
CN101391770A CN101391770B	081024	090325 100929	哈尔滨工业大学	徐成彦；甄　良	五氧化二铌纳米棒的制备方法	将铌酸钙纳米棒与0.01～1mol/L的盐酸按照1：(10～20）的摩尔比混合，离心分离得到铌酸纳米棒；将铌酸纳米棒在600～750℃煅烧1～3h，得到五氧化二铌纳米棒。	
CN101391815A CN101391815B	081024	090325 101117	哈尔滨工业大学	徐成彦；甄　良	铌酸盐纳米材料的制备方法	步骤：（1）将五氧化二铌与氯化钾按1：(10～20）的摩尔比混合后研磨至10～20μm，混合物在750～1050℃加热1～3h，冷却到室温；（2）将（1）的产物研磨到15～25μm，用去离子水洗涤，离心分离，室温干燥得到铌酸盐纳米材料。	
CN201213855Y	080611	090401	东南大学	储成林；苏理成	腔道用管状支架	镍钛合金、不锈钢、钛合金、钽或金之一材料的管状支架，由金属管刻蚀成，为网状结构。	
CN101404207A CN101404207B	081113	090408 110420	北京七一八益友电子公司	祁怀荣	无极性片式钽电容器及其制造方法	在封装外壳内有两个容量、耐压相同的钽电容器结构，两阴极相互连接，两阳极作为电容器封装后引出的无极性电极。两阴极是用高分子导电胶连接，环氧树脂封装。	
CN101404212A CN101404212B	081113	090408 110921	北京七一八益友电子公司	祁怀荣	片式氧化铌固体电解电容器及其制造方法	一氧化铌电容器基体、五氧化二铌介电层、在介电层上形成的阴极层、镍基镀锡负极引出片和阳极引出片，一氧化铌阳极由钽丝引出线与镍基镀锡阳极焊接，阴极和阴极引出片电连接。	

专利号	申请日	公布日	申请人	发明人	专利名称	专利要点及有益效果	同族专利号
CN101404213A CN101404213B	081113	090408 110518	北京七一八益友电子公司	祁怀荣	固体片式钽电解电容器及其制造方法	环氧树脂封装内设置烧结的钽电容器基体、Ta_2O_5 层、在介电层上形成的阴极层、镍基镀锡负极引出片。阳极比容为6000~10000μFV/g，击穿电压达240V。	
CN101404214A CN101404214	081113	090408 110413	北京七一八益友电子公司	祁怀荣	高分子固体片式钽电解电容器及其制造方法	在钽电容器介电层上形成的高分子阴极层、镍基镀锡负极镍基镀锡阳极引出片。高分子阴极层的高频电导率为20S/cm。	
CN101409150A	081118	090415	菏泽海龙新能源科技	张元宏；裴瑞君	电容器级钽丝及其制造方法	一种电容器级钽丝，钽粉原料中含 Si 和氧化钇；钽丝制备步骤包括：（1）掺杂，混料；（2）等静压制备棒坯，烧结；（3）浆烧结棒坯轧制成坯条，退火；（4）轧，拉丝。	
CN201221906Y	080415	090415	南京鹳山化工科技有限公司	华　军；郑伯颐；伍　骏；顾建华	钽制列管式换热器	包括搪玻璃壳体、高温侧管箱和低温侧管箱、钽包覆管板和四氟管板。	
CN101412161A CN101412161B	081128	090422 101208	西北有色金属研究院	李银娥；马　光；孙晓亮；贾志华；王　铁；姜　婷	钌铌二元合金高温钎焊料	其原料组成（质量分数）为：Nb 27% ~38%，余量为钌及不可避免的微量杂质，所述微量杂质中Zn、Pb、Bi、Mg 元素的含量均不得大于0.001%。	
CN101413073A CN101413073B	081203	090422 110316	西北有色金属研究院	李中奎；石明华；张建军；田　锋；周　军；王文生	用于核反应堆燃料包壳的含镁的锆铌合金	用于核反应堆燃料包壳、隔栅和构件的含镁的锆铌合金的成分（质量分数）是：Nb 0.8% ~ 1.2%；Mg 0.02% ~0.5%；O 0.07% ~0.14%；余量为Zr。	
CN101417878A CN101417878	071024	090429 110629	中国科学院金属研究所	周延春；胡春峰；何灵峰；包　亦	一种原位反应热压合成 TaC - SiC 陶瓷复合材料及其合成方法	以钽粉、硅粉和石墨粉为原料，在树脂罐中干燥条件下球磨10~40h，过筛后装入石墨模具中冷压成型（5~20MPa），在真空或通有氩气的热压炉内烧结，烧结温度为1950~2150℃、保温烧结时间为1~2h、烧结压强为30~40MPa。	
CN101418413A CN101418413B	080924	090429 101201	上海大学	周文彬；征灯科；翟启杰；华　勤	铌合金铸铁制动盘材质及其生产工艺	合金成分（质量分数）：C 3.7% ~ 3.9%、Si 1.8% ~2.2%、Mn 0.5% ~0.8%、P≤0.08%、S≤0.10%、Cu ≤ 0.60%、Ni ≤ 0.20%、V ≤ 0.05%、Sn≤0.05%、Ti≤0.05%、Cr≤0.25%、Nb 0.08% ~0.3%，余量为 Fe。	

专利号	申请日	公布日	申请人	发明人	专利名称	专利要点及有益效果	同族专利号
CN101423391A CN101423391B	081112	090506 110629	桂林电子科技大学	刘心宇；江民红；陈国华	新型铌酸钾钠基无铅压电陶瓷及其制备方法	以 Na_2CO_3、K_2CO_3、Nb_2O_5、Li_2CO_3、Sb_2O_3、Bi_2O_3 和 Fe_2O_3 为原料，按化学式 $(1-x-y)(K_{0.5}Na_{0.5})NbO_3-x\,LiSbO_3-yBiFeO_3$，其中 $0\leqslant x\leqslant 0.1$，$0\leqslant y\leqslant 0.05$ 进行配料，用传统工艺制成。	
CN101423393A	081209	090506	哈尔滨工业大学	翁履谦；宋申华；谢筱玲；陆正武	钡锌钽系微波介质陶瓷及其制备方法	该陶瓷的化学组成为：$Ba(Zn_{1/3}Ta_{2/3})O_3-xMO$（M 代表 Co、Cu、2/3B），其摩尔比为 $Ba(Zn_{1/3}Ta_{2/3})O_3 : MO = 1 : x$，$x = 0.001 \sim 0.02$。提供该陶瓷的制备方法。	
CN101425453A CN101425453B	080825 071101	090506 101013	中国台湾集体电路制造公司	曹荣志；廖茂成	α 钽层的形成方法，MIM 电容及形成方法	α 钽层的形成步骤：在半导体基体上形成含氮层；以轰击元素轰击该含氮层形成 α 钽构成的表层；溅射钽层于该 α 钽层；形成 MIM 电容。其中含氮层包括氮化钽、氮化硅或它们的组合。	US2009116169A
CN101428856A CN101428856B	081127	090513 111130	天津大学	李玲霞；曹丽凤；张　平；吴海涛；王洪儒	钽铌酸银纳米粉体的制备方法	步骤：（1）配制铌的柠檬酸溶液；（2）配制钽的柠檬酸溶液；（3）配制银的柠檬酸溶液；（4）配制钽铌酸银溶胶（$Ag(Nb,Ta)O_3$），制备 20～50nm 的纳米粉体。	
CN101429027A	081212	090513	清华大学	李敬锋；王　轲	铌酸钾钠基无铅压电陶瓷及其低温烧结制备方法	通式为：$(1-x)(Na_{0.52+y}K_{0.48})NbO_3+(y/2-x)LiNbO_3$，$0.058\leqslant x\leqslant 0.085$，$0.01\leqslant y\leqslant 0.03$。方法为，称取配料，球磨，烘干，将混合料粉预烧，球磨粉碎，冷压成型后，冷等静压，得到预烧坯体，在空气中无压烧结。	
CN101433816A	081202	090520	西北有色金属研究院	陈　军；周　伟；赵永庆；郭荻子	丝状蒸散型钽钛合金吸气剂	其原料组成（质量分数）为：钽 68%～80%，钛 20%～32% 及不可避免的杂质，其中杂质元素 Si、Fe、Pb、Sb、Na、K 均不超过 0.005%。吸气剂为 $\phi 0.20 \sim 0.30$mm 丝状。	
CN101433833A CN101433833B	080814	090520 110615	南京大学	李爱东；孔继周；翟海法；吴　迪；闵乃本；	一种钽掺杂氧化锌纳米粉末光催化剂，其制备方法及应用	在锌盐溶液中加入适量的柠檬酸得到透明溶液 A；再取钽前体溶液，加入适量乙二醇形成溶液 B；将两种溶液混合，加入 PVP 和硝酸，得到透明溶液；将透明溶液加热，蒸发至原质量的 50%～70%，再加入为分散剂和稳定剂老化、烘干，形成粉末前体；再进行退火处理，得到样品。	

专利号	申请日	公布日	申请人	发明人	专利名称	专利要点及有益效果	同族专利号
CN101433834A	081224	090520	哈尔滨工业大学	陈　刚；周　超；张红杰；李英宣	一种铌酸盐光催化剂的制备方法	制备方法：（1）称取五氧化二铌和氢氧化钾，磁力搅拌制备混合物；（2）在高压反应釜中，制备铌酸盐光催化剂前躯体；（3）将铌酸盐光催化剂前躯体过滤、洗涤，干燥。	
CN101439284A	081224	090527	哈尔滨工业大学	陈　刚；李英宣；周　超；孙净雪	一种纳米钽钾复合氧化物光催化剂的制备方法	制备方法是：（1）将 Ta_2O_5、NaOH 和 KOH 混合，放入反应釜中反应；（2）加入去离子水，经搅拌、离心后得前体；（3）将前体溶解于去离子水中，调节 pH 值，经反应、离心后即得纳米钽钾复合氧化物光催化剂。	
CN101439403A CN101439403B	081225	090527 100728	中国兵器工业 52 研究所	尚福军；史洪刚；王有祁；黄　伟；田开文；梁　栋；刘　勇	感应等离子体电容器级纳米钽粉制备原料粉体的前期处理工艺	（1）采用钠热还原制备的粒径为 2～10μm 钽粉为原料；（2）感应等离子合成系统进行球化处理上述钽粉（反应室压力 50～120kPa，等离子功率 30～60kW）；（3）160～220 目筛子筛分；（4）气流分级处理。	
CN101439883A CN101439883B	081118	090527 100901	福州大学	魏明灯；罗海燕；魏可镁	Nb_2O_5一维纳米材料及其制造方法	一种直径数十纳米到数百纳米，长度几百纳米到几十微米的 Nb_2O_5一维纳米棒，及其制造方法。	
CN101440429A CN101440429b	081218	090527 100908	广州有色金属研究院	刘志强；陈怀杰；梁振锋；冯雅清	一种含钽铌稀土元素精矿的分解方法	按含钽铌稀土元素精矿：浓硫酸：硫酸盐的重量比为 1：(0.8～2.5)：(0.8～1.5) 混合；在 180～400℃焙烧 0.5～8h；加水，20～80℃搅拌 0.5～3h；过滤，洗涤，钽铌和稀土进入溶液。	
CN201249549Y	080627	090603	成都科技发展公司	许　斌	含碳化铌层的金属工件	一种含碳化铌层的金属工件，包括金属工件基体，位于金属工件基体表面的与之复合的碳化铌层。该工件硬度高，致密度高。	
CN101452032A	081224	090610	南京大学	康　琳；陈　健；吴培亨；王金平；梁　敏	检测太赫兹信号的超导氮化铌热电子接收装置	该装置包括：入射信号源、本振信号源、光束分离器、超半球透镜、偏置电源、杜瓦、低温和常温放大器、滤波器、功率计和超导氮化铌热电子器件。	
CN101474558A CN101474558B	080104	090708 110323	中国科学院金属研究所	成会明；王学文；刘　岗；李　峰；逯高清	碱金属钽酸盐复合光解水制氢可见光光催化剂制备方法	（1）将含钽的前驱体溶入含表面活性剂酸性溶液中，得到钽盐溶液；（2）加入碱金属氢氧化物，调节 pH 值为 6～9，得到悬浊液；（3）将悬浊液转入反应釜中水热处理，得到碱金属钽酸盐晶体；（4）氨气处理得到氮掺杂碱金属钽酸盐。	

专利号	申请日	公布日	申请人	发明人	专利名称	专利要点及有益效果	同族专利号
CN101477897A CN101477897B	090120	090708 120523	宁夏东方钽业股份有限公司	赵兵；杜领会；解永旭；万庆丰；王慧峰；仇国华	钽电容器阳极引线用钽丝及其制造方法	钽电容器阳极引线用钽丝，具有近似矩形或规则矩形的横截面。其制造方法包括步骤：（1）提供钽丝；（2）热处理；（3）表面氧化；（4）润滑轧制；（5）最终退火。	KR2011107387 JP2012516029A EP2390886A US2012300362A
CN201270203Y	080515	090708	中国振华（集团）新云电子元器件有限责任公司	吕林兴；金源；周萍；韩杰；陈健	带保险丝的电容器芯子固定模片	电容器芯子固定模片包括片状本体，在该本体上排列有若干H型通槽；通槽的上半部位置对称地设置两个L型通槽与H型通槽连通；在任意一个L型通槽中固定有保险丝。	
CN101491834A CN101491834B	090305	090729 120620	宁夏东方钽业股份有限公司	杨国启；施文锋；包玺芳；李勇；李仲香；董战功；杨晓燕	钽粉及其制备方法以及由该方法制成的电解电容器阳极	钽粉BET比表面积为0.53m^2/g以下，该钽粉在100~250V形成阳极，比容为6000~30000μFV/g。该钽粉是用还原剂还原混有稀释剂的含钽化合物（K_2TaF_7）时，加入经过研磨的钽粉作晶种。	US2010226070A US2012291593 CZ20110597A
CN101492771A CN101492771B	090304	090729 110518	广州有色金属研究院	刘志强；陈怀杰；肖方明；梁振锋	一种兴安石精矿的分解方法	按精矿：浓硫酸：硫酸盐的质量比为1：(0.8~2.5)：(0.8~1.5)混合均匀，在180~400℃焙烧0.5~8小时，将焙烧物加入水中搅拌，过滤，洗涤，稀土元素、钽、铌、铍进入溶液中。	
CN101494120A CN101494120B	090302	090729 110601	株洲宏达电子有限公司	杨万纯；刘新军；刘永刚	全密封非固体电解质全钽电容器的阴极制备工艺方法	制备方法：使用钽片或钽网、或钽毡作为集流体，将其放入硫酸、硝酸或氢氟酸中处理；将处理了的集流体放入成型机里加入钽粉成型，成型体在1200~1600℃烧结，烧结体在电解质中电解氧化形成氧化钽膜。	
CN101497988A	090124	090805	哈尔滨工业大学	高智勇；成艳；隋解和；蔡伟；吴冶	TiNi合金表面镀钽的方法	用于植入人体的TiNi合金表面镀钽的方法包括步骤：（1）将TiNi合金表面抛光，清洗；（2）溅射清洗；（3）用钽离子轰击TiNi合金并沉积；（4）真空退火。	
CN101503294A CN101503294B	090304	090812 111214	中国科学院上海硅酸盐研究所	李永祥；李正法	一种次晶有序排列的铌酸盐无铅压电陶瓷及其制造方法	本陶瓷的化学式是：$[K_{0.44}Na_{(0.56-x)}Li_x][Nb_{(0.95-x)}Sb_xTa_{0.05}]O_3$，其中，$0\leq x\leq 0.56$，其由10~1000μm晶粒团组成，晶粒团由10~400个次晶粒有序排列构成。还公开了其制造方法。	

专利号	申请日	公布日	申请人	发明人	专利名称	专利要点及有益效果	同族专利号
CN101503757A	090311	090812	中国科学院金属研究所	陆善平；魏世同；李殿中；李依依	改善含铌低碳钢焊缝金属组织与综合性能的热处理工艺	一种改善含铌低碳钢焊缝金属组织与综合性能的热处理工艺，其特征在于，包括以下工艺步骤：将含 Nb 低碳钢焊缝金属随炉加热到 $A_{c3}+(20\sim70)$℃保温，待焊缝金属完全奥氏体化后，冷却至室温。	
CN101507921A CN101507921B	090320	090812 110511	华中师范大学	张礼知；葛素香；郑　直	碳掺杂五氧化二铌纳米结构可见光光催化剂及非水低温制备	碳掺杂五氧化二铌纳米结构可见光光催化剂的非水体系低温制备方法包括步骤：（1）将氯化铌（0.05～0.1mol/L）加入苯甲醇中，搅拌形成悬浊液；（2）将（1）得到的悬浊液置于聚四氟乙烯反应釜中200℃反应；（3）乙醇洗涤分离干燥。	
CN101513698A CN101513698B	090403	090826 110209	西北有色金属研究院	李　东；吴金平；杨英丽；赵永庆；赵恒章；赵　彬；苏航标；郭荻子；林　桥	一种耐蚀钛钽合金专用焊丝	它是由以下原料组成（质量分数）：钽 3.0%～7.0%，余量为钛及不可避免的杂质，杂质中：铁≤0.10%，硅≤0.10%，碳≤0.10%，氮≤0.04%，氢≤0.006%，氧≤0.18%。	
CN201296783Y	081128	090826	长沙南方钽铌有限责任公司	蒋坤林；彭爱军；张　林	电解用铜芯钽电极	电解用铜芯钽电极是包括钽管和铜棒内芯，钽管一端为密封的圆弧形端头而形成盲孔钽管，铜棒内芯紧密嵌入钽管内，铜棒内芯伸出部分为电极的连接端。	
CN101518851A CN101518851B	090219	090902 110720	宁波江丰电子材料公司	姚力军；王学泽；刘　庆	靶材与背板的焊接结构及方法	靶材与背板的焊接方法，其特征在于，包括：提供钽靶材；在钽靶材的焊接面上形成中间层；采用热等静压方法在中间层上进行焊接作业，将铜或铜合金背板焊接至钽靶材。	
CN101519752A	090410	090902	武汉钢铁（集团）公司	郭　斌；郑　琳；董中波；孔君华；徐进桥；刘昌明；陈洪伟；黄为民	低碳高铌铬系高强度高韧性管线钢卷及其制造方法	该管线钢卷成分（质量分数）为：C 0.01%～0.06%，Si 0.10%～0.40%，Mn 1.00%～1.80%，P≤0.018%，S≤0.004%，Ti 0.005%～0.030%，Nb 0.08%～0.18%，Cu≤0.30%，Mo 0.08%～0.20%，Cr 0.10%～0.35%，Al 0.01%～0.06%，N 0.002%～0.008%，其余为 Fe 及不可避免的夹杂物。	

专利号	申请日	公布日	申请人	发明人	专利名称	专利要点及有益效果	同族专利号
CN101533715A CN101533715B	090420	090916 110518	株洲日望电子科技有限公司	刘建清；刘　敏	高能钽混合电容器用阴极材料及其制法	包括由钽箔制作成的阴极基体材料，其特征在于：在钽箔制作成的阴极基体材料的表面涂敷有无定形氧化物，且表面涂敷有无定形氧化物的阴极和注入的电解质之间形成电化学电容器。	
CN101533716A CN101533716B	090415	090916 101229	中南大学	甘卫平；师　响；刘　泓；刘继宇；李　祥；马贺然	一种超级电容器用复合薄膜电极的制备	其制备工艺包括以下步骤：(1)对纯度大于99.95%的高纯度金属钽箔进行预处理，即对所述的金属钽箔打磨粗化、打磨抛光、除油和清洗；(2)电沉积工艺；(3)对复合薄膜电极进行热处理。	
CN101533717A CN101533717B	090424	090916 110810	株洲日望电子科技有限公司	刘建清；袁　益	超大容量非固体电解质钽电容器制作方法	将钽粉压制成型，烧结，烧结后待温度降到100～250℃时，往烧结炉中充入高纯氩气冷却，形成多孔的钽烧结体；该钽烧结体为阳极在0.01%～0.1%的 H_3PO_4 溶液中进行多极形成。	
CN101537530A CN101537530B	090316	090923 110803	宁波江丰电子材料有限公司	姚力军；潘　杰；毛立鼎；刘　庆	靶材结构的制作方法	其包括：提供靶材，所述靶材为钽或者钽合金；利用电镀工艺，在靶材的焊接面上形成金属镀层；在所述金属镀层上进行扩散焊处理，将背板焊接至靶材。与现有技术相比，本发明可以使得钽靶材与铜背板实现可靠结合，提升靶材结构的品质。	
CN101538664A	080319	090923	中国科学院金属研究所	孙晓峰；周鹏杰；于金江；侯贵臣；连占卫；王志辉；管恒荣；胡壮麒	一种低密度高熔点镍基高温合金及其制备工艺	合金成分（质量分数）为：C 0.03%～0.06%，Cr 5%～12%，Al 5.5%～6.5%，Co 3%～8%，W 3%～7%，Mo 2%～4%，Nb 1.6%～3.2%，B 0.01%～0.03%，Y 0.008%～0.025%，余量为Ni。还公开了制备方法。	
CN101543923A CN101543923B	090312	090930 120704	宁波江丰电子材料有限公司	姚力军；潘　杰；陈勇军；刘　庆	靶材与背板的焊接方法	提供钽靶材和背板；在钽靶材的焊接面上形成金属中间层；在背板的焊接面上添加钎料；进行钎焊处理，加热熔化钎料将钽靶材焊接至背板形成靶材组件；对靶材组件进行保温热扩散处理；冷却靶材组件，并进行机械加工去除多余的钎料。	

专利号	申请日	公布日	申请人	发明人	专利名称	专利要点及有益效果	同族专利号
CN101543924A	090312	090930	宁波江丰电子材料有限公司	姚力军；潘 杰；陈勇军；刘 庆	靶材与背板的焊接方法	包括：提供钽靶材和背板；在背板的焊接面上添加钎料；在真空中加热熔化钎料将钽靶材焊接至背板形成靶材组件；保温热扩散处理；冷却靶材组件，机械加工去除多余的钎料。	
CN101543934A CN101543934B	090312	090930 111130	宁波江丰电子材料有限公司	姚力军；潘 杰；陈勇军；刘 庆	靶材结构及其制作方法	在靶材的焊接面上形成黏结层；在黏结层上进行扩散焊处理，将背板焊接至靶材。可以使得钽靶材与铜背板实现可靠结合。	
CN101543937A	090312	090930	宁波江丰电子材料有限公司	姚力军；潘 杰；陈勇军；刘 庆	靶材与背板的焊接方法	包括：提供钽靶材和背板；采用热压处理，在真空环境下焊接，将钽靶材焊接至背板形成靶材组件。	
CN201319325Y	080808	090930	株洲宏达电子有限公司	刘勇刚；刘新军	一种非固体电解质全钽电容器	用钽粉压制烧结制成的多孔阴极片，表面有TaO_5；两层阴极片夹一层阳极片的夹层结构，在阳极片和阴极之间有绝缘层并充有非固体电解质；电容器的外壳、压盖由钽材构成。	
CN101550511A CN101550511B	090521	091007 100623	桂林理工大学	刘来君；方 亮；胡长征	超高介电常数铌酸钠钾-银颗粒复合材料及制备方法	该材料通式为 $(1-x)[(Na_{0.5}K_{0.5})NbO_3]-xAg$，其中：$0.01<x<0.4$，$x$ 为质量分数。将碳酸钠、碳酸钾、五氧化二铌，按化学计量比为 $Na_{0.5}K_{0.5}NbO_3$ 配料，经过高能球磨、预烧、加入质量分数为1%～40%的硝酸银二次球磨、成型、高温烧结	
CN101550598A CN101550598B	090513	091007 120125	南开大学	刘士国；孔勇发；王利忠；许京军；陈绍林；黄自恒；张 玲	掺锡铌酸锂晶体	在铌酸锂晶体中掺入有锡离子 Sn^{4+}，所述锡离子 Sn^{4+} 的掺入量为0.1%～6.0%（摩尔百分数），且铌酸锂晶体中含有比例为（0.93～1.41）：1 的锂离子 Li^+ 与铌离子 Nb^{3+}。	
CN201323135Y	081113	091007	北京七一八友益电子公司	祁怀荣	片式氧化铌固体电解电容器	包括环氧树脂封装外壳内设置阳极一氧化铌电容器基体、镍基镀锡负极引出片和镍基镀锡阳极引出片，一氧化铌电容器基体内的钽丝阳极引出线焊接在镍基镀锡阳极引出片上。	

专利号	申请日	公布日	申请人	发明人	专利名称	专利要点及有益效果	同族专利号
CN101556869A CN101556869B	090504	091014 110109	中南大学	甘卫平；刘继宇；刘　泓；师　响；李　祥；马　贺	一种钽电容器用钽壳内壁 RuO_2 薄膜的制备方法	步骤：（1）钽壳预处理：将钽壳打磨、抛光和清洗；（2）可旋转悬挂电极的制备：用壁上有多个通孔的中空石墨电极作阳极；（3）电沉积：以酸性氯化钌胶体水溶液为电沉积液，将中空石墨电极和钽壳分别作为阳极和阴极，在钽壳内壁沉积 RuO_2；（4）薄膜的热处理。	
CN101562061A CN101562061B	090527	091021 110615	中色（宁夏）东方集团有限公司	吴　红；沈月英；刘秉宁；马淑珍	一种钽电容器用粘接银膏及其制备方法	钽电容器用粘接银膏的成分（质量分数）为：银粉 60% ~80%；环氧树脂 5% ~18%；固化剂4% ~15%；促进剂 0.1% ~2%；防沉剂 0.5% ~3%；溶剂 2% ~10%。还公开了制造方法。	
CN101565207A CN101565207B	090601	091028 101201	肇庆多罗山蓝宝石稀有金属有限公司	曹七林；伍尊中；李德阳；朱建东	低氟高纯五氧化二钽的制取方法	用液-液萃取法从不纯的钽液中制得高纯钽液→用经过净化的氨水中和得到高纯氢氧化钽→洗涤、过滤、烘干，然后分四段煅烧：180 ~ 230℃/2 ~ 3h；480 ~ 530℃/4 ~ 6h；620 ~ 680℃/2 ~ 3h；790 ~ 840℃/3 ~ 5h；降温到 230℃ 后出炉过筛得高纯 Ta_2O_5。	
CN101565819A	090604	091028	西北稀有金属研究院	钟景明；李桂鹏；张春恒；汪　凯；同　磊	磁控溅射环	一种磁控溅射环，包括用钽或铌金属制成的圆形环体，沿环体外缘装有起固定和引入电流作用的凸结体，圆形环体表面有凸菱形滚花。	
CN101569858A CN101569858B	090604	091104 111019	武汉理工大学	张高科；蒋　韦；杨艳青；余姝洁；张水明；沈　雄	钽钾复合氧化物光催化剂的制备方法	（1）按 Ta_2O_5 与 KOH 的摩尔比为（1∶2）~（1∶20）；（2）加草酸，制得钽的草酸溶液；（3）加硝酸钾；加柠檬酸；制得到混合溶液；（4）加入乙二醇作为脂化剂；（5）在 450℃ 下焦化，经研磨；（6）将钽钾复合氧化物的前驱体在 700 ~ 800℃ 焙烧，冷却后研磨。	
CN101571324A CN101571324B	090520	091104 100908	李　君	李　君	光能、电能同步热转换膜材料	包括如下材料（质量分数）：镍 20% ~60%、铝 20% ~ 60%、钽 5% ~ 40%、钛 5% ~ 40%、铌 8% ~48% 和钨 2% ~30%。在有光时它可以直接将光能闪速吸收转换为热能。	

专利号	申请日	公布日	申请人	发明人	专利名称	专利要点及有益效果	同族专利号
CN101574741A CN101574741B	090625	091111 110518	宁夏东方钽业股份有限公司	施文锋；陈学清；李　勇；习旭东；郭　涛	电容器用钽粉的制备方法	步骤：（1）将氧化钽粉末与第一还原剂混合，还原得钽的低氧化态粉末；（2）将步骤（1）中经除杂后的钽的低氧化态粉末用第二还原剂还原，获得高氧钽粉；（3）将步骤（2）中经高氧钽粉用第三还原剂还原，得电容器用的钽金属粉末。	US2010326239 EP2446986A JP2012530846A KR2012065304A
CN101574780A CN101574780B	090604	091111 120111	西北稀有金属材料研究院	张春恒；汪　凯；李桂鹏；同　磊	磁控溅射环件用钽凸结体生产及冲压模具	该方法以钽棒为原料，其特征在于采用模具冲压成型结合精密机械加工的方式完成，其工艺过程依次为：钽棒锯料、车端面、冲压成型、精修、钻中心孔、攻丝、钻侧孔。	
CN101575209A	090605	091111	武汉理工大学	曹明贺；李　凡；刘韩星；郝　华；余志勇；郭丽玲	厚度和径向尺寸可控的织构陶瓷铌酸盐模板材料及制备方法	其化学组成为 $NaNbO_3$，以 $Bi_{2.5}Na_{x-1.5}Nb_xO_{3x+3}$（$x=2\sim9$）和 Na_2CO_3 为原料，配料，搅拌，加入助熔剂 NaCl，再混合搅拌，干燥，在 900～1050℃下热处理，再用热去离子水洗涤到检测不到氯离子；经干燥得产品。	
CN101575215A	090610	091111	桂林理工大学	刘来君；樊慧庆；方　亮；周焕福；陈秀丽	一种铌酸钾粉体的水热合成方法	将摩尔比为 0.1～10 的五氧化二铌和氢氧化钾放进高压釜中，加入去离子水，调节氢氧化钾的浓度至 0.1～10mol/L；保温 4～72h，冷却；产物过滤洗涤，烘干。	
CN101575734A	090427	091111	哈尔滨工业大学	孙　亮；杨春晖；徐　超；夏士兴；马天慧；王　猛；孙　彧；邱海龙；葛士彬；郝素伟；吕维强	一种掺铒-铌酸锂晶体及其制备方法	一种掺铒-铌酸锂晶体及其制备方法，它是以（质量分数）99.99% MgO、99.99% Er_2O_3、99.99% Nb_2O_5、99.99% $LiNbO_3$ 为基础原料，MgO 的掺杂量（摩尔分数）分别为 0～8%，Er_2O_3 的掺杂量（摩尔分数）为 1%～4%，Li/Nb = 0.946～0.65。	
CN201345299Y	081118	091111	北京七一八友益电子公司	祁怀荣	一种高分子固体片式钽电解电容器	包括：在封装外壳内设有带钽丝引出线的钽块阳极、介质层和高分子阴极层构成，高分子阴极层的高频电导率为 20S/cm。	

专利号	申请日	公布日	申请人	发明人	专利名称	专利要点及有益效果	同族专利号
CN101581743A CN101581743B	090731	091118 110601	中国科学院电工研究所	朱志芹	金属铌剩余电阻率测量装置和测量方法	将金属铌样品测试杆插入低温杜瓦中。测量金属铌在进入超导状态前9.3K时的瞬间的电压值，计算金属铌9.3K时的电阻率值，换算出铌的剩余电阻率。	
CN101586204A	090513	091125	长沙鑫天超硬材料有限公司	郭　伟	碳化钨-碳化钛-碳化钽-碳化铌固溶体硬质合金	采用硬质合金中主相WC的粒度组成，再配入WC 60%，WC 15%，Co 9%，(W-Li-Ta-Nb)C 16%，通过球磨和烧结制的硬质合金，其产强度不小于1900MPa，硬度HPA不小于91。	
CN101586211A CN101586211B	090708	091125 111005	攀钢研究院；攀枝花新钢钒公司	左　军；刘　勇；张开华；杨金成；李正荣；李卫平；王敏莉	含铌钢热轧钢板及其生产方法	其化学成分（质量分数）为C 0.07%～0.12%，Si≤0.35%，Mn 1.10%～1.50%，0＜Nb≤0.10%，P≤0.025%，S≤0.015%，余量为Fe和不可避免的杂质元素。	
CN101587780A CN101587780B	081215	091125 130109	株洲日望电子科技有限公司	刘建清；袁　益	液体钽电解电容器制作法及其电解质配制	制作方法：在传统的生产工艺基础上，在液体钽电解电容器制作工艺工作电解质中加入添加剂，以减小H^+在银外壳内壁生产氢原子或氢分子而增加了双电层的厚度。	
CN201350110Y	090216	091125	钱齐荣	钱齐荣	一种关节软骨金属支架	一种关节软骨钽合金金属支架，其特征在于：有一柱形的金属支架，在柱形的侧面和一个端面的表面为粗糙面，在另一端的表面上密布有突刺。	
CN101591767A	080530	091202	中芯国际集成电路制造公司	郑　晖；吴廷斌；蒋剑勇	增加钽圈使用寿命的处理方法	增加钽圈寿命的方法，包括步骤：将使用后的钽圈放入到氮气柜内；将钽圈进行烘烤；对上述冷却后的钽圈进行重组装；以及对上述钽圈进行预烧处理以及溅镀处理。	
CN101597165A	090707	091209	桂林理工大学	刘来君；樊慧庆；方　亮；周焕福；陈秀丽	一种铌酸钠粉体的水热合成方法	将摩尔比为0.05～10的五氧化二铌和氢氧化钠放进高压釜中，加入去离子水，保温4～72h，冷却；过滤洗涤到中性，烘干。	
CN101597800A	090515	091209	南开大学	孔勇发；刘富才；刘士国；黄自恒；陈绍林；张　玲；许京军	一种锆铁锰三掺铌酸锂晶体及其制造方法	由Li_2CO_3、Nb_2O_5、ZrO_2、Fe_2O_3和MnO制成，其采用提拉法生长：(1)将纯度为99.99%的粉料按用料比混合使Li_2CO_3充分分解；(2)将粉料压实，加热，提拉法生长晶体。	

专利号	申请日	公布日	申请人	发明人	专利名称	专利要点及有益效果	同族专利号
CN101597801A	090515	091209	南开大学	孔勇发；刘富才；刘士国；黄自恒；陈绍林；张　玲；许京军	一种锆铜铈三掺铌酸锂晶体及其制备方法	由纯度为99.99%的 Li_2CO_3、Nb_2O_5、ZrO_2、CuO 和 Ce_2O_3 制成，步骤为：（1）将粉料按用料比混合，烘干后搅拌，使 Li_2CO_3 分解；（2）将粉料压实，加热，用提拉法生长锆铜铈三掺铌酸锂晶体。	
CN201359925U	081113	091209	北京七一八友益电子公司	祁怀荣	无极性片式钽电容器	该电容器包括：在封装外壳内具有两个钽电容器结构，每个钽电容器均有阳极和阴极，两个钽电容器结构的阴极相互电连接，两个阳极作为钽电容器封装后引出的无极性电极。	
CN101602524A	090707	091216	桂林理工大学	刘来君；樊慧庆；方　亮；周焕福；陈秀丽	一种钽酸钾粉体的水热合成方法	将摩尔比为0.1～10的五氧化二钽和氢氧化钾放进高压釜中，加入去离子水，升温至130～240℃。保温4～72h，然后冷却；用去离子水过滤洗涤至中性，所得粉体烘干。	
CN101602596A	090724	091216	中国地质大学（北京）	胡建辉；刘艳改；房明浩；孙占兴；黄朝晖	一种钽酸锂纳米粉体及其制备方法	以 Ta_2O_5、Li_2CO_3 与柠檬酸反应得到稳定的金属-柠檬酸络合物，加入酯化剂乙二醇，形成聚合网络，形成聚合物前驱体溶胶，经干燥、煅烧后得到分散性良好的 $LiTaO_3$ 纳米粉体。	
CN101603164A CN101603164B	090720	091216 101208	长沙南方钽铌有限责任公司	蒋坤林；徐嘉立；章小康；骆登高	钽管的真空退火方法	包括以下步骤：将清洗后的钽管置入耐热套管内，使其抽至真空度为 10^{-2}Pa。保证其内部高真空状态。钽管是在真空感应退火炉内进行退火，即升温加热和快速冷却都在炉内完成。	
CN101608342A CN101608342B	090727	091223 120425	中电科技德清华莹电子公司；山东大学	夏宗仁；吴剑波；颜　涛；崔　坤；秦小勇；王继杨；刘　宏；张明凤；朱怀烈	一种处理铌酸锂或钽酸锂晶片的方法	将待处理的铌酸锂或钽酸锂晶片置于刚玉坩埚中，加入预先按质量比例混合均匀的铁粉和碳酸锂粉，置于热处理炉中，在流量为0.5～1L/min的氮气气氛下，以450～550℃温度热处理3～20h，降至室温取出，即得成品铌酸锂或钽酸锂晶片。	
CN101609048A	090716	091223	武汉钢铁（集团）公司	李　洁；于录军；张春兰；卢文祺；刘秀莹；吴秀云；陆　珂	一种测定铌铁中铌元素含量的方法	步骤：称取样品，用含氢氟酸和硝酸水溶液加热溶解；冷至室温后定容；用标样加入去离子水定容；于设定的电感耦合等离子体原子发射光谱仪工作条件下测定标准溶液中铌元素和待测铌铁样品的谱线强度；再由计算机自动确定样品溶液中铌元素的浓度。	

专利号	申请日	公布日	申请人	发明人	专利名称	专利要点及有益效果	同族专利号
CN101618964A	080703	100106 130612	中科院福建物质结构研究所	龙西法；魏　倩；王祖建；李修芝	新型铁电陶瓷铌钪酸钡-钛酸铅及其制备方法	该陶瓷具有钙钛矿型结构，其化学式为 $(1-x)$ $Ba(Sc_{1/2}Nb_{1/2})O_{3-x}PbTiO_3$，其中 $0\leqslant x\leqslant 1$。该陶瓷体系具有准同型相界（MPB），其范围是 $0.61<x<0.65$。	
CN101618965A CN101618965B	080703	100106 130612	中科院福建物质结构研究所	龙西法；王祖建；魏　倩；李修芝	新型铁电固溶体铌镱酸钡-钛酸铅及其制备方法	该陶瓷具有钙钛矿型结构，其化学式为 $(1-x)$ $Ba(Yb_{1/2}Nb_{1/2})$-$xPbTiO_3(0<x<1)$。其制备是采用改进的两步法完成的。	
CN101619419A CN101619419B	080630	100106 120905	鞍钢股份有限公司；北京科技大学	侯华兴；贺信莱；张　涛；杨　颖；马玉璞；尚　成；刘　明；杨　军；孙　群；王柏明；王学敏；李　静	一种低碳高铌高强度焊接结构用钢板及其制造方法	该钢的化学成分（质量分数）为：C 0.015% ~ 0.075%、Si 0.20% ~0.50%、Mn 1.62% ~2.0%、Nb 0.081% ~ 0.120%、Ti 0.005% ~ 0.030%、B 0.0005% ~ 0.0030%、Cr 0.25% ~ 0.70%、Al_s 0.010% ~0.050%、P≤0.025%、S≤0.015%，余量为 Fe 及不可避免的杂质。	
CN101619425A CN101619425B	090728	100116 110420	北京科技大学	惠希东；刘胜男；王美玲；王树申；常　静；王云亮；陈国良	高锆含量的大块非晶合金 Zr-Cu-Ni-Al-Nb	其化学成分（原子百分数）为：Zr 66.0% ~ 72.0%、Ni 7.0% ~10.0%、Nb 3.0% ~7.0%、Al 6.0% ~10.0%、Cu 8.0% ~12.0%。该材料可以在普通铸造条件下形成大块非晶合金。	
CN201387813Y	081215	100120	株洲日望电子科技有限公司	刘建清；袁　益	一种钽混合电容器安装板	包括高能钽混合电容器壳体、引线；在高能钽混合电容器壳体上密封焊接有一高能钽混合电容器安装板；所述的高能钽混合电容器安装板为带有两个安装边的类似椭圆金属片。	
CN201397745Y	090520	100203	长春维鸿东光电子器材公司	聂春杰；王春玲	非固体电解质高频钽电容器	非固体电解质高频钽电容器，埋入阳极钽块芯子中的钽丝外径大于阳极钽芯外钽丝引线外径。这样提高了航天航空器、电子整机电源母线高频滤波电路的滤波效果和稳压精度。	
CN201402745Y	090325	100210	上海天润电容电器有限公司	郭　莹；王泉水；傅　晶	钽电容器	包括钽阳极上垫片、氟橡皮塞、塑料套管、三叉垫片、正极引出线，在银外壳内壁镀一层铂黑，将负极引出线焊接在银外壳底部，将钽阳极装入银外壳中。	

专利号	申请日	公布日	申请人	发明人	专利名称	专利要点及有益效果	同族专利号
CN101649403A	090918	100217	西北有色金属研究院	胡忠武；李中奎；殷涛；郭林江；郑欣；张廷杰；郑剑平	一种钼-铌合金单晶用多晶原料棒材的制备方法	将 FMo-1 粉与 FNb-1 粉混合压制成坯条→高温烧结→焊接成电极→电子束熔炼两次成钼-铌合金铸锭→直接挤压加工成钼-铌合金多晶棒材→校直和喷砂处理；将钼-铌合金多晶棒材在氩气气氛下加热锻造→然后经无心磨削制成钼-铌合金单晶用多晶原料棒材。	
CN101649421A CN101649421B	090910	100217 110601	山西太钢不锈钢股份公司	辛建卿；赵建伟	一种铌微合金化钢连铸厚板坯的制造方法	铁水脱硫、顶底复合吹炼转炉冶炼、RH 精炼，获得精炼钢水；钢水含 Nb≤0.020%。之后将钢水吹氩浇注。	
CN101654751A CN101654751B	090918	100224 111109	西北有色金属研究院	李中奎；周军；田锋；张建军；石明华；王文生	一种核燃料包壳用含铌锆基合金	种核燃料包壳用含铌锆基合金，该合金成分含量（质量分数）为：Nb 0.7% ~1.3%，Te 0.01% ~1%，O 0.07% ~0.15%，Bi 0 ~0.3%，Fe 0 ~0.3%，Cu 0 ~0.5%，Mg 0 ~0.3%，S 0 ~0.015%，余量为 Zr 和不可避免的杂质。	
CN101654752A	090918	100224	西北有色金属研究院	李中奎；周军；田锋；张建军；石明华；王文生	一种核反应堆用锆-锡-铌系锆合金	核反应堆用锆-锡-铌系锆合金，成分（质量分数）为：Sn 0.6% ~1.4%，Nb 0.15% ~1.2%，Fe 0.1% ~0.5%，Cr 0.02% ~0.3%，Te 0.004% ~1.0%，S 0.0005% ~0.015%，O 0.07% ~0.16%，Bi 0 ~0.3%，Cu 0 ~0.3%，Mg 0 ~0.3%，余量为 Zr 及不可避免的杂质。	
CN101658816A CN101658816B	090916	100303 120827	中国瑞林工程技术有限公司	肖春莲；雷存友；袁国才；陈小爱；张阳；章晋叔；李春林	一种可有效回收钽铌矿石的选矿工艺	采用阶段磨矿、阶段选别，避免了钽铌矿物的过粉碎现象；采用泥沙分选、原生泥与次生泥分别处理避免了粗粒物料对细粒级有用矿物选别的干扰；通过磁选除杂，提高钽铌精矿回收率。	
CN101660076A	091014	100303	北京师范大学	刘培生；崔光；陈一鸣；罗军	有机泡沫浸浆烧结法制备宏观网状多孔钽	多孔钽材料的孔隙率高于 70%，孔隙有两类：一是构成宏观类网状结构且尺寸为 0.5 ~2.0mm 的主孔，二是孔壁和孔棱上尺寸远小于主孔的小孔和微孔。孔隙之间相互连通。	

专利号	申请日	公布日	申请人	发明人	专利名称	专利要点及有益效果	同族专利号
CN101660130A CN101660130B	090926	100303 110601	西部金属材料股份有限公司	宜 楠；张锟宇；孙 毅；王 飞；李 俊；于乐庆；赵鸿磊	一种制备铌溅射靶材的方法	（1）将铌锭挤压成铌棒，挤压比大于7；（2）将铌棒加热，用空气锤整形为板坯，加工率不小于30%；（3）将板坯进行中间退火；（4）将退火后的板坯进行轧制，前两道次的加工率大于35%，后续轧制加工率大于20%；（5）将轧制后的成品退火。	
CN101664767A	090929	100310	西部金属材料股份有限公司	刘 鸣；张录强；丁再纯；茄 军；刘 杨；纪 光	一种难熔金属的挤压方法	一种难熔金属的挤压方法，其特征在于其挤压过程的挤压模具采用镍基高温合金 GH4169 材质模具，并且难熔金属挤压坯采用钢板包壳后进行挤压。	
CN101667492A CN101667492B	090701	100310 110601	株洲宏达电子有限公司	杨万纯；刘新军	一种密封非固体电解质钽电容器的阴极制备方法	先对钽外壳的内壁进行打磨腐蚀，使其表面粗糙化；使钽壳的内壁生成一层金属铂黑层；得到镀有铂黑层的全密封非固体电解质钽电容器的阴极钽外壳。	
CN101670521A	090929	100310	西部金属材料股份有限公司	王 艳；武 宇；姚秀楠；宜 楠；朱海林；吕雨红；赵鸿磊	一种金属钽带的制备方法	将钽锭锻造成钽金属板坯，再进行轧制，轧制时第一道次采用≥35%的加工率，第二道次采用≥30%的加工率，之后每道次加工率≥15%；轧制后的坯料，进行退火；采用氩弧保护焊接，将退火后的坯料和引带焊接连接后，进行张力轧制成钽带。	
CN101671789A	091022	100317	哈尔滨工业大学	张凯锋；王晓丽；卢 振	一种铌硅铁合金发动机零件及其制备方法	合金的成分（原子百分数）是77%～96%的铌、3%～20%的硅和1%～3%的铁；用机械合金化法将铌、硅和铁的粉末冷压成坯料，在真空热压炉中将石墨模具中的坯料挤压成发动机零件。	
CN101694908A CN101694908B	090930	100414 110525	中国科学院等离子体物理研究所	毕延芳；黄雄一；沈 光	用于高温超导引线冷端、低接头电阻的低温超导组件	40～70kA 高温超导特大电流引线下端与低温超导母线连接的电阻低达 0.5nΩ，与超导母线的接头电阻低于 1nΩ。采用矩形截面铌钛/铜超导线和高导铜材，与超导母线的连接用成对盒式接头结构。	
CN101698485A CN101698485B	090730	100428 111005	长春维鸿东光电子器材有限公司	聂春杰；马东阁	非固体电解质高频钽电容器电解液用硅溶胶制造方法	钽电容器电解液用硅溶胶制造方法：（1）纯度≥99.9%单质硅；（2）去离子水，加入0.1%～5%的氢氧化钠，硅溶胶的 pH 值为 8.0～9.0；（3）冷却后静置；（4）减压过滤；（5）离心分离得硅溶胶。	

专利号	申请日	公布日	申请人	发明人	专利名称	专利要点及有益效果	同族专利号
CN101699253A CN101699253B	091029	100428 110727	宁波江丰电子材料有限公司	姚力军；潘　杰；王学泽；陈勇军；刘　庆	靶材金相组织的显示方法	提供钽或钽合金靶材，从所述靶材中切取一部分作为试样；对所述试样进行表面处理，形成至少一抛光面；使用第一浸蚀液对所述试样进行第一腐蚀处理；使用第二浸蚀液对所述试样进行第二腐蚀处理；利用金相显微镜对所述试样进行观察。	
CN101700910A CN101700910B	091124	100505 110907	北京有色金属研究总院	张向军；李伟伟；卢世刚	一种球形纳米级五氧化二铌粉体的制备方法	将氢氧化铌和草酸在蒸馏水中加热沸煮，制备草酸铌溶液；将炭黑、草酸铌溶液和乙二醇按比例混合，并用氨水调节 pH 值为 8 ~ 9；在搅拌下，60 ~ 70℃保温，冷却，加水，过滤，干燥；将干燥后的产物煅烧，得到球形纳米级五氧化二铌粉体。	
CN101701298A CN101701298B	091029	100505 121024	国核宝钛锆业股份公司；宝钛集团有限公司	袁改焕；张延生；李小宁；任春燕；成亚辉；张笃怀；刘春光；王　练；于海慧	一种核级锆铌合金铸锭的制备方法	首先将纯铌条与海绵锆通过压制电极块、经多次熔炼制成锆铌中间合金屑，然后用锆铌中间合金屑与海绵锆经真空自耗电弧熔炼制得锆铌合金铸锭。	
CN101704187A CN101704187B	091113	100512 110817	西北稀有金属材料研究院	李桂鹏；钟景明；同　磊；张春恒；赵永生；汪　凯；张　全	钽靶材的织构形成方法	以钽锭为原料，经锻造、酸洗、热处理、轧制、二次酸洗、二次热处理、校平、下料、车削。用本发明靶溅射时会使被溅射的晶粒溅射速率趋近相同、溅射原子角度分布轨迹趋近相同。	
CN201465812U	090302	100512	株洲宏达电子有限公司	杨万纯；刘新军；刘勇刚	片式全密封非固体电解质钽电容器	其特征在于：钽阳极、阴极和隔膜是封装在一个由金属材料制作的扁平形的金属外壳内，且钽阳极和金属氧化物阴极之间用隔膜隔离，在电容器内充有电解液。	
CN101709419A CN101709419B	091218	100519 110928	北京有色金属研究总院	许文江	一种泡沫钽及其制备方法	泡沫钽孔隙率在 20% ~ 80% 之间，孔隙互相连通，钽的纯度（质量分数）为 99.9% 以上。将铁粉、钴粉或者镍粉中的一种与钽粉或钽屑混合均匀后压制成块状；在真空中 1200 ~ 1400℃烧结 0.5 ~ 2h，1500 ~ 1800℃烧结 2 ~ 6h，降至室温。	

专利号	申请日	公布日	申请人	发明人	专利名称	专利要点及有益效果	同族专利号
CN101713036A CN101713036B	081008	100526 110608	中国科学院金属研究所	戎利建；陈英；姜海昌；刘树伟；闫德胜	高强度高阻尼的形状记忆合金 Ti-Ni-Nb-Mo	合金化学成分（原子百分数）为：镍 43%～46%，铌 8.0%～12.0%，钼 0.1%～4.0%，余量为钛和不可避免的杂质。本合金的室温屈服强度高于 300MPa，断裂强度大于 800MPa，延伸率超过了 25%。	
CN101723367A CN101723367B	091223	100609 110824	北京科技大学	沈卫平；马明亮；王青云；葛昌纯	一种纳米碳化钽粉末的制备方法	将五氯化钽置于容器中，加入无水乙醇并搅拌均匀，向液相先躯体中加入纳米活性炭，并超声振荡后转入坩埚中，吹干；将所述坩埚装入真空炉中，升温至 1200～1300℃下保温 0.5～4h 冷却后得到平均粒度为 50～80nm 的碳化钽粉末。	
CN101728084A CN101728084B	100119	100609 120229	西安华泰有色金属实业有限责任公司	唐平生；冯庆；冯生；龙海云；刘博	一种全密封液体混合钽电容器阴极制备方法	使钽箔表面粗糙化，将含有钌化合物的溶液涂布到钽箔上形成厚度为 100～500μm 的液膜；把涂布好的钽箔于 200～600℃保温；用去离子水煮沸 5～15min，干燥。	
CN101733191A	081113	100616	常福松	常福松	钽铌矿选矿的方法	对矿粉进行三级磁选，再经湿料磁选，磁选所得湿料经脱水制得成品精矿粉，磁选后的尾矿浓缩脱泥，返砂经细磨，球磨排矿进螺旋溜槽粗选，螺溜精矿经摇床选别得钽铌精矿。	
CN101738340A CN101738340B	081106	100616 110907	北京有色金属研究总院	彭海健；闫晓东；李德富	制备显示钽钨合金金相组织样品的方法	步骤：粗磨、清洗、细磨、清洗、抛光、浸蚀。清洗液为硫酸：硝酸：氢氟酸：去离子水＝5：2：2：11（体积比）；浸蚀液为硫酸：硝酸：氢氟酸：去离子水＝5：2：2：1（体积比）。	
CN101746826A CN101746826B	091218	100623 110824	北京科技大学	邢献然；李立宏	一种制备五氧化二铌纳米空心球的方法	以草酸铌为铌源，与磷酸盐按照 1：x（x＝0.01～0.1）的摩尔比混合溶解于去离子水中，形成澄清液，反应中形成的草酸根和磷酸根为反应助剂；把澄清液放入密闭反应器中，于 100～220℃温度下水热反应 2～48h，合成纳米级的 Nb_2O_5 纳米空心球。	
CN101747048A CN101747048B	091027	100623 130313	哈尔滨工业大学	赫晓东；柏跃磊；朱春城	Nb_2AlC 块体陶瓷的制备方法	方法是：（1）将铌粉、铝粉和碳粉球磨混合；（2）制备预制坯，将预制坯和模具在反应器中，点火进行合成反应；（3）燃烧反应结束后施压，然后埋入石英砂冷却，得 Nb_2AlC 块体陶瓷。	

专利号	申请日	公布日	申请人	发明人	专利名称	专利要点及有益效果	同族专利号
CN101747057A	091027	100623 130313	哈尔滨工业大学	赫晓东；柏跃磊；朱春城	一种 Nb_4AlC_3 陶瓷粉体的制备方法	该制备方法为：（1）称取铌粉、铝粉和碳粉，球磨混合；（2）将混合粉末装入石墨舟，在反应器中，充入惰性气体，点火发生自蔓延反应，冷却后经粉碎、过筛、干燥得到 Nb_4AlC_3 陶瓷粉体。	
CN101762576A CN101762576B	100122	100630 111012	江西稀有稀土金属钨业集团有限公司	胡翼淇	添加铌或同时添加钽和铌的碳化钨中铌含量的测定方法	试样经研磨，以过氧化钠熔融，热水浸出；浸出后溶液经共沉淀与单宁酸沉淀二次沉淀后，铌或铌与钨及其他杂质分离，并制成酒石酸溶液；酒石酸溶液在硫酸中，铌与5-Br-PADAP形成红色螯合物，其颜色深度与铌量成正比，据此以光度法根据铌工作曲线测定铌含量。	
CN101768780A	100211	100707	燕山大学	徐朝鹏；毕卫红；焦斌亮；韩富兴；赵　岩；巩　洁	铟铈铁三掺铌酸锂晶体及其制备方法	晶体由纯度为99.99%的 Li_2CO_3、Nb_2O_5、Fe_2O_3、CeO_2 和 In_2O_3 制成；其制备步骤是：将粉料按照配比称取、充分混合后进行烧结；提拉单晶；测试该晶体。	
CN101768685A CN101768685B	081226	100707 121114	北京有色金属总院；有研亿金新材料股份有限公司	袁志山；王江波；缪卫东；冯昭伟；李崇剑；刘　伟	一种生物医用钛铌基形状记忆合金及其制备、加工和应用方法	一种生物医用钛铌基形状记忆合金的化学成分（质量分数）为：铌28%～39%；锡0.35%～5.5%；铝0.3%～5.5%；硅0.5%～5.5%；锆0.2%～5.5%；余量为钛。本专利还提供所述生物医用钛铌基形状记忆合金的加工应用方法。	
CN101774642A CN101774642B	100126	100714 111005	桂林理工大学	刘来君；方　亮；胡长征；陈秀丽；周焕福	一种高纯铌酸钠纳米粉体的制备方法	将乙醇钠和乙醇铌，按摩尔比为1∶1配料；在微乳液中水解，热处理，制备颗粒尺寸小于30nm的高纯度铌酸钠粉体。	
CN101774812A CN101774812B	100202	100714 120509	天津大学	李玲霞；吴海涛；邹　强；张　平；曹丽凤	溶胶凝胶制备钽酸镁微波陶瓷粉体的方法	（1）配柠檬酸与钽离子的摩尔比为（2∶1）～（6∶1）；（2）配镁的柠檬酸水溶液，柠檬酸与硝酸镁的摩尔比为（5∶1）～（10∶1），pH值为3～5；（3）制备Mg-Ta前驱体溶液、干凝胶以及纳米粉体。	
CN201527199U	091015	100714	辽阳庆阳化工设备有限公司	程茂亚；张立超；贾久辉	钽刺刀管立式换热器	它包括外壳，管箱分成上下两腔，下、上腔有加热介质入口和出口，加热管束由刺刀形钽换热管排列，钽换热管内的内管焊接在隔板上，钽换热管的顶部焊接在钽板上固定。	

专利号	申请日	公布日	申请人	发明人	专利名称	专利要点及有益效果	同族专利号
CN101786165A CN101786165B	091231	100728 111214	华中科技大学	王爱华；杨　妮；闫　华；宋武林；董选普；李建军；	微波诱导自蔓延高温合成Nb/Nb_5Si_3复合材料的方法	用纯铌粉和纯硅粉，其配比为Nb：Si =（62.5～95）：（5～37.5）（原子百分数），合成步骤：（1）按比例混合粉末；（2）研磨-800目的细粉；（3）在100～300MPa的压力下成型；（4）成型体在氩气中用微波进行自蔓延烧结。	
CN101787450A CN101787450B	100113	100728 111214	广州有色金属研究院	邱显扬；刘志强；陈怀杰；肖方明；朱　薇	从稀有金属矿石中富集钽铌、稀土元素、铁和磷的方法	矿石：还原剂：石灰石为100：（2～30）：（1～15），混合均匀，在焙烧温度1300～1500℃下，焙烧0.5～8h；焙烧后，破碎焙烧物至－0.043～－4.0mm，在磁场强度为200～10000Oe下磁选，分别得到稀有金属富集物和铁磷富集物。	
CN201536061U	091126	100728	成都尚明工业有限公司	刘明华；熊蜀宁；邹学彬；袁　威	钽电容封装模具	其上模模盒内的上中心浇道板和下模模盒的下中心浇道板形成封闭的腔体，上模模盒与下模模盒有胶道，胶道是空心的管道，和流道连通，胶道通过流道与集成元件穴相联通。	
CN201538814U	091112	100804	宁波江丰电子材料有限公司	姚力军；潘　杰；王学泽；周友平；刘　庆	钽溅射环组件	钽溅射环组件包括有开口的环形本体，环形本体在开口位置有半径大于6.35mm弧形角。它解决现有的钽溅射环组件在弧形角区域容易出现剥落现象而影响薄膜沉积工艺的问题。	
CN201543269U	090930	100811	佛冈佳特金属有限公司	杨正宏；包复清；张宗国；李济华；孙友路；董文富	一种萃取装置	矿浆萃取槽由7级结构相同的萃取槽并排连接，相邻两级萃取槽间设有隔板；内设一挡板，挡板将萃取槽腔体分成混合室和澄清室两部分，混合室内部有搅拌桨；挡板的下方有第一相口；相邻两级萃取槽之间的隔板上有第二相口。	
CN201545893U	090930	100811	佛冈佳特金属有限公司	张宗国；郝义田	钽铌分解槽	一种钽铌分解槽，所述的钽铌分解槽为全密封的。本实用新型的钽铌分解槽矿石分解效率高、安全环保。	
CN101811044A CN101811044B	100423	100825 120704	华东理工大学	沈　明；穆　帅；杨晓晖；李向清	铌酸钾纳米管光催化剂及其制备方法和应用	将铌酸钾纳米粒子粉末分散在稀酸溶液中，持续搅拌3～4天后过滤、水洗至中性，得到酸化的铌酸钾；然后将酸化的铌酸钾分散在去离子水中，滴加烷基胺水溶液至pH值为9～10，搅拌2～3天后将溶液静置分级，得到铌酸钾纳米管光催化剂。	

专利号	申请日	公布日	申请人	发明人	专利名称	专利要点及有益效果	同族专利号
CN101812604A	100416	100825	北京科技大学	林均品；赵丽利；李光燕；张来启；王艳丽；叶　丰；陈国良；张　宁	通过添加钇提高高铌钛铝合金高温长期抗氧化性的方法	在 $Ti_{45}Al_7Nb$ 合金或 $Ti_{45}Al_8Nb$ 合金中添加原子百分数为 0.1% ~0.8% 的 Y，采用真空熔炼、均匀化处理；成分为：Ti 46.4% ~47.9%、Al 45%、Nb 7% ~8%、Y 0.1% ~0.8%；1320℃保温 12h，900℃保温 30min。	
CN101824539A	090306	100908	孙世凡	孙世凡	一种分解硬质合金的湿法冶金方法	在盐酸溶液中用双氧水作氧化剂分解碳化钨基硬质合金粉末料，浸出其中的合金成分钴或镍或铜或稀土；所分解的硬质合金是钨钴钛合金或钨钴钽合金或钨稀土合金。	
CN101828958A CN101828958B	100519	100915 111228	瞿东滨；郑明辉	瞿东滨；郑明辉	高骨整合性的接骨钉	一种高骨整合性的接骨钉，包括钉体及钉尾，至少在钉体的外表面设有钽金属层；在半圆柱形的纵向槽内设有钽柱并与所述螺牙的外圆相内切，所述钽金属层位于钽柱的外侧。	
CN101831699A CN101831699B	090313	100915 140305	中国科学院福建物质结构研究所	毛江高；孙传福	一种非线性光学晶体碘酸铌钡	其化学式为 $BaNbO(IO_3)_5$，相对分子量为：1120.74，属单斜晶系，空间群 Cc，单胞参数为 a = 1.39886nm，b = 0.74843nm，c = 1.48896nm，$\alpha = \gamma = 90°$，β = 112.969°，V = 1435.27Z = 4。用水热法制备。	
CN101830708A CN101830708B	100520	100915 120125	中南大学	周宏明；郑诗礼；李　荐；郭雁军；刘芙蓉	一种铌锌钡基微波介质陶瓷及其制备方法	在铌锌钡基料中，加入下列添加剂（质量分数）：CuO 0.5% ~1.5%，Li_2CO_3 0.5% ~1.5%，V_2O_5 0.5% ~1.5%，$ZnO\text{-}B_2O_3$ 1.5% ~4.5%。经球磨混合、烘干、过筛、压制成型，在 950℃烧结得到致密陶瓷。	
CN101831565A	100517	100915	宝鸡市众邦稀有金属材料公司	黄　卫；黄引强；李显光	制备铌锆 10 合金的新工艺	在合金化后给合金通入饱和氢气再高温脱氢，通过等静压成型。铌锆 10 合金的新工艺，通过合金化后进行氢化和脱氢处理，使得合金晶粒细化、均匀；提高了合金的致密度。	
CN101831583A	100517	100915	宝鸡市众邦稀有金属材料有限公司	黄　卫；黄引强；李显光	高延展性铌钇或钽钇合金板及制备工艺	其是在铌或钽中含有占合金总量小于 0.1% 的钇元素。本发明高延展性铌钇或钽钇合金板制备是在铌或钽中添加占合金总量小于 0.08% ~0.2% 的氮化钇通过粉末冶金工艺制成。	

专利号	申请日	公布日	申请人	发明人	专利名称	专利要点及有益效果	同族专利号
CN201584295U	091223	100915	成都宏明电子科大新材料公司	林广；李少奎；王新；周易；吴晓东；陈亚东	一种多芯组叠层瓷介电容器	电容器由至少两只多层瓷介电容芯片用贴片引线并联连接组成，所述贴片引线具有一个锯齿形安装脚，该锯齿形安装脚的齿根位于底层芯片的下方，且距芯片底面有一定距离。	
CN101840783A CN101840783B	100416	100922 120502	株洲宏达电子有限公司	杨万纯；谢哲	全钽外壳钽电解电容器引出线的引出方式及电容	电容器的正负极引出均为镍片或镀镍铜片引出，通过激光焊接分别作为电容器引出片焊接在电容器上，作为电容器容量的引出装置。	
CN201590335U	090910	100922	成都宏明电子股份公司	安卫军	一种高温高压电容器	电容器的电极之间设置有由云母纸复合高温有机薄膜组成的复合层。本实用新型可长期工作于 -55 ~ +150℃的温度环境，并可短期工作于215℃的高温环境中。	
CN101851740A	090402	101006	宜兴佰伦光电材料科技有限公司	孔伟华	用于磁控溅射镀膜的导电 Nb_2O_{5-x} 靶材及生产方法	一种导电 Nb_2O_{5-x} 靶材，其特征在于：所用的原料粉体中，Nb_2O_5 的含量（质量分数）为 90% ~ 99.7%，金属铌粉含量（质量分数）为 0.3% ~ 10%，Nb_2O_5 粉体平均粒径为 0.05 ~ 50μm，金属铌粉的粒度不小于 200 目，原料粉体的纯度大于或等于 4N。	
CN101852553A	100531	101006	中国振华（集团）新云电子元器件有限责任公司	蒙勇；张选红；毛云武；张利；李露；郭满川	电烧结炉加热器	一种电烧结炉加热器，包括由共用电极环、固定在该共用电极环内圈的三块瓦片状加热板、分别通过三角形楔块与各加热电极固定连接的输入电极构成的筒状结构本体；设有加固环、抱箍和压板。	
CN101857435A CN101857435B	100611	101013 130227	天津大学	李玲霞；廖擎玮；张平；王洪茹；张威	中温烧结复合铌酸盐高频介质陶瓷及制备方法	其化学式为 $(1-x)ZnTiNb_2O_8-xTiO_2$，其中：$0 \leqslant x \leqslant 0.85$。制备方法包括：配料，球磨，于 920℃煅烧、合成前驱体，造粒，成型，于 1020 ~ 1170℃烧结 1.5 ~ 6h。	
CN101859646A CN101859646B	100416	101013 111214	株洲宏达电子有限公司	杨万纯；谢哲	一种全钽外壳钽电解电容器的制造方法及电容器	用金属钽管制备带螺栓的全钽绝缘子，中间有钽丝穿过，在钽丝和钽螺栓之间烧结有绝缘玻璃粉；用激光焊接；再将组合好数片钽阳极和阴极装入圆柱形金属钽外壳中，并将正极、负极引出，成全钽电解电容器。	

专利号	申请日	公布日	申请人	发明人	专利名称	专利要点及有益效果	同族专利号
CN101859649A CN101859649B	100416	101013 120208	株洲宏达电子有限公司	何明望；曾继疆	一种体电解质铌钽复合电容器的制备方法及复合电容器	用铌和钽混合制成铌钽复合电容器，先将钽粉和铌粉或将钽粉和纯一氧化铌按一定比例混合均匀，其中钽含量为5%～95%，其余含量为铌；将其压制成型得到复合金属的阳极块，再进行真空烧结得到复合电容器的阳极；赋能、被膜、封装。	
CN201603555U	090930	101013	佛冈佳特金属公司	张宗国；郝义田	一种沉淀器	包括沉淀槽、喷射泵；沉淀槽的腔内设有环状挡板和搅拌装置，搅拌装置的桨叶置于内挡板内；混合室的底端还设有导流管，该导流管延伸至沉淀槽内的环状挡板的上端面。	
CN101862231A CN101862231B	100714	101020 130508	中国人民解放军第四军医大学	朱庆生；段永宏；朱锦宇；朱　澍	一种钽涂层人工假体制备方法	具有不同表面孔隙率钽微孔涂层涂覆在人工假体的骨内植入部分表面；钽微孔涂层厚度为30～300μm，孔隙率为20%～50%；基体使用不锈钢00Cr18Ni14Mo3或0Cr18Ni15Mo3N、钛、钛合金Ti-6Al-4V或钴铬钼合金Co30Cr6Mo0.35C材料。	
CN101864555A	090414	101020	上海高展金属材料公司；溧阳高展光电材料公司	庄志杰；庄维新；贾泽夏	一种导电的氧化铌靶材、制备方法及其应用	导电的氧化铌靶材由 NbO_x 构成，$0.05 < x < 2.5$，其相对密度不低于99%，抗张强度为10～20MPa，杨氏系数为1500～2800MPa，电阻率为0.03～1Ω·cm，薄膜平均透光率在94%以上。	
CN101871892A CN101871892B	100601	101027 121121	燕山大学	乔桂英；廖　波；钟雅丽；张晓兵；肖福仁；陈少慧；曹雅彬	一种测量钢中固溶铌和非固溶铌含量的方法	用二氯化锡和盐酸混合液溶解试样，通过对滤纸和过滤残渣的灰化，并制成溶液。采用电感耦合等离子光谱发生仪分别测定两种溶液中铌的光谱强度，与标样对比，计算出固溶铌含量和非固溶铌含量。	
CN101875106A CN101875106B	091120	101103 111228	北京科技大学	林均品；丁贤飞；王皓亮；张来启；王艳丽；叶　丰；陈国良	一种定向凝固高铌钛铝基合金的制备方法	合金成分（原子百分数）：Ti 43%～49%；Al 45%～46%；Nb 6%～9%；W 0～0.5%；Mn 0～0.5%；C 0～0.5%；B 0～0.5%；Y 0～0.5%。用等离子电弧或真空悬浮熔炼的铸态母合金棒为原料，利用改进的区熔与定向凝固制备的。	

专利号	申请日	公布日	申请人	发明人	专利名称	专利要点及有益效果	同族专利号
CN101879603A CN101879603B	100618	101110 120530	江门富祥电子材料有限公司	朱德忠；郑浩宇；廖志刚；何文礼	钽粉的生产方法和装置	一种钽粉的生产装置，包括反应容器设有热电偶、搅拌装置和注钠管，反应容器盖上还设有加料口、进气口和排气口，其特征在于，该生产装置还包括碱金属收集器。	
CN101879605A CN101879605B	100618	101110 120704	江门富祥电子材料有限公司	郑祥云；朱德忠；郑浩宇；何文礼；杨　进	搅拌钠还原氟钽酸钾制取钽粉的方法及装置	该装置包括反应容器和与反应容器进行气密封的反应容器盖，设有热电偶、搅拌装置和注钠管，加料口、进气口和排气口，设有一钠分配器。	
CN101880823A	100705	101110	北京科技大学	孙祖庆；杨王玥；李龙飞；吕美懿；尹云洋；王西涛	一种热轧铌微合金化多相钢及其制备方法	多相钢的化学成分组成以质量分数计为：C 0.18% ~ 0.25%；Si 0.3% ~ 0.5%；Mn 1.2% ~ 2.0%；Al 0.8% ~ 1.2%；Nb 0.02% ~ 0.08%；P ≤ 0.02%；S < 0.0045%；O < 0.003%；N < 0.0045%；其余为 Fe 和不可避免杂质。	
CN101880847A CN101880847B	100618	101110 111207	江门富祥电子材料有限公司	郑祥云；廖志刚；杨　进	钽坩埚的热处理方法	本发明公开了一种钽坩埚的热处理方法，该方法将钽坩埚置于有碱土金属和碱金属的气氛里进行高温热处理。按照本发明方法热处理后的钽坩埚，其使用寿命延长。	
CN101891474A	100708	101110	桂林理工大学	刘来君；吴枚霞；杨　曌；方　亮；胡长征	铌酸钾钠-钛酸铋钠钾压电陶瓷及其制备方法	陶瓷化学组成通式为：$(1-x)K_{0.5}Na_{0.5}NbO_{3-x}Bi_{0.5}(K_{0.82}Na_{0.18})TiO_3$，其中：$0<x<0.2$；$x$ 为摩尔分数。将碳酸钾、碳酸钠、二氧化钛、五氧化二铌、三氧化二铋，按摩尔分数配料，经过球磨、煅烧、二次球磨、造粒、成型、排胶、高温烧结。	
CN101892421A	100507	101124	宝钢集团新疆八一钢铁有限公司	宋维兆；王新成；陈　勇；张建新；陈跃军	汽车大梁钢的低铌强化生产工艺	生产 2 ~ 10mm 厚的汽车大梁钢，钢中的各主要成分（质量分数）含量为：C 0.085% ~ 0.115%、Si 0.154% ~ 0.254%、Mn 1.40% ~ 1.55%、P ≤ 0.015%、S ≤ 0.006%、Al 0.20% ~ 0.40%、Ca 0.0015% ~ 0.004%、Nb 0.008% ~ 0.014%；对该大梁钢的轧制采用 220mm 厚的板坯，分 11 道次加工生产。	
CN201653560U	100419	101124	爱斯特（成都）生物制药公司	张志林；杨生勇	一种反应釜测温温度计套管	反应釜测温温度计套管，主要由空心的温度计套管管体以及设置于温度计套管管体下端端部的钽钉测温头连接构成。	

专利号	申请日	公布日	申请人	发明人	专利名称	专利要点及有益效果	同族专利号
CN101914728A	100803	101215	武钢集团昆明钢铁股份有限公司	张　瑜；张红斌；阳　奇；张卫强；李金柱；王卫东；杨春雷；阮建华	铌钛复合轻型卡车汽车大梁钢及其制备方法	铌钛复合轻型卡车汽车大梁钢，具有下列质量比（质量分数）的化学成分：C 0.09%～0.15%，Si 0.30%～0.60%，Mn 1.25%～1.50%，Ti 0.010%～0.030%，Nb 0.015%～0.030%，S≤0.030%，P≤0.030%，其余为 Fe 及不可避免的不纯物。	
CN101916672A CN101916672B	100820	101215 120718	电子科技大学	于军胜；崔立强；邢国秀；蒋亚东	一种固体钽电解电容器及其制备方法	包括钽阳极体、Ta_2O_5电介质、导电层、石墨层和银涂层，导电层为长度方向垂直于钽阳极表面以Ta_2O_5被膜上的微孔为模板生长的碳纳米管阵列和导电高分子材料的混合体系。	
CN101920435A CN101920435B	100820	101222 120111	宁夏东方钽业公司；国家钽铌特材中心	张春恒；李桂鹏；同　磊；汪　凯；赵红运；李兆博；张　全	溅射钽环件的制备工艺	制备环件钽条，卷圆后将钽条两端焊接，热处理，整形，内外表面滚花，切断焊口，进行端头滚花，在环件表面加工焊接槽口，酸洗，将凸台焊接在槽口上，酸洗，喷砂，超声波清洗。	
CN101920436A CN101920436B	100820	101222 111026	宁夏东方钽业公司；钽铌特种金属材料研究中心	李桂鹏；张春恒；同　磊；赵　兵；赵红运；李兆博	溅射钽环件用钽条的制备工艺	将钽料锻造，随后在1000～1100℃热处理，换向轧制发开坯轧制，进行第二次热处理，采用单向轧制进行成品轧制，最后进行第三次热处理，校平下料即得。	
CN101920437A CN101920437B	100820	101222 110907	宁夏东方钽业公司；国家钽铌特种金属材料技术研究中心	李桂鹏；张春恒；同　磊；赵　兵；王　莉；赵红云；李兆博；汪　凯；郭从喜	一种钽溅射坯件内外表面的平板滚花工艺	一种溅射钽环件内外表面的平板滚花工艺：首先制备钽条，圆弧铣削，上下表面滚花，圆周滚花，卷圆即可。通过本发明可实现开口溅射钽环件的内外表面及侧边形成均匀一致的80TPI凸菱形花纹，从而满足半导体用户的使用要求。	
CN101920438A CN101920438B	100820	101222 120111	宁夏东方钽业公司；国家钽铌特材中心	张春恒；李桂鹏；王　莉；同　磊；汪　凯；赵红运；李兆博	溅射钽环件内外表面卷圆机械连续滚花法	首先制备钽条，切割连接豁口，酸洗，卷圆，将连接豁口连接，整形，内外表面滚花，车削侧边圆弧，进行侧边滚花，去除连接豁口即可。	

专利号	申请日	公布日	申请人	发明人	专利名称	专利要点及有益效果	同族专利号
CN101920439A CN101920439B	100820	101222 111026	宁夏东方钽业公司；国家钽铌特种金属材料技术研究中心	张春恒；李桂鹏；同　磊；赵　兵；王　莉；赵红云；汪　凯；郭从喜；李兆博	一种钽溅射坯件内外表面的卷圆焊接滚花工艺	一种溅射钽环件内外表面的卷圆焊接滚花工艺：首先制备钽条，卷圆，将钽条两端焊接，热处理，整形，内外表面滚花，车削侧边圆弧，进行侧边圆弧滚花，切断焊口。本发明可实现开口溅射钽环件的内外表面及侧边形成均匀一致的80TPI凸菱形花纹。	
CN101923962A CN101923962B	100820	101222 120718	电子科技大学	于军胜；邢国秀；崔立强；蒋亚东	一种固体钽电解电容器及其制备方法	固体钽电解电容器，Ta_2O_5 电介质被膜上的导电层上被覆的石墨层和银涂层，导电层为复合碳纳米管和导电高分子材料，复合碳纳米管为均匀附着导电纳米颗粒和磁性碳纳米管。	
CN101923963A	100820	101222	电子科技大学	于军胜；周建林；邢国秀；蒋亚东	一种固体钽电解电容器及其制备方法	位于 Ta_2O_5 电介质被膜上的导电层、在导电层上被覆的石墨层和银涂层，导电层为导电高分子材料接枝的磁性复合碳纳米管和导电高分子材料的混合体系。	
CN101923964A CN101923964B	100820	101222 120808	电子科技大学	于军胜；邢国秀；崔立强；蒋亚东	一种固体钽电解电容器及其制备方法	固体钽电解电容器，Ta_2O_5 电介质被膜上的导电层、石墨层和银涂层，导电层为复合碳纳米管和导电高分子材料的混合体系，具有壳核结构的纳米颗粒的碳纳米管。	
CN101923965A CN101923965B	100820	101222 120314	电子科技大学	于军胜；周建林；胡玉才；蒋亚东	一种固体钽电解电容器及其制备方法	位于 Ta_2O_5 电介质被膜上的导电层、在导电层上被覆的石墨层和银涂层，所述导电层是掺杂了磁性碳纳米管且磁性碳纳米管的长度方向垂直于钽阳极体表面的导电高分子层。	
CN101923966A CN101923966B	100820	101222 120418	电子科技大学	于军胜；崔立强；邢国秀；蒋亚东	一种固体钽电解电容器及其制备方法	固体钽电解电容器的 Ta_2O_5 电介质膜上的导电层为导电高分子层、ZnO种子层和ZnO纳米线阵列层的组合层，ZnO纳米线阵列层位于ZnO种子层和导电高分子层之间，并且ZnO纳米线阵列层的纳米线阵列垂直排列于ZnO种子层表面。	
CN101923967A	100820	101222	电子科技大学	于军胜；邢国秀；崔立强；蒋亚东	一种固体钽电解电容器及其制备方法	位于 Ta_2O_5 电介质被膜上的导电层上被覆的石墨层和银涂层，导电层为复合碳纳米管和导电高分子材料，复合碳纳米管为表面均匀附着导电纳米颗粒和磁性纳米颗粒的碳纳米管。	

专利号	申请日	公布日	申请人	发明人	专利名称	专利要点及有益效果	同族专利号
CN201681724U	100416	101222	株洲宏达电子有限公司	刘新军；曾继疆	一种全钽电解电容器	钽外壳内有一多节组合钽套，钽套是逐节装入钽外壳中，组合成一体的长钽套；直接烧结在电容器钽外壳的内壁上；钽套内注入磷酸水溶液，再以钽套为阳极进行电化学氧化，使钽套表面生成一层五氧化二钽膜。	
CN101930913A CN101930913B	090626	101229 120523	中芯国际集成电路制造公司	肖德元；季明华；吴汉明	金属栅电极形成方法	利用 CMOS 工艺的金属栅电极形成方法，先整体碳化形成 TaC_x 层作为 NMOS 晶体管的金属栅电极，再局部氮化形成 TaC_xN_y 层作为 PMOS 晶体管的金属栅电极。	
CN101935778A CN101935778B	100817	110105 111228	上海大学	束国刚；吴 平；王荣山；薛 飞；翁立奎；周邦新；姚美意	一种用于核反应堆的锆基合金及其制备方法,	以质量分数计算，锆基合金成分为：铌 0.8% ~ 1.5%；锑 0.04% ~ 1%；氧 0.06% ~ 0.14%；硫 0 ~ 25ppm；余量为锆。制备方法：相对坯材进行低温大应变加工工艺，加热温度不超过 620℃，火次变量大于 50%。	
CN201693178U	100618	110105	江门富祥电子材料有限公司	廖志刚；朱德忠；杨 进	一种钽粉的生产装置	钠还原氟钽酸钾的钽粉的生产装置，设有碱金属收集器，它包括罐体，罐体上部设有碱金属冷凝器——金属篮子。	
CN201693179U	100618	110105	江门富祥电子材料有限公司	朱德忠；郑浩宇；何文礼	新型搅拌钠还原氟钽酸钾制取钽粉的装置	包括反应容器，反应容器盖，热电偶、搅拌装置和注钠管，设有加料口、进气口和排气口，搅拌装置上设有一钠分配器。	
CN201693180U	100618	110105	江门富祥电子材料有限公司	郑祥云；朱德忠；杨 进	搅拌钠还原氟钽酸钾制取钽粉装置	包括反应容器，反应容器盖，热电偶、搅拌装置和注钠管、加料口、进气口和排气口，注钠管端部设有一喷头。	
CN201693181U	100618	110105	江门富祥电子材料有限公司	郑祥云；何文礼；朱德忠	搅拌钠还原氟钽酸钾制取钽粉的装置	包括反应容器，反应容器盖，热电偶、搅拌装置和注钠管，加料口、进气口和排气口，注钠管端部设有一下表面设有若干通孔，端部有开口的弧形圆管的液钠分配器。	

专利号	申请日	公布日	申请人	发明人	专利名称	专利要点及有益效果	同族专利号
CN201693182U	100618	110105	江门富祥电子材料有限公司	何文礼；朱德忠；郑浩宇	钽粉的生产装置	包括反应容器，反应容器盖，反应容器盖，设有热电偶、搅拌装置和注钠管，加料口、进气口和排气口，还包括碱金属收集器，罐体上部设有碱金属冷凝器。	
CN201697659U	100625	110105	唐山华洋自动化有限公司	张 雪	钽合金电极传感器	一种钽合金电极传感器，其特征在于包含电极、传感器筒体，传感器为筒状结构，钽合金材质的电极布置在传感器筒体内壁上。	
CN201699307U	100708	110105	福建交通职业技术学院	林绍义；傅高升	一种铌合金热沉	铌合金热沉：铌合金制作的小圆柱形零件，在小圆柱形零件上加工一中心对称的凹槽，凹槽的尺寸与泵浦激光器的泵浦晶体的尺寸相匹配，泵浦晶体可安放在凹槽内，凹槽底部的两角顶点处都分别加工小的凹槽，在小圆柱形零件上具有一凹槽通孔。	
CN101941841A	100909	110112	同济大学	沈 波；陈寰贝；翟继卫	掺杂改性的铌酸铋钙陶瓷材料及制备方法	其化学成分符合化学通式 $Ca_{1-x}A_xBi_2Nb_2O_9$，其中，A 选自稀土元素 Sm、Eu 或 Nd；x 的取值范围为 $0.01 \leqslant x < 0.2$。提供制备方法。	
CN101948965A CN101948965B	100727	110119 120725	昆明贵金属研究所	谢 明；杨有才；陈永泰；崔 浩；刘满门；张吉明；陈 松；赵九洲；陈敬超	新型铂合金电接触材料及其制备方法	合金的（质量分数）成分为：Ir 5.0%～30.0%，Nb 0.1%～5.0%，Zr 0.1%～5.0%，Mo 0.1%～5.0%，Ta 0.1%～5.0%，Yb 0.1%～5.0%，Gd 0.1%～5.0%，Tb 0.1%～5.0%，余量为 Pt。公开了其制备方法。	
CN101955228A	090717	110126	中国科学院过程工程研究所	郑诗礼；徐 娟；王晓辉；郭 奋；张 懿	一种分离钽和铌的方法	用氢氟酸硫酸溶液溶解钽铌原料→含钽铌氟配合物溶液，用 MIBK 萃取其中钽→含钽有机相和含铌水相，含钽有机相经稀硫酸洗涤后用纯水反萃→纯钽液，含铌水相经氨沉淀→$Nb(OH)_5$，用草酸/草酸铵溶液溶解 $Nb(OH)_5$→草酸铌铵溶液，冷却结晶→草酸铌铵。	
CN101961507A	101026	110202	四川材料与工艺研究所	蒋 驰；李 嵘；王述钢；王嘉勇；胡凤云；杨 帆	一种医用植入体及其制备方法	一种医用植入体，包括植入体、涂层，其特征在于：在植入体的表面涂有钽涂层，钽涂层为钽单质材料、钽合金材料或钽/陶瓷复合涂层材料中的一种。	

专利号	申请日	公布日	申请人	发明人	专利名称	专利要点及有益效果	同族专利号
CN101962291A CN101962291B	100819	110202 130717	同济大学	翟继卫；付　芳	过渡金属掺杂铌酸钾钠织构厚膜及制备法	无铅压电材料的改性领域，公开了一种通过掺杂过渡金属，如 Fe_2O_3，Cr_2O_3，$MnCO_3$，Co_2O_3 等，对铌酸钾钠织构厚膜进行改性的方法。	
CN101967660A CN101967660B	101109	110209 120502	上海大学	王兴庆；谢大海	共电脱氧法制取 Nb_3Al 超导材料的方法	高纯度 Nb_2O_5 和 Al_2O_3 粉末→混合→压制和烧结→铌铝氧化物烧结块片作为阴极，以石墨作为阳极，在 $CaCl_2$-NaCl 熔盐电解质 Ar 中→电化学处理→制得共脱氧后的铌铝复合粉末→液相烧结致密化→在 1400～1700℃ Ar 中合金化→制得 Nb_3Al 超导材料。	
CN201734993U	100709	110209	王志伟	王志伟；刘欣伟；商慧娟；苏佳灿；毛宁方	一用于骨科手术中的高性能钽棒	用于骨科手术中的高性能钽棒，钽棒上有一层 30～80μm 羟基磷灰石层；优选为 50μm。羟基磷灰石接近于人体骨无机质，具有高的生物相容性和骨结合能力。	
CN201735791U	100630	110209	南通华东油压机械制造公司	曹阳军；张　亮；龚　洁	钽粉成型液压机模具装料夹持机构	一种钽粉成型液压机模具装料夹持机构，包括机架，一工作台面，其上开有一对腰形夹持孔；一模具夹持挡块；一对月牙形夹持爪；一夹持爪推动机构。	
CN201744195U	100618	110216	江门富祥电子材料有限公司	郑祥云	氟钽酸钾萃取装置	一种氟钽酸钾萃取装置，反应容器盖上设有一贯穿孔，贯穿孔内设有一搅拌杆，通过双重密封，避免溶液中的氢氟酸，仲辛酸等逸散。	
CN201748798U	100517	110216	宝鸡市众邦稀有金属材料公司	黄　卫；黄引强；李显光	新型铌钽专用熔炼坩埚	新型铌钽专用熔炼坩埚，具有坩埚体，其特征是坩埚体的熔池段为直筒形，与熔池段下部连接的出料段为下大上小的喇叭口。可以大大缩短熔池段长度。	
CN101979171A CN101979171B	101115	110223 120905	宁夏东方钽业股份有限公司	朱宝辉；李积贤；吴孟海；王培军；赵洪章；韩俊刚；赵红运；李树清	一种铌合金棒材的加工工艺	加工步骤：（1）将铌合金铸锭在中频感应加热炉中进行第一次加热，然后挤压开坯，酸洗，热处理，定尺锯料后在中频感应加热炉中进行二次加热，锻造、拔长后获得成品坯；（2）将上述成品坯进行成品车削，成品酸洗，成品热处理后即可。	

专利号	申请日	公布日	申请人	发明人	专利名称	专利要点及有益效果	同族专利号
CN101984939A	101216	110316	西安福安创意咨询有限责任公司	段永宏；朱庆生；郭　飞；阮骊韬；阮绍萍；王　仁；李　矛；李敬娥	钽涂层人工肘关节假体的设计方法	一种表面设置有钽微孔涂层的人工肘关节假体，包括用于植入远端肱骨骨髓腔的肱骨组件、植入近端尺骨骨髓腔的尺骨组件及植入近端桡骨骨髓腔的桡骨组件，均由组件的关节部分及柄身部分构成。	
CN101994048A CN101994048B	101212	110330 120208	西北有色金属研究院	白　润；郑　欣；蔡小梅；李中奎；王　峰；王东辉；夏明星	一种多组元铌合金铸锭的制备方法	步骤：（1）多组元铌合金铸锭原料按配比称重；（2）制备合金包；（3）将合金包置于海绵状基体金属中压制成半圆环形电极；（4）将两节电极焊接成一个电极；（5）熔炼得到多组元铌合金铸锭。	
CN101999949A	101216	110406	西安福安创意咨询有限责任公司	段永宏；朱庆生；郭　飞；阮骊韬；阮绍萍；王　仁；李　矛；李敬娥	钽涂层人工肩关节假体的设计方法	表面有钽微孔涂层的人工肩关节假体的设计方法，它包括假体柄身、柄身再向上延伸为柄颈、柄颈上端套接肱骨球头，其特征是：柄身外表面包裹有钽表面，钽表面为微孔结构。	
CN102000702A CN102000702B	101221	110406 120926	重庆大学	张志清；张　静；刘施峰；刘　庆；姚力军；王学泽	一种高纯钽溅射靶材的加工工艺	将锻造开坯后的钽溅射靶材圆坯进行轧制处理，在轧制过程每轧制一道次将轧制方向旋转 135°后进行轧制，直至轧制一周，且道次压下量的弧厚比控制在 2～3。	
CN102000806A CN102000806B	101213	110406 121017	西安群德新材料科技公司	唐卫胜；梁晓宏	一种高铌含量钛合金铸锭的制备方法	一种高铌含量钛合金铸锭的工业制备方法，其可采用常规的真空自耗电弧熔炼技术，工业规模地制备出化学成分均匀、无铌夹杂的高铌含量钛合金铸锭。	
CN102002666A CN102002666B	101022	110406 120627	哈尔滨工业大学	朱嘉琦；王建东；张建隆；张雯婷；曹世成	一种铜互联用氮化钽扩散阻挡层的制备方法	制备方法：将衬底清洗后置于过滤阴极电弧沉积设备真空仓内的样品台上；然后对衬底进行离子清洗；抽真空后，将样品台加热，然后通入氮气，然后调入扫描波形，设置沉积参数；然后开启过滤阴极电弧沉积设备即可。	
CN102005411A	090901	110406	中芯国际集成电路制造（上海）有限公司	聂佳相	阻挡层的形成方法	包括：依次淀积氮化钽层和钽层，形成由 TaN 层和 Ta 层构成的叠层阻挡层对连接孔的底部进行物理轰击，依次刻蚀连接孔底部的 Ta 层和 TaN 层，显露出下层的铜互连线。	

专利号	申请日	公布日	申请人	发明人	专利名称	专利要点及有益效果	同族专利号
CN201782813U	100519	110406	瞿东滨；郑明辉	瞿东滨；郑明辉	高骨整合性的接骨钉	包括钉体及钉尾，至少在钉体的外表面设有钽金属层；纵向槽为半圆柱形，在半圆柱形的纵向槽内设有钽柱并与螺牙的外圆相内切，钽金属层位于钽柱的外侧。	
CN201788828U	100527	110406	佳帮科技股份有限公司	李玮志；刘德邦	钽质固态电容	有第一、第二、第三导电层、第一绝缘层和第四导电层和第二绝缘层，搭配上导电性优于钽金属的导体材料可更进一步地降低电容元件的ESR值。	
CN102011076A CN102011076B	101115	110413 120111	宁夏东方钽业股份有限公司	王培军；赵红运；李积贤；沈立华；朱中庆；赵洪章；龚志江；周小军	一种铌合金板材的加工工艺	步骤：（1）将铌合金铸锭加热，挤压开坯，酸洗，热处理，锻造获得轧制厚板坯；（2）将轧制厚板坯进行酸洗、热处理，温轧后再次酸洗、热处理，板坯冷轧后第三次酸洗、热处理得成品坯；（3）将成品坯轧制，酸洗，热处理，校平，下料，表面抛光。	
CN102011195A CN102011195B	101123	110413 120606	北京科技大学	林均品；丁贤飞；郝国建；王皓亮；佟健博；陈国良	定向凝固高铌钛铝合金单晶的制备方法	由Ti、Al、Nb等元素组成的母合金成分的原子百分数为：Ti 44%～49%；Al 45%～46%；Nb 6%～10%。利用一次定向凝固后的棒料倒转180°后再次定向凝固条件下进行二次定向凝固。	
CN102019424A	101014	110420	浙江恒成硬质合金有限公司	吴晓娜；李继春	硬质合金数控刀片的制造方法	制造步骤：配料（质量分数）：硬质相碳化钛10%～15%，碳化钽6%～8%，碳化铌4%～6%，钴8%～12%，碳化钒0.2%～1%，余量为碳化钨；将各组分混合后湿磨；成型：干燥入蜡、滚筒造粒，压制成型；真空烧结：真空梯度升温烧结；回火处理，即得到成品。	
CN102021458A CN102021458B	101015	110420 120530	北京航空航天大学	李树索；武美伶；韩雅芳；宫声凯	Nb-Ti-Si-Zn合金材料及其制备方法	一种Nb-Ti-Si-Zn合金材料：该合金材料由50%～78%的Nb、1%～20%的Si、16%～28%的Ti和0.01%～2%的Zn组成，且上述各成分的原子百分含量之和为100%。	
CN102030530A	101124	110427	华中科技大学	袁松柳；霍绍新；田召明	铌酸钾钠无铅压电铁电陶瓷的制备方法	按$Na_{1-x}K_xNbO_3$配料，利用柠檬酸为络合剂，以可溶性盐为原料，合成前驱粉料，然后在20～40MPa压强下压片，烧结温度800～1000℃，即可得到高致密度纯相陶瓷。	

专利号	申请日	公布日	申请人	发明人	专利名称	专利要点及有益效果	同族专利号
CN201811636U	100915	110427	西安优耐特容器制造有限公司	张　成；孙万仓；叶建林；雷忠荣；贺旭明；赵　斌；蒋　楠	一种钽包覆换热器管板	钽包覆换热器管板，换热器管板的外表面包覆有至少两块钽板，钽板与钽板之间为焊接连接，换热器管板上开有穿过换热器管板和钽板的管孔，管孔中有钽衬管。	
CN102033182A	101110	110427	北京航空航天大学	高　成；黄姣英；付桂翠；梅　亮	一种固体钽电解电容器寿命预测方法	（1）采集漏电流退化数据；（2）确定退化轨迹模型和加速退化模型；（3）由退化轨迹模型外推得每个样本的伪失效寿命；（4）伪寿命分布假设检验及其未知参数估计；（5）确定伪寿命分布参数与应力水平的关系；（6）外推钽电容的寿命分布总体参数；（7）确定钽电容平均寿命和可靠度曲线。	
CN102041410A	110111	110504	苏州市职业大学	周正存；熊健玉；杜　洁；顾苏怡	多孔钛铌合金及其制备方法	步骤：（1）选 Ti 和 Nb 的纯度为 99.9%；（2）称取 65% 的 Ti 粉和 35% Nb 粉；（3）球磨混合均匀；（4）加入 Ti、Nb 粉末重量 25% ~62.5% 的尿素，混合；（5）混合粉压制；（6）压制品在 170℃保温，然后 1200℃烧结得孔隙率在 50% ~70% 多孔钛铌合金。	
CN102049568A CN102049568B	101029	110511 121205	宁波江丰电子材料公司	姚力军；潘　杰；王学泽；汪　涛	钽环固定组件的加工装置	圆筒形状主体的圆心区域设置有圆柱；主体圆筒形顶面上包括凸起的第一切削体和第二切削体，第一切削体和第二切削体前端和主体的高度差形成了第一切削面和第二切削面。	
CN102050623A	091028	110511	中国科学院福建物质结构研究所	龙西法；李修芝；王祖建	弛豫铁电固溶体陶瓷铌铟酸钡-钛酸铅及其制法	该陶瓷具有钙钛矿型结构，其化学式为 $(1-x)Ba(In_{0.5}Nb_{0.5})O_3-xPbTO_3$，其中 $(0<x<1)$。该陶瓷体系的准同型相界（MPB）范围是 $0.60\leqslant x\leqslant 0.66$。	
CN102051676A CN102051676B	101029	110511 130213	山东大学	黄传真；赵国龙；刘含莲；邹　斌；崇学文；徐　亮；刘战强；朱洪涛	原位生长碳化钽晶须材料及其制备方法	原位生长碳化钽晶须的前驱体组分（质量分数）为：Ta_2O_5 75.6% ~79.2%；C 14.4% ~15.1%；NaCl 5.0% ~5.2%；Ni 0.5% ~5.0%。并公布合成碳化钽晶须材料的方法。	

专利号	申请日	公布日	申请人	发明人	专利名称	专利要点及有益效果	同族专利号
CN102051685A	091028	110511	中国科学院福建物质结构研究所	龙西法；何　超；李修芝；王祖建	新型铁电单晶铌镱酸铅-铌镁酸铅-钛酸铅	$(1-x-y)Pb(Yb_{1/2}Nb_{1/2})O_3-xPb(Mg_{1/3}Nb_{2/3})O_3-yPbTiO_3$，简称 PYMNT 或 PYN-PMN-PT。该晶体属钙钛矿型结构，存在 MPB 区，采用顶部籽晶法生长。	
CN102060533A CN102060533B	101129	110518 130313	中科院上海硅酸盐研究所	董显林；刘　伟；王根水；姚春华	细晶钽钪酸铅热释电陶瓷材料的制备方法	采用液相法制备 $Pb(Sc_{0.5}Ta_{0.5})O_3$ 粉体，然后将粉体进行球磨混合后烘干，加入黏结剂后经陈化、过筛、成型等步骤制得坯体；最后将坯体采用两步法烧结而成。	
CN102059449A CN102059449B	101220	110518 120105	武汉理工大学	沈　强；罗国强；张联盟；王传彬；李美娟；魏琴琴；张　建	钨合金与钽合金的低温扩散焊接方法	包括：（1）工件表面清理步骤：除去它们和中间层-镍箔待焊面的氧化层；（2）工件组装：将中间层-镍箔置于钨合金与钽合金之间；（3）真空扩散焊接：将被焊接工件真空加热、保温，当保温开始时对被焊接工件施加轴向压力，然后随炉冷却。	
CN102061468A CN102061468B	110124	110518 120506	宁夏东方钽业股份有限公司	周小军；赵　刚；王秋迎；赵　兵；李桂鹏；赵红运；同　磊；王　莉；王立斐	高温抗氧化材料及高温抗氧化涂层的制备方法	高温抗氧化材料的组分（质量分数）为：Ta 为 1.5%～4.8%，W 为 5.2%～8.7%，Cr 为 11.2%～15.4%，Ni 为 2.3%～5.7%，B 为 1.3%～1.6%，NaF 为 0.4%～0.8%，Y 为 1.1%～2.3%；余量为 Si。	
CN201842885U	100908	110525	宁波江丰电子材料有限公司	姚力军；潘　杰；王学泽；周友平	钽溅射环结构	一种钽溅射环结构，该钽溅射环结构上具有花纹，花纹大于 80TPI，且深度大于 100μm。	
CN201842886U	100908	110525	宁波江丰电子材料有限公司	姚力军；潘　杰；王学泽；周友平	钽溅射环	一种钽溅射环，应用于 8in 硅片的生产过程，该钽溅射环上具有花纹，花纹大于 80TPI，且深度大于 100μm。	
CN102082009A CN102082009B	101228	110601 120530	西部超导材料科技有限公司	郭建华；贾晶晶；张　科；王天成；张丰收；刘向宏；冯　勇；张平祥	一种青铜法 Nb_3Sn 超导线材的制备工艺	高锡青铜锭钻孔后和铌合金棒组装、真空封焊，再经过热挤压得到的棒坯，氩气或氮气中第一次退火，再以每分钟升高 4～8℃ 的速度加热到 420～480℃，然后保温 30～90min；最后采用氩气或氮气循环强冷，当料温冷却到 50～100℃ 出炉。	

专利号	申请日	公布日	申请人	发明人	专利名称	专利要点及有益效果	同族专利号
CN201852496U	101105	110601	西部金属材料股份有限公司	杨永福；巨建辉；叶建林；张　成；孙万仓	钽制加热器	包括：加热气体入口腔；加热气体出口腔；钽-不锈钢复合板；加热管；插入管；折流板以及定位杆。定位杆设置于插入管与加热管间，并且插入管与加热管之间有气流通道。	
CN102094157A	110126	110615	中国科学院物理研究所	孟　栋；易　军；丁大伟；赵德乾；汪卫华；潘明祥	一种钽基大块非晶合金及其制备方法	非晶合金有下通式组成：$Ta_aNi_bCo_cM_d$ 其中，$a+b+c+d=100$，且 $a=40\sim60$，$b=5\sim45$，$c=5\sim30$，$d=0\sim20$；M 选自 Al、Si、Nb、B、Cu、Ti、Zr、Pd、Ag 和 Au 中的一种或多种。	
CN102094241A	110314	110615	哈尔滨工业大学	王　锐；邢丽丽；徐衍岭；钱艳楠；郭　倩	钬镱铥三掺杂铌酸锂晶体及其制备方法	由 Li_2CO_3、Nb_2O_5、Ho_2O_3、Yb_2O_3 和 Tm_2O_3 制成。方法：(1) 称取；(2) 烧结；(3) 采用提拉法生长晶体，再退火，得到多畴晶体；(4) 极化，即得钬镱铥三掺杂铌酸锂晶体。	
CN201879868U	101216	110629	段永宏；	段永宏；朱庆生；郭　飞；阮骊韬；朱锦宇；朱　澍；阮绍萍；王　仁；李敬娥；马　劼	钽涂层人工肘关节假体	一种表面设置有钽微孔涂层的人工肘关节假体，它包括用于植入远端肱骨骨髓腔的肱骨组件、植入近端尺骨骨髓腔的尺骨组件及植入近端桡骨骨髓腔的桡骨组件，关节部分具有不同程度的旋转运动功能。	
CN201879869U	101216	110629	段永宏；	段永宏；朱庆生；郭　飞；阮骊韬；朱锦宇；朱　澍；阮绍萍；王　仁；李敬娥；马　劼	钽涂层人工肩关节假体	它包括假体柄身、柄身再向上延伸为柄颈、柄颈上端套接肱骨球头，其特征是：柄身外表面包裹有钽表面，钽表面为微孔结构。	
CN102120258A CN102120258B	110214	110713 121226	宁夏东方钽业股份有限公司	陈　林；冒海红；董学成；程越伟；任　萍；雒国清；林辅坤；王治道；张学清；梁宏原；王志清；王秋迎	钽粉的热处理方法	将孔隙率为 80%～98% 的原钽粉装入坩埚，钽粉厚度为 60mm 以下，在真空中于 900～1400℃ 温度下进行加热；将凝聚钽粉与还原剂均匀混合，粉末的厚度为 60mm 以下，在真空或惰性气氛中于 700～1100℃ 温度下进行加热。	

专利号	申请日	公布日	申请人	发明人	专利名称	专利要点及有益效果	同族专利号
CN102134073A CN102134073B	110228	110727 121114	长沙伟徽高科技新材料公司	郭　伟	超细碳化钽粉末的制备方法	将浆状的氢氧化钽经 180~250℃烘干，再将氢氧化钽与炭黑混合在 1200~1300℃真空碳化得到粉末粒度小于 0.6μm、化学成分符合硬质合金要求的超细碳化钽（TaC）粉末。	
CN102134087A	110125	110727	宜春学院	陆云华；朱　笃；汤洪波；刘万云；邹怀波；周伟华	一种利用钽铌尾矿锂云母制备明矾的方法	将锂云母粉粉碎至 100~200 目左右，和浓度为 30%~70% 硫酸溶液按固液质量比 1:(2~8) 比例投入反应装置，于 60~200℃进行反应 3~10h 除氟，得含 Li^+ 的硫酸溶液，分离除去含氟溶液。	
CN102134644A	110125	110727	宜春学院	陆云华；朱　笃；汤洪波；刘万云；邹怀波；周伟华	利用钽铌尾矿制备碳酸锂除氟的新方法	一种利用钽铌尾矿锂云母制备碳酸锂除氟的新方法，采用在锂云母原料中加入稀硫酸溶液的酸浸和中和除氟的方法。	
CN102151616A CN102151616B	110124	110817 140507	华东理工大学	刘够生；刘　臻；刘跃龙；于建国	一种钽铌尾矿浮选分离锂云母精矿的方法	在 pH 值为 5~9 范围内，使用烷基伯胺盐、烷基混合醇和碱金属盐复配而成的浮选药剂，从钽铌尾矿中浮选出锂云母精矿。烷基混合醇是指碳链长度 2~12 的烷基混合醇。	
CN102151719A CN102151719B	110131	110817 120801	辽宁银捷机械装备制造有限公司	谈业勤；谭叶林；崔　甫；崔志昌；李再斌	一种钽铌合金管材高精度矫直机	包括矫直主机、液压伺服系统、电气控制系统；各矫直辊的辊型均为分段等曲率反弯辊型，辊距为异辊距；液压伺服系统、电气控制系统对矫直辊的位移量、矫直主机的压力采用闭环控制，对矫直速度采用无级调速。	
CN102167594A CN102167594B	110121	110831 130220	天津大学	张　平；李玲霞；王洪茹	一种微波介质陶瓷纳米粉体的制备方法	步骤为：原料（摩尔比）为 $Li_{1+x-y}Nb_{1-x-3y}Ti_{x+4y}O_3$，其中 $0.05<x<0.2$，$0<y<0.15$。将硝酸锂溶液滴加到钛酸四丁酯溶液中，配制铌的柠檬酸水溶液，其中加入乙二醇，加热搅拌，得到锂铌钛溶胶，磁力搅拌；烘干，形成干凝胶；在 650~850℃进行热处理。	

专利号	申请日	公布日	申请人	发明人	专利名称	专利要点及有益效果	同族专利号
CN102168173A	110329	110831	内蒙古科技大学	李保卫；李　解；张邦文；王　磊	从尾矿中提取铌的方法	（1）用浮选处理尾矿；（2）用微波磁化焙烧，加入碳质还原剂，使其中的赤铁矿转变为磁铁矿；（3）用弱磁选将焙烧矿物中的磁铁矿选出，使含铌矿物富集在磁选尾矿中；（4）将铌矿物用浓酸在高压反应釜中浸出得到含铌浸出物。	
CN201966066U	101202	110907	东莞市兆丰五金电子配件厂	林小月	一种全钽电容器	包括全钽外壳、全钽绝缘子盖、绝缘体及钽管；全钽绝缘子盖外围部分设有向上延伸的边缘；绝缘子盖中部设有圆孔圆孔部分填充有绝缘体；钽管为中空管状且两端相通。	
CN201966067U	101202	110907	东莞市兆丰五金电子配件厂	林小月	一种全钽电容器	包括全钽外壳、全钽绝缘子盖、绝缘体及钽棒；圆孔外围设有向上延伸的凸台。	
CN102181655A CN102181655B	110411	110914 121107	江西稀有金属钨业控股集团公司	袁　萍；陶利民；徐秋华	一种钽材质多级蒸馏坩埚和蒸馏工艺	包括锅体、隔热板以及接收罩；隔热板包括可叠置使用的多块隔热板；在发热体内设有多片可在坩埚的底部叠置使用的垫片。	WO2012134484A
CN102181677A CN102181677B	110401	110914 130313	赣县世瑞新材料有限公司	肖　民；李重义；陈风雷；殷宏华	一种硬质合金及其制备方法	其原料的组分（质量分数）为：钴粉6%～20%；碳化钒0～0.3%；碳化铬0.3%～1.0%；碳化钽0～1.0%；碳化钛0～0.5%；铼粉0～0.02%；镍粉0～0.5%；铁粉77.8%～92.8%。	
CN102181818A CN102181818B	110419	110914 121217	潘伦桃	潘伦桃	钽金属表面钝化方法及装置	将温度较低的含氧气体送入反应室下部，使热处理后的钽金属表面钝化，同时从反应室上部将温度较高的含氧气体抽走，流动的含氧气体使钽金属表面钝化。	
CN102191389A CN102191389B	110419	110921 130925	潘伦桃	潘伦桃；卢振达；鲁宗祥	钠还原氟钽酸钾产物的水洗方法及装置	将钠还原氟钽酸钾得到的凝结块经过破碎，先进行滤洗水洗，然后搅拌水洗，酸洗，烘干得到钽粉原粉。	
CN201992981U	110411	110928	江西稀有金属钨业集团有限公司	袁　萍；陶利民；徐秋华	一种钽材质多级蒸馏坩埚	包括锅体、隔热板以及接收罩；隔热板套设在锅体的上端，接收罩设置在锅体的顶部；锅体由钽制成；隔热板包括可叠置使用的多块隔热板。	

专利号	申请日	公布日	申请人	发明人	专利名称	专利要点及有益效果	同族专利号
CN102205144A	100331	111005	重庆润泽医疗器械有限公司	阮建明；叶　雷；谢健全；王志强；游　潮；荣祖元；冯　华；周　健；节云峰	医用金属植入材料多孔钽及其制备方法	医用植入材料多孔钽，具有孔隙三维连通分布的泡沫结构，其特征在于：采用泡沫浸渍法烧结制得，经烧结的纯钽粉末堆积构成的泡沫骨架上，钽粉颗粒相互间具有烧结颈结构。	US2013011691 EP2554187A WO2011120280A
CN102211933A CN102211933B	101110	111012 130717	中国科学院上海硅酸盐研究所	李永祥；卢志远；王依琳；吴文骏	片状（Li-Nb-Ti-O）模板晶粒及其制备方法	一种片状 Li-Nb-Ti-O 模板晶粒，其化学式为 $LiNb_{0.6}Ti_{0.5}O_3$，其晶粒形貌呈片状，其组成为 M-相 Li-Nb-Ti-O 粉体。	
CN102212637A	110412	111012	内蒙古科技大学	李保卫；姜银举；赵增武；徐掌印	低铌铁矿粉直接还原-合金化回收利用铌的方法	低铌品位铁矿粉采用气基或煤基直接还原的方法，选择性还原其中铁、磷的氧化物，得到海绵铁；海绵铁高温渣经熔分，分离磷铁，得到富铌渣。	
CN102214504A	110317	111012	无锡友方电工有限公司	李维柱	一种铜复合铌钛多芯超导漆包线的制造方法	包括拉拔过程和涂漆过程。其中在拉拔和涂漆过程中，相邻的放线盘、绞盘、导向盘、调直盘和收线盘之间的线材缠绕方向相互交错变换，实现线材交错交叉缠绕。	
CN102220508A CN102220508B	110518	111026 121121	宝鸡市力诺有色金属材料有限公司	张　力；杨明让；魏　妍	医用多孔钽的制备方法及用途	通过制备粉末→压制成型→烧结→装置冷却等步骤，制备出纯度为 99.95%、孔隙为 0.25～0.3mm、孔隙率可达 75% 的医用多孔钽，此种多孔钽可直接植入人体所需部位。	
CN102225764A CN102225764B	110525	111026 130213	山东理工大学	唐竹兴；张　鹤	碳化钽粉体的制备方法	将酚醛树脂与 0.1～3μm 的氧化钽粉混合成泥料，固化，制粉，压制成块体，在 1300～2000℃ 惰性或还原性气氛中烧制 6～8h 制得碳化钽，经脱碳后粉碎制得碳化钽粉。	
CN102230082A CN102230082B	110701	111102 121226	广州有色金属研究院	刘　勇；刘牡丹；刘珍珍	一种稀有金属矿回收稀土、铌的方法	原矿磨矿，浓硫酸分解；加水浸出，固液分离得浸出液及浸出渣；磁选分离，沉淀与磁性渣混匀熔炼，获得铌铁合金和钛渣；调节水解液的 pH 值，固液分离后得到中和液及中和渣；添加草酸至中和液，获得草酸稀土沉淀，煅烧沉淀后得到稀土氧化物。	

专利号	申请日	公布日	申请人	发明人	专利名称	专利要点及有益效果	同族专利号
CN102241978A CN102241978B	100511	111116 130911	中国科学院上海硅酸盐研究所	王　娇；张志军；陈昊鸿；杨昕昕；赵景泰	一种稀土钛钽酸盐基发光材料及其制备方法	该材料的化学成分符合化学通式 $Ln_{1-y}RE_yTiTaO_6$，其中 $0<y<0.3$，所述的 Ln 选自 Y、La、Gd 和 Lu 中的至少一种元素的三价离子；或者，$y=0$，所述的 Ln 选自 Y、La、Gd 和 Lu 中的至少两种元素的三价离子；所述的 RE 为三价稀土离子。	
CN102247983A	110629	111123	宁夏东方钽业股份有限公司	刘卫国；万庆峰；杜领会；王慧峰；解永旭	一种金属箔带材及异型线材的制造方法	一种金属箔带材及异型线材的制造方法，其特征在于将具有一定直径的金属丝材或棒材通过水平轧制法制成金属箔带材或异型线材。	
CN102249686A CN102249686B	110525	111123 139213	山东理工大学	唐竹兴；张　鹤	硼化钽粉体的制备方法	将五氧化二钽粉、碳化硼粉和 B_2O_3 粉与酚醛树脂混合，在 40～100℃下固化后制粉，将粉体压制成块然后在 1350～2000℃氩气或氢气气氛烧制制得硼化钽块，经脱碳后粉碎制得硼化钽粉。	
CN202045211U	110131	111123	辽宁银捷机械装备制造有限公司	谈业勤；谭叶林；崔　甫；崔志昌；李再斌	一种钽铌合金管材高精度矫直机	包括矫直主机、液压伺服系统、电气控制系统；设置 6 对上、下对称布置的矫直辊，各矫直辊的辊形均为分段等曲率反弯辊形，辊距为异辊距。	
CN102258805A	100528	111130	重庆润泽医疗器械有限公司	阮建明；叶　雷；谢健全；王志强；游　潮；荣祖元；冯　华；周　健；节云峰	医用金属植入材料多孔铌及其制备方法	医用植入材料多孔铌，具有孔隙三维连通分布的泡沫结构，其特征在于：采用泡沫浸渍法烧结制得，经烧结的纯铌粉末堆积构成的泡沫骨架上，铌粉颗粒相互间具有烧结颈结构。	WO2011147139A
CN102262191A	110428	111130	北京航空航天大学	黄姣英；梅　亮；高　成	一种固体钽电解电容器寿命预测方法	（1）采集漏电流和电容量退化数据；（2）确定退化轨迹模型和加速退化模型；（3）外推各应力水平下钽电容的伪失效寿命；（4）伪寿命分布假设检验及其未知参数估计；（5）外推估计正常应力下钽电容的寿命。	
CN102268581A CN102268581B	110531 121115	111207	长沙伟徽高科技新材料股份有限公司	郭　伟	一种超细碳化钽铌固溶体粉末的制备方法	（1）将浆状氢氧化铌、氢氧化钽烘干得到氢氧化铌、钽粉末；（2）将上述粉末与碳黑混合，在真空炉中 1250～1350℃碳化，当真空度达到 10～12Pa 结束碳化，冷却，出料后球磨，制得 Fsss 小于 0.7μm 的碳化钽铌固溶体粉末。	

专利号	申请日	公布日	申请人	发明人	专利名称	专利要点及有益效果	同族专利号
CN102270535A CN102270535B	110513	111207 131023	株洲宏达电子有限公司	曾继疆；王俊其；何剑锋；王文波	两步PEDT阴极片式钽电解电容器制造法	制造方法是：采用两步法制作阴极片式钽电解电容器，所述的两步法是采用先含浸氧化剂，再含浸单体，使之聚合形成PEDT来制作阴极片式钽电解电容器的方法。	
CN202062083U	110419	111207	潘伦桃	潘伦桃	循环冷却钽金属表面钝化装置	包括热处理反应室及一使反应器内气体循环冷却的系统，包括：气体冷却管道、气体缓冲室和气体循环泵。	
CN202063985U	110419	111207	潘伦桃	潘伦桃	具有制冷装置的钽金属表面钝化装置	其包括热处理炉，及一使反应器内气体循环冷却系统，包括：气体冷却管道、气体缓冲室、制冷室和气体循环泵。	
CN102275919A CN102275919B	110531	111214 130814	长沙伟徽高科技新材料股份有限公司	郭　伟	一种超细碳化铌粉末的制备方法	（1）浆状的氢氧化铌烘干，得到氢氧化铌粉末；（2）将上述氢氧化铌粉末与炭黑混合，在真空炉中1280～1350℃，碳化，然后冷却，球磨，得到Fsss小于0.8μm的碳化铌粉末。	
CN202072753U	110323	111214	宁夏东方钽业股份有限公司	冒海红；郑爱国；程越伟；包玺芳；朱宝军；李　岩；徐　涛；李　勇；秦洪波；曹洪波；赵玉林	具有氩气强制冷却装置的钽金属表面钝化装置	包括：炉膛、炉壳、真空压力计、含氧气体入口、氩气入口、加热器、热电偶、热处理坩埚、坩埚里的钽粉，还包括氩气强制冷却装置，钽金属在钝化前，用氩气强制冷却装置使钽金属温度降到30℃或以下，再通入含氧气体使钽金属表面钝化。	
CN202072754U	110323	111214	宁夏东方钽业股份有限公司	王治道；马跃忠；李天平；赵　兵；刘建伟；张建华；雒国清；王晓伟；杨　宁；李仲香；赵春霞；任志东	具有含氧气体制冷系统的钽金属表面钝化装置	该钝化装置包括热处理炉以及含氧气体制冷系统，使钝化用含氧气体冷却到0℃或以下，再通入热处理炉中使钽金属表面钝化。该实用新型钝化装置具有如下优点：得到的钽金属氧、氢含量低，并且由此制备的阳极漏电流低，电性能好。	
CN202072755U	110323	111214	宁夏东方钽业股份有限公司	董学成；程越伟；马跃忠；李　惠；张红岳；曹洪波；张建华；包玺芳；任　萍；李兴邦；李　霞；刘建伟；龚伟玲	钽金属表面钝化装置	包括：热处理炉、氩气强制冷却装置、和钝化用含氧气体制冷系统。钝化用含氧气体制冷系统使钝化用含氧气体冷却到0℃或以下，然后再通入热处理炉中使钽金属表面钝化。	

专利号	申请日	公布日	申请人	发明人	专利名称	专利要点及有益效果	同族专利号
CN102284373A	110829	111221	江西理工大学；宜春钽铌矿	黄万抚；李新冬；安占涛；毛美心；陈　清；丁　勇	一种浮选锂云母工艺方法	将钽铌矿经重选后的尾矿经过脱泥后进入浮选工序、或直接进入浮选工序，加入浮选药剂，浮选得到高品质锂云母精矿。	
CN102285652A CN102285652B	110525	111221 130213	山东理工大学	唐竹兴；张　鹤	碳化铌粉体的制备方法	配料、混合、固化、制粉、压制成型、烧成、脱碳和制粉：将酚醛树脂与 0.1～3μm 的五氧化二铌粉混合形成泥料，在 40～100℃固化，制粉，压制成块，在 1300～1800℃惰性或还原性气氛烧制 6～8h 得碳化铌块，经脱碳后粉碎得碳化铌粉。	
CN102285662A CN102285662	110525	111221 130717	山东理工大学	唐竹兴；张　颖	硼化铌粉体的制备方法	将五氧化二铌粉、碳化硼粉和 B_2O_3 粉与酚醛树脂混合，在 40～100℃固化后制粉，将粉压制成块然后在 1350～1900℃氩气或氢气气氛得硼化铌块，经脱碳后粉碎制得硼化铌粉。	
CN102285687A	110610	111221	江门富祥电子材料有限公司	郑祥云；朱德忠；杨永忠	超细氧化铌的制备方法及其装置	一种超细氧化铌的制备装置，包括一反应器，所述反应器上设有加料口、出料口、氨气入气口以及氨气排气口，反应器中设有搅拌装置，反应器中还设有氨气分布器。	
CN102294211A CN102294211B	110817	111228 131009	中国科学院合肥物质科学研究所	梁长浩；李　强；张和民；刘　俊；田振飞	一种 TaO_x 和 Ta_2O_5 核壳纳米颗粒的制备方法	TaO_x 和 Ta_2O_5 核壳纳米颗粒的制备方法包括步骤：把钽单质靶材浸没在无水乙醇中，采用 Nd:YAG 脉冲激光，波长为 1064nm，能量为 85～95mJ，烧蚀钽单质靶材 25～35min，得到 TaO_x 和 Ta_2O_5 的胶体溶液；离心、干燥得到 TaO_x 和 Ta_2O_5。	
CN102294422A	110629	111228	宁夏东方钽业股份有限公司	王培军；赵红运；沈立华；朱中庆；李积贤；赵洪章；姚中杰；孙　伟	新型铌合金异型空心锻件的加工方法	其工艺步骤为：首先将铌合金棒坯在空心异型模具上锻造，脱模后获得实心异型坯料，钻孔，最后用冲头沿该孔进行扩孔最终获得异型空心锻件成品。	
CN102296272A CN102296272B	110817	111228 130904	宁波江丰电子材料有限公司	姚力军；潘　杰；王学泽；周友平	钽靶材制作方法	包括：提供金属料件，金属料件为钽或者钽合金；对所述金属料件依次进行塑性变形和热轧，制作成靶材。本发明可以得到内部组织结构均匀，不出现分层现象的钽靶材。	

专利号	申请日	公布日	申请人	发明人	专利名称	专利要点及有益效果	同族专利号
CN202087927U	110517	111228	贵阳立特精密机械有限公司	何明清；杨胜凡；郭红升；安金凯	片式钽电容组装机	片式钽电容组装机，包括工艺条上料模块：氧化膜去除模块以及钽芯处理模块、引线框架移送模块、引线框架切断成型模块、涂浆模块和钽芯引线焊接模块。	
CN102311266A CN102311266B	110809	120111 130717	同济大学	翟继卫；郝继功；沈　波	一种铌酸钾钠无铅压电陶瓷材料的制备方法	以 Na_2CO_3、K_2CO_3 和 Nb_2O_5 为原料，按照化学式（K_xNa_{1-x}）NbO_3（$x=0.42\sim0.58$）称量原料，混合后球磨，将粉体低温合成后二次球磨，经干压成型、烧结得到陶瓷材料。	
CN102312094A CN102312094B	110707	120111 130320	核工业北京地质研究院	郭冬发；李子颖；李伯平；曾青云；武朝晖；张彦辉；王志明；夭　华	从含铀的铌钽浸出尾渣中提取铀的方法	用硫酸浸出、萃取、反萃取、提纯-萃取和提纯-反萃取。减少了原材料消耗，无需开采、选矿等前处理工艺，在实际工艺中减少了能耗，解决了从复杂基体中提取铀的工艺难题。	
CN102312128A CN102312128B	110930	120111 140507	昆明理工大学	张玉勤；黄海广；蒋业华；周　荣	利用放电等离子烧结制备钛铌钽锆生物医用钛合金的方法	将 Ti、Nb、Ta、Zr 金属粉末按照化学成分配比，球磨机混粉后装入石墨模具中，再置入放电等离子烧结炉中，施加 10～40MPa 的轴向压力，真空下 950～1100℃进行烧结，然后随炉冷却至室温，退模即可得钛铌锆锡生物医用钛合金材料。	
CN202105682U	110610	120111	从化钽铌冶炼厂	曾国忠	磨粉机	一种磨粉机，包括机壳，设在机座上，机壳上端有进料口，下端有出料口，机壳内设有主轴，主轴上设有叶片，主轴的轴承伸出机壳；一传送带将主轴轴承与一电动机联动。	
CN202107276U	110610	120111	从化钽铌冶炼厂	曾国忠	萃取传动架	包括支架以及安装在支架上的电动机，支架上还安装有一过渡轮，以及两个分别位于支架上部两侧的从动轮，过渡轮与所述电机自由端联动，两从动轮分别与所述过渡轮联动。	
CN202107544U	110610	120111	江门富祥电子材料有限公司	朱德忠；李厚军；杨永忠	一种超细氧化铌的制备装置	一种超细氧化铌的制备装置，包括一反应器，所述反应器上设有加料口、出料口、氨气入气口以及氨气排气口，所述反应器中设有搅拌装置以及氨气分布器。	

专利号	申请日	公布日	申请人	发明人	专利名称	专利要点及有益效果	同族专利号
CN202107545U	110610	120111	从化钽铌冶炼厂	曾国忠	氟钽酸钾结晶加热槽	包括一槽体，上盖，一电动机，电动机下端连接有一搅拌桨，搅拌浆桨叶；槽体上盖表面设有进料口和加热孔，加热孔外接一蒸汽输送管；槽体底部侧面设有出料口。	
CN202109757U	110610	120111	从化钽铌冶炼厂	曾国忠	铌铁还原炉壳	一种铌铁还原炉壳,其包括钢板外壳体,钢板外壳体内侧上下两端分别连接有法兰盘,法兰盘内侧连接内筒体,内筒体与外壳体之间设有镁砂内衬层。	
CN102330012A CN102330012B	110902	120125 121197	上海大学	翟启杰；孙小亮；闫永生；华　勤	含铌贝氏体球铁材料及其生产工艺	材料配方（质量分数）：C 3.5% ~ 3.8%，Si 2.4% ~ 2.8%，Mn 1.5% ~ 2.2%，Mo 0.2% ~ 0.5%，Cu 0.5% ~0.8%，Nb 0.2% ~0.6%。组织特征为贝氏体 + 马氏体 + 奥氏体 + 碳化物和球状石墨，还提供生产工艺。	
CN202122862U	110610	120125	从化钽铌冶炼厂	曾国忠	钽液过滤槽	钽液过滤槽,包括壳体,进液口,出液口和过滤装置;进液口和出液口互相隔开,其底端分别连通壳体的上内腔。	
CN202122873U	110610	120125	从化钽铌冶炼厂	曾国忠	调浆抽滤槽	调浆抽滤槽包括盖板、抽滤筒体，盖板上有进料口、人孔装置和搅拌口；抽滤筒体包括搅拌仓、过滤网。	
CN202122925U	110610	120125	从化钽铌冶炼厂	曾国忠	铌铁混料机	铌铁混料机，包括混料滚筒，电动机，其特征在于，电动机的自由端与所述混料滚筒之间连接有一传动组件。	
CN202122929U	110610	120125	从化钽铌冶炼厂	曾国忠	三维混料机	一种三维混料机，其包括混料桶体、位于混料桶体上端的进料部、位于混料桶体下端的出料部，其特征在于：所述混料桶体由外到内依次包括了外铁壳层和 PVC 内衬层。	
CN102336438A CN102336438B	110629	120201 141112	宁夏东方钽业股份有限公司	鲁　东；聂全新；郑爱国；张伟宁；李　彬；米玺学；郑培生；颉维平；郭　涛；李　辉	利用回收钠还原制备钽粉的副产物制备氟钽酸钾的方法	一种利用回收钠还原制备钽粉的副产物制备氟钽酸钾的方法，其特征是：将钠还原制备钽粉的副产物破碎后，加水溶解，过滤，所得滤液加热蒸发，冷却，离心分离得混合盐，然后将该混合盐用于氟钽酸钾的生产。	

专利号	申请日	公布日	申请人	发明人	专利名称	专利要点及有益效果	同族专利号
CN102336439A CN102336439B	110830	110201 130731	宜春市金洋稀有金属有限公司	易艳平；汤幼平	钽铌氧化物的生产方法及装置	在将钽铌氢氧化物煅烧的过程中，通入水蒸气一段时间，然后停止通气，继续保温反应，得到钽铌氧化物。生产装置包括煅烧炉，煅烧窑炉内腔设有水蒸气喷入装置。	
CN102337418A CN102337418B	111029	120201 130522	西安瑞福莱钨钼有限公司	淡新国；侯军涛；李明强；郭让民；郭　磊；邓自南	一种溅射靶材用钼铌合金板的制备方法	(1)将铌粉钼粉按照1：9的质量比混合得到混合料；(2)对混合料进行振动压制，得到钼铌合金粉末压坯；(3)将钼铌合金粉末压坯置于真空烧结炉内烧结，制得钼铌合金板坯；(4)对钼铌合金板坯进行机械切割，得到溅射靶材用钼铌合金板。	
CN102345070A CN102345070	111102	121208 130612	成都天马铁路轴承公司	冯　霆；陈康胤；张　挺；付化刚；	一种氮钒铌不锈轴承钢	氮钒铌不锈轴承钢是在普通不锈轴承钢的基础上，添加了如下的物质（质量分数）：N 0.06%～1.4%、V 0.02%～0.20%、Nb 0.02%～0.20%。	
CN102347182A	110923	120208	安徽华东光电技术研究所	吴华夏；贺兆昌；孟昭红；陈爱民；于晨晨；邹莺歌	一种多注行波管阴极钽热屏制备方法	步骤：毛坯加工→超声波中清洗→酸洗→真空高频退火→模压→超声波中清洗→酸洗→真空高频退火→模压→车加工→超声波中清洗→酸洗→真空高频退火→冲压→车加工→超声波中清洗→检测→电火花切割→电火花加工→检测→超声波中清洗→酸洗→真空高频退火。	
CN102352444A CN102352444B	110530	120215 130724	宁夏东方钽业股份有限公司	聂全新；米玺学；张伟宁；郑培生；严国元；万　军；汪文涛；温新宁；宋晓丽；李明阳；颉维平；邓六良；鲁　东	用钽冶金副产物生产复合盐的方法	纯水中搅拌溶解钽冶金副产物，澄清；将溶液上清液过滤，过滤后进入调酸槽；将剩余的含渣溶液过滤；将清液 pH 值调节到7～9后，再将清液蒸发浓缩、离心甩干得到复合盐晶体，然后烘干即可。	
CN102351535A CN102351535B	110715	120215 140312	桂林电子科技大学	刘心宇；胡耀斌；江民红；崔业让；杨华斌；马　家	低损耗铌酸钾钠基无铅压电陶瓷及其制备方法	该无铅压电陶瓷包含钙钛矿型铁电体$(K_{0.5-x}Na_{0.5+x})NbO_3$、助溶剂 $LiSbO_3$ 以及复合型铁电(磁)体 $Bi(Fe_tMn_{1-t})O_3$。通式用$(1-y-z)(K_{0.5-x}Na_{0.5+x})NbO_3-yLiSbO_3-zBi(Fe_tMn_{1-t})O_3$ 表示，式中$0<x<0.5$，$0<y<0.1$，$0<z<0.1$，$0<t<1$，用传统制陶工艺制成新的陶瓷产品。	

专利号	申请日	公布日	申请人	发明人	专利名称	专利要点及有益效果	同族专利号
CN102352429A	111009	120215	内蒙古包钢钢联股份有限公司	刘　平；唐贵士；董　珍；贾生建；陈爱梅；李智丽	消除含铌钢中铌共晶体的方法	铌钢为（原子百分数）：C≤0.2%、Nb≤0.05%的含铌钢坯，先对钢坯在700～800℃预热1.5～2.0h；在1300～1350℃保温2.5～3h；钢坯出炉后，控制轧后温度在1100℃以下。	
CN102357622A CN102357622B	110708	120222 140416	宝鸡三线有色金属制造有限公司	白志文	钛镍铌记忆合金管和环制备工艺	将原子百分比为43.5%～46%的钛，43.5%～46%的镍，8%～13%的铌，经真空熔炼，锻造：在电炉内加热到960±50℃，用液压机挤成棒材；在惰性气体下挤成管坯；轧制；退火；刮管；用压力较小的轧机进行第二道轧制；管材成品除油退火酸洗。	
CN102358918A CN102358918B	110613	120222 130410	江西景泰钽业有限公司	黄道平；袁宁峰；董欢欢；蒙建钮；黄福龙	超高纯五氧化二钽和五氧化二铌除锑的方法	在仲辛醇萃取体系的反钽液中加入D296大孔阴离子交换树脂，在反铌液中加入D290大孔阴离子交换树脂，通过D296大孔阴离子交换树脂来吸附钽，D290大孔阴离子交换树脂来吸附铌，从而达到除去仲辛醇萃取体系中与钽、铌难以分离的锑。	
CN102367568A CN102367568B	111020	120307 140423	宁波江丰电子材料有限公司	姚力军；潘　杰；王学泽；袁海军	高纯钽靶材制备方法	将钽粉混合均匀装入模具；冷压成型；真空热压烧结。直接由粉末制得钽靶坯，消除钽的“固有织构带”，获得内部织构均匀的可用于半导体靶材制造用的钽靶坯。	
CN102373471A CN102373471B	100825	120314 140723	中国印钞造币总公司	刘　迪；刘志刚；赖茂明；康今哲；朱慕平；唐光泽；张吉刚；孙志国；马　麟	纪念币模具表面制备氮化钽涂层的工艺方法	（1）对模具进行氮等离子体基离子注入表面处理；（2）通过加热将模具温度升至200～300℃；（3）采用磁控溅射在模具表面沉积一层钽膜；（4）对钽膜进行氮等离子体基离子注入处理，形成氮化钽层；（5）反复进行步骤（3）和（4）直至获得预定厚度的氮化钽涂层。	
CN102380619A	111010	120321	肇庆多罗山蓝宝石稀有金属有限公司	曹七林；伍尊中；刘贻明；冯中慧	降低钠还原法生产的钽粉杂质含量的方法	在熔盐体系中每100kg稀释盐中加入5～25g KOH。KOH与熔盐体系中少量HF反应，并抑制KF的水解，从而减少熔盐体系对反应罐的腐蚀，降低钽粉中铁、镍、铬杂质的含量。	

专利号	申请日	公布日	申请人	发明人	专利名称	专利要点及有益效果	同族专利号
CN102382993A CN102382993B	111009	120321 130828	广东致远新材料有限公司	张宗国；郝义田；钟岳联；张　劲；唐　亮	一种靶材级超高纯钽金属的制取方法	将工业 K_2TaF_7 投入到纯净的稀 HF 溶液中，控制结晶 HF 浓度、温度 80～90℃ 和钾盐过量 5%～10%，自然冷却后到室温，过滤洗涤，在钽精炼中去除低熔点金属。	
CN102399990A	111128	120404	镇江中孚复合材料有限公司	李长生；梁家青；范有志；王　芬；唐　华	一种从废旧含铌高温合金提取氧化铌的方法	利用硫酸铜、硫酸及氧化剂浸出可溶的铁镍钴等成分，浸出渣氧化酸洗除铜并多次洗涤获得富铌料。然后将富铌料硫酸焙烧，水洗，热过滤，滤渣草酸浸出，N235 萃取草酸铌，硝酸-硝酸铵反萃，重溶纯化再结晶，离心分离得草酸铌晶体，焙烧得高纯度氧化铌。	
CN102400216A	111207	120404	宁夏东方钽业股份有限公司	颉维平；陈　林；李明阳；高延洲；张保澄；白掌军；聂全新	射频超导腔用单晶粒铌材制造方法	以金属铌为原料精炼提纯，采用真空电子束对金属铌进行多次熔炼提纯，生产出 ϕ250mm 以上的铸锭，晶粒尺寸 ϕ100mm 以上，残余电阻比率 RRR 值 300 以上的铌锭，然后切出单个晶粒，碾压的方式轧制，再经热处理制备成单晶铌板。	
CN102409195A CN102409195B	111202	120411 140101	苏州大学	陈长军；张　敏	多孔钽的制备方法及装置	（1）在基体上铺设一层钽粉末；（2）通过激光熔覆方法对钽粉末扫描轨融化；（3）重新铺上一层粉末，重复步骤（2）的激光熔覆过程；所述步骤（3）至少执行一次，以制得多层的多孔钽。	
CN102416475A CN102416475B	111124	120418 130306	西安瑞福莱钨钼有限公司	郭　磊；侯军涛；郭让民；邓自南；淡新国；黄先明；林三元	一种核用功能材料钨钽合金板的制备方法	（1）将钨粉与钽粉按照 9.5：0.5 的质量比真空高能球磨，得到钨钽混合粉末；（2）用冷等静压机压制成型，得到钨钽合金板生坯；（3）真空热压烧结炉内烧结；（4）表面磨光后切割至所需尺寸，得到核用功能材料钨钽合金板。	
CN102424420A CN102424420B	110915	120425 130731	宜春市金洋稀有金属有限公司	易艳平；周　健	以铌铁为原料制备五氧化二铌的方法	（1）原料溶解，用无机酸、氢氟酸，溶解铌铁并控制其酸度，得铌调液；（2）萃取：用辛醇作萃取剂为有机相，得酸洗有机相；（3）反萃取：用纯水作反铌剂对酸洗有机相进行反萃取，得铌液；（4）沉淀制氢氧化铌及煅烧制氧化铌产品。	

专利号	申请日	公布日	申请人	发明人	专利名称	专利要点及有益效果	同族专利号
CN102426927A	111212	120425	中国振华（集团）新云电子元器件有限责任公司	王 杰；徐友龙；马建华；张选红；蒋春强；蒙林斌；马腾双	提高氧化钌涂层与钽基体结合强度的方法	在涂覆于钽基体表面的含钌化合物浆料中加入了阀金属粉，然后将烘干后的钽基体放入水汽环境中进行热分解制备无定形水合二氧化钌阴极，提高了氧化钌与钽基体的结合强度。	
CN102426929A	120108	120425	中国振华（集团）新云电子元器件有限责任公司	王 杰；徐友龙；刘一凡；张选红；马建华；陈 刚；石洪富	超级电容器氧化钌电极的制备方法	在涂覆于钽箔表面的含钌化合物浆料中加入阀金属粉和纳米水合氧化钌，然后将烘干后的钽箔放入水汽环境中热分解制备无定形水合二氧化钌阴极。	
CN102433118A	111124	120502	苏州大学	黄彦林；杜福平；王佳宇；朱 睿；张素银；韦之豪；袁蓓玲	一种铌酸盐红色荧光粉、制备方法及其应用	铌酸盐红色荧光粉的分子式为：$Mg_2La_{3-3x-3y}R^{III}_{3y}NbO_9Eu_{3x}$。其中 R^{III} 为 Sm^{3+}、Gd^{3+}、Tb^{3+}、Dy^{3+}、Lu^{3+} 及 Y^{3+} 中的至少一种；x 为 Eu^{3+} 掺杂取代 La^{3+} 的摩尔百分比系数，$0.00001 \leqslant x \leqslant 0.6$；$y$ 是稀土离子 R^{III} 取代 La^{3+} 的摩尔百分数系数，$0.00001 \leqslant y \leqslant 0.6$。	
CN102433482A	100929	120502	成都邦普合金材料有限公司	李克林	Ti 金属陶瓷的木工刀具材料及其制备方法	成分（质量分数）Ti 粉 50%～65%、钴粉 5%～10%、镍粉 5%～10%、钼粉 8%～15%、碳化钨粉 10%～20%、碳化钽粉 4%～8%、碳化铬，碳化钒粉 0～1.0%；制备方法：配料→球磨→喷雾干燥→压制→压力烧结→成品。	
CN102441483A	110928	120509	江西理工大学	黄万抚；李新冬；安占涛	一种从钽铌矿中回收微细钽铌矿物的工艺	用微细钽铌矿物，通过离心机分选，再经过摇床处理得到微细钽铌精矿；钽铌矿尾矿先经弱磁选去除强磁性铁质，再用强磁选获得弱磁性含钽铌矿物的中间产品，经过浮选脱硫、酸浸得到微细钽铌精矿。	
CN102442674A	110829	120509	江西理工大学；宜春钽铌矿	黄万抚；李新冬；安占涛；毛美心；陈 清；丁 勇	从钽铌矿尾矿中生产高品质长石	从将钽铌矿尾矿中生产高品质长石的方法，尾矿经弱磁选去除强磁性铁质，再用强磁选去除弱磁性铁质后获得到高品质长石产品。	

专利号	申请日	公布日	申请人	发明人	专利名称	专利要点及有益效果	同族专利号
CN102442700A	110916	120509	广东致远新材料有限公司	张宗国；徐忠亭；张必灵；张伟宁	一种过氧化沉淀制取高纯球状氧化铌的方法	将双氧水 H_2O_2 和液氨加入氟氧铌酸溶液 H_2NbOF_5 中，获得过氧化铌酸铵（$(NH_4)_3NbO_8$）结晶，经控制温度焙烧，获得需要相态且粒径 0.3～1μm 的粒度氧化铌。	
CN102447054A CN102447054B	101013	120509 140507	中国科学院金属研究所	耿殿禹；谢志高；姜菁菁；刘先国；王 瀚；韩 拯；张 强；王振华；杨 腾；康 强；胡魁义；宋小平；李 达；张志东	用碳包裹 TaC 的纳米胶囊制备的微型低温超低频信号元件	用纯金属钽（Ta）做阳极，石墨（C）做阴极在氩气和酒精中，用电弧放电法制备碳包裹碳化钽（TaC）的纳米胶囊。将纳米胶囊压成 0.1mm 厚、1mm 宽、约 5mm 长的长条块。将长条用银胶将输入电流电极，和输出电压电极固定在上面，旁边附热电偶，即成为一个微型低温超低频信号元件。	
CN102451911A CN102451911B	101019	120509 140129	重庆润泽医疗器械有限公司	阮建明；叶 雷；谢健全；节云峰；王志强；冯 华；周 健	一种医用金属植入材料多孔钽的制备方法	制钽粉浆料，浇注于有机泡沫体中，浸渍，然后干燥除去有机泡沫体中的分散剂，脱脂，真空下烧结制得多孔烧结体，再真空下退火及常规后处理制得多孔钽。	
CN102456445A CN102456445B	120115	120516 130220	中国科学院合肥物质科学研究院	谭运飞；匡光力；陈文革；王福堂；陈灼民；潘引年；陈治友	一种大型超导磁体的铌三锡超导电缆的绕制方法	超导电缆用四级子缆绞合而成，第一级子缆用三根超导线绞合；第二级子缆用三根或四根一级子缆绞合；第三级子缆用三根或四根二级子缆绞合；第四级缆用三根或四根或五根三级子缆绞合而成；四级缆表面用 0.05mm 厚的不锈钢带进行叠包，制作成铌三锡超导电缆。	
CN102462861A CN102462861B	101117	120523 140507	重庆润泽医疗器械有限公司	阮建明；叶 雷；谢健全；节云峰；王志强；冯 华；周 健	一种医用金属植入材料多孔钽的制备方法	用有机黏结剂、分散剂与淀粉和金属钽粉混合粉制成浆料，浇注于有机泡沫体中，干燥除去分散剂，在惰性气体保护气氛下脱脂处理以除去有机黏结剂和有机泡沫体，真空下烧结制得多孔烧结体，再在真空下退火。	
CN102462862A CN102462862B	101117	120523 131009	重庆润泽医疗器械有限公司	阮建明；叶 雷；谢健全；节云峰；王志强；冯 华；周 健	一种医用金属植入材料多孔钽的制备方法	用乙基纤维素与无水乙醇配制成的溶液，与淀粉和钽粉混合粉制成浆料，浇注于有机泡沫体中，然后干燥除去有机泡沫体中的分散剂，在惰性气体下脱脂除去有机黏结剂和有机泡沫体，真空下烧结制得多孔烧结体。	

专利号	申请日	公布日	申请人	发明人	专利名称	专利要点及有益效果	同族专利号
CN102465204A CN102465204B	101116	120523 131106	肇庆多罗山蓝宝石稀有金属有限公司	曹七林；伍尊中；彭　炽；付静谊	高松装密度五氧化二铌的制取方法	将铌液经过氨水中和得到氢氧化铌沉淀，分离后真空滤洗，再将所得的氢氧化铌浆料中加入浓盐酸80℃的烘干机内烘干后在850±10℃煅烧，煅烧后过筛得到高松装密度五氧化二铌。	
CN102465211A CN102465211B	101117	120523 140108	重庆润泽医疗器械有限公司	阮建明；叶　雷；谢健全；节云峰；王志强；冯　华；周　健	一种医用金属植入材料多孔钽的制备方法	用乙基纤维素与无水乙醇配成溶液和钽粉制成浆料，并浇注于有机泡沫体中，然后干燥除去分散剂，脱脂除去有机黏结剂和有机泡沫体，烧结制得多孔烧结体，再真空下退火制得多孔钽。	
CN202229568U	110826	120523	九江钽铌有限责任公司	唐德胜；晏慧娟	钽铌高纯氧化物的煅烧设备	炉体为推舟炉，炉膛采用马弗炉一体化炉胆结构，炉胆底部有导轨；还有保温层、排气烟囱、降温烟囱、进风口、有排气口和进气口、推板下设有自动控制进出机构。	
CN102475902A CN102475902B	101129	120530 140730	重庆润泽医疗器械有限公司	阮建明；叶　雷；谢健全；节云峰；王志强；冯　华；周　健	一种医用金属植入多孔材料的制备方法	用淀粉与蒸馏水与Fsss＜43μm、氧含量小于0.1%的铌粉制成浆料，并浇注于有机泡沫体中，干燥，在惰性气氛下脱脂，真空烧结制得多孔烧结体，再真空下退火及常规后处理。	
CN102475903A CN102475903B	101129	120530 130918	重庆润泽医疗器械有限公司	阮建明；叶　雷；谢健全；节云峰；王志强；冯　华；周　健	医用金属植入材料多孔铌的制备方法	用乙基纤维素为有机黏结剂与无水乙醇为分散剂与淀粉和平均粒径小于43μm、氧含量小于0.1%铌粉制成铌粉浆料，并浇注、浸渍于有机泡沫体中，然后干燥，在惰性气氛下脱脂处理，真空下烧结制得多孔烧结体，再真空下退火及后处理制得多孔铌。	
CN102475904A CN102475904B	101129	120530 130918	重庆润泽医疗器械有限公司	阮建明；叶　雷；谢健全；节云峰；王志强；冯　华；周　健	医用金属植入材料多孔铌的制备方法	用聚乙烯醇与蒸馏水、淀粉和铌粉混合制成浆料，并浇注于有机泡沫体中，然后干燥，在惰性气氛下脱脂，真空下烧结制得多孔烧结体，再真空下退火及常规后处理。	
CN102475905A CN102475905B	101129	120530 140507	重庆润泽医疗器械有限公司	阮建明；叶　雷；谢健全；节云峰；王志强；冯　华；周　健	一种医用金属植入材料多孔铌的制备方法	用乙基纤维素与无水乙醇铌粉制成浆料，浇注于有机泡沫体中，干燥除，在惰性气氛下脱脂，真空烧结制得多孔烧结体，再真空下退火后处理制得多孔铌。	

专利号	申请日	公布日	申请人	发明人	专利名称	专利要点及有益效果	同族专利号
CN202239618U	111024	120530	潘伦桃	潘伦桃	一种钽粉造粒装置	包括：一个筛子，一个固定着筛子的能在水平面旋转的旋转架，一个放置在上述筛子下面的接料盘和一个驱动旋转架旋转的马达与传动机构。	
CN202246124U	110808	120530	宜春市金洋稀有金属公司	易艳萍；汤幼平	氧化铌煅烧坩埚	一种氧化铌煅烧坩埚，包括坩埚体，所述的坩埚体的表面上附设有氧化铌浆料阻隔层。其生产制造产品成本降低，且节约了氧化铌等稀有金属原料，减少了资源损耗。	
CN202254969U	110831	120530	西安优耐特容器制造公司	孙万仓；张　成；贺旭明；赵　斌；蒋　楠；毛　辉；叶建林	一种铌制冷却器	包括壳程，壳程上端依次设有管板一和管程一，壳程下端依次设有管板二和管程二，壳程的一侧设有冷却介质进口和冷却介质出口，壳程内设有换热管，有进酸口，管程出酸口；换热管上端穿过管板一且与管板一固连，换热管与管板二固连。	
CN102486971A	101202	120606	东莞市兆丰五金电子配件厂	林小月	一种全钽电容器	全钽电容器包括钽外壳、钽绝缘子盖、绝缘体及钽棒；钽外壳的开口处设有中部有圆孔的钽绝缘子盖，圆孔外围有向上延伸的凸台，绝缘子盖的圆孔部填有绝缘体；钽棒一端穿过绝缘体且凸出全钽绝缘子盖的底面。	
CN102489951A CN102489951B	111203	120613 131127	西北有色金属研究院	王国栋；林小辉；梁　静；李来平	一种溅射用铌管状靶材的制备方法	将扒皮后的铌锭打孔得到铌管坯→用包套材料将铌管坯包覆密封后加热至900～1100℃，并保温1～2h→按挤压比为5～9挤压，得到铌管靶→酸洗→真空热处理→机械加工，去除包套材料，平头，对管靶内、外表面进行抛光处理，得到溅射用铌管状靶材。	
CN102491420A CN102491420B	111209	120613 131002	景德镇陶瓷学院	李月明；刘　志；沈宗洋；王竹梅；洪　燕	片状五氧化二铌粉体的制备方法	以片状 $K_4Nb_6O_{17}$ 为反应物，进行质子取代、洗涤、干燥和煅烧，获得的片状五氧化二铌粉体适用于压电陶瓷技术领域。	
CN102491775A CN102491775B	111206	120613 130703	山东大学	黄传真；赵国龙；刘含莲；邹　斌；崇学文；徐　亮；朱洪涛；刘战强	原位生长碳化钽晶须增韧氧化铝基陶瓷刀具材料及其制备工艺	材料成分（质量分数）为：Ta_2O_5 25.4%～38.0%；C：4.8%～7.2%；NaCl 1.7%～2.5%；Ni 1.7%～2.5%；Al_2O_3 49.8%～66.4%。公开了该材料制备工艺。	

专利号	申请日	公布日	申请人	发明人	专利名称	专利要点及有益效果	同族专利号
CN102492885A CN102492885B	111203	120613 130911	西北有色金属研究院	喻吉良；李中奎；郑欣；刘辉；王晖；王东辉；张建军	一种铌-钨酸锆复合材料及其制备方法	铌-钨酸锆复合材料的原料组成是：钨酸锆35%～75%，铬1%～10%，铌20%～60%；所述钨酸锆的质量纯度不小于97%，铬的质量纯度不小于99%。	
CN102496473A	111212	120613	中国振华（集团）新云电子元器件有限责任公司	王杰；张选红；马建华；王成兴；蒙林斌；石洪富；蒋春强	在电解电容器钽外壳内壁制备氧化钌涂层的方法	将含钌化合物、阀金属粉与溶剂混合制成浆料；将浆料涂覆于钽外壳内壁，烘干；将烘干后的钽外壳在被膜炉中，通蒸汽热分解；将卤化钌电解液 pH 调至1～5；注入钽外壳中，电镀 10～30min，将电镀好的钽外壳通蒸汽热处理 1～3h。	
CN102507541A	111228	120620	株洲硬质合金集团有限公司	张颖	高纯铌或氧化铌中痕量铋的快速分析检测方法	将高纯氧化铌金属铌用氢氟酸和硝酸溶解；通过阳离子交换柱将铋离子吸附在柱上；再用硝酸或盐酸洗脱交换柱上吸附的铋元素，收集洗脱液，定容，摇匀；用电感耦合等离子体发射光谱仪测定洗脱液中铋元素的发射强度，计算分析结果。	
CN102513538A CN102513538B	111223	120627 140409	泰克科技（苏州）有限公司	林耀民	一种钽电容阳极块的烧结方法	将混合黏结剂的钽粉压制成的钽阳极块装入注有脱脂溶剂的干燥炉中，进行密闭低温溶剂催化湿法脱蜡，然后进行真空干燥，再进行真空烧结。得到的钽阳极高孔隙度，	DE102024766A US2013164700 JP2013135211A
CN102513712A CN102513712B	111206	120627 131030	南京宝泰特种材料股份有限公司	邓宁嘉；李勇；杨龙进；王益贵	钽复合板设备的制造方法	采用钽－钛－钢或钽－铜－钢复合板为主体材料，接管采用钢内衬钽，密封面采用钛焊钽环翻边的结构，采用钽衬垫衬外翻焊接在接管的内钽层上，法兰焊接在接管的钢管上，钽环翻边焊在银钎焊上。	
CN102517460A CN102517460B	111231	120627 140205	宁波江丰电子材料有限公司	姚力军；相原俊夫；大岩一彦；潘杰；王学泽；袁海军	钽粉末的提纯方法及钽靶材	提供低纯度钽粉末；对所述低纯度钽粉末进行射频加热提纯；对钽粉末的纯度进行提高。	
CN102517498A	111230	120627	内蒙古包钢钢联股份有限公司	高志国；冯岩青；张小燕；温利军；施小霞	先进汽车用含铌和钛的 IF 钢及退火工艺	退火过程中采用连续加热，加热速率 4～8℃/min，退火温度为 700～750℃，保温时间为 1～10h，随炉冷却至 400～450℃出炉空冷。	

专利号	申请日	公布日	申请人	发明人	专利名称	专利要点及有益效果	同族专利号
CN102517531A CN102517531B	111231	120627 130814	宁波江丰电子材料有限公司	姚力军；相原俊夫；大岩一彦；潘杰；王学泽；周友平	高纯钽靶材的制备方法	对高纯钽锭进行预热→至少两次锻造→热处理→挤压，形成钽板料→对钽板料进行热加工，形成钽靶材坯料→对钽靶材坯料进行机械加工，形成钽靶材。	
CN102517550A CN102517550B	111220	120627 140709	宁波江丰电子材料有限公司	姚力军；相原俊夫；大岩一彦；潘杰；王学泽；陈勇军	高纯钽靶材的制备方法和高纯钽靶材	包括：对高纯钽锭进行锻造→第一热处理（1290～1350℃），锻造和第一热处理依次进行三次；最后一次第一热处理→对钽锭进行预热→然后压延→第二热处理。	
CN102531597A	111216	120704	桂林理工大学	黄延民；刘来君；史丹平；吴爽爽；郑少英	一种铌酸钠钾-锰酸锶陶瓷及其制备方法	陶瓷的组成式为：$(1-x)(K_{0.5}Na_{0.5})NbO_3-xSrMnO_3$，其中$0.01\leqslant x\leqslant0.2$，式中$x$表示相应的组分的摩尔数。将原料球磨升温至800～1000℃预烧，在1000～1200℃烧结。	
CN102531601A	120305	120704	昆明理工大学	代建清；李国福；夏井兵；丁耀民；陈文国	铌酸锌微波介质陶瓷粉料的液相制备方法	将Nb_2O_5与KOH混合，熔融，冷却后加水溶解，调节pH值沉淀，将沉淀过滤，洗涤，得到可溶性铌盐；和硫酸锌，加水配成混合盐溶液，用NaOH进行共沉淀反应；将所得沉淀物进行洗涤、过滤、干燥，研磨后，预烧，再进行烧结。	
CN102534218A	120117	120704	武汉大学	金先波	活泼金属还原金属硫化物生产金属和合金方法	以金属硫化物M1S为原料，在碱金属及碱土金属的卤化物M2X熔盐中，采用活泼金属还原所述的金属硫化物M1S原料来进行相应金属M1的生产。	
CN102534332A	101215	120704	曹传新	曹传新	一种钽镁合金丝的制备方法	按重量份数比计算为：钽镁94～124份、锌2～6份、锡2～6份、锑1.9～8份、其他0.1～0.5份。将钽镁合金熔化，加入锌、锑、锡，至完全熔化，冷却后浇锭，将钽镁合金锭进行连续轧制，开坯机、精拉等工序。	
CN102534355A	120118	120704	湖南正圆动力配件有限公司	陆军；邱复兴	含铌富硅球墨铸铁及其制备方法	该球墨铸铁由以下元素组成（质量分数）：C 2.9%～3.4%；Si 4.3%～4.8%；Mn 0～1.0%；P 0～0.1%；S 0～0.06%；Cr 0～0.2%；Cu 0～1.0%；Nb 0～0.6%；Mg 0～0.1%；Ce 0.02%～0.03%；其余为Fe。	

专利号	申请日	公布日	申请人	发明人	专利名称	专利要点及有益效果	同族专利号
CN102534788A	120305	120704	中国科学院福建物质结构研究所	沈东全；龙西法；李修芝；王祖建；刘颖；李涛	铌镓酸铅-铌镁酸铅-钛酸铅铁电单晶及制法	该晶体材料属钙钛矿型结构，$(1-x-y)Pb(Ga_{1/2}Nb_{1/2})O_3-xPb(Mg_{1/3}Nb_{2/3})O_3-yPbTiO_3$。采用高温溶液法或顶部籽晶法生长并且生长出的为晶体显露（001）自然生长面四方形晶体。	
CN102554005A	120110	120711	株洲市日升电子科技有限公司	殷铁军	一种钽制品容器的制造工艺及其模具	采用独立单元多级压制成型来完成，一级压制成型完成后，如产品需继续压制，则进入第二级压制，这样重复压制，直到尺寸到位即完成整个工序。	
CN102554215A CN102554215B	111229	120711 140129	中国兵器工业第五二研究所	邹敏明；尚福军；黄伟；刘勇；田开文；史洪刚；梁栋	一种纳米级钽粉的热处理方法	将原料钽粉在感应等离子炉中制成平均粒度为40～60nm的钽粉；在密封手套箱内，制成坯块；将钽坯块氩气中600～1200℃处理；将钽坯块与还原性金属粉末混合，在600～1000℃下处理，水洗干燥得到团化纳米级钽粉。	
CN102560127A CN102560127B	120229	120711 130508	江西景泰钽业有限公司	袁宁峰；董欢欢；蒙建柳；黄福龙；曹树稳；涂骏	用钽电容器废料制备超细碳化钽的方法	通过脱壳、分选、酸洗、烘干、氧化、球磨、一次碳化和二次碳化等工序后，制备得到超细碳化钽，并且还可以回收其中的贵金属银。	
CN102560212A CN102560212B	101210	120711 130911	中国科学院金属研究所	于金江；孙晓峰；杨彦红；金涛；侯桂臣；管恒荣；胡壮麒	一种高塑性超高温铌基定向合金及其制备方法	合金成分（质量分数）如下：C 0.015%～0.2%，B 0.005%～0.05%，Si 1.2%～4.6%，Cr 4.0%～8.0%，Al 2.0%～5.0%，Ti 22%～26%，Ta 2.0%～3.0%，Hf 0.4%～4.0%，余量为Nb和不可避免杂质。	
CN102560213A CN102560213B	120119	120711 130911	上海康臣特种金属材料有限公司	陆树兴	一种铝铌中间合金及其制备方法	一铝铌中间合金，包括如组分（质量分数）：Mo 45%～70%、Fe≤0.2%、O≤0.1%、C≤0.1%、Si≤0.2%、B≤0.005%、N≤0.03%、H≤0.005%，余量为Al；本发明分两次冶炼，两次添加铝，合金成分均匀。	
CN102560383A CN102560383B	120112	120711 131023	宝鸡市科迪普有色金属加工公司	陈玉柱	钼铌合金板靶材加工工艺	（1）混合：将定量钼粉与铌粉混合成为合金粉；（2）等静压成型压成合金坯，在0～800℃、800～2000℃氢气保护下烧结；（3）经过1200～1400℃高温锻造后进入高温炉1500～1600℃的温度轧制成板材；（4）精加工：经切割、精磨、机加成为钼铌合金板靶材成品。	WO2013104280A WO2013104295A

专利号	申请日	公布日	申请人	发明人	专利名称	专利要点及有益效果	同族专利号
CN102565206A CN102565206B	101221	120711 130619	北京有色金属研究总院	李艳芬；童　坚；刘　英；张　卓；佟　伶；李满芝	高纯钽中痕量杂质的测定方法	(1) 配制钽样品溶液，其中钽样品含量（体积分数）为1~5g/L；(2) 连接离子色谱、膜去溶装置和ICP-MS三装置，将制样品溶液泵入离子色谱的阳离子交换柱5min，用氢氟酸淋洗交换柱，用硝酸洗脱吸附在阳离子交换柱（磺酸型阳离子交换柱）上的杂质，随同试样做空白试验。	
CN102568705A CN102568705B	120105	120711 130619	中国科学院合肥物质科学研究院	谭运飞；匡光力；陈文革；王福堂；陈灼民；潘引年；陈治友	一种大型超导磁体的铌三锡管内电缆导体的制作方法	将不锈钢管焊接成一根整管，将多级绞缆的超导电缆穿入不锈钢铠甲中；利用多级滚轮对导体进行缩径并成型，将导体制作成长方形导体；将成型后的长方形导体进行预弯，进行整体打压检漏，制作成铌三锡管内电缆导体。	
CN202315400U	111205	120711	广东致远新材料有限公司	张宗国；徐忠亭	一种溶剂萃取器	包括多级依次相互连接的混合澄清室。澄清室与下一级混合澄清室处设置有有机相溢流盒及设置有调节管的界面调节器，相邻的两级混合澄清室通过调节管形成梯形界面。	
CN202315408U	111205	120711	广东致远新材料有限公司	杨　博；张宗国	一种萃取澄清器	一种萃取澄清器，包括澄清槽和槽盖，有混合相进口，有机相出口及水相出口，在混合相进口处设置一阻流板，有澄清室，澄清室与有机相出口和水相出口之间设置有竖直隔板。	
CN202315410U	111205	120711	广东致远新材料有限公司	温世光	一种钽液除油装置	包括通过输送管相互连接的钽液高位桶和钽液低位桶，树脂吸附柱及微孔过滤柱。该装置还包括解吸淋洗液桶。	
CN202315468U	111205	120711	广东致远新材料有限公司	张宗国；桂训武	一种组合式洗氟装置	包括压滤机，转料盘，浆化槽，料浆出口，料浆出口与循环泵相连接，循环泵的出口与压滤机的进料口相连接。压滤机包括支架，支架上设置有横梁，横梁的始端设置有压紧装置。	
CN202316150U	111203	120711	西北有色金属研究院	王文生；郑　欣；李中奎；王东辉；白　润；夏明星	一种飞机飞行表演用铌合金拉烟喷嘴	一种飞机飞行表演用铌合金拉烟喷嘴，包括由Nb521合金棒材制成且具有气流通道的拉烟喷嘴本体，内表面以及拉烟喷嘴去掉螺纹的外表面上均涂覆有高温抗氧化涂层。	

专利号	申请日	公布日	申请人	发明人	专利名称	专利要点及有益效果	同族专利号
CN102581288A CN102581288B	120326	120718 130731	燕山大学	廖　波；秦　森；毛　磊；肖福仁；崔照雯；李建辉；马文旭	超细碳化铌-铁复合粉末材料及其制备方法	铁粉的质量在原料中所占比例不小于15%，其余的铌粉和石墨粉质量比为（7.65∶1）~（7.70∶1）。制备方法是先将铌粉、石墨粉的混合物料球磨成碳在铌中的固溶体，再加入铁粉球磨；然后进行退火即获得超细碳化铌-铁复合粉末。碳化铌最大颗粒的尺寸小于500nm。	
CN102583539A	110111	120718	辽宁石油化工大学	姜　恒；林翠华；宫　红；王　锐；苏婷婷	氟钽酸钾的热分解合成方法	以氢氧化钽或五氧化二钽、氟化钾和氟化氢铵为原料，少量甲醇、乙醇或水为溶剂，充分研磨干燥后得到前驱体。将制备的前驱体在150℃，200℃和250℃焙烧3h，其中在200℃时，分别焙烧15min、30min、60min、90min和120min。	
CN102586598A	120323	120718	宁夏东方钽业股份有限公司	鲁　东；聂全新；李　彬；郑培生；颉维平；李明阳；邓六良；马应利；俞文斌	一种钽铌化合物的分解方法	先将钽铌化合物与高沸点酸和氟化物混合，在95~200℃搅拌反应1~2h，用水溶解反应物得到钽铌溶液。用氟化物与高沸点酸（浓硫酸或者浓磷酸）反应，促使钽铌化合物在高温下的熔融物中进一步的分解。	
CN102583564A	120323	120718	宁夏东方钽业股份有限公司	米玺学；万　军；严国元；汪文涛；温新宁；鲁　东；李　辉；李明阳；邓六良；颉维平；郑　培	一种钽电容器用电子级硝酸锰的制备方法	（1）将经破碎、洗涤后的金属锰加入到稀硝酸中，搅拌，至金属锰完全溶解；（2）将上述溶液粗过滤后用稀硝酸调pH值为2~4；（3）将调酸后的溶液真空加热浓缩至所需比重，后用稀硝酸调pH值为2~5，冷却，精密过滤后得到硝酸锰溶液产品。	
CN102585818A CN102585818B	120119	120718 140101	苏州大学	黄彦林；徐传艳；李亚东；杜福平	发光色度可调的稀土铌钽酸盐荧光粉、制备方法及应用	荧光粉为Eu^{3+}激活的铌酸盐和钽酸盐，分子式为$R_{1-z}Eu_zCaM_3O_{10}$，其中M是Nb和Ta中的至少一种，R为La^{3+}、Sm^{3+}、Gd^{3+}、Lu^{3+}及Y^{3+}中的至少一种；其中z为Eu^{3+}掺杂的摩尔百分数，$0.0001<z\leq1.0$。	
CN102586637A CN102586637B	120323	120718 140806	宁夏东方钽业股份有限公司	颉维平；白掌军；黄全亨；杨　波；牟　东；李明阳	一种多元铌合金铸锭的制造方法	在冶金级氧化铌粉中添加铝粉、发热剂、石灰、合金元素粉末和稀土元素，经过混料、装炉铝热还原后，金属与渣分离，将还原后金属采用电子束炉熔炼成铸锭，配入一定的锆或其他金属，经过真空电子束炉熔炼＋真空自耗电弧炉熔炼而铸锭。	

专利号	申请日	公布日	申请人	发明人	专利名称	专利要点及有益效果	同族专利号
CN102592844A CN102592844B	120306	120718 140212	昆明贵容电子材料有限公司	郑恩华；张维锋；周祥美	大容量钽电容器阴极片及制备方法	阴极片组成为：RuO_2-TiO_2-Ta_2O_5/Ta 或 Ti；RuO_2-TiO_2-Ta_2O_5 为阴极片复合涂层、各组分质量分数为：40% ~ 70% RuO_2、15% ~ 50% TiO_2、10% ~20% Ta_2O_5；Ta 或 Ti 片为阴极片基片。	
CN102592853A	120319	120718	重庆松填汇科技发展有限公司	杨　虎；兰青刚	一种片式钽电解电容器专用老化夹具	夹具包括底座、绝缘座以及至少一个夹具正极，负极翻边，供液压气缸的活塞杆伸入的通孔，底座内设有绝缘座，底板上有至少两个定位座，两定位座的上部设安装轴杆的安装孔。	
CN102605183A	120323	120725	中色（宁夏）东方集团公司特种材料分公司	肖智海；李建兵；李小东；陈虎兵	一种低硅低碳铌铁合金的制备方法	（1）将粉碎后的氧化铌、氧化铁、氧化钙和氟化钙预热；（2）按照 Nb_2O_5 44% ~46%、Fe_3O_4 28% ~30%、Al 粉 23% ~25%、CaO 1% ~2% 和 CaF_2 0.1% ~0.5% 的比例配料，过铝系数 3% ~ 5%，混料；（3）将混好的炉料投入冶炼炉反应，当液面平静时反应结束。	
CN102605213A CN102605213B	111220	120725 140611	上海大学	姚美意；周邦新；张金龙；谢兴飞	核电站燃料包壳用含锗的锆锡铌合金	该合金的化学组成（质量分数）为：Sn 0.3% ~ 1.5%，Nb 0.1% ~1.2%，Fe 0.03% ~0.4%，Cr 0.02% ~0.3%，Ge 0.01% ~0.8%，余量为 Zr。	
CN102605231A CN102605231B	110722	120725 140514	内蒙古科技大学	李保卫；赵增武；徐掌印；姜银举；李　岩	冶炼铌钢以及冶炼钒钢的方法	从铁水底部吹入工业纯氧，供氧强度控制在 0.1 ~10.0m^3/（t·min）（标态）之内；在吹纯氧维持在 50min 至 8h 之后，对铁水进行脱碳、脱硫、脱磷的任意组合处理，然后再进行提铌。	
CN102605278A CN102605278B	120313	120725 130327	周子超	周　静；周子超	一种高温合金及其热等静压烧结方法	成分组成（质量分数）：碳 0.4% ~0.5%，铬 17.0% ~19.5%，镍 21.0% ~23.5%，钨 2.0% ~ 3.0%，钴 22.5% ~25.5%，铌 4.0% ~5.0%，钼 10.5% ~12.5%，硅≤1.2%，磷≤0.04%，硫≤ 0.03%，锰≤0.3%，余量为铁和不可避免杂质。	

专利号	申请日	公布日	申请人	发明人	专利名称	专利要点及有益效果	同族专利号
CN102617144A CN102617144B	120405	120801 130710	天津大学	李玲霞；廖擎玮；任　翔；孟庆磊；吴霞宛	一种新型温度稳定型钽铌酸盐微波介质陶瓷	原料组分（摩尔分数）为：0.8ZnTi（$Nb_{0.7}$-$Ta_{0.3}$）$_2$ O_8-0.2TiO_2，采用 ZnO、Nb_2O_5、Ta_2O_5、TiO_2为原料。经过配料、混合、球磨、烘干、过筛，于850℃合成熔块，再加聚乙烯醇后再经球磨、烘干、过筛、压制成坯体，烧结，制成钽铌酸盐微波介质陶瓷。	
CN102623715A	120401	120801	大连海事大学	孙俊才；王利霞；季世军；李　嵩；文钟晟	Nb 碳化物表面改性燃料电池不锈钢双极板及其制造方法	制造方法包括：双极板包括奥氏体不锈钢薄板制成的双极板基体、位于双极板基体表面的表层改性层和介于表层改性层和双极板基体之间的次表层合金化扩散层；表层改性层为 Nb 碳化物层，次表层合金化扩散层为 Nb、C 的扩散固溶体层。	
CN102626615A	120326	120808	哈尔滨工业大学	陈　刚；孙净雪；董红军；裴　健；金仁成；熊桂洪	一种钽酸盐光催化材料的制备方法	（1）将 NaCl 与 KCl 混合并磨细，得共晶盐；（2）将 Na_2CO_3、K_2CO_3和 Ta_2O_5混合并研磨，得到原料粉末；（3）将原料粉末与共晶熔盐粉末混合；（4）混合粉末在 700 ~ 850℃焙烧 1 ~ 4h，产物经洗涤、干燥后得到钽酸盐光催化材料。	
CN202373454U	111212	120808	中国振华（集团）新云电子元器件有限责任公司	王　杰；陈　刚	全钽电容器密封塞柱	包括中央设有过孔的本体；本体为倒凸字形的圆台状结构，在该本体的顶面设有凹坑，在该本体上半段的外圆周面上设有环槽。	
CN202373457U	111229	120808	中国振华（集团）新云电子元器件有限责任公司	韩　杰；金　源；吕林兴；陈　彪；熊远根	串联片式电容器	包括由阳极钽块、钽丝、阴极层构成的片式电容器芯子；其芯子至少有两个，各相邻片式电容器芯子之间由绝缘封装层固定连为一体，连通焊接，第一个电容器芯子的钽丝上焊有正极引出片，最后一个电容器芯子的阴极层与负极引出片焊接。	
CN202373461U	111212	120808	中国振华（集团）新云电子元器件有限责任公司	王　杰；方　鸣；蒋春强；蒙林斌；石洪富；吕林兴；王成兴；彭永燃；彭　丹；王　佳	储能电容器	封装在注有电解液的金属外壳中的钽铌阳极体和氧化钌阴极体；钽铌阳极体为 n 个、氧化钌阴极体为 $n+1$ 个，氧化钌阴极体与钽铌阳极体间隔排列；各钽铌阳极体并联于正极，各氧化钌阴极体并联于负极。	

专利号	申请日	公布日	申请人	发明人	专利名称	专利要点及有益效果	同族专利号
CN102634669A CN102634669B	120511	120815 130821	长沙南方钽铌有限责任公司	蒋坤林；张　林；彭爱军；骆登高	一种用废钽块制取高纯钽锭的方法	步骤：以含双氧水的稀硝酸溶液多次浸泡除锰，到锰含量低于0.02%后水洗、烘干；将烘干之废钽块放入真空炉内于10^{-2}Pa下加热至800℃后保温2h，向炉内充入0.1个大气压的氢气使废钽块吸氢自然破碎，等炉温自然降至室温后出炉；	
CN102634712A CN102634712B	120509	120815 131113	贵研铂业股份有限公司	胡昌义；黎宪宽；蔡宏中；魏　燕；陈　力；毛传军；郑　旭；王　云	一种Nb-W合金及其制备方法	（1）以钼、石墨或其他高熔点金属为基体，采用现场氯化法或以Nb及W的卤化物为前驱体CVD同时沉积铌和钨并原位形成Nb-W合金；（2）采用化学腐蚀法或机械去除法将沉积的Nb-W合金与沉积用基体（Mo、石墨等）进行分离。	
CN102644114A	120416	120822	中国科学院福建物质结构研究所	邓　颖；龙西法；李修芝；王祖建；何　超	铁电单晶铌镥酸铅-钛酸铅及其制备方法	该晶体材料属钙钛矿型结构，存在MPB区，其化学式为$(1-x)Pb(Lu_{1/2}Nb_{1/2})O_3-xPbTiO_3$，简记为PLN-PT。其中，$x=0.3\sim0.7$。采用高温溶液法或顶部籽晶法生长四方形晶体。	
CN202411231U	120110	120905	株洲市日升电子科技有限公司	殷铁军	一种制造钽制品容器的模具	含上模、下模，其中，上模和下模的外围设有模套，上模和下模的中间设有模杆。本实用新型具有上模下模对正简单，节约大型设备使成本下降80%以上，产品合格率高。	
CN102658346A	120406	120912	宁夏东方钽业股份有限公司	钟景明；李桂鹏；同　磊；赵　兵；王　莉；张春恒；汪　凯；李兆博；张　全	一种大规格钽靶材的锻造方法	（1）打方拔长；（2）定尺锯料，按最终成品的2~2.5倍质量计，锯料；（3）酸洗；（4）在钽材料熔点的25%~50%热处理，保温60~150min；（5）二次锻造，在上下平面涂润滑油下镦粗；（6）酸洗同（3）；（7）热处理，同（4）；（8）三次锻造，打圆。	
CN102659405A CN102659405B	120406	120912 140226	西北稀有金属材料研究院	扈百直；孙本双；刘孝宁；征卫星；马文卫	高密度氧化铌溅射靶材的制备方法	高纯度氧化铌粉末，其纯度大于99.99%。制备步骤：氧化铌粉末预处理；真空热压；真空热压的工艺条件为：在真空条件下，1150~1300℃保温，2~4h，保压压力10~12MPa。	

专利号	申请日	公布日	申请人	发明人	专利名称	专利要点及有益效果	同族专利号
CN102660692A	120406	120912	宁夏东方钽业股份有限公司	颉维平；赵红运；牟东；李明阳；陈万和；常晓敏；白掌军；王秋迎	超导 NbTi 合金的熔铸制造方法	将金属铌提纯铸锭，制成铌棒；将海绵金属钛压制成半圆柱型瓦片，在惰性气体保护下将铌棒、瓦片组焊成自耗电极，再进行二次以上的电弧熔炼。	
CN102660705A CN102660705B	120406	120912 141022	宁夏东方钽业股份有限公司	颉维平；白掌军；牟东；黄全亨；聂全新；王秋迎	一种高 Zr 含量的 Nb 合金及其熔铸制造方法	（1）将金属铌制成铌板、条、铌棒；锆制成棒或板材；（2）将 Nb 材与 Zr 材依照 Zr 过量 15% ~ 19%；（3）熔铸成一次合金锭；（4）将一次合金铸锭再进行扩径电子束熔炼；（5）以电子束熔炼二次锭为电极进行电弧熔化，同时以电磁搅拌使合金均匀化。	
CN102676899A	120406	120919	宁夏东方钽业股份有限公司	颉维平；李明阳；陈林；牟东；陈万和；白掌军；王忠；王秋迎	一种高温高比强度铌合金及其制备方法	采用粉末冶金的方式进行配料烧结，高温铌合金的成分配比、铸锭方法可以保证生产出有利于加工的铸锭，达到最终合金的使用性能，具有很好的经济价值和社会价值。	
CN102689927A CN102689927B	120619	120926 131211	南开大学	孙军；许京军；李威；张华；张玲；孔勇发；杨金凤	一种近化学计量比铌酸锂晶体的制备方法,	将碳酸锂和五氧化二铌混合物经升温、熔化、降温结晶、粉碎，得到富锂多晶粉末 A，将 A 装入坩埚下部；再用碳酸锂和五氧化二铌混合物经升温、熔化、降温结晶、粉碎，得到贫锂多晶粉末 B，将 B 装入坩埚上部；在 1000 ~ 1150℃扩散处理。	
CN102689928A CN102689928B	120619	120926 131211	南开大学	孙军；许京军；李威；杨金凤；张玲；孔勇发；张华	一种近化学计量比钽酸锂晶体的制备方法	将碳酸锂质量含量为 15.8% ~ 20.1% 的碳酸锂和五氧化二钽混合物经升温、熔化、降温结晶、粉碎，得到富锂多晶粉末 A，将 A 装入耐高温的坩埚下部；再用碳酸锂质量含量为 10.0% ~ 13.5% 的碳酸锂和五氧化二钽混合物经升温、熔化、降温结晶、粉碎，得到贫锂多晶粉末 B，将 B 装入坩埚 A 的上部；然后在高温炉中 1300 ~ 1500℃扩散处理。	
CN102690976A CN102690976B	120522	120926 130918	北京航空航天大学	李岩；薛朋飞；张菲；徐惠彬	钛锆铌铁形状记忆合金材料及其制备方法	该合金由原子百分数为 10% ~ 40% 的锆、5% ~ 20% 的铌、0.1% ~ 10% 的铁和余量的钛组成，并且上述各成分的含量之和为 100%。	

专利号	申请日	公布日	申请人	发明人	专利名称	专利要点及有益效果	同族专利号
CN102690981A	120611	120926	东莞市闻誉实业有限公司	叶伟炳	一种铌合金的制造方法	将铌粉末和合金粉末混合，并压制；将压制的掺混物附到含铌电极上；烧结；熔炼所述电极和压制的掺混物；冷却后形成合金锭；并使合金锭进行热-机械加工，形成锻造的产品。	
CN102690998A	120429	120926	本钢板材股份有限公司	文小明；赵　科；赵　迪；刘志璞；崔洪涛	一种石油管线钢	组分（质量分数）为：碳 0.02% ~ 0.04%；锰 1.60% ~ 1.65%；铌 0.070% ~ 0.075%；钛 0.011% ~ 0.013%；铬 0.22% ~ 0.27%；铝 0.030% ~ 0.035%；钼 0.11% ~ 0.15%；余量为铁和不可避免杂质。	
WO2012126143A	110323	120926	宁夏东方钽业股份有限公司	郑爱国；马跃忠；郑世萍；董学成；秦洪波；杨志军；华士武；李　慧；习旭东；张庆生；杨生芳；金　勇	钽金属表面钝化方法及装置	将热处理后的钽金属冷却到32℃或以下和/或用温度为0℃或以下的含氧气体使钽金属表面钝化。本发明还提供了适用于实施所述方法的钽金属表面钝化装置。	CN103429782A US2014076462A CZ2013429182A
CN102698734A CN102698734B	120601	121003 140514	福州大学	吴　棱；梁诗景；温琳蕊；戴文新；丁正新；陈　旬；付贤智	降解苯系污染物的无定形钽酸光催化剂	催化剂的制备分两步进行：第一步为溶解-沉淀合成钽酸前驱物；第二步为水热法合成无定形钽酸。	
CN102699247A CN102699247B	129518	121003 140618	宁夏东方钽业股份有限公司	孙　伟；李桂鹏；汪　凯；同　磊；李积贤；谢新普	一种超导铌棒的锻造方法	包括步骤：(1)铌锭在 150 ~ 180℃ 预热 20 ~ 40min，在铌锭表面涂上 2 ~ 3mm 抗氧化涂层，晾干 450 ~ 500℃加热 210 ~ 240min；(2)第一次径向镦粗，径向拔长；(3)第二次径向镦粗，径向拔长；(4)第三次径向镦粗，空冷，第三次径向拔长即可。	
CN102703682A CN102703682B	120629	121003 140101	广州有色金属研究院	刘　勇；陈少纯；刘牡丹；何晓娟；刘珍珍	一种稀有金属矿综合回收的方法	原矿磨矿，加氯化钠混匀、造球，与烟煤混匀，加热，磨矿，磁选；加浓硫酸酸化，加水浸出，固液分离得一次浸出液和浸出渣；加水至一次浸出渣浸出，固液分离得二次浸出液和浸出渣，浓缩浸出液，加硫酸钠至浓缩液中，固液分离得到稀土硫酸复盐和富铌钽溶液；加氨水调节富铌钽溶液 pH 值，固液分离得铌钽沉淀，煅烧沉淀得钽铌富集物。	

专利号	申请日	公布日	申请人	发明人	专利名称	专利要点及有益效果	同族专利号
CN102703697A CN102703697B	120629	121003 140101	广州有色金属研究院	刘　勇；刘牡丹；刘珍珍	一种稀土-铌-铁共生矿的回收方法	磨矿，加 $CaCO_3$ 和 NaCl 混匀后造球，加热，球磨，磁选，向磁选尾矿中添加硫酸钠和浓硫酸，得酸化渣，一次浸出，固液分离得二次浸出液和浸出渣；用碳酸钙中和一次浸出液，固液分离得硫酸钙和一次中和溶液，加氨水调 pH 值得氢氧化铌沉淀，煅烧得铌精矿。	
CN102703757A CN102703757B	120518	121003 131016	宁夏东方钽业股份有限公司	刘彦昌；刘守田；王培军；朱宝辉；袁红军；任丽萍；王　益	一种耐腐蚀的钛铌合金以及由其制备板材和管材的方法	组成（质量分数）为：Nb 0.1% ~4.9%，C≤0.08%，N≤0.03%，H≤0.012%，O≤0.12%，Fe≤0.1%，余量为 Ti。本发明公开的 Ti-(0.8% ~6%)Nb 合金管材以金属钛作为基体，添加少量的铌金属的合金。	
CN102303787A	120518	121003	国家钽铌特种金属材料工程技术研究中心	汪燕青；刘兆刚；刘创红；李　娜；王东新；孙本双	一种添加有微量硼的铌钛铝合金及其制备方法	在含铌 30% ~60%，含钛 10% ~50%，含铝 0 ~30% 的这一类高温结构材料中，添加微量硼（0.5% ~5%）作为晶粒细化剂，可以显著细化合金的晶粒和微观组织，本发明的制备方法细化铌钛铝合金组织的工艺简单、实用，同时可以起到铌钛铝合金增强增韧的作用。	
CN202461320U	120327	121003	株洲市日升电子科技有限公司	殷铁军	一种方型钽制品容器模具	含模体、方形模杆、在模体的中心开有与方形模杆相吻合的上模孔和下模孔；上模孔与下模孔相通，且下模孔的边长大于上模孔的边长，超过的长度为料的厚度；且在模体的侧面中心位置开有与上模孔和下模孔相通的横向料孔。	
CN102717086A	120704	121010	北京科技大学	路　新；佟健博；曲选辉；何新波；秦明礼	短流程制备高铌钛铝合金球形微粉的方法	用 TiH_2、Al、NbAl 金属粉末为主要原料，在氩气保护气氛下进行高能球磨，再将球磨粉末进行脱氢及合金化热处理，最后经过射频等离子球化制备高铌钛铝合金球形微粉。	
CN102719713A CN102719713B	120710	121010 131113	宁夏东方钽业股份有限公司	周小军；王　莉；王立斐；赵　刚；郑爱国；王秋迎；于永祥	低密度铌合金高温抗氧化材料及由其制备高温抗氧化涂层方法	一种低密度铌合金高温抗氧化材料及由其制备高温抗氧化涂层的方法，其特点是，按组分（质量分数）为：Si 10% ~15%，Ti 2% ~3%，Mo 1% ~2%，HfO_2 0.8% ~1.2%，W 0.7% ~0.9%，余量为 Al。	

专利号	申请日	公布日	申请人	发明人	专利名称	专利要点及有益效果	同族专利号
CN202478649U	120318	121010	英德佳纳金属科技有限公司	钟　晖；张宗国	一种双澄清室萃取槽	包括立方形混合室和澄清室，且该混合室下方设置有与之相连通的潜室，澄清室内有倾斜的澄清室分割板，将澄清室分割成上下相连通的第一澄清室、第二澄清室。	
CN102743218A	110420	121024	重庆润泽医疗器械有限公司	叶　雷	多孔钽棒	一种用于股骨头关节面有塌陷或处于Ⅰ期或Ⅱ期股骨头坏死的医用植入件——多孔钽棒。该植入件的一端设有用于与骨组织的连接紧固结构，其中心具有贯通孔。	WO2012142052A EP2700371A
CN102744219A	120323	121024	内蒙古科技大学	李保卫；王建英；张雪峰；王晶妍；任惠平	用特征X射线富集铌的方法	将矿石破碎至50～150mm的颗粒，用X射线照射传送装置投递的每一粒矿石，用X射线接收装置接收由矿石包含各种元素发射的二次特征X射线经微型计算机将信号处理后转换为电信号，电信号控制机械装置拣选含铌的矿石，从而将铌富集。	
CN102744415A CN102744415B	120718	121024 140319	江西景泰钽业有限公司	袁宁峰；涂　骏；董欢欢；黄福龙；孟建柳；曹树稳	用钽铌电容器废料制取冶金级粉末的方法及碳化氢化装置	以钽铌电容器废料为原料，处理步骤：(1)粗碎；(2)酸洗、烘干、分选；(3)碳化氢化；(4)还原、氢化；(5)脱氢、降氧、酸洗、烘干。碳化氢化装置由物料进管、高温碳管、高温控制系统、中间冷却管、低温碳管、低温控制系统、末段冷却管组成。	
CN102751102A CN102751102B	120718	121024 141015	中国振华（集团）新云电子元器件有限责任公司	韩　杰；方　鸣；金　源；陈　彪；龙继云；刘　蓉；熊远跟	降低电解电容器等效串联电阻的方法	在MnO_2阴极电解质层表面涂覆一层有硝酸锰溶液、浓氨水、十二烷基苯磺酸钠和MnO_2的强化浆料，将涂覆有强化浆料的阳极钽块放入60～160℃的烘箱中保持10～30min。	
CN102768906A	120809	121107	中国振华（集团）新云电子元器件有限责任公司	田东斌；韩　杰；方　鸣；杜　敏；张选红	热域环境中混合混粉制作钽电容器阳极块	将不同平均粒径的钽粉在惰性气体中，在700～1400℃进行热处理，形成团簇→混入合剂→加入细粉团簇混匀→热域加热，去掉黏合剂中的溶剂→平铺吹风干燥→得钽粉团簇。	
CN102773486A CN102773486B	120710	121114 140716	中国振华（集团）新云电子元器件有限责任公司	王　俊	一种提高钽丝机械强度的烧结方法	将金属脱氧剂和压制成型的钽丝在真空状态下共同烧结，使钽丝脱氧，脱氧完成后继续在真空状态下升温对钽丝进行烧结，提高钽丝的机械强度。	

专利号	申请日	公布日	申请人	发明人	专利名称	专利要点及有益效果	同族专利号
CN102776438A	120827	121114	内蒙古包钢钢联股份有限公司	高志国；史文义；刘　莉；康利明	铌镧微合金化Mn-B系超高强度钢板及其热处理工艺	钢板的化学成分及含量（质量分数）为：C 0.14% ~ 0.35%，Mn 1.5% ~ 2.0%，Si 0.6% ~ 1.0%，P ≤ 0.015%，S ≤ 0.002%，Nb 0.01% ~ 0.06%，B 0.0005% ~ 0.0040%，La 0.001% ~ 0.5%，余量为Fe和不可避免的杂质。	
CN102779656A	120710	121114	中国振华（集团）新云电子元器件有限责任公司	王　俊	一种降低钽电容器漏电流值的烧结方法	在烧结过程中，真空度始终大于 2×10^{-3} Torr，700 ~ 1170℃之间，钽块与脱氧剂的质量比为1∶0.001 ~ 1∶0.08，达到烧结温度后的保温时间为1 ~ 9h，用镁作为脱氧剂。	
CN202523565U	111212	121107	中国振华（集团）新云电子元器件有限责任公司	王　杰；张选红；马建华；王成兴；蒙林斌；石洪富；蒋春强	一种大容量钽电解电容器	它包括钽外壳、负极引出线、阳极钽块和阴极、正极引出线、填充在钽外壳中的电解液；阴极为涂覆在钽外壳内壁上的氧化钌涂层。	
CN102773478A	120710	121114	中国振华（集团）新云电子元器件有限责任公司	王　俊	一种提高钽块机械强度的烧结方法	将熔点较低的金属作为脱氧剂和压制成型的钽块在真空状态下共同烧结，使钽块被氧化的部分脱氧，脱氧完成后继续在真空状态下升温对钽块进行烧结并使钽粉结晶。	
CN102793946A CN102793946B	110929	121128 140806	重庆润泽医药有限公司	节云峰；叶　雷	一替代牙骨的医用多孔金属材料及其制备方法	由钽粉与聚乙烯醇、碳酸氢钠混合成混合粉末，再在50 ~ 100MPa下将所述混合粉末压制到有机泡沫体中成型、脱脂、烧结、冷却和热处理步骤制得的。	WO2013044777A
CN102794607A	120810	121128	西安天力金属复合材料有限公司	吴江涛；李选明；樊科社；李平仓；王虎年；杨学山；王云龙；朱　磊；赵　惠；何小松；李　莹；李媛媛	一种大规格钽/锆/钛/钢复合板的制造方法	（1）拼焊钛板、锆板、钽板；（2）对锆板、钛板、钽板和钢板进行表面抛光；（3）爆炸复合得锆/钛/钢复合板；（4）超声波探伤，退火；（5）矫平，精抛；（6）爆炸复合得钽/锆/钛/钢复合板；（7）超声波探伤，退火；（8）矫平，切割，得到大规格钽/锆/钛/钢复合板。	
CN102794617A	120909	121128	西安方科新材料科技有限公司	杜永成；王歆锐；樊雅丽	一种磁控溅射用管状铌靶材的制备方法	（1）将铌铸锭锻造成圆柱状铌坯料；（2）在圆柱状铌坯料中心钻通孔得管状铌坯料，在管状铌坯料的内、外壁涂覆抗氧化涂层；（3）挤压得铌管坯；（4）进行喷砂、酸洗和机械加工，得管状铌靶材；（5）真空热处理，得磁控溅射用管状铌靶材。	

专利号	申请日	公布日	申请人	发明人	专利名称	专利要点及有益效果	同族专利号
CN102796889A CN102796889B	110929	121128 140514	重庆润泽医药有限公司	郝莉娜；叶　雷	替代人体承重骨组织的医用多孔钽材料的制备	将聚乙醇水溶液与钽粉配成浆料，采用震动加压将所述浆料注入有机泡沫体中，再经干燥、脱脂、烧结、冷却和热处理步骤制得医用多孔钽材料。	WO2013044831A
CN102796890A CN102796890B	110929	121128 131225	重庆润泽医药有限公司	郝莉娜；叶　雷	替代承重骨组织的医用多孔金属材料的制备方法	多孔金属材料的制备方法，由钽粉与造孔剂、成型剂混合，再将混合粉末压制到有机泡沫体中成型、脱脂、烧结、冷却和热处理。	WO2013044781A
CN102796891A CN102796891B	110929	121128 140219	重庆润泽医药有限公司	郝莉娜；叶　雷	一种医用多孔金属材料的制备方法	由钽粉与聚乙烯醇、碳酸氢钠混合成混合粉末，再在 50～100MPa 下压制到有机泡沫体中成型、脱脂、烧结、冷却和热处理步骤制得多孔钽材料。	WO2013044779A
CN102796892A CN102796892B	110929	121128 131225	重庆润泽医药有限公司	叶　雷	一种牙骨替代医用多孔金属材料的制备方法	以钽粉与造孔剂、成型剂混合成混合粉末，再将所述粉末压制到有机泡沫体中成型、脱脂、烧结、冷却和热处理制得多孔钽材料。	WO2013044773A
CN102796893A CN102796893B	110929	121128 140305	重庆润泽医药有限公司	叶　雷	替代人体牙骨组织的多孔钽的制备方法	钽粉与造孔剂、成型剂混合成混合粉末，造粒、注射入模具成型、脱模、脱脂、烧结和热处理制得；造孔剂为碳酸氢钠、尿素、乙基纤维素，成型剂为聚乙烯醇、硬脂酸、硬脂酸锌、石蜡。	WO2013044857A
CN102796894A CN102796894B	110929	121128 131211	重庆润泽医药有限公司	叶　雷	一种医用多孔钽植入材料的制备方法	将聚乙醇水溶液与钽粉配成浆料，采用震动加压将所述浆料注入有机泡沫体中，再经干燥、脱脂、烧结、冷却和热处理步骤，聚乙烯醇水溶液的质量浓度为 2%～8%。	WO2013044833A
CN102796895A CN102796895B	110929	121128 131225	重庆润泽医药有限公司	叶　雷	替代承重骨组织的医用多孔金属材料的制备方法	钽粉与碳酸氢铵或双氧水、成型剂（硬脂酸、硬脂酸锌、石蜡、合成树脂中的一种或多种）混合，再经压制成型、脱脂、烧结、冷却和热处理。	WO2013044813A
CN102796896A CN102796896B	110929	121128 140618	重庆润泽医药有限公司	叶　雷	一种多孔钽医用植入材料的制备方法	用有机黏结剂与分散剂配制钽粉浆料，浇注于有机泡沫体中，干燥除去有机泡沫体中的分散剂，脱脂处理，真空下烧结制得多孔烧结体，再真空下退火得多孔钽。	WO2013044835A

专利号	申请日	公布日	申请人	发明人	专利名称	专利要点及有益效果	同族专利号
CN102796897A	110929	121128	重庆润泽医药有限公司	叶　雷	一种多孔钽医用植入材料的制备方法	聚乙烯醇水溶液和钽粉制成浆料，浇注于有机泡沫体中，干燥除去水，脱脂处理以除去聚乙烯醇和有机泡沫体，真空下烧结制得多孔烧结体、冷却，再真空下退火得多孔钽。	WO2013044839
CN102796898A CN102796898B	110929	121128 140115	重庆润泽医药有限公司	叶　雷	一种医用多孔金属植入材料的制备方法	将钽粉与造孔剂、成型剂混合，再经造粒、注射入模具成型、脱模、脱脂、烧结和热处理制得替代牙骨组织的医用多孔金属植入材料。	WO2013044858A
CN102796899A CN102796899B	110929	121128 140115	重庆润泽医药有限公司	叶　雷	一种医用多孔金属植入材料的制备方法	将钽粉与造孔剂、成型剂混合成混合粉末，再经造粒、注射入模具成型、脱模、脱脂、烧结和热处理制得替代牙骨组织的医用多孔金属植入材料。	WO2013044860A
CN102796900A CN102796900B	110929	121128 140514	重庆润泽医药有限公司	叶　雷	一种医用多孔金属植入材料的制备方法	用钽粉与聚乙烯醇、碳酸氢钠混合成混合粉末，再在50～100MPa下将所述混合粉末压制到有机泡沫体中成型、脱脂、烧结、冷却和热处理步骤制得的。	WO2013044778
CN102796901A CN102796901B	110929	121128 140115	重庆润泽医药有限公司	叶　雷	一种医用多孔金属植入材料的制备方法	将钽粉与造孔剂、成型剂混合、注射入模具成型、脱模、脱脂、烧结和热处理制得替代牙骨组织的医用多孔金属植入材料。	WO2013044852A
CN102796902A CN102796902B	110929	121128 140115	重庆润泽医药有限公司	叶　雷	一种制备医用多孔钽植入材料的方法	将聚乙醇水溶液与钽粉配成浆料，采用震动加压将所述浆料注入有机泡沫体中，再经干燥、脱脂、烧结、冷却和热处理步骤制得医用多孔钽材料。	WO2013044832A
CN102796903A CN102796903B	110929	121128 140108	重庆润泽医药有限公司	叶　雷	制备替代承重骨组织的医用多孔金属材料的方法	钽粉与造孔剂、成型剂混合，再将混合粉末压制到有机泡沫体中成型、脱脂、烧结、冷却和热处理；压制成型压力50～100MPa。	WO2013044809A
CN102796905A CN102796905B	110929	121128 140507	重庆润泽医药有限公司	叶　雷	一种制备医用多孔钽植入材料的方法	将有机黏结剂与分散剂和钽粉制成钽粉浆料，浇注于有机泡沫体中，浸渍，干燥有机泡沫体中的分散剂，在惰性气氛下脱脂，真空下烧结制、冷却，真空退火制得多孔钽。	WO2013044834A

专利号	申请日	公布日	申请人	发明人	专利名称	专利要点及有益效果	同族专利号
CN102796906A CN102796906B	110929	121128 140507	重庆润泽医药有限公司	叶　雷	一种医用多孔钽材料的制备方法	将聚乙醇水溶液与钽粉配成浆料，采用震动加压将所述浆料注入有机泡沫体中，再经干燥、脱脂、烧结、冷却和热处理步骤制得医用多孔钽材料。	WO2013044815A
CN102796908A CN102796908B	120131	121128 140122	重庆润泽医药有限公司	叶　雷	一种生物医用多孔钽植入材料的制备方法	将纯钽粉与黏结剂混合得钽粉浆料；将孔隙三维连通的高分子树脂模板支架放入钢模中，将钽粉浆料灌入高分子树脂模板支架，脱脂得到多孔钽的坯体骨架烧结得多孔钽植入体。	WO2013113251A
CN102796909A CN102796909B	120131	121128 140521	重庆润泽医药有限公司	叶　雷	一种采用三维打印成型制备多孔钽医用植入材料的方法	将纯钽粉与成型剂混合送入打印平台，三维打印机的打印头喷射黏结剂将所述混合钽粉粘连形成二维平面，逐层堆积成型，然后经包括脱脂、真空烧结及冷却等后处理制得多孔钽医用植入材料。	WO2013113248AA
CN102796910A CN102796910B	120131	121128 131211	重庆润泽医药有限公司	叶　雷	一种采用激光选区烧结成型制备多孔钽医用植入材料的方法	用粒径不大于 10μm 的纯钽粉为原料，直接进行激光选区烧结成型人骨金属仿生材料，激光选区烧结时的每层铺粉厚度在 60 ~ 80μm；再对成型的人骨金属仿生材料进行包括烧结、冷却得到多孔钽医用植入材料。	WO2013113249A
CN102796953A	120827	121128	内蒙古包钢钢联股份有限公司	高志国；史文义；刘　莉；李培德；程德富	一种铌镧微合金化 Si-Mn 系热成形钢板及其热处理工艺	铌镧微合金化 Si-Mn 系热成形钢板及其热处理工艺，板坯的（质量分数）化学成分为：C 0.16% ~ 0.35%，Si 0.6% ~1.6%，Mn 1.5% ~2.0%，P≤0.015%，S≤0.005%，Nb 0.01% ~ 0.06%，La 0.001% ~0.3%，余量为 Fe 和不可避免的杂质。	
CN102796962A CN102796962B	120914	121128 131218	武钢集团昆明钢铁股份有限公司	严锡九；赵　宇；陈　伟；张卫强；李金柱；庾郁梅；吴光耀；苏灿东；邓家木	铌钛硼微合金 HRB600 高强度抗震钢筋及其制备	经过钢水冶炼、浇铸、钢坯控轧控冷，得到铌钛硼微合金化，HRB600 高强度抗震钢筋成分（质量分数）：C 0.14% ~ 0.18%，Si 0.30% ~ 0.50%，Mn 0.50% ~ 0.75%，Cr 0.50% ~0.70%，Nb 0.030% ~0.050%，B 0.0015% ~ 0.0030%，Ti 0.020% ~ 0.040%，S≤0.04%，P≤0.045%，其余为 Fe 及杂质。	

专利号	申请日	公布日	申请人	发明人	专利名称	专利要点及有益效果	同族专利号
CN102800381A	110526	121128	宁夏东方钽业股份有限公司	杨金峰；赵　兵；杜领会；方张宏；秦洪洁；于　明；万庆峰；王顺杨；童泽堃；宋文军；王志芳	良好直线度的金属丝及其制造方法与制造设备	直线度良好的钽、铌金属丝，所述的钽、铌金属丝的直线度小于 7/200 钽丝（铌丝）的直径为 0.6～1.0mm，并具有良好的表面光洁度。制造方法是金属丝从放线盘放出，在有张力下加热到再结晶以上的温度，直线状态下冷却到室温，以及制造设备。	
CN102800448A	120823	121128	中国振华集团云科电子有限公司	刘剑林；严　勇；罗向阳；朱　沙；杨　舰；张　弦；史天柯；刘金鑫；李吉云；韩玉成	氮化钽片式薄膜电阻器及其制造方法	包括绝缘基板，绝缘基板表面和背面的两表电极、两背电极，端电极、中间电极、外部电极，设置在两表电极之间与表电极连接的电阻层，电阻层表面覆盖有绝缘包封层。	
CN102800480A	120824	121128	中国振华（集团）新云电子元器件有限责任公司	江　平；王安玖；赵泽英	一种铌电容器阴极制备方法	阳极形成介电层后，将铌阳极芯块经浸渍低浓度硝酸锰溶液、高浓度硝酸锰溶液、乙酸水溶液中形成处理等 7 个步骤完成在含介电层的阳极块表面制备二氧化锰阴极层。	
CN102800484A	120817	121128	中国振华（集团）新云电子元器件有限责任公司	赵泽英；江　平；王安玖	一种制作铌电容器阳极芯块的方法	将氧化铌粉分别与黏合剂苯甲酸乙酯和黏合剂聚乙烯醇混合，并通过 0.2～1.0mm 的网筛，自然晾干后按现有工艺将粉料压制成所需的铌电容器阳极芯块。	
CN102800485A	120817	121128	中国振华（集团）新云电子元器件有限责任公司	赵泽英；江　平；王安玖	一种铌电容器介质膜强化方法	将阳极块在 250～400℃干烘 10～30min，再在体积分数为 0.1%～1%、60～90℃的硝酸水溶液的电解槽中，以与阳极块连接的电极为正极对阳极块实施电化学氧化。“干烘＋形成”的处理后，降低了阳极块的漏电流值，介质膜的晶粒更小，膜层更致密。	
CN102800834A	110831	121128	中国电子科技集团公司第四十研究所	杨俊钊；刘　燕；刘　彬；蒙高安	一次性锂电池钽电极玻璃一体化盖帽的加工方法	（1）加工壳体：将板料冲压制成底板，再将底板光饰处理、退火，得壳体；（2）加工钽电极：将钽电极打扁、弯曲、光饰处理、退火；（3）加工玻璃体：将玻璃粉经混合搅拌、制坯、排蜡、玻璃化制成玻璃坯；（4）装配：将壳体、钽电极、玻璃体装配在模具上，进行烧结。	

专利号	申请日	公布日	申请人	发明人	专利名称	专利要点及有益效果	同族专利号
CN102806345A CN102806345B	120419	121205 140709	潘伦桃	潘伦桃	钽粉的造粒装置及造粒制造凝聚钽粉的方法	将钽粉与一种液体混合，形成有40%以上孔隙度的湿钽粉，接着进行造粒，形成至少有30%孔隙度的可分的凝聚湿钽粉，将可分的凝聚湿钽粉烘干后得到预凝聚钽粉造粒体，再将预凝聚钽粉造粒体进行热处理得到凝聚钽粉。	
CN102807253A CN102807253B	120816	121205 140416	江西景泰钽业有限公司	袁宁峰；黄道平；董欢欢；曹树稳；孟建柳；黄福龙	一种钽铌氢氧化物的洗涤方法及洗涤装置	将中和好的钽铌氢氧化物固液分离，再将固体滤饼输送回打浆罐内，加入纯水，充分搅拌混合后第二次进行固液分离；如此2～4次后，检测氟离子含量小于等于0.3g/L，将滤饼通过双向输送带反向输送到大接料盘里，分盘装料，烘干。	
CN102808095A CN102808095B	120719	121205 140319	长沙伟徽高科技新材料股份有限公司	郭　伟；周　怡；陈正强	碳化钨钛钽铪固溶体粉末	按各组分所占的质量比计算，将22～26份的碳化钨、30～35份的二氧化钛、50～55份的氧化钽、3～6份的氧化铪与24～26份的炭黑混合，将混合物料在1800～2200℃碳化1～2h。	
CN102808209A	110603	121205	上海造币公司；中国印钞造币总公司	杨　磊；曾志翔；张　勃；徐　伟；郭国林；李玉伟	铌及铌合金表面氧化着色的方法	将铌或铌合金板以及不锈钢板放入配置的电解液中作阳极，不锈钢板作为阴极，通过施加不同值的电压，铌或铌合金表面生成不同厚度的氧化膜，使其产生不同色泽。	
CN202568502U	120516	121205	重庆润泽医疗器械有限公司	叶　雷	一种牙种植体	包括体部和颈部，体部由头部和具锥度的中空圆柱体组成，头部的一端内设有锁紧槽，中空圆柱体为多孔钽材、且与头部相接的前端开有凸台，在凸台上设有致密金属紧固环。	
CN202568504U	120516	121205	重庆润泽医疗器械有限公司	叶　雷	一种牙种植体	一体成型的体部、颈部和基台、采用梯度多孔钽材质，其中体部的一端及颈部采用孔隙率为20%～30%的多孔钽，与颈部相连的体部另一端采用孔隙率为60%～70%的多孔钽。	
CN202582338U	120418	121205	南京斯迈柯特种金属装备公司	万建春；郑世平；刘生海	一种钽换热器管板连接结构	包括钽换热管和管板为钽钛钢爆炸复合板，钽换热管的固定端端部穿过钽钛钢爆炸复合板的碳钢层和钛过渡层与钽钛钢爆炸复合板表面的钽复层焊接相连。	

专利号	申请日	公布日	申请人	发明人	专利名称	专利要点及有益效果	同族专利号
CN102815044A	120827	121212	天津大学	孙清池；郇正利；马卫兵；王丽婧	钴掺杂铌钛酸锌微波介质陶瓷及制备方法	原料组分摩尔百分比为（$Zn_{1-x}Co_x$）$TiNb_2O_8$，其中 $0<x\leqslant0.40$。以 $ZnTiNb_2O_8$ 体系微波介质陶瓷为基础，加入 Co_2O_3，在1075℃烧结，烧结温度相对较低、综合性能好的微波陶瓷，	
CN102815971A CN102815971B	120822	121212 130821	中南大学	熊　翔；王雅雷；李国栋；孙　威；陈招科；赵学嘉	一种Hf(Ta)C超高温复相涂层及其制备方法	经过表面处理的基体材料，以四氯化铪和五氯化钽混合粉末为铪源和钽源；以甲烷、氩气、氢气混合粉末输送至沉积炉反应器，在基体材料表面沉积Hf(Ta)C超高温复相涂层。	
CN102816981A CN102816981B	120831	121212 140122	燕山大学	张福成；杨志南；肖洋洋	一种具有梯度组织结构锆铌合金的制备方法	将Zr-2.3Nb合金在1000～1050℃保温后水淬，随后在600℃保温0.5～1h退火，锆铌合金在0～40℃冲击变形，Zr-2.3Nb合金在800～900℃保温20～60min后空冷至室温。	
CN102817080A	120904	121212	中科院上海硅酸盐研究所	陈建伟；罗豪甦；李晓兵；赵祥永；徐海清；王　升；王西安；林　迪；任　博；狄文宁	铌镥酸铅-铌镁酸铅-钛酸铅三元系弛豫铁电单晶及其制备方法	单晶具有如下化学通式：$xPb(Lu_{1/2}Nb_{1/2})O_3-yPb(Mg_{1/3}Nb_{2/3})O_3-(1-x-y)PbTiO_3$；其中：$0.1\leqslant x\leqslant0.4$，$0.2\leqslant y\leqslant0.6$，但 $1-x-y\neq0$。所述PLMNT单晶是通过坩埚下降法制得。提供的PLMNT单晶不仅在常温下具有巨大的应用潜力，也非常适合应用于高温器件中。	
CN102820135A	120824	121212	中国振华（集团）新云电子元器件有限责任公司	王安玖；江　平；赵泽英	一种降低铌电容器高温电容量变化率的方法	将氧化铌电容器阳极芯块按传统工艺完成阴极电解质二氧化锰层加工后得到的阴极电解质的阳极块经碳层制备和制备导电引出层后再按现工艺完成电容器的后面工序。	
CN202605041U	120621	121219	重庆润泽医疗器械有限公司	叶　雷	一种牙种植体	牙种植体体部的上部和下部为致密金属构成的圆台；体部的中部由多孔钽构成的圆柱；在圆柱中有一至多个致密金属构成的细长杆，细长杆两端分别与体部的上部和下部相连。	
CN202605776U	120620	121219	衡阳金新莱孚新材料有限公司	陈　嶷；李端华	两槽箱式混合澄清萃取槽的钽液澄清槽	一种两槽箱式混合澄清萃取槽的钽液澄清槽，它由盖板、箱体、支脚组成；设计的钽液澄清槽钽液分离效果较好。	

专利号	申请日	公布日	申请人	发明人	专利名称	专利要点及有益效果	同族专利号
CN202605795U	120620	121219	衡阳金新莱孚新材料有限公司	陈 巍；李端华	两槽箱式混合澄清萃取槽的钽液澄清槽	一种两槽箱式混合澄清萃取槽的钽液储槽，它由盖板、桶体、支脚组成，并在桶体上设有视液镜；设计的钽液储槽钽液分离的效果较好。	
CN102842432A	120831	121226	深圳顺络电子股份有限公司	王 帅	电解电容的阳极体的制作方法	(1)将钽粉或氧化铌粉与石蜡、硬脂酸、樟脑、甘油、苯甲酸或苯甲酸钠添加剂和汽油、三氯乙烷、酒精或丙酮溶剂混合，制成阳极体块；(2)将阳极体块浸入酒精、丙酮或二氯甲烷中；(3)用水清洗阳极体块；(4)阳极体块经过烧结形成阳极体。	
CN202619828U	120531	121226	张朝跃	张朝跃；张晋源	新型腰椎前路经椎弓根自锁内固定装置	包括钽金属制的腰椎前路板、自锁装置、加固螺钉和经椎弓根螺钉，经椎弓根螺钉和加固螺钉均安装在腰椎前路板上，钽金属板自锁装置连接在经椎弓根钽金属螺钉的钉头处。	
CN202619884U	120621	121226	重庆润泽医疗器械有限公司	叶 雷	一种牙种植体	一种牙种植体，它的体部为圆台状，体部的主体由致密金属构成。主体外侧带环状缺口，缺口中分布有多孔钽材料。	
CN102847934A CN102847934B	120928	130102 140409	泰克科技（苏州）有限公司	林耀民	热源热处理电容器钽粉的方法	将待处理的钽粉置入真空改性炉中，采用电弧Arc或（和）射频等离子Plasma作为热源对钽粉进行热处理，然后经过快速降温后得到改性钽粉。	
CN102851761A	120904	130102	常州纺兴精密机械有限公司	周为民；张培杰；许建南；毛伟如；李梅宏；吴意健；盛小平；徐 明；朱建新；戴志成吴午大；杭海飙；汤宇峰	碳纤维纺丝钽喷丝板	本碳纤维纺丝钽喷丝板，包括板状的本体，在本体上设有若干喷丝孔，喷丝孔的一面为进料口，另一面为出料口，本体由钽材料制成，喷丝孔呈环状地阵列分布在本体上。	
CN102861662A	120929	130109	广州有色金属研究院	高玉德；邱显扬；韩兆元；邹 霓；王国生；徐晓萍；张凤华	一种微细粒钽铌矿的选矿方法	(1) 脱泥预处理得到沉砂和微泥；(2) 在沉砂中添加调整剂碳酸钠，抑制剂水玻璃，活化剂硝酸铅，捕收剂苯甲羟肟酸和羟氨基酸，经粗选、扫选、精选，得到钽铌粗精矿和浮选尾矿；(3) 脱药消泡：加入硫酸；(4) 重选，得到钽铌精矿和重选尾矿。	

专利号	申请日	公布日	申请人	发明人	专利名称	专利要点及有益效果	同族专利号
CN102872968A	120918	130116	镇康县金宏矿业有限公司；福建省双旗山矿业有限责任公司	肖坤明；谢文清；罗 伟；刘胜卿；黎志权	一种分离铌铁的选矿方法	（1）将铌粗精矿、还原剂和碳酸钠混合，在850～950℃无氧焙烧得到焙烧矿；（2）将焙烧矿先进行弱磁粗选，得到粗精矿和第一磁选尾矿，然后：将粗精矿磨矿进行弱磁精选，得到铁精矿和第二磁选尾矿；将第一磁选尾矿进行摇床重选，得到铌精矿和尾矿。	
CN102873093A	121031	130116	西安诺博尔稀贵金属材料有限公司	郭海生；赵鸿磊；董 璞；武 宇；宜 楠；刘 鸣；李红宇；郑学军	一种大尺寸钽板材的制备方法	步骤：（1）将钽板坯进行多道次开坯轧制；（2）进行表面修磨处理；（3）进行去应力退火处理；（4）进行多道次成品轧制；（5）进行成品退火处理，最终得到厚度为0.5～2mm，宽度为1000～1300mm，长度为1400～2100mm的大尺寸钽板材。	
CN102873323A CN102873323B	121101	130116 140423	泰克科技（苏州）有限公司	林耀民	电子钽粉性能改善装置	主要由进料室、加热室和收料室组成的装置主体；喷枪，与喷枪配合的能源供给及控制单元；真空系统；平衡用气的气源及控制系统。	
CN102875939A CN102875939B	121022	130116 140903	北京工业大学	侯育冬；葛海燕；朱满康；刘晶冰；王如志；张 铭；宋雪梅；汪 浩；严 辉	一种铌酸钾/聚偏氟乙烯高介电复合材料的制备方法	将聚偏氟乙烯加入DMF中，超声20～40min，得到聚偏氟乙烯的浓度（质量分数）为10%～50%的透明溶液A；将铌酸钾加入到透明溶液A中，超声5～20min，把得到的悬浊液倒入玻璃皿中，烘干得到铌酸钾/聚偏氟乙烯复合薄膜B。	
CN102881633A	110715	130116	中芯国际集成电路制造（上海）有限公司	彭冰清	铜互连结构的制作方法	（1）提供半导体衬底，在其上表面形成有含氧介电层，在含氧介电层中形成有用于形成铜互连结构的沟槽；（2）在含氧介电层上和沟槽内形成钽金属层；（3）在钽金属层上形成铜锰晶种层；（4）在沟槽内的铜锰晶种层上形成铜互连结构，并执行退火工艺。	
CN202675945U	120702	130116	南京德邦金属装备工程公司	邓家爱；邹 华；周景蓉；张士国；魏 康；黄真海	钽铜钢复合板管板换热器	钽铜钢复合板为管板和换热器设备的壳体，它是由表面钽板、中间铜板和钢基板构成的复合板；钽板厚度为2～3mm，铜板厚度为2～3mm；钽换热管穿入钽铜钢复合板的管板。	

专利号	申请日	公布日	申请人	发明人	专利名称	专利要点及有益效果	同族专利号
CN102888547A	120928	130123	宝鸡市亨信稀有金属有限公司	李玉儒；马小红；张伟峰	一种 NbZr10 合金铸锭的制备方法	步骤：（1）铌锭制备；（2）锆板条制备；（3）电极制备；（4）真空自耗电弧炉一次熔炼；（5）真空自耗电弧炉二次熔炼；（6）将二次锆铌合金铸锭经扒皮至表面光亮无肉眼可见缺陷后取样分析合格后制得成品 NbZr10 合金铸锭。	
CN102888649A	121010	130123	西北工业大学	苏海军；张　军；杨新宇；刘　林；傅恒志	一种制备 Si-$TaSi_2$ 共晶自生复合材料的方法	采用多层金属屏蔽保温，并通过红外热电偶控温。当试样完全熔化后，通过拉伸将试样抽拉到 Ga-In-Sn 液态金属中强制冷却，从而获得组织超细化的 Si-$TaSi_2$ 共晶自生复合材料。	
CN102897836A	121023	130130	九江有色金属冶炼有限公司	匡国珍；胡志萍；张国祥；戴和平；江　燕；李锋波	超细氧化铌的制造方法	（1）调配：向氟氧铌酸溶液中加入所需要的纯水；（2）液氨中和至 pH = 9 ~ 10；（3）过滤和洗涤；（4）烘干：滤饼在 150 ~ 250℃进行烘干；（5）煅烧在 790 ~ 850℃下煅烧 1 ~ 2h，得到氧化铌；（6）筛磨：过 60 目筛，得所述 D_{50} 为 0.30 ~ 0.45μm 的超细氧化铌。	
CN102899528A	121024	130130	中南大学；宝钛集团有限公司	刘会群；易丹青；高　颀；李献民；许艳飞	一种生物医用 β 钛合金材料及其制造方法	一种含 Nb 30% ~ 40%，Zr 5% ~ 15%，Sn 1% ~ 10%，O 0.1% ~ 0.3%，余量为 Ti 的合金（成分范围以质量分数计）。通过不同的热处理工艺可以调控合金的强度和弹性模量。	
CN102899722A	120912	130130	江西匀晶光电技术有限公司	张　婷；曹远虎；夏宗仁；梁　万	一种掺氧化镁同成分铌酸锂晶片及其制造方法	用提拉法生长掺镁适量富铌的铌酸锂晶体，晶体经过退火极化处理，再切割成晶片，将切割晶片埋入同成分铌酸锂粉料中，再在 1000 ~ 1150℃温度下恒温 20 ~ 40h 进行扩散热处理，即得到掺氧化镁同成分铌酸锂晶片。	
CN202701385U	120718	130130	江西景泰钽业有限公司	袁宁峰；涂　骏；董欢欢；黄福龙；孟建柳；曹树稳	用钽铌电容器废料制取冶金级粉末过程中的碳化氢化装置	主要由物料进管、高温碳管、中间冷却管、低温碳管、控制系统、末段冷却管组成，还设有进管密封端盖、进管出气口和石墨推舟杆。	

专利号	申请日	公布日	申请人	发明人	专利名称	专利要点及有益效果	同族专利号
CN102909237A	121122	130206	宁夏东方钽业股份有限公司	李永林；朱宝辉；刘守田；刘彦昌；任丽萍；王培军；韩宝峰；巴万兴；鞠　顺；李　陈；袁红军；王　益；沈立华	一种TA18厚壁管材的制备方法	工艺包括铸锭、锻造、管坯制备、表面处理、轧制和矫直。具体步骤为：（1）管坯经过1～3次两辊冷轧直接得到成品；（2）通过采取内表面镗孔、外表面磨抛的方式达到提高表面质量的目的；（3）通过采取热矫直的方式保证了产品的直线度。	
CN102909299A	120826	130206	宁夏东方钽业股份有限公司	李兆博；李桂鹏；汪　凯；同　磊；张春恒	高性能钽靶材的热锻工艺	将钽锭采用一次锻造，随后酸洗、热处理后采用热锻法进行二次锻造，再次酸洗和热处理后采用热锻法进行三次锻造。	
CN102909365A CN102909365B	121120	130206 140709	重庆润泽医药有限公司	叶　雷	一种医用钽粉的制备方法	医用钽粉，含氧量不大于0.1%，95%以上钽粉的粒度在1.0～50.0μm，钽粉的粒形均为球形或近球形。	
CN102909422A	110803	130206	顾勒秀	顾勒秀	数控机床用铣刀	包括刀头与刀柄，刀头为硬质合金，刀柄为高速钢，硬质合金包括0.009%的钨、0.018%的钛、0.092%的钽以及0.01%的铌，硬质合金的其他成分为碳和铁。	
CN102909485A	121029	130206	海门市威菱焊材制造公司	苏红菱	高铬铸铁药芯焊丝	该高铬铸铁药芯焊丝的成分（质量分数）为：碳1%～10%；铬4%～45%；钼0～20%；镍0～15%；钨0～15%；钒0～15%；铌0～20%。	
CN102915853A	120823	130206	云南大学	许思勇；秦国义；马婷婷；尤　杰	RuO_2-SnO_2-TiO_2-Ta_2O_5/Ta阴极片及制法	一种RuO_2-SnO_2-TiO_2-Ta_2O_5为阴极片复合涂层、各组分质量分数为：20%～70% RuO_2、5%～70% SnO_2、0～70% TiO_2、1%～30% Ta_2O_5；Ta片为阴极片基片，其厚度为0.05～0.1mm。	
CN102921850A	121031	130213	宁夏东方钽业股份有限公司	孙　伟；李桂鹏；汪　凯；同　磊；董超群；李积贤；安　钢；梁　立	钽+钨棒材的生产方法	步骤:(1)将钽+钨铸锭预热,在预热后的钽+钨铸锭表面涂覆抗氧化涂层;(2)将铸锭置于中频感应圈中,加热;(3)将铸锭进行径向镦粗和径向拔长,循环多次;(4)将铸锭进行退火,得到钽+钨棒材。	

专利号	申请日	公布日	申请人	发明人	专利名称	专利要点及有益效果	同族专利号
CN102921929A	121101	130213	哈尔滨工业大学	陈瑞润；杨劼人；丁宏升；郭景杰；苏彦庆；傅恒志	高铌钛铝金属间化合物的无污染定向凝固	利用感应线圈使电磁紫铜坩埚内的底座上段和送料棒下端熔化，熔融高铌钛铝合金液形成驼峰后；向电磁紫铜坩埚内加料，强冷使熔化的合金液形成有定向凝固组织的柱状晶。	
CN102925750A	121025	130213	上海大学	张金龙；姚美意；周邦新；李　强	核电站燃料包壳用含锗的锆铌合金	该锆合金的化学组成(质量分数)为:Nb 0.2% ~ 2.0%,Ge 0.01% ~0.5%,余量为 Zr。合金元素优选范围为:Nb 0.8% ~0.12%,Ge 0.05% ~0.2%。	
CN202715273U	120613	130213	衡阳金新莱孚新材料公司	陈　巍；李端华	两槽箱式混合澄清萃取槽	它由含钽有机槽、钽液澄清槽、钽液储槽、空载有机箱、反钽槽组成；该设计多机萃取、多机分离，分离效果较好。	
CN202752604U	120718	130227	中国振华（集团）新云电子元器件有限责任公司	张　林	T 型成型模具	包括前板、后板、对称型下板、T 形底座、镶嵌下板、左压模以及右压模，左压模以及右压模分别安装在 T 形底座两端形成的凹槽内。	
CN102951683A	110826	130306	华东理工大学	王艳芹；张　宇；卢冠忠；刘晓晖；任家文；刘慧慧；郭　耘；郭杨龙；王筠松；张志刚；龚学庆	一种稳定的铌前驱体的制备及应用	以五氧化铌为原料，将其溶于氢氟酸水溶液中获得氟化铌溶液，而后用碱液将铌以水合铌酸的形式沉淀下来，将沉淀溶于酒石酸溶液中获得稳定的可溶性铌的酒石酸盐前驱液，该溶液呈弱酸性。	
CN102952951A	110822	130306	中国科学院过程工程研究所	王晓辉；向仕彪；郑诗礼；张　懿；惠贺龙	从钨渣中低温回收铌、钽并联产氟硅酸钾的方法	氢氟酸浸出液经蒸发冷凝得到高纯氟硅酸溶液，加入饱和 KCl 溶液制得高纯氟硅酸钾副产品。本方法能耗低、工业可操作性强，同时高纯副产品进一步提高了工艺的经济性。	
CN102952985A	121121	130306	邓湘凌	邓湘凌	高韧性金属陶瓷组合物及其制作方法	原料组分（质量分数）：碳化钛 40% ~70%、碳化钨 10% ~30%、碳化钽 1% ~5%、碳化铬 3% ~5%、镍 10% ~20%、钼 5% ~10%，步骤为：原料→球磨，制成粉→压制成型→排碳脱脂→真空高温烧结。	

专利号	申请日	公布日	申请人	发明人	专利名称	专利要点及有益效果	同族专利号
CN102952987A	121121	130306	邓湘凌	邓湘凌	高韧性金属陶瓷组合物及其制作方法	原料组分（质量分数）：碳化钛 40% ~70%、碳化钨 10% ~30%、碳化钽 1% ~5%、碳化铬 3% ~5%、钴 10% ~20%、钼 5% ~10%。步骤为：原料→球磨，制成粉→压制成型→排碳脱脂→真空高温烧结。	
CN102962078A	121128	130306	桂林理工大学	姚　毅；林　华；曾鸿鹄	一种可见光响应的光催化剂及其制备方法	将分析纯的硝酸银、氧化铜、五氧化二铌、五氧化二钽按照 $AgCuNb_{1-x}Ta_xO_4$（其中 $0 \leqslant x \leqslant 1$）称量后放进高压釜中，以氢氧化钾为矿化剂，采用水热合成工艺。	
CN102962454A CN102962454B	21128	130306 140402	株洲硬质合金；哈尔滨工大	陈国庆；张秉刚；涂建刚；冯吉才；吴振中	YGH-60 硬质合金与 45 钢焊接材料的制法	组分（质量分数）为：铁粉 8.3% ~8.5%、铌粉 0.45% ~ 0.55%、钇粉 0.75% ~ 0.85%、碳粉 0.45% ~0.55% 和余量的镍粉并加入混粉机混合，压制、真空烧结得到所需焊接材料。	
CN202766591U	120620	130306	衡阳金新莱孚新材料公司	陈　嶷；李端华	两槽箱式混合澄清萃取槽的空载有机箱	一种两槽箱式混合澄清萃取槽的空载有机箱，它由盖板、箱体、支脚组成；设计的空载有机箱钽液分离的效果较好。	
CN202766592U	120620	130306	衡阳金新莱孚新材料公司	陈　嶷；李端华	两槽箱式混合澄清萃取槽的含钽有机槽	一种两槽箱式混合澄清萃取槽的含钽有机槽，它由盖板、箱体、支脚组成；设计的含钽有机槽钽液分离效果较好。	
CN202771968U	120725	130306	深圳顺络电子股份有限公司	莫明强；齐兆雄；戴小波	钽电容器涂胶机	一种钽电容器涂胶机，包括涂胶滚轮及其驱动装置、装载台和与装载台连接的驱动机构，涂胶滚轮。	
CN102965525A CN102965525B	121205	130313 131127	江门富祥电子材料有限公司	郑祥云；廖志刚；朱德忠	钽粉镁还原降氧的装置及镁还原降氧方法	该装置包括电加热井式炉和置于该井式炉中的圆筒式反应容器，有氩气进入管、气体排出管、热偶管以及装有钽粉的坩埚，坩埚置于反应容器下部，在钽粉坩埚的上方设有集镁器，和下隔热屏，上隔热，氩气进入管伸入到反应容器底部。	

专利号	申请日	公布日	申请人	发明人	专利名称	专利要点及有益效果	同族专利号
CN102965732A	121117	130313	泰山体育产业公司；南开大学	孔勇发；李昕睿；刘宏德；徐培明	掺钇铌酸锂晶体及其制造方法	掺钇铌酸锂晶体，其特殊之处在于：是在铌酸锂中掺入钇离子 Y^{3+}，其中摩尔比 [Li]/[Nb] = 0.93 ~ 1.41，Y^{3+} 的掺入量摩尔百分数为 0.5% ~6.0%。	
CN102969497A	121210	130313	中国电子科技集团第十八研究所	孙文彬；卢志威；彭庆文；许　寒	一种 $LiMn_2O_4$ 材料的包覆方法	将锂源和铌源溶解在有机溶剂中，加入 $LiMn_2O_4$ 搅拌成溶胶；将溶胶加热挥发掉溶剂，形成干燥的凝胶前驱体；恒温下煅烧，冷却后即得到表面包覆有 $LiNbO_3$ 的 $LiMn_2O_4$ 材料。	
CN302348492S	121129	130313	株洲硬质合金集团有限公司	谢亮波	铌喷嘴芯	本外观设计产品的名称：铌喷嘴芯。本外观设计产品的用途：用于喷射强腐蚀高温液体的喷枪上。本外观设计的设计要点：在于铌喷嘴芯的螺旋状结构。	
CN102977135A	121102	130320	中国科学技术大学	陆亚林；刘　敏；王建林；唐　健；雷志威	一种铌配合物水溶液的制备方法	将正铌酸钾或正铌酸钠溶解后，加入酸性试剂反应，得到水合五氧化二铌沉淀；将水合五氧化二铌沉淀溶于草酸水溶液中，加入铵离子反应，得到澄清的反应液；用氨水调节反应液的 pH 值，得到沉淀后加入 α-羟基酸进行配位反应，得到铌配合物水溶液。	
CN102980390A	121224	130320	苏州杰士通真空技术有限公司	滑喜宝	一种钽电容真空烧结脱蜡炉	主要包括炉体、炉盖、炉胆和脱脂捕集系统，脱脂捕集系统；炉体上部侧壁设置有充气口，其中通以惰性气体。	
CN102981054A	121122	130320	宁夏东方钽业股份有限公司	赵红运；刘云峰；陈明伦；张宁峰；张良玉；黄俊峰；范　青；游雨松	高纯铌材剩余电阻率测试样品的处理方法	该处理方法是将高纯铌材样品放置到由摩尔比为（0.032 ~ 0.130）:（0.032 ~ 0.130）:（0.025 ~ 0.050）的磷酸、硝酸和氢氟酸混合而成的混合酸液中浸泡 2 ~4min，然后用纯水洗涤即可。	
CN102983316A	121105	130320	华中科技大学	黄云辉；伽　龙；袁利霞	二次锂离子电池的电极材料及其制备方法	电极材料的化学式为 $Ti_xNb_yO_z$；$1:24 \leq x:y \leq 1:1$。制备步骤：将含有 x mol 钛元素的钛源与含有 y mol 铌元素的铌源混合后烧结，并获得电极材料 $Ti_xNb_yO_z$ 粉末。	

专利号	申请日	公布日	申请人	发明人	专利名称	专利要点及有益效果	同族专利号
CN202801865U	120808	130320	创生医疗器械公司；中科院金属所	邱剑虹；蔡　勇；徐文利；杨　柯；谭丽丽；于晓明	一种颅骨植入体	一种颅骨植入体，包括颅骨假体，颅骨假体的外表面涂覆有钽涂层。采用生物相容性好，耐腐蚀，耐磨损，与基体结合强度高的金属钽作为涂层材料。	
CN202803934U	120606	130320	中国振华（集团）新云电子元器件有限责任公司	王忠祥	筒状外壳引伸模具	包括下基座、凹模系统、上基座以及凸模系统，其中，凹模系统由凹模套、卸料圈、凹模、定位圈以及凹模固定板组成，凸模系统由凸模固定板、冲头及冲头柄、冲头夹以及凸模组成。	
CN202816685U	120808	130320	中国振华（集团）新云电子元器件有限责任公司	王忠祥	一种钽电容器扁平状阳极芯块的成型模具	它包括下凸模、下凹模、上凹模以及上凸模，上凹模通过定位销固定在下凹模上，下凹模的内腔与上凹模的内腔对齐，下凸模和上凸模在下凹模和上凹模的内腔中构成扁平状型腔，下凹模与上凹模上均设置有与扁平状型腔相通的引线槽。	
CN102989767A	120816	130327	宁夏东方钽业股份有限公司	张春恒；李桂鹏；同　磊；汪　凯；李兆博	一种高性能钽靶材的热轧工艺	该方法首先将锻造坯料预热至 900 ~ 1200℃，然后轧制，酸洗。本发明利用高性能轧制坯料获得靶材厚度方向（100）织构占优的织构组分（占 50% 以上），并且均匀一致。	
CN102990076A	121218	130327	宁夏东方钽业股份有限公司	雒国清；马跃忠；王治道；董学成；王春翔；陈学清；李　勇；李　慧；孙　宇；林辅坤；张学清；赵春霞；习旭东；景镇远；王　宁；张洪刚；李丽君；王小青	金属钠还原氟钽酸钾生产钽粉的搅拌水洗方法及装置	该水洗方法是在电解质溶液中对去除了碱金属卤素盐的金属钠（Na）还原氟钽酸钾（K_2TaF_7）得到的钽粉进行搅拌水洗，去除钽粉中有害难溶超细颗粒杂质，然后进行酸洗、烘干得到初始钽粉。这种方法生产钽粉收率高，得到的钽粉具有高纯度及好的粒度分布，好的孔隙度，特别适合于制造钽电解电容器。	
CN102990216A	120816	130327	宁夏东方钽业股份有限公司	张春恒；汪　凯；李桂鹏；李兆博；王　鹏	一次真空将溅射钽环件凸台焊接在环体上	首先将凸台和环件分别酸洗，然后将所有凸台固定在环件上，最后将固定好凸台的环件装夹在三爪卡盘上，通过 W 轴的旋转依次完成多个凸台的焊接。	

专利号	申请日	公布日	申请人	发明人	专利名称	专利要点及有益效果	同族专利号
CN102990234A	120816	130327	宁夏东方钽业股份有限公司	汪　凯；张春恒；李桂鹏；张自鼎	一种溅射钽环件凸台和环件的焊接方法	首先将凸台和环件分别酸洗，然后采用激光点焊的方法将所有凸台固定在环件上，最后将固定好凸台的环件装夹在三爪卡盘上，通过 W 轴的旋转依次完成多个凸台的焊接。	
CN102992763A CN102992763B	130102	130327 140205	桂林理工大学	桂林理工大学	铌酸钠钾-钛锌酸铋-铝酸铋无铅高温电容介质材料及其制备法	电容材料体系通式为 $(1-y-z)K_{1-x}Na_xNbO_3-yBi(Zn_{0.5}Ti_{0.5})O_3-zBiAlO_3$ 的基体和占基体 0.5% ~3%（质量分数）的三氧化二铋制备而得，其中 $0.5\leqslant x\leqslant 0.53$，$0.005\leqslant y\leqslant 0.12$，$0.005\leqslant z\leqslant 0.08$。其制备方法包括细化原料粉体、球磨混料、预烧、造粒、过筛、制坯，烧结、被电极等。	
CN102994738A	121206	130327	内蒙古科技大学	李　解；李保卫；王建英；韩继铖	用 X 荧光拣选—微波碳热还原制取富铌矿	（1）通过 X 荧光拣选出铌相对富集的粗铌矿研磨制粉；（2）在粗铌矿中加入碳质还原剂，碳热还原；（3）将还原后的矿物细磨至入选粒度，用弱磁选将铁矿选出，得到富铌矿。	
CN102994780A CN102994780B	120816	130327 140528	宁夏东方钽业股份有限公司	林辅坤；马跃忠；王春翔；王治道；雒国清；张学清；杨生芳；冒海红；习旭东；王　宁；张洪刚；景镇远；高淑琴；任　萍	提纯钽粉的方法	将包含钽粉、碱金属及碱金属卤化物的混合物投入含有酸性电解质的水溶液滤洗，当水溶液 pH 值不再变化时，过滤得到第一滤饼；将滤饼用去离子水搅拌洗涤，过滤得到第二滤饼；将第二滤饼酸洗，过滤得到第三滤饼；将第三滤饼烘干得到钽粉。	
CN102994837A	110909	130327	冯　俊	冯　俊	一种含铌含镁钴合金	镁合金由 Mg、Al、Zn、Mn、稀土、Nb、Co 组成，其组成（质量分数）为：Al 1.5% ~25%，Zn 0.1% ~3.5%，Mn 0.1% ~2.2%，稀土 0.001% ~16%，Nb 0.001% ~4%，Co 0.001% ~2%，其余为 Mg 和不可避免的杂质。	
CN102994849A	121029	130327	海门市金易焊接材料有限公司	蔡德丰；蔡卫红	铌铁	该高碳铬铁焊丝成分（质量分数）为铌 60% ~80%；钛 1% ~5%；碳 0.2% ~5%；硅 0.5% ~20%；铝 1% ~25%；硫 0.01% ~10%；磷 0.01% ~10%，所述铌铁成分中的铌为过 150 ~250 目筛的铌粉。	

专利号	申请日	公布日	申请人	发明人	专利名称	专利要点及有益效果	同族专利号
CN102994853A	121130	130327	株洲普瑞克硬质合金有限公司	李　骏；叶典舞；张庭辉；方伟清	一种硬质合金原料、切削工具硬质合金及其制备方法	本硬质合金原料的组分（质量分数）是：碳化钨60%～70%；钴粉10%～15%；碳化钛15%～20%；稀有金属5%～10%；其中，碳化钨的粒度小于等于1.5μm；所述稀有金属中包含有钽或/和铌元素；切削工具硬质合金的制备方法包括：混合、干燥、成型、压制、烧结。	
CN102996790A	121225	130327	西安优耐特容器制造有限公司	孙万仓；王娅辉；张　成；叶建林；贺旭明；赵　斌；邢　炜；袁敏哲；董　斌；高晓东；杨宏亮；郝伟伟；鲁勤利	一种钽衬容器	容器本体包括：筒体钢基层、筒体钽衬层和第一钢法兰盘；容器盖体包括：盖体钢基层、盖体钽衬层和第二钢法兰盘；第一、第二封头均包括：封头钢基层、封头钽衬层、第三钢法兰盘和第一法兰钽衬环、第四钢法兰盘和第二法兰钽衬环。	
CN102998303A	121122	130327	攀钢集团江油长城特殊钢有限公司	吴世凯	一种应用微波消解-ICP-AES测定钢铁中铌、钽含量的方法	将待测试样以无机酸、进行消解并稀释成待测试液，再在电感耦合等离子体发射光谱（ICP-AES）仪器上测量其发射光谱强度，由所制作的工作曲线查出铌、钽的浓度，再计算得到待测试样中铌、钽的含量。	
CN202826580U	120907	130327	四川惊雷科技股份有限公司	王典灿	钽-钢复合钢板	包括双层板，其特征是：其中一层为钽板，另外一层为普通钢板。本实用新型能够有效地将贵金属板与普通钢板复合，拥有了需要的强度，节约了昂贵金属的使用量。	
CN103009000A	121218	130403	宁夏东方钽业股份有限公司	李桂鹏；王　莉；汪　凯；同　磊；张国军；李兆博；郭从喜；任　晓；许　宁	一种铌靶材的制备方法	首先将铌管坯进行热挤压，将热挤压后的铌管坯进行内孔的加工，从而得到铌靶材。由于铌管坯表面喷涂有玻璃粉，使其在挤压过程中具有较好的润滑效果，铌管坯的表面质量好；随后的热挤压加工与热处理有助于铌管坯晶粒的细化与均匀化。	
CN103011291A	121219	130403	宁夏东方钽业股份有限公司	郭　涛；刘兴旺；白掌军；黄云红；李　辉；石晓军；李明阳	一种钽铌复合碳化物的制备方法	按照预定钽铌比配制溶液，进行化学共沉淀，获得钽铌氢氧化物混合浆料，烘干后得到钽铌氢氧化物铌混合粉末，粉末经800～1200℃焙烧，得钽铌复合氧化物，加入炭黑，经真空碳化、球磨、过筛后得到钽铌复合碳化物。	

专利号	申请日	公布日	申请人	发明人	专利名称	专利要点及有益效果	同族专利号
CN103011812A	121212	130403	中科院福建物质结构研究所	艾辽东；龙西法	铌锌酸铅基多元复合钙钛矿型压电陶瓷的制备方法	制备方法中，前驱体的合成是将除 ZrO_2、TiO_2 之外的其他 B 位离子氧化物按化学计量比称量、混合研磨；共烧，得到所述的前驱体。	
CN103011816A	121206	130403	中科院福建物质结构研究所	刘 颖；龙西法；沈东全；李修芝；王祖建；何 超	二元铁电固溶体铌镥酸铅-钛酸铅制备方法	（1）先合成前驱体铌酸镥（$LuNbO_4$）；（2）将 $LuNbO_4$ 与氧化铅、氧化钛（TiO_2）混合研磨，煅烧得预合成粉末，再研磨，成型，排塑，埋烧得纯钙钛矿相 PLNT 二元固熔体。	
CN103014386A CN103014386B	121210	130403 140709	西安诺博尔稀贵金属材料有限公司	武 宇；赵鸿磊；王 飞；郭海生；姚修楠；宜 楠；文 琳；张琨宇	一种铌钨钼锆合金铸锭的制备方法	（1）将多根铌钨钼金属条整齐叠放，在金属条中部铺设纯锆板，焊接成熔炼电极；（2）将其进行两次真空电子束熔炼，得到半成品铸锭；（3）将纯锆板剪成锆条；（4）将纯锆条紧贴附于半成品铸锭外表面；（5）进行两次真空自耗电弧熔炼，得到铌钨钼锆合金铸锭。	
CN103014523A	130122	130403	宁夏东方钽业股份有限公司	宋晓鹰；聂全新；梁 汛；颉维平；白掌军；赵 兵；李明阳；牟 东；王 莉；万 朋	高温合金用母材及其制备方法	高温合金用母材成分：Cr 10% ~ 45%，Nb 0.5% ~12%，Ti 0.7% ~2.5%，Mo≤9.0%，W≤8.0%，Mn≤2%，Si≤1.0%，Al≤2.0%，C≤0.5%，O≤0.032%，N≤0.032%，S≤0.01%，P≤0.02%，余量为 Fe 和不可避免的杂质。将原料熔化后铸锭，得到高温合金用母材。	
CN103014863A	121206	130403	中科院福建物质结构研究所	刘 颖；龙西法；李修芝；王祖建；何 超	反铁电单晶铌镥酸铅及其制备方法和用途	该单晶具有钙钛矿结构，其化学式为 $Pb(Lu_{1/2}Nb_{1/2})O_3$。采用高温溶液法或顶部籽晶法生长并且生长出的为晶体显露（001）及（111）自然生长面的立方体和八面体聚形晶体。	
CN103021670A	121225	130403	上海奥威科技开发有限公司	黄廷立；杨恩东；安仲勋；曹小卫；吴明霞；颜亮亮；张熙贵	基于钽正极和活性炭负极的混合型超级电容器	包括负极和正极，所述负极材料为活性炭，所述正极材料为钽。本发明的工作电压是一般电容器的 3 ~10 倍。	
CN103021681A	121227	130403	株洲日望电子科技股份有限公司	陈 彬；彭 立	一种环形钽阴极筒的成型装置及成型方法	成型装置包括钽壳筒、进料筒、压套、塞头和高度限位器，钽粉从进料筒加入，通过导流槽，进入到由进料筒、钽壳筒和压套形成的空腔中，将压套下压，即制作完成了钽阴极筒。	

专利号	申请日	公布日	申请人	发明人	专利名称	专利要点及有益效果	同族专利号
CN103022007A	110928	130403	中芯国际集成电路制造公司	康晓春；何朋	用于铜互连的钛掺杂钽基阻挡层及制造法	钛掺杂钽基阻挡层包括钛掺杂钽氮薄膜和位于所述钛掺杂钽氮薄膜上的钛掺杂钽薄膜，其中所述钛掺杂钽氮薄膜中钛占钛钽总原子数0.1%～2.2%。	
CN103028898A	120816	130410	宁夏东方钽业股份有限公司	李桂鹏；张春恒；李兆博；汪凯；同磊；陈文明	一种高性能钽靶材的制备方法	先将钽锭用冷锻结合热锻制成锻造坯料，然后再热轧，最后校平，再根据成品尺寸下料、铣削和表面处理得到钽靶材。本发明得到满足高端溅射基台使用要求的高性能钽靶材。	
CN202865406U	120904	130410	常州纺兴精密机械有限公司	周为民；张培杰；许建南；毛伟如；李梅宏；吴意健；盛小平；徐明；朱建新；戴志成；吴午大；杭海飙；汤宇峰	碳纤维纺丝钽喷丝板	本碳纤维纺丝钽喷丝板，包括板状钽质的本体，在本体上设有若干喷丝孔，喷丝孔的一面为进料口，另一面为出料口，所述的喷丝孔呈环状地阵列分布在本体上。	
CN103041864A	121122	130417	清华大学	王铁峰；刘蓉；金涌	甘油选择性脱水生产丙烯醛的催化剂制备	以五氧化二铌为载体，在室温下以5%～60%的负载量采用真空浸渍法负载杂多酸铯盐，并在400～700℃下煅烧后制得催化剂。	
CN103045995A	121219	130417	西北稀有金属材料研究院	扈百直；胥小勇；刘孝宁；张红梅；刘清慧；马文卫；马建保；杨小林；胡海霞	一种氧化铌旋转靶材及其制备方法	其制备方法包括：氧化铌喷涂粉的制备，喷涂基体的处理，喷涂打底层，用等离子喷涂工艺在基体管上喷涂氧化铌喷涂粉。	
CN103050162A	130121	130417	哈尔滨工业大学	李兴冀；杨剑群；芮二明；高峰；何世禹	纳米钽/纳米氮化硼-聚乙烯空间中子辐射防护复合材料及制法	由聚乙烯树脂、纳米钽、纳米氮化硼、偶联剂和无水乙醇制成；方法：（1）称取；（2）制备混合液；（3）制得改性的纳米钽/纳米氮化硼；（4）制得纳米钽/纳米氮化硼-聚乙烯空间中子辐射防护复合材料。	
CN202880924U	121023	130417	九江有色金属冶炼有限公司	匡国珍；余汤；戴和平	一种超细电子用氧化铌沉淀装置	包括反应器，反应器上设有进料圆形盘管、进氨水管、出料口，并设有搅拌装置；进料圆形盘管上方设有小孔的氨水盘管分布器。	

专利号	申请日	公布日	申请人	发明人	专利名称	专利要点及有益效果	同族专利号
CN103058657A	130117	130424	天津大学	马卫兵；陈天凯；孙清池；郇正利；唐翠翠	氧化钴掺杂铌钛酸锌微波介质陶瓷	Co_2O_3 掺杂铌钛酸锌微波介质陶瓷，其化学计量式为（$Zn_{1-x}Co_x$）$TiNb_2O_8$-1% BaCu（B_2O_5）（质量分数），BaCu（B_2O_5）简称 BCB，式中 x = 0.32 ~ 0.38。	
CN103059383A	130121	130424	哈尔滨工业大学	李兴冀；杨剑群；何世禹；高　锋	掺杂纳米钽的聚乙烯复合材料及其制备方法	它是由聚乙烯树脂、纳米钽和偶联剂制成。该发明的聚乙烯复合材料的热稳定性相对于纯聚乙烯提高了 5% ~35%。	
CN103060586A	130115	130424	北京科技大学	章　林；曲选辉；秦明礼；刘　烨；何新波	一种复杂形状铌基 ODS 合金的制备方法	以高能球磨铌基 ODS 合金粉末为原料，采用激光快速成形技术制备复杂形状铌基 ODS 合金的方法，属于难熔金属制备技术领域。	
CN103060609A	111021	130424	北京航空航天大学	郭　顺；包甑珍；赵新青	低弹性模量、高强度的 Ti-Nb-Mo-Sn 的近 β 钛合金	合金的化学成分（质量分数）是：15% ~35% 的铌、1% ~8% 的钼、1% ~8% 的锡、0 ~1.2% 的二氧化钛粉末。本体系合金有好的冷加工性能和低的加工硬化率。	
CN103060702A	130111	130424	江西科泰新材料有限公司	李宁波	钼铌合金靶材的生产工艺	把高纯钼粉和铌粉按 1：(8 ~9) 的质量比混匀，在 1400 ~1900℃ 煅烧成钼铌合金→制粉→在压力 12 ~25MPa，在 1450 ~2020℃ 下压 30 ~90min，得到靶坯→修整得成品靶材。	
CN103065796A	130115	130424	中国振华（集团）新云电子元器件有限责任公司	江　平；王安玖	片式氧化铌电容器石墨、银浆层制备方法	将被膜好的氧化铌芯子依次浸入水性石墨、苯甲醇溶液、银浆和烘干固化，完成对氧化铌电容器的石墨、银浆层的制备。	
CN103065797A	130115	130424	中国振华（集团）新云电子元器件有限责任公司	赵泽英；江　平；王安玖	一种氧化铌电容器的混粉工艺	将溶解有苯甲酸的二氯甲烷溶液倒入氧化铌粉中，拌匀；于水中加热，将溶解有樟脑的二氯甲烷溶液倒入氧化铌粉中，拌匀；将铌粉过 0.2 ~ 1.0mm 的网筛，抽风晾干 1 ~4h。	
CN103065798A	130115	130424	中国振华（集团）新云电子元器件有限责任公司	江　平；王安玖	片式氧化铌电容器石墨、银浆层制备	将被膜好的氧化铌块芯子浸入水性石墨、浸入苯甲醇溶液、浸入银浆和烘干固化，完成氧化铌电容器的石墨、银浆层的制备。	

专利号	申请日	公布日	申请人	发明人	专利名称	专利要点及有益效果	同族专利号
CN103074535A	130125	130501	中国矿业大学	王晓红；吴光志；陆　琼；孙　智；冯培忠；沈承金	钼铌硅合金及其制备	钼铌硅合金的化学式为 $(Mo_{1-x}Nb_x)Si_2$，其中x = 0 ~ 1。将钼、铌、硅的金属粉末按照一定比例混合，将混合粉末压制成坯体，在保护性气氛中合成钼铌硅合金。	
CN103074536A	130131	130501	南京理工大学	李永胜；庞玉璇	一种碳硅钨钇片层组织高铌钛铝合金及其制备方法	γ-TiAl 合金，其名义成分（质量分数）为：Al 45.0% ~ 48.0%、Nb 5.0% ~ 8.0%、C 0.5% ~ 1%、Si 0.1% ~ 0.5%、W 1.0% ~ 2.0%、Y 0.1% ~0.5%，其余为 Ti。利用电弧熔炼制备锭，通过悬浮熔炼吸铸成圆柱形试棒，采用光学浮区法对试棒进行定向凝固，获得片层组织高铌钛铝合金。	
CN103084164A	130204	130508	上海交通大学	朱申敏；毛　琳；张　荻；路　涛；朱呈岭	五氧化二钽纳米颗粒/石墨烯复合光催化剂的制备	以氧化石墨为基体，用五氧化二钽配置催化剂的前驱体，用双氧水对五氧化二钽前驱液的调节，辅助超声的方法，得到了五氧化二钽纳米颗粒/石墨烯复合光催化剂。	
CN103084194A	130204	130508	上海交通大学	朱申敏；毛　琳；张　荻；路　涛；朱呈岭	五氧化二钽纳米颗粒/石墨烯复合光催化剂的制备	以氧化石墨为基体，用五氧化二钽配置了催化剂的前驱体，通过双氧水等试剂对五氧化二钽前驱液的调节，辅助超声的方法，得到了五氧化二钽纳米颗粒/石墨烯复合光催化剂。	
CN103084211A CN103084211B	121224	130509 140422	东北师范大学	张志明；姚　爽；沈建强；王恩波	一种基于多铌酸盐的光催化剂及制备方法	本发明的材料由六铌酸钾、醋酸铜、氧化锗、氢氧化钠、乙二胺通过水热方法制备而成。可用于亚甲基蓝及与其有相同生色基团的有机染料的降解。	
CN103084568A	121205	130508	江门富祥电子材料有限公司	郑浩宇；杨　进；廖志刚	具有冷却器的钽粉镁还原降氧的装置及镁还原降氧方法	该装置包括电加热井式炉和置于该井式炉中的圆筒式反应容器，反应容器包括有惰性气体进入管、气体排出管、热偶管以及装有钽粉的坩埚，在钽粉坩埚的上方设有集镁器，在集镁器和钽坩埚间有下隔热屏，在集镁器上方设有冷却器。	
CN103093898A	130225	130508	西部超导材料科技股份公司	崔利军；潘熙锋；闫　果；王大友；侯艳荣；王韵涵；冯　勇；刘向宏；张平祥	采用高能球磨法制备 Nb_3Al 超导线材的方法	采用高能球磨法制备 Nb_3Al 超导线材的方法，包括制备铌铝过饱和固溶体、制备 Nb_3Al 超导线材单芯线前驱体、制备 Nb_3Al 超导线材多芯线前驱体和热处理四个步骤。本发明制备 Nb_3Al 超导线材解决了现有技术中高温处理发生断线的问题。	

专利号	申请日	公布日	申请人	发明人	专利名称	专利要点及有益效果	同族专利号
CN103093964A	130130	130508	中国振华（集团）新云电子元器件有限责任公司	王　俊；蒙　勇；黄　艳；刘一峰；胡科正	降低钽电容器高频等效串联电阻的方法	将钽阳极块浸入阴极外部半导体层悬浊液加工阴极外部半导体层、将钽阳极块浸入石墨溶液加工阴极过渡层和涂覆石墨和银浆。在半导体层与导电层间增加一层过渡层。	
CN103103430A	111103	130515	王　欣	王　欣	一种钽锰钯合金及其加工方法	合金成分（质量分数）：Ta 33% ~ 47%、Mn 30% ~ 45%、Pd 1% ~ 15%、C ≤ 0.3%、P ≤ 0.04%、余量为Tc；其加工法：（1）将钽石、兰炭、钯屑冶炼成钽钯合金；（2）使金属熔液含锰并脱磷；（3）将合金铸锭。	
CN103103448A	121229	130515	内蒙古包钢钢联股份有限公司	任丽芳；董瑞峰；吴鹏飞；黄　利；袁晓鸣；杨　雄；杨维宇；李智丽；李文艺；黄　楠	一种低合金高强韧性耐磨钢板	一种低合金高强韧性耐磨钢板，其成分（质量分数）：C 0.10% ~0.21%，Si 0.20% ~0.70%，Mn 1.00% ~1.60%，Nb 0.01% ~0.03%，Ti 0.01% ~0.05%，B 0.0005% ~ 0.004%，Als（酸溶铝）0.010% ~0.040%，P≤ 0.025%，S≤0.010%，Cr 0 ~0.50%，Mo 0 ~0.30%，余量为Fe。	
CN103110982A	130105	130522	北京固圣生物科技有限公司	田杰谟；张国强；张　琳；曹小刚	TiZrNb 髋关节假体及其制备方法	由 TiZrNb 合金基体和在其上的生物活性复合涂层组成，生物活性复合涂层成分和合金基体成分相同，先后形成第一 TiZrNb 涂层→钽涂层→羟基磷灰石涂层或β-TCP 涂层。	
CN103111623A	130319	130522	北京科技大学	曲选辉；张德智；秦明礼；何新波；刘　烨；章　林；贾宝瑞；陈鹏起；李　睿	制备 Nb-W-Mo-Zr 纳米晶合金粉末的方法	在液氮下高速球磨，加速合金化，制备的 Nb-5% W-2% Mo-1% Zr（质量分数）合金粉末的平均粒度为 500nm，平均晶粒尺寸为 9nm，合金化程度为 100%。	
CN103121305A	130319	130529	北京科技大学	曲选辉；张德智；秦明礼；何新波；刘　烨；章　林；贾宝瑞；李　睿；陈鹏起	制备 Nb-W-Mo-Zr 微细球形合金粉末的方法	用机械合金化技术制备 Nb-W-Mo-Zr 合金粉末，用射频等离子球化技术对机械合金化粉末进行处理，以得到平均粒径在 20μm 以下的 Nb-W-Mo-Zr 合金粉末。	

专利号	申请日	公布日	申请人	发明人	专利名称	专利要点及有益效果	同族专利号
CN202954080U	121205	130529	江门富祥电子材料有限公司	朱德忠；郑浩宇；杨进	钽粉镁还原降氧装置	该装置包括电加热井式炉、圆筒式反应容器，惰性气体进入管、气体排出管、热偶管以及置于反应容器下部装有钽粉的坩埚，在钽粉坩埚的上方设有集镁器。	
CN103143830A	139327	130612	宁夏东方超导技术有限公司	赵红运；陈林；黄俊峰；陈明伦；张宁峰；范青；张良玉	真空电子束焊接铌材获得超高真空的方法	将铌工件和牺牲金属放入焊接真空室；用真空电子束焊机的电子束，轰击牺牲金属，使被加热的牺牲金属表面的电子束斑区域形成熔池；在短时间内，进行电子束焊接。	
CN103145417A CN103145417B	100320	130612 140702	桂林电子科技大学	江民红；彭铃；顾正飞；成钢；马垒；饶光辉	高性能铌酸钾钠基无铅压电陶瓷及制备法	它是以 Na_2CO_3、K_2CO_3、Nb_2O_5、Li_2CO_3、Sb_2O_3、Al_2O_3 和 Fe_2O_3 为原料，按照化学式 $(1-x-y)(K_{0.5}Na_{0.5})NbO_3-xAlFeO_3-yLiSbO_3$，其中 $0<x\leq0.5$，$0\leq y\leq0.1$，进行配料。	
CN103149196A	130225	130612	内蒙古包钢钢联股份有限公司	王宴秋；刘建华；刘钢耀；战丽君；戴文杰；段晓晨	电感耦合等离子体发射光谱测定铌铁中硅磷铝含量	称取铌铁试样，用酸溶解铌铁试样，得到待测溶液；制备标准溶液，确定铌铁试样中的硅、磷和铝含量所需的标准工作曲线；将待测溶液引入电感耦合等离子体发射光谱仪，根据标准工作曲线测定铌铁试样中的硅、磷和铝的含量。	
CN103151110A	130326	130612	西北有色金属研究院	焦高峰；王庆阳；刘国庆；贾佳林；熊晓梅；杨芳；闫果；李成山	7芯千米级超导线材 MgB_2/Nb/Cu	由Cu/Nb复合棒，沿圆周方向围绕于Cu/Nb复合棒外的六根一次复合单芯线材，和包裹于六根一次复合单芯线材外的第二无氧铜管组装后拉拔制成；MgB_2/Nb/Cu超导线材中无氧铜的面积占50%～60%，铌的面积占20%～25%，MgB_2的面积占20%～25%。	
CN103146974A	130327	130612	宁夏东方钽业股份有限公司	杨国启；扈百直；孙本双；王东新；钟景明；李彬；李海军；吴红；罗丹；刘创红；刘兆刚；李军义；岳坤；郑金凤；孙磊	靶材用钼铌合金板的制备方法	一种靶材用钼铌合金板的制备方法，将钼粉和铌粉按照（5～15）:（85～95）的质量比混合→将混合粉压成合金坯→将压制的合金坯烧结，在氢气中1000℃保温2～3h→1700℃保温2～3h→1950℃保温8～10h→烧结成合金坯状→1200～1400℃高温锻造→1500～1600℃下轧制成板材。	

专利号	申请日	公布日	申请人	发明人	专利名称	专利要点及有益效果	同族专利号
CN103147003A	130322	130612	内蒙古包钢钢联股份有限公司	石晓霞；刘金；马爱清；程正方；丰小冬；张行刚	含铌承压用无缝钢管及其制造方法	含铌承压用无缝钢成分（质量分数）为：C 0.10%～0.16%，Si 0.17%～0.35%，Mn 0.54%～0.80%，Cr≤0.3%，Mo≤0.08%，P≤0.02%，S≤0.02%，Nb 0.001%～0.005%，Al 0.02%～0.045%，Ti 0.02%～0.04%，Ni≤0.3%，Cu≤0.3%；其余为Fe，各成分质量分数共计为100%。	
CN103151339A	130208	130612	日月光半导体公司	钟旻华；周泽川；唐和明；杨秉丰	电容构造及其制造方法	电容构造包含（从下至上）：一第一金属层、一钽金属层、一复合材料层及一第二金属层。所述复合材料层包含五氧化二钽基材，并掺杂有二氧化钛复合材料颗粒。	
CN103157458A	1304	130619	桂林理工大学	方亮；邓婧；唐莹	可见光响应的钽酸盐光催化剂 $LiMTa_3O_9$ 及其制备方法	一种可见光响应的钽酸盐光催化剂 $LiMTa_3O_9$ 及其制备方法。该钽酸盐光催化剂的化学组成通式为 $LiMTa_3O_9$，其中 M 为 Mg、Zn 和 Co 中的一种。制备的光催化剂具有优良的催化性能，在可见光照射下具有分解有害化学物质的作用，且稳定性好。	
CN103165361A	130313	130619	清华大学深圳研究生院	巫俊斌；唐国翌；宋国林	一种含铯化合物阴极的制备方法及该阴极	按体积比45%～60%，120～200℃下将原料（钛粉、镍粉、钽粉、铌粉、氢化钛粉、氢化钽粉）与有机黏结剂混合，注射成型→生坯→去除有机黏结剂→在1100～2000℃烧结→多孔阴极基体→在含铯化合物溶液中浸泡干燥，真空炉200～700℃活化，得含铯化合物阴极。	
CN103160684A	111225	130619	中国科学院过程工程研究所	郑诗礼；杨秀丽；王晓辉；魏昶；张懿	钽铌矿低碱分解提取钽铌的方法	用少量氢氧化钠作为熔融剂，焙烧分解钽铌矿，使钽和铌转化为偏钽酸钠和偏铌酸钠。然后用稀氢氟酸在较低温度下浸取焙烧产物中的钽和铌，得到含氟钽酸和氟铌酸的矿浆。	
CN103160863A	130325	130619	上海大学	张捷宇；许继芳；盛敏奇；曾涛；万康；金永丽；李保卫	一种铌精矿熔融氧化物电解制备铌铁合金的方法	铌精矿进行选择性和磁选分离其中的铁，获得富铌和稀土混合物，对熔融富铌和稀土混合物用熔融氧化物电解制备铌铁合金。在1650℃以下实现铌精矿选择性还原和磁选分离、熔融氧化物电解制备铌铁合金。	

专利号	申请日	公布日	申请人	发明人	专利名称	专利要点及有益效果	同族专利号
CN103160864A	130325	130619	上海大学	张捷宇；许继芳；万　康；李建朝；盛敏奇；唐　磊；金永丽；李保卫	一种铌精矿熔盐电解制备铌铁合金的方法	首先进行铌精矿选择性和磁选分离其中的铁，获得富铌和稀土混合物，对富铌和稀土混合物采用熔盐电解法制备高铌铁比的铌铁合金。	
CN103165811A	130225	130619	苏州大学	苏晓东；张婧娇；郑　磊	硅基氮化铌薄膜超导材料及其制作方法	一种硅基氮化铌薄膜超导材料，包括 Si 基底、TiN 过渡层，以及 NbN 层。还提出了该硅基氮化铌薄膜超导材料的制作方法。	
CN103170631A	130319	130626	北京科技大学	曲选辉；张德智；秦明礼；何新波；刘　烨；章　林；贾宝瑞；李　睿；陈鹏起	一种制备小尺寸、薄壁 Nb-W-Mo-Zr 合金零件的方法	该方法以经过机械合金化和等离子球化处理的微细球形 Nb-W-Mo-Zr 合金粉末为原料，采用注射成型的方法制备了尺寸不大于 30mm 长、5mm 宽、薄壁厚 1mm、内有台阶和圆弧结构的小尺寸合金零件。	
CN103170722A	130411	130626	哈尔滨工业大学（威海）	冯吉才；王　廷；张秉刚；何　俊	一种薄壁铌材料构件环缝的几净形电子束焊接方法	焊前酸洗，真空干燥、点固焊接和上坡焊接，点固焊时采用表面聚焦，电子束流垂直作用于对接焊缝，正式焊接时采用低加速电压，上散焦电子束流，低速焊接，用大幅值电子束扫描，焊接时电子束流与焊缝法线成一交角。	
CN103173653A	111221	130626	北京有色金属研究总院	宋晓云；叶文君；惠松骁；于　洋；刘　睿；付艳艳；米绪军	低弹性模量高强度钛合金及其制备方法	合金由铌、锆、铪和钛组成（原子百分数）为：铌 18%，锆 0 ~ 9%，铪 0 ~ 9%，且锆和铪之和为 0 ~ 9%，余量为钛。采用真空自耗/非自耗电弧炉熔炼成 Ti-Nb-Zr(Hf) 铸锭，锻造开坯，中间锻造，热轧，固溶化，冷却，冷轧等工序。	
CN103173655A	130410	130626	广西大学	湛永钟；聂　礼	硬组织生物医用锆基复合材料及其制法	原料组分（质量分数）为：铜 3.5% ~ 4.5%，铌 0.1% ~ 1.20%，余量为锆。其制备方法是先按照各组分的比称取原料，混合，真空电弧炉进行熔炼，冷却得到组织均匀的金属铸锭。	
CN103173657A	130311	130626	中国航空工业集团公司北京航空材料研究院	陈　波；熊华平；程耀永；毛　唯；吴　欣	Ti_3Al 基合金与高温合金蜂窝钎焊连接用中间层	一种 Ti_3Al 基合金与高温合金蜂窝钎焊连接用中间层，采用的合金材料为如下之一：(1) 镍钛合金，该镍钛合金的原子分数比为：镍 45% ~ 55%，余量为钛；(2) 镍钛铌合金，该镍钛铌合金的原子分数比为：镍 45% ~ 50%，铌 5% ~ 15%，余量为钛。	

专利号	申请日	公布日	申请人	发明人	专利名称	专利要点及有益效果	同族专利号
CN103173662A	130321	130626	肖景波	肖景波；宋思学	一种铝铌钽三元合金以及制备方法	各元素的（质量分数）为：Al 40%～50%、Nb 35%～45%、Ta 5%～25%，其制法为：备冶炼炉→将冶炼炉干燥→配料→用镁屑在2700～3000℃冶炼→精整合金，去氧化皮→破碎。	
CN103173861A	111223	130626	中国科学院上海硅酸盐研究所	高攀；涂小牛；孔海宽；忻隽；郑燕青；施尔	用于高温压电器件的掺杂型钽酸镓镧晶体及其制备方法	掺杂型钽酸镓镧（M-LGT）晶体通式为 $y\%$ M：$La_3Ta_{0.5+x}Ga_{5.5-x}O_{14}$，其中：$-0.3\leq x\leq 0.3$，$0\leq y\leq 2$，掺杂元素M为Ba、Mo和Al中的至少一种。该晶体可以采用提拉法或坩埚下降法制备。	
CN103177820A	130416	130626	西北有色金属研究院；宝胜科技创新股有限公司	李成山；刘国庆；庞玉春；张华荣；纪平；王庆阳；熊晓梅；杨芳；冯建情；闫果	一种7芯 MgB_2 超导线材的制备方法	（1）制备前驱粉末；（2）将铌带卷制成铌管，向铌管中装入前驱粉末，轧制得线材；（3）包覆无氧铜管得一次复合体；（4）对一次复合体旋锻拉拔得单芯线材；（5）将Cu-Nb复合棒与单芯线材置于Cu-Ni管中得二次复合体，旋锻拉拔得到7芯线材；（6）将7芯线进行成相热处理。	
CN203026378U	121227	130626	株洲日望电子科技公司	彭力；陈斌；伍平球	一种环形钽阴极筒的成型装置	该装置包括钽壳筒、进料筒、压套、塞头和高度限位器，进料筒侧壁上的导流孔与塞头上端的导流槽一一对应，进料筒外壁、钽壳筒内壁以及压套形成一钽阴极筒成型的空腔。	
CN203026379U	121227	130626	株洲日望电子科技股份有限公司	彭力；陈斌	一种环形钽阴极筒成型装置的塞头	该成型装置包括侧壁上设置有若干个导流孔的进料筒，塞头的下端与进料筒贴合，塞头的上端具有圆锥形的导流结构，塞头的上端设置有若干个导流槽，导流槽与导流孔对应。	
CN103183510A CN103183510B	130422	130703 141029	江苏大学	花银群；崔晓；薛青；陈瑞芳	一种铌镁酸铋基锂钛共替换微波介电陶瓷材料及制备方法	通过调整介电功能添加剂的合理比例，材料的组分按摩尔分数计算为：Bi_2O_3 59%～60%，MgO 6.9%～7.0%，$Nb_2O_5$30%～33.2%，为主体材料；Li_2CO_3、TiO_2各为0.15%～3%，为介电功能添加剂。	
CN103184369A	130410	130703	广西大学	湛永钟；聂礼	一种β型Zr-Nb-Ti系生物医用合金及其制备方法	原料组分（质量分数）为：铌19.50%～20.5%，钛0.1%～15.0%，余量为海绵锆。其制备方法是按照各组分的重量百分比配料混合，用非自耗真空电弧炉熔炼，冷却得到合金铸锭。	

专利号	申请日	公布日	申请人	发明人	专利名称	专利要点及有益效果	同族专利号
CN103191715A	130416	130703	桂林理工大学	方亮；唐莹；韦珍海	$K_3MNb_7O_{21}$ 铌酸盐光催化剂及其制备方法	一种可见光响应的铌酸盐光催化剂 $K_3MNb_7O_{21}$ 及其制备方法。该铌酸盐光催化剂的化学组成通式为 $K_3MNb_7O_{21}$ 其中 M 为 Ti、Sn 和 Zr 中的一种。	
CN103191717A	130418	130710	福州大学	梁诗景；祝淑颖；吴棱	钽酸锶纳米球光催化剂及制备	催化制备分两步进行：溶解-沉淀合成钽酸前驱物；表面活性剂辅助水热法合成钽酸锶纳米球。	
CN103194604A	120106	130710	深圳市格林美高新技术公司	王勤；曾念；谭翠丽；陈艳红	废旧钽电容器中回收钽、银、锰的方法	将废旧钽电容器破碎，对金属与非金属分离，获得金属物料经酸浸，过滤；滤渣与炭黑和氯盐混合，焙烧，生成氯化钽，再经过精馏，得到氯化钽，还原得到高纯度钽粉。	
CN203042518U	130131	130710	重庆润泽医药有限公司	叶雷	一种新式口腔种植构件	该部件由本体和多孔钽结构组成，本体从顶部向下依次设置有上锥形孔、下锥形孔、多边形孔和螺孔；所述多孔钽结构与所述本体为同轴结构。	
CN203053208U	121224	130710	苏州杰士通真空技术有限公司	滑喜宝	一种钽电容真空烧结脱蜡炉	主要包括炉体、炉盖、炉胆和脱脂捕集系统，脱脂捕集系统通过管路与炉体相连，炉胆内设置有马弗罐，工件料筐位于马弗罐中。	
CN103204680A	130329	130717	桂林理工大学	方亮；邓婧；唐莹	铌酸盐微波介电陶瓷 $LiMNb_3O_9$ 及其制备方法	其原料的组成为 $LiMNb_3O_9$，其中 M 为 Zn、Mg 和 Ni 中的一种。步骤为：将纯度为 99.9% 以上的 Li_2CO_3、MO 和 Nb_2O_5 的原始粉末按 $LiMNb_3O_9$ 化学式配料，湿式球磨混合，烘干预烧；造粒后再压制成型并烧结。	
CN103205253A	090617	130717	中国科学院上海硅酸盐研究所	黄富强；夏玉娟	用于白光 LED 的铌酸盐或钽酸盐荧光材料及其制备方法	包括未掺杂铌酸盐或钽酸盐、过渡金属掺杂铌酸盐或钽酸盐、具有 s^2 构型的类 Tl 离子掺杂铌酸盐或钽酸盐、稀土元素掺杂铌酸盐或钽酸盐以及类 Tl 离子和稀土离子共掺杂铌酸盐或钽酸盐。	
CN103208318A	130321	130717	无锡爱邦辐射技术有限公司	张宇蔚	大功率辐照加速器 X 射线转换靶及装置	靶体包括钽板和铜板，钽板前表面用于接受电子束流并转换为 X 射线，钽板后表面与铜板焊为一体；靶体冷却装置包括焊接在铜板后表面的两根主冷却管和多根支冷却管。	

专利号	申请日	公布日	申请人	发明人	专利名称	专利要点及有益效果	同族专利号
CN103214242A		130724	武汉理工大学	周静；李润润；陈文；沈杰；祁琰媛；朱泉峣；孙华君；曹越	一种钙钽基微波介质薄膜及其制备方法	该薄膜以通式 $Ca(Mg_{1-x/3}A_{x/3}Ta_{2/3})O_3$ 表示，式中 $0.1 \leq x \leq 0.9$，A 为二价 Ni、Zn 或 Co 元素。采用 Pechini 方法制备溶液，使用液相旋涂，在氧气氛下热处理以制得钙钽基微波介质薄膜。	
CN103215483A	130504	130724	界首市亿恒刀具有限责任公司	段世伟	高强度工业刀具	一种高强度刀具，其成分（质量分数）是：由 15%～20%碳化钛，0～40%不锈钢粉，0.1%～5%碳化钽，0.1%～5%碳化铌，10%～40%碳化钨，5%～10%碳粉，10%～20%硬质合金成型剂组成。	
CN103219459A	130428	130724	宁夏东方钽业股份有限公司	汪凯；李小平；李桂鹏；宋健；张全；任晓；金勇	超导铌管及其制备方法	将超导铌锭在不高于60℃的温度进行锻造→第一次热处理→在超导铌锭表面涂覆润滑剂→进行反挤压；→将反挤压后的超导铌管坯进行第二次热处理→得到超导铌管。	
CN103223346A	120424	130731	桂林理工大学	方亮；唐莹；韦珍海	$Ba_8MNb_6O_{24}$ 铌酸盐光催化剂及制备方法	铌酸盐光催化剂 $Ba_8MNb_6O_{24}$ 的化学组成通式为 $Ba_8MNb_6O_{24}$，其中 M 为 Co、Ni、Mg 和 Zn 中的一种。本发明制备方法简单、成本低。	
CN103225033A	120510	130731	南京理工大学	庞玉璇；李永胜；朱浩	一种低钨高铌片层组织钛铝合金及其制备方法	其组分（原子百分数）：铝 45.0%～48.0%、铌 5.0%～8.0%、钨 0.4%～1.0%，其余为钛。制备方法：将原料钛、铝、铌、钨按照给定的原子百分比进行配料→电弧熔炼→获得纽扣锭→将纽扣锭放入悬浮熔炼炉中进行吸铸→得圆柱形试棒→放入 Bridgeman 定向凝固→获得产物。	
CN203089452U	130314	130731	重庆润泽医药有限公司	叶雷	一种防滑植入件	防滑植入件由本体、多孔钽结构和羟基磷灰石涂层组成；羟基磷灰石涂层附着于本体外表面；本体带有凹槽，凹槽中填充有多孔钽结构。	
CN203089459U	130311	130731	重庆润泽医药有限公司	叶雷	一种医用植入装置	一种医用植入装置，由中空管、堵塞物、多孔钽层组成；中空管的上端为球形面，管壁开有多个通孔；多孔钽层覆盖于中空管内壁。	

专利号	申请日	公布日	申请人	发明人	专利名称	专利要点及有益效果	同族专利号
CN203103137U	121227	130731	株洲日望电子科技有限公司	彭　力；陈　斌；伍平球	一种环形钽阴极筒成型装置的进料筒	进料筒侧壁上设置有若干个导流孔，且导流孔位于进料筒内壁上的一端高于导流孔位于进料筒外壁上的一端，且均匀分布在进料筒的侧壁上。	
CN103233168A	130508	130807	安泰科技股份有限公司	李小明；钟海林；霍　光；王学兵；卢广峰；匡　星；况春江；吴立志	粉末冶金高韧性冷作模具钢及其制备方法	其化学成分（质量分数）包括：V 2.5% ~ 6.0%，Nb 0.2% ~2.5%，C 0.5% ~2.0%，Si≤2.0%，Mn 0.2% ~1.5%，Cr 4.0% ~5.6%，Mo≤3.0%，余量为铁和不可避免杂质。	
CN103234967A	130428	130807	江苏美特林科特殊合金公司	高玉峰；朱玲梅；马步洋；王浩冰	高纯氧化铌或氧化钽中锆含量的测定方法	一种高纯氧化铌或氧化钽中锆含量的测定方法，该方法包括以下步骤：熔样、浸取微量锆与铁共沉淀、洗涤沉淀、掩蔽干扰元素、显色、测定吸光度。	
CN203107315U	130420	130807	重庆润泽医药有限公司	叶　雷	一种带螺纹的牙种植体	包括本体，本体上部为圆柱形，下部为圆锥形；本体上部圆柱外侧带有梯形螺纹；本体下部端头带有水平通孔和垂直孔，水平通孔和垂直孔相交呈“T”状，孔中填充有多孔钽。	
CN203118654U	130206	130807	江苏天地龙电缆有限公司	冯　钰；王苏阳	核电站核岛内用耐火耐辐射电缆	该电缆由内向外依次为：单根或多根相互绞合的绝缘线芯、非吸湿性扎带、金属钽带以及外护套，绝缘线芯由内向外依次为5类铜导体和耐火硅橡胶绝缘层。	
CN103240417A	130527	130814	宁夏东方钽业股份有限公司	李桂鹏；张亚军；汪　凯；张　全；朱　军；李瑞莲	一种钽带及其制备方法	钽带的加工工序包括：将钽粉进行烧结→得到晶粒均匀细小的初始钽棒→锻造→轧制，得到钽条→进行热处理→再次进行轧制条→再次进行热处理→得到钽带。	
CN103243285A	130527	130814	宁夏东方钽业股份有限公司	张亚军；汪　凯；李积贤；李桂鹏；李瑞莲；任　晓	一种钽钨材料的制备方法	钽钨材的加工步骤是：将钽钨铸锭进行第一次锻造→第一次热处理→进行第二次锻造→第二次热处理→得到的钽钨铸锭轧制→进行第三次热处理→得到钽钨材料。	

专利号	申请日	公布日	申请人	发明人	专利名称	专利要点及有益效果	同族专利号
CN203124743U	121205	130814	江门富祥电子材料有限公司	郑浩宇；朱德忠；杨　进	有倒置圆锥隔热屏的钽粉镁还原降氧装置	本降氧装置在钽粉坩埚的上方设有集镁器，集镁器和钽粉坩埚间设有下隔热屏，集镁器的上方有上隔热屏，上隔热屏由若干倒置的圆锥面板组成。	
CN103252567A	130423	130821	宁夏东方钽业股份有限公司	张　晓；万庆峰；郭林波；刘云峰；解永旭；陈　林；马跃忠；韩　鹏	一种大尺寸钽条的焊接方法	步骤：将轧制后的两根钽条组成一个对接焊头，该对接焊头的两端分别被对焊机的两个电极夹紧，并且向对接焊头的两端施加顶锻力，使其端面达到局部接触，接通电源，用电阻热加热触点产生闪光使接触的端面熔化，迅速施加顶锻力完成焊接。	
CN103253670A	130517	130821	航天材料及工艺研究所；中国运载火箭技术研究院	赵彦伟；周延春；李军平；刘宏瑞	一种碳热还原法低温制备 TaC 粉体的方法	将五氧化二钽溶于无水乙醇得钽源溶液；将碳源溶于溶剂中，倒入到钽源溶液中；加热、搅拌，得到混合均匀的反应物；将反应物装入石墨坩埚中，进行加热，冷却至室温，再经研磨得到粒径为 50 ~ 200nm 的 TaC 粉体。	
CN103255330A	130428	130821	江苏美特林科特殊合金有限公司	江苏美特林科特殊合金有限公	一种镍铌中间合金材料及其制造方法	合金材料各组分（质量分数）：铌 60% ~ 70%、镍 26.5% ~ 36.5%、铝 ≤1.5%、氧 ≤0.1%、氮 ≤0.05%、硅 ≤0.3%、磷 ≤0.01%、铁 ≤1%、钽 ≤0.2%、钛 ≤0.1%、铅 ≤0.005%、锡 ≤0.005%、碳 ≤0.05%、硫 ≤0.01%、余量为杂质。	
CN203140761U	121205	130821	江门富祥电子材料有限公司	郑祥云；廖志刚；杨　进	具有冷却器和锥形隔热屏的钽粉镁还原降氧装置	镁还原降氧装置在钽粉坩埚的上方设有集镁器，在集镁器和钽坩埚间有下隔热屏，在集镁器上方设有冷却器，在冷却器上方有上隔热屏，上隔热屏和集镁器之间设有倒置的圆锥隔热屏。	
CN103265031A	130517	130828	航天材料及工艺研究所；中国运载火箭技术研究院	赵彦伟；周延春；李军平；刘宏瑞	碳热还原法低温制备 ZrC-WC 或 ZrC-TaC 混合粉体的方法	碳热还原法低温制备 ZrC-WC 或 ZrC-TaC 混合粉体的方法，该方法以蔗糖、酚醛树脂、环氧树脂或沥青作为碳源，以混合氧化物作为金属源，混合氧化物为氧化锆和氧化钨和五氧化二钽的混合物。	
CN103265289A	130514	130828	齐齐哈尔大学	张德庆；冯连振；杨秀英；郑方圆；刘纪鹏；曹茂盛	锰掺杂的铌酸钾钠基无铅压电薄膜的制法	先制备稳定的锰掺杂 KNN 溶胶，然后在（Pt/TiO_2/Ti/SiO_2/Si）基片上旋涂 KNN 溶胶，将湿膜在 150℃烘干，然后在 600℃热处理条件，重复上述步骤 8 次，即旋涂 8 层。	

专利号	申请日	公布日	申请人	发明人	专利名称	专利要点及有益效果	同族专利号
CN103265954A	130516	130828	同济大学	王旭升；孙海勤；彭登峰；张奇伟；李艳霞	一种铌酸钾钠基氧化物上转换发光材料及制备方法	铌酸钾钠基氧化物上转换发光材料，其化学通式为$(Na_{0.5+\delta}K_{0.5-y}A_y)_{1-x-z}M_xYb_zNbO_3:\phi C$或$(Na_{0.5-y}A_yK_{0.5+\delta})_{1-x-z}M_xYb_zNbO_3:\phi C$，M选自稀土元素离子$Er^{3+}$、$Ho^{3+}$和$Tm^{3+}$中至少一种，C选自Li、Na、K、Tl和Ag中至少一种，A为K、Na和Li中的至少一种。	
CN203165670U	130115	130828	中国振华（集团）新云电子元器件有限责任公司	王成兴；鄢　波；王　刚；肖　毅；杨槐香；石洪富	一种阳极钽块卡装式全钽电容器	包括一端设有开口内壁并镀有二氧化钌层的钽外壳、负极引出线、阳极钽块、固定垫圈、顶盖、正极引出线；钽外壳上靠近负极引出线处设有环形凸起。	
CN203165672U	130115	130828	中国振华（集团）新云电子元器件有限责任公司	王成兴；朱文娟；吴　疆；王　刚；肖　毅；李传龙	一种提高钽阳极块内部电场均匀性的结构	包括钽阳极块和金属丝，金属丝插入钽阳极块的内部，所述的钽阳极块内部的金属丝为“回形针”形或者网格形状的结构形式分布。	
CN203165673U	130115	130828	中国振华（集团）新云电子元器件有限责任公司	曾金萍；王成兴；吴　疆；王　刚；肖　毅；杨槐香	一种防漏电钽电容器	该钽电容器内部的阳极钽块被聚酰亚胺隔膜包裹，阻断了芯子与氧化钌电极的接触，阻断了因各种原因引起的芯子与阴极接触导致的短路问题。	